Das Vaterunser – Gebet des Herrn

Thomas Watson

3L Verlag

IMPRESSUM

D-65529 Waldems
ISBN 978-3-941988-83-5

Übersetzung: Dirk Noll
Korrektur: Manfred Schwierk
Umschlag und Satz: kontor9
Druck: CPI books GmbH

Die englische Originalausgabe erschien als Teilausgabe unter dem Titel:

A Body of Practical Divinity, 1692

Reprinted 1890
First Banner of Truth Trust edition reprinted from the 1890 edition, 1960
This revised edition 1965
Reprinted 1972
Reprinted 1978
Reprinted 1982
Reprinted 1989
Reprinted 1993

Mit freundlicher Unterstützung von:

STIFTUNG FREUNDE VON
QUELLEN AUS DER REFORMATION

Im Jahre 2003 taten sich Pfarrer und Gemeindeglieder aus mehreren reformierten Kirchen der Niederlande zusammen, um die Verbreitung der Literatur zu fördern, die sie selber als hilfreich erfahren hatten.

Ihnen war aufgefallen, dass selbst von grundlegenden Werken der *Nadere Reformatie* und des Puritanismus nur englisch- und niederländischsprachige Fassungen, jedoch keine deutschen Übersetzungen existierten.
Und wo es sie einmal gegeben hat, sind sie schon lange vergriffen.

Um die Herausgabe solcher Werke in deutscher Sprache zu ermöglichen, gründeten sie die *Stichting Vrienden van Heidelberg en Dordrecht.*

Stichting Vrienden van Heidelberg en Dordrecht
Elzenbos 25
NL-4191MR Geldermalsen
Telefon 0031 345 580810

info@svvhed.org
www.svvhed.org

Inhaltsverzeichnis

I. Die Einleitung zum Gebet des Herrn

„Unser Vater, der du bist im Himmel!"

(Mt 6,9b)

Nachdem wir die Hauptgründe und Fundamente des Glaubens behandelt und den Dekalog, oder die Zehn Gebote, ausführlich dargelegt haben, möchte ich nun auf das Gebet des Herrn zu sprechen kommen.

„Deshalb sollt ihr auf diese Weise beten: „Unser Vater, der du bist im Himmel! Geheiligt werde dein Name" (Mt 6,9).

In diesem Text der Schrift sind zwei Dinge zu beachten: die Einleitung zum Gebet und das Gebet selbst.

Die Einleitung zum Gebet des Herrn lautet: „Deshalb sollt ihr auf diese Weise beten." Unser Herr Jesus hat in diesen Worten seinen Jüngern und uns einen Leitfaden für das Gebet gegeben. Die Zehn Gebote sind die Richtlinie für unser Leben, das Glaubensbekenntnis ist die Summe unseres Glaubens und das Gebet des Herrn ist eine Vorlage für unser Gebet. Wie Gott dem Mose eine Vorlage für die Stiftshütte vorgeschrieben hat (2.Mose 25,9), so hat Christus uns hier eine Vorlage für das Gebet vorgeschrieben. „Deshalb sollt ihr auf diese Weise beten." Das bedeutet Folgendes: Lasst dies für uns eine Richtlinie und ein Muster sein, wonach wir unser Gebet ausrichten. *„Wir sollten nach dieser Richtlinie unsere Gebete prüfen"* (Calvin). Es ist nicht so, dass wir an die Worte im Gebet des Herrn gebunden sind. Christus hat nicht gesagt: „Betet diese Worte", sondern: „Betet auf diese Weise." Das will sagen: Lassen wir alle unsere Bittgesuche mit dem Gebet des Herrn übereinstimmen und mit der Bedeutung der Dinge, die es beinhaltet. Und wir können sehr gut alle unsere Gebete mit diesem Gebet in Einklang bringen, sodass sie mit ihm übereinstimmen. Tertullian nennt es *„ein Brevier[1] und ein Kompendium des Evangeliums."* Es ist wie ein Klumpen aus massivem Gold. Die Detailgenauigkeit dieses Gebets erkennt man an der Fertigkeit des Autors. Ein Werkstück zeichnet sich durch seinen Künstler aus, und dieses Gebet zeichnet sich durch seinen Autor aus – es ist das Gebet des Herrn. Wie das Moralgesetz mit dem Finger Gottes geschrieben wurde, so tropft dieses Gebet von den Lippen des Sohnes Gottes. *Die Stimme ist nicht die eines Menschen, sondern die Stimme Gottes.* Die Detailgenauigkeit des Gebets erkennt man an der Vortrefflichkeit des Inhalts. Es ist „in irdenem Tiegel geschmolzenes Silber, siebenmal geläutert" (Ps 12,7). Niemals wurde ein Gebet so wunderbar und detailgenau zusammengestellt wie dieses Gebet. Wie das Hohelied Salomos aufgrund seiner Vortrefflichkeit das „Lied der Lieder" genannt wird, so kann dieses Gebet sehr gut das „Gebet der Gebete" genannt werden. Sein Inhalt ist bewunderungswürdig:

1. Wegen seiner Reichhaltigkeit. Es ist kurz und knapp. *Mit wenig Worten wird viel gesagt.* Es ist sehr viel Kunstfertigkeit erforderlich, um beide Halbkugeln detailgenau in eine Karte zu zeichnen. Dieses kurze Gebet ist ein Glaubenssystem oder die Hauptsumme der Glaubenslehre.
2. Wegen seiner Klarheit. Es ist für das Auffassungsvermögen jedes Menschen klar und verständlich. Klarheit ist die Grazie der Sprache.
3. Wegen seiner Vollständigkeit. Es beinhaltet die wesentlichen Dinge, um die wir bitten sollen oder die Gott uns zuteilwerden lassen kann.

Anwendung

Lasst uns für das Gebet des Herrn eine hohe Wertschätzung haben. Lassen wir es ein Vorbild oder Muster für alle unsere

1 Brevier = liturgisches Buch.

Gebete sein. Es entsteht ein doppelter Nutzen aus diesem Gebet, wenn wir unsere Bittgesuche so ausrichten, dass sie ihm entsprechen. Dadurch werden beim Beten Irrtümer verhindert. Es ist nicht so einfach, falsch zu schreiben, wenn man nach diesem Vordruck schreibt. Wir können nicht so leicht irren, wenn wir unser Muster vor uns haben. Dadurch erhält man Segnungen, um die man bittet, denn der Apostel versichert uns, dass Gott uns erhören wird, „wenn wir seinem Willen gemäß um etwas bitten“ (1.Joh 5,14). Und gewiss beten wir nach seinem Willen, wenn wir nach dem Muster beten, das er uns gegeben hat. So viel zur Einleitung zum Gebet des Herrn. „Deshalb sollt ihr auf diese Weise beten.“

Das Gebet selbst besteht aus drei Teilen:

I. Das Vorwort
II. Die Bitten
III. Der Schluss

Das Vorwort besteht aus „unser Vater“ und „der du bist im Himmel.“

I. *Der erste Teil des Vorworts lautet:* „unser Vater.“

„Vater“ wird manchmal für die erste Person Gottes verwendet. „Mein Vater ist größer als ich“ (Joh 14,28). Aber in diesem Text wird es vornehmlich für die ganze Gottheit verwendet. Dieser Titel „Vater“ lehrt uns, dass wir unsere Gebete allein an Gott richten dürfen. Im Gebet des Herrn gibt es nicht solche Dinge wie: „Oh, ihr Heiligen oder Engel, die ihr seid im Himmel, erhört uns“, sondern es heißt: „Unser Vater, der du bist im Himmel.“

In welcher Reihenfolge müssen wir unsere Gebete an Gott richten? Hier wird nur der Vater genannt. Sollen wir nicht in gleicher Weise unsere Gebete an den Sohn und den Heiligen Geist richten?

Auch wenn in dem Gebet des Herrn nur der Vater genannt wird, so sind die anderen beiden Personen jedoch nicht ausgeschlossen. Der Vater wird zuerst genannt, weil er der erste in der Reihenfolge ist, aber der Sohn und der Heilige Geist sind mit eingeschlossen, weil sie mit ihm wesenseins sind. Weil die eine Gottheit in drei Personen besteht, müssen wir in unseren Gebeten zu allen drei beten, auch wenn wir nur eine Person nennen. Wir gehen nun näher auf die ersten Worte des Vorworts ein: „unser Vater." Die Fürsten auf der Erde geben sich selbst Titel, um ihre Größe auszudrücken, wie „Hoheit und Majestät." Gott kann das ebenso tun und sich selbst folgendermaßen ausdrücken: „unser König der Ehre, unser Richter." Aber er gibt sich selbst einen anderen Titel: „unser Vater" – ein Ausdruck für Liebe und eine sich herabneigende Haltung. Er stellt sich unter dem lieblichen Begriff eines Vaters vor, um uns zu ermutigen, zu ihm zu beten. „Unser Vater." *Lieblich ist der Name des Vaters*. Der Name Jahwe trägt in sich Majestät; der Name Vater trägt in sich Barmherzigkeit.

In welchem Sinne ist Gott ein Vater?

a) Aufgrund der Schöpfung; er ist es, der uns gemacht hat: „Denn auch wir sind von seinem Geschlecht" (Apg 17,28). „Haben wir nicht alle *einen* Vater? Hat uns nicht *ein* Gott erschaffen?" (Mal 2,10). Aber hierin liegt nur wenig Trost, denn aufgrund der Schöpfung ist Gott auch in gleicherweise für die Teufel ein Vater. Jedoch der, der sie gemacht hat, wird sie nicht erretten.

b) Gott ist ein Vater aufgrund der Erwählung, indem er eine bestimmte Zahl auserwählt hat, damit sie seine Kinder seien, denen er auch den Himmel vermachen wird. „Wie er uns in ihm auserwählt hat" (Eph 1,4).

c) Gott ist ein Vater aufgrund der speziellen Gnade. Er sondert die Auserwählten durch seinen Geist ab und erfüllt sie mit einem übernatürlichen Prinzip der Heiligkeit. Deshalb heißt es von ihnen, dass sie „aus Gott geboren" sind (1.Joh 3,9). Nur diejenigen, welche geheiligt sind, können sagen: „Unser Vater, der du bist im Himmel."

Worin liegt der Unterschied, dass Gott der Vater von Christus ist und der Vater der Auserwählten?

Er ist in einer noch herrlicheren und transzendenteren Weise der Vater von Christus. Christus hat das Erstgeburtsrecht, er ist der älteste Sohn, ein Sohn von ewigem Geschlecht. „Ich war eingesetzt von Ewigkeit her, vor dem Anfang, vor den Ursprüngen der Erde“ (Spr 8,23). „Wer will aber sein Geschlecht beschreiben?“ (Jes 53,8). Christus ist der Sohn des Vaters, weil er dieselbe Natur wie der Vater hat, indem alle nicht vermittelbaren Eigenschaften der Gottheit auch ihm angehören. Wir aber sind Söhne Gottes aufgrund der Adoption und der Gnade. „Damit wir die Sohnschaft empfingen“ (Gal 4,5).

Durch was wird Gott unser Vater?

Durch den Glauben. „Denn ihr alle seid durch den Glauben Söhne Gottes in Christus Jesus“ (Gal 3,26). Ein Ungläubiger kann Gott seinen Schöpfer und seinen Richter nennen, aber nicht seinen Vater. Der Glaube erklärt uns zu einem rechtmäßigen Kind Gottes und dass wir aus dem königlichen Blut des Himmels sind. „Denn ihr alle seid durch den Glauben Söhne Gottes.“ Die Taufe macht uns zu Gliedern der Kirche, aber der Glaube macht uns zu Kindern. Ein Familienwappen, das ohne Glauben ist, kann ebenso wie wir auch der Teufel vorzeigen.

Wie macht der Glaube Gott zu unserem Vater?

Indem der Glaube eine Gnadengabe ist, die vereinigt. Durch den Glauben haben wir eine Verbindung und Einheit mit Christus, und so erhalten wir die Kindschaft, indem wir mit Christus vereinigt werden. Er ist der natürliche Sohn, wir werden zu adoptierten Söhnen. Gott ist der Vater von Christus. Der Glaube macht uns zu Brüdern Christi, und so wird Gott unser Vater (Hebr 2,11).

Woran wird deutlich, dass Gott der beste Vater ist?

a) Daran, dass er das höchste Alter hat. „Einer, der uralt war, setzte sich“ (Dan 7,9; LÜ 84). Das ist eine figürliche Darstellung Gottes, der vor allen Zeiten war, was Ehrfurcht erzeugt.

b) Gott ist der beste Vater, weil er vollkommen ist. „Gleichwie euer Vater im Himmel vollkommen ist“ (Mt 5,48). Er ist vollkommen gut. Irdische Väter sind Schwachheiten unterworfen. Obwohl Elia ein Prophet war, so war er „ein Mensch von gleicher Art wie wir“ (Jak 5,17). Aber Gott ist vollkommen gut. Alle Vollkommenheit, die wir in diesem Leben erreichen können, ist Aufrichtigkeit. Wir können Gott ein wenig ähneln, aber ihm nicht gleich sein. Er ist unendlich vollkommen.

c) Gott ist der beste Vater im Hinblick auf Weisheit. Dem „allein weisen Gott“ (1.Tim 1,17). Er trägt die vollkommene Vorstellung von Weisheit in sich selbst. Er kennt die geeignetsten Mittel, um seine Pläne auszuführen. Die Engel haben ihr Licht von seinem Licht. Ein Teil seiner Weisheit ist, dass er weiß, was für uns am besten ist. Ein irdisches Elternteil weiß in manchen komplizierten Fällen nicht, welchen Rat es seinem Kind geben soll oder was für das Kind das Beste ist, das es tun soll. Aber Gott ist der weiseste Vater. Er weiß, was für uns am besten ist. Er weiß, welcher Trost für uns am besten ist. Er hält sein Herzwasser bereit, wenn wir in Ohnmacht fallen. „Aber Gott, der die Geringen tröstet“ (2.Kor 7,6). Er weiß, wann Trübsal für uns am besten ist und wann die rechte Zeit ist, uns einen bitteren Kelch zu reichen. „Dann werdet ihr euch jubelnd freuen, die ihr jetzt eine kurze Zeit, wenn es sein muss, traurig seid in mancherlei Anfechtungen“ (1.Petr 1,6). Er ist der einzig weise Gott. Er weiß, wie er die bösen Dinge für seine Kinder zum Guten wirken lassen kann (Röm 8,28). So ist er der beste Vater im Hinblick auf Weisheit.

d) Er ist der beste Vater, weil er am meisten liebt. „Gott ist Liebe.“ Er, der bei anderen eine inwendige Zuneigung bewirkt, muss notwendigerweise eine noch größere inwendige Zuneigung haben, *denn er erfüllt sie damit.* Die Zuneigung der Eltern ist im Vergleich zur Liebe Gottes zu seinen Kindern nur Marmor oder wie ein Diamant. Gott gibt ihnen die Sahne seiner Liebe – erwählende Liebe, rettende Liebe. „Der HERR, dein Gott, ist in deiner Mitte, ein Held, der rettet; er wird sich über dich freuen mit Wonne, er wird still sein in seiner Liebe, er wird über dich jubelnd frohlocken" (Zeph 3,17). Im Hinblick auf die Liebe ist kein Vater so wie Gott. Wenn wir seine Kinder sind, können wir unsere eigene Seele nicht so sehr lieben, wie er uns liebt.

e) Er ist der beste Vater im Hinblick auf Reichtum. Er hat genug Land, um es allen seinen Kindern zu geben. Er besitzt einen unausforschlichen Reichtum (Eph 3,8). Er gibt das verborgene Manna, den Baum des Lebens, Flüsse der Freude. Seine Schätze sind unerschöpflich, Perlentore, Freuden ohne Ende. Wenn irdische Väter immer nur geben würden, hätten sie bald nichts mehr übrig, dass sie geben könnten. Gott aber ist für seine Kinder immer am Geben und hat dennoch niemals weniger. Seine Reichtümer werden ausgeteilt, aber niemals aufgebraucht. Sie sind wie die Sonne, die immer scheint und dennoch niemals weniger Licht hat. Der unendlich ist, kann niemals arm werden. So ist er der beste Vater. Er gibt seinen Kindern mehr, als irgendein Vater oder Fürst schenken kann.

f) Gott ist der beste Vater, weil er seine Kinder erneuern kann. Wenn ein Sohn einen bösen Weg einschlägt, weiß sein Vater nicht, wie er ihn bessern kann. Aber Gott weiß, wie er die Kinder der Auserwählung bessern kann: Er kann ihre Herzen verändern. Als Paulus die Heiligen mit Schnauben verfolgte, änderte Gott schnell seinen Kurs und brachte ihn zum Beten. „Denn siehe, er betet" (Apg 9,11). Keiner von denen, die zur Auserwählung gehören, kann so roh und grob sein, als dass Gott ihn mit seiner Gnade nicht schleifen und ihn geeignet für das Erbe machen könnte.

g) Gott ist der beste Vater, weil er niemals stirbt. „Der allein Unsterblichkeit hat" (1.Tim 6,16). Irdische Väter und ihre Kinder sind vielen Verletzungen ausgesetzt, Gott aber lebt für immer. „Ich bin das A und das O, der Anfang und das Ende" (Offb 1,8). Gottes Krone hat keine Thronfolger.

Worin besteht die Würde derer, die Gott zu ihrem Vater haben?

a) Sie haben eine größere Ehre, als man sie den Fürsten der Erde verleiht. Sie sind in Gottes Augen kostbar. „Weil du kostbar bist in meinen Augen [und] wertgeachtet" (Jes 43,4). Die Gottlosen sind Schlacke (Ps 119,119) und Spreu (Ps 1,4). Aber Gott rechnet seine Kinder unter seine Juwelen (Mal 3,17). Er schreibt die Namen aller seiner Kinder in das Buch des Lebens. „Deren Namen im Buch des Lebens sind" (Phil 4,3). Bei den Römern wurden die Namen ihrer Senatoren in ein Buch niedergeschrieben: die *eingeschriebenen Väter*. Gott schreibt die Namen seiner Kinder ein, und er will sie nicht mehr aus dem Register löschen. „Ich will seinen Namen nicht auslöschen aus dem Buch des Lebens" (Offb 3,5). Gott wird sich seiner Kinder nicht schämen. „Darum schämt sich Gott ihrer nicht, ihr Gott genannt zu werden" (Hebr 11,16). Man könnte denken, dass es unter der Würde Gottes wäre, der Vater von solchen Kindern zu sein, die nur Staub und mit der Sünde vermengt sind. Er aber schämt sich nicht, unser Gott genannt zu werden. Damit wir sehen, dass er sich seiner Kinder nicht schämt, schreibt er seinen Namen auf sie. „Ich will auf ihn den Namen meines Gottes schreiben" (Offb 3,12), d.h. ich will ihn öffentlich vor allen Engeln als mein Kind bekennen. Ich will meinen Namen auf ihn schreiben, wie der Sohn den Namen seines Vaters trägt. Was ist das für eine Würde und Ehre!

b) Gott verleiht seinen Kindern ehrenvolle Titel. Er nennt sie die Vortrefflichen der Erde oder die Herrlichen, wie Junius es wiedergibt (Ps 16,3). Die von *königlichem Blut des Himmels* sind, müssen notwendigerweise vortrefflich sein. Sie sind geistliche Phönixe der Welt, die Herrlichkeit der Schöpfung. Er nennt seine Kinder seine Herrlichkeit. „Israel meine Herrlichkeit" (Jes 46,13). Er ehrt sein Volk mit dem Titel von Königen. „Und uns zu Königen und Priestern gemacht hat" (Offb 1,6). Alle Kinder Gottes sind Könige, auch wenn sie keine irdischen Königreiche haben. Sie tragen ein Königreich mit sich herum. „Das Reich Gottes ist mitten unter euch" (Lk 17,21). Die Gnade ist ein Königreich, das im Herzen der Kinder Gottes aufgerichtet ist. Sie sind Könige, um über ihre Sünden zu herrschen, um diese Könige in Ketten zu binden (Ps 149,8). Sie sind Königen gleich. Sie haben ihre *Insignien des Königs* und der Majestät. Sie haben ihre Krone. In diesem Leben sind sie verkleidete Könige. Sie sind nicht bekannt. Deshalb sind sie Armut und Schmach ausgesetzt. „Wir sind jetzt Kinder Gottes, und noch ist nicht offenbar geworden, was wir sein werden" (1.Joh 3,2). Warum? Was werden wir sein? Jedes Kind Gottes wird seine Krone der Herrlichkeit und ein weißes Gewand haben (1.Petr 5,4; Offb 6,11). Gewänder weisen auf Würde hin und weiß auf Heiligkeit.

c) Die Ehre derer, die Gott zu ihrem Vater haben, besteht darin, dass sie alle Erben sind. Der jüngste Sohn ist ein Erbe. Die Kinder Gottes sind Erben der Dinge dieses Lebens. Da Gott ihr Vater ist, haben sie ein volles Anrecht auf die irdischen Dinge; sie haben ein geheiligtes Anrecht auf sie. Auch wenn sie oft den kleinsten Anteil haben, so haben sie das volle Anrecht, und mit dem, was sie haben, haben sie den Segen der Liebe Gottes und seiner Gunst. Andere mögen mehr von dem „Wildbret" haben, aber Gottes Kinder haben mehr Segen. Somit sind sie Erben der Güter dieses Lebens. Sie sind auch Erben der zukünftigen Welt. „Welche das Heil erben sollen" (Hebr 1,14). „Miterben des Christus" (Röm 8,17). In der Herrlichkeit sind sie Mitteilhaber mit Christus. Bei den Menschen erhält gewöhnlich der älteste Sohn alles, aber die Kinder Gottes sind alle Miterben mit Christus; sie sind Mitteilhaber an seinen Reichtümern. Hat Christus einen Platz in den himmlischen Wohnungen? So haben ihn auch die Kinder Gottes. „Im Haus meines Vaters sind viele Wohnungen ... Ich gehe hin, um euch eine Stätte zu bereiten" (Joh 14,2). Hat er die Liebe seine Vaters? So haben auch sie die Liebe. „Damit die Liebe, mit der du mich liebst, in ihnen sei" (Joh 17,26). Sitz er auf einem Thron? So auch die Kinder Gottes (Offb 3,21). Was ist das für eine hohe Ehre!

d) Gott macht seine Kinder den Engeln gleich an Ehre (Lk 20,36). Sie sind den Engeln gleich, ja, diese Heiligen, die Gott als ihren Vater haben, stehen in einem gewissen Sinne sogar über den Engeln, denn Christus hat unsere Natur angenommen. Augustinus sagt: *„Er hat unsere Natur geadelt."* Er hat unsere Natur über die der Engel geadelt und geehrt (Hebr 2,16). Gott hat durch die Adoption seine Kinder näher zu sich gestellt als die Engel. Die Engel sind Freunde von Christus; die Gläubigen sind seine Glieder, und diese Ehre haben alle Heiligen. Was ist das für ein Trost für die Kinder Gottes, die hier verachtet und mit Schmähungen und Beschimpfungen beladen sind! „Zum Kehricht der Welt sind wir geworden" (1.Kor 4,13). Aber Gott wird am Jüngsten Tag seinen Kindern Ehre geben und sie mit ewiger Seligkeit krönen, zum Neid ihrer Widersacher.

Wie können wir wissen, dass Gott unser Vater ist? Nicht jeder kann sagen: „Unser Vater". Die Juden rühmten sich, dass Gott ihr Vater sei: „Wir haben *einen* Vater: Gott!" (Joh 8,41). Christus sagte ihnen jedoch, was ihre wahre Herkunft war: „Ihr habt den Teufel zum Vater" (Vers 44). Diejenigen, welche einen satanischen Geist haben und von ihrer Macht Gebrauch machen, um die Kraft der Gläubigen niederzuschlagen, können nicht sagen, dass Gott ihr Vater ist. Sie müssen eigentlich sagen: „Unser Vater, der du bist in der Hölle." Wie können wir dann wissen, dass Gott unser Vater ist?

a) Wenn man eine kindliche Glaubenshaltung einnimmt, die an vier Dingen erkennbar ist:

1. Wenn die Tränen kommen, weil man seinen Vater gekränkt hat. Als Christus den Petrus ansah und Petrus sich an seine Sünde der Verleugnung erinnerte, fing er an zu weinen. Klemens von Alexandrien berichtet, dass Petrus jedes Mal zu weinen begann, wenn er einen Hahn krähen hörte. Wenn das Herz aus Stein weggenommen ist und die Gnade das Herz auftaut und wegen der Sünde in Tränen schmilzt, ist das ein Zeichen dafür, dass Gott unser Vater ist. Wer ein kindliches Herz hat, trauert auf eine geistliche Weise über die Sünde. Er ist betrübt, weil es Sünde und eine Tat der Verunreinigung ist. Die Sünde befleckt die reine Seele; sie entstellt das Bild Gottes; sie verwandelt Schönheit in Missbildung. Die Sünde wird als eine Plage des Herzens bezeichnet (1.Kön 8,38). Ein Kind Gottes

trauert wegen der Befleckung der Sünde. Die Sünde erscheint ihm schwärzer als die Hölle.

Wer ein kindliches Herz hat, der trauert wegen der Sünde, weil sie ein Akt der Feindschaft ist. Die Sünde steht diametral gegen Gott. Sie wird als „sich Gott widersetzen" bezeichnet. „Dann werden sie ihre Schuld und die Schuld ihrer Väter bekennen samt ihrer Untreue, die sie gegen mich begangen haben, und dass sie sich mir widersetzten" (3.Mose 26,40). Die Sünde tut alles, um Gott zu trotzen. Wenn Gott einen Gedanken hat, dann hat die Sünde den entgegengesetzten Gedanken. Die Sünde möchte nicht nur Gott entthronen, sondern sie bekämpft auch seine ganze Existenz. Wenn es nach der Sünde ginge, würde Gott nicht mehr Gott sein. Ein kindliches Herz ist darüber betrübt: „Oh!", sagt es, „dass ich so viel Feindschaft in mir habe, dass sich mein Wille nicht mehr dem Willen meines himmlischen Vater unterordnen möchte!" Das fließt aus einem Leck göttlicher Trauer.

Ein kindliches Herz weint wegen der Sünde, weil sie ein Akt der Undankbarkeit ist. Sie missbraucht die Liebe Gottes. Sie nimmt die Juwelen seiner Wohltaten und missbraucht sie, um zu sündigen. Gott hat für seine Kinder mehr getan als für andere. Er hat seine Gnade in sie eingepflanzt und ihnen einige Erweise seiner Gunst gegeben, und wenn man gegen Freundlichkeit sündigt, färbt man die Fasern der Sünde blutrot. Das ist wie bei Absalom: Kaum hatte ihn sein Vater geküsst und in seine Gunst gestellt, da schmiedete er einen Verrat gegen ihn. Nichts bringt ein kindliches Herz so in Tränen zum Schmelzen wie die Sünden der Undankbarkeit. Oh, wie konnte ich nur gegen das Blut des Heilandes und gegen die innige Zuneigung des Vaters sündigen! Ich verurteile die Undankbarkeit meines Kindes, doch bin ich selbst der Undankbarkeit gegen meinen himmlischen Vater schuldig. Das öffnet eine Ader göttlicher Trauer und lässt das Herz erneut bluten. Gewiss ist es ein Beweis, dass Gott unser Vater ist, wenn er unserem Herzen eine kindliche Gestalt gibt, wenn man wegen der Sünde weint, weil sie Sünde ist, eine verunreinigende Tat, Feindschaft und Undankbarkeit. Ein gottloser Mensch kann wegen der bitteren Folgen der Sünde weinen, aber nur ein Kind Gottes kann über das abscheuliche Wesen der Sünde betrübt sein.

2. Wenn man eine kindliche Glaubenshaltung hat, dann ist man voller Mitgefühl. Wir nehmen uns die Unehre, die unserem himmlischen Vater angetan wird, zu Herzen. Wenn wir sehen, wie sein Gottesdienst verfälscht und seine Wahrheit mit dem Gift des Irrtums vermischt wird, dann ist das wie ein Schwert in unseren Knochen, wodurch wir fühlen, wie seine Ehre gekränkt wird. „Ich sehe die Verächter und es tut mir wehe" (Ps 119,158; LÜ 84). Homer beschreibt die Trauerklage von Agamemnon, als er gezwungen war, sein Tochter Iphigenie zu opfern. Da versammelte er alle seine Freunde, die mit ihm trauerten und ihm ihr Mitgefühl aussprachen. Ebenso fühlen wir mit Gott mit und hüllen uns in Wehklagen, wenn Gott entehrt wird. Ein wohlgeratenes Kind sticht es ins Herz, wenn es hört, dass sein Vater geschmäht wird. Ebenso ist es, wenn Gott Unehre angetan wird: Das empfinden die Erben des Himmels als schrecklicher als die Schmach, die ihnen selbst angetan wird.

3. Eine kindliche Glaubenshaltung bedeutet, dass wir unseren himmlischen Vater lieben. Es ist unnatürlich, seinen Vater nicht zu lieben. Gott, der mit Herrlichkeit gekrönt ist, ist der wahre Gegenstand der Freude. Und jedes wahre Kind Gottes spricht wie Petrus: „Ja, Herr, du weißt, dass ich dich lieb habe!" (Joh 21,15). Aber wer würde nicht sagen, dass er Gott liebt? Wenn unsere Liebe zu unserem himmlischen Vater wahr und echt ist, kann man das an den Auswirkungen erkennen. Dann haben wir eine heilige Furcht. Die Furcht, die aus der Liebe zu Gott erwächst, ist dort, wo man fürchtet, die sichtbaren Zeichen seiner Gegenwart zu verlieren. Elis „Herz bangte um die Lade Gottes" (1.Sam 4,13). Es heißt nicht, dass sein Herz wegen seiner beiden Söhne Hophni und Pinehas zitterte, sondern sein Herz zitterte wegen der Bundeslade, weil sie das besondere Zeichen der Gegenwart Gottes war, und wenn sie weg wäre, dann würde die Herrlichkeit Gottes weichen. Wer seinen himmlischen Vater liebt, fürchtet, dass die Zeichen seiner Gegenwart weggenommen werden könnten, dass eine

Verweltlichung wie eine Flut hereinbrechen, dass das Papsttum an die Spitze gelangen und dass Gott sein Volk verlassen könnte. Die Gegenwart Gottes in seinen Gnadenmitteln ist die Herrlichkeit und Stärke einer Nation. Die Trojaner hatten das Bild von Pallas, und sie waren der Meinung, dass sie niemals besiegt werden konnten, solange dieses Bild unter ihnen bewahrt wurde. Ebenso ist auch das Volk Gottes sicher, solange die Gegenwart Gottes bei ihnen ist. Jedes wahre Kind Gottes fürchtet, dass Gott weggehen könnte und seine Herrlichkeit weicht. Lasst uns prüfen, ob wir eine kindliche Glaubenshaltung haben. Lieben wir Gott und bewirkt diese Liebe Gottesfurcht und Eifer? Haben wir die Furcht, dass wir die Gegenwart Gottes verlieren könnten, dass die Sonne der Gerechtigkeit sich aus unserem Horizont herausbewegen könnte? Viele fürchten, dass sie etwas von ihrem weltlichen Gewinn verlieren könnten, aber nicht, die Gegenwart Gottes zu verlieren. Wenn sie Frieden haben und Geschäfte machen können, kümmern sie sich nicht darum, was aus der Lade Gottes wird. Ein wahres Kind Gottes fürchtet nichts so sehr wie den Verlust der Gegenwart seines Vaters. „Denn wehe ihnen, wenn ich mich von ihnen abwende!“ (Hos 9,12).

Die Liebe zu unserem himmlischen Vater erkennt man an der Liebe zu seinem Tag. „Wenn du den Sabbat deine Lust nennst“ (Jes 58,13). Die Väter nannten ihn: die *Königin der Tage*. Wenn wir unseren Vater im Himmel lieben, verbringen wir diesen Tag in Hingabe, im Lesen, Hören, in Andacht; an diesem Tag fällt das Manna zweimal. Gott hat den Sabbat geheiligt. Er hat alle Tage der Woche gemacht; aber diesen Tag hat er mit einem Segen gekrönt. Die Liebe zu unserem himmlischen Vater sieht man an der Liebe zu seinen Kindern. „Wer den liebt, der ihn geboren hat, der liebt auch den, der aus Ihm geboren ist“ (1.Joh 5,1). Wenn wir Gott lieben, dann sehen wir von ihm umso mehr in den anderen, und umso mehr lieben wir sie. Wir lieben sie, auch wenn sie arm sind, so wie ein Kind es liebt, das Bild seines Vaters zu sehen, auch wenn es nur in einem gewöhnlichen Rahmen hängt. Wir lieben die Kinder unseres Vaters, auch wenn sie verfolgt werden. „Der

Herr erweise dem Haus des Onesiphorus Barmherzigkeit, weil er mich oft erquickt und sich meiner Ketten nicht geschämt hat“ (2.Tim 1,16). Konstantin küsste die Augenhöhle von Paphnutius, weil er sein Auge um Christi willen verloren hatte. Die keine Liebe zu den Kindern Gottes haben, haben keine Liebe zu Gott. Sie bemühen sich nicht um ihre Gesellschaft; sie haben eine heimliche Abscheu vor ihnen und eine heimliche Abneigung gegen sie. Heuchler geben vor, dass sie eine große Ehrfurcht vor den verstorbenen Heiligen haben. Sie erklären die toten Gläubigen für heilig, verfolgen aber die lebenden Gläubigen. Über solche kann ich nichts anderes sagen als das, was der Apostel in Hebräer 12,8 sagt: „So seid ihr Ausgestoßene und nicht Kinder.“

Wenn wir unseren himmlischen Vater lieben, dann sollten wir seine Anwälte sein und aufstehen, um seine Wahrheit zu verteidigen. Wer seinen Vater liebt, wird für ihn eintreten, wenn er verleumdet wird und man ihm Unrecht antut. Wer hören kann, wie Gottes Name entehrt wird und dazu schweigt, der hat kein kindliches Herz, keine Liebe zu Gott. Christus tritt für uns im Himmel ein, und wir fürchten uns, für ihn auf der Erde einzutreten? Für solche, die in Zeiten der Gefahr es nicht wagen, Gott und den Glauben anzuerkennen, wird Gott sich schämen, ihr Gott genannt zu werden. Solche Kinder, die sich schämen Gott anzuerkennen, sind für ihn eine Schmach. Eine kindliche Liebe zu Gott erkennt man am Grad der Liebe. Wir lieben unseren Vater im Himmel über allen anderen Dingen, über Besitz oder Verwandte (Ps 73,25), so wie Öl auf dem Wasser fließt. Ein Kind Gottes, das in ihm ein höchstes Maß an Güte und eine Ansammlung aller Schönheiten sieht, wird auch im höchsten Maß der Liebe zu ihm gezogen. Wie Gott seinen Kindern die erwählende Liebe gibt, eine solche Liebe, die er den Gottlosen nicht gewährt, so geben seine Kinder ihm solch eine Liebe, wie sie sie keinem anderen geben. Sie lieben ihn bis auf Mark und Bein. Sie lieben ihn mit einer Liebe, die mit Anbetung verbunden ist. Diesen Würzwein bewahren sie allein für ihren Vater auf, um davon zu trinken (Hld 8,2).

4. Eine kindliche Glaubenshaltung erkennt man daran, dass unser himmlischer Vater geehrt wird. „Ein Sohn soll seinen Vater ehren" (Mal 1,6).

Wir zeigen, dass wir unseren Vater im Himmel ehren, wenn auf uns eine heilige Ehrfurcht vor ihm liegt. „Du sollst dich fürchten vor deinem Gott" (3.Mose 25,17). Die heilige Furcht vor Gott besteht darin, dass wir es nicht wagen, etwas zu tun, was er in seinem Wort verboten hat. „Wie sollte ich nun eine so große Missetat begehen und gegen Gott sündigen?" (1.Mose 39,9). Es ist ein Teil der Ehre, die ein Sohn einem Vater gibt, dass er fürchtet, er könnte ihn bloßstellen. Wir zeigen, dass wir unseren himmlischen Vater ehren, wenn wir alles tun, um ihn zu verherrlichen, und seine Tugenden hervorleuchten lassen. Auch wenn wir ihn im Himmel nicht höher erheben können, so können wir ihn doch höher in unseren Herzen erheben und im Ansehen bei anderen. Wenn wir gut von Gott reden, seinen Ruhm verkünden, die Erweise seine Güte zeigen, wenn wir in allem, was wir tun, ihm die Ehre zuschreiben, wenn wir Posaunenbläser seines Lobes sind, dann ehren wir unseren Vater im Himmel, und dann ist das ein sicheres Zeichen für ein kindliches Herz. „Wer Dank opfert, der ehrt mich" (Ps 50,23).

b) Wir können wissen, dass Gott unser Vater ist, wenn wir ihm gleichen. Ein Kind ist ein Bild seines Vaters. „Sie waren wie du, ein jeder so schön wie Königssöhne!" (Ri 8,18). Jedes Kind Gottes gleicht dem König des Himmels. Hierin unterscheiden sich die Kinder, die Gott adoptiert hat, und die Kinder, die ein Mann adoptiert. Ein Mann adoptiert jemanden als seinen Sohn und Erben, der ihm überhaupt nicht gleicht. Wen auch immer aber Gott als sein Kind adoptiert, der gleicht ihm. Er trägt nicht nur den Namen seines himmlischen Vaters, sondern auch sein Bild. „Und den neuen angezogen habt, der erneuert wird zur Erkenntnis, nach dem Ebenbild dessen, der ihn geschaffen hat" (Kol 3,10). Wer Gott als seinen Vater hat, der gleicht ihm an Heiligkeit, die die Herrlichkeit der Gottheit ist (2.Mose 15,11). Die Heiligkeit Gottes ist die innere Reinheit seines Wesens. Wer Gott als seinen Vater hat, der hat an seiner göttlichen Natur Anteil, wenn auch nicht an seinem göttlichen Wesen, so trägt er dennoch eine göttliche Prägung, so wie das Siegel seinen Abdruck und seine Prägung auf das Wachs drückt. Wer Gott nun zu seinem Vater hat, trägt den Abdruck und das Bildnis seiner Heiligkeit, die auf ihn geprägt sind. „Aaron, den Heiligen des HERRN" (Ps 106,16). Die gottlosen Menschen wünschen, Gott im Jenseits an Herrlichkeit zu gleichen, aber hier wirken sie nicht darauf hin, ihm an Gnade zu gleichen. Sie geben zwar vor der Welt vor, dass Gott ihr Vater ist, doch besitzen sie nichts von Gott, was man in ihnen sehen kann. Sie sind unrein. Ihnen fehlt nicht nur sein Bildnis, sondern sie hassen es auch.

c) Wir können wissen, dass Gott unser Vater ist, wenn wir seinen Geist in uns haben.

1. Wenn wir den Geist als Fürsprecher haben. Er ist ein Geist des Gebets. „Weil ihr nun Söhne seid, hat Gott den Geist seines Sohnes in eure Herzen gesandt, der ruft: Abba, Vater!" (Gal 4,6). Beim Gebet haucht sich die Seele selbst in den Schoß seines himmlischen Vaters aus. Keines der Kinder Gottes ist stumm geboren. *Der Heilige Geist erfüllt sein Instrument, und der Geist Gottes berührt das Herz der Heiligen wie die Leiter der Saiten einer Harfe.* „Denn siehe, er betet" (Apg 9,11). Aber nicht jedes Gebet ist ein Beweis dafür, dass der Geist Gottes in uns ist. Es können sich auch solche Leute durch Gaben auszeichnen, die keine Gnade haben, und die Herzen anderer im Gebet beeinflussen, während ihre eigenen Herzen nicht berührt sind. Das ist so wie bei der Laute, die in den Ohren anderer Leute einen lieblichen Klang erzeugt, aber sie selbst kann man nicht spüren.

Wie können wir wissen, dass unsere Gebete vom Geist verfasst wurden und er so unser Vater ist?

Wenn Gebete nicht nur aus dem Klang der Stimme bestehen, sondern aus dem Herzen kommen. Wenn Gebete nicht nur eine Begabung sind, sondern mit Seufzen geschehen (Röm 8,26). Die beste Musik ist mehrstimmig. Das Gebet ist am besten, wenn das Herz und die Zunge gemeinsam miteinander einstimmen.

Wenn Gebete brennend und ernstlich sind. „Das Gebet eines Gerechten vermag viel, wenn es ernstlich ist" (Jak 5,16). Die Augen gehen im Gebet in Tränen über und das Herz brennt. Brennend sein im Gebet ist wie das Feuer für den Weihrauch, das ihn wie einen lieblichen Wohlgeruch zum Himmel aufsteigen lässt.

Wenn das Gebet mit Glauben vermengt ist. Das Gebet ist der Schlüssel zum Himmel, und der Glaube ist die Hand, die den Schlüssel dreht. „Indem wir rufen: Abba, Vater!" (Röm 8,15). „Wir rufen", hier ist das Gebet brennend. „Abba, Vater", hier ist der Glaube. Die Gebete, die auf den Felsen des Unglaubens krachen, erleiden Schiffbruch. Wir können wissen, dass Gott unser Vater ist, wenn wir seinen Geist haben, der in uns betet. Wie Christus uns im Himmel vertritt, so vertritt uns der Geist im Herzen.

2. Wenn wir die Erneuerung des Geistes haben, was nichts anderes als die Wiedergeburt ist, die als aus dem Geist geboren sein bezeichnet wird (Joh 3,5). Dieses Werk der Wiedergeburt durch den Geist ist eine Umgestaltung oder eine Veränderung der Natur. „Lasst euch [in eurem Wesen] verwandeln durch die Erneuerung eures Sinnes" (Röm 12,2). Wer aus Gott geboren ist, hat ein neues Herz: es wird nicht wesenhaft neu, sondern im Hinblick auf seine Eigenschaften. Die Saiten der Violine mögen die gleichen sein, aber die Tonlage wurde verändert. Vor der Wiedergeburt gab es viele geistliche Wehen, viel Zerbruch des Herzens wegen der Sünde. Sie werden als Beschneidung des Herzens bezeichnet (Kol 2,11). Bei der Beschneidung gibt es Schmerzen im Fleisch. Ebenso gibt es bei der geistlichen Beschneidung Schmerzen im Herzen. Aus dem Gefühl für Schuld und Zorn erwächst viel Traurigkeit. Das Zittern des Kerkermeisters waren die Wehen bei der neuen Geburt (Apg 16,29). Bevor der Geist Gottes ein Geist der Kindschaft ist, ist er ein Geist der Knechtschaft. Das gesegnete Werk der Wiedergeburt erstreckt sich über die ganze Seele: Es wirkt auf den

Verstand ein, heiligt das Herz und erneuert das Leben. Auch wenn die Wiedergeburt zum Teil geschieht, so geschieht sie doch in allen Bereichen (1.Thess 5,23). Die Wiedergeburt ist die Unterschrift und die Gravur des Heiligen Geistes auf der Seele. Der neugeborene Christ wird mit den Juwelen der Gnadengaben geschmückt, die die Herrlichkeit der Engel sind. Die Wiedergeburt ist die Quelle aller wahren Freude. Bei unserer ersten Geburt kommen wir weinend zur Welt, aber bei unserer neuen Geburt gibt es Grund zur Freude, denn jetzt ist Gott unser Vater und wir sind wiedergeboren zu einer lebendigen Hoffnung der Herrlichkeit (1.Petr 1,3). Hieran können wir prüfen, wie unsere Beziehung zu Gott ist. Ist das Werk der Wiedergeburt durch den Geist Gottes an unserer Seele geschehen? Sind wir eines anderen Geistes, demütig und himmlisch gesinnt? Das ist ein gutes Zeichen der Kindschaft, und wir können sagen: „Unser Vater, der du bist im Himmel."

3. Wir wissen, dass Gott unser Vater ist, wenn wir durch den Geist geführt werden. Wir werden durch den Geist geleitet. „Denn alle, die durch den Geist Gottes geleitet werden, die sind Söhne Gottes" (Röm 8,14). Der Geist Gottes macht uns bei der Wiedergeburt nicht nur lebendig, sondern er leitet uns auch, bis wir das Ziel unseres Glaubens erreichen. Es reicht nicht aus, dass das Kind Leben hat, sondern es muss auch auf jedem Schritt von der Amme geführt werden. „Und ich war es doch, der Ephraim gehen lehrte, der sie auf seine Arme nahm" (Hos 11,3). Wie die Israeliten die Wolken- und Feuersäule hatten, um vor ihnen herzugehen und um für sie ein Führer zu sein, so ist auch der Geist Gottes für uns ein Führer, um vor uns herzugehen und uns in alle Wahrheit zu leiten und uns in allen unseren Zweifeln Rat zu geben und uns in allen unseren Taten zu beeinflussen. „Du leitest mich nach deinem Rat" (Ps 73,24). Niemand kann Gott „Vater" nennen, außer denen, welche die Führung des Geistes haben. Prüfen wir deshalb, von welchem Geist wir geleitet werden. Diejenigen, welche durch einen Geist des Neids, der Begierde und Habsucht geleitet werden, werden nicht vom Geist Gottes geleitet. Wenn

sie Gott „Vater“ nennen, wäre das Gotteslästerung. Sie werden vom Geist Satans geleitet und müssten sagen: „Unser Vater, der du bist in der Hölle.“

4. Wenn wir das Zeugnis des Geistes haben. „Der Geist selbst gibt Zeugnis zusammen mit unserem Geist, dass wir Gottes Kinder sind“ (Röm 8,16). Das Zeugnis des Geistes, das darauf hindeutet, dass Gott unser Vater ist, ist kein hörbares Zeugnis oder eine Stimme vom Himmel. Der Geist legt im Wort Zeugnis ab. Der Geist im Wort sagt, wer qualifiziert ist, nämlich wer die Sünde hasst und die Heiligkeit liebt, wer ein Kind Gottes ist und dass Gott sein Vater ist. Wenn ich es vorfinde, dass so eine Qualifikation gewirkt wurde, dann ist es der Geist, der meinem Geist bezeugt, dass ich ein Kind Gottes bin. Wir können sogar noch weiter darüber hinausgehen. Der Geist Gottes gibt unserem Geist Zeugnis, indem er mehr als nur einen gewöhnlichen Eindruck auf unser Herzen macht und einige stille Hinweise und Einflüsterungen gibt, dass Gott mit uns Absichten der Liebe hat, was ein gleichzeitiges Zeugnis des Geistes mit unserem Gewissen ist, dass wir Erben des Himmels sind und dass Gott unser Vater ist. Dieses Zeugnis erfährt man besser, als dass man es mit Worten ausdrückt. Es vertreibt Zweifel und Ängste und bringt Versuchungen zum Schweigen. Aber was soll jemand tun, der dieses Zeugnis des Geistes nicht hat? Wenn wir das Zeugnis des Geistes nicht haben, dann lasst uns uns darum bemühen, das Werk des Geistes zu suchen. Wenn wir das Zeugnis des Geistes nicht haben, dann lasst uns uns um die Heiligung des Geistes bemühen, und das wird uns eine Hilfe sein.

d) Wenn Gott unser Vater ist, dann haben wir einen friedfertigen Geist. „Glückselig sind die Friedfertigen, denn sie werden Söhne Gottes heißen!“ (Mt 5,9). Die Gnade flößt uns eine liebenswürdige und freundschaftliche Glaubenshaltung ein. Sie feilt die Grobheit des menschlichen Geistes ab. Sie verwandelt die löwenartige Wildheit in die Zahmheit eines Lammes (Jes 11,7). Diejenigen, welche Gott als ihren Vater haben, jagen dem Frieden ebenso nach wie der Heiligkeit.

Gott, der Vater, wird als „Gott des Friedens" bezeichnet (Hebr 13,20), und Gott, der Sohn, als „Friedefürst" (Jes 9,5), und Gott, der Heilige Geist, als ein Geist des Friedens: „die Einheit des Geistes zu bewahren durch das Band des Friedens" (Eph 4,3). Je friedfertiger man ist, umso mehr gleicht man Gott. Gott ist nicht der Vater derer, die so wild und grausam sind, als hätten sie mit Romulus die Milch eines Wolfs gesaugt. „Den Weg des Friedens kennen sie nicht" (Röm 3,17). Solche haben Spaß daran, Schaden anzurichten, und haben einen Geist der Verfolgung, wie Maximus, Diokletian und Antiochius, die, wie Eusebius sagt, mehr mühselige Reisen und Gefahren auf sich nahmen, um die Juden zu belästigen und zu verfolgen, als irgendeiner ihrer Vorgänger, um Siege zu erringen. Diese Furien können Gott nicht ihren Vater nennen. Wenn sie es dennoch tun, haben sie genauso wenig Trost wie der reiche Mann in der Hölle, als er sagte: „Vater Abraham" (Lk 16,24). Auch diejenigen, welche Zwietracht anrichten, können Gott nicht ihren Vater nennen. „Dass ihr euch in Acht nehmt vor denen, die Zwietracht und Ärgernis anrichten" (Röm 16,17; LÜ 84). Diejenigen, welche aus Gott geboren sind, stiften Frieden. Was sollen wir von denen halten, die Zwietracht anrichten? Sollte Gott ihr Vater sein? Die erste Spaltung im Himmel machte der Teufel. Mögen sie den Teufel ihren Vater nennen. Sie können die gespaltene Hufe in ihr Wappen einsetzen. Ihre schönste Musik spielt in Disharmonie. Sie führen zusammen, um Zwietracht zu säen. Die Fuchsschwänze von Simson waren nur zusammengebunden, um das Getreide der Philister in Brand zu stecken (Ri 15,4). Die Papisten vereinigen sich nur, um den Frieden der Kirche in Brand zu stecken. Das Königreich Satans wächst durch das Säen von Zwietracht. Chrysostomos merkt über die Gemeinde in Korinth an: Als viele Bekehrte eingebracht wurden, wusste der Satan keinen besseren Weg, um den Strom des Glaubens einzudämmen, als einen Zankapfel hineinzuwerfen und sie in Gruppen aufzuspalten – eine Gruppe war für Paulus, eine andere für Apollos, aber nur wenige für Christus. Christus wollte nicht, dass sein Gewand zerteilt wird, und wird er es dann zulassen, dass sein Leib zerteilt wird? Gott wird niemals der Vater derer sein, die keine Kinder des Friedens sind. Stellvertretend für alle, die Gott hasst, wird einer mit Namen genannt, nämlich der, welcher „Zwietracht sät zwischen Brüdern" (Spr 6,19).

e) Wenn Gott unser Vater ist, dann mögen wir es, in seiner Nähe zu sein und Gemeinschaft mit ihm zu haben. Ein offenherziges Kind freut sich, in die Nähe seines Vaters zu kommen und in seine Gegenwart zu gehen. David beneidete die Vögel, die ihr Nest in der Nähe von Gottes Altar bauten, als ihm das Haus seines Vaters verwehrt war (Ps 84,4). Wahre Heilige mögen es, so nahe wie möglich bei Gott zu sein. Im Wort nähern sie sich seinen heiligen Aussprüchen, im Sakrament nähern sie sich seinem Tisch. Ein Kind Gottes freut sich, in der Gegenwart seines Vaters zu sein. Es kann nicht lange von Gott fernbleiben. Es sieht, wie sich ein Sabbattag nähert, und es freut sich. Sein Herz wurde oft beim Gnadenmittel geschmolzen und belebt. Es hat geschmeckt, dass der Herr gut ist, deshalb liebt es, in der Gegenwart seines Vaters zu sein. Es kann nicht lange von Gott fernbleiben. Diejenigen, welche sich nicht um die Gnadenmittel kümmern, können nicht sagen: „Unser Vater, der du bist im Himmel." Ist Gott der Vater derer, die es nicht ertragen können, in seiner Gegenwart zu sein?

Anwendung

Zur Unterweisung. Betrachten wir die wunderbare Güte Gottes, dass es ihm gefällt, mit uns in eine liebliche Beziehung einzutreten, in der er unser Vater ist. Er hatte es nicht nötig, uns zu adoptieren. Es mangelte ihm nicht an einem Sohn, aber uns fehlte ein Vater. Er zeigt seine Macht, indem er unser Schöpfer ist, aber seine Gnade zeigt er, indem er unser Vater ist. Was ist das für ein Wunder der Gnade! Als wir Feinde waren und unser Herz wie eine Festung gegen Gott stand, überwand er unsere Verstocktheit, und als wir Feinde waren, machte er uns zu Kindern; er schrieb seinen Namen auf uns, prägte uns sein Bildnis auf und schenkte uns ein Königreich der Herrlichkeit. Jedes adoptierte Kind kann sagen: „Ja, Vater, denn so ist es wohlgefällig gewesen vor dir" (Mt 11,26).

Wenn Gott ein Vater ist, dann schließe ich daraus, dass er das, was auch immer er für seine Kinder tut, aus Liebe tut.

a) Wenn er ihnen mit Wohlstand freundlich ist, dann ist es mit Liebe. Sie besitzen die Welt nicht nur durch Gottes Zulassung, sondern durch seine Liebe. Er sagt zu jedem seiner Kinder wie Naeman zu Gehasi: „Tu mir den Gefallen und nimm zwei Talente!“ (2.Kön 5,23). Ebenso sagt Gott zu seinem Kind: „Ich bin dein Vater, nimm zwei Talente!“ Nimm Gesundheit, und nimm sie mit meiner Liebe! Nimm ein Anwesen, und nimm es mit meiner Liebe! Nimm zwei Talente! Seine Liebe ist eine versüßende Zutat in jeder Gnadengabe.

Woran erkennt man, dass ein Kind Gottes weltliche Güter mit Liebe bekommt?

Weil es sein gutes Recht ist. Gott ist sein Vater, deshalb hat das Kind Gottes ein gutes Recht. Ein gottloser Mensch hat ein bürgerliches Anrecht auf die geschöpflichen Dinge, aber auch nicht mehr. Er hat es nicht aus der Hand eines Vaters. Er ist wie jemand, der Stoff von einem Tuchhändler erhält und nicht dafür bezahlt. Ein Gläubiger aber hat ein gutes Recht auf alle Nahrung seines Landes, denn sein Vater hat es ihm übertragen. Ein Kind Gottes bekommt weltliche Güter mit Liebe, weil sie für das Kind geheiligt sind. Sie machen das Kind Gottes besser, und sie sind Magneten, um es näher zu Gott zu ziehen. Es hat damit den Segen seines Vaters. Schon ein wenig ist lieblich, wenn es gesegnet ist. „So wird er dein Brot und dein Wasser segnen“ (2.Mose 23,25). Esau hatte das Wildbret, aber Jakob bekam den Segen. Während die Speise der Gottlosen mit dem Zorn Gottes gewürzt ist (Ps 78,30.31), ist der Trost der Gläubigen mit einem Segen gewürzt. Es war ein heiliger Segen von Gott, der Daniel mit Gemüse besser ernährte und ihn schöner aussehen ließ als diejenigen, welche von der Speise des Königs aßen (Dan 1,15).

Ein Kind Gottes bekommt weltliche Dinge mit Liebe, denn was auch immer es hat, ist ein Unterpfand für mehr. Jeder Bissen Brot ist ein Unterpfand und ein Erstling der Herrlichkeit.

b) Gott ist ein Vater, auch wenn er im Zorn die Stirn runzelt, wenn er seinen Stift in Galle tunkt und bittere Dinge schreibt; wenn er korrigiert, dann geschieht es mit Liebe. Wenn ein Vater sein Kind züchtigt und diszipliniert, liebt er es genauso, als wenn er sein Land auf das Kind überträgt. „Alle, die ich lieb habe, die überführe und züchtige ich" (Offb 3,19). Trübsale sind scharfe Pfeile, sagt Gregor von Nazianz, aber sie werden von der Hand eines Vaters abgeschossen. *Korrektur ist eine höhere Charakterschule.* Gott betrübt mit Liebe. Er tut das, um zu demütigen und zu reinigen. Liebevolle Korrektur ist ebenso notwendig wie das tägliche Brot, ja, so notwendig wie die Gnadenmittel – wie Wort und Sakrament. All das geschieht mit Liebe. Gott schlägt, damit er retten kann.

c) Gott ist ein Vater – auch wenn er sich zurückzieht und sein Angesicht vor seinem Kind verbirgt, dann geschieht das mit Liebe. Verlassenheit an sich ist traurig, eine kurze Hölle (Hiob 6,9). Wenn das Licht zurückgehalten wird, fällt der Tau. Dennoch können wir in der Wolke einen Regenbogen sehen – in alledem ist die Liebe eines Vaters. Damit macht Gott die Gnade lebendig. Vielleicht liegt die Gnade im Schlummern (Hld 5,2). In den glühenden Kohlen ist Feuer, und Gott zieht den Trost zurück, um die Gnade zu stärken und auszuüben. Der Glaube ist ein Stern, der manchmal am hellsten in der dunklen Nacht der Verlassenheit scheint (Jona 2,4). Wenn Gott sein Angesicht vor seinem Kind verbirgt, ist er immer noch ein Vater und sein Herz ist seinem Kind zugewandt. Als Josef hart zu seinen Brüdern redete und sie glauben ließ, dass er sie für Spione hielt, war sein Herz voller Liebe, und er war froh, dass er beiseite gehen konnte, um zu weinen. Gott sehnt sich in seinem Inneren nach seinen Kindern, auch wenn er ihnen fremd erscheint. „In überwallendem Zorn habe ich einen Augenblick mein Angesicht vor dir verborgen; aber mit ewiger Gnade will ich mich über dich erbarmen" (Jes 54,8). Auch wenn Gott das Aussehen eines Feindes hat, so hat er immer noch das Herz eines Vaters.

Lernen wir daher, wie traurig die Lage der Gottlosen ist. Sie können nicht sagen: „Unser Vater, der du bist im Himmel."

Sie können sagen: „unser Richter“, aber nicht: „unser Vater“. Ihr Stammbaum geht auf die Hölle zurück. „Ihr habt den Teufel zum Vater“ (Joh 8,44). Diejenigen, die unrein und weltlich sind, gehören zur falschen Brut der alten Schlange, und sie lästern Gott, wenn sie Gott ihren Vater nennen. Die Lage der Gottlosen ist jämmerlich. Wenn sie im Elend sind, haben sie niemanden, zu dem sie klagen können. Gott ist nicht ihr Vater; er weist jede Art von Verwandtschaft mit ihnen zurück. „Ich habe euch nie gekannt; weicht von mir, ihr Gesetzlosen!“ (Mt 7,23). Die Gottlosen, die in ihren Sünden sterben, können von Gott als Vater keine Gnade erwarten. Viele sagen, dass der, welcher sie gemacht hat, auch retten wird. Aber in Jesaja 27,11 heißt es: „Denn es ist ein unverständiges Volk; darum erbarmt sich der nicht über sie, welcher sie gemacht hat.“ Auch wenn Gott ihr Vater aufgrund der Schöpfung ist, wird der, der sie gemacht hat, dennoch nicht retten, weil sie nicht seine Kinder durch Adoption sind.

Zweite Anwendung

Zur Aufforderung. Lasst alle, die jetzt für Gott noch Fremde sind, sich darum bemühen, in seine himmlische Familie zu kommen. Lasst uns nicht nachlassen, bis wir sagen können: „Unser Vater, der du bist im Himmel.“

Wird aber Gott für mich ein Vater sein, der ich seinen Namen entheiligt habe und ein großer Sünder gewesen bin?

Wenn wir nun letzten Endes Gott im Gebet suchen und mit unseren Sünden brechen, hat er das Herz eines Vaters für uns und wird uns in keiner Weise hinausstoßen. Als der verlorene Sohn sich aufmachte und zu seinem Vater ging, da „sah ihn sein Vater und hatte Erbarmen; und er lief, fiel ihm um den Hals und küsste ihn“ (Lk 15,20). Auch wenn wir ein verlorener Sohn waren und fast alles mit unseren Begierden durchgebracht haben, nun unseren Sünden aber einen Scheidebrief geben und in Buße zu Gott fliehen, so dürfen wir wissen, dass er das Herz eines Vaters hat. Er wird uns mit den Armen seiner Gnade umarmen und unsere Vergebung mit einem Kuss besiegeln. Aber sind unsere Sünden nicht zu abscheulich? Die Wunde ist nicht so groß wie das Pflaster von Christi Blut. Das Meer bedeckt große Felsen. Das Meer der Barmherzigkeit Gottes kann große Sünden überschwemmen. So lasst uns deshalb nicht entmutigt sein. Gehen wir zu Gott. Entschließen wir uns dazu, uns auf die Barmherzigkeit unseres Vaters zu werfen. Er kann sich von uns erbitten lassen, wie er auf das Flehen von Manasse hörte (2.Chr 33,13).

Dritte Anwendung
Zum Trost. Hier ist Trost für diejenigen, welche Gott aus guten Gründen Vater nennen können. In diesem Wort Vater liegt mehr Lieblichkeit, als wenn wir im Besitz von zehntausend Welten wären. David hielt es für eine große Sache, der Schwiegersohn eines Königs zu sein. „Und was ist meine Herkunft, das Geschlecht meines Vaters in Israel, dass ich Schwiegersohn des Königs werden soll?“ (1.Sam 18,18). Was bedeutet es dann erst, aus Gott geboren zu sein und ihn als unseren Vater zu haben?

Worin besteht das Glück, Gott als unseren Vater zu haben?

a) Wenn Gott unser Vater ist, wird er uns lehren. Welcher Vater würde sich weigern, seinem Sohn Rat zu geben? Wenn Gott den Eltern gebietet, ihre Kinder zu unterweisen, wird er dann nicht auch seine Kinder unterweisen? (5.Mose 4,10). „Ich bin der HERR, dein Gott, der dich lehrt, was dir nützlich ist“ (Jes 48,17). „O Gott, du hast mich gelehrt von Jugend auf“ (Ps 71,17). Wenn Gott unser Vater ist, wird er uns die Belehrungen seines Geistes geben. „Der natürliche Mensch aber nimmt nicht an, was vom Geist Gottes ist … und er kann es nicht erkennen“ (1.Kor 2,14). Der natürliche Mensch kann vortreffliche Ansichten über die Glaubenslehre haben, aber Gott muss uns lehren, damit wir die Geheimnisse des Evangeliums auf eine geistliche Weise erkennen. Jemand mag die Symbole auf einer Sonnenuhr sehen, aber er kann solange nicht sagen, wie weit der Tag fortschreitet, bis die Sonne scheint. Ebenso können wir viele Wahrheiten in der Bibel lesen, aber wir können sie nicht zur Rettung erkennen, bis Gott mit seinem Geist auf unsere Seele scheint. Gott lehrt nicht nur unser Ohr, sondern auch unser Herz. Er unterrichtet nicht nur unseren Verstand, sondern er lenkt auch unseren Willen. Wir werden niemals etwas lernen, bis Gott uns lehrt. Wenn er unser Vater ist, wird er uns lehren, wie wir unsere Angelegenheiten recht ausrichten können und wie wir uns weise verhalten. David „richtete alles recht aus"[2] (1.Sam 18,5 LÜ 84). Er wird uns lehren, was wir antworten sollen, wenn wir vor Obrigkeiten gebracht werden. Er wird uns die Worte in den Mund legen. „Auch vor Fürsten und Könige wird man euch führen um meinetwillen ... so sorgt euch nicht darum, wie oder was ihr reden sollt ... Denn nicht ihr seid es, die reden, sondern der Geist eures Vaters ist's, der durch euch redet" (Mt 10,18-20).

b) Wenn Gott unser Vater ist, dann hat er eine innere Zuneigung zu uns. Wenn es für einen Vater so unnatürlich ist, sein Kind nicht zu lieben, wie können wir dann denken, dass Gott in seiner Liebe mangelhaft sein kann? Alle Zuneigungen der Eltern kommen von Gott, aber sie sind nur ein Funke von seiner Flamme. Er ist der Vater der Barmherzigkeit (2.Kor 1,3). Er erzeugt alle Barmherzigkeit und innere Zuneigung in den Geschöpfen. Seine Liebe zu seinen Kindern ist eine Liebe, welche die Erkenntnis übersteigt (Eph 3,19). Sie überschreitet alle Dimensionen. Sie ist höher als der Himmel; sie ist weiter als das Meer. Damit wir die väterliche Liebe Gottes zu seinen Kindern sehen, bedenken wir, dass Gott sie in kostbarer Weise schätzt. „Darum, weil du kostbar bist in meinen Augen" (Jes 43,4). Für einen Vater ist sein Kind kostbarer als Juwelen. Ihre Namen sind kostbar, denn der Name Gottes ist auf sie geschrieben. „Ich will auf ihn den Namen meines Gottes schreiben" (Offb 3,12). Ihre Gebete sind ein kostbarer Wohlgeruch; ihre Tränen sammelt er in einem Schlauch (Ps 56,9). Er betrachtet seine Kinder als eine Krone der Herrlichkeit, die in seinen Händen ist (Jes 62,3). Gott liebt die Orte, in denen sie geboren wurden um ihretwillen. „Aber von Zion wird man sagen:

2 Nach der englischen Übersetzung: „David verhielt sich weise."

»Mann für Mann ist in ihr geboren«" (Ps 87,5), Gläubiger für Gläubiger wurde dort geboren. Er liebt den Boden, den seine Kinder betreten, also Judäa, die Wohnstätte seiner Kinder und Auserwählten; er nennt sie ein Land des Wohlgefallens (Mal 3,12). Es ist nicht nur wegen seiner Lage und Fruchtbarkeit angenehm, sondern weil seine Kinder dort wohnen, die seine *hephzibah* – „meine Lust an ihr" sind. Er macht den Großen der Welt die Auflage, dass sie seinen Kindern keinen Schaden zufügen, weil sie als Personen heilig sind. „Er ließ sie von keinem Menschen bedrücken und züchtigte Könige um ihretwillen: »Tastet meine Gesalbten nicht an ...«" (Ps 105,14.15). Mit „Gesalbten" sind die Kinder des großen Gottes gemeint, welche die Salbung des Geistes haben und für Gott abgesondert sind. Er erfreut sich an ihrer Gesellschaft. Er sieht gerne ihre Gestalt und hört gerne ihre Stimme (Hld 2,14). Er kann nicht lange auf ihre Gesellschaft verzichten. Lasst nur zwei oder drei seiner Kinder zusammenkommen und miteinander beten, so wird er gewiss mitten unter ihnen sein. „Denn wo zwei oder drei in meinem Namen versammelt sind, da bin ich in ihrer Mitte" (Mt 18,20). Er trägt seine Kinder in seinem Schoß, wie eine Amme einen Säugling trägt (4.Mose 11,12; Jes 46,4). Dass Gott seine Kinder in seinem Schoß trägt, zeigt, wie nahe sie ihm am Herzen liegen. Er ist völlig um ihre Fürsorge bedacht. „Er sorgt für euch" (1.Petr 5,7). Seine Augen sind immer auf sie gerichtet; sie gehen ihm niemals aus seinen Gedanken. Ein Vater kann nicht immer für sein Kind sorgen, manchmal schläft er, aber Gott ist ein Vater, der niemals schläft. „Siehe, der Hüter Israels schläft noch schlummert nicht!" (Ps 121,4). Er achtet nichts für gut genug, um es ihnen mitzuteilen. Er gibt ihnen das Beste vom Weizen und Honig aus dem Felsen und „ein Mahl von alten Weinen, von fetten, markigen Speisen, von alten, geläuterten Weinen" (Jes 25,6). Er gibt ihnen drei Juwelen, die mehr als der Himmel wert sind – das Blut seines Sohnes, die Gnade seines Geistes und das Licht seines Angesichts. Noch nie hat es jemals einen solchen nachsichtigen, liebevollen Vater gegeben. Wenn er eine Liebe hätte, die größer als eine andere wäre, dann würde er sie ihnen schenken. Sie haben die Sahne und das innerste Wesen seiner Liebe. „Er wird sich über dich freuen mit Wonne, er wird still sein in seiner Liebe“ (Zeph 3,17). Er liebt seine Kinder mit der gleichen Liebe, mit der er Christus liebt (Joh 17,26). Es ist die gleiche Liebe, weil sie unwandelbar ist. Gott wird ebenso wenig aufhören, seine adoptierten Kinder zu lieben, wie er auch nicht aufhört, seinen eigenen Sohn zu lieben.

c) Wenn Gott unser Vater ist, dann wird er voller Mitgefühl sein. „Wie sich ein Vater über Kinder erbarmt, so erbarmt sich der HERR über die, welche ihn fürchten“ (Ps 103,13). „Ist mir Ephraim ein teurer Sohn? ... Darum ist mein Herz entbrannt für ihn; ich muss mich über ihn erbarmen!“ (Jer 31,20). In folgenden beiden Fällen erbarmt sich Gott über seine Kinder:

1. Im Fall von Schwachheiten. Wenn ein Kind missgebildet ist oder eine körperliche Behinderung hat, erbarmt sich der Vater über das Kind. Ebenso erbarmt sich Gott über unsere Schwachheiten, wenn er unser Vater ist, und er erbarmt sich in der Weise über unsere Schwachheiten, dass er sie heilt. „Seine Wege habe ich gesehen; dennoch will ich es heilen“ (Jes 57,18). Wie er ein Herz hat, um sich zu erbarmen, so hat er auch Balsam, um zu heilen.

2. Im Fall von Verletzungen. Jeder Schicksalsschlag des Kindes geht dem Vater zu Herzen. So hat Gott Mitleid, wenn die Heiligen leiden. „Bei all ihrer Bedrängnis war er auch bedrängt“ (Jes 63,9). Es geht ihm so, als würde er in ihren Wunden bluten. „Saul! Saul! Warum verfolgst du mich?“ (Apg 9,4). Wenn man auf den Fuß getreten wird, schreit es der Kopf heraus. Gottes Seele war wegen der Kinder Israels betrübt (Ri 10,16). Wenn man bei einer Laute eine Saite berührt, klingen alle anderen mit. Ebenso ist es auch, wenn Gottes Kinder leiden, dann schmerzt sein Inneres mit. „Denn wer euch antastet, der tastet seinen Augapfel an!“ (Sach 2,12).

d) Wenn Gott unser Vater ist, wird er das geringste Gute, das er in uns sieht, zur Kenntnis nehmen. Wenn da auch nur ein Seufzer wegen der Sünde ist, so hört er es. „Mein Seufzen ist dir nicht verborgen!“ (Ps 38,10). Wenn auch nur eine Träne der Buße aus dem Auge kommt, sieht er es. Ich habe

„deine Tränen angesehen" (Jes 38,5). Wenn da auch nur eine gute Absicht ist, so nimmt er davon Kenntnis. „Dass es dir am Herzen lag, meinem Namen ein Haus zu bauen, dass dies dir am Herzen lag, daran hast du wohlgetan" (1.Kön 8,18). Er straft die Absicht zum Bösen und krönt die Absicht zum Guten. „Dass dies dir am Herzen lag, daran hast du wohlgetan." Er nimmt den *scintilla* – das kleinste Fünkchen zur Kenntnis, den kleinsten Funken der Gnade in seinen Kindern. „Wie Sarah dem Abraham gehorchte und ihn »Herr« nannte" (1.Petr 3,6). Der Heilige Geist erwähnt nicht den Unglauben von Sarah oder ihr Lachen über die Verheißung. Er legt den Finger auf die Wunde, geht mit einem Augenzwinkern an ihren Verfehlungen vorbei und nimmt nur von dem Guten, das in ihr war, Kenntnis: ihr Gehorsam gegenüber ihrem Ehemann – „wie Sarah dem Abraham gehorchte und ihn »Herr« nannte." Ja, das Gute, das die Heiligen in sich selbst kaum wahrnehmen, beachtet Gott in einer ganz besonderen Weise. „Denn ich bin hungrig gewesen, und ihr habt mich gespeist; ich bin durstig gewesen, und ihr habt mir zu trinken gegeben … Dann werden ihm die Gerechten antworten und sagen: Herr, wann haben wir dich hungrig gesehen und haben dich gespeist …?" (Mt 25,35.37). Sie haben ihre eigenen Werke der Barmherzigkeit übersehen und bestritten, aber Christus hat sie zur Kenntnis genommen: „Ich bin hungrig gewesen, und ihr habt mich gespeist." Was liegt darin für ein Trost! Gott erspäht das geringste Gute in seinen Kindern. Er kann ein Weizenkorn sehen, das unter der Spreu verborgen ist – Gnade, die unter der Verderbtheit verborgen ist.

e) Wenn Gott unser Vater ist, dann wird er alles, was wir tun, zum größten Teil annehmen. Die Pflichten, an denen wir Kritik üben, wird er krönen. Wenn ein Kind Gottes seine besten Pflichten überschaut, sieht es daran so viel Sünde kleben, dass es durcheinander ist. Es sagt: „Herr, da ist mehr Schwefel als Weihrauch in meinen Gebeten." Aber zu unserem Trost: Wenn Gott unser Vater ist, dann wird er die Pflichten krönen, an denen wir selbst Kritik üben. Er sieht, dass da im Herzen seiner Kinder Aufrichtigkeit ist, und dieses Gold, obwohl es leicht ist, werden Körner sein, die angerechnet werden sollen. Obwohl im Dienst seiner Kinder viele Mängel sind, wird er ihr Opfer nicht verstoßen. Der Herr „heilte das Volk“ (2.Chr 30,20). Als die Stämme Israels in Zeitnot waren, versäumten sie einige Reinigungsvorschriften des Gesetzes, doch weil ihre Herzen aufrichtig waren, heilte Gott sie und vergab ihnen. Er nimmt den guten Willen an (2.Kor 8,12). Ein Vater nimmt einen Brief von seinem Sohn freundlich an, auch wenn darin Flecken sind oder er in einem schlechten Englisch ist. Was sind in unseren heiligen Dingen doch für Flecken! Dennoch nimmt unser Vater im Himmel sie an. „Es ist mein Kind“, sagt Gott: „und es wird es zukünftig besser machen. Ich will durch Christus mit einem gnädigen Auge auf mein Kind schauen.“

f) Wenn Gott unser Vater ist, wird er uns mit Maßen züchtigen. „Ich will dich mit Maßen züchtigen“ (Jer 30,11; LÜ 84). Das wird er auf zwei Arten tun. Es soll mit Maßen geschehen, *was die Weise der Züchtigung betrifft*. Er wird uns nicht mehr auferlegen, als wir tragen können (1.Kor 10,13). Er weiß, was für ein Gebilde wir sind (Ps 103,14). Er weiß, dass wir nicht aus Stahl oder Marmor sind, deshalb wird er behutsam handeln; er wird nicht über die Maßen betrüben. Der Arzt, der die Belastbarkeit des Körpers kennt, gibt keine Arznei, die für den Körper zu stark ist, noch gibt er ein Milligramm zu viel. Ebenso wird Gott, der nicht nur dem Namen nach ein Vater ist, sondern auch das Herz eines Vaters hat, in dem Fall, wenn der Geist seiner Kinder schwindet, keine Lasten auf sie legen, die zu schwer sind. Er züchtigt mit Maßen, *was die Dauer der Züchtigung betrifft*. Er lässt sie die Trübsal nicht zu lange tragen. „Denn das Zepter der Gesetzlosigkeit wird nicht bleiben auf dem Erbteil der Gerechten“ (Ps 125,3). Es mag da sein, aber es wird nicht bleiben. „Denn ich will nicht ewig rechten“ (Jes 57,16). Unser himmlischer Vater wird auf ewig lieben, aber er wird nicht ewig rechten. Die Qualen der Verdammten sind auf ewig. „Und der Rauch ihrer Qual steigt auf von Ewigkeit zu Ewigkeit“ (Offb 14,11). Die Gottlosen sollen ein Meer des Zorns trinken, aber die Kinder Gottes sollen nur vom Kelch der Trübsal schmecken, und ihr himmlischer Vater wird sagen: der *Kelch geht vorüber.* „Aber Kummer und Seufzen werden entfliehen!“[3] (Jes 35,10).

g) Wenn Gott unser Vater ist, wird er in alle unsere Trübsale Barmherzigkeit hineinmischen. Wenn er uns Wermut zu trinken gibt, wird er sie mit Honig mischen. In die Bundeslade wurden der Stab und das Manna hineingelegt. Ebenso ist bei dem Stab unseres Vaters immer etwas Manna. Die Schuhe von Asser waren aus Eisen und Erz, aber sein Fuß war in Öl getaucht (5.Mose 33,24.25). Trübsal ist der Schuh aus Eisen, der drückt; aber in der Trübsal ist auch Barmherzigkeit, der Fuß wird in Öl getaucht. Wenn Gott in leibliche Trübsal führt, gibt er den Frieden des Gewissens, da ist dann Barmherzigkeit in der Trübsal. Beim Ringen wurde Jakobs Hüftgelenk verrenkt; da war Trübsal. Als er aber das Angesicht Gottes sah und von dem Engel den Segen empfing, war Barmherzigkeit in der Trübsal (1.Mose 32,30). In jeder Wolke kann ein Kind Gottes einen Regenbogen der Barmherzigkeit strahlen sehen. Wie ein Maler dunkle Schatten und helle Farben miteinander vermischt, so mischt auch unser himmlischer Vater hell und dunkel miteinander, Kreuz und Segen. Und ist es nicht ein großes Glück, dass Gott in seiner Vorsehung solche Farbwechsel wie auf einem Schachbrett hat und das Gute mit Schwerem vermischt?

h) Wenn Gott unser Vater ist, wird sich der Böse nicht gegen uns durchsetzen. Satan wird ausdrücklich als der Böse bezeichnet. Er ist der große Feind der Heiligen und das sowohl in einem militärischen Sinn, da er mit seinen Versuchungen gegen sie kämpft, als auch in einem forensischen oder gerichtlichen Sinn, da er ein Ankläger ist und gegen sie klagt. Doch er soll sich auf keine der beiden Arten gegen die Kinder Gottes durchsetzen. Wenn es darum geht, dass er seine feurigen Pfeile abschießt, wird Gott ihn in Kürze unter den Füßen der Heiligen zermalmen (Röm 16,20). In Bezug auf seine Anklagen ist Christus der Anwalt der Heiligen und beantwortet alle Ankla-

3 Nach der englischen Übersetzung: „Lasst diesen Kelch an ihnen vorübergehen.“

geschriften, die gegen sie eingebracht werden. Gott lässt alle Versuchungen Satans für seine Kinder zum Guten ausgehen.

1. Da sie dadurch ins Gebet gebracht werden (2.Kor 12,8). Die Versuchung ist eine Medizin gegen Selbstsicherheit.

2. Da sie ein Mittel sind, um sie zu demütigen. „Und damit ich mich wegen der außerordentlichen Offenbarungen nicht überhebe, wurde mir ein Pfahl fürs Fleisch gegeben, ein Engel Satans" (2.Kor 12,7). Der Pfahl im Fleisch war eine Versuchung. Sie diente dazu, um die Blase des Hochmuts einzustechen.

3. Da sie die Gläubigen mehr in der Gnade gründen. Ein Baum, der vom Wind geschüttelt wird, ist mehr gefestigt und verwurzelt. Ebenso festigt das Wehen der Versuchung ein Kind Gottes mehr in der Gnade. Somit soll der Böse, der Satan, sich nicht gegen die Kinder Gottes durchsetzen.

i) Wenn Gott unser Vater ist, wird uns kein wirkliches Unglück zustoßen. „Kein Unglück wird dir zustoßen" (Ps 91,10). Es heißt nicht „keine Nöte", sondern „kein Unglück". Gottes Kinder sind privilegierte Leute; sie haben das Privileg, dass ihnen keine Sache schadet. „Und nichts wird euch in irgendeiner Weise schaden" (Lk 10,19). Der Schaden und die Bosheit der Trübsal sind weggenommen. Für einen gottlosen Menschen hat Trübsal etwas Böses in sich; sie macht ihn noch schlimmer. „Und die Menschen wurden versengt von großer Hitze, und sie lästerten den Namen Gottes" (Offb 16,9). Aber einem Kind Gottes widerfährt kein Unglück. Es wird durch Trübsal gebessert. „Damit wir seiner Heiligkeit teilhaftig werden" (Hebr 12,10). Was für einen Schaden fügt der Feuerofen dem Gold zu? Er macht es nur noch reiner. In welcher Weise schadet Trübsal der Gnade? Sie läutert und reinigt sie nur. Was ist es doch für ein großes Privileg, wenn man befreit wird, wenn auch nicht von den Schlägen der Trübsal, so doch von ihrem Stachel! Kein Unglück soll einen Heiligen anrühren. Man sagt: Wenn der Drache das Wasser vergiftet hat, zieht das Einhorn das Gift mit seinem Horn heraus. Christus hat aus jeder Trübsal das Gift herausgezogen, sodass sie ein Kind Gottes nicht verletzen kann. Noch einmal: Einem

Kind Gottes stößt kein Unglück zu, weil es für das Kind Gottes keine Verdammnis gibt. „So gibt es jetzt keine Verdammnis mehr für die, welche in Christus Jesus sind" (Röm 8,1). Weder Gott noch ihr Gewissen verdammen sie. Wenn die Jury und der Richter den Angeklagten freisprechen, stößt ihm nichts Schlimmes zu, denn nichts ist ein wirkliches Unglück, außer dem, was zur Verdammnis führt.

j) Wenn Gott unser Vater ist, können wir mit Freimütigkeit zu dem Thron der Gnade gehen. Wenn jemand bei seinem Feind eine Bitte stellt, gibt es ein wenig Hoffnung. Aber wenn ein Kind seinen Vater um etwas bittet, kann es mit Zuversicht darauf hoffen, dass es damit Erfolg hat. Das Wort „Vater" wirkt auf Gott ein; es berührt sein Herz. Was könnte ein Vater seinem Kind verweigern? „Oder ist unter euch ein Mensch, der, wenn sein Sohn ihn um Brot bittet, ihm einen Stein gibt?" (Mt 7,9). Das möge uns dazu ermutigen, zu Gott zu gehen und um die Vergebung der Sünden und um ein größeres Maß an Heiligkeit zu bitten. Wir beten zum Vater der Barmherzigkeit, der auf dem Thron der Gnade sitzt. „Wenn nun ihr, die ihr böse seid, euren Kindern gute Gaben zu geben versteht, wie viel mehr wird der Vater im Himmel [den] Heiligen Geist denen geben, die ihn bitten!" (Lk 11,13). Dies belebt die Kirche und verleiht dem Gebet Flügel. „Blicke vom Himmel hernieder" (Jes 63,15). „Und doch bist du unser Vater" (Vers 16). Für wen sonst bewahrt Gott seine Segnungen auf als für seine Kinder? Drei Dinge können Mut zum Gebet geben. Wir haben einen Vater, zu dem wir beten, und den Geist, der uns hilft zu beten, und einen Fürsprecher, der unsere Gebete vorträgt. Gottes Kinder sollten in allen ihren Nöten zu ihrem Vater rennen, wie das kranke Kind in 2.Könige 4,19): „Da sprach er zu seinem Vater: Mein Kopf, mein Kopf! So lasst auch uns unsere Klagen im Gebet vor Gott ausschütten. „Vater, mein Herz, mein Herz. Mache mein totes Herz lebendig. Mache mein hartes Herz im Blut Christi weich. Vater, mein Herz, mein Herz." Gott, der die Schreie der Raben hört, wird gewiss auch die Schreie seiner Kinder hören!

k) Wenn Gott unser Vater ist, dann wird er zwischen uns und der Gefahr stehen. Ein Vater wendet die Gefahr von seinem Kind ab. Gott bezeichnet sich selbst als ein *Schild.* Wie ein Schild schützt er den Kopf, bedeckt die lebenswichtigen Organe und schirmt seine Kinder vor Gefahren ab. „Denn ich bin mit dir, und niemand soll sich unterstehen, dir zu schaden" (Apg 18,10). Gott ist ein Zufluchtsort (Ps 27,5). Er bewahrte Athanasius auf eine wundersame Weise: Er gab ihm in der Nacht, bevor der Feind kam, um nach ihm zu suchen, in seinen Gedanken ein, das Haus, in dem war, zu verlassen. Wie Gott seine Kinder an seiner Brust nähren kann, so hat er auch Flügel, um sie zu bedecken. „Er wird dich mit seinen Fittichen decken, und unter seinen Flügeln wirst du dich bergen" (Ps 91,4). Er hat seine heiligen Engel beauftragt, dass sie um seine Kinder herum eine Rettungswache sind (Hebr 1,14). Niemals wurde irgendein Fürst so gut bewacht wie ein Gläubiger.

1. Die Engel bilden eine zahlenmäßig große Wache. „Und siehe, der Berg war voll feuriger Rosse und Streitwagen rings um Elisa her" (2.Kön 6,17). Die „feurige[n] Rosse und Streitwagen" waren die Engel Gottes, um den Propheten Elisa zu beschützen.

2. Die Engel bilden eine starke Wache. Ein Engel erschlug in einer Nacht 185.000 Mann (2.Kön 19,35). Wenn ein Engel so viele Männer erschlug, was hätte dann erst eine Armee von Engeln getan?

3. Die Engel sind eine schnelle Wache. Sie sind bereit, den Kindern Gottes in einem Augenblick zu helfen. Sie werden mit Flügeln dargestellt, um ihre Schnelligkeit zu zeigen. Sie fliegen, um uns zu helfen. „Als du anfingst zu beten, erging ein Wort, und ich bin gekommen" (Dan 9,23). Hier musste sich der Engel schnell bewegen, um zwischen dem Anfang und dem Ende von Daniels Gebet vom Himmel auf die Erde zu kommen.

4. Die Engel sind eine wachsame Wache, nicht wie die Wache von Saul, die schlief, als ihr Herr in Gefahr war (1.Sam 26,12). Die Engel sind eine aufmerksame Wache. Sie wachen über die Kinder Gottes, um sie zu beschützen. „Der Engel des

HERRN lagert sich um die her, die ihn fürchten" (Ps 34,8). Da ist ein unsichtbares Wächteramt der Engel um die Kinder Gottes her.

l) Wenn Gott unser Vater ist, sollen wir keinen Mangel an irgendetwas haben, wovon Gott sieht, dass es gut für uns ist. „Aber die den HERRN suchen, müssen nichts Gutes entbehren" (Ps 34,11). Manchmal gefällt es Gott, seine Kinder kurz zu halten, aber es ist gut für sie. Wie Schafe sich am besten auf kurzem Weideland entwickeln, so sieht Gott, dass zu viel für sein Volk nicht gut ist. Überfluss kann Überdruss erzeugen. Im *Wohlstand wird der Charakter des Menschen ausschweifend.* Gott hält es manchmal für gut, seine Kinder auf Diät zu setzen und sie kurzzuhalten, damit sie auf der himmlischen Laufbahn besser laufen. Für Jakob war es gut, dass eine Hungersnot im Land war. Sie war das Mittel, um ihn zu seinem Sohn Josef zu bringen. Ebenso sehen Gottes Kinder manchmal die Leere der Welt, damit sie sich noch mehr mit der Fülle Christi vertraut machen. Wenn Gott es für sie für gut hält, dass sie mehr von der Welt haben, dann sollen sie es auch bekommen. Er wird sie keinen Mangel an irgendeiner guten Sache haben lassen.

m) Wenn Gott unser Vater ist, dann gehören uns alle Verheißungen der Bibel. Seine Kinder werden „Erben der Verheißung" genannt (Hebr 6,17). Ein gottloser Mensch kann von der Bibel nichts in Anspruch nehmen außer den Flüchen. Er hat mit den Verheißungen streng genommen nicht viel mehr zu tun als ein Landarbeiter mit den Stadtrechten. Die Verheißungen sind Brot für die Kinder. Sie sind die *mulctralia evangelii* – Melkeimer des Evangeliums, die Brüste des Evangeliums, welche die Milch der Tröstungen geben. Und wer sonst darf von dieser Milch trinken als die Kinder Gottes? Die Verheißung der Vergebung ist für sie. „Ich werde ihnen alle ihre Missetaten vergeben, mit denen sie gegen mich gesündigt und an mir gefrevelt haben" (Jer 33,8). Die Verheißung der Heilung ist für sie (Jes 57,19). Die Verheißung der Rettung ist für sie (Jer 23,6). Die Verheißungen sind die Träger des Glaubens, sie sind Gottes versiegelte Urkunde. Sie sind die Herzensstärkung eines Christen. Oh, was sind das für himmlische Tröstungen, die aus den Verheißungen tropfen! Chrysostomos vergleicht die Schrift mit einem Garten: Die Verheißungen sind die Obstbäume, die in diesem Garten wachsen. Ein Kind Gottes kann zu jeder Verheißung der Bibel gehen und von ihr den Trost abpflücken. Es ist ein Erbe der Verheißungen.

n) Gott macht alle seine Kinder zu Überwindern. Sie überwinden sich selbst: *Wer sich selbst überwindet, ist stärker als der, welcher den festesten Wall erobert.* Die Heiligen überwinden ihre eigenen Begierden; sie binden diese Fürsten mit Fesseln aus Eisen (Ps 149,8). Auch wenn die Kinder Gottes manchmal unterliegen können und eine einzelne Schlacht verlieren, so erringen sie dennoch den Sieg. Sie überwinden die Welt. Die Welt zeigt ihre beiden Brüste des Gewinns und der Freude und viele werden von ihnen überwunden, aber die Kinder Gottes haben einen Glauben, der die Welt überwindet. „Und unser Glaube ist der Sieg, der die Welt überwunden hat" (1.Joh 5,4). Sie überwinden ihre Feinde. Wie kann das sein, wenn ihre Feinde ihnen oftmals ihr Leben nehmen? Sie überwinden, indem sie nicht auf ihre Bedingungen eingehen, wie die drei Jünglinge, die nicht vor dem goldenen Standbild niederfielen (Dan 3,18). Sie würden sich eher verbrennen lassen als sich beugen. Somit waren sie Überwinder. Wer sich mit den Begierden der anderen einlässt, ist ein Gefangener; wer es ablehnt, sich mit ihnen einzulassen, ist ein Überwinder. Gottes Kinder überwinden ihre Feinde mit heldenhafter Geduld. Ein geduldiger Christ erträgt unüberwindbar alle Schläge wie ein Amboss. Auf diese Weise überwanden die Märtyrer ihre Feinde durch Geduld. Gottes Kinder sind mehr als nur Überwinder: „Aber in dem allem überwinden wir weit" (Röm 8,37). Warum sind sie mehr als Überwinder? Weil sie ohne Schaden zu nehmen überwinden und weil sie nach dem Tod gekrönt werden, was bei anderen Eroberern nicht der Fall ist.

o) Wenn Gott unser Vater ist, dann sendet er uns jetzt und dann einige Zeichen seiner Liebe. Seine Kinder leben fern ihrer Heimat und empfangen manchmal eine grobe Behandlung von der lieblosen Welt. Um sie zu ermutigen, sendet er ihnen deshalb Zeichen und Zusagen seiner Liebe. Welche sind das? Er gibt ihnen auf ihr Gebet eine Antwort, was ein Zeichen der Liebe ist. Er belebt Ihr Herz in den Pflichten und macht es weit, was ein Zeichen der Liebe ist. Er gibt ihnen die Erstlingsgaben seines Geistes, was ein Liebeserweis ist (Röm 8,23). Wie er den Gottlosen die Erstlingsgaben der Hölle gibt, den Schrecken des Gewissens und Verzweiflung, so gibt er seinen Kinder die Erstlingsgaben des Geistes, Freude und Frieden, was ein Vorgeschmack auf die Herrlichkeit ist. Nachdem manche seiner Kinder diese Zeichen der Liebe von ihm empfangen hatten, waren sie so entzückt, dass sie vor Freude gestorben sind, wie oftmals ein Glas durch die Stärke des Weins zerbricht, wenn er hineingegossen wird.

p) Wenn Gott unser Vater ist, wird er mit uns nachsichtig sein und uns verschonen. „Und ich will sie verschonen, wie ein Mann seinen Sohn verschont, der ihm dient“ (Mal 3,17). Dass Gott seine Kinder verschont, beinhaltet seine Milde gegenüber ihnen. Er straft sie nicht wie er müsste. „Er hat nicht mit uns gehandelt nach unseren Sünden“ (Ps 103,10). Wir tun oft das, was Zorn verdient, betrüben den Geist Gottes und fallen zurück in die Sünde. Gott übergeht vieles und verschont uns. Er hat seinen eigenen Sohn nicht verschont, und dennoch verschont er seine Kinder, die er adoptiert hat (Röm 8,32). Er drohte Ephraim an, ihn wie die Spreu im Wirbelwind wegzuwehen, doch schon bald gereute es ihn. „Ich aber bin der HERR, dein Gott“ (Hos 13,4). „Ich will dein König sein“ (Vers 10; nach der englischen Übersetzung). Hier verschonte Gott ihn, wie ein Vater seinen Sohn verschont. Israel provozierte Gott oftmals mit Klagen, aber er ließ ihnen gegenüber Milde walten. Er beantwortete ihr Murren oft mit Barmherzigkeit. Somit verschonte er sie, wie ein Vater seinen Sohn verschont.

q) Wenn Gott unser Vater ist, wird er uns am Jüngsten Tag Ruhm und Ehre geben.

1. Er wird die Unschuld seiner Kinder ans Licht bringen. In diesem Leben werden seine Kinder auf sonderbare Weise falsch dargestellt. Sie werden mit Schmähworten belegt – sie werden als spalterisch und aufrührerisch bezeichnet, wie Elia,

„der Israel ins Unglück bringt" (1.Kön 18,16), und wie Luther – eine Posaune des Aufruhrs. Athanasius wurde vom Kaiser Konstantin beschuldigt, ein Anstifter von Tumulten zu sein, und die ersten Christen als *Kindermörder, dem Inzest schuldig zu sein*. Tertullus erzählte, das die Person des Paulus eine Pest wäre (Apg 24,5). Der berühmte Wycliffe wurde als „Götze der Ketzer" bezeichnet, und man erzählte, dass er betrunken gestorben wäre. Wenn Satan die Kinder Gottes nicht verunreinigen kann, dann bringt er Schande über sie. Wenn er seine feurigen Pfeile nicht in ihr Gewissen schießen kann, dann beschmutzt er ihren Namen. Aber Gott wird eines Tages ihre Unschuld ans Licht bringen. Er wird ihre Schmach wegrollen. Wie er ihre Leiber wieder auferstehen lässt, so lässt er auch ihre Namen wieder auferstehen. „Und GOTT, der Herr, wird die Tränen abwischen von jedem Angesicht und die Schmach seines Volkes hinwegnehmen von der ganzen Erde" (Jes 25,8). Er wird die Heiligen rehabilitieren. „Ja, er wird deine Gerechtigkeit aufgehen lassen wie das Licht" (Ps 37,6). Die Nacht wirft ihren dunklen Mantel über die schönsten Blumen, aber am Morgen kommt das Licht und vertreibt die Dunkelheit und jede Blume erscheint in ihrem hellsten Glanz. Ebenso mögen auch die Gottlosen die Ehre und den Ruf der Heiligen durch falsche Berichte verdunkeln, aber Gott wird diese Dunkelheit vertreiben und ihre Namen wieder erstrahlen lassen. „Er wird deine Gerechtigkeit aufgehen lassen wie das Licht." Auf diese Weise ist auch Gott für die Ehre des Mose aufgestanden, als Aaron und Miriam gedachten, seinen guten Ruf zu verdunkeln. „Warum habt ihr euch denn nicht gefürchtet, gegen meinen Knecht Mose zu reden?" (4.Mose 12,8). So wird Gott auch eines Tages zu den Gottlosen sagen: „Warum habt ihr euch denn nicht gefürchtet, meine Kinder zu diffamieren und zu verleumden? Wie habt ihr es gewagt, mein Bildnis zu missbrauchen, das ich auf sie gesetzt habe?" Letztendlich werden seine Kinder aus allen Verleumdungen hervorgehen, wie eine Taube, die mit Silber überzogen ist und ihre Flügel mit Gold (Ps 68,14).

2. Gott wird eine öffentliche und ehrenvolle Aufzählung von allen ihren guten Taten machen. Wie die Sünden der Gottlosen zu ihrer ewigen Schmach und Schande öffentlich aufgeführt werden, so werden auch alle guten Taten der Heiligen öffentlich aufgeführt „und dann wird jedem das Lob von Gott zuteilwerden“ (1.Kor 4,5). Jedes Gebet, das mit Tränen in den Augen getan wurde, jeder gute Dienst, jedes Werk der Barmherzigkeit wird vor den Menschen und den Engeln öffentlich ausgerufen werden. „Denn ich bin hungrig gewesen, und ihr habt mich gespeist; ich bin durstig gewesen, und ihr habt mir zu trinken gegeben ... ich bin ohne Kleidung gewesen, und ihr habt mich bekleidet“ (Mt 25,35.36). Auf diese Weise wird Gott am Jüngsten Tag allen seinen Kindern einen Ehrenkranz aufsetzen. „Dann werden die Gerechten leuchten wie die Sonne im Reich ihres Vaters“ (Mt 13,43).

r) Wenn Gott unser Vater ist, wird er uns ein gutes Erbe übertragen. „Gelobt sei der Gott und Vater unseres Herrn Jesus Christus, der uns aufgrund seiner großen Barmherzigkeit wiedergeboren hat zu einer lebendigen Hoffnung ... zu einem unvergänglichen und unbefleckten und unverwelklichen Erbe“ (1.Petr 1,3.4). Ein Vater kann seine Güter verloren haben und nichts mehr besitzen, um es seinem Sohn zu hinterlassen, außer seinem Segen. Aber Gott wird seinen Kindern ein Erbe übertragen und zwar ein Erbe, das nicht geringer ist als ein Königreich. „Denn es hat eurem Vater gefallen, euch das Reich zu geben“ (Lk 12,32). Dieses Königreich ist herrlicher und prachtvoller als irgendein irdisches Königreich; es ist mit Perlen, wertvollen Steinen und den kostbarsten Juwelen geschmückt (Offb 21,11). Was sind all die Raritäten der Welt im Vergleich zu diesem Königreich: die Küsten mit Perlen, die Inseln mit Gewürzen und die Felsen mit Diamanten? In diesem himmlischen Königreich gibt es volle Genüge, unvergleichliche Schönheit und Flüsse der Freude und das für immer. „Vor deinem Angesicht sind Freuden in Fülle, liebliches Wesen zu deiner Rechten ewiglich“ (Ps 16,11). Die Erhabenheit des Himmels ist seine Beständigkeit, und in dieses Königreich gehen die Kinder Gottes sofort nach ihrem Tod ein.

Es gibt einen schnellen Übergang oder Durchgang vom Tod zur Herrlichkeit. „Aus dem Leib auszuwandern und daheim zu sein bei dem Herrn" (2.Kor 5,8). Die Kinder Gottes müssen nicht lange auf ihr Erbe warten; es ist nur ein Augenzwinkern, und sie werden Gott sehen. Wie sollte dies jene Kinder Gottes trösten, die in der Welt gering sind! Beim Tod wird unser Vater im Himmel uns ein Königreich übertragen, ein solches Königreich, wie es noch kein Auge gesehen hat. Er wird uns keine Krone aus Gold geben, sondern eine Krone der Herrlichkeit. Er wird uns weiße Gewänder geben, die mit Unsterblichkeit gesäumt sind. „Denn es hat eurem Vater gefallen, euch das Reich zu geben."

s) Wenn Gott unser Vater ist, dann ist das ein Trost im Fall des Verlustes von Familienangehörigen. Haben wir unseren Vater verloren? Wenn wir Gläubige sind, dann sind wir keine Waisenkinder. Wir haben einen himmlischen Vater, einen Vater, der niemals stirbt. „Der allein Unsterblichkeit hat" (1.Tim 6,16). Es ist auch im Fall unseres eigenen Sterbens ein Trost. Gott ist unser Vater, und das Sterben ist nichts anderes als das Gehen zu unserem Vater. Paulus konnte sagen, dass der Tod uns gehört (1.Kor 3,22). Er ist unser Freund, der uns nach Hause zu unserem Vater bringt. Wie glücklich sind Kinder, wenn sie nach Hause gehen! Es war für Christus beim Sterben ein Trost, dass er zu seinem Vater ging. „Wiederum verlasse ich die Welt und gehe zum Vater" (Joh 16,28). „Ich fahre auf zu meinem Vater" (Joh 20,17). Wenn Gott unser Vater ist, können wir am Tage unseres Todes getrost unsere Seele in seine Hand übergeben. So tat es auch Christus: „Vater, in deine Hände befehle ich meinen Geist!" (Lk 23,46). Wenn ein Kind ein Juwel hat, dann wird es das Juwel in Zeiten der Gefahr in die Hände seines Vaters geben, weil es denkt, dass es dort am sichersten bewahrt wird. Ebenso können wir beim Sterben die Seele, die unser kostbarstes Juwel ist, in die Hände Gottes legen, wo sie sicherer ist, als wenn wir sie selbst bewahren würden. „Vater, in deine Hände befehle ich meinen Geist!" Was ist es für ein Trost, dass der Tod einen Gläubigen ins Haus seines Vaters trägt, wo die Freude unaussprechlich und es voller Herrlichkeit ist! Wie glücklich war der alte Jakob, als er die Streitwagen sah, die ihn zu seinem Sohn Josef brachten! „Da wurde der Geist ihres Vaters Jakob lebendig" (1.Mose 45,27). Der Tod ist ein Triumphwagen, um jedes Kind Gottes zum Wohnhaus seines Vaters zu bringen.

t) Wenn Gott unser Vater ist, wird er uns nicht enterben. Er kann seine Kinder für eine Zeit verlassen, aber er wird sie nicht enterben. Die Söhne von Königen sind manchmal durch die Grausamkeit von Thronräubern enterbt worden, wie der Sohn von Alexander dem Großen. Er wurde durch die Gewalt und den Ehrgeiz der Kommandanten seines Vaters um sein rechtmäßiges Anrecht gebracht. Aber welche Macht der Erde kann die Erben der Verheißung von ihrem Erbe abhalten? Menschen können es nicht, und Gott wird es nicht. Die Arminianer behaupten, man könne aus der Gnade fallen, sodass ein Kind Gottes seines Erbes beraubt werden kann. Aber die Kinder Gottes können niemals degradiert oder enterbt werden, und ihr himmlischer Vater wird sie nicht verstoßen, sodass sie nicht mehr seine Kinder sind. Es ist doch offensichtlich, dass die Kinder Gottes, kraft des ewigen Ratschlusses des Himmels, letztendlich nicht enterbt werden können. Der Ratschluss Gottes ist die ganze Säule und Grundlage, auf der das Beharren der Heiligen beruht. Dieser Ratschluss bindet den Knoten der Adoption so fest, dass weder Sünde, Tod, noch Hölle ihn auseinander reißen können. „Die er aber vorherbestimmt hat, die hat er auch berufen..." etc. (Röm 8,30). Prädestination ist nichts anderes, als eine bestimmte Anzahl zu Erben der Herrlichkeit zu verordnen, denen er die Krone übertragen wird, denn wen er vorherbestimmt, den verherrlicht er. Was könnte die erwählende Liebe Gottes abhalten oder seinen Ratschluss null und nichtig machen? Über seinen Ratschluss hinaus hat Gott sich selbst per Verheißung verpflichtet, dass die Erben des Himmels niemals um ihr Erbe gebracht werden sollen. Seine Verheißungen sind keine Nieten in einem Lotteriespiel, sondern versiegelte Dokumente, die nicht rückgängig gemacht werden können. Sie sind die königlichen Urkunden der Heiligen und eine Verheißung besteht darin, dass ihr himmlischer Vater sie nicht enterben wird. „Und ich will einen ewigen Bund mit ihnen schließen, dass ich nicht von ihnen ablassen will, ihnen wohlzutun. Und ich werde die Furcht vor mir in ihr Herz geben, damit sie nicht mehr von mir abweichen" (Jer 32,40). Gottes Treue, welche die kostbarste Perle an seiner Krone ist, ist an diese Verheißung gebunden, dass seine Kinder im Glauben beharren. „Dass ich nicht von ihnen ablassen will." Ein Kind Gottes kann nicht abfallen, während es fest in diesem beiden Armen Gottes gehalten wird: seine Liebe und seine Treue. Jesus Christus garantiert dafür, dass alle Kinder Gottes durch die Adoption im Stand der Gnade bewahrt werden, bis sie die Herrlichkeit ererben. Die Heiden täuschten vor, dass Atlas[4] die Himmel tragen würde, damit sie nicht herunterfallen. Aber Jesus ist der gesegnete „Atlas", der die Heiligen trägt, damit sie nicht abfallen.

Wie bewahrt Christus die Gnade der Heiligen, bis sie in den Himmel kommen?

a) Durch den *Einfluss des Geistes*. Er übt die Gnade durch den Einfluss und das Mitwirken des Geistes in den Seelen der Auserwählten aus. Beständig reizt er die Gnade in den Gläubigen an und belebt sie. Durch seinen Geist bläst er die Funken der Gnade zu einer heiligen Flamme an. *Der Geist ist der Stellvertreter Christi* auf Erden. Er ist sein Bevollmächtigter, sein Vollstrecker, um danach zu schauen, dass alles, was er für die Heiligen erworben hat, gut ausgeführt wird. Christus hat für sie ein unzerstörbares Erbe erhalten, und der Geist ist sein Vollstrecker, um danach zu schauen, dass das Erbe auf sie übertragen wird (1.Petr 1,4.5).

b) Er übt sein bewahrendes Werk in den Seelen der Erwählten durch seine häufige Fürsprache aus. „Weil er für immer lebt, um für sie einzutreten" (Hebr 7,25). Er betet, dass jeder Heilige in der Gnade durchhält, bis er in den Himmel kommt. Können die Kinder solcher Gebete verlorengehen? Wenn die Erben des Himmels enterbt werden könnten und nicht die

4 Atlas (= Träger) ist in der griechischen Mythologie ein Titan, der das Himmelsgewölbe am westlichsten Punkt der damals bekannten Welt stützte.

Herrlichkeit erreichen würden, dann müsste der Ratschluss Gottes rückgängig gemacht werden, seine Verheißung gebrochen und das Gebet Christi verhindert werden. Das wären gotteslästerliche Gedanken.

c) Dass die Kinder Gottes nicht enterbt werden können oder dass ihnen ihr Anrecht auf die Krone des Himmels nicht entzogen werden kann, wird durch ihre mystische[5] Einheit mit Christus deutlich. Die Gläubigen sind in seinem Leib aufgenommen worden und sind mit ihm verwachsen wie die Glieder mit dem Kopf durch die Nerven und Bänder des Glaubens, sodass sie nicht abgerissen werden können. „Und ihn als Haupt über alles der Gemeinde gegeben, die sein Leib ist" (Eph 1,22.23). Was einmal über seinen natürlichen Leib gesagt wurde, ist ebenso für seinen mystischen Leib wahr: „Kein Knochen soll ihm zerbrochen werden" (Joh 19,36). Wie es unmöglich ist, die Hefe und den Teig zu trennen, wenn sie einmal geknetet und miteinander vermengt sind, so ist es auch unmöglich, dass die Gläubigen jemals durch die Macht des Todes oder der Hölle von Christus getrennt werden könnten, wenn sie einmal miteinander vereint sind. Christus und seine geistlichen Glieder bilden einen Christus. Ist es möglich, dass irgendein Teil von Christus verloren gehen könnte? Wie kann ein Teil an seinem mystischen Leib fehlen und er dabei gleichzeitig vollkommen sein? Jedes Glied ist ein Schmuckstück an seinem Leib und trägt zu seiner Ehre bei. Wie kann Christus sich von irgendeinem mystischen Glied trennen und sich dabei nicht auch gleichzeitig von einem Teil seiner Herrlichkeit? Aus alledem ist offensichtlich, dass Gottes Kinder notwendigerweise in der Gnade beharren müssen und nicht enterbt werden können. Wenn sie enterbt werden könnten, könnte die Schrift nicht erfüllt werden, die von einer herrlichen Belohnung für die Erben der Verheißung spricht. „Der Gerechte empfängt doch seine Frucht" (Ps 58,12). Wenn Gottes adoptierte Kinder letztendlich von der Gnade abfallen könnten und der Himmel ihnen entgehen würde, welche Belohnung gäbe es dann für die Gerechten? Mose hätte dann auf

5 *Mystische* Einheit bedeutet die unsichtbare Einheit mit Christus.

die Belohnung geschaut, und es wäre eine Tür zur Verzweiflung geöffnet worden.

Aber die Lehre vom letztendlichen Beharren der Gläubigen und der Sicherheit des himmlischen Erbes kann zu einer fleischlichen Sicherheit und einem unheiligen Lebenswandel führen.

Die verderbte Natur kann aus dieser Blume Gift saugen, aber wer die Wirkmacht der Gnade an seinem Herzen gefühlt hat, wagt es nicht, diese Lehre zu missbrauchen. Er weiß, dass man das Beharren durch den Gebrauch der Mittel erreicht, und deshalb führt er einen heiligen Lebenswandel, damit er durch den Gebrauch der Mittel zum Beharren gelangt. Paulus wusste, dass er nicht enterbt werden konnte und dass ihn nichts von der Liebe Christis scheiden konnte, aber wer war heiliger und wachsamer als er? „Ich bezwinge meinen Leib" (1.Kor 9,27). „Und jage auf das Ziel zu" (Phil 3,14). Gottes Kinder haben eine heilige Furcht, die sie vor Selbstsicherheit und Lüsternheit bewahrt. Sie glauben der Verheißung, deshalb freuen sie sich in der Hoffnung. Sie fürchten ihr Herz, deshalb wachen und beten sie.

Somit sehen wir, was für einen Trost es für die Erben der Verheißung gibt. Diejenigen, welche Gott als ihren Vater haben, sind die glücklichsten Personen auf der Erde. Sie sind in einem solchen Stand, dass ihnen nichts schaden kann. Sie haben den Segen ihres Vaters, alle Dinge wirken mit zu ihrem Besten. Sie besitzen ein Königreich, das ihnen übertragen ist, und das Erbe kann ihnen niemals entrissen werden. Wie getrost können sie in allen Umständen sein, egal welche Zeiten auch kommen mögen! Ihr Vater, der im Himmel ist, regiert über alle Dinge. Wenn Nöte aufkommen, dann bringen diese sie schneller zu ihrem Vater. Je gewaltiger der Wind gegen die Segel eines Schiffes schlägt, umso schneller wird es zum Hafen gebracht. Und je heftiger die Kinder Gottes angegriffen werden, umso schneller kommen sie in das Haus ihres Vaters. „So tröstet nun einander mit diesen Worten!" (1.Thess 4,18).

Vierte Anwendung
Zur Ermahnung. Verhalten wir uns wie Kinder eines solchen Vaters.

a) Lasst uns in allen unseren Schwierigkeiten und Notlagen von ihm abhängig sein. Lasst uns glauben, dass er für all unseren Mangel sorgen wird. Kinder verlassen sich auf ihre Eltern, dass sie für ihre Bedürfnisse sorgen. Wenn wir Gott bei unserer Erlösung vertrauen, sollten wir ihm dann nicht auch bei unserem Lebensunterhalt vertrauen? Wir müssen auf rechtmäßige und umsichtige Weise vorsorgen, hüten wir uns aber davor, nicht zu vertrauen. „Betrachtet die Raben! Sie säen nicht und ernten nicht ... und Gott nährt sie doch" (Lk 12,24). Sollte Gott die Vögel des Himmels nähren und nicht seine Kinder? „Betrachtet die Lilien, wie sie wachsen! Sie mühen sich nicht und spinnen nicht; ich sage euch aber: Selbst Salomo in all seiner Herrlichkeit ist nicht gekleidet gewesen wie eine von ihnen!" (Vers 27). Sollte Gott die Lilie kleiden und nicht sein Lämmer? Sogar die Gottlosen schmecken seine Freigebigkeit. „Ihr Gesicht strotzt von Fett" (Ps 73,7). Sollte Gott seine Sklaven nähren und nicht seine Familie? Seine Kinder mögen keinen großzügigen Anteil an den Dingen dieses Lebens haben, sie mögen nur ein wenig Mehl im Krug haben, ihr Vorrat mag runtergefahren sein und sie sitzen auf dem Trockenen, aber sie werden so viel haben, wie Gott für gut hält. „Aber die den HERRN suchen, müssen nichts Gutes entbehren" (Ps 34,11). Wenn Gott ihnen nicht das gibt, *was sie wünschen*, wird er ihnen das geben, *was gut für sie ist*. Wenn er ihnen nicht immer das gibt, was sie begehren, wird er ihnen das geben, was sie benötigen. Wenn er ihnen kein Festmahl gibt, wird er ihnen *Proviant für den Weg* geben. Lasst sie von seiner väterlichen Vorsehung abhängig sein. Lasst ihnen keinen Raum für misstrauische Gedanken, verwirrende Sorgen oder fragwürdige Mittel geben. „Alle eure Sorge werft auf ihn; denn er sorgt für euch" (1.Petr 5,7). Ein irdisches Elternteil kann für sein Kind Zuneigung haben und würde gerne für das Kind sorgen, aber es ist dazu nicht in der Lage. Aber Gott fehlt es niemals an Mitteln, um für seine Kinder zu sorgen, und er hat eine angemessene Versorgung verheißen. „Du sollst wahrlich ernährt werden" (Ps 37,3; nach der englischen Übersetzung). Sollte Gott seinen Kindern den Himmel schenken und ihnen nicht genug geben, dass sie die Kosten tragen können, um dorthin zu kommen? Sollte er ihnen ein Königreich geben und das tägliche Brot verweigern? Oh, setzen wir unser Vertrauen in IHN, denn er hat gesagt: „Ich will dich nicht aufgeben und dich niemals verlassen!" (Hebr 13,5).

b) Wenn Gott unser Vater ist, dann lasst uns ihn nachahmen. Das Kind trägt nicht nur das Bildnis seines Vaters, sondern es ahmt ihn auch nach in seiner Sprache, seiner Gestik und in seinem Verhalten. Wenn Gott unser Vater ist, lasst uns ihn nachahmen. „Werdet nun Gottes Nachahmer als geliebte Kinder" (Eph 5,1). Lasst uns Gott nachahmen, indem wir Verletzungen vergeben. „Ich tilge deine Übertretungen wie einen Nebel und deine Sünden wie eine Wolke" (Jes 44,22). Wie die Sonne nicht nur dünnen Nebel, sondern auch dicke Wolken vertreibt, so vergibt Gott große Sünden. Lasst uns ihn darin nachahmen. „Und vergebt einander" (Eph 4,32). Cranmer war ein Mann mit einem Geist der Vergebung: Er deckte Verletzungen zu und vergalt Gutes für Böses. Wer Gott als seinen Vater hat, der wird ihn zum Vorbild haben. Ahmen wir Gott in Werken der Barmherzigkeit nach. „Der HERR löst die Gebundenen" (Ps 146,7). Er öffnet seine Hand und sättigt alles, was lebt (Ps 145,16). Er lässt seinen lieblichen Tau auf die Distel wie auch auf die Rose fallen. Ahmen wir Gott in seinen Werken der Barmherzigkeit nach, mildern wir die Nöte anderer, seien wir reich an guten Werken. „Darum seid barmherzig, wie auch euer Vater barmherzig ist" (Lk 6,36). Last uns nicht so hartherzig sein, dass wir den Armen von aller Mitteilsamkeit ausschließen. Der reiche Mann verweigerte Lazarus einen Krumen Brot, und dem reichen Mann wurde ein Tropfen Wasser verweigert.

c) Wenn Gott unser Vater ist, dann lasst uns uns mit Geduld unter seinen Willen unterordnen. Wenn er seine Schläge auf uns legt, dann sind es die Zurechtweisungen eines Vaters, nicht die Strafen eines Richters. Dies machte selbst Christus geduldig. „Soll ich den Kelch nicht trinken, den mir der Vater gegeben hat?“ (Joh 18,11). Er sieht, dass Anfechtungen für uns notwendig sind (1.Petr 1,6). Er ordnet sie als Gesundheitstrank an, um uns zu reinigen und zu heiligen (Jes 27,9). Kämpfen wir deshalb nicht dagegen an, sondern ordnen wir uns unter. „Zudem hatten wir ja unsere leiblichen Väter als Erzieher und scheuten uns vor ihnen“ (Hebr 12,9). Sie können uns aus einer schlechten Laune heraus zurechtweisen, aber Gott tut das zu unserem Nutzen (Hebr 12,10). Lasst uns deshalb wie Eli sprechen: „Er ist der HERR; er tue, was ihm wohlgefällt!“ (1.Sam 3,18). Was bekommt ein Kind, das sich wehrt, außer nur noch mehr Schläge? Was bekam Israel durch sein Murren und Rebellieren, außer einen noch längeren und mühevolleren Marsch, bis letztendlich ihre toten Leiber in der Wüste zerfielen?

d) Wenn Gott unser Vater ist, dann sollte das in uns eine kindliche Ehrfurcht bewirken. „Bin ich nun Vater, wo ist meine Ehre?“ (Mal 1,6). Es ist ein Teil der Ehre, die wir Gott geben, wenn wir vor ihm Ehrfurcht haben und ihn anbeten. Wenn wir nicht immer eine kindliche Zuversicht haben, dann lasst uns immer eine kindliche Ehrfurcht bewahren. Wie sehr neigen wir dazu, in Extreme zu fallen: entweder in Niedergeschlagenheit oder in Übermut! Da Gott unser Vater ist, lasst uns nicht denken, dass wir uns die Freiheit zum Sündigen nehmen können. Wenn wir das tun, kann er mit uns handeln, als wenn er kein Vater wäre, und über unser Gewissen die Hölle bringen. Als David unter der väterlichen Zuneigung vermessen wurde und damit anfing, unter die Gnade Übermut mit hineinzumischen, ließ Gott ihn das teuer zu stehen kommen, indem er ihm das Empfinden für seine Liebe entzog, und obwohl er das Herz eines Vater hatte, hatte er das Aussehen eines Feindes. David betete: „Lass mich Freude und Wonne hören“ (Ps 51,10). Er verbrachte mehrere Monate in Verlassenheit, und man ist der Meinung, dass bis zum Tag seines Todes seine volle Freude nie wieder hergestellt wurde. Oh, lasst uns eine heilige Furcht wachhalten! Bewahren wir in einem kindlichen Vertrauen eine demütige Ehrfurcht. Der

Herr ist ein Vater. Dienen wir ihm deshalb mit Liebe. Er ist der mächtige Gott. Fürchten wir uns deshalb, gegen ihn zu sündigen.

e) Wenn Gott unser Vater ist, dann lasst uns einen gehorsamen Lebenswandel führen. „Als gehorsame Kinder" (1.Petr 1,14). Wenn Gott uns gebietet, demütig zu sein und uns selbst zu verleugnen, dann verleugnen wir uns selbst und trennen uns von unserer Schoßsünde. Seien wir schlicht in unserer Kleidung, angenehm in unserer Rede, ernsthaft in unserem Benehmen. Gehorchen wir der Stimme unseres Vaters; öffnen wir uns für ihn, wie sich die Blume für die Sonne öffnet. Wenn wir den Segen unseres Vaters erwarten, dann gehorchen wir ihm, was auch immer er gebietet: sowohl den Pflichten auf der ersten wie auch auf der Zweiten Tafel. Wenn ein Musiker schöne Musik machen möchte, dann berührt er jede Saite der Laute. Die Zehn Gebote sind wie ein zehnsaitiges Instrument, und wir müssen jede Saite berühren. Gehorchen wir jedem Gebot, oder wir können im Glauben keine schöne Melodie erzeugen. Gehorchen wir unserem himmlischen Vater, auch wenn er Dinge gebietet, die gegen Fleisch und Blut sind. Wenn er gebietet, die Sünde zu töten, die Sünde, die uns am liebsten ist: Reißen wir das rechte Auge aus, damit wir besser sehen können, um in den Himmel zu gehen. Auch wenn er gebietet, um der Sünde willen zu leiden (Apg 21,13). Jeder gute Christ hat in sich den Geist eines Märtyrers und ist eher bereit, für die Wahrheit zu leiden, als dass die Wahrheit leiden muss. Luther hat gesagt, dass er lieber ein Märtyrer wäre als ein Monarch. Petrus wurde mit dem Kopf nach unten gekreuzigt, wie Eusebius berichtet. Ignatius nannte seine Ketten seine geistlichen Perlen, und er trug seine Fesseln wie ein Armband mit Diamanten. Wir handeln wie Gottes Kinder, wenn wir seiner Stimme gehorchen und unser Leben nicht lieb haben, sodass wir unsere Liebe zu ihm zeigen können. „Und haben ihr Leben nicht geliebt bis in den Tod" (Offb 12,11).

f) Wenn Gott unser Vater ist, dann lasst uns durch unser freundliches Gesicht zeigen, dass wir die Kinder eines solchen Vaters sind. Zu viel Niedergeschlagenheit und Verzagtheit setzen die Beziehung, in der wir mit ihm stehen, herab. Was macht es schon, wenn wir in der Welt eine harte Behandlung erfahren! Wir sind jetzt in einem fremden Land, fern der Heimat. In Kürze wird es mit uns besser stehen, wenn wir in unserem eigenen Land sind und unser Vater uns in seinen Armen hält. Ist der Erbe nicht fröhlich in der Hoffnung? Sollten die Söhne von Königen bedrückt sein? „Warum bist du jeden Morgen so niedergeschlagen, du Königssohn?“ (2.Sam 13,4). Ist Gott ein liebloser Vater? Sind seine Gebote schwer? Hat er kein Land, um es seinen Erben zu geben? Warum wandeln seine Kinder dann in so einer Traurigkeit? Niemals hatten Kinder solche Privilegien wie diejenigen, welche aus dem königlichen Geschlecht des Himmels sind und Gott zu ihrem Vater haben. Diejenigen, welche in ein paar Stunden mit Herrlichkeit gekrönt sein werden, sollten sich freuen.

g) Wenn Gott unser Vater ist, dann lasst uns ihn ehren, indem wir einen sehr heiligen Lebenswandel führen. „Ihr sollt heilig sein, denn ich bin heilig!“ (1.Petr 1,16). Als ein junger Prinz einen Philosophen fragte, wie er sich verhalten solle, sagte der Philosoph: *„Memento te filium esse regis - Bedenke, dass du der Sohn eines Königs bist,* tue nichts, was sich nicht für einen Königssohn geziemt.“ So lasst auch uns bedenken, dass wir adoptierte Söhne und Töchter des höchsten Gottes sind, und tun wir nichts, was einer solchen Beziehung unwürdig ist. Ein zügelloses Kind ist die Schande seines Vaters. „Ist das der Leibrock deines Sohnes?“, sagten sie zu Jakob, nachdem sie den Leibrock in Blut getaucht hatten und nach Hause brachten. So ist es auch, wenn wir eine Person sehen, die befleckt ist mit Bosheit, Leidenschaft, Trunkenheit. Dann können wir sagen: „Ist das der Leibrock eines Kindes, das Gott adoptiert hat? Sieht er wie ein Erbe der Herrlichkeit aus? Es ist eine Lästerung des Namens Gottes, wenn man ihn Vater nennt und doch in Sünde lebt. Diejenigen, welche Gott als ihren Vater bekennen und unheilig leben, mit Verleumden und Betrügen, sind für Gott genauso schlecht wie die Heiden. „Seid ihr Kinder Israels für mich nicht wie die Kinder der Kuschiten?, spricht der HERR“ (Am 9,7). Als Israel an Gottlosigkeit zunahm, waren sie für Gott nicht besser als die Kuschiten, die unbeschnitten waren, ein böses und schlecht erzogenes Volk. Diejenigen, die unter dem Evangelium ein loses und skandalöses Leben führen, sieht Gott für nicht besser an als Heiden, ja sie bekommen in der Hölle einen noch heißeren Platz. Oh! Lasst alle, die bekennen, dass Gott ihr Vater ist, ihn durch ihr unbeflecktes Leben ehren. Scipio verabscheute die Umarmungen einer Hure, weil er der General eines Heeres war. Meiden wir jede Sünde, weil wir aus Gott geboren sind und Gott zu unserem Vater haben. „Haltet euch fern von dem Bösen in jeglicher Gestalt!“ (1.Thess 5,22). Ein Ausspruch von Augustus war, dass „ein Kaiser nicht nur von Verbrechen frei sein muss, sondern auch von ihrem Verdacht.“ Wir sollen unserem himmlischen Vater durch ein heiliges Leben die Ehre geben und andere dazu bewegen, seine Kinder zu werden. *Der Duft der Tugend ist verführerisch*. Causinus spricht in seinen Hieroglyphen von einer Taube, die andere Tauben hinter sich her zog, weil ihre Flügel nach lieblichen Salben dufteten. So ist auch das heilige Leben der Kinder Gottes ein lieblicher Wohlgeruch, um andere zum Glauben zu ziehen und sie dazu zu bringen, dass sie zur Familie Gottes gehören. Justin der Märtyrer sagt, dass das, was ihn zum Christentum bekehrte, das Betrachten des untadeligen Lebens der Christen war.

h) Wenn Gott unser Vater ist, dann lasst uns alle diejenigen lieben, die seine Kinder sind. „Siehe, wie fein und wie lieblich ist's, wenn Brüder in Eintracht beisammen sind!“ (Ps 133,1). Die brüderliche Eintracht wird wegen ihres lieblichen Wohlgeruchs mit Salböl verglichen. „Liebt die Bruderschaft“ (1.Petr 2,17). *Die Bewegung der Seele gegenüber dem Bildnis ist die gleiche wie gegenüber der realen Sache*. Die Heiligen sind das wandelnde Bildnis Gottes. Wenn Gott unser Vater ist, sollten wir gerne sein Bildnis der Heiligkeit in den Gläubigen sehen. Wir sollten mit ihnen Mitleid haben in ihren Schwachheiten, sie aber wegen ihrer Gnadengaben lieben. Wir sollten ihre Gesellschaft über alles andere schätzen (Ps 119,63). Man kann zu Recht den Verdacht haben, dass Gott nicht der Vater derer ist, die seine Kinder nicht lieben. Obwohl sie die Gemeinschaft der Heiligen in ihrem Bekenntnis beibehalten, verbannen sie die Gemeinschaft der Heiligen aus ihrer Gesellschaft, mit der sie Umgang haben.

i) Wenn Gott unser Vater ist, dann lasst uns eine himmlische Gesinnung zeigen. Diejenigen, welche aus Gott geboren sind, richten ihre Zuneigung auf die Dinge, die droben sind (Kol 3,2). Oh, ihr Kinder des höchsten Gottes! Würdigt eure hohe Geburt nicht durch die erbärmliche Habsucht herab! Wie kann man ein Kind Gottes und gleichzeitig ein Sklave der Welt sein? Wie kann man ein Sprössling des Himmels und gleichzeitig in der Erde begraben sein? Ein Christ, der vorgibt, dass seine Herkunft aus dem Himmel ist, aber in seinen Gedanken ganz in irdischen Dingen aufgeht, entwürdigt sich selbst. Das ist so, als ob ein König seinen Thron verlassen würde, um hinter einem Pflug herzulaufen. „Du aber begehrst für dich Großes?“ (Jer 45,5). Als ob der Herr gesagt hätte: „Wie bitte, Baruch? Du, der du aus Gott geboren und den Engeln ähnlich bist und kraft deines Amtes ein Levit, du entwürdigst dich selbst. Du beschmutzt deine silbernen Flügel der Gnade, indem du sie mit Erde beklebst!“ „Du aber begehrst für dich Großes? Begehre es nicht!“ Erde erstickt das Feuer. Ebenso erstickt eine irdische Gesinnung das Feuer der guten Zuneigung.

k) Wenn Gott unser Vater ist, dann lasst uns auch in den schwersten Zeiten zu ihm stehen. Stehen wir für seine Sache auf und verteidigen wir seine Wahrheit. Athanasius stand zu Gott, als der größte Teil der Welt sich zum Arianismus wandte. Wenn Leiden kommen, dann lasst uns den Herrn nicht verleugnen. Wer seinen Vater verleugnet, ist ein schlechter Sohn. Diejenigen, welche sich in Zeiten der Gefahr schämen, sich zu Gott zu bekennen, für die wird Gott sich schämen, sie als seine Kinder zu bekennen. „Denn wer sich meiner und meiner Worte schämt unter diesem ehebrecherischen und sündigen Geschlecht, dessen wird sich auch der Sohn des Menschen schämen, wenn er kommen wird in der Herrlichkeit seines Vaters mit den heiligen Engeln“ (Mk 8,38).

II. *Der Zweite Teil des Vorworts lautet:* „Der du bist im Himmel." Von Gott heißt es, dass er im Himmel ist und das nicht, weil er dort so eingeschlossen ist, sodass er nirgendwo sonst ist, denn „die Himmel und aller Himmel Himmel können dich nicht fassen" (1.Kön 8,27). Aber die Bedeutung ist, dass er hauptsächlich an dem Ort wohnt, den der Apostel als „den dritten Himmel" bezeichnet, wo er seine Herrlichkeit am meisten den Heiligen und den Engeln offenbart (2.Kor 12,2).

Was können wir daraus lernen, dass Gott im Himmel ist?

a) Dass wir im Gebet unsere Gedanken über die Erde hinaus erheben müssen. Man kann nirgendwo mit Gott sprechen, als nur im Himmel. Er hat noch nie eine Seele abgewiesen, die sich bis zum Himmel aufgerichtet hat, um ihn zu bitten.

b) Wir lernen daraus seine souveräne Macht. *„Durch dieses Wort lernen wir, dass alle Dinge unter seinem Regiment sind"* (Calvin). „Aber unser Gott ist im Himmel; er tut alles, was ihm wohlgefällt" (Ps 115,3). Im Himmel regiert er das Weltall und verfügt über alle Ereignisse hier unten zum Guten für seine Kinder. Wenn die Heiligen in Schwierigkeiten und Gefahren sind und keinen Weg zur Hilfe sehen, sendet er ihnen vom Himmel Rettung. „Er wird mir vom Himmel Rettung senden" (Ps 57,4).

c) Wir lernen daraus seine Herrlichkeit und Majestät. Er ist im Himmel, deshalb ist er in Licht gehüllt (Ps 104,2). „Mit Pracht und Majestät bist du bekleidet" (Ps 104,1). Er ist weit über alle irdischen Fürsten erhoben, so weit, wie der Himmel über der Erde ist.

d) Wir lernen daraus seine Allwissenheit. Vor seinem Auge sind alle Dinge nackt und bloß (Hebr 4,13). Die Menschen ersinnen sich gegen seine Kirche Verschwörungen, aber Gott ist im Himmel, und sie können nichts tun, was Gott nicht sieht. Wenn jemand auf der Spitze eines Turmes ist oder auf einer Theaterbühne, kann er alle Leute sehen, die unten sind. Gott im Himmel sieht, wie von einem hohen Turm oder einer Theaterbühne, alle Tätigkeiten der Menschen. Die Gottlosen verursachen Wunden in den Rücken der Gerechten, und dann gießen sie Essig hinein, aber Gott schreibt ihre Grausamkeit nieder. „Ich habe das Elend meines Volkes in Ägypten sehr wohl gesehen“ (2.Mose 3,7). Gott kann vom Himmel über seine Feinde donnern. „Dann donnerte der HERR in den Himmeln ... Und er schoss seine Pfeile und zerstreute sie, er schleuderte Blitze und schreckte sie.“ (Ps 18,14.15).

e) Wir lernen daraus den Trost für die Kinder Gottes. Wenn sie zu ihrem Vater beten, kann der Weg zum Himmel nicht versperrt werden. Einer mag einen Vater haben, der im Ausland lebt, doch der Weg, sowohl zu See als auch auf dem Land, kann so blockiert sein, dass er nicht zu ihm kommen kann. Doch du, du Heiliger Gottes, wenn du zu deinem Vater betest, ist er im Himmel, und wenn du auch noch so begrenzt bist, der Weg zum Himmel kann niemals blockiert werden.

III. *Als Nächstes möchte ich über das Pronomen „unser“ sprechen.* Bei der Anrede „Vater“ gibt es eine Besitzanzeige: „unser Vater.“ Mit dem Wort „unser“ möchte Christus uns so viel lehren, dass wir in allen unseren Gebeten zu Gott Glauben ausüben. „Vater“ weist auf Ehrfurcht hin. „Unser Vater“ weist auf Glauben hin. In allen unseren Gebeten zu Gott sollten wir Glauben ausüben. Der Glaube tauft das Gebet und gibt ihm einen Namen. Es wird als „Gebet des Glaubens“ bezeichnet (Jak 5,15). Ohne Glauben ist es reden, kein beten. Der Glaube ist der Atem des Gebets. Solange der Glaube nicht darin atmet, ist das Gebet tot. Glaube ist eine notwendige Voraussetzung für das Gebet. Das Öl für das Heiligtum wurde aus verschiedenen Spezereien zusammengestellt: feinste Myrrhe, Zimt, Kalmus (2.Mose 30,23.24). Der Glaube ist das wichtigste Gewürz oder der Hauptbestandteil des Gebets, der es wie süßen Weihrauch zum Herrn aufsteigen lässt. „Er bitte aber im Glauben“ (Jak 1,6). „Und alles, was ihr glaubend erbittet im Gebet, das werdet ihr empfangen!“ (Mt 21,22). *„Herr, ich bete, wenn auch mit schwachem Glauben, so doch mit Glauben“* (Cruciger). Das Gebet ist die Waffe, mit der wir schießen. Das brennend Sein ist das Feuer, das sie entlädt, und der Glaube ist die Kugel, die den Thron der Gnade durchdringt. Das Gebet ist der Schlüssel des Himmels, der Glaube ist die Hand, die ihn dreht. Beten wir im Glauben: „unser Vater". Der Glaube muss das Gebet an die Hand nehmen, ansonsten kann man nicht in die Nähe Gottes kommen. Gebet ohne Glauben ist vergeblich. Wenn ein armer Handwerker, der von seiner Arbeit lebt, seine Werkzeuge unbrauchbar gemacht hat, sodass er nicht arbeiten kann, wie soll er dann existieren? Das Gebet ist das Handwerkszeug, mit dem wir arbeiten, womit wir alles Gute für uns erwirken. Aber der Unglaube macht unsere Gebete stumpf und unbrauchbar, und dann bekommen wir von Gott keinen Segen. Ein glaubensloses Gebet ist fruchtlos. Wie Josef sagte: „Ihr sollt mein Angesicht nicht sehen, wenn euer Bruder nicht bei euch ist!" (1.Mose 43,3), so kann auch das Gebet nicht das Angesicht Gottes sehen, bis es seinen Bruder, den Glauben, mitbringt. Was über Israel geschrieben steht, „dass sie nicht eingehen konnten wegen des Unglaubens" (Hebr 3,19), ist genauso für das Gebet wahr: Es kann nicht in den Himmel eingehen wegen des Unglaubens. Das Gebet erleidet oft Schiffbruch, weil es auf den Felsen des Unglaubens kracht. Oh, lasst uns das Gebet mit Glauben vermengen! Wir müssen sagen: „unser Vater."

Was beinhaltet im Glauben beten?

Im Glauben beten beinhaltet, dass wir Glauben haben, und der Gebetsakt beinhaltet, dass wir Glauben besitzen. Laufen beinhaltet ein Prinzip des Lebens. Ebenso beinhaltet im Glauben beten ein Besitzen der Gnade. Niemand kann im Glauben beten außer Gläubige.

Was ist im Glauben beten?

a) Es ist ein Beten um das, was Gott verheißen hat. Wo es keine Verheißung gibt, können wir nicht im Glauben beten.

b) Es ist ein Beten im Namen Jesu auf der Grundlage seines Verdienstes. „Und alles, was ihr bitten werdet in meinem Namen, das will ich tun" (Joh 14,13). Im Namen Christi beten ist ein Beten im Vertrauen auf seinen Verdienst. Wenn wir Gott Christus im Gebet vorlegen, wenn wir das geschlachtete

Lamm in unseren Armen tragen, wenn wir sagen: „Herr, wir sind Sünder, aber hier ist unser Bürge, sei doch um Christi willen gnädig gestimmt." Wir kommen im Namen Christi zu Gott, und das ist im Glauben beten.

c) Es ist ein Beten, bei dem wir unseren Glauben an der Treue Gottes festmachen, indem wir glauben, dass er hört und helfen wird. Das bedeutet, dass man Gott ergreift (Jes 64,7). Im Gebet nähern wir uns Gott, im Glauben ergreifen wir ihn (2.Chr 13,14). Sie „wurden gestärkt; denn sie verließen sich auf den HERRN, den Gott ihrer Väter" (Vers 2.Chr 13,18). Zu Gott flehen und mit der Seele bei Gott verweilen ist ein Beten im Glauben. Wenn man betet und sich nicht darauf verlässt, dass Gott unsere Bitten gewährt, dann ist das *„eine Verhöhnung Gottes, eine Schmähung Gottes und einen Spott über ihn bringen"*, sagt Pelican. Indem wir beten, scheinen wir Gott zu ehren, indem wir nicht glauben, beleidigen wir ihn. Im Gebet sagen wir: „Allmächtiger, barmherziger Vater" – jedoch, indem wir nicht glauben, löschen wir alle seine Bezeichnungen wieder aus.

Wie können wir wissen, dass wir wirklich im Glauben beten?

a) Wenn der Glaube im Gebet demütig ist. Eine vermessene Person hofft, aufgrund der eigenen, innewohnenden Würdigkeit erhört zu werden. Er ist so befähigt und hat Gott gute Dienste erwiesen, dass er aus diesem Grund zuversichtlich ist, dass Gott ihn erhören wird. Betrachten wir dazu ein Beispiel aus Lukas 18,11.12: „Der Pharisäer stellte sich hin und betete bei sich selbst so: O Gott, ich danke dir, dass ich nicht bin wie die übrigen Menschen, Räuber, Ungerechte, Ehebrecher, oder auch wie dieser Zöllner da. Ich faste zweimal in der Woche und gebe den Zehnten von allem, was ich einnehme!" Das war ein vermessenes Gebet, aber ein aufrichtiges Herz legt beim Gebet sowohl Demut als auch Glauben an den Tag. „Und der Zöllner stand von ferne, wagte nicht einmal seine Augen zum Himmel zu erheben, sondern schlug an seine Brust und sprach: O Gott, sei mir Sünder gnädig!" (Vers 13). „O Gott, sei mir Sünder gnädig!", hier haben wir Glauben. „Mir Sünder", hier haben wir Demut und ein Gefühl für die Unwürdigkeit.

b) Wir können wissen, dass wir im Glauben beten, wenn wir glauben, dass Gott auch dann die Bitte gewährt, wenn wir die Sache, für die wir beten, noch nicht erhalten haben, und wenn wir gewillt sind, seine Zeit abzuwarten. Ein Christ, der ein Gebot zum Beten hat und eine Verheißung, ist entschlossen, im Gebet zu Gott zu verharren und nicht aufzugeben, so wie Petrus, der an die Tür klopfte, und als sie nicht geöffnet wurde, klopfte er solange weiter, bis sie schließlich aufgetan wurde (Apg 12,16). So auch ein Christ, wenn er betet und betet und keine Antwort bekommt, dann fährt er damit fort, an die Himmelstür zu klopfen, in dem Wissen, dass eine Antwort noch kommen wird. „Denn du erhörst mich" (Ps 86,7). Hier ist jemand, der im Glauben betet. Christus sagt, dass „es nötig ist, allezeit zu beten und nicht nachlässig zu werden" (Lk 18,1). Ein Gläubiger wirft auf das Wort Christi das Netz des Glaubens aus, und auch wenn er nichts fängt, wird er das Netz wiederum in dem Glauben auswerfen, dass die Barmherzigkeit noch kommen wird. Geduld im Gebet ist nichts anderes als Glauben, den man ausspannt.

Erste Anwendung

Zur Zurechtweisung für diejenigen, welche förmlich beten und nicht im Glauben, die weder danach fragen, ob Gott hört, noch ob er die Bitte gewähren wird. „Ihr bittet und bekommt es nicht, weil ihr in böser Absicht bittet" (Jak 4,3). Er sagt nicht, dass sie um Dinge bitten, die unrechtmäßig sind, sondern sie bitten in böser Absicht, und deshalb bekommen sie es nicht. Der Unglaube heftet die Flügel des Gebets zusammen, sodass es nicht zum Thron der Gnade fliegen kann. Der Abfall des Unglaubens stoppt den Strom des Gebets.

Zweite Anwendung

Zur Ermahnung. Lassen wir das Gebet im Glauben wirksam werden. Der Landwirt säht auf Hoffnung. Das Gebet ist die Saat, die wir sähen, und wenn die Hand des Glaubens diese

Saat ausstreut, bringt sie eine fruchtbare Ernte des Segens hervor. Das Gebet ist das Schiff, das wir zum Himmel aussenden. Wenn der Glaube auf diesem Schiff zur praktischen Erfahrung wird, bringt er einen großen Vorrat an Gnade mit zurück. Oh, lasst uns im Glauben beten. Lasst uns „unser Vater“ sagen. Damit wir im Gebet Glauben ausüben können, betrachten wir Folgendes:

a) Gottes Bereitwilligkeit, Gebet zu erhören. *„Gott ist bereitwillig, das Gehörte zu erfüllen"* (Calvin). Wenn Gott alle Gesuche an ihn verbieten würde, dann würde das die Praxis des Gebets dämpfen, aber sein Ohr ist für Gebete offen. Einer der Namen, unter denen er bekannt ist, lautet: „Du erhörst Gebet“ (Ps 65,3). Bei den Römern hatten die Ädilen[6] ihre Türen immer offen stehen, damit alle, die Bittgesuche hatten, zu ihnen einen freien Zugang hatten. Gott ist sowohl bereit zu hören, als auch Gebete zu gewähren, was beim Beten zum Glauben ermutigen sollte. Einige sagen vielleicht, dass sie gebetet haben, aber keine Antwort bekommen haben. Gott kann Gebet erhören, auch wenn er es nicht sofort beantwortet. Wenn wir einen Brief an einen Freund schreiben, kann er ihn erhalten haben, auch wenn wir jetzt noch keine Antwort darauf haben. Vielleicht beten wir um das Licht von Gottes Angesicht; er kann uns Gehör schenken, auch wenn er uns sein Angesicht nicht zeigt. Gott kann auf Gebet eine Antwort geben, während wir es nicht wahrnehmen. Wenn er ein Herz für das Gebet gibt und im Gebet die Zuneigung entflammt, ist das eine Antwort auf das Gebet. „An dem Tag, da ich rief, hast du mir geantwortet; du hast mir Mut verliehen, in meine Seele kam Kraft“ (Ps 138,3). Davids innere Stärke war, dass er eine Antwort auf sein Gebet bekam. Deshalb, lassen wir uns durch Gottes Bereitwilligkeit, Gebet zu erhören, beim Beten zum Glauben ermutigen.

b) Damit wir beim Beten Glauben ausüben, lasst uns bedenken, dass wir nicht alleine beten. Christus betet unsere Gebete noch einmal. Sein Gebet ist der Grund, warum unser

6 Die Ädien bekleideten ein niederes Amt in der Ämterlaufbahn der römischen Republik der Antike.

Gebet erhört wird. Er nimmt die Schlacke aus unserem Gebet und legt seinem Vater nur das reine Gold vor. Er vermengt sein liebliches Räucherwerk mit den Gebeten der Heiligen (Offb 5,8). Denken wir doch an die Würde seiner Person: Er ist Gott. Denken wir an die Innigkeit seiner Beziehung zu Gott: Er ist der Sohn. Oh, was haben wir hier für eine Ermutigung, um im Glauben zu beten! Unsere Gebete werden in die Hand eines Mittlers gelegt. Das Gebet Christi ist mächtig und kraftvoll.

c) Wir beten für nichts anderes, als was vor ihm wohlgefällig ist, und er hat die Absicht, es zu gewähren. Wenn ein Sohn seinen Vater um nichts anderes bittet, außer um das, was er gerne schenkt, dann wird ihm das Zuversicht geben, um zu Gott zu gehen. Wenn wir zu Gott um heilige Herzen beten, dann gibt es nichts, was ihm mehr gefällt. „Denn das ist der Wille Gottes, eure Heiligung" (1.Thess 4,3). Wir beten, dass Gott uns ein Herz gibt, das ihn liebt. Und es gibt nichts, wonach ihn mehr verlangt, als unserer Liebe. Wie müsste uns das im Glauben beten lassen, wenn wir für nichts beten, außer für das, was Gott annimmt und woran er sich erfreut, es zu schenken!

d) Damit wir beim Beten zum Glauben ermutigt werden, lasst uns die vielen lieblichen Verheißungen betrachten, die Gott dem Gebet gegeben hat. Der Kork verhindert, dass das Netz untergeht. So sind auch die Verheißungen der Kork, der verhindert, dass beim Beten der Glaube untergeht. Gott hat sich durch seine Verheißungen an uns gebunden. Die Bibel ist mit Verheißungen übersät, die dem Gebet gegeben sind. „Er wird dir gewiss Gnade erweisen, wenn du [um Hilfe] rufst" (Jes 30,19). „Alle haben denselben Herrn, der reich ist für alle, die ihn anrufen" (Röm 10,12). „Ja, ihr werdet mich suchen und finden, wenn ihr von ganzem Herzen nach mir verlangen werdet" (Jer 29,13). „Er erfüllt das Begehren derer, die ihn fürchten" (Ps 145,19). Die Tyrier banden ihren Gott Herkules mit goldenen Fesseln, damit er sich nicht entfernen konnte. Gott hat sich durch seine Verheißungen fest an uns gebunden. Wie müsste das beim Beten Glauben wecken und ihn beleben! Der Glaube wird beim Beten stark, wenn man von der Brust der Verheißung saugt.

e) Damit wir beim Beten Glauben ausüben, lasst uns bedenken, dass Jesus Christus das erworben hat, wofür wir beten. Wir können denken, dass die Dinge, für die wir im Gebet bitten, zu groß für uns sind, um sie zu erhalten. Für Christus sind sie aber nicht zu groß! Wir beten um Vergebung. Christus hat sie mit seinem Blut erworben. Wir beten um den Geist, um uns zu beleben und zu erleuchten. Die Aussendung des Heiligen Geistes in unsere Herzen ist die Frucht von Christi Tod. Das sollte unseren Gebeten Leben einhauchen und uns dazu bringen, dass wir im Glauben beten. Wir sollten darüber nachdenken, dass die Dinge, für die wir bitten, zwar mehr sind als wir verdienen, doch sie sind nicht mehr, als Christus für uns erworben hat.

f) Damit wir im Glauben beten, lasst uns bedenken, dass in Gott solch eine Freigebigkeit ist, dass er oft über die Gebete seines Volkes hinausgeht. Er gibt ihnen mehr, als sie bitten! Hanna betete um einen Sohn, und Gott gab ihr nicht nur einen Sohn, sondern einen Propheten. Salomo betete um Weisheit, und Gott gab ihm nicht nur Weisheit, sondern auch noch Reichtum und Ehre dazu. Jakob betete, dass Gott ihm Nahrung und Kleidung gebe, und er ließ die Personen seiner Pilgerschaft auf zwei Heerlager anwachsen (1.Mose 32,10). Gott gibt uns oft mehr, als wir bitten. Als Gehasi um ein Talent bat, nötigte ihn Naeman, dass er zwei nehmen soll (2.Kön 5,23). Wir bitten um ein Talent, und Gott gibt uns zwei. Die kanaanitische Frau bat um einen Krumen, nämlich um das Leben ihres Kindes, und Christus gab ihr mehr, er sandte sie mit dem Leben ihrer Seele nach Hause.

g) Der große Erfolg, den das Gebet gefunden hat. Wie bei Jonathans Bogen ist das Gebet nicht leer zurückgekehrt. *Das kleine Wort „Vater", das im Herzen gesprochen wurde,* sagte Luther. Das kleine Wort „Vater", im Glauben ausgesprochen, hat Gott überwunden. „Errette mich doch aus der Hand meines Bruders[7]" (1.Mose 32,12). Hier wurde die Verheißung

7 Nach der englischen Übersetzung: „Befreie mich, ich bitte dich."

mit Glauben gemischt. „Du aber hast gesagt: Ich will dir gewisslich wohltun“ (Vers 13). Dieses Gebet hatte bei Gott Kraft und setzte sich durch (Hos 12,4). Das Gebet des Glaubens hat Gefängnistüren geöffnet, den Lauf der Sonne angehalten, den Himmel geöffnet und verschlossen (Jak 5,17). Das Gebet des Glaubens hat die Verschwörungen der Feinde im Keim erstickt und hat ihre Streitkräfte in die Flucht geschlagen. Das Gebet des Mose gegen Amalek hat mehr bewirkt als das Schwert Josuas – und müsste das beim Beten nicht zum Glauben ermutigen und bestärken?

h) Wenn all das nicht überzeugt, dann bedenken wir, wie herzlos und trostlos es ist, wenn man nicht im Glauben betet! Das Herz unterstellt heimlich, dass Gott nicht hört noch antworten wird. Glaubensloses Beten muss zwangsläufig trostlos sein, denn ein Gebet im Unglauben hat keine Verheißung. Wo man keinen Anker werfen kann, dort segelt man traurig, und wo es für die Verheißung keinen Anker gibt, an dem sie festgemacht wird, dort betet man traurig (Jak 1,7). Die Jünger mühten sich die ganze Nacht ab und fingen nichts. Ebenso müht sich der Ungläubige im Gebet ab und fängt nichts. Er empfängt keinen einzigen geistlichen Segen, keine Vergebung der Sünden oder Gnade. Was die zeitlichen Segnungen anbetrifft, die der Ungläubige hat, so kann er sie nicht als Frucht des Gebets betrachten, sondern als die überfließende Freigebigkeit Gottes. Oh, deshalb lasst uns danach trachten, dass wir beim Beten Glauben ausüben und hervorbringen.

Aber an meinem Gebet klebt so viel Sünde, dass ich fürchte, dass es kein Gebet des Glaubens ist und Gott es nicht erhören wird.

Wenn wir hierüber betrübt sind, hindert das nicht daran, dass unser Gebet im Glauben sein kann und Gott es erhören kann. Schwachheit kann die Gebete der Heiligen nicht unwirksam machen. „Ich hatte zwar in meiner Bestürzung gesagt: »Ich bin verstoßen von deinen Augen!«“ (Ps 31,23). In diesem Gebet lag viel Unglaube. „Ich hatte in meiner Bestürzung gesagt“, im Hebräischen: „in meinem Zittern.“ Davids

Glaube zitterte und war ohnmächtig, doch Gott erhörte sein Gebet. Die Leidenschaften der Heiligen halten ihre Gebete nicht auf (Jak 5,17). Lasst uns deshalb nicht entmutigt sein, wenn unsere Sünde an unserem heiligen Opfer klebt. Ja, diese beiden Dinge können uns trösten: Wir können im Glauben beten, auch wenn es in Schwachheit geschieht, und Gott sieht die Aufrichtigkeit und wird die Gebrechlichkeit übergehen.

Bitten wir inständig um den Geist Gottes. Wir können nicht sagen „unser Vater“, außer durch den Heiligen Geist. Der Geist Gottes hilft uns, damit wir nicht nur mit Seufzen und Stöhnen beten, sondern auch im Glauben beten. Der Geist führt uns zu Gott, nicht nur als Schöpfer, sondern auch als Vater. „Weil ihr nun Söhne seid, hat Gott den Geist seines Sohnes in eure Herzen gesandt, der ruft: Abba, Vater!“ (Gal 4,6). „Der ruft“, hier bringt uns der Geist dazu, brennend zu beten. „Abba, Vater“, hier hilft uns der Geist, im Glauben zu beten. Der Geist hilft dem Glauben, den Schlüssel des Gebets zu drehen, und dann schließt er den Himmel auf.

II. Die erste Bitte im Gebet des Herrn

„Geheiligt werde dein Name“

(Mt 6,9c)

Nachdem wir über die Einleitung zum Gebet des Herrn gesprochen haben: „Deshalb sollt ihr auf diese Weise beten“ und das Vorwort: „Unser Vater, der du bist im Himmel!“, komme ich als Drittes zu dem Gebet selbst, das aus sieben Bitten besteht. Die erste Bitte lautet:

„Geheiligt werde dein Name.“ In dieser Bitte beten wir, dass der Name Gottes herrlich hervorscheinen soll und dass er durch uns, im Verlauf und Hergang unseres ganzen Lebens, geehrt und geheiligt werde. Der Gesang der Engel war: „Herrlichkeit [ist] bei Gott in der Höhe“, was bedeutet, dass sein Name verherrlicht und geheiligt werde. Diese Bitte ist in den Vordergrund gestellt, um zu zeigen, dass die Heiligung des Namens Gottes vor allen anderen Dingen den Vorrang hat. Sie hat den Vorrang vor dem Leben. Bevor wir beten: „Gib uns heute unser tägliches Brot“, beten wir: „Geheiligt werde dein Name.“ Sie hat den Vorrang vor der Erlösung (Röm 9,23). Die Ehre Gottes ist mehr wert als die Erlösung aller Seelen der Menschen. Wie Jesus in Matthäus 22,38 über die Liebe sagte: „Das ist das erste und größte Gebot“, so vermag ich über diese Bitte zu sagen: „Geheiligt werde dein Name“, sie ist die erste und größte Bitte. Sie beinhaltet die Sache des Glaubens, die das größte Gewicht hat: die Ehre Gottes. Wenn einige andere Bitten unnötig und überholt sein werden, wie, dass wir im Himmel nicht beten müssen: „Gib uns heute unser tägliches

Brot", weil es dort keinen Hunger gibt, noch: „Und vergib uns unsere Schulden", weil es dort keine Sünde gibt, noch: „Und führe uns nicht in Versuchung", weil die alte Schlange nicht dort ist, um uns zu versuchen, so wird es aber im Himmel sehr gebräuchlich und gewünscht sein, den Namen Gottes zu heiligen. Wir werden allezeit Hallelujas singen, was nichts anderes ist, als den Namen Gottes zu heiligen. Jede Person in der gesegneten Dreieinigkeit, Gott, der Vater, der Sohn und der Heilige Geist, muss diese Ehre der Heiligung empfangen. Sie besitzen die gleiche Ehre, und sie sind in ihrer Majestät gleich ewig. „Geheiligt werde dein Name." Gottes Namen zu bewundern, ist nicht genug. Wir können den Namen eines Eroberers bewundern. Wenn wir aber sagen: „Geheiligt werde dein Name", stellen wir den Namen Gottes über jeden anderen Namen und bewundern ihn nicht nur, sondern beten ihn an, und dies steht allein dem göttlichen Wesen zu. Zur weiteren Erklärung möchte ich drei Fragen behandeln.

I. *Was ist mit dem Namen Gottes gemeint?*

1. Sein Wesen. „Der Name des Gottes Jakobs schütze dich!" (Ps 20,2). Das bedeutet, dass der Gott Jakobs uns beschützt.

2. Alles, wofür er bekannt ist. Wie ein Mensch durch seinen Namen bekannt ist, so ist Gott ebenso durch seine Eigenschaften wie Weisheit, Kraft, Heiligkeit und Güte bekannt.

II. *Was ist mit der Heiligung des Namens Gottes gemeint?*

Das Heiligen ist *ein Absondern* der Dinge vom allgemeinen Gebrauch für einen heiligen Zweck. Wie es von den Geräten im Heiligtum heißt, dass sie geheiligt waren, so bedeutet es, den Namen Gottes zu heiligen, dass man ihn von jedem Missbrauch absondert und ihn heilig und ehrfürchtig gebraucht. Im Besonderen bedeutet die Heiligung des Namens Gottes, dass man ihm hohe Ehre und Verehrung gibt und seinen Namen heilig darstellt. Wir können zu der Herrlichkeit seines Wesens nichts hinzufügen, aber uns wird gesagt, dass wir seinen Namen ehren und heiligen sollen, indem wir ihn in der Welt erhöhen und ihn in den Augen anderer größer erscheinen lassen. Wenn ein Prinz gekrönt wird, wird wirklich etwas zu seiner Ehre hinzugefügt. Aber wenn wir Gott mit unserem Jubel und unseren Hallelujas krönen, wird dabei nichts zu der Herrlichkeit seines Wesens hinzugefügt. Er kann nicht größer werden, als er bereits ist. Wir können ihn in den Augen der anderen nur größer erscheinen lassen.

III. *Wann kann man sagen, dass wir den Namen Gottes heiligen?*

1. Wenn wir seinen Namen bekennen. Unsere Zusammenkunft in seiner heiligen Gemeinde ist eine Ehre, die seinem Namen gegeben wird. Das ist gut, aber noch nicht genug. Nicht alle, die durch ein Bekenntnis äußerlich zu Gott stehen, sind wahre Knechte. Es gibt einige Bekenner, gegen welche Christus am Jüngsten Tag zeugen wird: „Und dann werde ich ihnen bezeugen: Ich habe euch nie gekannt" (Mt 7,23). Deshalb müssen wir noch etwas weiter gehen:

2. Wir heiligen den Namen Gottes, wenn wir eine hohe Dankbarkeit und Wertschätzung von ihm haben und ihm in unseren Gedanken den höchsten Platz einräumen. Das hebräische Wort für „ehren" bedeutet: wertvoll erachten. Wir stellen uns Gott in unseren Gedanken als das allervortrefflichste und höchste Gut vor. Wir sehen ihn ihm den Inbegriff aller Schönheit und Freude. Wir beten ihn in seinen herrlichen Eigenschaften an, welche die verschiedenen Strahlen sind, durch die sein göttliches Wesen hervorscheint. Wir beten ihn in seinen Werken an, welche in drei großen Büchern zu einem Band zusammengefasst sind: die Schöpfung, die Erlösung und die Vorsehung. Wir heiligen seinen Namen, wenn wir ihn in unsere Seele am höchsten erhöhen. Wir betrachten ihn als den unvergleichlichen und unbegreiflichen Gott.

3. Wir heiligen seinen Namen, wenn wir auf ihn vertrauen. „Denn wir vertrauen auf seinen heiligen Namen" (Ps 33,21). Auf keinem anderen Weg können wir Gott mehr Ehre einbringen oder seine Krone heller erstrahlen lassen, als dadurch, dass wir auf ihn vertrauen. Abraham „wurde stark durch den Glauben, indem er Gott die Ehre gab" (Röm 4,20). Hier wurde der Name Gottes geheiligt. Unglaube beschmutzt die Ehre Gottes

und verdunkelt seinen Namen. „Wer Gott nicht glaubt, der hat ihn zum Lügner gemacht" (1.Joh 5,10). Somit verherrlicht und heiligt der Glaube also den Namen Gottes. Der Gläubige vertraut seine besten Juwelen den Händen Gottes an. „In deine Hand befehle ich meinen Geist" (Ps 31,6). Der Glaube an den Mittler ehrt und heiligt den Namen Gottes mehr als der Märtyrertod oder die erhabensten Akte des Gehorsams.

4. Wir heiligen den Namen Gottes, wenn wir ihn nur mit höchster Ehrfurcht nennen. Sein Name ist heilig, und es sollte von ihm nur mit Verehrung gesprochen werden. Wenn die Schrift von Gott redet, dann gibt sie ihm Ehrentitel. „Und gelobt sei Gott, der Allerhöchste" (1.Mose 14,20). „Und man lobe den Namen deiner Herrlichkeit, der über alle Danksagung und alles Lob erhaben ist!" (Neh 9,5). Wenn man aus nichtigen Gründen oder leichtfertig von Gott redet, entheiligt man seinen Namen und missbraucht ihn zu Nichtigem. Wenn wir Gott seine Ehrentitel geben, hängen wir seine Juwelen an seine Krone.

5. Wir heiligen den Namen Gottes, wenn wir seinen Namen lieben. „Und fröhlich werden sein in dir, die deinen Namen lieben!" (Ps 5,12). Die Liebe, die Gott ehrt, muss eine ganz besondere und wählerische Liebe sein – die Sahne und Blume der Liebe; solch eine Liebe, wie wir sie keinem anderen sonst geben, wie eine Frau ihren Ehemann ehrt, indem sie ihm eine Liebe gibt, die sie keinem anderen gibt – eine eheliche Liebe. Auf diese Weise heiligen wir Gottes Namen, indem wir ihm eine Liebe geben, wie wir sie sonst keinem anderen geben, eine Liebe, die mit Anbetung verbunden ist. „Denn er ist dein Herr, so huldige ihm!" (Ps 45,12).

6. Wir heiligen den Namen Gottes, wenn wir ihm einen heiligen und geistlichen Gottesdienst darbringen.

a) Wenn wir ihm die Art von Gottesdienst darbringen, die er vorgeschrieben hat. „Ich will geheiligt werden durch die, welche zu mir nahen" (3.Mose 10,3), das bedeutet: Ich werde geheiligt durch einen Gottesdienst, der genau so ist, wie ich ihn vorgeschrieben habe. Gott liebt mehr den reinen Gottesdienst als den Prunk. Es verunehrt seinen Namen, wenn man etwas in seinen Gottesdienst hineinbringt, was er nicht eingerichtet hat, so als ob er nicht intelligent genug wäre, um die Art und Weise vorzuschreiben, in der er möchte, dass man ihm dient. Menschen schreiben Gott den Gottesdienst vor und fügen ihre Erfindungen hinzu, was er als fremdes Feuer ansieht, das auf dem Altar gebracht wird und es als eine große Provokation betrachtet.

b) Wenn wir Gott bei unserem Gottesdienst unser Herz in der Weise hingeben, wie er es vorgeschrieben hat. „Seid brennend im Geist, dient dem Herrn!“ (Röm 12,11). Das Wort „brennend“ ist eine Metapher, die auf Wasser anspielt, das siedet und überkocht, um damit zu versinnbildlichen, dass unsere Zuneigung in den heiligen Pflichten überkochen sollte. Wenn wir Gott einen äußerlichen Gottesdienst darbringen und nicht die Hingabe des Herzens, dann missbrauchen wir seinen Namen, anstatt ihn in einem Gnadenmittel zu heiligen. Das ist so, als ob jemand nach Wein fragen würde, und wir würden ihm ein leeres Glas geben. Dann behandeln wir Gott so, wie Prometheus Jupiter behandelte, der das Fleisch aß und Jupiter nichts als Knochen darbrachte, die mit Fell bedeckt waren. Wir heiligen den Namen Gottes in einem Gnadenmittel, wenn wir ihm die lebenswichtigen Organe des Glaubens darbringen und ein Herz, das mit Eifer entflammt ist.

7. Wir heiligen den Namen Gottes, wenn wir seinen Tag heiligen. „Heiligt den Sabbattag“ (Jer 17,22). Unser christlicher Sabbat, der an die Stelle des jüdischen Sabbats getreten ist, wird als der Tag des Herrn bezeichnet (Offb 1,10). In alter Zeit nannte man ihn *dies lucis* – einen Tag des Lichts, an dem Christus, die Sonne der Gerechtigkeit, in einer außergewöhnlichen Weise scheint. Wenn man Gottes Sabbat heiligt, ehrt man ihn.

a) Wir sollen an diesem Tag von aller weltlichen Arbeit ruhen. „... und am Sabbattag keine Last durch die Tore dieser Stadt hineintragt“ (Jer 17,24). Wie Josef die Ägypter wegschickte, als er mit seinen Brüdern sprechen wollte, so müssen wir alle weltlichen Beschäftigungen wegschicken, wenn wir mit Gott an diesem Tag Umgang haben wollen. Maria Magdalena verzichtete darauf, den Leichnam Christi am Sabbattag einzubalsamieren (Lk 23,56). Sie hatte zuvor ihre Salben und Spezereien zubereitet, aber sie ging nicht eher zu dem Grab, bis der Sabbat vorüber war. An diesem Tag ruhte sie von der bürgerlichen Arbeit, sogar von der lobenswerten und herrlichen Arbeit, den Leichnam Christi einzubalsamieren.

b) An diesem Tag sollen wir uns Gott in einer feierlichen Weise hingeben. Wir sollen den ganzen Tag mit Gott verbringen. Einige hören das Wort, aber lassen ihren ganzen Glauben in der Kirche zurück. Zu Hause tun sie nichts. Sie beten nicht und überdenken nicht das Wort in ihrem Haus, und auf diese Weise berauben sie Gott um einen Teil seines Tages. Es ist beklagenswert zu sehen, wie der Tag Gottes entheiligt wird. Niemand soll denken, dass der Name Gottes geheiligt wird, während sein Sabbat gebrochen wird.

8. Wir heiligen den Namen Gottes, wenn wir in allem was wir tun, ihm die Ehre zuschreiben. „Bringt dar dem HERRN die Ehre seines Namens" (Ps 96,8). Herodes entehrte den Namen Gottes, anstatt ihn zu heiligen, indem er das Lob, das allein Gott zusteht, sich selbst anmaßte (Apg 12,23). Wir sollten die Ehre von uns selbst wegnehmen und sie Gott geben. „Ich habe mehr gearbeitet als sie alle." Man könnte denken, dass dies nach Hochmut riecht, aber der Apostel nimmt die Krone von seinem eigenen Haupt und setzt sie auf das Haupt der freien Gnaden: „Jedoch nicht ich, sondern die Gnade Gottes, die mit mir ist" (1.Kor 15,10). Wenn ein Christ bei der Pflicht irgendeinen Beistand hat oder einen Sieg über die Versuchung, dann richtet er eine Säule auf und schreibt darauf: *„Bis hierher hat mir der Herr geholfen."* Johannes der Täufer hat alle Ehre von sich selbst weg an Christus weitergeleitet. Er war damit zufrieden, dass sein Licht dunkler wurde, damit das Licht Christi umso heller scheint. „Der nach mir kommt, ist vor mir gewesen" (Joh 1,15). Ich bin nur der Herold, die Stimme eines Rufenden; er ist der Fürst. Ich bin nur ein kleiner Stern; er ist die Sonne. Ich taufe nur mit Wasser, er mit dem Heiligen Geist. Das bedeutet, den Namen Gottes zu heili-

gen, wenn wir alle Ehre von uns selbst weg zu Gott weiterleiten. „Nicht uns, o HERR, nicht uns, sondern deinem Namen gib Ehre“ (Ps 115,1). Der König von Schweden überschrieb die Schlacht von Leipzig mit dem Motto: *Der Herr hat diesen Sieg für uns errungen.*

9. Wir heiligen den Namen Gottes, indem wir ihm gehorsam sind. Wie kann ein Sohn seinen Vater mehr ehren als durch Gehorsam? „Deinen Willen zu tun, mein Gott, begehre ich“ (Ps 40,9). Die Weisen erwiesen Christus die Ehre, nicht nur indem sie ihre Knie vor ihm beugten, sondern auch, indem sie ihm Gold und Myrrhe darbrachten (Mt 2,11). Wir heiligen den Namen Gottes nicht nur, indem wir unsere Augen und Hände zum Himmel erheben und im Gebet unsere Knie beugen, sondern indem wir ihm den goldenen Gehorsam darbringen. Wie der Agent für den Kaufmann Handel betreibt, so betreiben wir für Gott Handel und stellen unsere Kräfte in seinen Dienst. Ein Ausspruch von Dr. Juwel lautete: „Ich habe mich selbst bei den Arbeiten für meine heilige Berufung aufgezehrt und aufgebraucht.“ „Siehe, Gehorsam ist besser als Schlachtopfer“ (1.Sam 15,22). Die Cherubim, welche die Engel repräsentieren, werden mit Flügeln dargestellt, um zu zeigen, wie sehr sie für den Dienst Gottes bereit sind. Gehorsam ist das Wesen der Engel. Wenn man vorgibt, den Namen Gottes zu ehren und doch nicht gehorsam ist, dann ist das nur eine fromme Höflichkeit. Abraham gab Gott die Ehre durch Gehorsam. Er war bereit, seinen Sohn zu opfern, obwohl er der Sohn seines Alters war und der Sohn der Verheißung. „Ich habe bei mir selbst geschworen, spricht der HERR: Weil du dies getan und deinen Sohn, deinen einzigen, nicht verschont hast, darum will ich dich reichlich segnen“ (1.Mose 22,16.17).

10. Wir heiligen den Namen Gottes, wenn wir seinen Namen in unserem Lob erheben. Es steht geschrieben, dass Gott heiligt und dass der Mensch heiligt. Gott heiligt uns, indem er uns Gnade gibt, und wir heiligen ihn, indem wir ihm Lob geben. Für was anderes wurde uns eine Zunge gegeben, als um ein Instrument zu sein, um Gott zu loben. „Mein Mund soll erfüllt sein von deinem Lob, von deiner Verherrli-

chung allezeit!“ (Ps 71,8). „Dem, der auf dem Thron sitzt, und dem Lamm gebührt das Lob und die Ehre und der Ruhm und die Macht von Ewigkeit zu Ewigkeit!“ (Offb 5,13). Auf diese Weise wird der Name Gottes im Himmel geheiligt: Die Engel und die verherrlichten Heiligen singen Hallelujas. Lasst uns mit dem Werk des Himmels hier anfangen. David sang das Lob Gottes und Lobgesänge in der wohlklingendsten Weise vor und wurde dafür als „der liebliche Psalmdichter in Israel“ bezeichnet (2.Sam 23,1). Wenn wir Gott loben, heiligen wir seinen Namen, dann verbreiten wir seinen Ruhm. Die Zeichen seiner Vortrefflichkeit werden dargestellt. Er wird in den Augen der anderen verherrlicht. „Wer Dank opfert, der ehrt mich“ (Ps 50,23). Das ist einer der höchsten und reinsten Akte des Glaubens. Im Gebet tun wir das Werk von Menschen, im Lob tun wir das Werk von Engeln. Lobpreis ist die Musik des Himmels und ein Werk, das einem Heiligen entspricht. „Die Getreuen sollen frohlocken ... Das Lob Gottes sei in ihrem Mund“ (Ps 149,5.6). Somit kann niemand außer den Heiligen den Namen durch Lobpreis in rechter Weise heiligen. Wie nicht jeder das Geschick hat, die Viola und die Orgel zu spielen, so kann auch nicht jeder in rechter Weise das wohlklingende Lob Gottes erklingen lassen. Nur die Heiligen können das tun. Nur sie allein können ihre Zunge mit dem Herzen zusammen einstimmen lassen. „Ich will den HERRN loben von ganzem Herzen“ (Ps 111,1). „Und [sein] Ruhm war auf meiner Zunge“ (Ps 66,17). Hier haben wir das gemeinsame miteinander Einstimmen. Dieses Heiligen des Namens Gottes durch Lobpreis ist die Sache, die sich für einen Christen am meisten gehört. Es geziemt sich nicht zu murren, was den Namen Gottes entehrt. Aber es geziemt sich für die Heiligen, dass sie geistliche Chorsänger sind, welche die Ehre seines Namens besingen. Das wird als „Kleid des Lobes“ bezeichnet (Jes 61,3; nach der englischen Übersetzung). Wie anmutig und ansehnlich ist dieses Kleid des Lobes, wenn ein Heiliger es trägt! „Den Aufrichtigen ziemt Lobgesang“ (Ps 33,1). Besonders ist es ein hohes Maß an Heiligung des Namens Gottes, wenn wir im Zustand der Anfechtung von ihm gut sprechen und ihn loben.

„Der HERR hat gegeben, der HERR hat genommen; der Name des HERRN sei gelobt!“ (Hiob 1,21). Viele Menschen loben Gott, wenn er gibt; ihn aber zu loben, wenn er nimmt, ist ein hohes Maß, um ihn zu ehren und seinen Namen zu heiligen. Hat er uns nicht reichlich Dinge gegeben, um ihn zu loben? Er hat uns Gnade gegeben, eine Barmherzigkeit, die aus seinem innersten Herzen gesponnen und gewebt ist, und es liegt in seiner Absicht, die Gnade mit Herrlichkeit zu krönen. Dies sollte uns veranlassen, seinen Namen zu heiligen, indem wir Posaunen seines Lobes sind.

11. Wir heiligen den Namen Gottes, wenn wir mit ihm mitfühlen, wenn wir betrübt sind, wenn sein Name Schaden erleidet.

a) Die Unehre, die ihm angetan wird, geht uns zu Herzen. Wie war Mose betroffen, als Gott entehrt wurde! Er zerbrach die Tafeln (2.Mose 32,19). Wir sind betrübt zu sehen, wie der Sabbat Gottes entheiligt wird, sein Gottesdienst verfälscht wird, der Wein der Wahrheit mit Irrtum vermischt wird.

b) Wir sind betrübt, wenn die Kirche Gottes erniedrigt wird, weil sein Namen dann Schaden erleidet. Nehemia nahm sich das Elend von Zion zu Herzen, sein Gesichtsausdruck veränderte sich, und er sah traurig aus. „Warum siehst du so traurig aus?“ (Neh 2,2). Warum traurig sein, wenn der Mundschenk des Königs und der Wein doch so nahe sind? Oh, aber der Kirche Gottes erging es schlecht, und der Glaube schien an Boden zu verlieren, und der Name Gottes erlitt Schaden! Deshalb wuchs bei Nehemia am Hof der Überdruss, und er ließ den Wein stehen und mischte seinen Trank mit Tränen. Solch ein Mitfühlen und eine Betrübnis, wenn der Name Gottes Schaden erleidet, betrachtet Gott als ein Ehren und Heiligen seines Namens. Hiskia war betrübt, als der König von Assyrien den Namen des lebendigen Gottes schmähte. Er ging in den Tempel und breitete den gotteslästerlichen Brief vor dem Herrn aus (Jes 37,14). Ohne Zweifel hat er den Brief mit Tränen nass gemacht. Er war nicht so sehr über die Furcht bekümmert, sein eigenes Leben und sein Königreich zu verlieren, als darüber, dass Gott seine Ehre verlieren könnte.

12. Wir heiligen den Namen Gottes, wenn wir Gott, dem Sohn, die gleiche Ehre geben, wie wir sie Gott, dem Vater, geben. „Damit alle den Sohn ehren, wie sie den Vater ehren" (Joh 5,23). Die Sozinianer[8] verleugnen die Gottheit Christi, indem sie sagen, dass er bloß ein Mensch ist, was bedeutet, dass man ihn niedriger als die Engel macht. Die menschliche Natur ist für sich betrachtet niedriger als die der Engel, und somit lassen sie auf den Herrn der Herrlichkeit Unehre fallen (Ps 8,6). Wir müssen dem Sohn die gleiche Ehre erweisen wie dem Vater. Wir müssen an die Gottheit Christi glauben. „Er ist der Abglanz seiner Herrlichkeit und das Ebenbild seines Wesens" (Hebr 1,3; LÜ 84). Wenn die Gottheit in Christus ist, dann muss er notwendigerweise Gott sein, denn in ihm erstrahlt die Gottheit. „Denn in ihm wohnt die ganze Fülle der Gottheit leibhaftig" (Kol 2,9), deshalb ist er Gott. Wie sonst könnten Christus göttliche Eigenschaften zugeschrieben werden, wie Allmacht (Hebr 1,3), Allgegenwart (Mt 28,20), die Macht, Sünden zu vergeben (Mt 9,6), Gleichheit mit Gott, dem Vater, sowohl an Macht als auch an Würde, wenn er nicht mit der Gottheit gekrönt wäre? Wenn wir an die Gottheit Christi glauben und unsere Hoffnung der Erlösung auf den Eckstein seines Verdienstes gründen, wenn wir sehen, dass weder die Gerechtigkeit des Gesetzes noch der Engel uns rechtfertigen können, sondern zu dem Blut Christi fliehen als dem Altar der Zuflucht, dann ehren und heiligen wir den Namen Gottes. Gott denkt niemals daran, dass sein Name geheiligt wird, bevor nicht sein Sohn geehrt wird.

13. Wir heiligen den Namen Gottes, wenn wir für seine Wahrheiten aufstehen. Viel von der Herrlichkeit Gottes liegt in seinen Wahrheiten. Seine Wahrheiten sind seine Aussprüche. Er vertraut uns seine Wahrheiten wie einen Schatz an. Wir besitzen kein größeres Juwel als unsere Seele, um es ihm anzuvertrauen. Seine Wahrheiten legen seine Herrlichkeit dar. Wenn wir eifrige Anwälte für seine Wahrheiten sind, dann

8 Die Sozinianer gehören zu einer antitrinitarischen Bewegung, die sich im 16. und 17. Jahrhundert in Europa ausbreitete. Ihr Hintergrund war der Rationalismus und Humanismus. Sie ist nach ihrem bedeutendsten Vertreter, dem Italiener Lelio Sozzini benannt.

bringen wir seinem Namen Ehre. Athanasius wurde eine Festung der Wahrheit genannt. Er stand gegen die Arianer auf, um die Wahrheiten Gottes zu verteidigen, und somit war er eine Säule im Tempel Gottes. Es ist besser, wenn wir die Wahrheit ohne Frieden haben, als Frieden ohne Wahrheit. Es ist die Sache der Kinder Zions, dass sie für die großen Lehren des Evangeliums aufstehen, wie die Lehre von der Dreieinigkeit, die Wesenseinheit[9], die Rechtfertigung durch den Glauben und das Beharren der Heiligen. Wir werden aufgefordert, ernsthaft zu kämpfen, wie in einer Todesqual für den Glauben zu ringen, d.h. für die Lehre des Glaubens (Jud 3). Dieses Kämpfen für die Wahrheit bringt große Einkünfte in die Schatzkammer des Himmels und heiligt den Namen Gottes. Einige können für Zeremonien kämpfen, aber nicht für die Wahrheit. Wir sollten denjenigen für unklug halten, der mehr für eine Schachtel Münzen kämpft als für die Besitzurkunde der Schachtel.

14. Wir heiligen den Namen Gottes, indem wir für ihn so viele Nachfolger gewinnen, wie wir nur können, wenn wir mit allen heiligen Hilfsmitteln, Ratschlägen, Gebeten und gutem Vorbild um die Rettung der anderen bemüht sind. Wie arbeitete Monika, die Mutter von Augustinus, an seiner Bekehrung! Sie hatte bei seiner geistlichen Geburt heftigere Wehen als bei seiner natürlichen Geburt. Wir heiligen den Namen Gottes, wenn wir den lieblichen Geruch der Gottseligkeit verbreiten und anderen den Glauben verkünden, wenn wir selbst nicht nur Gott ehren, sondern auch Instrumente dafür sind, dass andere ihn ehren. Wenn das Herz mit Gnade durchsetzt ist, wird es mit Sicherheit ein Bestreben geben, auch andere damit zu durchsetzen. Die Ehre Gottes ist einem Heiligen genauso lieb wie sein eigenes Heil, und damit diese Ehre gefördert wird, bemüht er sich um die Bekehrung von Seelen. Jeder Bekehrte ist ein neues Glied, dass Christus zugefügt wird. Dann lasst uns den Namen Gottes heiligen, indem wir daran arbeiten, dass in anderen die Frömmigkeit vorangebracht wird.

9 Die Wesenseinheit von Vater und Sohn, wie sie im Bekenntnis von Nicäa gelehrt wird.

Lasst uns uns insbesondere darum bemühen, dass diejenigen, welche mit uns nahe verwandt sind oder unter unserem Dach wohnen, Gott ehren mögen. „Ich aber und mein Haus, wir wollen dem HERRN dienen!“ (Jos 24,15). Lasst uns unser Haus zu einem Bethel machen, zu einem Ort, an dem der Name Gottes angerufen wird. „Grüßt die Brüder in Laodizea und den Nymphas und die Gemeinde in seinem Haus“ (Kol 4,15). Die Eltern sollen sich darum bemühen, dass ihre Kinder Gott ehren mögen, und die Herren, dass ihre Knechte ihn ehren mögen. Lies das Wort, lass eine heilige Unterweisung hinaustropfen, parfümiere dein Haus mit Gebet! Die Juden hatten ebenso in ihrem Familienkreis Opfer wie in der Stiftshütte (2.Mose 12,3). Das ist den Namen Gottes heiligen, wenn wir für ihn Nachfolger machen und uns darum bemühen, dass alle, die unter unserer Verantwortung stehen, seinen Namen ehren und heiligen.

15. Wir heiligen den Namen Gottes, wenn wir die Ehre seines Namens über die Dinge stellen, die wir am liebsten haben.

a) Wenn wir die Ehre des Namens Gottes über unseren eigenen guten Namen stellen. Die Heiligen des Alten Testaments waren um der Ehre Gottes willen bereit, Schmach zu ertragen. „Denn um deinetwillen trage ich Schmach“ (Ps 69,8). David kümmerte sich nicht darum, welche Schmach er litt, wenn nur der Name Gottes nicht geschmäht werde. Den Propheten Elia hat man im Spott „der haarige Prophet“ genannt und den Propheten Jesaja „der Lastenträger“ und den Propheten Zephanja „der bittere Prophet“. Aber sie haben diese Schmähungen wie eine Krone um ihr Haupt gewickelt. Die Ehre des Namens Gottes war ihnen mehr lieb als ihre eigene Ehre. Mose hielt die Schmach Christi für einen größeren Reichtum als alle Schätze Ägyptens (Hebr 11,26). Die Apostel gingen mit Freude weg, da sie für würdig erachtet wurden, für den Namen Christus Schmach zu leiden! (Apg 5,41). Wir heiligen den Namen Gottes, wenn wir damit zufrieden sind, dass unser Name verdunkelt wird, damit sein Name umso mehr strahlen kann.

b) Wenn wir die Ehre des Namens Gottes über unseren weltlichen Gewinn und unsere weltlichen Interessen stellen. „Wir haben alles verlassen und sind dir nachgefolgt; was wird uns dafür zuteil?“ (Mt 19,27). Wenn diese beiden, Gott und unser Besitz, miteinander in Konkurrenz treten, dann sollten wir lieber unseren Besitz loslassen als Gottes Liebe und Gunst. Auf diese Weise hat der ehrenwerte Marquis de Vico sich von einem schönen Anwesen getrennt, wobei er diese Worte gebrauchte: „Diejenigen, die alles Gold und Silber der Welt für mehr Wert erachten als eine Stunde Gemeinschaft mit Jesus Christus, mögen zusammen mit ihrem Geld zugrunde gehen.“

c) Wenn wir die Ehre des Namens Gottes über unser eigenes Leben stellen. „Um deinetwillen werden wir getötet den ganzen Tag“ (Röm 8,36). Die Ehre, die dem Namen Gottes gegeben wird, geschieht nicht dadurch, dass man ihm äußerlichen Prunk oder Glanz bringt, wie wir das bei Königen machen, sondern sie geschieht auf einem anderen Weg, nämlich durch die Leiden seines Volkes. Wenn die Welt sieht, wie sehr sein Volk ihn liebt, sodass es bereit ist, in seinem Dienst zu sterben, verherrlicht und ehrt das seinen Namen. Die Krone Gottes blüht in der Asche seiner Märtyrer auf. Basilius berichtet von einer Jungfrau, die zum Flammentod verurteilt war, der man aber das Leben und ihren Besitz angeboten hat, wenn sie sich vor dem Götzen niederbeugt. Sie gab zur Antwort: *„Valeat vita, pereat pecunia* – lasst Leben und Geld dahinfahren, willkommen Christus.“ Wenn die Ehre Gottes am schwersten wiegt und wir gewillt sind, lieber den Verlust aller Dinge zu erleiden, als dass der Name Gottes Schaden erleidet, dann heiligen wir den Namen Gottes in einem hohen Maße.

16. Wir heiligen den Namen Gottes durch einen heiligen Wandel. „Ihr aber seid ein auserwähltes Geschlecht, ein königliches Priestertum ... damit ihr die Tugenden dessen verkündet, der euch aus der Finsternis berufen hat“ (1.Petr 2,9). Wie ein unheiliges Leben den Namen Gottes verunehrt: „Denn der Name Gottes wird um euretwillen gelästert unter den Heiden“ (Röm 2,24), so ehren wir den Namen Gottes durch einen heiligen und biblischen Wandel. Ein heiliges Leben spricht lauter

als alle Lobeshymnen in der Welt. Obwohl das Hauptwerk des Glaubens im Herzen liegt, so verherrlichen wir jedoch Gott, wenn unser Licht so scheint, dass andere es sehen. Die Mazedonier nahmen einen Tag im Jahr, um das Bild von Alexander zu tragen, das mit Perlen und kostbaren Juwelen besetzt war. So bringen auch wir dem Namen Gottes Ehre, wenn wir das Bild von Christus durch unser heiliges Vorbild mit uns herumtragen.

Erste Anwendung

Betrachten wir das wahre Kennzeichen und den wahren Charakter von einer gläubigen Person. Sie heiligt den Namen Gottes. Ein wahrer Heiliger bemüht sich zielstrebig darum, den Name Gottes voranzubringen. In allen Dingen, die er sich vornimmt, stellt er sich die Frage: Wird diese Tat dazu führen, um den Namen Gottes zu ehren? Wird es Gott verherrlichen? Es war die Hauptabsicht von Paulus, dass Christus groß gemacht werde, damit die Krone auf seinem Haupt blüht (Phil 1,20). Ein gläubiger Mensch denkt, dass es kaum wert ist zu leben, wenn er dem Namen Gottes nicht etwas an Ehre einbringen kann.

Zweite Anwendung

Ich möchte hier ein trauriges Klagelied anstimmen und wie der Apostel Paulus weinend reden (Phil 3,18). Bedenken wir, wie der Name Gottes entehrt wird, anstatt dass man ihn heiligt. Sein Name, der mehr wert ist als die Rettung aller Seelen der Menschen, erleidet schweren Schaden. Wir sind dazu geneigt, über unsere Leiden zu sprechen. Ach! Was sind schon alle unsere Leiden! Am meisten leidet der Name Gottes Schaden! Sein Name ist die werteste Sache, die er besitzt. Wie stützen sich die Menschen auf ihren Namen und ihrer Ehre! Der Name Gottes wird in diesen Tagen entehrt. Er ist wie die Sonne in einer Sonnenfinsternis. Theodosius empfand es als abscheulich, als man Dreck auf seine Statue warf. Was aber noch viel schlimmer wiegt, ist, dass auf den herrlichen Namen Jahwe Schande geworfen wird. Sein Name wird durch alle

Arten von Menschen entehrt, anstatt dass man ihn heiligt: von Heiden, von Muslimen, von Juden, von Papisten und von Protestanten.

a) Von den Heiden, welche durch das Licht der Natur eine Erkenntnis der Gottheit haben. Dennoch entehren sie ihn und sündigen gegen das Licht der Natur (Röm 1,19). Die Ägypter beten einen Ochsen an, die Perser beten die Sonne an, die Griechen und Römer beten Jupiter an und die Parther[10] beten den Teufel an.

b) Der Name Gottes wird von den Muslimen entehrt, die Mohamed, ihren großen Propheten, als jemanden verehren, der göttlich inspiriert ist. Mohamed war von unreiner, böser Natur. Er hat Christus die Krone von seinem Haupt gerissen, indem er seine Gottheit verleugnete.

c) Der Name Gottes wird von den Juden entehrt, die Gott, dem Sohn, nicht die gleiche Ehre und Anbetung geben wie Gott, dem Vater. Sie erwarten einen Messias, der erst noch in *saeculum futurum* – in einem zukünftigen Zeitalter kommt. Sie glauben nicht an Christus, sie lästern ihn. Sie verwerfen die angerechnete Gerechtigkeit. Sie verleumden den christlichen Sabbat.

d) Der Name Gottes wird von den Papisten entehrt. Sie haben eine Religion, die Gott entehrt. Sie entehren den Namen Gottes durch ihren Götzendienst, der geistlicher Ehebruch ist. Götzendienst ist die Anbetung falscher Götter oder die Anbetung des wahren Gottes in einer falschen Art und Weise. Mit ihrem Götzendienst entehren sie Gott, indem sie geschnitzte Bilder machen und ihnen die Ehre geben, die nur Gott zusteht. Bilder sind Lehrer von Lügen. Sie stellen Gott in einer körperlichen Gestalt dar (Hab 2,18). Sie entehren Gott mit ihrem Götzendienst in der Messe, indem sie die Hostie anbeten und als ein Opfer für die Sünde darbringen. Der Apostel sagt: „Denn mit einem einzigen Opfer hat er die für immer vollendet, welche geheiligt werden“ (Hebr 10,14). Sie opfern Christus täglich in der Messe, so als ob sein Opfer

10 Die Parther waren eine antike Großmacht, die vom 3. Jahrhundert v.Chr. an im heutigen Iran ihr Reich aufbauten.

am Kreuz unvollkommen wäre. Das ist eine Entehrung des priesterlichen Amtes Christi. Anstatt den Namen Gottes zu ehren, entehren die Papisten ihn, indem sie die Schrift mit einer unbekannten Sprache verschließen. Wie die Philister reißen sie den Leuten die Augen heraus und spielen mit ihnen ein Spiel. Die Bibel ist ein strahlendes Licht, doch sie ziehen einen Vorhang davor. Sie nehmen den Schlüssel der Erkenntnis weg und nehmen Gott die Ehre, indem sie die Rettung von Menschen verhindern (Lk 11,52). Anstatt den Namen Gottes zu heiligen, entehren sie ihn, indem sie den Menschen Ablässe geben. Sie sagen, dass der Papst als Nachfolger Petri die Macht hat, Ablässe zu gewähren, kraft derer die Menschen vor dem Angesicht Gottes freigesprochen sind. Das ist ein Diebstahl der Blume von der Krone des Himmels. Der Papst maßt sich die Macht an, Sünden zu vergeben, was das königliche Vorrecht Gottes ist. „Wer kann Sünden vergeben als nur Gott allein?“ (Mk 2,7). Mit seinen Ablässen ermutigt der Papst die Menschen zum Sündigen. Was müssen sich die Papisten über ihre Sünden kümmern, die sie begehen, wenn sie eine Genehmigung und einen Freibrief vom Papst haben, um sie gefahrlos bei sich zu tragen? Anstatt den Namen Gottes zu heiligen, entehren sie ihn, indem sie die Heiligen anrufen. Wir dürfen allein zu Gott beten. „Bete zu deinem Vater“ (Mt 6,6). Bete nicht zu einem Heiligen oder der Jungfrau Maria, sondern bete zu deinem Vater im Himmel. Wir sollen zu niemandem beten, außer zu dem, an den wir glauben (Röm 10,14). Die Heiligen im Himmel wissen nichts von unseren Beschwerden. „Denn Abraham weiß nichts von uns“ (Jes 63,16). Anstatt den Namen Gottes zu heiligen, entehren sie ihn durch ihren Luxus und ihre Unreinheit. In Rom wird offen Unzucht getrieben und in manchen Fällen sogar vor dem ehrbaren Ehestand bevorzugt. *Die ganze Stadt ist heute ein Bordell.* Anstatt den Namen Gottes zu heiligen, entehren sie ihn mit ihren Gotteslästerungen. Sie geben der Jungfrau Maria die gleiche Ehre wie Christus, nein, sogar mehr Ehre. Sie schreiben ihrer Milch mehr zu als seinem Blut. Sie nennen sie die *Leiter zum Himmel*, das *Tor zum Paradies*. In ihren Lobpreisungen sagen sie: „Gesegnet sei die Jungfrau Maria und auch Christus." Was ist das für eine Gotteslästerung, wenn das Geschöpf über den Schöpfer gestellt wird! Sie sagen zu ihr: *„Oh, gesegnete Mutter eines Sohnes, die uns reinigt von unseren Missetaten!"* Anstatt den Namen Gottes zu heiligen, entehren sie ihn mit ihren Lügen. Ihre Legenda Aurea[11] ist eine Schwindelei und voller erlogener Wunder. In Spanien zeigen sie eine Reliquie der Stirn von Johannes dem Täufer, dabei behaupten sie gleichzeitig, dass man seinen ganzen Kopf in der St. Sylvester Kapelle in Rom sehen kann. Sie zeigen den Schatten von Petrus in Rom. Wir lesen in Apostelgeschichte 5,15 vom Schatten des Petrus, aber es ist merkwürdig, wie die Papisten ihn einfangen und so lange bei sich aufbewahren konnten. Anstatt den Namen Gottes zu heiligen, entehren sie ihn, indem sie die Sünde mit dem Namen der Tugend taufen. Wenn jemand seine Seele durch einen Eid an Gott gebunden hat, ist es eine Tugend den Eid zu brechen, wenn es die katholische Sache voranbringt. Diejenigen zu töten, die einen anderen Glauben haben, ist bei den Katholiken nicht nur eine lässliche Sünde, sondern eine Tugend. Die Vernichtung von 200.000 Albigensern, die Protestanten waren, wurde als eine ruhmreiche Tat gelobt und mit einem Triumphzug in Rom geehrt und mit dem Segen „Seiner Heiligkeit" gekrönt. Ist das nicht eine große Verunehrung Gottes, wenn man die schmutzigsten Verbrechen mit dem Namen der Tugend und Frömmigkeit vergoldet? Anstatt den Namen Gottes zu heiligen, entehren sie ihn mit ihren verdammungswürdigen Behauptungen. Die Papisten behaupten, dass der Papst über der Schrift steht, damit er sie austeilen kann, und dass sein Kanon verbindlicher ist als das Wort Gottes. Sie lehren, dass gute Werke ein Verdienst sind, wenn aber ein Schuldner seinem Gläubiger nichts zahlen kann, wie kann er dann bei ihm Verdienste haben? Sie behaupten, dass die Schrift kein vollkommener Maßstab für den Glauben und das Leben ist, und deshalb erweitern sie die Schrift mit ihren

11 Die *Legenda Aurea* (lat. goldene Legende) ist das bekannteste und am weitesten verbreitete religiöse Volksbuch des Mittelalters. Sie ist eine Sammlung von ursprünglich 182 Traktaten zu den Kirchenfesten und vor allem Lebensgeschichten Heiliger und Heiligenlegenden.

Traditionen, von denen sie sagen, dass sie die gleiche Autorität besitzen. Sie lehren, dass ein stillschweigender Glaube rettet. Jemand könne einen stillschweigenden Glauben haben, während er über alle Glaubensartikel in Unkenntnis ist. Sie sagen, dass beim Gottesdienst keine innere geistliche Gesinnung erforderlich ist. Abschweifende Gedanken bei der Pflicht, wenn jemand betet und niemals an Gott denkt, seien keine Sünde, wie Angelus, Sylvester und andere Papisten sagen. Sie machen eine gewohnheitsmäßige Liebe zu Gott überflüssig. Bellerminus sagt: „Es ist nicht notwendig, irgendeine Glaubenstat aus Liebe zu Gott auszuüben." Stapleton und Cajetanus behaupten, dass das Gebot, Gott mit seinem ganzen Herzen zu lieben, nicht bindend ist. Damit trennen sie die Sehnen und alles Leben des Glaubens auseinander. Auf diese Weise entehren die Papisten den Namen Gottes, anstatt ihn zu heiligen. Lasst uns mit ganzem Herzen dafür beten, dass diese römische Religion in unserer Nation nie wieder Fuß fassen kann. Gott gebe, dass dieses giftige Unkraut des Papsttums hier nie wieder bewässert wird, sondern als eine Pflanze, die unser himmlischer Vater nicht gepflanzt hat, ausgerissen wird.

e) Der Name Gottes wird von Protestanten entehrt. Wie wird in diesen Tagen in England sein Name entehrt! Anstatt den Namen Gottes zu heiligen, schmähen und entehren Christen ihn mit ihrer Zunge. Sie sprechen ehrfurchtslos über seinen Namen. Der Name Gottes ist heilig. „Sodass du diesen herrlichen und furchtgebietenden Namen, den HERRN, deinen Gott, fürchtest" (5.Mose 28,58). Die Namen von Königen erwähnt man nicht, ohne ihnen ihre Ehrentitel zu geben: „Hoheit, Majestät". Aber die Menschen sprechen ehrfurchtslos über Gott, so als ob er einer von ihnen wäre (Ps 50,21). Das bedeutet, den Namen Gottes zu missbrauchen. Sie schwören bei seinem Namen. Viele erwähnen den Namen Gottes selten und nur bei einem Eid. Wie wird Gott entehrt, wenn die Menschen seinen Namen durch Eide und Flüche abnutzen und zerreißen. „Denn das Land trauert wegen des Fluches" (Jer 23,10). Wenn Gott den Menschen eitle Worte in Rechnung stellt, sollte er nicht auch eitle Flüche in sein Rechnungsbuch eintragen? „Oh, aber!", sagt jemand: „Ich kann nichts dagegen tun; ich habe die Angewohnheit zu fluchen, und ich kann nichts dagegen machen. Ich hoffe, dass Gott mir vergibt." Ist eine Angewohnheit eine gute Begründung zum Fluchen? Das ist keine Entschuldigung, sondern ein Erschweren der Sünde. Das ist so, als ob jemand, der angeklagt wird, einen Menschen getötet zu haben, den Richter darum bitten würde, ihn zu verschonen, weil es seine Angewohnheit ist zu töten. Das wird die Strafe nur noch erschweren, denn würde der Richter dann nicht sagen: „Dann solltest du umso schneller sterben?" So ist es auch hier.

Wie die Menschen Gott mit ihrer Zunge entehren, so auch mit ihrem Leben. Was bedeutet es schon, wenn man sagt: „Geheiligt werde dein Name", während man seinen Namen mit dem Leben entheiligt? Sie entehren Gott mit ihrem Atheismus, ihrem Brechen des Sabbats, ihrer Unreinheit, ihren Meineiden, ihrer Zügellosigkeit und ihrem Unrecht. Die Menschen hängen die Flagge des Widerstands gegen den Himmel heraus. Wie die Thrakianer bei Donner ihre Pfeile gegen den Himmel schossen, so schießen auch die Menschen ihre herausfordernden Pfeile gegen den Himmel. Sünder sind in der Sünde verhärtet, sie verachten Ratschläge, sie lachen über Zurechtweisung, sie werfen den Schleier der Bescheidenheit weg. Der Satan hat sie so vollständig in Besitz genommen, dass sie sich ihrer Schande rühmen, wenn sie Sündigen (Phil 3,19). Sie prahlen damit, wie viele neue Flüche sie erfunden haben, wie oft sie betrunken waren, wie viele Leute sie beschmutzt haben, sie verkünden ihre Sünden wie Sodom. Es werden solche abscheulichen Gottlosigkeiten betrieben, dass sogar ein anständiger Heide darüber erröten würde. Die Menschen in dieser Zeit sündigen in einem Ausmaß, als ob sie entweder nicht glauben, dass es eine Hölle gibt, oder davon ausgehen, dass die Hölle voll ist, bevor sie dorthin kommen! Wurde der Name Gottes jemals so offen entehrt? All unser Predigen wird bei ihnen nicht bewirken, dass sie ihre Sünden verlassen. Was für ein dunkler Schleier ist in diesen Tagen über das Gesicht des Glaubens gezogen worden. *„Wir leben im Abschaum der Zeit"*

(Seneca), wo die öffentliche Kloake der Bosheit hineinfließt. Wenn kein Körperteil mehr frei von einer Infektion ist, reden die Ärzte von einer Kachexie[12]. England hat so eine Krankheit. „Das ganze Haupt ist krank, und das ganze Herz ist kraftlos" (Jes 1,5). Wie ein schwarzer Dunst von der Erde aufsteigt und die Sonne trübt und verdunkelt, so sind auch die Sünden in unserer Zeit wie ein höllischer Dunst, der eine Wolke auf den Namen Gottes wirft. Oh, dass unsere Augen Flüsse aus Wasser mit heiligen Tränen wären, um zu sehen, wie der Name Gottes verunreinigt und entheiligt wird, anstatt dass man ihn heiligt! Müssen wir nicht zu Recht fürchten, dass wir mit einigen schweren Gerichten dafür die Quittung kriegen? Kann Gott noch länger unsere Beleidigungen stehen lassen? Kann er es ertragen, dass sein Name geschmäht wird? Wird ein König es dulden, dass seine Kronjuwelen in den Staub getreten werden? Sehen wir nicht die Anzeichen von Gottes Zorn? Sehen wir nicht, dass seine Gerichte über uns schweben? Gewiss ist Gott dabei, sein Schwert zu schärfen, er spannt seinen Bogen und bereitet sich darauf vor, seine Pfeile abzuschießen: *„Wie der Löwe seine drohende Stirn mit seiner goldbraunen Mähne über das Land hin und her schüttelt"* (Seneca). Der Staatsapparat befindet sich in einem Krankheitsanfall oder einem fiebrigen Zustand, und sollte der Herr nicht einen schmerzhaften Aderlass durchführen? In Anbetracht dessen, dass wir unsere Sünden nicht verlassen, kann er dafür sorgen, dass wir unser Blut verlieren. Müssen wir nicht darum fürchten, dass die Bundeslade weggenommen wird, die Offenbarung aufhört, die Sterne in der Kirche Gottes weggenommen werden und wir dem Evangelium zu seinem Grab folgen müssen? Wenn der Name Gottes, der geheiligt werden soll, von einer Nation entheiligt wird, ist es das Recht Gottes, diese düstere Inschrift auf ihr Grab zu schreiben: „Die Herrlichkeit ist gewichen." Es wäre gut, wenn nur der ungläubige Teil der Nation schuldig wäre, aber müssen nicht auch viele Bekenner zur Richterbank gerufen werden und angeklagt werden, dass sie den Namen Gottes entehrt haben? „Was habt ihr denn anderes als Schulden bei

12 Eine krankhafte, starke Abmagerung des ganzen Körpers.

dem HERRN, eurem Gott?“ (2.Chr 28,10). Sind diese nicht die Schandflecken der Kinder Gottes? (5.Mose 32,5). Wenn wir Diamanten sind, haben wir dann keine Fehler mehr? Haben wir keine Eitelkeiten? Auch wenn unsere Worte nicht weltlich sind, sind sie dann nicht mehr eitel? Gibt es bei uns nicht das Trachten nach dem Eigenen, schnelles Verurteilen, unsittliche Kleidung? Wenn die Gottlosen des Landes fluchen, gibt es da bei uns keine Verleumdungen? Wenn sie mit Wein betrunken sind, sind wir da manchmal nicht mit Leidenschaften trunken? Wenn ihre Sünde die Gotteslästerung ist, ist unsere Sünde dann nicht das Murren? „Was habt ihr denn anderes als Schulden bei dem HERRN, eurem Gott?“ Die Sünden der Kinder Gottes gehen ihm näher ans Herz als die Sünden der anderen. „Als der HERR es sah, verwarf er sie, aus Unwillen über seine Söhne und seine Töchter“ (5.Mose 32,19). Die Sünden der Gottlosen erzürnen Gott, die Sünden seines Volkes betrüben ihn; er wird sie sicher strafen. „Nur euch habe ich ersehen von allen Geschlechtern der Erde, darum will ich auch alle eure Missetaten an euch heimsuchen“ (Am 3,2). Oh, dass unser Haupt Wasser wäre, damit wir diesen Ort zu einem Bochim[13] machen könnten, zu einem Ort des Weinens, damit die Kinder Gottes ihre Schamesröte mit Tränen vermischen, weil sie den Namen Gottes so wenig geheiligt und so sehr verdunkelt haben! Wahrlich, sein Volk hat genug gesündigt, um all sein strenges Handeln gegen sie zu rechtfertigen.

Dritte Anwendung

Zur Ermahnung. Lasst uns den Namen Gottes heiligen. Wenn wir nur einen flüchtigen Blick von Gottes Herrlichkeit sehen könnten, wie Mose bei den Felsen, dann würde das bei uns zur Anbetung und zum Lob führen. Wenn wir Gott, wie die Engel im Himmel, von „Angesicht zu Angesicht“ sehen könnten, wenn wir ihn betrachten könnten, wie er wie ein Jaspis-Stein auf seinem Thron sitzt, dann müssten wir beim Anblick seiner Herrlichkeit das tun, was die 24 Ältesten tun: Sie „beten den

13 Bochim ist ein Ort aus dem Buch Richter, der so genannt wurde, weil Israel dort über seine Sünde weinte: „Da erhob das Volk seine Stimme und weinte. Daher nannten sie den Ort Bochim“ (Ri 2,4.5).

an, der lebt von Ewigkeit zu Ewigkeit; und sie werfen ihre Kronen vor dem Thron nieder und sprechen: Würdig bist du, o Herr, zu empfangen den Ruhm und die Ehre und die Macht" (Offb 4,10.11). Damit wir zu der großen Pflicht angereizt werden, den Namen Gottes zu heiligen und anzubeten, lasst uns Folgendes betrachten:

a) Es ist der ganze Zweck unseres Daseins. Warum gab Gott uns das Leben, wenn nicht dazu, dass wir durch unser Leben seinen Namen heiligen? Warum gab er uns Seelen, wenn nicht dazu, dass wir ihn bewundern? Und Zungen, wenn nicht dazu, dass wir ihn loben? Die Vortrefflichkeit einer Sache liegt in dem Zweck, zu dem sie gemacht wurde, so wie der Zweck eines Sterns darin liegt, Licht zu geben, und der Zweck einer Pflanze, fruchtbar zu sein. So liegt die Vortrefflichkeit eines Christen darin, dass er dem Zweck seiner Schöpfung entspricht, was bedeutet, dass er den Namen Gottes heiligt und für den Gott lebt, durch den er lebt. Wer lebt und Gott keine Ehre bereitet, der begräbt sich selbst lebendig und setzt sich einem Fluch aus. Christus verfluchte den unfruchtbaren Feigenbaum.

b) Der Name Gottes ist so vortrefflich, dass er würdig ist, geheiligt zu werden. „Wie herrlich ist dein Name auf der ganzen Erde!" (Ps 8,10). „Mit Pracht und Majestät bist du bekleidet" (Ps 104,1). Wie die Sonne ihren Glanz hat, ob wir sie nun bewundern oder nicht, so ist auch der Name Gottes glanzvoll und herrlich, ob wir ihn heiligen oder nicht. In ihm ist alle leuchtende Vollkommenheit, Heiligkeit, Weisheit und Barmherzigkeit. Er ist würdig, gelobt zu werden (2.Sam 22,4). Gott ist *würdig der Ehre*, der Liebe und der Anbetung. Wir verleihen oft denjenigen Ehrentitel, die sie nicht verdienen. Aber Gott ist würdig, angebetet zu werden; sein Name verdient es, geheiligt zu werden. Er steht über aller Ehre und allem Lob, das die Engel im Himmel ihm geben.

c) Wir beten: „Geheiligt werde dein Name", das bedeutet, sein Name soll unter uns geehrt und groß gemacht werden. Wenn wir seinen Namen nicht groß machen, widersprechen wir unserem eigenen Gebet. Zu sagen: „Geheiligt werde dein

Name“, und dem Namen Gottes dennoch keine Ehre geben, ist ein Missbrauch seines Namens.

d) Wenn die Menschen den Namen Gottes nicht heiligen und ihm keine Ehre einbringen, dann wird er sich an ihnen verherrlichen. „Dann will ich mich verherrlichen an dem Pharao“ (2.Mose 14,17). Der Pharao wollte den Namen Gottes nicht heiligen. Er sagte: „Wer ist der HERR, dass ich auf seine Stimme hören sollte?“ (2.Mose 5,2). Nun gut, sagt Gott: Wenn der Pharao mich nicht verherrlichen will, dann will ich mich an ihm verherrlichen. Als Gott ihn und seine Streitwagen ins Meer stürzte, verherrlichte er sich an ihm. Durch seinen Untergang wurden Gottes Macht und Gerechtigkeit verherrlicht. Es gibt einige, die hat Gott zu großer Macht und Würde aufsteigen lassen, und sie ehren nicht seinen Namen. Sie gebrauchen ihre Macht, um ihn zu entehren. Sie werfen auf seinen Namen Schande und schmähen seine Knechte. Wenn sie Gott nicht verherrlichen, dann wird Gott sich in ihrem endgültigen Untergang verherrlichen. Herodes gab Gott nicht die Ehre, aber Gott bekam von ihm Ehre. „Sogleich aber schlug ihn ein Engel des Herrn, weil er Gott nicht die Ehre gab; und er verschied, von Würmern zerfressen“ (Apg 12,23).

e) Wenn wir ins Sterben kommen, wird es für uns kein geringer Trost sein, dass wir den Namen Gottes geheiligt haben. Für Christus war Folgendes vor seinem Tod ein wenig zum Trost: „Ich habe dich verherrlicht auf Erden“ (Joh 17,4). Dadurch, dass er Menschen erlöst hat, wurde der Name Gottes geheiligt und verherrlicht. Niemals wurde dem Namen Gottes mehr Ehre eingebracht, als durch dieses große Werk Christi. Hierin lag sein Trost vor dem Tod, dass er den Namen Gottes geheiligt und ihm Ehre eingebracht hatte. Was für eine Herzensstärkung wird es für uns also am Ende sein, wenn unser ganzes Leben eine Heiligung seines Namens war! Wir haben ihn mit unserem Herzen geliebt, mit unseren Lippen gelobt, mit unserem Leben geehrt; wir sind etwas zum Lob seiner Herrlichkeit gewesen (Eph 1,6). In der Stunde des Todes wird sich unser ganzer irdischer Trost verflüchtigen. Wenn man daran denkt, wie reich man gewesen ist oder welche Freuden man auf der

Erde genossen hat, wird das nicht eine Drachme Trost geben. Wann ist es jemandem besser gegangen, als dann, wenn das Eigentum aufgebraucht wurde? Wenn wir aber das Zeugnis des Gewissens haben, dass wir den Namen Gottes geheiligt haben, dass unser ganzes Leiben ihn verherrlicht hat, was wird das für einen lieblichen Frieden und für eine Zufriedenheit geben! Wie glücklich ist der Knecht, der den ganzen Tag im Weinberg gearbeitet hat! Wenn der Abend kommt, wird er seinen Lohn empfangen. Wie lieblich wird der Tod sein, wenn diejenigen, welche ihr Leben damit verbracht haben, Gott zu ehren, ihre Belohnung empfangen werden! Was für ein Trost war es für Hiskia, als er in seinem Krankenbett war, dass er Gott bitten konnte: „Ach, HERR, gedenke doch daran, dass ich in Wahrheit und mit ganzem Herzen vor dir gewandelt bin und getan habe, was gut ist in deinen Augen!“ (Jes 38,3). Ich habe deinen Namen geheiligt. Alle Ehre, die ich geben konnte, habe ich dir gegeben. Ich habe getan, „was gut ist in deinen Augen!“

f) Durch das, was wir für Gott tun, verlieren wir nichts. Wenn wir seinem Namen die Ehre geben, wird er uns ehren. Wie Balak zu Bileam sprach: „Fürwahr, kann ich dich etwa nicht ehren?“ (4.Mose 22,37). So ist es auch, wenn wir den Namen Gottes heiligen, kann er uns dann etwa nicht ehren? Er wird uns *in unserem Leben* ehren. Er wird unserer Person Ehre geben. Er wird uns zu seinen Juwelen rechnen (Mal 3,17). Er wird uns zu einem königlichen Diadem in seiner Hand machen (Jes 62,3). Er wird uns vor den Augen der anderen erhöhen. „Denn Edelsteine am Diadem sind sie, funkelnd über seinem Land“ (Sach 9,16). Er wird uns als Sahne und Blume der Schöpfung betrachten. „Darum, weil du kostbar bist in meinen Augen [und] wertgeachtet“ (Jes 43,4). Gott wird unserem Namen Ehre geben. „Das Andenken des Gerechten bleibt im Segen“ (Spr 10,7). Wie berühmt waren in allen Zeiten die Heiligen, die den Namen Gottes geheiligt haben! Wie berühmt war Abraham für seinen Glauben, Mose für seine Demut, David für seinen Eifer, Paulus für seine Liebe zu Christus! Ihre Namen verbreiten in der Kirche Gottes bis auf den heutigen Tag wie kostbares Salböl einen lieblichen Wohlgeruch. Gott wird uns *bei unserem Tod* ehren. Er wird seine Engel senden, um uns im Triumph hinauf zum Himmel zu tragen. „Es geschah aber, dass der Arme starb und von den Engeln in Abrahams Schoß getragen wurde" (Lk 16,22). Der ägyptische König Amasis[14] ließ seinen Streitwagen von vier Königen ziehen, die er im Krieg besiegt hatte. Aber was ist das schon im Vergleich zu der Herrlichkeit, die jeder Gläubige beim Tod haben wird? Er wird von den Engeln Gottes getragen werden. Gott wird uns *nach dem Tod* Ehre geben. Wir werden wie die Engel sein, nicht dem Wesen gemäß, aber den Eigenschaften nach. Unsere Körper werden flink und beweglich sein. Jetzt sind sie wie ein Gewicht, dann werden sie wie ein Flügel sein und sich schnell von einem Ort zum anderen bewegen. Sie werden voller Klarheit und Glanz sein wie der verherrlichte Leib Christi (Phil 3,2). Die Leiber der Heiligen werden wie Kleider sein, die in scharlachroter Farbe gefärbt wurden. Sie werden glanzvoller sein. Sie werden so klar und durchsichtig sein, dass die Seele durch sie hindurchfunkelt wie der Wein durch ein Glas. Gott wird unserer Seele Herrlichkeit geben. Wenn die Hülle des Leibes schon so glänzend ist, was wird dann erst dieses Juwel für einen hellen Glanz haben! Dann wird der große Krönungstag sein, wenn die Heiligen das Gewand der Unsterblichkeit tragen werden und die Krone der Gerechtigkeit, die nicht vergehen wird. Oh, wie herrlich wird dieser Kranz sein, der aus den Blumen des Paradieses gemacht ist! Wer sollte deshalb seinen Namen nicht heiligen und in der Welt den Ruhm von dem verbreiten, der seinem Volk eine solch unsterbliche Ehre gibt. „Was kein Auge gesehen und kein Ohr gehört und keinem Menschen ins Herz gekommen ist" (1.Kor 2,9).

g) Wenn die Menschen den Namen Gottes nicht heiligen, sondern ihn entheiligen und entehren, wird Gott Verachtung über sie ausgießen. Auch wenn sie noch so groß sind, auch wenn sie in Purpur und Scharlach gekleidet sind, wird Gott sie verabscheuen und ihre Namen werden verrotten. Auch wenn

14 Amasis (auch Ahmose II.) war ein ägyptischer Pharao (König), der von 570 v.Chr. bis 526 v.Chr. regierte.

der Name von Judas in der Bibel steht und der Name von Pontius Pilatus im Glaubensbekenntnis, so stehen ihre Namen dort jedoch für Schande, als Verräter der Krone des Himmels. „Ich will dir dein Grab herrichten, denn du bist zu leicht erfunden worden" (Nah 1,14). Von Antiochus Epiphanes heißt es, dass Gott ihn für zu leicht empfunden hat, obwohl er ein König war und sein Name „Erscheinung Gottes" bedeutet. Um zu zeigen, für wie verachtenswert Gott die Gottlosen betrachtet, vergleicht er sie mit den niedrigsten Dingen: mit Spreu (Ps 1,4), mit Schlacke (Ps 119,119), mit Schlamm und Kot aus dem Meer (Jes 57,20). Weil Gott diejenigen, welche seinen Namen nicht heiligen, als so niederträchtig ansieht, schickt er sie am Ende zu einem niederträchtigen Ort. Landstreicher werden ins Zuchthaus geschickt, und die Hölle ist das Zuchthaus, in das die Gottlosen geschickt werden, wenn sie sterben. All dies sollte uns dazu bringen, dass wir den Namen Gottes heiligen.

Was sollten wir tun, um den Namen Gottes zu ehren und zu heiligen?

a) Lasst uns eine gesunde Erkenntnis von Gott bekommen. Lasst uns einen Blick für seine alles überragenden Tugenden, seine Heiligkeit, seine unfassbare Güte bekommen. Die Engel kennen Gott besser als wir, deshalb heiligen sie seinen Namen und singen ihm Hallelujas. Lasst uns danach trachten, ihn als unseren Gott zu kennen. „... dass dieser Gott unser Gott ist ..." (Ps 48,15). Wir können ihn als Richter fürchten, aber wir können ihn nicht als Vater ehren, bis wir wissen, dass er unser Gott ist.

b) Lasst uns eine aufrichtige Liebe zu Gott bekommen, eine Liebe der Hochachtung, eine Liebe der Zufriedenheit, um uns in ihm zu erfreuen. „Ja, Herr, du weißt, dass ich dich lieb habe!" (Joh 21,15). Wer seinen Herrn nicht liebt, kann ihn niemals ehren. Der Grund, warum der Name Gottes nicht mehr geheiligt wird, ist, dass er nicht mehr geliebt wird.

So viel zur ersten Bitte.

III. Die zweite Bitte im Gebet des Herrn

„Dein Reich komme“

(Mt 6,10a)

Eine Seele, die Gott wahrhaft hingegeben ist, stimmt mit dieser Bitte von Herzen überein: *„Dein Reich komme.“* Diese Worte beinhalten, dass Gott ein König ist, denn wer ein Königreich hat, der kann nicht geringer als ein König sein. „Denn Gott ist König der ganzen Erde“ (Ps 47,8). Er ist ein König auf seinem Thron. „Gott sitzt auf seinem heiligen Thron.“ Er hat einen königlichen Titel: Hoheit und Majestät. „Denn so spricht der Hohe und Erhabene“ (Jes 57,15). Er hat die Insignien des Königtums. Er hat sein Schwert. „Wenn ich mein blitzendes Schwert geschärft habe“ (5.Mose 32,41). Er hat sein Zepter. „Das Zepter deines Reiches ist ein Zepter des Rechts“ (Hebr 1,8). Er hat seine königliche Krone. „Und auf seinem Haupt sind viele Kronen“ (Offb 19,12). Er hat seine *königlichen Rechte*. Er hat die Macht, Gesetze zu machen und Gnade zu gewähren, was die Blumen und Juwelen seiner Krone sind. Somit ist der Herr ein König.

Ferner ist er ein großer König. „Und ein großer König über alle Götter“ (Ps 95,3). Er ist in sich selbst und aus sich selbst heraus groß, und er ist nicht wie die anderen Könige, die durch ihre Untertanen groß gemacht werden. Dass er so ein großer König ist, wird an der Unermesslichkeit seines Wesens deutlich. „Erfülle ich nicht den Himmel und die Erde?, spricht der HERR“ (Jer 23,24). Sein Zentrum ist überall. Er ist nirgendwo eingeschlossen, doch auch nirgendwo ausgeschlossen. Er ist unermesslich groß: „Die Himmel und aller Himmel Himmel können dich nicht fassen“ (1.Kön 8,27). Seine Größe wird an den Wirkungen seiner Macht deutlich. Er hat „Himmel und Erde gemacht“, und er kann sie auch wieder zunichtemachen (Ps 124,8). Mit einem Atemstoß kann er uns zu Staub zerfallen lassen. Mit einen Wort kann er die Welt aus ihrer festen Bahn lösen und ihre Achse in Stücke brechen. „Er schüttet Verachtung über die Edlen“ (Hiob 12,21). „Er beschneidet den Mut der Fürsten“ (Ps 76,13). Er ist der oberste Herr, der tut, was immer er auch will (Ps 115,3). Er „hat die Berge mit der Waage gewogen und die Hügel mit Waagschalen“ (Jes 40,12).

Gott ist ein herrlicher König. „Wer ist denn dieser König der Herrlichkeit? Der HERR der Heerscharen, er ist der König der Herrlichkeit!“ (Ps 24,10). Er hat Herrlichkeit in sich selbst. „Der HERR regiert als König! Er hat sich mit Majestät bekleidet“ (Ps 93,1). Andere Könige haben königliche und kostbare Gewänder, damit sie in den Augen der Betrachter herrlich erscheinen, aber all ihre Pracht ist entlehnt. Gott ist mit seiner eigenen Majestät bekleidet; sein eigenes herrliches Wesen steht anstelle von königlichen Kleidern, und „er hat sich umgürtet mit Macht“ (Ps 93,1). Könige haben ihre Leibwache um sich, um ihre Person zu beschützen, weil sie nicht in der Lage sind, sich selbst zu schützen. Aber Gott benötigt keine Leibwache oder Beistand von anderen. „Er hat sich umgürtet mit Macht.“ Seine Leibwache ist seine eigene Macht. „Denn wer in den Wolken ist dem HERRN zu vergleichen, wer ist dem HERRN ähnlich unter den Göttersöhnen?“ (Ps 89,7). Er hat an Majestät vor allen Königen die Vorrangstellung. „Und er trägt an seinem Gewand ... den Namen geschrieben: KÖNIG DER KÖNIGE“ (Offb 19,16). Er hat den höchsten Thron, die kostbarste Krone, die ausgedehnteste Herrschaft und den dauerhaftesten Besitz. „Ja, der HERR thront als König in Ewigkeit“ (Ps 29,10). Obwohl er viele Erben hat, so hat er doch keinen Nachfolger. Er richtet seinen Thron dort auf, wo es kein anderer König tut: Er regiert den Willen und die Regungen des Herzens; seine Macht bindet das Gewissen. Die Engel dienen ihm; alle Könige der Erde besitzen ihre Kronen und Diademe durch die unmittelbare Einsetzung durch diesen großen König. „Durch mich herrschen die Könige" (Spr 8,15). Vor diesem König Jahwe müssen alle Könige Rechenschaft ablegen, und vor seinem Gericht gibt es keine Berufung.

Erste Anwendung
Zur Unterweisung.

a) Wenn Gott so ein großer König ist und für immer als König auf seinem Thron sitzt, dann ist es für uns keine Herabwürdigung, wenn wir ihm dienen. *Gott zu dienen ist herrschen.* Es ist eine Ehre, einem König zu dienen. Wenn die Engel wegen einer Botschaft des Königs des Himmels schnell fliegen, dann sollten wir es gerne als eine Gunst betrachten, wenn wir in seinen königlichen Dienst gestellt werden (Dan 9,21). Theodosius sah es als eine größere Ehre an, ein Diener Gottes als ein Kaiser zu sein. Es ist eine größere Ehre Gott zu dienen, als wenn Könige uns dienen. Jeder Untertan dieses Königs ist mit königlicher Ehre gekrönt. Er hat uns zu Königen gemacht (Offb 1,6). Deshalb sagte die Königin von Saba, nachdem sie die Herrlichkeit von Salomos Königreich gesehen hatte: „Glücklich diese deine Knechte, die allezeit vor dir stehen" (1.Kön 10,8). So sind auch die Heiligen glücklich, die vor dem König des Himmels stehen und sich an seinem Thron aufhalten.

b) Wenn Gott so ein herrlicher König ist, der mit Weisheit gekrönt, mit Macht ausgestattet und mit Reichtum geschmückt ist, dann zeigt uns das, wie vorsichtig wir sein müssen, wenn wir diesen König unseren König nennen, indem wir sagen: „Mein König und mein Gott" (Ps 5,3). Es gilt als eine gute Strategie, wenn man auf der stärksten Seite steht. Der König der Herrlichkeit kann seine Widersacher mit Leichtigkeit vernichten. Er kann ihnen ihren Hochmut herunterziehen, ihre Strategie zunichtemachen und ihre Bosheit bändigen. Der Stein, der ohne Hände aus dem Berg geschlagen wurde und das Standbild zermalmte (Dan 2,34), war ein Sinnbild, sagte Augustinus, für die königliche Macht Christi, mit der er seine Feinde überwindet und über sie triumphiert. Wenn wir auf der Seite Gottes sind, dann sind wir auf der stärksten Seite; er kann seine Feinde mit einem Wort vernichten. „Dann wird er zu ihnen reden in seinem Zorn“ (Ps 2,5). Ja, mit einem Blick kann er sie vernichten. „Sieh jeden Hochmütigen an, erniedrige ihn“ (Hiob 40,12). Es kostet Gott nicht mehr als nur einen Blick, ein Zwinkern mit seinen Augen, um diejenigen, welche sich gegen ihn erheben, in Verwirrung zu bringen. „Und es geschah, als die Morgenwache kam, da schaute der HERR aus der Feuersäule und der Wolke auf das Heer der Ägypter und verwirrte das Heer der Ägypter. Und er löste die Räder von ihren Streitwagen“ (2.Mose 14,24.25). Was ist es dann für eine Weisheit, wenn dieser König unser König ist! Dann sind wir auf der stärksten Seite.

Zweite Anwendung
Zur Ermahnung.

a) Wenn Gott so ein herrlicher König ist, voller Macht und Majestät, dann lasst uns ihm vertrauen. „Darum vertrauen auf dich, die deinen Namen kennen“ (Ps 9,11). Vertrauen wir ihm unsere Seele an; wir können dieses Juwel nicht in Hände legen, die noch sicherer sind. Vertrauen wir ihm die Angelegenheiten der Kirche und des Staates an; er ist König. „Der HERR ist ein Kriegsmann“ (2.Mose 15,3). Er kann vor den Augen aller Völker seinen heiligen Arm zeigen. Wenn alle Mittel versagen, ist er niemals am Ende der Mittel. Bei ihm gibt es keine Unmöglichkeiten. Er kann die vertrockneten Knochen wieder lebendig machen (Hes 37,10). Als König kann er Erlösung befehlen und als Gott kann er sie erschaffen. „Ich erschaffe Jerusalem zum Jubel“ (Jes 65,18). Lasst uns alle unsere Angelegenheiten diesem großen König anvertrauen. Gott kann Berge entweder versetzen oder über sie drüber springen (Hld 2,8).

b) Wenn Gott so ein großer König ist, dann lasst ihn uns fürchten. „Mich wollt ihr nicht fürchten, spricht der HERR, vor mir nicht erzittern“ (Jer 5,22). Wir haben genug Menschenfurcht. Menschenfurcht lässt die Gefahr größer erscheinen und die Sünde kleiner, deshalb lasst uns den König der Könige fürchten, der die Macht hat, Leib und Seele in die Hölle zu werfen (Lk 12,5). Wie ein Keil den anderen heraustreibt, so treibt die Furcht Gottes alle niedere fleischliche Furcht aus. Lass uns den Gott fürchten, dessen Thron über allen Königen steht; sie mögen mächtig sein, aber er ist allmächtig. Könige haben keine Macht, außer der, die Gott ihnen gegeben hat; ihre Macht ist begrenzt, seine ist unendlich. Lasst uns den König fürchten, dessen Augen „wie eine Feuerflamme" sind (Offb 1,14). „Die Berge erbeben vor ihm ... und Felsen werden von ihm zerrissen" (Nah 1,5.6). Wenn er mit seinem Fuß stampft, ist die ganze Schöpfung sofort in Schlachtordnung aufgestellt, um für ihn zu kämpfen. Oh, lasst uns vor diesem Gott erzittern und ihn fürchten. Gottesfurcht ist der *Türhüter der Seele*. Er hindert die Sünde am Eintreten. „Wie sollte ich nun eine so große Missetat begehen und gegen Gott sündigen?" (1.Mose 39,9).

c) Wenn Gott so ein herrlicher König ist, dann hat er *die Macht über Leben und Tod* in seiner Hand. Alle Machthaber der Erde sollten sich davor hüten, ihre Macht gegen den König des Himmels einzusetzen. Diejenigen, welche mit ihren Zeptern die Wahrheit Gottes niederschlagen, welche die glänzendste Perle an seiner Krone ist, setzen ihre Macht gegen Gott ein, indem sie sein Volk vernichten und verfolgen, das sein Augapfel ist (Sach 2,8), indem sie seine Gesetze und seine königlichen Anordnungen zertreten, die er ausgegeben hat (Ps 2,3). Was ist ein König ohne seine Gesetze? Alle, die mit weltlicher Macht und Größe ausgestattet sind, sollten sich davor hüten, sich dem König der Herrlichkeit entgegenzustellen. Der Herr ist zu stark für alle, die sich gegen ihn wenden. „Ist denn dein Arm dem Arm Gottes gleich" (Hiob 40,9). Willst du deinen Arm mit dem Allmächtigen messen? Könnte ein kleines Kind gegen einen Erzengel kämpfen? „Wird dein Herz es aushalten und werden deine Hände stark sein in den Tagen, da ich mit dir abrechnen werde?" (Hes 22,14). Am Ende wird Christus alle seine Feinde zum Schemel seiner Füße machen (Ps 110,1). Die ganze Menge der Gottlosen, die sich gegen Gott stellen, werden nur wie viele Bündel reifer Trauben sein, um in die Weinpresse des Zornes Gottes geworfen zu werden und von ihm zertreten zu werden, bis ihr Blut herauskommt. Der König der Herrlichkeit wird am Ende als Sieger hervorgehen. Die Menschen mögen ihre Maßstäbe aufrichten, aber Gott richtet immer die Zeichen seines Sieges auf. Der Herr hat ein goldenes Zepter und einen eisernen Stab (Ps 2,9). Diejenigen, welche sich vor dem einen nicht beugen wollen, werden von dem anderen gebrochen.

d) Wenn Gott ein so großer König ist, dass er alle Macht im Himmel und auf der Erde in seiner Hand hält, dann lasst uns lernen, ihm untertan zu sein! Wer mit dem Sündigen fortfährt und durch seine Ungerechtigkeiten eine Flagge des Widerstandes gegen den König des Himmels heraushängt, oh, der komme schnell herein und mache seinen Frieden und beuge sich unter Gott. „Küsst den Sohn, damit er nicht zornig wird“ (Ps 2,12). Küssen wir Christus mit einem Kuss der Liebe und einem Kuss des Gehorsams. Lasst uns dem König des Himmels gehorsam sein, wenn er durch seine Diener und Botschafter zu uns redet (2.Kor 5,20). Wenn Gott uns bittet, der Sünde zu fliehen und uns mit der Heiligkeit zu vermählen, dann lasst uns ihm gehorsam sein: Gehorsam ist besser als Opfer. „Gott gehorsam zu sein“, sagt Luther, „ist besser als Wunder zu wirken.“ Lasst uns Gott willig gehorchen (Jes 1,19). Der Gehorsam, der freudig geschieht, ist der beste Gehorsam, so wie der süßeste Honig der ist, welcher aus der Wabe tropft. Lasst uns schnell darin sein, Gott zu gehorchen. „Und ich erhob meine Augen und schaute; und siehe, da kamen zwei Frauen hervor, und der Wind blies in ihre Flügel“ (Sach 5,9). Flügel sind schnell, aber der Wind in den Flügeln weist auf große Schnelligkeit hin. So sollte unser Gehorsam gegenüber Gott sein. Lasst uns dem König der Herrlichkeit gehorsam sein.

Dritte Anwendung
Zum Trost.

Hier ist Trost für diejenigen, welche Untertanen des Königs des Himmels sind. Gott wird alle königliche Macht anwenden, um ihnen beizustehen und sie zu trösten.

a) Der König des Himmels wird ihre Rechtssache führen. „Siehe, ich will deine Rechtssache führen und die Rache für dich vollziehen" (Jer 51,36).

b) Er wird sein Volk beschützen. Er stellt eine unsichtbare Wache um sie. „Und ich selbst, spricht der HERR, will eine feurige Mauer um es her sein" (Sach 2,9). Eine Mauer, das ist defensiv; eine feurige Mauer, das ist offensiv.

c) Wenn es für sein Volk gut sein sollte, dann wird er für sie eine Rettung aufrichten. „So schaffte der HERR eine große Rettung" (1.Chr 11,14; Elb 06). Da Gott als König regiert, kann er auf jeglichem Weg retten, sogar durch so geringe Mittel wie das Blasen von Posaunen und das Anzünden von Fackeln (Ri 7,20). Durch „gegensätzliche" Mittel: wie das Meer, dass er für Israel zu einer Wand machte, und das Wasser so ein Mittel war, um sie vor dem Ertrinken zu retten. Der Bauch des Walfisches war ein Schiff, das Jona sicher ans Ufer brachte. Gott mangelt es niemals an Wegen, um sein Volk zu retten. Eher müssen die schlimmsten Feinde sein Werk tun, als dass er versagt (2.Chr. 20,23). Er stellte Ammon und den Berg Seir gegeneinander. Wie Gott sein Volk aus zeitlicher Gefahr rettet, so rettet er sie auch aus geistlicher Gefahr, wie auch von der Sünde und der Hölle. „Jesus, der uns errettet vor dem zukünftigen Zorn" (1.Thess 1,10).

Vierte Anwendung
Zur Einschüchterung.

Wenn Gott König ist, dann wird er seine äußerste Kraft gegen diejenigen richten, die Feinde seines Königreichs sind: „Feuer geht vor ihm her und verbrennt seine Feinde ringsum" (Ps 97,3).

a) Er selbst stellt sich gegen seine Feinde. Er wird seine Eigenschaften gegen sie richten, seine Macht und Gerechtigkeit, und „wer erkennt aber die Stärke deines Zorns?" (Ps 90,11).

b) Er wird die Schöpfung gegen sie richten. „Die Sterne am Himmel kämpften mit, von ihren Bahnen aus kämpften sie gegen Sisera" (Ri 5,20). Tertullian merkt an: Als die Perser gegen die Christen kämpften, kam ein mächtiger Sturm auf und ließ die Pfeile der Perser zurück in ihr eigenes Gesicht fliegen. Die ganze Schöpfung steht im Streit mit einem Sünder: der Stein aus der Wand, der Hagel und der Frost (Hab 2,11). „Als er ihre Weinstöcke mit Hagel schlug und ihre Maulbeerbäume durch eine verheerende Wasserflut" (Ps 78,47).

c) Gott wird die Menschen gegen sich selbst richten. Er wird das Gewissen gegen sie richten. Wie schrecklich ist dieser Stab, wenn er sich in eine Schlange verwandelt! Melanchthon nannte das Gewissen *eine höllische Furie*; es wird als *Wurm des Gewissens* bezeichnet (Mk 9,44). Wie fühlte Spira den Wurm in seinem Gewissen! Er war ein Schrecken für sich selbst. Die schlimmsten Bürgerkriege sind zwischen dem Menschen und seinem Gewissen.

d) Gott wird die Krankheiten des Leibes gegen sie richten. „Und nach alledem schlug ihn (Joram) der HERR in seinen Eingeweiden mit einer unheilbaren Krankheit" (2.Chr 21,18). Gott kann gegen einen Menschen eine Armee aus seinen eigenen Eingeweiden erwecken. Er kann eine Körperflüssigkeit gegen die andere richten: die Hitze, um die Feuchtigkeit austrocknen zu lassen und Feuchtigkeit, um die Hitze zu vertreiben. Der Herr muss die Mittel, um einen Sünder zu bestrafen, nicht weit herholen. Er kann die Glieder eines Körpers dazu bringen, dass sie sich gegenseitig schlagen (Dan 5,6).

e) Gott wird die Freunde des Menschen gegen ihn richten. Wo sie gewöhnlich Honig haben, werden sie dann nichts außer Aloe und Wermut haben. „Wenn die Wege eines Menschen dem HERRN wohlgefallen, so lässt er selbst seine Feinde mit ihm im Frieden leben" (Spr 16,7). Wenn er sich Gott entgegenstellt, macht er seine Freunde zu seinen Feinden. Die Frau des Kaisers Commodus gab ihm Gift in wohlriechendem Wein. Die beiden Söhne Sanheribs brachten ihm den Tod (2.Kön 19,37).

f) Gott wird den Satan gegen sie richten. „Lass den Satan zu seiner Rechten stehen" (Ps 109,6; nach der englischen Übersetzung). Was macht der Satan am Ellbogen des Sünders? Er hilft ihm, um Sünde zu betreiben. Er versucht ihn, Sünde zu begehen. Er erschreckt ihn wegen der Sünde. Wer Satan zu seiner Rechten stehen hat, kann sicher sein, dass er zur Linken Gottes steht. Hier haben wir das Elend von solchen, die sich dem königlichen Zepter Gottes entgegenstellen, sodass er alles in der Welt gegen sie richtet. Solange es im Himmel Gerechtigkeit und in der Hölle Feuer gibt, sollen Sünder nicht ungestraft bleiben.

Fünfte Anwendung
Zur Ermutigung.

Wenn Gott solch ein uneingeschränkter Herrscher ist und mit solch einer Herrlichkeit und Majestät gekrönt ist, dann wollen wir uns alle in seinen Dienst stellen lassen und für seine Wahrheit und Anbetung aufstehen. Wagen wir es doch, Gott in der schwersten Zeit zu besitzen. Er ist der König der Könige und in der Lage, seine Diener zu belohnen. Wir können um seinetwillen Verluste haben, aber wir werden durch ihn niemals Verluste haben. Wir haben wie Amazja die Neigung zu sagen: „Was wird dann aber aus den 100 Talenten?" (2.Chr 25,9). Wenn ich für Gott auftrete, kann ich meinen Besitz verlieren, mein Leben. Ich spreche mit dem Propheten: Gott ist in der Lage, uns viel mehr als das zu geben; er kann uns den gegenwärtigen inneren Frieden geben und für die Zukunft eine Krone der Herrlichkeit, die nicht vergeht.

Welches Königreich ist gemeint, wenn Jesus sagt: „Dein Reich komme"?

Lasst uns zuerst aufzeigen, was er nicht meint.

a) Er meint nicht ein politisches oder irdisches Königreich. In der Tat verlangten die Apostel nach einer zeitlichen Herrschaft Christi: „Herr, stellst du in dieser Zeit für Israel die Königsherrschaft wieder her?" (Apg 1,6). Aber Christus sagte, dass sein Reich nicht von dieser Welt ist (Joh 18,36). Als Christus seine Jünger lehrte zu beten: „Dein Reich komme", bezog er das somit nicht auf ein irdisches Königreich, wo er in äußerlichem Prunk und Glanz regieren würde.

b) Es bezieht sich auch nicht auf das Königreich der Vorsehung Gottes. „Seine Königsherrschaft regiert über alles" (Ps

103,19). Das ist das Königreich seiner Vorsehung. Wenn wir sagen: „Dein Reich komme", dann beten wir nicht für dieses Königreich, denn dieses Königreich ist bereits gekommen. Gott übt das Königreich seiner Vorsehung in der Welt aus. „Den einen erniedrigt, den anderen erhöht er" (Ps 75,8). In der Welt regt sich nichts, wo Gott nicht seine Hand mit im Spiel hat. Er setzt jedes Rad in Bewegung. Er demütigt den Hochmütigen und erhebt den Armen aus dem Staub, um ihn unter Fürsten zu stellen (1.Sam 2,8). Das Königreich der Vorsehung Gottes regiert über alles. Die Könige tun nichts, außer das, was seine Vorsehung zulässt und anordnet (Apg 4,27.28). Wir beten nicht, dass dieses Königreich der Vorsehung Gottes kommen soll, denn es ist bereits gekommen.

Welches Königreich ist gemeint, wenn wir sagen: „Dein Reich komme"? Im positiven Sinn ist ein zweifaches Königreich gemeint.

a) Das Königreich der Gnade, das Gott im Gewissen seines Volkes ausübt. Das ist *Gottes Königreich im Kleinen.* Wenn wir beten: „Dein Reich komme", dann beten wir, dass das Königreich der Gnade in unserem Herzen aufgerichtet wird und zunimmt.

b) Wir beten auch, dass das Königreich der Herrlichkeit schnell komme und dass wir zur rechten Zeit Gottes darin hineinversetzt werden mögen. Diese beiden Königreiche Gottes der Gnade und der Herrlichkeit unterscheiden sich nicht spezifisch, sondern graduell. Sie unterscheiden sich nicht ihrem Wesen nach, sondern nur in ihrem Grad. Das Königreich der Gnade ist nichts anderes als der Anfang des Königreichs der Herrlichkeit. Das Königreich der Gnade ist die Herrlichkeit im Samen, und das Königreich der Herrlichkeit ist die Gnade in der Blume. Das Königreich der Gnade ist die Herrlichkeit am Tagesanbruch, und das Königreich der Herrlichkeit ist die Gnade zur vollen Mittagsstunde. Das Königreich der Gnade ist die *streitende Herrlichkeit* und das Königreich der Herrlichkeit ist die *die siegreiche Gnade.* Zwischen diesen beiden Königreichen, der Gnade und der Herrlichkeit, gibt es solch eine untrennbare Verbindung, dass man in das eine nicht eintreten kann, ohne in das andere einzutreten. In Athen gab es zwei Tempel, einen Tempel der Tugend und einen Tempel der Ehre, und man konnte in den Tempel der Ehre nur gehen, wenn man durch den Tempel der Tugend ging. So sind auch das Königreich der Gnade und der Herrlichkeit so eng miteinander verbunden, dass wir nicht in das Königreich der Herrlichkeit eingehen können, außer dass wir durch das Königreich der Gnade gehen. Viele Leute trachten nach dem Königreich der Herrlichkeit, suchen aber niemals nach der Gnade. Aber diese beiden, welche Gott zusammengefügt hat, können nicht auseinandergetrennt werden. Das Königreich der Gnade führt in das Königreich der Herrlichkeit.

I. *Die erste Sache, welche die Bitte „Dein Reich komme" beinhaltet, ist, dass wir in einem Königreich der Finsternis sind.* Wir beten, dass wir aus diesem Königreich der Finsternis herausgebracht werden. Der natürliche Stand ist ein Reich der Finsternis, in dem die Sünde regiert, wie es in Römer 6,12 geschrieben steht. Es wird als „Herrschaft der Finsternis" bezeichnet (Kol 1,13). Vor dem Sündenfall war der Mensch mit vollkommener Erkenntnis erleuchtet, aber dieses Licht ist jetzt verfinstert, und der Mensch ist in ein Königreich der Finsternis gefallen.

Auf welche Art und Weise ist der natürliche Mensch in dem Königreich der Finsternis?

a) Er befindet sich in der Finsternis der Unwissenheit. „Deren Verstand verfinstert ist … wegen der Unwissenheit" (Eph 4,18). Die Unwissenheit ist ein schwarzer Schleier, der über den Verstand gehüllt ist. Die Menschen können von Natur aus eine tiefe Einsicht in die Dinge der Welt haben und sind trotzdem unwissend in Bezug auf die Dinge Gottes. Nahas, der Ammoniter, wollte mit Israel einen Bund machen, um ihnen ihre rechten Augen auszustechen (1.Sam 11,2). Seit dem Sündenfall ist uns unser linkes Auge geblieben, eine tiefe Einsicht in weltliche Angelegenheiten, aber unser rechtes Auge ist ausgestochen, wir haben keine rettende Erkenntnis über Gott. Manches erkennen wir von Natur aus, aber wir erkennen nichts, wie wir es erkennen sollten (1.Kor 8,2). Die Unwissenheit zieht um die Seele einen Vorhang (1.Kor 2,14).

b) Ein natürlicher Mensch ist in der Finsternis der Unreinheit. Deshalb werden sündige Taten als „Werke der Finsternis" bezeichnet (Röm 13,12). Hochmut und Begierde verfinstern die Herrlichkeit der Seele. Das Herz eines Sünders ist eine finstere Konklave, die schwärzer als die Hölle aussieht.

c) Ein natürlicher Mensch ist in der Finsternis des Elends. Er ist der göttlichen Rache ausgesetzt, und die Traurigkeit dieser Finsternis ist, dass die Menschen das nicht wahrnehmen. Sie sind blind, auch wenn sie denken, dass sie sehen. Die Finsternis in Ägypten war so dicht, dass „man die Finsternis greifen" konnte (2.Mose 10,21). Die Menschen sind von Natur aus in einer dichten Finsternis, aber hier ist das Elend, die Finsternis kann man nicht greifen. Sie glauben solange nicht, dass sie in der Finsternis sind, bis sie wiederhergestellt sind.

Erste Anwendung

Betrachten wir den natürlichen Stand. Er ist eine „Herrschaft der Finsternis", und es ist eine verhexte Finsternis. „Die Menschen liebten die Finsternis mehr als das Licht" (Joh 3,19), so wie die Bewohner von Atlantis in Äthiopien die Sonne verfluchen. Die Finsternis der Sünde führt zu „Fesseln unter der Finsternis" (Jud 6). Welchen Trost können solche Leute in irdischen Dingen finden? Die Ägypter mochten Nahrung, Gold, Silber gehabt haben, aber sie konnten darin nur wenig Trost finden, während sie in solch einer Finsternis waren, dass man sie greifen konnte. So kann auch der natürliche Mensch Reichtum und Freunde haben, um sich daran zu erfreuen, doch ist er im Königreich der Finsternis und wie tot sind alle diese Tröstungen! Du, der du im Königreich der Finsternis bist, du weißt nicht, wo du hingehst. Wie der Ochse zur Schlachtung getrieben wird, aber nicht weiß, wo er hingeht, so treibt dich der Teufel vor sich her zur Hölle, aber du weißt nicht, wohin du gehst. Solltest du in deinem natürlichen Stand sterben, während du im Königreich der Finsternis bist, dann ist das Dunkel der Finsternis für dich aufbewahrt.

„... denen das Dunkel der Finsternis in Ewigkeit aufbewahrt ist" (Jud 13).

Zweite Anwendung

Lasst uns beten, dass Gott uns aus diesem Königreich der Finsternis herausbringt. Gottes Königreich der Gnade kann nicht in unser Herz kommen, bis wir aus dem Königreich der Finsternis herausgebracht sind (Kol 1,13). Warum sollten wir uns nicht darum bemühen, aus diesem Königreich der Finsternis herauszukommen? Wer möchte sich gerne in einem finsteren Kerker aufhalten? Oh, lasst uns die Ketten der Finsternis fürchten (Jud 6). Diese Ketten sind die Macht Gottes, welche den Menschen auf ewig unter den Zorn wie in Ketten binden. Oh, lasst uns beten, dass Gott uns aus dem Königreich der Finsternis erlösen möge!

a) Lasst uns unserer Finsternis bewusst sein, dem Stand der Verdammnis, in dem wir nicht einen Funken Feuer haben, um uns Licht zu geben!

b) Gehen wir zu Christus, um uns zu erleuchten! „So wird Christus dich erleuchten" (Eph 5,14). Er wird uns nicht nur Licht bringen, sondern auch unsere Augen öffnen, um es zu sehen. Das ist die erste Sache, die „dein Reich komme" beinhaltet. Wir beten, dass wir aus dem Königreich der Finsternis herausgebracht werden.

II. *Die Zweite Sache, welche die Bitte „Dein Reich komme" beinhaltet, ist, dass wir gegen das Königreich des Teufels beten,* dass sein Königreich in der Welt zerstört werde. Sein Königreich steht im Gegensatz zu dem Königreich Christi, und wenn wir beten: „Dein Reich komme", dann beten wir gegen das Königreich Satans. Er hat ein Königreich. Er bekam es durch Eroberung. Er eroberte die Menschheit im Paradies. Er hat seinen Thron. „Ich weiß, wo du wohnst: da, wo der Thron des Satans ist" (Offb 2,13; LÜ 84). Sein Thron ist in den Herzen der Menschen aufgerichtet. Er kümmert sich nicht um ihre Geldbeutel, aber um ihre Herzen. Man dient ihm auf den Knien (Eph 2,2). „Und sie beteten den Drachen an", das ist der Teufel (Offb 13,4).

Das Reich Satans ist sehr groß. Die meisten Königreiche der Welt zollen ihm Tribut. Sein Königreich hat zwei Eigenschaften oder Kennzeichen:

1. Es ist ein *Königreich der Ungerechtigkeit.*
2. Es ist ein *Königreich der Sklaverei.*

1. Das Königreich Satans ist ein Königreich der Ungerechtigkeit. In seinem Königreich geschieht nichts außer Sünde. Mord und Ketzerei, Begierde und Verrat, Unterdrückung und Spaltung sind die Dinge, die unter seiner Herrschaft konstant betrieben werden. Er wird als „der unreine Geist" bezeichnet (Lk 11,24). Was sonst als geheime Ungerechtigkeit wird in seinem Königreich propagiert?

2. Das Königreich Satans ist ein Königreich der Sklaverei. Er macht alle seine Untertanen zu Sklaven. *Der Sünder wird unter der erbarmungslosen Tyrannei des Teufels gefangen gehalten.* Der Satan ist ein Thronräuber und ein Tyrann. Er ist ein schlimmerer Tyrann als jeder andere.

a) Andere Tyrannen herrschen nur über den Leib, aber das Königreich Satans herrscht über die Seele. Er reitet auf einigen Menschen so, wie wir auf Pferden reiten.

b) Andere Tyrannen haben mit ihren Sklaven etwas Mitleid. Auch wenn sie jene auf ihren Galeeren arbeiten lassen, so geben sie ihnen doch Nahrung und Ruhezeiten. Aber Satan ist ein unbarmherziger Tyrann, der seinen Sklaven Gift anstatt Nahrung gibt und schädliche Begierden, um sich davon zu nähren (1.Tim 6,9). Er gibt seinen Sklaven auch keine Ruhe. Er heuert sie an, um seinen Frondienst zu tun. „Sie mühen sich ab mit Unrechttun" (Jer 9,4). Als der Teufel in Judas fuhr, schickte er ihn zu den Hohenpriestern und von dort zum Garten und ließ ihn nicht eher ruhen, bis er Christus verraten und sich selbst erhängt hatte. Deshalb ist er der schlimmste der Tyrannen. Wenn die Menschen ihm mit ihrer äußersten Kraft gedient haben, heißt er sie in der Hölle mit Feuer und Schwefel willkommen.

Anwendung

Lasst uns beten, dass das Königreich Satans, das in der Welt aufgerichtet ist, gestürzt werden möge. Es ist ein trauriger Gedanke, dass das Königreich des Teufels so viele hat, die es unterstützen, obwohl es so böse ist. Er hat mehr, die für sein Königreich aufstehen, als Christus für sein Königreich hat. Was für eine große Ernte von Seelen hat Satan, und was für eine kleine Nachlese nur Gott! Der Papst und der Islam geben dem Satan die Macht. Wenn der Teufel in der sichtbaren Kirche Gottes schon so viele treue Untertanen hat, die ihm mit ihrer Seele und ihrem Leben dienen, wie wimmelt es dann erst an Orten des Götzendienstes und des Heidentums von seinen Untertanen, wo niemand ist, der ihm entgegentritt, sondern alle für die Seite des Teufels stimmen. Die Menschen sind willige Sklaven des Satans. Sie kämpfen und sterben für ihn, deshalb wird er nicht nur „der Fürst dieser Welt", sondern auch „der Gott dieser Weltzeit" genannt (Joh 12,31; 2.Kor 4,4), um damit zu zeigen, welche Macht er über die Seelen der Menschen hat. Oh, lasst uns beten, dass Gott das Zepter vom Königreich des Teufels brechen, dass Michael den Drachen zerstören, und dass mit Hilfe des geistlichen Regimentes und des Predigtamtes das höllische Königreich des Fürsten der Finsternis niedergeschlagen werden möge! Das Königreich Satans muss gestürzt werden, bevor das Königreich Christi in seiner Macht und Majestät blühen kann.

Wenn wir beten: „Dein Reich komme", dann beabsichtigen wir etwas im positiven Sinne.

III. *Wir beten, dass das Königreich der Gnade in unseren Herzen aufgerichtet werde.*

Wenn wir beten: „Dein Reich komme", dann beten wir, dass das Königreich der Gnade in unsere Herzen komme. Das ist das *Königreich Gottes im Kleinen.* „Denn das Reich Gottes ist nicht Essen und Trinken, sondern Gerechtigkeit" (Röm 14,17). „Das Reich Gottes ist mitten unter euch" (Lk 17,21).

Warum wird die Gnade als ein Königreich bezeichnet?
Weil in der Seele eine königliche Regierung aufgerichtet wird, wenn die Gnade kommt. Die Gnade regiert den Willen und die Gesinnung und bringt den ganzen Menschen dazu, sich Christus zu unterwerfen. Die Gnade herrscht als König in der Seele, sie schwingt das Zepter, unterdrückt rebellische Begierden und hält die Seele in einem geistlichen Anstand.

Warum besteht solch eine Notwendigkeit zu beten, dass dieses Königreich der Gnade in unsere Herzen komme?

a) Weil wir auf den Bund der Gnade solange kein Anrecht haben, bis das Königreich der Gnade kommt. Der Bund der Gnade ist mit Liebe versüßt und mit Verheißungen übersät. Der Bund der Gnade ist *unser Grundrecht,* durch dessen Kraft Gott sich uns übergibt, um unser Gott zu sein. Wer sind die Erben des Bundes der Gnade? Nur solche, die das Königreich der Gnade in ihrem Herzen haben. „Und ich will euch ein neues Herz geben und einen neuen Geist in euer Inneres legen" (Hes 36,26). Hier wird das Königreich der Gnade in der Seele aufgerichtet; dem folgt dann: „Und ich will euer Gott sein" (Vers 28). Der Bund der Gnade ist für eine nicht begnadigte Person eine versiegelte Quelle. Sie wird wie das Paradies mit einem flammenden Schwert bewacht, damit der Sünder sie nicht anrühren kann. Ohne Gnade haben wir auf sie ebenso wenig Anrecht wie ein Landwirt auf die Stadtrechte.

b) Solange das Königreich der Gnade nicht in unseren Herzen aufgerichtet ist, sind unsere reinsten Opfer befleckt. Sie mögen der Sache nach gut sein, aber nicht ihrer Art und Weise nach. Ihnen fehlt das, was sie angenehm und lieblich macht. Wenn unter dem Gesetz ein Mann durch einen Leichnam unrein war und ein Stück heiliges Fleisch in seinem Gewand trug, konnte das heilige Fleisch ihn nicht reinigen, sondern er verunreinigte das Fleisch (Hag 2,12). Solange wir das Königreich der Gnade nicht in unserem Herzen haben, reinigen uns die Gnadenmittel nicht, sondern wir verunreinigen sie. Sogar das Gebet einer nicht begnadigten Person wird zur Sünde (Spr 15,8). In was für einem traurigen Zustand ist ein Mensch, bevor das Königreich der Gnade in seinem Herzen aufgerichtet ist! Egal, ob er zu einem Gnadenmittel kommt oder nicht, er sündigt. Wenn er nicht zum Gnadenmittel kommt, verachtet er es; wenn er kommt, verunreinigt er es. Die Werke eines Sünders sind *tote Werke,* und die Werke, die tot sind, können Gott nicht gefallen. Eine tote Blume hat keine Lieblichkeit (Hebr 11,6).

c) Wir haben es nötig zu beten, dass das Königreich der Gnade komme, weil wir in den Augen Gottes solange verabscheuenswert sind, bis dieses Königreich in unser Herz kommt. „Meine Seele war ihnen abgeneigt" (Sach 11,8; nach der englischen Übersetzung). *Wie groß ist die Fäulnis eines verderbten Herzens.* Ein Herz ohne Gnade ist schwärzer als die Hölle. Die Sünde verwandelt den Menschen in einen Teufel. „Habe ich nicht euch Zwölf erwählt? Und doch ist einer von euch ein Teufel!" (Joh 6,70). Neid ist das Auge des Teufels, Heuchelei ist sein gespaltener Huf. So steht es, bevor das Königreich der Gnade kommt. Eine Person ohne Gnade ist so entstellt, dass sie als Erstes Abscheu über sich selbst empfindet, wenn sie einmal ihren Schmutz und Aussatz sieht. „Und ihr werdet Abscheu über euch selbst empfinden wegen aller eurer bösen Taten, die ihr begangen habt" (Hes 20,43). Ich habe von einer Frau gelesen, die immer einen trüben Spiegel benutzte, und als sie zufällig ihr Gesicht in einem richtigen Spiegel sah, *wurde sie wahnsinnig.* Wenn Gott denjenigen einmal, die sich jetzt im trüben Spiegel der Anmaßung betrachten, einen Anblick ihrer eigenen Unreinheit gibt, werden sie über sich selbst erschrecken. „Und ihr werdet Abscheu über euch selbst empfinden wegen aller eurer bösen Taten, die ihr begangen habt."

d) Bevor das Königreich der Gnade zu uns kommt, sind wir geistlich unehelich, eine Brut von Bastarden der alten Schlange (Joh 8,44). Unehelich zu sein, ist die größte Schande. „Es soll auch kein Bastard in die Gemeinde des HERRN kommen; auch die zehnte Generation seiner Nachkommen soll nicht in die Gemeinde des HERRN kommen" (5.Mose 23,3). Er muss aus der heiligen Versammlung Israels als ein schändliches Geschöpf herausgetan werden. Ein Bastard kann nach dem Gesetz nicht erben. Bevor das Königreich der Gnade in das Herz kommt, ist eine Person unehelich, und wenn sie so bleibt, kann sie nicht in das Königreich des Himmels eingehen.

e) Bevor im Herzen eines Menschen das Königreich der Gnade aufgerichtet wird, ist in ihm das Königreich Satans aufgerichtet. Es heißt von ihm, dass er unter der „Herrschaft des Satans" ist (Apg 26,18). Der Satan befehligt den Willen. Auch wenn er den Willen nicht zwingen kann, so kann er ihn doch mit seinen listigen Versuchungen ziehen. Es heißt, dass er den Menschen gefangen nimmt „für seinen Willen" (2.Tim 2,26). Das griechische Wort bedeutet, sie lebendig gefangen nehmen, so wie der Vogelfänger das mit dem Vogel in der Schlinge tut. Das Herz des Sünders ist das Herrenhaus des Teufels. „Ich will in mein Haus zurückkehren" (Mt 12,44). Es ist das *Büro des Teufels*, wo er arbeitet. „Gemäß dem Fürsten, der in der Luft herrscht, dem Geist, der jetzt in den Söhnen des Ungehorsams wirkt" (Eph 2,2). Die Glieder des Leibes sind die Werkzeuge, mit denen der Satan arbeitet. Er besitzt den Menschen. Zur Zeit Christi gab es viele, deren Leib besessen war, aber es ist weit schlimmer, wenn die Seele besessen ist. Der eine ist besessen von einem unreinen Teufel, ein anderer von einem rachsüchtigen Teufel. Kein Wunder, dass das Schiff mit vollem Segel fährt, wenn der Wind bläst. Kein Wunder, dass die Menschen mit vollem Segel in der Sünde fahren, wenn der Teufel, der Fürst der Luft, sie anbläst. Somit sind alle Menschen, bis das Königreich der Gnade kommt, unter der Herrschaft des Satans, der wie Drakon[15] alle seine Gesetze mit Blut schreibt.

f) Der Mensch ist dem Zorn Gottes ausgesetzt, bis das Königreich der Gnade kommt. „Wer erkennt aber die Stärke deines Zorns?" (Ps 90,11). Wenn es schon so schrecklich ist, wenn nur ein Funke von Gottes Zorn in das Gewissen eines

15 Drakon war ein athenischer Gesetzesreformer, der um das Jahr 621 v.Chr. sämtliche damals in Athen bekannten Strafbestimmungen aufzeichnete. Die drakonische Gesetzgebung wurde in der klassischen Periode Griechenlands als außerordentlich grausam („in Blut geschrieben") angesehen und ist auch in der deutschen Sprache sprichwörtlich für eine übertrieben harte, eben „drakonische" Bestrafung geworden.

Menschen fliegt, wie wird es dann erst sein, wenn Gott seinen ganzen Zorn erweckt? Der Zorn Gottes ist so unvorstellbar quälend, dass die Gottlosen die Felsen und Berge bitten, auf sie zu fallen, um sie vor ihm zu verbergen (Offb 6,16). Die Qualen der Hölle werden mit einem Feuersee verglichen (Offb 20,15). Im Vergleich zu diesem Feuer sind andere Feuer nur gemalt, und dieser See brennt für immer (Mk 9,44). Der Atem Gottes zündet dieses Feuer an (Jes 30,33). Wo sollen wir Löschgeräte oder Eimer finden, um es zu löschen? Die Zeit wird es nicht beenden, Tränen werden es nicht löschen. Diesem Feuersee ist der Mensch solange ausgesetzt, bis das Königreich der Gnade in ihm aufgerichtet ist.

g) Der Mensch kann nicht mit Trost sterben, bis das Königreich der Gnade kommt. Nur wer Christus mit den Armen des Glaubens umfasst, kann dem Tod mit Freude ins Angesicht schauen. Es ist traurig, wenn man den König des Schreckens im Leib hat und nicht den König der Gnade in der Seele. Es ist ein Wunder, dass nicht jede Person, die keine Gnade hat, in Beunruhigung stirbt. Was wird ein Verächter der Gnade tun, wenn der Tod mit einer Habeas-Corpus-Akte[16] zu ihm kommt? Auf den Tod folgt die Hölle. „Und ich sah, und siehe, ein fahles Pferd. Und der darauf saß, dessen Name war der Tod, und die Hölle folgte ihm nach" (Offb 6,8; LÜ 84). Auf diese Weise sehen wir, welche Notwendigkeit zum Beten besteht, dass das Königreich der Gnade komme. Über den, der ohne Christus stirbt, kann ich sagen: „Es wäre für jenen Menschen besser, wenn er nicht geboren wäre" (Mt 26,24). Nur wenige glauben an die Notwendigkeit, dass das Königreich der Gnade in ihren Herzen aufgerichtet werden muss, was daran deutlich wird, dass sie ohne dieses Reich sehr zufrieden leben. Glaubt jemand an die Notwendigkeit der Sündenvergebung, der damit zufrieden ist, ohne Vergebung zu sein? Die meisten Leute sind in ihrem eigenen Königreich, wenn sie Geschäfte

16 Der Tod kommt mit einer Habeas-Corpus-Akte, d.h. mit einem richterlichen Haftbefehl. Die Habeas-Corpus-Akte (lateinisch *habeas corpus,* »du habest den Körper«) ist ein grundlegendes englisches Gesetz von 1679, welches das Haftverfahren regelt. Danach darf kein englischer Untertan ohne richterliche Überprüfung und Anordnung in Haft genommen und in Haft gehalten werden.

machen und ruhig unter ihrem Weinstock und Feigenbaum sitzen können. Deshalb haben sie das Königreich Gottes nicht in sich. Wenn die Kerze des Wohlstandes auf ihr Haupt leuchtet, kümmern sie sich nicht darum, ob die Gnade Gottes in ihr Herz leuchtet. Glauben diese Menschen an die Notwendigkeit der Gnade? Wenn sie davon überzeugt wären, wie notwendig es ist, das Königreich Gottes in sich zu haben, dann würden sie wie der Kerkermeister ausrufen: „Was muss ich tun, dass ich gerettet werde?“ (Apg 16,30).

Wie können wir wissen, dass das Königreich der Gnade in unserem Herzen aufgerichtet ist?

Es liegt in unserem Interesse, das zu überprüfen, denn unsere Seligkeit hängt davon ab. Und es ist notwendig, bei der Prüfung vorsichtig zu sein, denn es gibt etwas, das wie die Gnade aussieht, es aber nicht ist. „Denn wenn jemand meint, etwas zu sein, da er doch nichts ist, so betrügt er sich selbst“ (Gal 6,3). Viele denken, dass das Königreich der Gnade in ihr Herz gekommen ist, und es ist nur eine Chimäre[17], ein goldener Traum. *„Wie viele gehen mit einer eingebildeten Hoffnung hinab in die Hölle!“* (Augustinus). Zeuxis[18] malte Trauben so lebensecht, dass er die lebendigen Vögel damit täuschte. Über die Gnade gibt es viele Täuschungen.

a) Menschen denken, dass sie das Königreich der Gnade in ihrem Herzen haben, weil sie die Gnadenmittel haben. Sie leben dort, wo die silberne Posaune des Evangeliums erschallt; sie sind mit den Gnadenmitteln zum Himmel erhoben. „Weil ich einen Leviten als Priester habe“, werde ich gewiss in den Himmel kommen (Ri 17,13). Die Juden riefen: „Der Tempel des HERRN, der Tempel des HERRN“ sind wir (Jer 7,4). Wir neigen dazu, uns damit zu rühmen, dass die Aussprüche Gottes uns übermittelt sind, sodass wir das Wort und Sakrament haben. Ach, das ist ein Trugschluss! Wir können die Gnadenmittel haben und doch ist das Königreich der Gnade nicht in unse-

17 Die Chimäre (griechisch „die Ziege“) ist ein Mischwesen aus der griechischen Mythologie. Davon ausgehend wurde der Begriff *Chimäre* später auf alle Mischwesen ausgedehnt.

18 Zeuxis ist ein bekannter griechischer Maler aus dem 5. Jahrhundert v.Chr.

rem Herzen aufgerichtet. Wir können dem Königreich Gottes nahgekommen sein, aber es ist nicht in uns. Der Klang des Wortes ist in unseren Ohren, aber der Geschmack davon ist nicht in unserem Herzen (Lk 11,20). Viele Juden, die Christus als ihren Prediger hatten, sind dadurch nicht besser geworden. Warme Kleider wärmen keinen toten Menschen. Wir können warme Kleider haben, warme und lebendige Predigten, und doch sind wir geistlich tot. „Aber die Kinder des Reiches werden in die äußerste Finsternis hinausgeworfen werden" (Mt 8,12).

b) Menschen denken, dass das Königreich der Gnade in ihrem Herzen aufgerichtet ist, weil sie einige allgemeine Wirkungen des Geistes haben.

1. Sie haben eine große Erleuchtung des Verstandes, eine gründliche Erkenntnis und sprechen beinahe wie Engel, die vom Himmel gefallen sind. Aber der Apostel geht davon aus, dass Menschen abfallen können, nachdem sie erleuchtet waren (Hebr 6,4-6).

Warum aber reicht diese Erleuchtung nicht aus?

Die Heuchler werden nicht wirklich erleuchtet. Sie lässt keine bleibende Heiligkeit zurück. Sie ist wie schwache Medizin, die nicht wirkt. Der Verstand wird erleuchtet, das Herz aber nicht verändert. Ein Christ, bei dem alles Kopfsache ist, der keine Füße hat, wandelt nicht in den Wegen des Herrn.

2. Die Menschen haben in ihrem Gewissen eine Überzeugung von der Sünde und Regungen der Sünde. Sie haben das Übel ihrer Wege gesehen, und nun hoffen sie, dass das Königreich der Gnade kommt. Aber auch wenn die Überzeugung ein Schritt zur Gnade hin ist, so ist sie keine Gnade. Hatten nicht auch der Pharao und Judas eine gewisse Überzeugung? (2.Mose 10,16).

Was hat die Überzeugung an sich, dass sie versagt? Woran scheitert sie?

Sie ist nicht tief genug. Ein Sünder hat niemals gesehen, dass er ohne Christus verloren ist. Der Same, der keine tiefe

Erde hatte, verdorrte (Mt 13,5). Diese Überzeugung ist eine Blüte, die aufblüht bevor sie zur Reife kommt. Sie widerfährt einem auch unfreiwillig. Der Sünder tut alles, was er kann, um sie zu ersticken. Er ertränkt sie im Wein und Frohsinn. Er trachtet danach, sie los zu werden. Wie der angeschossene Hirsch rennt und den Pfeil abschüttelt, so schüttelt der Sünder den Pfeil der Überzeugung ab. Oder wie ein Gefangener seine Ketten durchfeilt und zerbricht, so bricht der Sünder seine Überzeugung los. Seine Verderbtheit ist größer als seine Überzeugung.

3. Diese Menschen haben eine Art von Demut, und sie haben wegen ihrer Sünden Tränen vergossen, und deshalb hoffen sie, dass das Königreich der Gnade in ihre Herzen kommt. Aber das ist kein unfehlbares Zeichen der Gnade. Saul weinte und Ahab demütigte sich selbst.

Warum ist Demut keine Gnade? Was fehlt ihr?

Die Tränen der Gottlosen entspringen nicht aus der Liebe zu Gott, sondern werden durch Trübsal erzwungen, so wie Wassertropfen, die durch Destillieren mit Feuer herausgepresst werden (1.Mose 4,13). Die Tränen der Sünder werden durch Gottes flammende Gerichte erzwungen. Sie sind *trügerische Tränen, Tränen, die Lügen lehren*. Solche Menschen weinen und machen doch in der Sünde weiter. Sie ertränken ihre Sünden nicht in ihren Tränen.

4. Die Menschen haben mit ein wenig Erneuerung angefangen, deshalb meinen sie nun sicher, dass das Königreich der Gnade gekommen ist, aber darin täuschen sie sich. Ein Mensch kann sein Fluchen und seine Trunkenheit aufgeben und immer noch die Sünde lieben. Er kann seine Sünde aus Furcht vor der Hölle aufgeben oder weil sie Schande und Armut bringt, aber sein Herz folgt ihr immer noch nach: Sie „sind gierig nach ihren Missetaten“ (Hos 4,8), wie die Frau von Lot Sodom zwar verließ, ihr Herz aber immer noch in Sodom war. Heuchler sind wie die Schlange, die ihre Haut abwirft, ihr Gift aber behält. Sie bewahren die Liebe zur Sünde wie ein Werber, der lange einer Frau nachläuft. Obwohl sie

die Verbindung abgebrochen hat, hängt er ihr in seiner Liebe immer noch an. Es kann teilweise eine Erneuerung geschehen. Er kann eine Sünde aufgeben und in einer anderen leben. Er kann auf Trunkenheit verzichten und in Habgier leben. Er kann das Fluchen unterlassen und in der Sünde der üblen Nachrede leben. Ein Teufel kann ausgetrieben werden und an seinen Platz kann ein anderer treten, der genauso schlecht ist. Ein Mensch kann grobe Sünden aufgeben, aber keine Abneigung gegen die Sünden des Herzens haben: *die allerersten Regungen* der Sünde, wie Hochmut und begehrliche Gedanken. Obwohl er den Fluss eindämmt, lässt er die Quelle unberücksichtigt. Oh, wenn es so viele Täuschungen gibt und Menschen denken können, dass das Königreich der Gnade in ihr Herz gekommen ist, während es das nicht ist, wie vorsichtig und kritisch müssen wir dann bei unserer Prüfung sein, ob wir es wirklich in unserem Herzen haben! Wenn sich ein Mensch mit der Eigentumsurkunde seines Landes täuscht, ist es nur der Verlust von Eigentum. Wenn er sich aber über seine Gnade täuscht, ist es der Verlust seiner Seele.

Wie können wir im positiven Sinne wissen, dass das Königreich der Gnade in uns aufgerichtet ist?

Im Allgemeinen, indem eine Verwandlung oder Veränderung in der Seele stattgefunden hat, was als „neue Schöpfung" bezeichnet wird (2.Kor 5,17). Die Fähigkeiten sind nicht neu, aber eine neue Natur ist da, wie die Saiten einer Laute die gleichen sind, aber die Tonlage höher ist. Wenn das Königreich der Gnade aufgerichtet ist, gibt es eine Erleuchtung des Verstandes, ein geordnetes Gemüt, einen fügsamen Willen, ein empfindsames Gewissen. Diejenigen, welche keine Veränderung des Herzens finden können, sind die gleichen geblieben, die sie waren. Sie sind so eitel, irdisch, unrein wie immer. In ihnen ist kein Zeichen vom Königreich Gottes der Gnade.

Im Besonderen können wir wissen, dass das Königreich der Gnade in unserem Herzen aufgerichtet ist:

a) Indem wir ein aufrichtiges Verlangen nach Gott haben, welches der glimmende Docht ist, den Christus nicht auslöschen wird. Ein wahres Verlangen der Gnade ist Gnade. Durch diesen Pulsschlag schließen wir, dass da Leben ist. „Ach Herr, lass doch dein Ohr aufmerksam sein auf das Gebet deines Knechtes und auf das Gebet deiner Knechte, die das Verlangen haben, deinen Namen zu fürchten" (Neh 1,11). Aber kann ein Heuchler kein gutes Verlangen haben? „Meine Seele sterbe den Tod der Gerechten" (4.Mose 23,10). Ein aufrichtiges Verlangen beweist, dass das Königreich Gottes in einem Menschen ist.

Wie können wir dieses aufrichtige Verlangen erkennen?

Ein aufrichtiges Verlangen ist ohne Hintergedanken. Wir verlangen nach Gott *um seiner selbst willen* wegen seiner Wesenseigenschaften. Der Duft des Salböls der Gnade Christi zieht das Verlangen der Jungfrauen zu ihm (Hld 1,3). Ein wahrer Heiliger verlangt nach ihm nicht nur wegen dem, was er hat, sondern wegen dem, was er ist, nicht nur wegen seiner Belohnung, sondern wegen seiner Heiligkeit. Kein Heuchler kann auf diese Weise nach Gott verlangen. Er kann nach ihm wegen seiner Juwelen verlangen, aber nicht wegen seiner Schönheit.

Ein aufrichtiges Verlangen kann nicht gestillt werden. Ohne Gott kann es nicht gesättigt werden. Lasst die Welt ihre Ehre und ihren Reichtum aufhäufen, sie werden nicht gesättigt. Wer Durst hat, kann nicht mit Blumen oder Musik zufriedengestellt werden. Ebenso wird den Durst der Seele nichts löschen außer das Blut Christi. Er schmachtet dahin, sein Herz bricht an dem Verlangen nach Gott (Ps 84,3; Ps 119,20).

Ein aufrichtiges Verlangen ist aktiv; es blüht in der Anstrengung auf. „Meine Seele verlangte nach dir in der Nacht, ja, mein Geist in mir suchte dich" (Jes 26,9). Eine Seele, die in rechter Weise nach Christus verlangt, sagt: „Ich muss Christus haben; ich muss Gnade haben; ich werde den Himmel haben, auch wenn ich ihn erstürmen muss." Wer nach Wasser verlangt, wird den Eimer in den Brunnen hinunterlassen, um Wasser hinaufzuholen.

Ein aufrichtiges Verlangen trachtet nach dem Höchsten. Wir verlangen nach Christus nicht nur mehr als nach der Welt, sondern mehr als nach dem Himmel. „Wen habe ich im Himmel [außer dir]?" (Ps 73,25). Ohne Christus würde uns der Himmel für sich allein nicht sättigen. Christus ist der Diamant am Ring der Herrlichkeit. Wenn Gott zu der Seele sagen würde: Ich will dich in den Himmel bringen, aber ich werde mein Angesicht vor dir verbergen, ich werde einen Vorhang dazwischen ziehen, sodass du meine Herrlichkeit nicht anschauen kannst, dann würde die Seele nicht gesättigt werden, sondern sie würde wie Absalom sagen: „Und nun möchte ich das Angesicht des Königs sehen" (2.Sam 14,32).

Ein aufrichtiges Verlangen nimmt schrittweise zu. Es steigt wie die Sonne am Horizont auf. Ein wenig von Gott sättigt nicht, denn die gottesfürchtige Seele verlangt stets mehr. Ein Tropfen Wasser ist für den durstigen Reisenden nicht genug. Obwohl ein Christ für das geringste Maß an Gnade dankbar ist, so ist er doch nicht einmal mit dem größten Maß gesättigt. Es dürstet ihm stets nach mehr von Christus und seinem Geist. Dieses Verlangen ist eine heilige Wassersucht. Ein Heiliger möchte mehr Erkenntnis haben, mehr Heiligkeit, mehr von der Gegenwart Christi. Ein flüchtiger Blick Christi durch das Gitter eines Gnadenmittels ist lieblich, aber die Seele hört nicht auf, Verlangen zu haben, bis sie ihn von Angesicht zu Angesicht sieht. Sie verlangt danach, die vollkommene Gnade in der Herrlichkeit zu haben. *Sie verlangt danach, ganz und gar in die Lieblichkeit Gottes eingetaucht und eingepflanzt zu werden.* Wir sollten in Gott verschlungen sein und uns ewig in den wohlriechenden Wassern der Freude baden, die für immer zu seiner Rechten fließen. Fürwahr ist dieses aufrichtige Verlangen nach Gott ein gesegnetes Zeichen, dass das Königreich der Gnade in unser Herz gekommen ist. Dieser Pulsschlag weist auf Leben hin. *„Ein gutes Begehren kommt von Gott"* (Augustinus). Wenn sich Eisen entgegen seiner Natur nach oben bewegt, dann ist das ein Zeichen dafür, dass ein Magnet es gezogen hat. Ebenso wenn sich die Seele in einem aufrichtigen

Verlangen nach oben zu Gott bewegt, dann ist das ein Zeichen dafür, dass der Magnet des Geistes sie gezogen hat.

b) Wir können wissen, dass das Königreich der Gnade in unser Herz gekommen ist, wenn wir die fürstliche Gnade des Glaubens haben. *Der Glaube ist das heiligste Juwel des menschlichen Herzens*. Der Glaube schneidet uns von dem wilden Ölbaum der Natur ab und pfropft uns in Christus ein. Er ist die Lebensader der Seele. „Der Gerechte aber wird aus Glauben leben" (Hebr 10,38). Durch die Verdienste Christi macht der Glaube eine heilige Erfahrung. Wenn das Königreich Gottes zu uns gekommen ist, regiert der Glaube wie eine fürstliche Gnade die Seele. Das hebräische Wort für Glauben kommt von *radix*, was ernähren bedeutet. Der Glaube ernährt die Seele, und er ist die Pflegemutter aller Gnadengaben. Aber wer würde nicht sagen, dass er ein Gläubiger ist? Simon der Zauberer glaubte, aber er war voll bitterer Galle (Apg 8,13.23). Der Heuchler kann den Mantel des Glaubens anziehen, wie der Teufel es bei Samuel tat.

Wie können wir wissen, dass wir einen gesunden Glauben haben, der durch Gott gewirkt ist, und dass das Königreich Gottes in uns ist?

Wahrer Glaube wird durch die Predigt des Wortes gewirkt. „Demnach kommt der Glaube aus der Verkündigung" (Röm 10,17). Petrus warf das Netz der Predigt aus, und mit einem Wurf fing er 3.000 Seelen. Lasst uns prüfen, wie unser Glaube zustande kam. Hat Gott uns durch die Predigt des Wortes erniedrigt? Hat er den brachliegenden Boden unseres Herzens aufgebrochen und den Samen des Glaubens hineingeworfen? Das ist ein gutes Zeichen. Wenn wir aber nicht wissen, wie wir zu unserem Glauben gekommen sind, dann lasst uns gegenüber uns selbst misstrauisch sein, so wie wir gegenüber einem Menschen misstrauisch sind, dass er jene Waren gestohlen hat, von denen wir nicht wissen, wo er sie her hat.

Wahrer Glaube ist am Anfang klein wie ein Senfkorn. Er ist voller Zweifel und Ängste. Er ist ein glimmender Docht. Er qualmt mit Verlangen, brennt aber nicht mit Trost. Er ist so klein, dass ein Christ kaum unterscheiden kann, ob er Glauben hat oder nicht.

Wahrer Glaube arbeitet lange, *er kommt nicht in einem Augenblick* zum Vorschein. Es kostet viele Prüfungen des Herzens, viele Gebete und Tränen. Dabei gibt es einen geistlichen Kampf. Die Seele leidet viele harte Wehen der Demütigung, bevor ein Kind des Glaubens geboren ist. Zu denen, bei denen der Glaube *mit einem Sprung* geschieht, die aus der Sünde in die Zuversicht springen, dass Christus ihnen gehört, müssen wir wie Isaak über das Wildbret seines Sohnes sagen: „Wie hast du es so bald gefunden?“ (1.Mose 27,20). Wie bist du so schnell zu deinem Glauben gekommen? Der Same, der in dem Gleichnis schnell aufging, verdorrte (Mk 4,5.6). *Dinge, die zu schnell aufkommen, haben es an sich, dass sie schnell wieder vergehen.*

Wahrer Glaube ist mit Heiligkeit verbunden. Wie ein kleiner Bezoar[19] eine starke Wirkung hat und eine kleine Moschuspflanze einen lieblichen Geruch, so macht ein wenig Glaube rein. „Sie sollen das Geheimnis des Glaubens in einem reinen Gewissen bewahren“ (1.Tim 3,9). Wenn der Glaube Christus nur anrührt, zieht er aus ihm eine heilende Kraft. Was der Glaube an Wunder tut, das tut der rechtfertigende Glaube in einem geistlichen Sinn: Er versetzt Berge der Sünde und wirft sie in das Meer von Christi Blut.

Wahrer Glaube vertraut Gott ohne Pfand. Auch wenn ein Christ bezüglich seines Lebensunterhaltes kurzgehalten wird – der Feigenbaum blüht nicht –, so vertraut er doch auf Gott. *Der Glaube fürchtet keine Hungersnot.* Gott hat uns seine Verheißung als Pfandbrief gegeben. „Wahrlich, du sollst ernährt werden“ (Ps 37,3; nach der englischen Übersetzung). Der Glaube beruft sich auf diesen Pfandbrief, dass Gott eher ein Wunder tut, als dass seine Verheißung dahinfällt. Derjenige hat Grund seinem Glauben zu misstrauen, der sagt, dass er Gott bei größeren Dingen vertraut, es aber nicht wagt, ihm bei

19 Ein *Bezoar* ist ein Ball aus verschluckten unverdaulichen Materialien wie etwa Haaren. In seltenen Fällen wird das wiederholte Verschlucken von Haaren bei Menschen beobachtet und wird dann als Trichophagie bezeichnet. Selten werden Bezoare nicht nur im Magen, sondern auch im Dünn- oder Dickdarm gebildet und können hier zu einem Darmverschluss führen.

dem Kleineren zu vertrauen: Er vertraut Gott bei der Erlösung, aber er wagt es nicht, ihm beim Lebensunterhalt zu vertrauen.

Wahrer Glaube ist fruchtbar. Er bringt Frucht hervor. Er hat die Schönheit der Rahel und die Fruchtbarkeit der Lea. *„Der Glaube ist voller guter Werke"* (Luther). Er glaubt, als würde er keine Werke tun, und er tut Werke, als würde er nicht glauben. Er heiratet Christus mit der Brautgnade, und die guten Werke sind die Kinder, die er gebiert. Wenn wir einen solchen Glauben haben, dann können wir wissen, dass das Reich Gottes in uns ist und dass die Gnade gewiss in unserem Herzen ist.

c) Wir können wissen, dass das Königreich der Gnade in unser Herz gekommen ist, wenn wir die Gnade der Liebe haben. Glaube und Liebe sind die beiden Pole, um die sich die ganze Religion dreht. „Darum lieben dich die Jungfrauen"[20] (Hld 1,3). Wahre Liebe bedeutet, die Liebe zu Gott frei zu wählen. Sie verwandelt die Seele in einen Seraphim. Sie lässt die Seele in einer Flamme der Zuneigung brennen. Sie ist der beste Prüfstein für die Aufrichtigkeit. Sie ist die Königin der Gnadengaben. Sie regiert die ganze Seele (2.Kor 5,14). Wenn unsere Liebe zu Gott echt ist, dann lassen wir ihm die Vorherrschaft. Wir setzen ihn in unsere Seele auf den höchsten Platz. Wir geben ihm die reinste Liebe. „Ich würde dich mit Würzwein tränken, mit meinem Granatäpfelmost" (Hld 8,2). Wenn die Braut irgendetwas Besseres hätte als die anderen, einen Kelch gefüllt mit Most, der noch saftiger und gewürzter ist, dann würde Christus davon trinken. Wir geben den Geschöpfen die Milch unserer Liebe, aber Gott die Sahne. Wenn wir Gott in rechter Weise lieben, dann lieben wir in Kürze seine Gebote, wir lieben sein Bild, das er in den Heiligen mit dem Stift des Heiligen Geistes gezeichnet hat, wir lieben seine Gegenwart in seinen Gnadenmitteln. Sleidan[21] sagt, dass die Protestanten in Frankreich eine Kirche hatten, die sie „Paradies"

20 Nach der englischen Übersetzung: „Die Aufrichtigen lieben dich."

21 Johannes Sleidan [eigentl. Philippson von Schleiden] (* 1506 in Schleiden (Eifel), † 30./31.Oktober 1556 in Straßburg) ist ein Vertreter der frühen protestantischen Geschichtsschreibung. Sleidan war lange als Sekretär des Kardinals Jean Du Bellay am Hof in Paris beschäftigt und hielt damit eine Schlüsselposition zwischen den Kreisen deutscher und französischer Protestanten.

nannten, da sie dachten, dass sie im Paradies seien, als sie in diesem Heiligtum die Gegenwart Gottes erlebten. Die Seele, die Gott liebt, liebt seine Erscheinung (2.Tim 4,8). Wenn die Vereinigung mit Christus vollendet sein wird, dann wird es für die Heiligen eine herrliche Erscheinung sein. Dann wird ihre Freude vollkommen sein. Die Braut verlangt nach ihrem Hochzeitstag. „Und der Geist und die Braut sprechen: Komm! Ja, komm, Herr Jesus!" (Offb 22,17.20). Aufgrund dieser heiligen Liebe können wir wissen, dass das Königreich Gottes in uns ist.

d) Wir können wissen, dass das Königreich der Gnade in unser Herz gekommen ist, wenn wir die Pflichten des Glaubens auf geistliche Weise verinnerlichen. „Als ein heiliges Priestertum, um geistliche Opfer darzubringen" (1.Petr 2,5). Das geistliche Verinnerlichen der Pflichten besteht in drei Dingen:

1. Konzentration der Gedanken. Wir verinnerlichen die Pflichten in geistlicher Weise, wenn unsere Gedanken auf Gott konzentriert sind. „Und damit ihr ohne Ablenkung beständig beim Herrn bleiben könnt" (1.Kor 7,35). Auch wenn bei der Pflicht manchmal ungehörige Gedanken in das Herz kommen, so sind sie dennoch nicht erlaubt (Ps 119,113). Sie sind wie unwillkommene Gäste, die, sobald sie erspäht werden, hinausgeworfen werden sollten.

2. Eine brennende Hingabe. „Seid brennend im Geist, dient dem Herrn!" (Röm 12,11). Das ist eine Anspielung auf Wasser, das siedet und überkocht. Ebenso kocht die Zuneigung über, die Augen gehen in Tränen über und das Herz fließt in heilige Ergüsse. Wir bringen Gott nicht nur unser Opfer, sondern unser Herz.

3. Aufrichtige Ziele. Ein Mensch, dessen Herz aufrichtig ist, hat bei der Pflicht drei Ziele. Als Erstes, dass er mehr in die Gleichförmigkeit mit Gott hineinwächst. Auf dem Berg spiegelte sich etwas von der Herrlichkeit Gottes bei Mose wider: „sein Angesicht strahlte." Als Zweites, dass er mit Gott mehr Gemeinschaft haben möge. „Und unsere Gemeinschaft ist mit dem Vater" (1.Joh 1,3). Als Drittes, dass er Gott mehr Ehre

einbringen möge (1.Petr 4,11). Dass „Christus hochgepriesen wird“ (Phil 1,10). Die Aufrichtigkeit hat in allen Dingen Gott im Auge. Auch wenn wir zu kurz schießen, haben wir doch auf das richtige Ziel gezielt, was gewiss ein Beweis für die Gnade ist. Der Geist des Weines ist am besten, so auch der geistliche Teil der Pflicht. Ein wenig Geistlichkeit bei der Pflicht ist besser als alle goldenen Verzierungen des Tempels oder äußerlicher, prunkvoller Gottesdienst, der die fleischlichen Augen blendet.

e) Wir können wissen, dass das Königreich der Gnade in uns gekommen ist, wenn wir eine Abneigung und Widerstand gegen jede bekannte Sünde haben. „Darum hasse ich jeden Pfad der Lüge“ (Ps 119,104). Der Hass richtet sich gegen die ganze Art. Hass ist unversöhnlich. Zorn kann beigelegt werden, Hass nicht. Eine Seele, die Gnade hat, verlässt nicht nur die Sünde (wie ein Mann sein Land verlässt, um niemals mehr zurückzukehren), sondern sie hasst die Sünde. Wie eine Antipathie zwischen dem Krokodil und dem Skorpion besteht, so hassen wir die Sünde, wenn das Königreich Gottes in uns ist, nicht nur wegen der Hölle, sondern wir hassen sie wie die Hölle, weil sie im Widerspruch zur Heiligkeit und Glückseligkeit Gottes steht.

f) Wir können wissen, dass das Königreich der Gnade in uns gekommen ist, wenn wir uns im Gehorsam Gott übergeben haben. Wie sich ein Knecht seinem Herrn übergibt, eine Frau sich ihrem Ehemann, so übergeben wir uns im Gehorsam Gott. Dieser Gehorsam ist freiwillig und gleichbleibend wie der süßeste Honig, der aus der Wabe tropft. Wir sind Gott in der einen Sache genauso gehorsam wie in der anderen. „Dann werde ich nicht zuschanden“, oder wie es im Hebräischen heißt: Ich werde nicht erröten, „wenn ich auf alle deine Gebote achte“ (Ps 119,6). Wie bei einem Zirkel ein Ende in der Mitte steht und das andere sich im Kreis bewegt, so steht ein Christ durch den Glauben auf Gott, dem Mittelpunkt, und durch den Gehorsam bewegt er sich im Kreis um seine Gebote. Wenn das Herz nicht allumfassend vom Königreich der Gnade regiert wird, dann ist das ein Zeichen dafür, dass es nicht in das Herz gekommen ist. Heuchler wollen Christus als ihren Erlöser, aber sie reißen die Herrschaft von ihren Schultern und wollen ihn nicht regieren lassen. Wer aber das Königreich Gottes in sich hat, unterstellt sich freudig jedem Gebot Gottes. Er will das, was Gott von ihm will, dass er es tut. Er will das sein, was Gott von ihm will, dass er es ist. Er legt ein leeres Blatt Papier in die Hand Gottes und sagt: „Herr, schreibe darauf was du willst, ich unterschreibe." Gesegnet ist der, welcher alle diese Dinge in seiner Seele finden kann. Er ist ganz herrlich im Inneren (Ps 45,14). Er trägt ein Königreich mit sich herum, und dieses Königreich der Gnade wird gewiss zu einem Königreich der Herrlichkeit führen.

Ich möchte nun auf einige Zweifel und Einwände antworten, die ein Christ gegen sich selbst hegen kann:

Ich fürchte, dass das Königreich der Gnade noch nicht in mein Herz gekommen ist.

Wenn ein Christ in Anfechtungen ist oder die Gnade im Schlummern liegt, ist er nicht dafür geeignet, sich selbst zu beurteilen, sondern er muss das Zeugnis von anderen nehmen, die den Geist der Unterscheidung haben. Doch lasst uns die Einwände eines Christen gegen sich selbst hören, warum er denkt, dass das Königreich der Gnade noch nicht in sein Herz gekommen ist.

Ich kann die Gnade nicht unterscheiden.

Ein Kind Gottes kann das Königreich der Gnade in seinem Herzen haben und es doch nicht wissen. Der Kelch war im Sack von Benjamin, obwohl er nicht wusste, dass er dort war. Ebenso können wir Glauben in unserem Herzen haben, der Kelch kann im Sack sein, obwohl wir es nicht wissen. Der alte Jakob weinte um seinen Sohn Josef, während Josef am Leben war. Ebenso können wir wegen Mangel an Gnade weinen, während die Gnade im Herzen lebt. Der Same kann im Boden sein, während wir nicht sehen, wie er aufgeht. Ebenso kann der Same Gottes in unserem Herzen gesät sein, obwohl wir nicht wahrnehmen, wie er aufgeht. Denken wir nicht, dass die Gnade weg ist, weil sie verborgen ist.

Bevor das Königreich der Gnade in das Herz kommt, muss es dafür einige Vorbereitungen geben. Der brachliegende Boden muss aufgebrochen werden. Ich fürchte, dass der Pflug des Gesetzes nicht tief genug gegangen ist. Ich habe mich nicht genug gedemütigt. Deshalb habe ich keine Gnade.

Gott schreibt den exakten Umfang der Betrübnis und der Demütigung nicht vor. Die Schrift spricht über die Wahrheit der Betrübnis, aber nicht über ihr Maß. Einige sind schamlosere Sünder als andere und müssen ein größeres Maß an Demütigung haben. Ein knorriges Stück Holz erfordert mehr Keilschläge, um in es einzudringen. Manche Mägen sind verdorbener als andere, deshalb benötigen sie stärkere Medizin. Wollen wir wissen, wann wir wegen der Sünde genug gedemütigt wurden? Wenn wir gewillt sind, unsere Sünden aufzugeben. Das Gold hat lange genug im Ofen gelegen, wenn es von der Schlacke gereinigt ist. Ebenso ist es, wenn die Seele von der Liebe zur Sünde gereinigt ist, dann ist sie demütig genug, um von Gott angenommen zu werden, obwohl Gottes Anspruch nicht erfüllt ist. Wenn unser Herz nun demütig genug ist, was ist noch mehr nötig? Wenn man einen Abszess mit einer Nadel herausholen kann, wozu benötigt man dann eine Lanze? So lasst uns mit uns nicht strenger sein, als Gott es mit uns ist.

Wenn das Königreich Gottes in mir wäre, dann wäre es ein Königreich der Macht. Es würde mich in die Lage versetzen, Gott mit einer kraftvollen Seele zu dienen. Ich aber habe einen gebrechlichen Geist. Ich bin schwach und kraftlos und nicht zu jeder heiligen Tat gestimmt.

Es gibt einen großen Unterschied zwischen der Schwachheit der Gnade und dem Mangel an Gnade. Ein Mensch kann Leben haben, obwohl er krank und schwach ist. Schwache

Gnade sollte man nicht verachten, sondern schätzen. Christus wird das geknickte Rohr nicht brechen. Schließen wir nicht von der Schwachheit der Gnade auf ihre Unwirksamkeit.

a) Schwache Gnade gibt uns ebenso ein Anrecht auf Christus wie starke Gnade. Eine schwache Hand des Glaubens wird die Almosen der Verdienste Christi empfangen.

b) Schwacher Glaube hat die Fähigkeit zu wachsen. Der Samen geht stufenweise auf: erst das Blatt, dann die Ähre und dann das volle Korn in der Ähre. Selbst der stärkste Glaube war einmal in den Kinderschuhen. Die Gnade ist wie die Wasser im Heiligtum, die höher und höher steigen. Seien wir über unseren schwachen Glauben nicht entmutigt, auch wenn er nur gerade zu Blühen beginnt. Er wird stufenweise zu einer größeren Reife kommen.

c) Die schwächste Gnade führt ebenso gut zum Beharren wie die stärkste Gnade. Ein Kind war in der Arche genauso sicher wie Noah. Ein Kind im Glauben, das neu an die Brust der Verheißung gelegt wurde, ist in Christus genauso sicher wie der berühmteste, heldenhafte Heilige.

Ich fürchte, dass das Königreich der Gnade noch nicht gekommen ist, weil das Königreich der Sünde so stark in mir ist. Hätte ich Glauben, dann würde er mein Herz reinigen. Aber ich finde viel Hochmut, Weltlichkeit und Leidenschaften.

Der beste Heilige hat Überreste der Verderbtheit. Ihnen „wurde die Herrschaft weggenommen; und ihre Lebensdauer wurde ihnen auf Zeit und Stunde bestimmt“ (Dan 7,12). Ebenso ist es auch bei den Wiedergeborenen: Obwohl die Herrschaft der Sünde weggenommen ist, bleibt sie noch für eine Zeit. Was für ein Hochmut war da in den Jüngern Jesu, als sie darum eiferten, wer der Größte sein sollte! Das Problem der Sünde wird vor dem Tod nicht ganz beendet werden. Dem Herrn gefällt es, die innewohnende Sünde fortdauern zu lassen, um sein Volk zu demütigen und sie dazu zu bringen, Christus noch mehr zu würdigen. Wenn wir merken, dass sich die Verderbtheit regt, machen wir uns dann nicht gleich zu Ungläubigen und streiten nicht ab, dass das Königreich der Gnade in unsere Seele gekommen ist. Dass wir die Sünde fühlen, ist ein Beweis für geistliches Leben, dass wir darüber klagen, ist eine Frucht der Liebe zu Gott, dass wir einen Kampf mit der Sünde haben, spricht dafür, dass wir eine Abneigung gegen sie haben. Die Sünden, die wir einst wie eine Krone auf unserem Haupt getragen haben, tragen wir jetzt wie Fesseln an unserem Bein. Kommt das alles nicht vom Geist der Gnade in uns? Die Sünde ist in uns wie Gift in unserem Leib, das uns krank macht, und deshalb lasst uns alle Gegenmittel der Schrift gebrauchen, um sie auszustoßen. Wenn wir alle verdammen würden, die eine innewohnende Sünde haben, ja, bei denen die Sünde manchmal sogar die Vorherrschaft hat, dann müssten wir einige der besten Heiligen aus der Bibel herausstreichen.

Wohin das Königreich der Gnade kommt, da macht es das Herz weich. Aber ich finde mein Herz in kalter und starrer Verhärtung. Ich kann kaum eine Träne herauspressen. Wachsen Blumen auf einem Felsen? Kann in so einem steinernen Herzen auch nur die geringste Gnade sein?

Auch dort wo keine Tränen sind, kann Betrübnis sein. Die beste Trauer ist rational. In unserem Urteil betrachten wir die Sünde als das allergrößte Übel. Wir haben einen Ekel vor der Sünde, was eine rationale Trauer ist, und eine solche wird Gott annehmen. Ein Christ kann eine gewisse Verhärtung in seinem Herzen haben, und doch hat er kein hartes Herz. Auf einem Feld kann es Unkraut geben, und doch bezeichnen wir es als Getreidefeld. Ebenso kann es in dem besten Herzen eine Mischung der Verhärtung geben, doch weil dort auch Weiches ist und es schmilzt, betrachtet Gott es als ein weiches Herz. Deshalb, ihr Christen, kämpft nicht gegen euch selbst, wenn ihr in eurem Herzen nichts findet, außer nur diese eine Sache: dass die Gestalt und die Stimmung eurer Seele heilig sind. Verlangen wir noch nach Gott, erfreuen wir uns in ihm? Hat unsere Seele eine himmlische Gestalt? Können wir wie David sagen: „Wenn ich erwache, so bin ich immer noch bei dir“ (Ps

139,18)? Wie Farben, die in Öl eingelegt sind, bleiben, oder eine Statue, die in Gold graviert ist, bleibt, so bleibt auch eine heilige Gestalt: Die Seele ist stets auf Gott gerichtet. Wenn es so mit uns steht, dann können wir uns selbst vergewissern, dass das Königreich der Gnade in unsere Seele gekommen ist. Seien wir Gott gegenüber nicht undankbar, indem wir irgendein Werk seines Geistes abstreiten, das er in uns getan hat.

Erste Anwendung
Zur Ermahnung.
Bemühen wir uns darum, dass wir dieses Königreich der Gnade in unseren Herzen aufgerichtet finden. Während andere nach irdischen Königreichen streben, bemühen wir uns darum, das Königreich Gottes in uns zu haben (Lk 17,21). Das Königreich der Gnade muss zu uns kommen, bevor wir ins Königreich der Herrlichkeit gehen können. Die Gründe dafür sind folgende:

a) Das Königreich Gottes in uns ist unsere geistliche Schönheit. Das Königreich der Gnade schmückt eine Person und gibt ihr vor den Augen Gottes und den Augen der Engel Ansehen. Es macht die Tochter des Königs im Inneren ganz herrlich (Ps 45,14). Die Gnade breitet über der Seele Ehre und Glanz aus. Was der Diamant für den Ring ist, das ist die Gnade für die Seele. Ein Herz, das mit Gnade schön gemacht ist, hat in ihm das Bild des Königs des Himmels aufgehängt.

b) Das Königreich der Gnade, das im Herzen aufgerichtet ist, ist unsere geistliche Verteidigungsanlage. Die Gnade wird als „die Waffen des Lichts“ bezeichnet (Röm 13,12). Sie ist Licht wegen ihrer Schönheit und Waffe, um uns zu verteidigen. Wer das Königreich der Gnade in sich hat, der ist „mit aller Kraft gestärkt gemäß der Macht seiner Herrlichkeit“ (Kol 1,11). Er trägt das Schild des Glaubens, den Helm des Heils und den Panzer der Gerechtigkeit. Seine Waffenrüstung kann niemals durchschossen werden. Er ist gegen die Angriffe der Versuchung und den Schrecken der Hölle gerüstet.

c) Das Königreich der Gnade, das im Herzen aufgerichtet ist, bringt Frieden mit sich. „Denn das Reich Gottes ist nicht Essen und Trinken, sondern Gerechtigkeit, Friede“ (Röm

14,17). Das ist ein verborgener Frieden, der aus der Heiligkeit hervorgeht. Frieden ist der größte Segen in einem Königreich. *Pax una triumphis innumeris melior* – ein Friede ist besser als unzählige Siege. Das Königreich der Gnade ist ein Königreich des Friedens. Die Gnade ist die Wurzel, und Frieden ist die Blume, die aus ihr wächst. Sie ist *pax in procella* – der Friede im Sturm, ein solcher Friede, den keine weltliche Trübsal erschüttern kann. Die Türen von Salomons Tempel waren aus Ölbäumen gemacht, in denen offene Blumen eingraviert waren. So sind auch in einem Herzen, das Gnade hat, der Ölbaum des Friedens und die offenen Blumen der Freude (1.Kön 6,32).

d) Das Königreich der Gnade macht die Seele reich. Ein Königreich hat seinen Reichtum. Von einem Gläubigen heißt es, dass er reich im Glauben ist (Jak 2,5). Wie reich ist doch derjenige, der Gott als seinen Gott hat, der Erbe aller Verheißungen ist (Hebr 6,17)! Ein Mensch kann reich an Geldscheinen und Pfandbriefen sein, aber ein Gläubiger kann wie Petrus sagen: „Silber und Gold habe ich nicht" (Apg 3,6). Doch auch ich bin reich an Geldscheinen und Pfandbriefen; ich bin ein Erbe aller Verheißungen Gottes. Und ein Erbe der Verheißungen zu sein, ist besser als der Erbe der Krone zu sein.

e) Wenn das Königreich der Gnade kommt, gibt es dem Herzen Beständigkeit und Festigkeit. „Mein Herz ist fest" (Ps 57,7; nach der englischen Übersetzung). Bevor das Königreich der Gnade kommt, ist das Herz sehr ungefestigt und unbeständig. Es ist wie ein Schiff ohne Ballast, wie Quecksilber, das nicht gegriffen werden kann. Wenn aber das Königreich der Gnade kommt, *stabilire animum* – macht es die Seele fest. Es macht das Herz an Gott fest, und wenn das Herz fest ist, dann ruht es still in seiner Mitte.

f) Das Königreich der Gnade macht einen Unterschied. Es ist ein sicheres Pfand der Liebe Gottes. Gott kann Königreiche im Zorn verleihen, aber wo auch immer das Königreich der Gnade aufgerichtet wird, geschieht es in Liebe. Er kann die Gnade nicht im Zorn geben. Die Krone kommt immer mit dem Königreich. Lasst uns deshalb nach diesem Königreich der Gnade streben.

Was müssen wir tun, um dieses Königreich zu empfangen?

a) Im Allgemeinen müssen wir dafür Mühen in Kauf nehmen. Wir können die Welt nicht ohne Arbeit haben – und meinen wir, bei der Gnade wäre das anders? „Wenn du sie suchst wie Silber" (Spr 2,4). Man könnte ebenso eine Ernte erwarten ohne gesät zu haben, wie Gnade ohne Arbeit. Wir dürfen nicht denken, dass wir die Gnade bekommen wie Israel das Manna, das nicht pflügte und säte, da es vom Himmel herab auf sie regnete. Nein, wir müssen *operam dare* – für die Gnade Mühen auf uns nehmen. Unsere Erlösung hat Christi Blut gekostet und wird unseren Schweiß kosten.

b) Lasst uns zu Gott gehen, damit dieses Königreich der Gnade in unserem Herz aufgerichtet wird. Er wird der „Gott aller Gnade" genannt (1.Petr 5,10). Sprich: Herr, ich möchte dieses Königreich der Gnade; ich möchte ein demütiges, gläubiges Herz. Oh, mach mich reich in der Gnade, lass dein Königreich kommen. Seit aufdringliche Bewerber. Wie Achsa zu ihrem Vater Kaleb sprach: „Denn du hast mir ein Südland gegeben; so gib mir auch Wasserquellen!" (Jos 15,19), so hast auch du, Herr, mir genug von der Welt gegeben; hier haben wir das Südland, aber Herr, gib mir die höheren Quellen der Gnade, lass dein Königreich kommen. Was bringt mir das Wildbret, das du mir gegeben hast, ohne den Segen? Wenn wir bei Gott aufdringlich sind und uns nicht abweisen lassen, wird er sein Königreich in uns aufrichten.

c) Halten wir uns eng an das gepredigte Wort. Das gepredigte Wort ist *virga virtutis* – der Stab mit der Kraft Gottes. Er ist das große Mittel, das er gebraucht, um das Königreich der Gnade im Herzen aufzurichten. „Demnach kommt der Glaube aus der Verkündigung" (Röm 10,17). Obwohl Gott das Werk der Gnade unmittelbar durch seinen Geist wirken könnte oder durch den Dienst der Engel vom Himmel, so wählt er dennoch das gepredigte Wort, um es zu wirken. Das ist das gewöhnliche Mittel, durch das er das Königreich der Gnade im Herzen aufrichtet, und der Grund dafür ist, weil er seine göttliche Zustimmung darauf gelegt hat. Er hat das Wort als Mittel festgelegt, um die Gnade zu wirken, und er wird sein eigenes Gnadenmittel ehren (1.Kor 1,21). Welchen Grund könnte man dafür angeben, warum das Wasser von Damaskus nicht so eine souveräne Macht haben sollte, den Aussatz von Naeman zu heilen, wie das Wasser vom Jordan oder anderes Wasser? Lasst uns an das gepredigte Wort halten, weil die Kraft Gottes daran gebunden ist.

Zweite Anwendung
Zur Danksagung.

Für was sonst könnten wir dankbar sein, wenn nicht für ein Königreich? Die Gnade ist der größte Segen, sie ist das Resultat und das Produkt von Gottes erwählender Liebe. Indem Gott sein Königreich der Gnade aufgerichtet hat, hat er für uns mehr getan, als wenn er uns zu Königen und Königinnen gemacht hätte, denn wir sind aus Gott und aus dem königlichen Blut des Himmels geboren. Oh, lasst uns die freie Gnade bestaunen und erheben! „Macht herrlich sein Lob!“ (Ps 66,2). Der Apostel redet nur selten vom Werk der Gnade, ohne es dabei mit Lobpreis zu verbinden: „Indem ihr dem Vater Dank sagt, der uns tüchtig gemacht hat, teilzuhaben am Erbe der Heiligen im Licht“ (Kol 1,12). Wenn Gott uns mit dem Königreich der Gnade gekrönt hat, dann krönen wir ihn mit unserem Lobpreis.

IV. *Wir beten, dass das Königreich der Gnade zunehmen möge, dass es noch mehr zu uns kommen möge,* und das kann eine Frage beantworten.

Warum beten wir „Dein Reich komme“, wenn das Königreich der Gnade doch bereits schon in unsere Seele gekommen ist?

Auch wenn das Königreich der Gnade bereits schon zu uns gekommen ist, müssen wir immer noch beten: „Dein Reich komme“, damit die Gnade zunehmen möge und damit dieses Königreich in unserer Seele noch mehr aufblühen möge. Solange, bis wir einmal unter den Engeln leben werden, müssen wir dieses Gebet beten: „Dein Reich komme.“ Herr, lass dein Königreich der Gnade mit noch mehr Kraft in meine Seele kommen; vermehre die Gnade noch mehr und lass sie zunehmen.

Wann nimmt das Königreich der Gnade in der Seele zu? Wann ist es ein blühendes Königreich?

Wenn ein Christ ein größeres Maß an Gnade hat, dann ist in der Lampe mehr Öl, seine Erkenntnis ist klar, seine Liebe ist noch mehr entflammt. Die Gnade ist fähig, in ihrem Maß zuzunehmen und kann höher steigen als die Sonne am Horizont. Bei uns ist es nicht so wie bei Christus, der den Geist ohne Maß empfing (Joh 3,34). Er konnte nicht heiliger werden, als er schon war, aber unsere Gnade kann ein noch größeres Maß empfangen. Wir können noch mehr Heiligkeit haben; wir können unserer geistlichen Körpergröße noch mehr Ellen hinzufügen.

Das Königreich der Gnade nimmt zu, wenn ein Christ mehr Kraft bekommt, als er hatte. „Wer reine Hände hat, dessen Kraft nimmt zu" (Hiob 17,9). Ein Christ hat Kraft, um der Versuchung zu widerstehen, seinen Feinden zu vergeben, Trübsal zu leiden. Es ist nicht leicht, zu leiden. Ein Mensch muss sich selbst verleugnen, bevor er das Kreuz auf sich nehmen kann. Der Weg zum Himmel ist wie der Weg, den Jonathan und sein Waffenträger hatten, bei dem sie zu einem steilen Ort hinaufklettern mussten. Da war „eine Felszacke diesseits und eine Felszacke jenseits" (1.Sam 14,4). Es erfordert viel Kraft, diesen felsigen Weg hinaufzuklettern. Die Gnade, die uns durch Wohlstand trägt, wird uns nicht durch Leiden tragen. Ein Schiff muss durch einen Sturm stärker gesteuert werden als auf ruhiger See. Nun, wenn wir in der Gnade so stark sind, dass wir Trübsal ohne Murren und ohne ohnmächtig zu werden tragen können, hat das Königreich der Gnade zugenommen. Was für eine mächtige Kraft der Gnade hatte der, der zu dem Kaiser Valentinian sagte: Du kannst mein Leben nehmen, aber du kannst nicht meine Liebe zur Wahrheit wegnehmen!

Das Königreich der Gnade nimmt zu, wenn ein Christ die größte Auseinandersetzung mit der geistlichen Verderbtheit hat, wenn er sich nicht nur grober Sünden enthält, sondern einen Streit mit der inneren, verborgenen, nahen Verderbtheit hat, wie Hochmut, Neid, Heuchelei, nichtige Gedanken, fleischliches Vertrauen, die geistliche Bosheiten sind, die sowohl beflecken als auch stören. „So wollen wir uns reinigen von aller Befleckung des Fleisches und des Geistes“ (1.Kor 7,1). Es gibt zwei Arten von Verderbtheit: die eine des Fleisches und die andere des Geistes. Wenn wir darüber trauern und gegen die geistliche Sünde streiten, welche die Wurzel aller groben Sünden ist, dann nimmt das Königreich der Gnade zu und breitet sein Territorium in der Seele aus.

Das Königreich der Gnade blüht auf, wenn ein Christ gelernt hat, durch den Glauben zu leben. „Was ich aber jetzt im Fleisch lebe, das lebe ich im Glauben an den Sohn Gottes“ (Gal 2,20). Es gibt eine Gewohnheit des Glaubens und das Ausüben dieser Gewohnheit. Wenn ein Christ seine Hoffnung der Erlösung allein auf die Gerechtigkeit Christi setzt und Christus zur ganzen Rechtfertigung macht, um nach den Verheißungen zu leben, wie eine Biene von der Blume, und die Lieblichkeit aus ihnen heraussaugt, um Gott zu vertrauen, wo wir seine Spur nicht sehen können, um seiner Liebe trotz finsterer Mine zu glauben, um uns selbst zu überzeugen, wenn er das Angesicht eines Feindes hat, dass er das Herz eines Vaters hat – wenn wir dahin kommen, dann blüht das Königreich der Gnade in unserer Seele auf.

Es blüht auf, wenn ein Christ voll heiligen Eifers ist (4.Mose 25,13). Pinehas eiferte für Gott. Eifer ist die Flamme der Zuneigung; sie verwandelt einen Heiligen in einen Seraphim. Ein eifernder Christ kann es nicht ertragen, wenn Gott entehrt wird (Offb 2,2). Er wird mit Schwierigkeiten ringen; er wird durch ein Meer von Blut zu Christus schwimmen (Apg 21,13). Eifer liebt die Wahrheit, wenn sie verachtet wird oder man ihr widersteht. „Sie haben dein Gesetz gebrochen! Darum liebe ich deine Gebote“ (Ps 119,126.127). Eifer gleicht dem Heiligen Geist. „Und es erschienen ihnen Zungen wie von Feuer, die sich zerteilten und sich auf jeden von ihnen setzten“ (Apg 2,3). Die Zungen von Feuer waren ein Symbol für das Feuer des Eifers, das der Heilige Geist auf sie ausgoss.

Das Königreich der Gnade nimmt zu, wenn ein Christ in seinem speziellen Beruf so fleißig ist, wie er in seinen allgemeinen Pflichten hingegeben ist. Der ist ein weiser Christ, der mit den Dingen ausgewogen umgeht, sodass er derart im Glauben lebt, dass er einen Beruf ausübt. Deshalb ist es eine Anmerkung wert: Als der Apostel die Thessalonicher ermahnte, in der Gnade zuzunehmen, fügte er sogleich hinzu: „... eure eigenen Angelegenheiten zu besorgen und mit euren eigenen Händen zu arbeiten" (1.Thess 4,11). Es ist ein Zeichen dafür, dass die Gnade zunimmt, wenn Christen freudig ihren Beruf ausüben. Zwar ist es für einen Menschen lieblicher und ein Himmel auf Erden, wenn er den ganzen Tag auf dem Berg bei Gott ist und seine Gedanken auf die Herrlichkeit gerichtet hat – wenn wir aber mit unserem Beruf betraut sind, ist es für die anderen nützlicher. Paulus sagt: „Mich verlangt danach, aufzubrechen und bei Christus zu sein, was auch viel besser wäre; aber es ist nötiger, im Fleisch zu bleiben um euretwillen" (Phil 1,23.24). So ist auch das Reden mit Gott im Gebet und liebliche Andacht über die ganze Woche eher zum Trost für die eigene Person. Doch für die Familie, zu der die Person gehört, ist das Arbeiten im Geschäft oder Beruf nützlicher. Es ist nicht gut, wie die Lilien zu sein, die weder arbeiten noch spinnen. Wenn ein Christ den gebührenden Anstand bewahrt, zeigt das die Zunahme der Gnade. Wenn der Glaube mit Eifer einhergeht und in den Beruf Fleiß eingebracht wird, dann verbindet er Frömmigkeit mit Beschäftigung.

Das Königreich der Gnade nimmt zu, wenn ein Christ im Glauben und in der Liebe zur Wahrheit gefestigt ist. Das Herz ist von Natur aus wie ein Schiff ohne Ballast, das hin und her schwankt. Beza schrieb über einen gewissen Bolezius, dass sein Glaube wie der Mond und der Planet Merkur wechselte. Diejenigen, die umherirrende Sterne sind, werden gefallene Sterne sein. Wenn eine Seele aber auf den Felsen namens Christus auferbaut ist und kein Wind der Versuchung sie fortblasen kann, dann blüht das Königreich der Gnade auf. Jemand hat Athanasius als *Adamas Ecclesiae* – einen unbezwingbaren Diamanten – bezeichnet im Hinblick auf seine Standfestigkeit in der Wahrheit. „Auferbaut in ihm und gefestigt im Glauben" (Kol 2,7). Wachstum zeugt von der Verwurzelung eines Baumes.

Das Königreich der Gnade nimmt in dem Herzen eines Menschen zu, wenn er sich darum bemüht, ein Werkzeug zu sein, durch das in anderen dieses Königreich aufgerichtet wird. Obwohl es der größte Segen ist, wenn die Gnade in uns gewirkt wird, so ist es die größte Ehre, ein Werkzeug zu sein, durch das die Gnade in anderen gewirkt wird. „Um die ich noch einmal Geburtswehen leide, bis Christus in euch Gestalt gewinnt" (Gal 4,19). Diejenigen, welche Familienoberhäupter sind, sollten bestrebt sein, zu sehen, wie das Königreich der Gnade in ihren Knechten aufgerichtet wird. Diejenigen, die gottesfürchtige Eltern sind, sollten nicht aufhören zu Gott zu beten, bis sie die Gnade in ihren Kindern sehen. Was für ein Trost ist es, wenn wir sowohl der natürliche als auch der geistliche Vater unserer Kinder sind! Augustinus sagt, dass seine Mutter Monika wegen seiner neuen Geburt größere Wehen mit Sorgen und Schmerzen hatte als bei seiner natürlichen Geburt. Wenn wir danach trachten zu sehen, wie das Königreich der Gnade in anderen aufgerichtet wird, zeigt das, dass die Gnade zunimmt. Wie Hochwasser, das in einem Fluss überläuft, in die Weiden fließt, so nimmt die Gnade in der Seele zu, wenn sie einen Einfluss auf andere hat und wir ihre Erlösung sehen.

Welche Notwendigkeit besteht dafür, dass das Königreich der Gnade zunimmt?

Die Absicht Gottes, warum er einen beständigen Dienst des Wortes in der Kirche aufrechterhält, ist, dass das Königreich der Gnade in den Herzen der Menschen zunimmt. Er hat „den Menschen Gaben gegeben" (Eph 4,8), das sind die Gaben zum Dienst am Wort. Warum das? „Zur Zurüstung der Heiligen … für die Erbauung des Leibes des Christus" (Eph 4,12). Nicht nur zur Bekehrung, sondern auch zur Vermehrung. Deshalb wird die Predigt des Wortes nicht nur mit einem Samen verglichen, sondern auch mit Milch, weil es Gottes Absicht ist, dass wir in der Gnade wachsen. Es ist notwendig, dass das Königreich der Gnade zunimmt, da wir eine große Menge an Arbeit zu verrichten haben und nur ein wenig Gnade uns dabei kaum durchtragen wird. Das Leben eines Christen ist arbeitsreich: Es gilt vielen Versuchungen zu widerstehen, vielen Verheißungen zu glauben, vielen Vorschriften zu gehorchen, sodass es eine große Menge an Gnade erfordern wird. Ein Christ muss nicht nur beten, sondern es heißt auch: „So sei nun eifrig und tue Buße!“ (Offb 3,19), nicht nur lieben, sondern krank sein vor Liebe (Hld 2,5). Was für eine Notwendigkeit besteht deshalb, dass sich das Königreich der Gnade in der Seele ausbreitet! Wie das Werk eines Christen zunimmt, so nimmt zwangsläufig auch seine Gnade zu.

Wenn das Königreich der Gnade nicht zunimmt, wird es zerfallen. „Aber ich habe gegen dich, dass du deine erste Liebe verlassen hast“ (Offb 2,4). Die Gnade, der eine Zunahme fehlt, ist manchmal wie eine Winterpflanze, in der zwar der ganze Saft in die Wurzel fließt, aber dennoch aussieht, als wäre sie tot. „Stärke das Übrige, das im Begriff steht zu sterben“ (Offb 3,2). Auch wenn die Gnade nicht erlöschen kann, so kann sie vertrocknen, und ein vertrockneter Christ verliert viel von seiner Schönheit und seinem Wohlgeruch. Wie nötig ist es doch, dass wir beten: „Dein Reich komme“, damit dieses Königreich der Gnade zunehmen kann! Wenn die Gnade nicht besser macht, dann wird sie bald eingeschränkt. Ein Christ, dem die Zunahme an seiner Gnade fehlt, verliert seine Kraft. Er ist wie ein kranker Mann, der weder laufen noch arbeiten kann; seine Gebete sind krank und schwach; er ist so, als ob er kein Leben in sich hätte; sein Glaube kann kaum atmen und man kann bei ihm kaum den Pulsschlag der Liebe fühlen.

Es gebührt sich für Christen, dass die Gnade zunimmt. Christen werden als Bäume der Gerechtigkeit bezeichnet (Jes 61,3). Die Heiligen sind nicht nur Juwelen wegen ihres funkelnden Glanzes, sondern Bäume, um zu wachsen. Sie werden als Lichter in der Welt bezeichnet (Phil 2,15). Licht nimmt stets zu. Zuerst ist da das *crepusculum* – die Dämmerung oder der Tagesanbruch – und dann scheint es heller bis zum Meridian[22]. Diejenigen, welche Lichter in der Welt sind, müssen stets zunehmen, bis sie zum Meridian der Herrlichkeit gelangen. Nicht zu wachsen, ist verdächtig; gemalte Dinge wachsen nicht.

Wie das Königreich der Gnade zunimmt, so nimmt auch der Trost eines Christen zu. Trost gehört zum *bene esse* – oder zum Wohlsein eines Christen, er ist schmackhaft wie süßes Fleisch (Ps 94,19). Je mehr Gnade, umso mehr Freude; je mehr Saft in der Wurzel, umso mehr Wein in den Trauben. Wer nahm mehr in der Gnade zu als David? Und wer hatte mehr Tröstungen? „Du hast mir Freude in mein Herz gegeben" (Ps 4,8). Gnade verwandelt sich in Freude wie Milch in Sahne.

Wie können diejenigen getröstet werden, welche über einen Mangel an Wachstum trauern und weinen, da sie nicht feststellen können, dass das Königreich der Gnade wächst?

Wenn wir unseren Zerfall in der Gnade sehen und darüber trauern, ist das nicht nur ein Beweis für das Leben der Gnade, sondern auch für ihr Wachstum. Wenn er seine Schwachheit fühlt, ist das ein Zeichen dafür, dass er am genesen ist und Kraft bekommt. Wenn wir unsere Unvollkommenheit sehen, ist das ein Schritt in der Gnade vorwärts. Je mehr der Geist in das Herz leuchtet, umso mehr Böses entdeckt man. Ein Christ denkt dann, dass es mit ihm schlimmer geworden ist als vorher, wobei seine Gnade jedoch nicht weniger, sondern sein Licht größer geworden ist.

Wenn ein Christ nicht in der einen Gnadengabe wächst, dann vielleicht in einer anderen, wenn nicht in der Erkenntnis, dann vielleicht in der Demut. Wenn ein Baum nicht so sehr an den Zweigen wächst, dann vielleicht an der Wurzel, und das Wachstum der Wurzel nach unten ist ein gutes Wachstum.

Ein Christ kann weniger in der Zuneigung wachsen, während er mehr im Urteilsvermögen wächst. Wenn die Finger eines Musikers alt und steif geworden sind und an der Laute nicht mehr so beweglich, wie sie einmal waren, spielt er jedoch

22 Meridian = der höchste Punkt.

kunstvoller und mit mehr Urteilsvermögen. Ebenso kann ein Christ nicht so viel Zuneigung bei seiner Pflicht haben wie am Anfang seiner Bekehrung, aber er ist in seinem Glauben dafür stabiler und in seinem Urteilsvermögen gefestigter als vorher.

Ein Christ kann denken, dass er nicht in der Gnade wächst, weil er nicht an Gaben zunimmt, wobei es aber keinen Zerfall der Gnade gibt, während seine natürlichen Körperfunktionen – wie das Gedächtnis und andere Fähigkeiten – abnehmen. Die Gaben können abnehmen, während die Gnade zunimmt. Lasst uns nicht entmutigt sein: Es ist besser, wenn die Körperfunktionen nachlassen und die Gnade vergrößert wird, als dass die Körperfunktionen besser werden und die Gnade zerfällt.

Ein Christ kann in der Gnade zunehmen und es nicht merken. Wie der Same in der Erde wachsen kann, während wir nicht wahrnehmen, wie er aufgeht, so kann auch die Gnade in Zeiten der Verlassenheit wachsen und man nimmt es nicht wahr.

V. *Wir beten, dass das Königreich der Gnade bald komme und dass Gott uns zur rechten Zeit dort hineinversetzen möge.*

Unter diesem Punkt müssen wir nun Folgendes betrachten:

1. Was ist dieses Königreich der Herrlichkeit?
2. Was sind seine Eigenschaften?
3. Worin übertrifft es alle anderen Königreiche?
4. Wann kommt dieses Königreich?
5. Woran erkennt man, dass es sicher kommt?
6. Warum sollen wir für sein Kommen beten?

1. Mit diesem Königreich ist der herrliche Stand gemeint, den die Heiligen genießen sollen, wenn sie mit Gott und den Engeln für immer regieren werden. Wenn ein Mensch am Ufer des Meeres steht, kann er nicht den ganzen Umfang des Meeres sehen: seine Länge, seine Breite und seine Tiefe. Doch er kann sehen, des es von gewaltiger Ausdehnung ist. Ebenso ist auch das Königreich des Himmels. Obwohl es von unver-

gleichlicher Vortrefflichkeit ist, sodass weder die Zunge eines Menschen oder der Engel es ausdrücken können, so können wir es uns dennoch als eine äußerst herrliche Sache vorstellen, die kein Auge gesehen hat.

In Bezug auf das Königreich des Himmels möchte ich nun zeigen, was es beinhaltet und was es einführt.

Zuerst beinhaltet es eine gesegnete Freiheit von allem Bösen.

a) Es beinhaltet die Freiheit von den natürlichen Bedürfnissen. Wir sind in diesem Leben vielen Bedürfnissen unterworfen. Wir benötigen Essen, um uns zu ernähren, Kleider, um uns zu bedecken, Waffen, um uns zu verteidigen, Schlaf, um uns zu erholen. Aber im Königreich des Himmels werden diese Dinge nicht notwendig sein, und es ist besser, sie nicht zu brauchen, als sie zu haben, so wie es besser ist, keine Krücken zu brauchen, als sie zu haben. Für was sollte dort Essen notwendig sein, wenn unsere Leiber geistlich gemacht worden sind? (1.Kor 15,44). Auch wenn sie nicht der Substanz nach geistlich sind, so doch gemäß den Eigenschaften. Wozu sollte man dort Kleidung benötigen, wenn unsere Leiber wie der herrliche Leib Christi sein werden? Wozu sollte man dort Waffen benötigen, wenn es dort keinen Feind gibt? Wozu sollte man dort Schlaf benötigen, wenn es dort keine Nacht gibt? (Offb 22,5). Im himmlischen Königreich werden die Heiligen von diesen natürlichen Bedürfnissen befreit sein, denen sie jetzt noch ausgesetzt sind.

b) Im Königreich des Himmels werden wir von der Unvollkommenheit der Natur befreit sein. Seit dem Sündenfall leidet unsere Erkenntnis an Verfinsterung.

Unsere natürliche Erkenntnis ist unvollkommen; sie ist mit Unwissenheit konterkariert. Da gibt es viele Knoten in der Natur, die wir nicht lösen können. Selbst derjenige, der am Klarsten sieht, hat einen Nebel vor seinen Augen. Sokrates sagte auf seinem Sterbebett, dass es viele Dinge gibt, die er noch nicht gelernt hatte. Unsere Unwissenheit ist größer als unsere Erkenntnis.

Unsere Erkenntnis von Gott ist unvollkommen. Unsere Erkenntnis ist nur Stückwerk, sagte Paulus (1.Kor 13,9), obwohl er viele Offenbarungen hatte und in den dritten Himmel entrückt wurde. Wir haben von der Dreieinigkeit nur eine blasse Ahnung: „Kannst du die Tiefe Gottes ergründen?“ (Hiob 11,7). Unser beschränktes Auffassungsvermögen kann die Dreieinigkeit ebenso wenig aufnehmen wie ein Glasfläschchen das ganze Wasser im Meer. Wir können das Geheimnis der Fleischwerdung nicht entschlüsseln, bei der die Person des Sohnes Gottes die menschliche Natur angenommen hat: Die menschliche Natur ist nicht Gott, dennoch ist sie mit Gott vereint. Jetzt sehen wir in *aenigmate* – in Rätseln, in einem trüben Spiegel, aber im Königreich des Himmels wird der Schleier weggenommen, alle Unvollkommenheit der Natur wird abgetan werden. Wenn das Sonnenlicht der Herrlichkeit anfangen wird am himmlischen Horizont zu scheinen, dann werden sich alle dunklen Schatten der Unwissenheit verflüchtigen; unsere Lampe der Erkenntnis wird hell brennen; wir werden eine volle Erkenntnis von Gott haben, auch wenn wir ihn nicht vollständig kennen.

c) Im Königreich des Himmels werden wir von den mühseligen Werken dieses Lebens befreit werden. Gott hat im Paradies ein Gesetz erlassen: „Im Schweiße deines Angesichts sollst du [dein] Brot essen“ (1.Mose 3,19). Hier gibt es die Arbeit der Hände beim Fertigen von Dingen und die Arbeit des Verstandes beim Studieren. „Alles Reden ist so voll Mühe“[23] (Pred 1,8; LÜ 84), aber im Königreich des Himmels werden wir von unserer Arbeit befreit werden.

Wenn ein Mensch den Hafen erreicht hat, ist keine Arbeit mehr notwendig; er muss nicht mehr segeln. Im Himmel ist keine Arbeit notwendig, weil die Heiligen die Herrlichkeit haben werden, für die sie gearbeitet haben.

Dort wird keine Arbeit sein. „Sie sollen ruhen von ihren Mühen“[24] (Offb 14,13). Wie Gott von seinen Werken ruhte, nachdem er das Werk der Schöpfung beendet hatte, so ruhen

23 Nach der englischen Übersetzung: „Alle Dinge sind voller Arbeit.“

24 Nach der englischen Übersetzung: „Sie ruhen von ihren Werken.“

die Heiligen von ihren Werken, wenn sie das Werk der Heiligung beendet haben. Wo sonst sollte Ruhe sein, wenn nicht im Zentrum des Himmels? Es ist nicht so, dass diese liebliche Ruhe im Königreich des Himmels alle Bewegung ausschließt, denn Geistwesen können nicht untätig sein, aber die verherrlichten Heiligen werden von allen mühseligen Beschäftigungen ruhen. Es wird eine Arbeit voller Leichtigkeit sein, ein Bewegen voller Freude. Die Heiligen werden im Himmel Gott lieben, und worin liegt dabei Arbeit? Ist es irgendeine Arbeit, wenn man Schönheit liebt? Sie werden Gott loben, und das ist gewisslich genussvoll. Wenn ein Vogel singt, ist das vielmehr eine Freude als Arbeit.

d) Im Königreich des Himmels werden wir von der ursprünglichen Verderbtheit befreit sein, welche *die causa causati* – die Wurzel jeder unmittelbaren Sünde ist. Wenn es dort keine ursprüngliche Sünde gibt, dann wird es dort auch keine unmittelbare Sünde geben. Wenn es dort keine Quelle gibt, dann gibt es dort auch kein Wasser im Fluss. Die ursprüngliche Sünde wohnt in unserer Natur. Es ist so, als ob die ganze Blutmenge verderbt wäre. Somit wird ein Christ dieses Lebens müde, da er gegen den Gott sündigt, den er liebt. Was würde er dafür geben, dass seine Ketten abgenommen werden und er nichtige Gedanken loswird? Wie hat Paulus, dieser „Paradiesvogel", wegen seiner Sünden über sich selbst geklagt (Röm 7,24)! Wir können weder unsere Pflichten noch unsere Gnadengaben ohne Sünde ausüben. Selbst die Seele, die durch die Gnade am meisten geläutert und gereinigt ist, ist nicht frei von einem gewissen Bodensatz der Verderbtheit. Aber im Königreich des Himmels wird die Quelle der ursprünglichen Sünde ganz ausgetrocknet sein. Was wird das für eine gesegnete Zeit sein, wenn man den Geist Gottes nie wieder betrüben wird! Im Himmel sind unberührte Seelen; ihre Schönheit ist nicht mit Begierde befleckt, nichts Verunreinigendes kommt dort hinein (Offb 21,27).

e) Im Königreich des Himmels werden wir von aller Traurigkeit befreit sein. „Dort wird keine Traurigkeit mehr sein" (Offb 21,4; nach der englischen Übersetzung). Unser Leben hier ist mit Nöten durchsetzt (Ps 31,11). Entweder betrüben uns Verluste oder Rechtsstreitigkeiten plagen uns oder Lieblosigkeiten brechen uns das Herz. Wir könnten genauso gut versuchen, die Feuchtigkeit von der Luft zu trennen oder das Gewicht vom Blei, wie die Nöte vom Leben eines Menschen. „*Quid est diu vivere, nisi diu torqueri* – was anderes ist ein langes Leben als lange Qualen?“ (Augustinus). Aber im Königreich des Himmels werden Traurigkeit und Seufzen davonfliegen. Hier sitzen die Heiligen weinend an den Flüssen, aber ein Lächeln vom Angesicht Christi wird sie alle ihre Leiden vergessen lassen. Ihr Wasser wird dann in Wein verwandelt werden und ihr Klagen in Gesang.

f) Im Königreich des Himmels werden wir außerhalb der Reichweite der Versuchung sein. Der Satan ist jetzt noch nicht völlig ins Gefängnis geworfen. Wie ein Gefangener, der auf Kaution frei ist, geht er umher, um zu versuchen, und arbeitet daran, uns in Sünde zu ziehen. Entweder legt er Fallstricke oder er schießt Pfeile ab. *Stat in procintu diabolus* – der Teufel hat sich zum Kampf gegürtet. Er legte eine Spur mit Versuchungen, um die Festung von Hiobs Glauben zu sprengen. Für einen Gläubigen ist es eine große Betrübnis, wenn er von Versuchungen zur Sünde verfolgt wird, vergleichbar mit einer Jungfrau, deren Keuschheit angegriffen wird. Aber im Königreich des Himmels werden die Heiligen befreit sein vom roten Drachen, der aus dem Paradies geworfen ist und für immer mit Ketten gebunden sein wird (Jud 6).

g) Im Königreich des Himmels werden wir von allen quälenden Sorgen befreit sein. Das griechische Wort für „Sorgen“ bedeutet vom Ursprung her: das Herz in Stücke schneiden. Sorgen quälen die Gedanken, verzehren den Geist und fressen die angenehmen Dinge des Lebens auf. Die Sorge, zukünftige Gefahren zu verhindern und gegenwärtige angenehme Dinge zu bewahren, ist ein böser Geist, der uns verfolgt. Jede Sorge ist voller Furcht, und Furcht ist voller Qualen (1.Joh 4,18). Gott droht es als Gericht an: „Sie müssen ihr Brot mit Sorgen essen“ (Hes 12,19). Jede angenehme Sache hat seine Sorge, wie jede Rose seine Dornen hat, aber im Königreich des Himmels werden wir die Schlange der Sorgen abschütteln. Welche Notwendigkeit besteht für einen Heiligen, sich irgendeine ängstliche Sorge zu machen, wenn alle Dinge vor ihm bereitgestellt sind? Dort ist der Baum des Lebens, der alle Arten von Früchten trägt. Wenn das Herz von der Sünde befreit sein wird, dann wird der Kopf auch von Sorgen befreit sein.

h) Im Königreich des Himmels werden wir von allen Zweifeln und Bedenken befreit sein. In diesem Leben hat der beste Heilige seine Zweifel, wie der hellste Stern sein Flimmern hat. Wenn es keine Zweifel gäbe, dann gäbe es auch keinen Unglauben. Selbst die Heilsgewissheit schließt nicht alle Zweifel aus. „Denn deine Gnade ist mir vor Augen" (Ps 26,3). Aber zu einem anderen Zeitpunkt heißt es: „Wo sind, o Herr, deine früheren Gnadenerweise" (Ps 89,50). Ein Christ ist wie ein Schiff am Anker, das manchmal auf dem Wasser schwanken kann, obwohl es sicher ist. Manchmal stellt ein Christ seinen Anteil an Christus und sein Anrecht auf die Verheißung in Frage. Wie diese Zweifel den Trost eines Christen verdunkeln, so bringen sie auch ein falsches Zeugnis gegen den Geist hervor. Wenn die Heiligen aber in das Königreich des Himmels kommen werden, wird es dort keine Zweifel mehr geben. Der Christ wird dann wie Petrus sagen: „Nun weiß ich wahrhaftig, dass der Herr seinen Engel gesandt und mich errettet hat" (Apg 12,11). Jetzt weiß ich, dass ich vom Tod zum Leben hinübergegangen bin und ich habe alle Felsen hinter mir gelassen; ich habe den Golf durchzogen. Jetzt bin ich für immer in den Armen meines Erlösers.

i) Im Königreich des Himmels werden wir von jeder Gesellschaft der Gottlosen befreit sein. Hier sind wir manchmal gezwungen, mit ihnen in Gemeinschaft zu sein.„Weh mir, dass ich ein Fremdling bin in Mesech, dass ich wohne bei den Zelten Kedars!" (Ps 120,5). Kedar war der Sohn von Ismael, dessen Kinder in Arabien wohnten, ein unheiliges, barbarisches Volk. Hier fangen die Gottlosen stets Verfolgungen gegen die Gläubigen an und quälen deren Ohren mit Schwüren und Flüchen. Die Lilie Christi ist unter Dornen, aber im himmlischen Königreich wird es keinen stechenden Dornenbusch mehr geben. „Der Sohn des Menschen wird seine Engel aussenden, und sie werden alle Ärgernisse und die Gesetzlosigkeit verüben aus seinem Reich sammeln“ (Mt 13,41). Wie Mose sagte: „Steht fest und seht die Rettung des HERRN, die er euch heute bereiten wird; denn diese Ägypter, die ihr heute seht, die werdet ihr nicht wiedersehen in Ewigkeit!“ (2.Mose 14,13), so wird Gott sagen: Steht fest und seht die Rettung Gottes; diese deine Feinde, die dich plagen und belästigen, wirst du nicht wiedersehen in Ewigkeit. An diesem Tag wird Gott den Kostbaren vom Niederträchtigen scheiden. Christus wird seinen Boden gründlich reinigen. Er wird den Weizen in der Getreidekammer sammeln und den Gottlosen, der Spreu ist, in die Hölle blasen.

j) Im Königreich des Himmels werden sie von allen Zeichen des Unmuts Gottes befreit sein. Hier auf Erden kann er auf sein Volk zornig sein. Obwohl er das Herz eines Vaters hat, kann er den Blick eines Feindes haben, und das ist traurig. Wenn die Sonne weg ist, fällt der Tau. So ist es auch, wenn das Licht von Gottes Angesicht fort ist, dann tropfen von den Augen der Heiligen Tränen. Aber im Königreich des Himmels wird es keine geistliche Verfinsterung geben. Dort wird niemals ein Zeichen von Gottes Unmut erscheinen. Die Heiligen werden eine beständige Erscheinung seiner Liebe haben. Sie werden nie wieder klagen: „Mein Geliebter hatte sich zurückgezogen“ (Hld 5,6).

k) Im Königreich des Himmels werden sie von allen Spaltungen befreit sein. Die traurigste Sache in der Welt ist, wenn man sieht, wie unter denjenigen Spaltungen sind, die gut sind. Es ist traurig, dass die, welche einen Glauben haben, nicht eines Herzens sein können. Ephraim war neidisch auf Juda, und Juda ärgerte Ephraim. Es ist zum Weinen, wenn man sieht, wie diejenigen, die in Christus vereint sind, einer vom anderen getrennt sind. Der Speer des Soldaten durchbohrte die Seite von Christus, aber die Spaltungen der Heiligen verwunden sein Herz. Doch im Königreich des Himmels wird es das nicht mehr geben, dass einer den anderen verunglimpft oder tadelt. Diejenigen, welche vorher kaum miteinander beten konnten, werden Gott gemeinsam preisen. In der Musik der Heiligen wird es nicht eine schrill klingende Saite geben.

l) Im Königreich des Himmels werden wir von Eitelkeit und Unzufriedenheit befreit sein. Was Hiob in Kapitel 28,14 über die Weisheit sagt: „Die Tiefe spricht: »Sie ist nicht in mir!«, und das Meer: »Sie ist nicht bei mir!«", das kann ich auch im Hinblick auf die Unzufriedenheit sagen. Jedes Geschöpf sagt: „Sie ist nicht in mir." Nehmen wir die angenehmsten Dinge und das, wovon wir uns die größte Zufriedenheit versprechen, so müssen wir dennoch über den Geist und das Wesen all dieser Dinge sagen: „Siehe, da war alles nichtig" (Pred 2,11). Gott hat niemals eine zufriedenstellende Kraft in ein Geschöpf gelegt und wird das auch niemals tun. Bei der wohlklingendsten Musik, die man in der Welt macht, fehlt entweder eine Saite oder eine Saite ist nicht gestimmt. Wer hätte gedacht, dass Haman, der in der Gunst des Königs so hoch stand, dass er seinen Stuhl über alle Fürsten der Provinzen stellte, über ein Knie unzufrieden wäre, das sich nicht beugte (Est 3,11). Im Königreich des Himmels werden wir aber von dieser Unzufriedenheit befreit sein. Die Welt ist wie eine gemalte Landschaft, in der wir viele Gärten mit Fruchtbäumen schön gemalt sehen, aber wir können in sie nicht eintreten. In die Freude des Himmels aber können wir eintreten. „Geh ein zur Freude deines Herrn!" (Mt 25,21). Während die Seele in den Flüssen der Freude zur Rechten Gottes badet, wird sie zufrieden sein. „Ich aber werde dein Angesicht schauen in Gerechtigkeit, an deinem Anblick mich sättigen, wenn ich erwache" (Ps 17,15).

m) Im Königreich des Himmels werden wir von den Qualen der Hölle befreit sein. „Jesus, der uns errettet vor dem zukünftigen Zorn" (1.Thess 1,10). Bedenken wir die Vielzahl dieser Qualen. In diesem Leben nimmt der Leib gewöhnlich zur gleichen Zeit nur einen Schmerz wahr, zum Beispiel den Nierenstein oder die Kopfschmerzen, aber in der Hölle ist eine Vielfalt an Qualen: Da sind Finsternis, die erschreckt, Feuer, das brennt, ein See aus Schwefel, der erstickt, Ketten, die binden, und der Wurm, der nagt. Die Qualen der Hölle werden jeden Teil des Körpers und der Seele erfassen. Das Auge wird mit dem

Anblick des Teufels gequält werden, und die Zunge, die viele Flüche geschworen hat, wird auch gequält werden: „Sende Lazarus, dass er die Spitze seines Fingers ins Wasser tauche und meine Zunge kühle“ (Lk 16,24). Das Gedächtnis wird gequält werden durch die Erinnerungen an die Wohltaten, die man missbraucht hat, und an die Gnadenzeiten, die man vorübergehen ließ. Das Gewissen wird mit Selbstanklagen gequält werden.

In den Qualen der Hölle gibt es keine Linderung, keine Vermischung mit Gnade. In diesem Leben gedenkt Gott im Zorn noch der Barmherzigkeit (Hab 3,2). Aber in der Hölle gibt es keine Erleichterung oder Verminderung der Qualen. Wie Gott nicht wollte, dass man in das Speisopfer der Eifersucht Öl oder Weihrauch hineintut, so gibt es auch in der Hölle kein Öl der Gnade, um die Leiden der Verdammten zu vermindern, keinen Weihrauch des Gebets, um den Zorn zu beschwichtigen (4.Mose 5,15). In den Qualen der Hölle gibt es keine Unterbrechung. Die Dichter geben vor, dass Endymion[25] von Jupiter die Erlaubnis bekam, für immer zu schlafen. Was würden die Verdammten in der Hölle für eine Stunde Schlaf geben! Sie „haben keine Ruhe Tag und Nacht“ (Offb 14,11). Sie sind permanent auf der Folterbank. Die Qualen der Hölle laufen nicht aus. Sie müssen allezeit in den glühend heißen Flammen des Zornes liegen. „Der Rauch ihrer Qual steigt auf von Ewigkeit zu Ewigkeit“, aber im himmlischen Königreich werden die Auserwählten von allen höllischen Qualen befreit sein. „Jesus, der uns errettet vor dem zukünftigen Zorn.“ Für die Königskinder ist kein Gefängnis gemacht worden. Christus hat den bitteren Kelch des Zornes Gottes getrunken, damit ihn die Heiligen niemals trinken müssen.

Eine Zweite Sache im Königreich des Himmels ist der herrliche Genuss von allem Guten. Selbst wenn ich so viele Zungen wie Haare auf meinem Haupt hätte, könnte ich das

25 Endymion war in der griechischen Mythologie der schöne und ewig jugendliche Liebhaber der Mondgöttin Selene. Selene verliebte sich in Endymion. Sie versetzte ihn in eine Höhle auf dem Berg Latmos in Karien. Dort ließ Selene ihn mit der Hilfe von Zeus in einen ewigen Schlaf verfallen, um ihn vor dem Tod zu bewahren und ihm dadurch ewige Jugend zu schenken.

nicht vollkommen beschreiben. Es ist ein Ort, wo es keinen Mangel an irgendeiner Sache gibt (Ri 18,10). Es wird „von der hocherhabenen Herrlichkeit" gesprochen (2.Petr 1,17). Ich könnte ebenso wenig das Firmament überspannen oder den Ozean austrocknen, wie die Herrlichkeit dieses Königreichs darstellen. *Coelum non habet hyperbolum* – das Königreich des Himmels übersteigt alle Größenvorstellungen. Selbst wenn die Sonne tausendmal heller wäre, als sie ist, könnte man sie nicht mit dem Glanz dieses Königreichs vergleichen. Der Stift von Apelles würde es beflecken, die Zungen der Engel würden es vermindern. Ich kann uns nur eine Skiagraphie[26] davon geben oder einen dunklen Schatten. Erwarten wir nicht, es in allen seinen leuchtenden Farben zu sehen, bis wir über die Sterne gesetzt sind. Aber lasst uns nicht wie Mose dieses Kanaan nur aus der Ferne betrachten, sondern gehen wir dort hinein und probieren den Honig. Die Vorrechte dieses himmlischen Königreichs sind:

a) Wir werden unmittelbar mit Gott Gemeinschaft haben, der ein unerschöpfliches Meer aller Glückseligkeit ist. Die Theologen bezeichnen das als „visio beatifica."[27] Der Psalmist jubelte über die Freude, die er an Gott in diesem Leben hatte. „Wen habe ich im Himmel [außer dir]?" (Ps 73,25). Wenn man sich im Glauben über Gott freut, gibt das der Seele so viel Trost. Wie viel mehr Trost wird es erst geben, wenn man sich über Gott durch den unmittelbaren Anblick freut! Hier sehen wir Gott durch den dunklen Spiegel der Gnadenmittel, aber im Königreich des Himmels werden wir ihn „von Angesicht zu Angesicht" sehen (1.Kor 13,12). Wir werden ihn mit unserem Verstand anblicken. Wir werden ihn mit dem Auge unseres Geistes sehen. Wir werden ihn ebenso erkennen wie die Engel im Himmel (Mt 18,10). Wir werden ihn erkennen, wie wir erkannt worden sind (1.Kor 13,12). Wir werden von Gott

26 Die Skiagraphie (wörtlich: Schattenmalerei) ist eine Maltechnik, die der athenische Maler Apollodorus im 5. Jahrhundert v.Chr. eingeführt hat. Dabei entsteht durch das Malen von Schatten bei dem Betrachter der Eindruck, dass das Bild eine räumliche Tiefe hätte.

27 Die „visio beatifica" ist der schöne Anblick Gottes von Angesicht zu Angesicht.

eine volle Erkenntnis haben, auch wenn wir ihn nicht völlig kennen, wie ein Gefäß im Meer mit dem Meer gefüllt ist, auch wenn es nicht das ganze Meer aufnimmt. Gott zu sehen und sich an ihm zu erfreuen, wird das Allerköstlichste sein. In ihm sind die Strahlen der Majestät und das Herz der Barmherzigkeit. In Gott sind alle Vortrefflichkeiten konzentriert: *bonum in quo omnia bona* – das Gute, in dem alle guten Dinge sind. Wenn eine Blume die Lieblichkeit aller Blumen besitzen würde, wie lieblich wäre dann diese Blume! Alle Schönheit und Lieblichkeit, die in der Schöpfung verstreut sind, findet man in unendlichem Maß in Gott. Deshalb verzückt es die Seele mit Freude, wenn man ihn sieht und sich an ihm erfreut. Wir werden Gott so sehen, dass wir ihn lieben, und werden uns seiner Liebe bewusst sein. Und wenn wir diese liebliche Gemeinschaft mit ihm haben werden, dann wird er „alles in allen" (1.Kor 15,28) sein: Licht für das Auge, Manna für den Geschmack und Musik für das Ohr.

b) Im Königreich des Himmels werden wir mit diesen Augen den verherrlichten Leib von Jesus Christus sehen. Es ist ein großer Bestandteil der Herrlichkeit des Himmels, die Herrlichkeit der menschlichen Natur des Erlösers zu sehen. „Damit sie meine Herrlichkeit sehen" (Joh 17,24). Als Jesus auf der Erde verklärt wurde, heißt es, dass „sein Angesicht leuchtete wie die Sonne, und seine Kleider wurden weiß wie das Licht" (Mt 17,2). Wenn die Herrlichkeit seiner Verklärung so groß war, wie wird dann erst die Herrlichkeit seiner Erhöhung sein! Viel von der Herrlichkeit Gottes scheint in Christus aufgrund seiner Wesenseinheit[28] mit ihm. „Denn in ihm wohnt die ganze Fülle der Gottheit leibhaftig" (Kol 2,9). Durch Menschheit Christi können wir, wie durch einen klaren Spiegel, einige Strahlen seiner göttlichen Majestät hervorleuchten sehen. Legt man Glas auf die Rückseite von Stahl, dann kann man ein Gesicht darin sehen. Die menschliche Natur Christi ist die Rückseite von Stahl, die auf die göttliche Natur gelegt ist. Dadurch können wir Gott sehen, und dann ist unsere Aufnah-

28 An dieser Stelle verwendet Watson den theologischen Begriff aus der Dreieinigkeitslehre: hypostatische Union = Wesenseinheit.

mefähigkeit auf ein wunderbares Maß vergrößert, um diesen herrlichen Gegenstand zu erfassen, und wir sehen nicht nur die Herrlichkeit Gottes, sondern etwas von seiner Herrlichkeit wird auf uns gelegt. „*Non tantum aderit gloria sed inerit* – die Herrlichkeit wird nicht nur gegenwärtig sein, sondern auch in uns“ (Bernard). Ein Bettler kann die Herrlichkeit eines Königs anschauen und dadurch nicht glücklicher werden. Aber die Herrlichkeit Christi wird unser sein: Wir werden „ihm gleichgestaltet sein“ (1.Joh 3,2). Wir werden durch seine Strahlen leuchten.

c) Im Königreich des Himmels werden wir uns an der Gesellschaft von „Zehntausenden von Engeln“ erfreuen (Hebr 12,22).

Aber ist in Gott nicht genug, um die Seele mit Freude zu erfüllen? Kann der Anblick der Engel zur Glückseligkeit noch etwas hinzufügen? Welche Notwendigkeit besteht für das Licht von Fackeln, wenn die Sonne scheint?

Neben dem göttlichen Wesen ist der Anblick der Engel begehrenswert. Viel von Gottes wunderbarem Kunstwerk scheint in den Engeln. Sie sind schöne, herrliche Geschöpfe, und wie die verschiedenen Saiten einer Laute die Harmonie lieblicher machen, und die verschiedenen Sterne das Firmament heller machen, so macht die Gesellschaft der Engel die Freude des Himmels größer. Und wir werden sie nicht nur mit dem verherrlichten Auge unseres Verstandes sehen, sondern auch mit ihnen Umgang haben.

d) Im Königreich des Himmels werden wir eine liebliche Gesellschaft mit den verherrlichten Heiligen haben. Oh, was für eine gesegnete Zeit wird es sein, wenn diejenigen, die zusammen gebetet, geweint und gelitten haben, sich zusammen freuen werden! Wir werden die Heiligen in ihren weißen Leinen der Reinheit sehen und sie als viele gekrönte Könige sehen. Im Anschauen der verherrlichten Heiligen werden wir einen Himmel voller Sonnen betrachten. Manche haben gefragt, ob wir im Himmel einander erkennen werden. Gewiss wird unsere Erkenntnis nicht abnehmen, sondern zunehmen. Luther, Anselm und viele andere Gelehrte kamen zu der Ansicht, dass wir alle einander erkennen werden. Ja, die Heiligen aller Zeitalter, deren Gesichter wir niemals gesehen haben, und es wird ein herrlicher Anblick sein, wenn wir die verherrlichten Heiligen ohne ihre Schwachheiten des Hochmuts und der Leidenschaft sehen werden. Wir sehen, wie entzückt Petrus wurde, als er bei der Verklärung nur zwei Propheten sah. Aber was für ein gesegneter Anblick wird es sein, wenn wir die ganze herrliche Gesellschaft der Propheten, Märtyrer und Männer Gottes sehen werden (Mt 17,13)! Wie lieblich wird die Musik sein, wenn alle im himmlischen Chor miteinander im Konzert singen werden! Und auch, wenn sich in dieser großen Versammlung der Heiligen und Engel ein Stern vom anderen in seinem Glanz unterscheidet (1.Kor 15,41), so wird doch im Paradies Gottes niemals so ein Unkraut wie Neid wachsen. Dort wird eine vollkommene Liebe sein, die Neid ebenso austreiben wird wie Furcht. Auch wenn ein Gefäß mehr Herrlichkeit aufnimmt als ein anderes, so wird dennoch jedes Gefäß voll sein.

e) Im Königreich des Himmels wird eine unbegreifliche Freude sein. Aristoteles sagt: „Freude geht aus einer Vereinigung hervor." Wenn im Himmel die Vereinigung der Heiligen mit Christus vollkommen ist, wird auch ihre Freude vollkommen sein. Alle Vögel des himmlischen Paradieses singen vor Freude. Was für eine Freude wird es sein, wenn die Heiligen sehen werden, dass sie den großen Golf durchzogen haben und dass sie nun vom Tod zum Leben hinübergegangen sind! Was für eine Freude wird es sein, wenn die Heiligen so heilig sind, wie sie es gewünscht haben und Gott sie haben wollte! Was für eine Freude wird es sein, die Musik der Engel zu hören und zu sehen, wie das goldene Banner der Liebe Christi über der Seele ausgebreitet ist, das Wasser des Lebens zu trinken, das süßer ist als jeder Nektar und jede Ambrosia![29] Was für eine Freude wird es sein, wenn die Heiligen Christus mit ihrem Fleisch bekleidet sehen werden, wie er über den Engeln in der Herrlichkeit sitzt! Dann werden sie zur Freude ihres Herrn ein-

29 Ambrosia ist in der griechischen Mythologie die unsterblich machende Speise der Götter, die Götterspeise.

gehen (Mt 25,21). Hier geht die Freude in die Heiligen ein, im Himmel gehen sie „ein zur Freude". Oh, ihr Heiligen Gottes, die ihr jetzt eure Harfen an den Weiden aufhängt[30] und euren Trank mit Tränen vermischt, im Königreich des Himmels wird euer Wasser in Wein verwandelt werden; ihr werdet so viel Glückseligkeit haben, dass die Seele sich nicht mehr wünschen kann. Im Meer ist nicht so viel Wasser, wie im Herzen eines verherrlichten Heiligen Freude ist. Im Himmel kann ebenso wenig Trauer sein, wie in der Hölle Freude ist.

f) Im Himmel wird den Heiligen Ehre und Würde gegeben. Ein Königreich schließt Ehre mit ein. Alle, die in den Himmel kommen, sind Könige.

1) Sie haben eine Krone. „So werde ich dir die Krone des Lebens geben" (Offb 2,10). *Corona est insigne regiae potestatis* – eine Krone ist das Zeichen königlicher Macht. Diese Krone hat keine Dornen, sondern an ihr hängen Juwelen; es ist eine unvergängliche Krone (1.Petr 5,4).

2) Die Heiligen im Himmel haben ihre Kleider. Sie wechseln ihre Kleider aus Säcken gegen weiße Kleider. „Nach diesem sah ich, und siehe, eine große Schar, die niemand zählen konnte ... bekleidet mit weißen Kleidern" (Offb 7,9). Die Kleider stehen für ihre Herrlichkeit, und weiß steht für ihre Heiligkeit.

3) Sie sitzen mit Christus auf dem Thron (Offb 3,21). In 1.Könige 6,32 lesen wir, dass auf den Türen des Allerheiligsten Palmbäume gemacht waren und offene Blumen, die mit Gold überzogen waren – ein Symbol des Sieges, und vom Kranz der Herrlichkeit, den die Heiligen im Königreich des Himmels tragen werden. Wenn alle Titel und Zeichen der weltlichen Ehre im Staub liegen werden, dann werden der Amtsstab, der silberne Stern, das Strumpfband und die Ehre der Heiligen bleiben.

g) Im Königreich des Himmels werden wir eine gesegnete Ruhe haben. Ruhe ist das Ende von Bewegung. Der Himmel ist das *centrum quietativum animae* – das gesegnete Zentrum,

30 Das ist eine Anspielung auf Psalm 137,2: „An den Weiden, die dort sind, hängten wir unsere Lauten auf." Israel war in der babylonischen Gefangenschaft, und der Psalmist will hiermit ausdrücken, dass sie dem Herrn in Trauer Lieder spielten.

wo die Seele wohnt und ruht. In diesem Leben sind wir unruhigen Bewegungen und Schwankungen unterworfen. „Wir wurden auf alle Art bedrängt“ (2.Kor 7,5), wie ein Schiff auf See, wo die Wellen an beide Seiten schlagen. Aber im Königreich des Himmels gibt es Ruhe (Hebr 4,9). Wie sehr ist doch für einen müden Reisenden Ruhe willkommen! Wenn der Tod die Schnur der Seele zum Körper abschneidet, fliegt sie wie eine Taube davon und ist in der Ruhe. Diese Ruhe ist erreicht, wenn die Heiligen im Schoß Christi liegen werden, in diesem lieblichen Korb, in diesem wohlriechenden Bett.

h) Im Königreich des Himmels werden die Leiber der Heiligen reichlich mit Herrlichkeit geschmückt sein. Sie werden voller Glanz und Schönheit sein. Wie das Angesicht des Mose strahlte, sodass Israel nicht in der Lage war, die Herrlichkeit anzuschauen (2.Mose 34,30), so werden die Leiber der Heiligen siebenmal heller strahlen als die Sonne, wie Chysostomos sagt: „Auf ihnen wird so ein Glanz der Schönheit sein, dass die Engel sich in sie verlieben werden.“ Und das ist auch kein Wunder, denn sie werden dem herrlichen Leib Christi gleichen (Phil 3,21). Die Leiber der verherrlichten Heiligen brauchen keine Juwelen, da sie wie der Leib Christi strahlen.

i) Im himmlischen Königreich ist die Ewigkeit. Da ist eine ewige Erfüllung; sie werden niemals vom Thron gestoßen werden. „Sie werden herrschen von Ewigkeit zu Ewigkeit“ (Offb 22,5). Es wird „das ewige Reich“ genannt (2.Petr 1,11) und als eine „über alle Maßen gewichtige Herrlichkeit“ (2.Kor 4,17). Die Blumen des Paradieses, aus denen der Kranz der Heiligen gemacht ist, verwelken niemals. Wenn die Herrlichkeit des Himmels zu einem Ende kommen könnte oder die Heiligen nur die geringste Furcht oder den geringsten Verdacht hätten, ihre Glückseligkeit zu verlieren, würde ihre Freude unendlich verringert und abgekühlt. Aber ihr Königreich ist ewig, die Flüsse des Paradieses können nicht ausgetrocknet werden. „Vor deinem Angesicht sind Freuden in Fülle, liebliches Wesen zu deiner Rechten ewiglich“ (Ps 16,11). Das Königreich des Himmels wurde durch den Tempel vorgeschattet, der mit Steinen gebaut, mit Zedernholz bedeckt und mit Gold überzogen war, um damit zu zeigen, dass der feste, dauerhafte Stand der Herrlichkeit für immer bleibt. Wir können nun beten: „Dein Reich komme."

2. Die Eigenschaften oder Voraussetzungen des Königreichs der Himmel.

a) Die Herrlichkeit dieses Königreichs ist fest und stark. Das hebräische Wort für Herrlichkeit bedeutet „ein Gewicht", um zu zeigen, wie fest und gewichtig die Herrlichkeit des himmlischen Königreichs ist. Die Herrlichkeit des weltlichen Königreichs ist flüchtig und unwirklich, wie ein flammender Komet oder ein Phantasiebild. Agrippa und Bernike kamen mit großem Prunk und großer Einbildung (Apg 25,23). Die Erde hängt wie ein Ball frei in der Luft (Hiob 26,7). Die Herrlichkeit des himmlischen Königreichs ist stark; sie hat zwölf Fundamente (Offb 21,14). Was Gott und die Engel als Herrlichkeit betrachten, ist wahre Herrlichkeit.

b) Die Herrlichkeit dieses Königreichs sättigt. „Denn bei dir ist die Quelle des Lebens" (Ps 36,10). Was sonst, als nur gefüllt, können diejenigen sein, die am Ursprung der Quelle sind? Ich werde „an deinem Anblick mich sättigen, wenn ich erwache" (Ps 17,15), d.h., wenn ich am Morgen der Auferstehung erwache; während einige Strahlen deiner Herrlichkeit in mich hineinstrahlen, werde ich gesättigt sein. Über die Sättigung bzw. Befriedigung sagen die Geschöpfe: „Sie ist nicht in mir!" (Hiob 28,14). Wenn wir die Glückseligkeit im Geschöpf suchen, sind wir an der falschen Adresse: Nur die himmlische Herrlichkeit ist für das unermessliche Verlangen einer unsterblichen Seele angemessen. Ein Christ, der sich in diesen Flüssen der Freude badet, ruft in göttlicher Verzückung aus: Ich habe genug. Die Seele ist niemals gesättigt, bis sie Gott als ihr Teil hat und den Himmel als ihren Hafen. Unzufriedenheit erwächst aus einem Mangel, aber Gott ist ein unendliches Gut, und in dem, was unendlich ist, kann kein Mangel sein.

c) Die Herrlichkeit des Himmels ist rein und unvermischt. In den Strömen des Paradieses ist kein Schlamm: *Omnia clara, omnia jacunda* – alle sind klar, alle sind köstlich. Ihr Gold hat keine Legierung. In dieser Herrlichkeit gibt es keine bitteren Inhaltsstoffe: Sie ist rein wie der Honig, der aus der Wabe tropft. Dort wächst die Rose von Scharon ohne Dornen. Dort gibt es Leichtigkeit ohne Schmerzen, Ehre ohne Schmach, Leben ohne Tod.

d) Die Herrlichkeit dieses Königreichs ist beständig fröhlich stimmend und erfrischend; dort ist die Fülle, aber kein Überdruss. Auch wenn weltliche Annehmlichkeiten lieblich sind, so sind sie doch nach einer gewissen Zeit abgestanden. Ein Klappbett ist eine Zeit lang angenehm, aber schon bald sind wir dessen überdrüssig und wollen aufstehen. Zuviel Vergnügen ist eine Qual, aber die Herrlichkeit des Himmels macht niemals überdrüssig oder ekelt einen niemals an, weil dort alle vorstellbaren Dinge sind. So springen aus Gott in jedem Augenblick frische Freuden in die verherrlichte Seele hinein.

e) Die Herrlichkeit dieses Königreichs wird an jeden einzelnen Heiligen verteilt. In einem irdischen Königreich geht die Krone nur an eine Person, eine Krone passt nur auf ein Haupt, aber in dem Königreich, das droben ist, geht die Krone an alle (Offb 1,6). Alle Auserwählten sind Könige. Das Land wird vornehmlich an den Erben überschrieben und der Rest wird schlecht versorgt. Aber im Königreich des Himmels sind alle Heiligen Erben. „So sind wir auch Erben, nämlich Erben Gottes und Miterben des Christus" (Röm 8,17). Gott hat genug Land, um es allen seinen Erben zu geben.

f) Klar und durchsichtig. Dieses Königreich des Himmels ist mit Licht verziert und geschmückt (1.Tim 6,16). Das Licht ist die Herrlichkeit der Schöpfung. „Süß ist das Licht" (Pred 11,7). Die Hölle ist ein dunkler Kerker: Feuer, aber kein Licht (Mt 22,13). Das Königreich des Himmels ist ein *diaphanum* – eine Transparenz, ganz mit Licht verziert, klar wie ein Kristall. Wie könnte dort, wo Christus, die Sonne der Gerechtigkeit, seine goldenen Strahlen ausbreitet, ein Mangel an Licht sein? „Denn die Herrlichkeit Gottes erleuchtet sie, und ihre Leuchte ist das Lamm" (Offb 21,23).

g) Die Herrlichkeit dieses Königreichs entspricht dem Verlangen der Seele und ist für sie angemessen. Bei den Geschöpfen ist etwas angemessen, wenn es ihren Geschmack trifft. Die Freude an der Ehe liegt nicht in der Schönheit oder der Mitgift, sondern darin, dass die Sache selbst für uns angenehm ist. Die Vortrefflichkeit eines Festmahls liegt darin, dass das Essen unserem Gaumen gefällt. Ein Bestandteil der Herrlichkeit des Himmels ist, dass es genau dem Verlangen der verherrlichten Heiligen entspricht. Im Himmel werden wir nicht sagen: „Hier ist ein Gericht, das ich nicht mag!" Dort wird es eine Musik durch die Hymnen der Engel geben, die für das Ohr angemessen ist, und Speisen durch das verborgene Manna der Liebe Gottes, das für den verherrlichten Gaumen angemessen ist.

h) Die Herrlichkeit dieses Königreichs wird zur rechten Zeit kommen. Wenn eine Wohltat zur rechten Zeit kommt, vermehrt das ihre Schönheit und Lieblichkeit. Sie ist wie „goldene Äpfel in silbernen Schalen" (Spr 25,11). Wenn nach einem harten Winter in diesem kalten Klima die Frühlingsblumen der Herrlichkeit erscheinen und der Gesang der Vögel des Paradieses kommt, ist es dann nicht der rechte Zeitpunkt dafür? Wenn wir durch den Kampf mit der Sünde und dem Satan müde und erschöpft sind, kommt eine Krone dann nicht zur rechten Zeit?

3. Das Königreich des Himmels übertrifft alle Königreiche der Erde unendlich weit.

a) Es übertrifft sie durch seinen Erbauer. Bei anderen Königreichen werden die Strukturen von Menschen gelegt, aber bei diesem Königreich hat Gott selbst den ersten Stein gelegt (Hebr 11,10). Dieses Königreich hat das höchste Alter. Gott war sein erster König und Gründer, kein Engel war würdig, um an diesem Gebäude einen Stein zu legen.

b) Dieses himmlische Königreich übertrifft alles an Höhe. Es ist höher als jedes Königreich. Je höher etwas ist, umso vortrefflicher ist es. Feuer, das das erhabenste Element ist, ist auch das edelste. Das Königreich der Himmel hat seinen Sitz über alle sichtbaren Himmelskörper. Es gibt:

1) Den Lufthimmel, welcher der Raum zwischen der Erde und der Sphäre des Mondes ist.

2) Den Sternenhimmel, den Raum, wo die Planeten sind, die noch höher stehen, wie der Saturn, der Jupiter und der Mars.

3) Den *coelum empyraeum*[31] – den Feuerhimmel, den Paulus als den dritten Himmel bezeichnet, wo Christus ist; dort befindet sich das Königreich der Herrlichkeit. Dieses Königreich ist so hoch, dass keine Sturmleiter des Feindes es erreichen kann, so hoch, dass die alte Schlange ihre feurigen Pfeile nicht zu ihm hinaufschießen kann. Wenn gottlose Menschen ihre Nester zwischen den Sternen bauen könnten, wäre der geringste Gläubige bald über ihnen.

c) Das Königreich des Himmels übertrifft alle anderen an Pracht und Reichtum. Es wird mit kostbaren Steinen beschrieben (Offb 21,19). Was sind alle Dinge auf der Erde im Vergleich zu diesem Königreich – Küsten mit Perlen, Felsen mit Diamanten, Inseln mit Gewürzen? Was sind die Weltwunder im Vergleich zu ihm – die Pyramiden Ägyptens, der Tempel der Diana, die Säulen der Sonne zu Ehren Jupiters? Was für ein reiches Königreich ist das, worin Gott alle seine Kosten investiert! Diejenigen, welche in der Welt arm sind, werden so reich wie die Engel werden, sobald sie in dieses Königreich kommen. Andere Königreich sind aufgrund von Gold reich; dieses Königreich ist aufgrund der Gottheit reich.

d) Das Königreich des Himmels übertrifft alle anderen Königreiche an Heiligkeit. Die Königreiche auf der Erde sind größtenteils unheilig. In ihnen fließt ein allgemeines Geschwür des Luxus und der Unreinheit. Königreiche sind Bühnen, auf denen die Sünde aufgeführt wird. „Ja, alle Tische sind besudelt mit Erbrochenem" (Jes 28,8). Aber das Königreich des Himmels ist so heilig, dass es sich nicht mit einer einzigen Verderbtheit mischt. Dort wird keine Verunreinigung hineinkommen (Offb 21,27). Es hat so einen reinen Boden, dass keine Sündenschlange dort brüten kann. Die Schönheit ist nicht von der Begierde befleckt, und die Ehre ist nicht mit

31 Der *coelum empyraeum* ist im ptolemäischen Weltbild die äußerste Sphäre, die sich jenseits der Fixsterne befinden soll. Die Bezeichnung leitet sich von dem griechischen *empyros* ab und bedeutet im Feuer befindlich.

Hochmut aufgebläht. Heiligkeit ist das glänzendste Juwel der Krone des Himmels.

e) Das Königreich des Himmels übertrifft alle anderen Königreiche in seiner friedlichen Natur. Es ist ein *regnum pacis* – ein Königreich des Friedens. Frieden ist die Herrlichkeit eines Königreichs. *Pax una triumphis innumeris melior* – ein Friede ist besser als unzählige Siege. Eine Königskrone ist besser mit einer weißen Lilie des Friedens geschmückt, als wenn an ihr eine rote Rose des blutigen Krieges ist. Aber wo können wir auf der Erde einen ununterbrochenen Frieden finden? Entweder gibt es selbstgemachte Spaltungen oder fremde Invasionen. „Und in jenen Zeiten hatten die, welche aus- und eingingen, keinen Frieden“ (2.Chr 15,5). Aber das Königreich des Himmels ist ein Königreich des Friedens. Dort gibt es keine Feinde, mit denen man im Konflikt steht, denn alle Feinde werden unter den Füßen Christi sein (Ps 110,1). Die Tore dieses Königreichs stehen allezeit offen: „Und ihre Tore sollen niemals geschlossen werden“ (Offb 21,25), um zu zeigen, dass es dort keine Furcht vor dem Angriff eines Feindes gibt. Wenn die Heiligen sterben, so heißt es von ihnen, gehen sie in den Frieden ein (Jes 57,2). Dort gibt es keine Trommelschläge oder Kanonendonnern, sondern den Klang der Harfen von den Harfenspielern als Zeichen des Friedens (Offb 14,2). Im Himmel küssen sich Gerechtigkeit und Frieden (Ps 85,11).

f) Das Königreich des Himmels übertrifft alles an Größe; es hat eine gewaltige Ausdehnung. Auch wenn das Tor des Königreichs eng ist und wir durch die enge Pforte des Todes eingehen müssen, so ist es doch sehr groß, wenn wir einmal eingegangen sind. Obwohl dort eine unzählige Schar Heiliger und Engel ist, so ist doch genug Platz für sie alle. Man kann dem Königreich des Himmels den Namen des Brunnens aus 1.Mose 26,22 geben. Isaak nannte „ihn Rechobot und sprach: Nun hat uns der HERR einen weiten Raum gemacht.“ Wir, die wir jetzt auf ein kleines Häuschen beschränkt sind, werden räumlich nicht eingeengt sein, wenn wir in das himmlische Königreich kommen. Wie jeder Stern eine große Umlaufbahn hat, um sich darauf zu bewegen, so wird es auch mit den Heiligen sein, wenn sie wie Sterne im Königreich des Himmels scheinen werden.

g) Das Königreich des Himmels übertrifft alles an Einheit. Alle Bewohner sind in Liebe miteinander vereint. Die Liebe wird der Wohlgeruch und die Musik des Himmels sein. So innig wie die Liebe zu Gott ist, wird sie auch zu den Heiligen sein. Wie die vollkommene Liebe die Furcht austreibt, so treibt sie auch Neid und Zwietracht aus. Die Christen, die auf der Erde nicht in Ruhe miteinander leben konnten (was ein Fleck auf ihrem Bekenntnis ist), werden sich im Himmel alle lieben. Das Feuer des Streits wird verstummen. Dort wird es kein Diffamieren oder Verurteilen eines anderen mehr geben oder das Kratzen an der Wunde eines anderen, sondern alle werden durch das Herzensband der Liebe miteinander verbunden sein. Dort sind sich Luther und Zwingli einig. Der Satan kann seine gespaltene Hufe dort nicht hineinsetzen, um Spaltungen zu verursachen. Dort wird vollkommene Harmonie und Eintracht sein, und in der Musik der Heiligen wird es keine schrill klingende Saite geben. Um in dieses Königreich zu kommen, ist es wert zu sterben.

h) Dieses Königreich übertrifft alle irdischen Königreiche an Freude und Genuss, und deshalb wird es Paradies genannt (2.Kor 12,4). Was die Freude anbetrifft, so gibt es dort alle Dinge, die Genuss bringen. Dort ist das Wasser des Lebens so klar wie ein Kristall. Dort tropft der Honigkamm der Liebe Gottes. Es wird als das Eintreten „zur Freude deines Herrn" bezeichnet (Mt 25,23). Dort gibt es zwei Dinge, die Freude hervorrufen.

1. Die Trennung von der Sünde wird vollständig sein, und dann folgt Freude. Im Himmel kann genauso wenig Trauer sein wie Freude in der Hölle.

2. Eine vollkommene Vereinigung mit Christus. Freude fließt, wie Aristoteles sagt, aus der Vereinigung mit einem Gegenstand. Wenn unsere Vereinigung mit Christus vollkommen sein wird, dann wird auch unsere Freude vollkommen sein. Wenn die Freude des Glaubens so groß ist, wie wird dann erst die Freude des Schauens sein? (1.Petr 1,8). Josef

gab seinen Brüdern Vorrat für den Weg, aber die vollen Säcke Korn wurden aufbewahrt, bis sie zu dem Haus ihres Vaters kamen. Gott gibt den Heiligen hier einen Vorgeschmack der Freude, aber die vollen Säcke werden aufbewahrt, bis sie in den Himmel kommen. Nicht nur die organischen Teile, die äußeren Sinne, das Auge, das Ohr, der Geschmack, sondern das Herz eines verherrlichten Heiligen wird mit Freude erfüllt sein. Der Verstand, der Wille und die Gemütsstimmung sind eine Triangel, die nur die Dreieinigkeit erfüllen kann. Wo man nichts außer Schönheit sieht, nichts außer Liebe schmeckt, muss notwendigerweise unendliche Freude sein.

i) Dieses Königreich des Himmels übertrifft alle irdischen Königreiche an Selbstperfektion. Andere Königreiche sind fehlerhaft, sie können sich nicht in allem aus sich selbst heraus versorgen, sondern müssen mit dem Ausland Handel betreiben, um ihre fehlende Güter zu Hause aufzufüllen, wie Salomo aus Ophir Gold holen ließ (2.Chr 8,18). Aber im Königreich der Himmel fehlt nichts. Es hat alle seine Güter von seinem eigenen Boden (Offb 22,2). Dort sind die kostbare Perle, der Morgenstern, die Berge mit Gewürzen, das Bett der Liebe. Dort sind die heiligen Güter, woran sich Gott und die Engel erfreuen.

j) Dieses Königreich des Himmels übertrifft alle anderen an Ehre und Adel. Es ist ihnen nicht nur in den königlichen Zeichen gleich, in dem Thron und den weißen Kleidern, sondern es übertrifft sie bei Weitem. Andere Könige sind aus königlichem Blut, aber diejenigen, die in diesem himmlischen Königreich sind, sind aus Gott geboren. Andere Könige haben mit Adligen Umgang. Die verherrlichten Heiligen sind Mitgenossen der Engel; sie haben eine edlere Krone. Sie ist aus den Blumen des Paradieses gemacht, und sie ist eine Krone, die nicht vergeht (1.Petr 5,4). Sie sitzen auf einem besseren Thron. König Salomo saß auf einem Thron aus Elfenbein, der mit Gold überzogen war (1.Kön 10,18). Doch die Heiligen im Himmel sind noch höher erhoben, sie sitzen mit Christus auf seinem Thron (Offb 3,21). Sie werden die Fürsten und die

Großen der Erde richten (1.Kor 6,2). Diese Ehre haben alle verherrlichten Heiligen.

k) Dieses Königreich der Himmel übertrifft alle anderen an Gesundheit. Der Tod ist ein Wurm, der allezeit an der Wurzel unseres Lebensbaumes nagt. Königreiche sind oft Hospitäler mit kranken Personen, aber im Königreich des Himmels herrscht das gesündeste Klima. Ärzte sind dort überholt. Dort gibt es keine Krankheit, keine Todesglocke oder Sterbeliste. „Denn sie können nicht mehr sterben" (Lk 20,36). In der himmlischen Atmosphäre gibt es keine schädlichen Dämpfe, die Krankheiten erzeugen, sondern einen lieblichen, wohlriechenden Duft, der von Christus kommt. Alle seine Kleider riechen nach Myrrhe, Aloe und Kalmus.

l) Dieses Königreich übertrifft alles an Dauer; es besteht für immer. Nehmen wir an, dass die irdischen Königreiche noch herrlicher wären, als sie sind: Ihre Fundamente wären aus Gold, ihre Mauern aus Perlen, ihre Fenster aus Saphiren, dennoch wären sie vergänglich und würden vergehen. Ich werde „dem Königtum des Hauses Israel ein Ende machen" (Hos 1,4). Troja und Athen liegen nun in ihren Ruinen begraben: *Jam seges est ubi Troja fuit* – wo einst Troja stand, wächst jetzt Getreide. Sterblichkeit ist die Schmach eines jeden irdischen Königreiches, aber auf dem Königreich des Himmels steht „Ewigkeit" geschrieben; es ist ein ewig andauerndes Königreich (2.Petr 1,11). Es ist auf das feste Fundament der Allmacht Gottes gegründet. Die Heiligen werden niemals aus diesem Königreich hinausgestoßen oder von ihrem Thron gestürzt werden, wie man es mit einigen Königen getan hat, wie Heinrich VI. etc, denn sie sollen von Ewigkeit zu Ewigkeit herrschen (Offb 22,5).

Wie müsste all das doch unser Herz berühren! Was müssten wir für dieses Königreich des Himmels geben, das alle Königreiche der Erde mehr überstrahlt, als die Sonne eine Wachskerze!

4. Dieses Königreich des Himmels wird mit dem Tod beginnen, aber nicht vor der Auferstehung vollendet werden.

a) Die Heiligen werden unmittelbar nach dem Tod in das Königreich der Herrlichkeit eingehen.

Bevor ihre Leiber begraben sind, werden ihre Seelen gekrönt sein. „Mich verlangt danach, aufzubrechen und bei Christus zu sein" (Phil 1,23). Aus dieser Verbindung „aufzubrechen und bei Christus zu sein" sehen wir klar, dass es einen *subitus transitus* gibt – einen sofortigen Übergang vom Tod zur Herrlichkeit. Kaum ist die Seele vom Leib eines Gläubigen getrennt, so geht sie augenblicklich zu Christus. „Aus dem Leib auszuwandern und daheim zu sein bei dem Herrn" (2.Kor 5,8). Wenn die Gläubigen nach dem Tod nicht unmittelbar bei Christus in der Herrlichkeit sein würden, wäre es besser für sie, hierzubleiben, denn hier nimmt ihre Gnade täglich zu. Hier haben sie viele *praelibamina* – vielfach einen lieblichen Vorgeschmack der Liebe Gottes, sodass es besser wäre, hierzubleiben, wenn ihre Seele in ihrem Körper schlafen würde und sie nicht sofort den Anblick Gottes in der Herrlichkeit haben würden. Doch der Trost der Gläubigen ist, dass sie nicht lange auf ihr Königreich warten müssen; es ist nur ein Augenzwinkern, und sie werden Gott sehen. Für die Gläubigen wird es nicht nur eine gesegnete Veränderung sein, von einer Wüste zum Paradies, von einer blutigen Schlacht zu einer Siegeskrone, sondern auch eine sofortige Veränderung. Kaum war Lazarus gestorben, da hatte er schon einen Geleitschutz von Engeln, um seine Seele in das Königreich der Herrlichkeit zu führen. Wir, die wir jetzt voller körperlicher Krankheiten sind, die wir kaum einen Tag gesund sind und sagen: „Mein Leben ist dahingeschwunden in Kummer" (Ps 31,11), können glücklich sein. Bevor wir es merken, bevor eine weitere Woche oder ein weiteren Monat vorüber sind, können wir im Königreich der Herrlichkeit sein, und dann werden alle Tränen abgewischt.

b) Die Herrlichkeit im Königreich des Himmels wird bei der Auferstehung und am allgemeinen Tag des Gerichts vollkommen sein. Dann werden die Leiber und die Seelen der Gläubigen wieder vereint. Was für eine Freude wird dann sein, wenn die Seele und der Leib eines Heiligen wieder vereint werden und zusammentreffen! „Oh, mein lieber Leib! Du warst oft mit mir im Gebet vereint, und jetzt wirst du mit mir im Lobpreis vereint sein. Du warst willig, um mit mir zu leiden, und jetzt wirst du mit mir regieren. Du warst mit mir in Unehre gesät, und jetzt bist du wie der herrliche Leib Christi gemacht. Wir waren einst für eine Zeit lang getrennt, aber jetzt sind wir vermählt und zusammen in einem Königreich gekrönt und werden uns gegenseitig für die Glückseligkeit des anderen gratulieren."

5. Die Sicherheit und die Unfehlbarkeit des Königreichs der Herrlichkeit.

Dass dieses gesegnete Königreich den Heiligen zuteilwerden wird, steht außer Frage.

a) Gott hat es verheißen: „Denn es hat eurem Vater gefallen, euch das Reich zu geben" (Lk 12,32). „Und so übergebe ich euch ein Königtum" (Lk 22,29). „Ich hinterlasse es als meinen letzten Willen und mein Testament." Wenn Gott die Verheißung eines Königreichs gegeben hat, sollte er sie da nicht erfüllen? Gottes Verheißung ist besser als irgendein Pfandbrief. „Aufgrund der Hoffnung des ewigen Lebens, das Gott, der nicht lügen kann, vor ewigen Zeiten verheißen hat" (Tit 1,2). Die ganze Erde hängt am Wort von Gottes Macht, und kann unser Glaube da nicht an dem Wort seiner Verheißung hängen?

b) Für dieses Königreich wurde ein Preis festgesetzt. Der Himmel ist nicht nur ein Königreich, das Gott verheißen, sondern das Christus auch erworben hat; es wird als „Erlösung des Eigentums" bezeichnet (Eph 1,14). Obwohl uns dieses Königreich frei gegeben wird, so hat Christus es doch für den Preis seines Blutes erkauft, das ein Blut des Himmelserwerbs ist. „Da wir nun, ihr Brüder, kraft des Blutes Jesu Freimütigkeit haben zum Eingang in das Heiligtum", d.h. in den Himmel (Hebr 10,19). *Crux Christi clavis paradisi* – das Kreuz Christi ist der Schlüssel des Paradieses. Das Blut Christi ist der Schlüssel, der die Tore des Himmels öffnet. Würden die Heiligen dieses Königreich nicht bekommen, dann würde Christus verlieren, was er erworben hat. Christus war am Kreuz in großer Mühsal

(Jes 53,11). Er war in Mühsal, um die Erlösung der Auserwählten zu vollbringen. Würden Sie das Königreich nicht besitzen, wenn sie sterben, dann würde Christus das verlieren, wofür er sich abgemüht hat. Dann wären alle seine Schmerzen und die Todesqualen seiner Seele am Kreuz umsonst gewesen.

c) Christus betet, dass dieses Königreich auf die Heiligen übertragen wird: „Vater, ich will, dass, wo ich bin (d.h. im Himmel), auch die bei mir seien, die du mir gegeben hast" (Joh 17,24). Es ist das Gebet Christi, dass die Heiligen mit ihm in seinem Königreich sein sollen und mit einigen Strahlen seiner Herrlichkeit geschmückt werden. Nun, wenn sie nicht in sein himmlisches Königreich eingehen würden, dann wäre das Gebet Christi vergeblich gewesen. Aber das kann nicht sein, denn er ist der Günstling Gottes! „Ich aber weiß, dass du mich allezeit erhörst" (Joh 11,42), und abgesehen davon hat er die Macht, das zu geben, wofür Christus betet. Beachten wir, wie Christus betet: „Vater, ich will". „Vater", hier betet er als Mensch. „Ich will", hier gibt er als Gott.

d) Die Heiligen müssen kraft der Himmelfahrt Christi dieses Königreich bekommen. „Ich fahre auf zu meinem Vater und eurem Vater, zu meinem Gott und eurem Gott" (Joh 20,17). Worin liegt hier der Trost? Christus ist in den Himmel aufgefahren, um ihn für alle Gläubigen in Besitz zu nehmen. So wie ein Ehemann in einem fremden Land im Namen seiner Frau ein Stück Land in Besitz nimmt, so ist auch Christus hingegangen, um im Namen der Gläubigen den Himmel in Besitz zu nehmen. „Ich gehe hin, um euch eine Stätte zu bereiten" (Joh 14,2). Meine Himmelfahrt geschah, um alle Dinge vor eurem Kommen vorzubereiten: Ich bin hingegangen, um euch Wohnungen im Himmel zu bereiten. Das Fleisch, das Christus mit in den Himmel genommen hat, ist ein sicheres Unterpfand, dass auch unser Fleisch und unsere Leiber dort sein werden, wo er bereits ist. Christus ist nicht als eine Privatperson in den Himmel aufgefahren, sondern als eine öffentliche Person, was allen Gläubigen zugutekommt. Seine Himmelfahrt ist eine sichere Wegbereitung für die Aufnahme der Gläubigen in den Himmel.

e) Die Auserwählten müssen dieses gesegnete Königreich aufgrund des vorausgehenden Werkes des Heiligen Geistes in ihren Herzen bekommen. Der Anfang des Königreichs des Himmels ist bereits hier in ihnen. Die Gnade ist das Anfangen des Himmels in der Seele. Außerdem gibt Gott ihnen die *primitas Spiritus* – die Erstlingsgabe des Geistes (Röm 8,23). Die Erstlingsgabe ist die Tröstung des Geistes. Unter dem Gesetz war die Erstlingsgabe ein sicheres Zeichen für die Juden, dass sie bei der Weinlese noch eine volle Ernte empfangen würden. Die Erstlingsgabe des Geistes, die aus Freude und Frieden besteht, versichert den Heiligen die volle Weinlese der Herrlichkeit, die sie im Königreich Gottes ewig ernten werden. Von den Heiligen steht geschrieben, dass sie in diesem Leben das Unterpfand des Geistes in ihren Herzen haben (2.Kor 5,5). Wie ein Unterpfand ein Bestandteil der Zahlung ist, eine Zusicherung auf eine vollständige Zahlung zu einer bestimmten Zeit, so gibt auch der Geist Gottes den Gläubigen im Herzen seinen Trost, schenkt ihnen ein Unterpfand oder den Vorgeschmack auf die Herrlichkeit. Das gibt ihnen eine zusätzliche Sicherheit auf die volle Belohnung, die sie im Königreich des Himmels bekommen werden. „An ihn glaubt ihr ... und über ihn werdet ihr euch jubelnd freuen", hier haben wir das Unterpfand des Himmels (1.Petr 1,8). Hier haben wir die volle Zahlung (Vers 9): „Wenn ihr das Endziel eures Glaubens davontragt", nämlich die Seligkeit.

f) Die Auserwählten müssen dieses gesegnete Königreich kraft ihrer Vereinigung und Einheit mit Jesus Christus bekommen. Sie sind Glieder Christi, deshalb müssen sie dort sein, wo ihr Haupt ist. Zwar behaupten die Arminianer, dass eine gerechtfertigte Person aus der Gnade fallen kann und dass seine Einheit mit Christus somit aufgelöst wird und das Königreich verloren ist, aber ich frage sie: Kann Christus ein Glied seines Leibes verlieren? Dann wäre er nicht vollkommen. Und wenn Christus ein Glied seines Leibes verlieren könnte, warum dann nicht ebenso gut alle Glieder aus dem gleichen Grund? Er wäre dann ein Haupt ohne Leib. Aber seien wir versichert, die Einheit eines Gläubigen mit Christus kann nicht gebrochen werden und so lange kann er auch nicht vom Königreich abgehalten werden (Joh 17,12). Was über den natürlichen Leib Christi geschrieben steht, ist von seinem mystischen Leib ebenso wahr. „Kein Knochen soll ihm zerbrochen werden" (Joh 19,36). Siehe, wie jeder Knochen und jedes Glied vom natürlichen Leib Christi aus dem Grab auferweckt und in den Himmel getragen wurde, so wird auch jedes Glied seines mystischen Leibes in die Herrlichkeit hinaufgetragen werden!

g) Wir lesen von einigen, die in dieses Königreich hineinversetzt wurden. Paulus sah es, denn er wurde bis in den dritten Himmel hinaufgehoben (2.Kor 12,2). Und der bekehrte Dieb am Kreuz wurde in die Herrlichkeit versetzt. „Heute wirst du mit mir im Paradies sein!" (Lk 23,43). Durch all das, was geschrieben steht, ist es klar bewiesen, dass für die Gläubigen ein herrliches Königreich bei der Wiederherstellung bereitgestellt ist, und dass sie in dieses Königreich gehen werden, wenn sie sterben. Es gibt niemanden, der die Gewissheit des himmlischen Königreichs bezweifelt, außer diejenigen, die die Wahrheit der Schrift bezweifeln.

6. Wir sollen ernsthaft beten: „Dein Reich komme."

a) Weil dieses Königreich es wert ist, dass man dafür betet. Es übertrifft die Herrlichkeit aller irdischen Königreiche; es hat Perlentore (Offb 21,21). Wir haben von Kästchen aus Perlen gehört, aber wann haben wir jemals von Toren aus Perlen gehört? In diesem Königreich ist das Bett der Liebe, die Berge mit Gewürzen; dort sind die Cherubim, nicht, um uns zu beschützen, sondern, um uns in dem Königreich willkommen zu heißen. Der Himmel ist ein Königreich, dass es wert ist, dass man dafür betet. In diesem Königreich mangelt es an nichts, das die Glückseligkeit der Heiligen vollkommen macht, denn worin besteht die Glückseligkeit? Sie besteht in der Erkenntnis. „Dann aber werde ich erkennen, gleichwie ich erkannt bin" (1.Kor 13,12). Besteht sie in köstlicher Speise? Wir werden beim „Hochzeitsmahl des Lammes" sein (Offb 19,9). Besteht sie in kostbarer Kleidung? Wir werden mit „weißen Kleidern bekleidet" sein (Offb 7,13). Besteht sie in schöner Musik? Wir werden hören, wie die Engel im Chor singen. Besteht sie in der Herrschaft? Wir werden wie Könige regieren und Engel richten. Besteht sie in Freude? Wir werden in die Freude unseres Herrn eingehen. Dann ist dieses Königreich es gewiss wert, dass man dafür betet! „Dein Reich komme." Würde Gott uns für einen Augenblick in den Himmel schauen lassen, wie er das bei Stephanus tat, der „den Himmel offen" sah (Apg 7,56), wir würden in Ekstase geraten. Und wenn wir uns davon ein wenig erholt hätten, wie nachdrücklich würden wir dann diese Bitte erheben: „Dein Reich komme."

b) Wir müssen für dieses Königreich der Herrlichkeit beten, weil Gott es niemandem ohne Gebet geben wird. „Die mit Ausdauer im Wirken des Guten Herrlichkeit, Ehre und Unvergänglichkeit erstreben" (Röm 2,7). Und wie könnten wir es „erstreben", außer durch Gebet? Gott hat ein Königreich verheißen, und wir müssen diesen Pfandbrief im Gebet einlösen. Gott ist nicht so verschwenderisch, dass er ein Königreich für diejenigen wegwirft, die nicht danach fragen. Und zweifellos ist es so: Wenn schon Christus, der die Herrlichkeit erworben hatte, gebetet hat: „Und nun verherrliche du mich, Vater, bei dir selbst mit der Herrlichkeit, die ich bei dir hatte" (Joh 17,5), um wieviel mehr müssen wir dann für die vortreffliche Herrlichkeit beten, wir, die wir dieses Königreich als einen Freibrief aus Gottes reiner Gnade und Gunst gewährt bekommen!

c) Wir müssen beten, dass das Königreich der Herrlichkeit komme, damit wir durch das Eingehen in das Königreich dem Sündigen ein Ende bereiten können. Ich denke manchmal: Was wird das für eine gesegnete Zeit sein, wenn man niemals mehr einen sündigen Gedanken hat! Wir dürfen allerdings nicht aus Unzufriedenheit beten: „Dein Reich komme", weil wir die Nöte und das Kreuz in diesem Leben loswerden wollen. Das war der Fehler von Jona. Er wollte aus einer gedrückten Stimmung heraus sterben, weil Gott ihm die Lebenskraft genommen hatte. Er sagte: „Und nun, HERR, nimm doch meine Seele von mir" (Jona 4,3). Wir müssen vielmehr mit einer heiligen Absicht beten: „Dein Reich komme", damit die Fesseln der Verderbtheit abgenommen werden und wir wie die Engel werden, diese reinen Geister, die niemals sündigen. Dies veranlasst die Kirche in Offenbarung 22,20 zu beten: „*Veni, Domine Jesu* – Komm, Herr Jesus."

d) Damit alle Feinde Christi unter seine Füße getan werden. Der Teufel soll nicht länger die Macht haben, um zu versuchen, noch gottlose Menschen, um zu verfolgen. Die antichristliche Hierarchie möge niedergerissen werden und die Herrlichkeit Zions möge wie eine Leuchte strahlen, und die muslimische Macht möge gebrochen werden.

e) Wir müssen ernsthaft beten, dass das Königreich der Herrlichkeit komme, damit wir Gott von Angesicht zu Angesicht sehen können und mit ihm eine ununterbrochene und ewige Gemeinschaft im empyrianischen Himmel haben. Mose begehrte nur einen flüchtigen Blick von Gottes Herrlichkeit (2.Mose 33,18). Wie sollten wir dann beten, dass wir seine bestickten Kleider der Herrlichkeit sehen, wie er zehntausendmal heller scheint als die Sonne an ihrem höchsten Stand im Mittagsglanz! Hier in diesem Leben begehren wir Gott eher, als dass wir uns an ihm erfreuen. Wir ernsthaft sollten wir deshalb beten: „Dein Königreich der Herrlichkeit komme!" Das Anschauen und genießen Gottes wird der Diamant im Ring sein, das wahre Wesen der Herrlichkeit. Und wenn wir beten müssen: „Dein Reich komme", wie können dann diejenigen in den Himmel kommen wollen, die niemals dafür beten? Auch wenn Gott einigen nicht gläubigen Menschen das „tägliche Brot" gibt, die niemals dafür beten, so wird er aber denen nicht ein Königreich geben, die niemals dafür beten. Gott kann sie ernähren, aber er wird sie niemals krönen.

Erste Anwendung
Zur Information.

a) Aus alledem sehen wir, dass im ganzen Glaubensbereich nichts unter unvernünftigen Bedingungen auferlegt wird. Wenn Gott uns bittet, ihm zu dienen, dann ist das keine unvernünftige Aufforderung. Aus freier Gnade wird er uns in einem Königreich auf den Thron setzen. Wenn wir von Buße hören, wobei wir unsere Seele wegen der Sünde mit salzigen Tränen tränken sollen, oder vom Töten der Sünde, wobei wir unsere Königssünde enthaupten sollen, dann sind wir dazu geneigt zu murren, und wir denken, das ist hart und unvernünftig. „Aber dienen wir Gott für nichts?“ Ist es nicht eine unendliche Freigebigkeit, uns mit einem Königreich zu belohnen? Dieses Königreich steht so weit über unser Vorstellungsvermögen, wie es über unsere Verdienste hinausgeht. Niemand kann sagen, dass Gott ein harter Herr ist, ohne ihm Unrecht zu tun. Gott gibt einen doppelten Lohn. Er gibt in seinem Dienst große Vergünstigungen, liebliche Freude und Frieden, und danach eine große Belohnung: eine „über alle Maßen gewichtige Herrlichkeit“ (2.Kor 4,17). Gott gibt die Frühlingsblumen und eine Ernte. Er übergibt uns solch ein Königreich, dass es unseren Glauben übersteigt. *„Praemium quod fide non attingitur* – eine Belohnung, die nicht einmal durch den Glauben erlangt werden kann“ (Augustinus). Solch ein Königreich, wie es noch kein sterbliches Auge gesehen hat noch wie es in das Herz eines Menschen gekommen ist, um es sich vorzustellen (1.Kor 2,9). Ach, was für einen unendlichen Unterschied gibt es zwischen den auferlegten Pflichten und dem Königreich, das bereitet ist! Was ist das Vergießen von Tränen im Vergleich zu einem Königreich! Somit sind Gottes Gebote nicht schwer (1.Joh 5,3). Unser Dienst kann nicht so schwer sein, wie ein Königreich lieblich ist.

b) Lasst uns deshalb die königliche Freigebigkeit Gottes seinen Kindern gegenüber sehen, dass er für sie ein Königreich bereitet hat, ein Königreich, das mit Herrlichkeit geschmückt ist, das unendlich über das Bild hinausgeht, dass wir uns in unseren Gedanken ausmalen können. Der Maler, der das Bild der Helena malte, zeichnete ihr Gesicht so, dass es mit einem Schleier bedeckt war, weil er ihre Schönheit nicht lebensecht malen konnte. Wenn wir vom Königreich des Himmels reden, müssen wir einen Schleier malen, denn wir können es nicht in all seiner strahlenden Schönheit und Pracht schildern. Gold und Perlen geben nur einen schwachen Schatten davon ab (Offb 21,21). Die Herrlichkeit dieses Königreichs erfährt man besser, als dass man versucht, sie mit Worten auszudrücken.

Diejenigen, welche dieses Königreich erben, sind *amicti stolis albis* – „bekleidet mit weißen Kleidern“ (Offb 7,9). Weiße Kleider weisen auf drei Dinge hin:

1) Ihre Würde. Die Perser waren als Zeichen für ihre Ehre in weiß gekleidet.

2) Ihre Reinheit. Bei den Römern waren die Obrigkeitspersonen in weiß gekleidet. Deshalb nannte man sie *candidati* – Amtsträger[32], um ihre Integrität zu zeigen. Deshalb ist die Königin, die Braut des Lammes, in feine Leinen gekleidet, rein und weiß, was „die Gerechtigkeit der Heiligen“ ist (Offb 19,8).

3) Ihre Freude. Weiß ist ein Zeichen für Freude: „So geh nun hin, iss mit Freuden dein Brot ... Lass deine Kleider allezeit weiß sein“ (Pred 9,7.8).

Die Bewohner dieses Königreichs haben als Zeichen des Sieges Palmzweige in ihren Händen (Offb 7,9). Sie haben die Welt überwunden, und da sie Sieger sind, haben sie jetzt Palmzweige. Sie sitzen mit Christus auf dem Thron (Offb 3,21). Als Cäsar nach dem Sieg über seine Feinde zurückkehrte, wurde für ihn im Senat ein Thronsessel aufgestellt und ein Thron im Theater. So sollen auch die Heiligen in der Herrlichkeit nach ihren heldenhaften Siegen mit Christus auf einem Thron sitzen. Es ist eine königliche Freigebigkeit Gottes, den Heiligen solch ein erhabenes Königreich zu schenken. Es ist Gnade, wenn einem vergeben wird, doch was ist es erst, wenn man gekrönt wird? Es ist Gnade, wenn man vom zukünftigen Zorn befreit wird, aber was ist es erst, wenn einem ein Königreich verliehen wird? „Seht, was für eine Liebe das ist.“[33] Irdische Fürsten können ihren Untertanen große Geschenke und Gaben geben, aber das Königreich behalten sie für sich selbst. Obwohl der König Pharao Josef zu Ehren erhoben hat und den Ring von seinem Finger nahm und ihm gab, so wollte er das Königreich jedoch für sich selbst behalten (1.Mose 41,40). Gott aber setzt die Heiligen in einem Königreich auf einen Thron. Für seine Kinder erachtet er nichts für gut genug. Wir

32 Im Lateinischen bedeutet *candidati* die „Weißgekleideten.“

33 Das ist ein Vers aus einem englischen Kirchenlied, das sich auf 1.Joh 3,1 bezieht: „Seht, welch eine Liebe hat uns der Vater erwiesen.“

sind geneigt, eine Träne, ein Gebet oder das Aufopfern einer Sünde für ihn als viel anzusehen, aber er sieht es nicht als viel an, uns ein Königreich zu schenken.

c) Lasst uns deshalb sehen, dass der Glaube keine unehrenhafte, entwürdigende Sache ist. Der Satan arbeitet daran, so viel Hass und Schmach auf den Glauben zu werfen, wie er nur kann, damit dieser Glaube als frommer Wahnsinn, als engstirnige Torheit dasteht. „Denn von dieser Sekte ist uns bekannt, dass ihr überall widersprochen wird" (Apg 28,22). Aber weise Menschen beurteilen die Dinge nach ihrem Ausgang. Was steht am Ende eines Glaubenslebens? Es endet in einem Königreich. Würde ein Fürst, der gekrönt werden soll, auf die abfälligen Bemerkungen von ein paar Verrückten Rücksicht nehmen? Ihr, die ihr Anfänger im Glauben seid, bindet euch ihre Schmähungen als Krone um euer Haupt, beachtet ihre Kritik ebenso wenig wie ihr Lob: Das Königreich kommt!

d) Betrachten wir die gegensätzlichen Wege, welche die Gläubigen und die Gottlosen beim Tod gehen. Die Gläubigen gehen in ein Königreich, die Gottlosen in ein Gefängnis; der Teufel ist der Gefängniswärter, und sie werden mit Ketten der Finsternis gebunden (Jud 6). Aber was sind das für Ketten? Es sind keine Ketten aus Eisen, sondern noch schlimmer: die Kette des Beschlusses Gottes, wodurch ihnen Qualen verordnet werden, und die Kette der Macht Gottes, womit sie fest unter dem Zorn gebunden werden. Der jämmerliche Zustand von unbußfertigen Sündern, wenn sie sterben, ist, dass sie nicht in ein Königreich gehen, sondern in ein Gefängnis. Oh, bedenken wir, was für ein Schrecken und eine Verzweiflung die Gottlosen erfassen wird, wenn sie sich im Elend versunken wiederfinden und ihr Zustand ist: hoffnungslos, hilflos, endlos! Sie sind in einem flammenden Gefängnis, und es gibt keine Möglichkeit herauszukommen. Unter dem Gesetz konnte ein Sklave, der einen harten Herrn hatte, an jedem siebten Jahr frei werden. Aber in der Hölle gibt es kein Erlassjahr, wo die Verdammten frei werden können: Das Feuer, der Wurm, das Gefängnis sind ewig. Wenn die ganze Welt von der Erde bis zum Himmel mit Sandkörnern gefüllt wäre und alle tausend Jahre würde ein Engel kommen, um ein Korn zu holen, wie viele Millionen Jahre würden dann vergehen, bis dieser gewaltige Sandhaufen abgetragen wäre! Wenn jedoch nach dieser ganzen Zeit der Sünder aus der Hölle herauskommen könnte, gäbe es noch ein wenig Hoffnung. Doch dieses Wort *ewig* bricht das Herz mit Verzweiflung.

e) Betrachten wir, was uns Liebe zu den heiligen Pflichten geben kann. Jede Pflicht, die geistlich verrichtet wird, bringt uns dem Königreich einen Schritt näher. *Finis dat amabilitatem mediis* – das Ziel macht die Mittel liebenswert. Derjenige, dessen Herz auf Reichtum ausgerichtet ist, findet Handel angenehm, weil er ihm Reichtum bringt. Wenn unser Herz auf den Himmel ausgerichtet ist, werden wir die Pflicht lieben, weil sie uns Schritt für Schritt in das Königreich bringt. Wir gehen auf dem Weg der Pflicht in den Himmel. Durch heilige Pflichten nimmt die Gnade zu und sowie die Gnade reif wird, eilt die Herrlichkeit herbei. Die Pflichten des Glaubens sind für Fleisch und Blut lästig, doch wir sollten sie als geistliche Streitwagen betrachten, die uns zügig in das himmlische Königreich tragen. Die Protestanten in Frankreich nannten ihre Kirche „Paradies", und das konnten sie sehr wohl tun, denn die Gnadenmittel führten sie in das Paradies Gottes. Wie jede Blume ihren lieblichen Duft hat, so wäre es auch mit jeder Pflicht, wenn wir sie so betrachten würden, dass sie uns näher zum Himmel hinaufhebt.

f) Das zeigt uns, wie wenig Grund die Kinder Gottes haben, die Gottlosen für ihren Wohlstand zu beneiden. „*Quis aerario quis plenis loculis indiget* – wer benötigt einen vollen Geldbeutel, wenn er einen Schatz besitzt?" (Seneca). „Denn Wasser in Fülle wird bei ihnen geschlürft" (Ps 73,10; Elb 06). Als ob sie das Monopol auf Glück haben: Sie haben alles, was sie begehren; ja, sie haben „mehr als sich ihr Herz wünschen kann" (Ps 73,7; nach der englischen Übersetzung). Sie baden sich im Vergnügen. „Sie singen laut zur Pauke und Laute und sind fröhlich beim Klang der Schalmei" (Hiob 21,12). Die Gottlosen sind in der Welt groß, während Gottes Volk niedrig ist. Die Böcke steigen die Berge des Fortschritts hinauf, während die Schafe Christi unten im Tal der Tränen sind. Die Gottlosen kleiden sich in Purpur, während die Gläubigen sich in Säcke kleiden. Der Wohlstand der Gottlosen ist ein großer Stolperstein. Averreos leugnete die Vorsehung Gottes und ließ Asaph sagen: „Ganz umsonst habe ich mein Herz rein erhalten" (Ps 73,13). Doch gibt es keinen Grund, um auf ihren Wohlstand neidisch zu sein, wenn wir zwei Dinge betrachten. Als Erstes: Das ist alles, was sie haben. „Sohn, bedenke, dass du dein Gutes empfangen hast in deinem Leben" (Lk 16,25); du hattest deinen ganzen Himmel hier. Luther bezeichnete das muslimische Imperium als einen Knochen, den Gott vor die Hunde wirft. Als Zweites: Gott hält für seine Kinder bessere Dinge bereit. Er hat für sie ein Königreich der Herrlichkeit bereitet. Sie werden die *visio beatifica* – den schönen Anblick Gottes haben. Sie werden die Engel im Konzert singen hören. Sie werden für immer mit der Freude des Paradieses gekrönt werden. Oh, dann lasst uns nicht die Gottlosen wegen ihres blühenden Wohlstands beneiden! Sie gehen auf einem sauberen Weg zur Hinrichtung, und die Gläubigen gehen auf einem schmutzigen Weg zur Krönung.

g) Kommt das Königreich der Herrlichkeit? Lasst uns sehen, wie glücklich die Heiligen im Sterben sind! Sie gehen zu einem Königreich. Sie werden das Angesicht Gottes sehen, das zehntausendmal heller scheint als die Sonne an ihrem höchsten Punkt in ihrem Mittagsglanz. Die Gläubigen werden beim Tod in Ehren eingesetzt, und ihnen wird die königliche Krone auf ihr Haupt gesetzt. Im Königreich des Himmels haben sie das Wesen aller Freude. Sie haben das Wasser des Lebens so klar wie ein Kristall. Sie haben alle wohlriechenden Düfte. Sie nähren sich nicht vom Tau des Hermon, sondern vom Manna der Engel. Sie liegen im Schoß Christi, diesem Bett mit Gewürzen. Dort ist so eine angenehme Abwechslung in der Glückseligkeit des Himmels, dass sie nach Millionen von Jahren noch so frisch und begehrenswert sein wird, wie in der ersten Stunde der Freude. Im Königreich der Himmel sind die Heiligen mit aller Vollkommenheit gekrönt, welche die menschliche Natur fassen kann. Das Verlangen der verherrlichten Heiligen ist unendlich zufriedengestellt. Dort fehlt ihnen nichts, das sie sich wünschen könnten, um erfreut zu sein. Dort gibt es nichts, von dem sie wünschen würden, dass es weggenommen werden soll. Diejenigen, die in dieses Königreich gekommen sind, werden nicht gewillt sein, wieder zur Erde zurückzukehren, denn dadurch würden sie viel verlieren. Sie würden die Üppigkeit und Lieblichkeit des Ölbaumes nicht verlassen, um den Dornenbusch zu umarmen. Die Dinge, welche uns versuchen, würden sie verschmähen. Was sind Säcke voll Gold im Vergleich zu den Strahlen der Sonne der Gerechtigkeit? Im Königreich der Himmel ist die Herrlichkeit auf ihrem höchsten Punkt. In diesem Königreich sind Erkenntnis ohne Unwissenheit, Heiligkeit ohne Sünde, Schönheit ohne Makel, Stärke ohne Schwäche, Licht ohne Finsternis, Reichtum ohne Armut, Leichtigkeit ohne Schmerzen, Freiheit ohne Zwang, Ruhe ohne Arbeit, Freude ohne Trauer, Liebe ohne Hass, Überfluss ohne Überdruss, Ehre ohne Schande, Gesundheit ohne Krankheit, Frieden ohne Krieg, Zufriedenheit ohne Unterbrechung. Oh, glückselig sind die, die in dem Herrn sterben! Sie gehen in ein gesegnetes Königreich. Und wenn sie beim Tod so glücklich sind, dann lasst mich zwei Schlussfolgerungen ziehen.

1. Wie wenig Grund haben die Heiligen, den Tod zu fürchten! Sollte jemand Angst haben, zu einem Königreich zu gehen? Was ist hier in dieser Welt, dass uns das Verlangen geben könnte, hierzubleiben? Sehen wir nicht, wie Gott verunehrt wird, und wie können wir das ertragen? Ist diese Welt nicht „ein Tal der Tränen“, und weinen wir nicht darum, um es zu verlassen? Sind wir nicht in einer Wüste mitten unter feurigen Schlangen, und haben wir etwa Angst, von diesen Schlangen wegzugehen? Unsere besten Freunde leben droben. Gott breitet das Banner seiner Liebe im Himmel für immer aus, und gibt es irgendeine Liebe wie seine? Gibt es hier ein lieblicheres Lächeln oder sanftere Umarmungen als seine? Welche Nachricht ist willkommener, als die Welt zu verlassen und zu einem Königreich zu gehen? Lieber Christ, dein Todestag wird dein Hochzeitstag sein, und du fürchtest ihn? Hat ein

Sklave Angst davor, freigelassen zu werden? Hat eine Jungfrau Angst davor, mit der Krone vermählt zu werden? Der Tod mag zwar ein paar weltliche Annehmlichkeiten wegnehmen, aber dafür gibt er etwas, das besser ist. Er nimmt eine Blume weg und gibt dafür ein Juwel. Er nimmt eine kurze Pacht weg und gibt das Land des Erbes. Wenn die Heiligen beim Tod ein Königreich besitzen, dann haben sie keinen Grund, den Tod zu fürchten. Ein Fürst würde sich nicht davor fürchten, ein Meer zu überqueren, auch wenn es stürmisch ist, wenn er sicher ist, dass er gekrönt wird, sobald er das andere Ufer erreicht.

2. Wenn die Gläubigen beim Tod so glücklich sind, dass sie zu einem Königreich gehen, welchen Grund haben wir dann, wegen des Todes von gläubigen Freunden maßlos zu trauern? Sollen wir wegen ihrer Beförderung trauern? Warum sollten wir für diejenigen maßlos Tränen vergießen, bei denen alle Tränen von ihren Augen abgewischt wurden? Warum sollten wir für diejenigen in Trauer gehüllt werden, die in Freude gehüllt sind? Sie sind zu ihrem Königreich gegangen. Sie sind nicht verloren, sondern ein wenig vorausgegangen, nicht untergangen, sondern übergesetzt. *„Non amissi sed praemissi* – nicht verloren, sondern vorausgeschickt" (Cyprian). Sie sind zu ihrem Vorteil weggenommen, so als ob man jemanden aus einer verrauchten Bude herausnimmt, um ihn in einen Palast zu bringen. Elia wurde weggenommen, um in einem flammenden Streitwagen in den Himmel gebracht zu werden. Sollte Elisa übermäßig weinen, weil er sich nicht mehr der Gesellschaft Elias erfreut? Sollte Jakob weinen, wenn er weiß, dass sein Sohn befördert und zum obersten Regenten in Ägypten gemacht wurde? Wir sollten nicht übermäßig in Trauer sein, wenn wir wissen, dass unsere gläubigen Freunde zu einem Königreich befördert wurden. Ich gebe zu, dass es einen Grund zum Trauern gibt, wenn einer unserer Verwandten in seinem unbußfertigen Zustand stirbt, aber nicht wenn unsere Freunde in die Herrlichkeit gehen. David verlor zwei Söhne: Absalom, ein gottloser Sohn, über den er bitterlich trauerte. Er verlor ein Kind, das er von Bathseba hatte. Als es starb, trauerte er nicht. Ambrosius gibt dafür folgenden Grund an: David hatte eine

gute Hoffnung, nein, vielmehr die Gewissheit, dass das Kind in den Himmel versetzt wurde. Aber bei Absalom zweifelte er daran. Er starb in seinen Sünden, deshalb weinte David um ihn. „O Absalom, mein Sohn, mein Sohn" (2.Sam 19,1). Auch wenn wir bei den Gedanken weinen sollten, dass jemand von unserem Fleisch und Blut in der Hölle brennt, so lasst uns jedoch nicht niedergeschlagen sein über die, welche beim Tod so hoch bis zu einem Königreich befördert wurden. Unsere gläubigen Freunde, die im Herrn sterben, sind in einem gesegneten Stand und sind mit unendlicher Freude gekrönt, sodass sie sagen würden, wenn wir sie vom Himmel reden hören könnten: „Weint nicht über mich; weint vielmehr über euch selbst" (Lk 23,28). Wir sind in unserem Königreich. Weint nicht über unsere Beförderung, sondern „weint vielmehr über euch selbst", die ihr noch in einer sündigen, trübseligen Welt seid. Ihr schwankt noch auf mühseligen Wellen, aber wir sind zum Hafen gekommen. Ihr kämpft mit Versuchungen, während wir die Siegeskrone tragen. „Weint nicht über mich; weint vielmehr über euch selbst."

h) Lasst uns die Weisheit der Gläubigen betrachten. Sie haben den Kopf einer Taube und darin das Auge einer Schlange. Sie sind „kluge Jungfrauen" (Mt 25,2). Ihre Weisheit zeigt sich an ihrer Wahl. Sie haben das gewählt, was sie zu einem Königreich bringt. Sie haben die Gnade gewählt, und was anderes ist die Gnade als der Same der Herrlichkeit? Sie haben Christus mit seinem Kreuz gewählt, und dieses Kreuz führt zu einer Krone. Mose „zog es vor, mit dem Volk Gottes Bedrängnis zu erleiden, anstatt den vergänglichen Genuss der Sünde zu haben" (Hebr 11,25). Das war eine weise, vernünftige Wahl, denn er wusste, wenn er litt, würde er auch herrschen. Am Tag des Gerichts, werden diejenigen als weise dastehen, welche die Welt für Narren gehalten hat. Sie haben eine kluge Wahl getroffen – sie haben Heiligkeit gewählt, und was ist Glückseligkeit anderes als das Wesen von Heiligkeit? Sie haben mit dem Volk Gottes Trübsal gewählt, doch sie gehen durch dieses Fegefeuer der Trübsal hinüber zum Paradies. Gott wird die

Weisheit der Heiligen vor den Menschen und Engeln verkünden.

i) Lasst uns die Torheit derer betrachten, die um nichtiger Freuden und nichtigen Gewinnes willen solch ein herrliches Königreich verlieren werden, wie der Kardinal von Frankreich, der sagte: „Er würde seinen Platz im Paradies aufgeben, wenn er sein Kardinalsamt in Paris behalten könnte." Ich kann mit Prediger 9,3 sagen: „Torheit ist in ihrem Herzen." Lysimachos[34] verlor sein Reich wegen eines Schlucks Wasser. Ebenso verlieren diese für einen Schluck sündiger Freude den Himmel. Wir sind unserem Großvater, Adam, viel zu sehr ähnlich, der für einen Apfel das Paradies verlor. Viele riskieren für Kleinigkeiten, wie einen Scheffel oder einen Schilling mehr im Geschäft, den Verlust des Himmels. Wenn ein Sünder daran denkt, auf welch törichte Art und Weise er verloren gegangen ist, wird das seine Qualen erschweren. Für einen Hauch unreiner Freude hat er ein ewiges Gewicht der Herrlichkeit verloren. Würde es jemanden, der Besitzer eines Gutshauses ist, nicht ärgern, wenn er daran denkt, dass er sich von seinem stattlichen Erbe wegen einer musikalischen Laune trennen muss? Solche Leute lassen den Himmel für ein Lied fahren. Das wird den Teufel am Jüngsten Tag zum Spotten bringen, wenn er daran denkt, wie er die Menschen übertölpelt hat und sie zum Verlust ihrer Seele und Glückseligkeit durch lügenhafte Eitelkeiten gebracht hat. Wenn der Satan seine prahlerischen Versprechen gutmachen könnte, indem er alle Herrlichkeit und Königreiche der Welt gibt, würde das den Verlust des himmlischen Königreichs nicht aufwiegen. Alle Tränen in der Hölle reichen nicht aus, um den Verlust des Himmels zu beklagen.

Zweite Anwendung
Zur Zurechtweisung.

a) Es werden solche Leute zurechtgewiesen, die dieses Königreich der Herrlichkeit nicht suchen und so leben, als ob alles, was wir über den Himmel sagen, nur Phantasie wäre. Dass sie es nicht beachten, wird deutlich, weil sie nicht danach

34 Lysimachos war ein Feldherr von Alexander dem Großen.

trachten, dass das Königreich der Gnade in ihrem Herzen aufgerichtet wird. Wenn sie ein paar Gedanken über dieses Königreich haben, so ist es in einer schwerfälligen, sorglosen Weise. Sie dienen Gott so, als ob sie ihm nicht dienten. Sie *vires exercere* – setzen ihre Kraft nicht für das himmlische Königreich ein. Wie haben die alten Heiligen nach diesem Königreich gestrebt! Ich „strecke mich aus nach dem, was vor mir liegt" (Phil 3,14). Das griechische Wort ist *epekteinomenos* – „den Nacken ausstrecken." Das ist eine Metapher für Rennläufer, die jedes Glied anspannen und sich nach vorne strecken, um den Siegespreis zu erlangen. Luther verbrachte am Tag drei Stunden im Gebet. Die Prophetin Hanna „wich nicht vom Tempel, sondern diente [Gott] mit Fasten und Beten Tag und Nacht" (Lk 2,37). Wie eifrig und strebsam waren die Märtyrer, um in dieses himmlische Königreich einzugehen! Sie trugen die Fesseln wie Schmuck, setzten sich die Qualen wie Kronen auf und umarmten die Flammen so fröhlich wie Elia den flammenden Streitwagen, der kam, um ihn in den Himmel holen. Und wir? Denken wir etwa, dieses Königreich sei unserer Mühe nicht wert? Die großen Mühen, welche die Heiden bei ihren olympischen Wettkämpfen auf sich nehmen, wenn sie lediglich um eine Krone rennen, die aus Olivenzweigen mit Gold ist, werden im Gericht gegen solche aufstehen, die wenige oder gar keine Mühen auf sich genommen haben, um nach dem Königreich der Herrlichkeit zu trachten. Die Schwerfälligkeit vieler beim Trachten nach dem Himmel ist so, als ob sie nicht glauben, dass es solch ein Königreich gibt oder als ob es ihrer Mühe nicht wert ist oder als ob sie denken, dass es keinen Unterschied macht, ob man es bekommt oder nicht, was so ist, als würde man sagen: Es macht keinen Unterschied, ob man gerettet wird oder nicht, ob man in der Herrlichkeit gekrönt wird oder auf ewig in der Hölle wie Galeerensklaven angekettet ist.

b) Es werden solche Leute zurechtgewiesen, die ihren Schweiß mehr für die Welt verschwenden als für das Königreich des Himmels. „Sie sind irdisch gesinnt" (Phil 3,19). Die Welt ist die große Diana, die sie bejubeln, als ob sie Glück von der Erde holen könnte, die Gott verflucht hat. Sie trachten nach Ehre und Reichtum. Sie sind wie Korah und Dathan: „Die Erde tat ihren Mund auf und verschlang sie“ (4.Mose 16,32). Ehre und Reichtum verschlingen ihre Zeit und ihre Gedanken. Wenn sie keine Heiden sind, so sind sie Ungläubige. Sie glauben nicht, dass es so ein Königreich gibt. Sie gelten als Christen, doch bezweifeln sie in ihrem Glauben diesen großen Artikel: das ewige Leben. Sie lecken Staub wie die Schlange. Oh, was ist hier nur in der Welt, dass wir sie so vergötzen und Christus und den Himmel so gering schätzen? Was hat Christus für uns getan? Er starb für unsere Sünden. Was tut die Welt für uns? Kann sie einem schlechten Gewissen Frieden geben? Kann sie die Gunst Gottes geben? Kann sie dem Tod entfliehen? Kann sie den Richter bestechen? Kann sie für uns einen Platz im Himmel erwerben? Oh, wie sind die Menschen vom weltlichen Gewinn und von weltlicher Ehre verhext, sodass sie das Paradies für diese Dinge fahren lassen! Das war ein gutes Gebet von Bernard: *„Sic possideamus mundana, ut non perdamus aeterna* – lasst uns die zeitlichen Dinge so besitzen, dass wir die ewigen Dinge nicht verlieren.“

c) Es werden solche Leute zurechtgewiesen, die das Trachten nach dem Königreich Gottes solange aufschieben und hinausziehen, bis es zu spät ist, wie die törichten Jungfrauen, die kamen, als die Tür geschlossen war. *Mora trahit periculum* – aufschieben bringt Gefahr. Die Leute lassen die Flamme des Lebens ausgehen, und wenn die Anzeichen des Todes auf ihnen sind und sie nicht mehr wissen, was man noch tun kann, wollen sie nach dem Königreich des Himmels suchen. Christus gebietet, dass man als Erstes nach dem Königreich Gottes trachtet soll, und sie wollen als Letztes danach trachten. Sie schieben das Königreich Gottes bis auf ihr Sterbebett hinaus, als ob Frieden schließen so leicht wäre, wie ein Testament zu machen. Wie viele haben das himmlische Königreich durch hinauszögern und verschleppen verloren! Plutarch berichtet von Archias, dem Lakedaimonier[35], dass ihm jemand einen Brief übergab, während er bei einem Trinkgelage war,

35 Lakedaimonier ist ein antikes Synonym für die Spartaner, abgeleitet von deren mythischem Stammvater Lakedaimon.

und ihn darum bat, den Brief umgehend zu lesen, da es um eine ernsthafte Angelegenheit ging. Er antwortete: „*Seria cras* – über ernsthafte Dinge will ich morgen nachdenken“, und in derselben Nacht wurde er erschlagen. Du, der du sagst, dass du nach dem Königreich des Himmels erst morgen suchen willst, weißt nicht, ob du bereits schon in der Hölle bist, bevor „das Morgen“ kommt. Manchmal kommt der Tod ganz plötzlich. Er schlägt ohne Vorwarnung zu. Was für eine Torheit ist es doch, das Suchen des Königreichs des Himmels bis zu dem Tag aufzuschieben, an dem die Gnade verstrichen ist, bis der Lebenssaft verbraucht ist. Das ist so, als ob jemand erst anfangen wollte ein Rennen zu laufen, wenn er einen Gichtanfall bekommt.

d) Es werden solche Leute zurechtgewiesen, die einmal Eifer im Glauben hatten und so schienen, als wären sie mit einer Kohle vom Altar Gottes angerührt, die aber inzwischen in ihre Hingabe abgekühlt sind und aufgehört haben, dem himmlischen Königreich nachzujagen. „Israel hat das Gute verworfen“ (Hos 8,3). Da ist keine Form des Gottesdienstes mehr zu sehen. Sie haben das Gebetshaus verlassen und sind in die Schauspielhäuser gegangen. Sie haben aufgehört, dem himmlischen Königreich nachzujagen.

Woher kommt das?

a) Durch einen Mangel an einem übernatürlichem Ursprung aus der Gnade. Der Zweig, der keine Wurzel hat, um aus ihr zu wachsen, muss zwangsläufig sterben. Das, was seinen Ursprung aus dem Leben heraus hat, bleibt – wie der Pulsschlag. Was aber nur aus einer künstlichen Quelle herauskommt, hört auf, sich zu bewegen, wenn die Quelle versiegt. Der Glaube der Heuchler ist künstlich, er hat kein Leben. Er handelt aus der äußerlichen Quelle des Beifalls und Gewinns, und wenn diese versiegt, hört er auf, sich himmelwärts zu bewegen.

b) Durch Unglauben. „Habt acht, ihr Brüder, dass nicht in einem von euch ein böses, ungläubiges Herz sei, das im Begriff ist, von dem lebendigen Gott abzufallen!“ (Hebr 3,12).

„Weil sie Gott nicht glaubten" (Ps 78,22). „Und sie versuchten Gott"[36] (Vers 41). Sünder haben harte Gedanken über Gott. Sie denken, dass man beten und auf ihn hören kann, aber nichts würde dadurch besser werden (Mal 3,14). Sie stellen in Frage, ob Gott ihnen das Königreich am Ende geben wird; dann wenden sie sich ab und werfen das Banner Christi weg. Sie misstrauen der Liebe Gottes, und es ist kein Wunder, dass sie aus seinem Dienst desertieren. Der Unglaube ist die Wurzel des Glaubensabfalls[37].

c) Menschen hören auf, dem himmlischen Königreich wegen einer heimlichen Begierde nachzujagen, die sie in der Seele nähren, vielleicht eine sinnliche Lust oder Habsucht. Demas hat seinen Glauben wegen der Liebe zur Welt verworfen und wurde später der Priester in einen Götzentempel. Einer von den Aposteln Christi wurde mit einem silbernen Köder gefangen. Habsucht führt dazu, dass man eine gute Sache verrät und im Gewissen Schiffbruch erleidet. Wenn in der Seele eine nicht getötete Begierde ist, wird sie entweder die bittere Frucht eines Skandals oder des Glaubensabfalls hervorbringen.

d) Menschen hören auf, dem Königreich des Himmels aus Furchtsamkeit nachzujagen. Wenn sie auf den Glauben beharren, können sie ihre vorteilhafte Position verlieren, vielleicht sogar ihr Leben. Der Grund, sagt Aristoteles, warum sich das Chamäleon in so viele verschiedene Farben verwandelt, liegt darin, weil es übermäßige Angst hat. Wenn die fleischliche Furcht die Oberhand gewinnt, dann führt das dazu, dass der Mensch so schnell seinen Glauben verwandelt, wie das Chamäleon seine Farben wechselt. Als die Juden, die große Anhänger Jesu waren, die Stöcke und Schwerter sahen, verließen ihn viele. Was Salomo über den Faulpelz sagte, ist ebenso für den Feigling wahr. Er sagt: „Es ist ein Löwe draußen"[38] (Spr 22,13). Er sieht Gefahren vor sich. Er würde ja auf dem Weg

36 Nach der englischen Übersetzung: „Sie wandten sich ab."

37 Watson verwendet für Glaubensabfall das Wort Apostasie.

38 Im Zusammenhang: Weil draußen ein Löwe sein könnte, verlässt der Faulpelz nicht sein Haus.

zum Königreich des Himmels weitergehen, aber da ist ein Löwe auf dem Weg. Das ist jämmerlich. „Wenn er feige zurückweicht (im Griechischen: Wenn er sich wie ein Soldat von seiner Flagge wegschleicht), so wird meine Seele kein Wohlgefallen an ihm haben“ (Hebr 10,38).

Dritte Anwendung
Zur Selbstprüfung.

Lasst uns prüfen, ob wir beim Sterben in dieses Königreich gehen. Der Himmel wird als „das Reich, das euch bereitet ist“ bezeichnet (Mt 25,34).

Wie können wir wissen, ob dieses Königreich auch für uns bereitet ist?
Wenn wir für das Königreich zubereitet sind.

Wie kann man das wissen?
Wenn wir himmlisch gesinnte Personen sind. Ein irdisch gesinntes Herz ist ebenso wenig für den Himmel geeignet wie ein Klumpen Erde, um ein Stern zu sein. In solch einem Herzen ist nichts von Christus oder nichts von der Gnade. Es wäre ein Wunder, wenn man in einer Goldmine eine Perle finden würde. Und ein ebenso großes Wunder wäre es, wenn man Christus, die kostbare Perle, in einem irdisch gesinnten Herzen finden würde. Können wir in das Königreich des Himmels eingehen? Sind wir himmlisch gesinnt?

a) Sind wir in unserer Andacht himmlisch gesinnt? Richten sich unsere Gedanken auf dieses Königreich? Kommen wir manchmal auf den Berg Pisga[39] und nehmen einen Blick auf die Herrlichkeit? Die Gedanken sind Reisende. Die meisten Gedanken von David reisten auf der Himmelsstraße (Ps 139,17). Sind unsere Gedanken himmelwärts gerichtet? „Geht rings um Zion, geht rings um sie herum, zählt ihre Türme! Beachtet ihre Bollwerke“ (Ps 48,13.14). Wandeln wir geistlich auf dem himmlischen Berg und sehen wir, was für ein herrlicher

39 Der Berg Pisga liegt gegenüber von Jericho. Von seiner Bergspitze aus zeigte ihm der Herr das verheißene Land (5.Mose 34,1).

Stand das ist? Zählen wir die Türme dieses Königreichs? Während ein Christ seine Gedanken auf Gott und die Herrlichkeit fixiert, handelt er so, als würde er die Grenze des himmlischen Königreichs betreten und hinter den Vorhang blicken. Wie Mose ein Blick auf Kanaan hatte, obwohl er es nicht betrat, so haben die himmlisch gesinnten Christen ein Blick auf den Himmel, obwohl sie jetzt noch nicht in ihn eingehen.

b) Sind wir in unserer Zuneigung himmlisch gesinnt? Richten wir unsere Zuneigung auf das Königreich des Himmels (Kol 3,2)? Wenn wir himmlisch gesinnt sind, dann schätzen wir alle Dinge hier unten für gering im Vergleich zu dem Königreich Gottes. Wir betrachten die Welt als ein schönes Gefängnis, und wir können unsere Fesseln nicht besonders lieben, auch wenn sie aus Gold gemacht sind. Unsere Herzen sind im Himmel. Ein Fremder kann in einem fremden Land sein, um seine Schulden einzutreiben, aber sein Verlangen ist es, in seinem eigenen Königreich und Heimatland zu sein. So sind auch wir für eine Zeit lang wie in einem fremden Land, aber unser Verlangen ist hauptsächlich nach dem Königreich des Himmels, wo wir für immer sein werden. Die Welt ist der Aufenthaltsort eines Heiligen, aber nicht seine Freude. Steht es so mit uns? Suchen wir wie die alten Patriarchen nach einem besseren Vaterland (Hebr 11,16)? Das ist der Charakter eines wahren Heiligen, seine Zuneigung ist auf das Königreich Gottes gerichtet, er hat seinen Anker in den Himmel geworfen und wird mit den Segeln des Verlangens dorthin getragen.

c) Sind wir in unserem Reden himmlisch gesinnt? Christus sprach nach seiner Auferstehung über Dinge, die sich auf das Königreich Gottes beziehen (Apg 1,3). Sind unsere Zungen der Sprache des himmlischen Kanaan zugewendet? „Da besprachen sich die miteinander, welche den HERRN fürchteten“ (Mal 3,16). Würzen wir unsere Gespräche bei unseren Besuchen mit dem Himmel? Es gibt viele, die sagen, dass sie hoffen, gerettet zu werden, aber wir hören sie niemals über das Königreich des Himmels reden – vielleicht reden sie über ihre Waren und Medikamente oder teuren Anschaffungen, die sie gemacht haben, aber nichts über das Königreich. Können

Menschen miteinander eine gemeinsame Reise unternehmen und dabei kein Wort über den Ort verlieren, zu dem sie reisen? Sind wir Reisende zum Himmel und erwähnen mit keinem Wort das Königreich, zu dem wir reisen? Hierbei entdecken viele, dass sie nicht zum Himmel gehören, denn man hört von ihnen nicht ein gutes Wort darüber. *„Verba sunt speculum mentis* – die Worte sind ein Spiegel der Gedanken", sie zeigen uns, wie es mit dem Herzen steht (Bernard).

d) Sind wir bei unseren Geschäften himmlisch gesinnt? Sind unser Handel-Treiben und unser Geschäftemachen im Himmel? Treiben wir Handel im himmlischen Königreich durch den Glauben? Ein Mensch kann an einem Ort leben und an einem anderen Handel treiben. Er kann in Irland leben und in den *West Indies*[40] Handel treiben. So müssen auch wir im himmlischen Königreich Handel treiben. Diejenigen, welche keinen Handel im Himmel betreiben, während sie leben, werden niemals in den Himmel gehen, wenn sie sterben. Schicken wir viele Stöße des Seufzens und Stöhnens zum Himmel? Senden wir das Schiff des Gebets dorthin, das Segnungen mit zurückbringt? Ist unsere Gemeinschaft mit dem Vater und mit dem Sohn? (Joh 1,3; Phil 3,20).

e) Ist unser Leben auf den Himmel ausgerichtet? Leben wir so, als ob wir den Herrn leibhaftig mit unseren Augen gesehen hätten? Eifern wir den Engeln in der Heiligkeit nach und ahmen wir sie darin nach? Trachten wir danach, dass sich das Leben Christi in unserem Leben widerspiegelt (1.Joh 2,6)? Bei den Makedoniern war es eine Tradition, dass man am Geburtstag von Alexander dem Großen dessen Bild um den Hals trug, das mit Perlen und Diamanten umrahmt war. Tragen wir das Bild Christi mit uns herum und gleichen wir ihm in einer himmlischen Redeweise? Wenn wir auf diese Weise himmlisch gesinnt sind, werden wir beim Sterben in das Königreich des Himmels gehen. Und wahrlich gibt es genug Grund, dass wir in unseren Gedanken, unserer Zuneigung und unseren Gesprächen auf diese Weise himmlisch gesinnt sein sollten,

40 *West Indies* bezeichnet die von Großbritannien kolonialisierten westindischen Inseln in der Karibik: Bahamas, Kuba, Jamaika, Puerto Rico.

wenn wir den Hauptzweck bedenken, warum uns Gott unsere Seele gegeben hat, nämlich damit wir über das Königreich des Himmels nachdenken können. Unsere Seele ist von edler Herkunft, sie ist mit den Engeln verwandt, ein Spiegel der Dreieinigkeit, wie Platon sagt. Nun, ist es vernünftig sich vorzustellen, dass Gott uns solche edlen Seelen eingehaucht hat, damit wir uns nur um sinnliche Gegenstände kümmern? Sind solche strahlenden Sterne nur gemacht, um auf die Erde zu leuchten? Sind diese unsterblichen Seelen nur gemacht, um sterblichen Trost zu suchen? Wenn der einzige Zweck unserer Erschaffung im Essen und Trinken bestehen würde und nur mit irdischen Dingen Umgang zu haben, dann würden uns die Seelen einen schlechten Dienst erweisen. Dann wären sinnliche Seelen für uns ausreichend gewesen. Warum wäre es denn nötig, dass unsere Seelen vernünftig und göttlich sind, wenn sie nur das Werk tun, das auch ein Tier tun kann?

Wenn wir bedenken, was für ein gesegnetes Königreich der Himmel ist, dann haben wir guten Grund, in unseren Gedanken, unserer Zuneigung und unseren Gesprächen himmlisch gesinnt zu sein. Es übertrifft alle Größenvorstellungen. Irdische Königreiche verdienen kaum den Namen „Hütten" im Vergleich zu ihm. Wir lesen von einem Engel, der vom Himmel herabkommt und seinen rechten Fuß auf das Meer setzt und seinen linken Fuß auf die Erde (Offb 10,2). Wären wir nur einmal in dem himmlischen Königreich gewesen und hätten seine alles übertreffende Herrlichkeit gesehen, wie würden wir dann in heiliger Verachtung mit einem Fuß auf die Erde treten und mit dem anderen Fuß auf das Meer? Dort sind Flüsse der Freude, Perlentore, funkelnde Kronen und weiße Kleider! Sollte das unser Herz nicht himmlisch gesinnt machen? Es ist ein himmlisches Königreich, und nur solche gehen in es ein, die himmlisch gesinnt sind.

Vierte Anwendung
Zur allgemeinen Ermahnung an alle.

a) Wenn es solch ein herrliches Königreich gibt, dann lasst uns auch an diese große Wahrheit glauben. Die Sozinianer[41] verleugnen es. Die Rabbiner sagen, dass der große Streit zwischen Kain und Abel um die zukünftige Welt ging: Abel bezeugte sie, Kain verleugnete sie. Es müsste wie mit der Spitze eines Diamanten in unsere Herzen eingraviert werden, dass ein gesegnetes Königreich kommen wird. „Der Gerechte empfängt doch seine Frucht“ (Ps 58,12). Lasst uns nicht durch Unglauben daran zweifeln. Wenn man Grundwahrheiten anzweifelt, ist man auf dem besten Weg, sie zu verleugnen. Der Unglaube reißt, wie Simson, die Säulen des Glaubens nieder. Lasst uns darin gewiss sein, dass ein Königreich der Herrlichkeit kommen wird. Wer auch immer das verleugnet, schneidet den Hauptartikel des Glaubensbekenntnisses ab: „… und das ewige Leben.“

b) Wenn es solch ein zukünftiges gesegnetes Königreich der Herrlichkeit gibt, dann lasst uns darauf achthaben, damit wir es nicht versäumen. Lasst uns Furcht darüber empfinden, dass wir den Himmel verlieren könnten, weil wir zu kurz schießen. Im Körper ist ein Zittern eine Krankheit, in der Seele ist es eine Gnade. Diese Gottesfurcht ist keine Furcht der Verzagtheit oder des Misstrauens, welche die Seele entmutigt, denn solch eine Frucht schreckt vom Glauben ab, sie schneidet die Sehnen der Anstrengung durch. Doch lasst uns eine heilige Furcht haben, dass wir das Königreich des Himmels versäumen könnten. Das ist eine Furcht des Fleißes. Sie belebt uns dazu, die Gnadenmittel zu gebrauchen und sie bringt uns vorwärts, damit wir in unserer Hoffnung nicht nachlassen. Noah baute „von Gottesfurcht bewegt eine Arche“ (Hebr 11,7). Die Gottesfurcht ist ein Wecker, um schläfrige Christen aufzuwecken. Sie schützt uns vor einer falschen Sicherheit. Sie ist ein Ansporn für ein träges Herz. Wer fürchtet, dass er das Ziel seiner Reise nicht er-

41 Die Sozinianer waren die Anhänger einer antitrinitarischen Bewegung, die sich im 16. und 17. Jahrhundert in Europa ausbreitete und nach ihren bedeutendsten Vertretern, dem italienischen Antitrinitarier Lelio Sozzini und seinem Neffen Fausto Sozzini (1539–1604), benannt wurde.

reichen könnte, reitet umso schneller. Und in der Tat ist diese Furcht, dass man das Königreich verlieren könnte, überaus notwendig, wenn wir zwei Dinge bedenken:

1. Es gibt viele, die viele Schritte auf dem Weg zum Himmel gegangen sind und doch das Ziel nicht erreicht haben. „Du bist nicht fern vom Reich Gottes!" (Mk 12,34), doch war er nicht nah genug.

Wie viele Schritte kann ein Mensch auf dem Weg zum Königreich Gottes gehen und es dennoch versäumen?
Er kann mit Anstand geschmückt sein. Er kann moralisch gerecht sein. Er kann umsichtig, rechtschaffen und maßvoll sein. Er kann ein sauberes Strafregister haben, was zwar gut ist, aber nicht ausreicht, um einen Menschen in den Himmel zu bringen.

Er kann die Flagge eines prächtigen Bekenntnisses heraushängen lassen und trotzdem nicht zum Königreich gelangen. Die Schriftgelehrten und Pharisäer gingen weit. Sie saßen auf dem Stuhl des Mose, waren Ausleger des Gesetzes, beteten, gaben Almosen, hielten den Sabbat streng ein. Wenn jemand einen Dorn in seinem Fuß hatte, zogen sie diesen am Sabbattag nicht heraus, denn sie fürchteten, den Sabbat zu brechen. Sie waren äußerlich so hingegeben, um Gott zu dienen, dass die Juden dachten, wenn nur zwei Personen aus der ganzen Welt in den Himmel kämen, dann wäre der eine ein Schriftgelehrter und der andere ein Pharisäer. Doch der Umhang ihres Bekenntnisses war nicht mit Aufrichtigkeit gesäumt. Sie taten alles für den Beifall von Menschen und deshalb versäumten sie den Himmel. „Wenn eure Gerechtigkeit die der Schriftgelehrten und Pharisäer nicht weit übertrifft, so werdet ihr gar nicht in das Reich der Himmel eingehen!" (Mt 5,20).

Ein Mensch kann ein Stammgast bei den Gnadenmitteln sein und trotzdem das Königreich versäumen. Es ist ein schöner Anblick, wenn die Leute sich wie Tauben an den Fenstern des Hauses Gottes scharen. Es ist gut, wenn man an dem Weg liegt, an dem Jesus vorbeikommt. Lasst uns jedoch nicht beleidigt sein, wenn ich sage, dass jemand ein Hörer des Wortes sein kann und die Herrlichkeit trotzdem nicht erreichen wird. Herodes hörte Johannes den Täufer gerne. Dennoch hat er Johannes enthauptet, anstatt seine Sünde zu enthaupten. Die Hörer des Propheten Hesekiel kamen mit solch einer Freude zu seiner Predigt, wie jemand, der zu einem Musikstück gehen würde. „Und siehe, du bist für sie wie ein liebliches Lied, wie einer, der eine schöne Stimme hat und gut die Saiten spielen kann; sie werden deine Worte hören, aber sie nicht tun" (Hes 33,32). Was nützt es, wenn man von seiner Pflicht hört, sie aber nicht tut? Das ist so, als ob ein Arzt ein gutes Rezept verschreibt, der Patient es aber nicht nehmen würde.

Ein Mensch kann wegen seiner Sünde einige Not haben und über sie weinen und dennoch das himmlische Königreich versäumen.

Woher kommt das? Die Tränen eines Sünders wurden durch Gottes Gerichte erzwungen, wie Wasser, dass durch das Feuer aus einem Destilliergerät gepresst wird. Die Not wegen der Sünde geht vorüber. Sie ist schnell vorbei. Wie jemand, der zur See fährt und seekrank wird, aber wieder gesund ist, wenn er an Land kommt, so können Heuchler „predigtkrank" sein. Aber diese Not dauert nicht lange und der Krankheitsanfall ist bald vorbei. Ein Sünder weint, fährt aber in der Sünde fort. Seine Sünden sind nicht in seinen Tränen ertränkt worden.

Ein Mensch kann ein gutes Verlangen haben und trotzdem das Königreich versäumen. „Meine Seele sterbe den Tod der Gerechten" (4.Mose 23,10).

Worin kommt dieses Verlangen zu kurz? Sie sind träge. Ein Mensch möchte den Himmel haben, aber keine Schmerzen dafür auf sich nehmen. Das ist so, als ob jemand sagen würde, dass er Wasser haben möchte, aber seinen Eimer nicht in den Brunnen hinunterlassen will. „Dem Faulen bringt seine Begierde den Tod, denn seine Hände weigern sich zu arbeiten" (Spr 21,25). Der Sünder verlangt nach Barmherzigkeit, aber er will keine Gnade. Er verlangt nach Christus als dem Erlöser, aber nicht nach Christus, welcher der Heilige ist. Er verlangt nach Christus nur wie nach einer Brücke, die ihn zum

Himmel hinüberführt. Verlangen wie diese werden bei denen gefunden, die verloren gehen.

Ein Mensch kann seine Sünden, Fluchereien, Trunkenheit, Unreinheit aufgeben und trotzdem das Königreich nicht erreichen. Er kann grobe Sünden aufgeben und trotzdem keine Abneigung gegen Herzenssünden haben: Hochmut, Unglaube und das erste Aufkommen von Bosheit und Wollust. Obwohl er den Strom eindämmt, lässt er die Quelle unverändert. Obwohl er die Zweige stutzt und beschneidet, geht er nicht an die Wurzel. Obwohl er von der Sünde aus Furcht vor der Hölle ablässt oder weil sie Schande und Not bringt, so liebt er dennoch die Sünde, wie eine Schlange, die ihre Haut abwirft und doch ihr Gift behält. „Von der Sünde meines Volkes nähren sie sich und sind gierig nach ihren Missetaten" (Hos 4,8). Es handelt sich nur teilweise um ein Aufgeben der Sünde. Obwohl man eine Sünde lässt, lebt man in anderen Sünden. Herodes änderte sehr viel. „Und er gehorchte ihm in manchem", trotzdem lebte er in Inzest (Mk 6,20). Manche geben die Trunkenheit auf und leben in der Habgier. Sie unterlassen das Fluchen und leben im Lästern. Das ist nur teilweise eine Erneuerung, und so versäumen sie das Königreich der Herrlichkeit. Wir sehen einige Leute, die auf diese Weise viele Schritte auf dem Weg zum Himmel machen und ihn dennoch nicht erreichen. Einige sind im Bekennen soweit gekommen, dass sie sich sicher waren, dass ihr Stand gut wäre und dass sie in das Königreich des Himmels eingehen würden und dennoch haben sie es verfehlt. „Wenn einmal der Hausherr aufgestanden ist und die Türe verschlossen hat, dann werdet ihr anfangen, draußen zu stehen und an die Tür zu klopfen und zu sagen: Herr, Herr, tue uns auf!" (Lk 13,25). Wie sicher waren sich diese Leute doch ihrer Erlösung! Sie baten nicht um Einlass, sondern sie klopften an, als ob sie nicht daran zweifeln würden, dass sie in den Himmel hineingelassen werden. Doch Christus sprach zu ihnen: „Ich weiß nicht, woher ihr seid; weicht alle von mir, ihr Übeltäter!" (Lk 13,26). Lasst uns deshalb fürchten und zittern, damit nicht irgendjemand dieses Königreich des Himmels versäumt.

2. Diese Furcht ist notwendig, wenn wir bedenken, was für ein Verlust es ist, wenn man das himmlische Königreich verliert. Alle Tränen in der Hölle reichen nicht aus, um den Verlust des Himmels zu beklagen. Diejenigen, welche das himmlische Königreich verlieren, verlieren die liebliche Gegenwart Gottes, den hinreißenden Anblick und das Lächeln seines herrlichen Angesichts. Die Gegenwart Gottes ist der Diamant im Ring der Herrlichkeit. „Vor deinem Angesicht sind Freuden in Fülle" (Ps 16,11). Wenn Gott die Quelle aller Glückseligkeit ist, dann ist das Getrennt-Sein von ihm die Quelle allen Elends. Diejenigen, welche das himmlische Königreich verlieren, verlieren die Gesellschaft der Engel – und gibt es eine lieblichere Musik, als ihnen zuzuhören, wie sie im Konzert Gott loben? Sie verlieren alle ihre Schätze: ihre weißen Kleider, ihre funkelnden Kronen; sie verlieren ihre Hoffnung. „Denn seine Zuversicht vergeht, und seine Hoffnung ist ein Spinnweb" (Hiob 8,14; LÜ 84). Ihre Hoffnung ist kein Anker, sondern ein Spinngewebe. Wenn die Hoffnung sich hinauszieht, wird das Herz krank. Was ist eine enttäuschte Hoffnung? (Spr 13,12). Man verliert den Sinn seines Lebens. Für was sonst ist man geschaffen, wenn nicht dafür, dass man in der Herrlichkeit auf einem Thron sitzt? Nun, wenn man das verliert, dann verliert man den Sinn seines Lebens, so als ob ein Engel in einen Wurm verwandelt würde. Es gibt viele Dinge, die den Verlust dieses himmlischen Königreichs verschlimmern werden.

Die Augen der Gottlosen werden geöffnet, damit sie ihren Verlust sehen. Jetzt kümmern sie sich nicht um den Verlust der Gunst Gottes, weil sie ihren Wert nicht kennen. Ein Mensch, der einen wertvollen Diamanten verliert und ihn nur für einen gewöhnlichen Stein hält, kümmert sich nicht besonders um seinen Verlust. Wenn er aber erfährt, was für ein Juwel er verloren hat, dann jammert er. Wem beim Anblick seiner Sünde niemals das Herz brechen würde, dem bricht es beim Anblick seines Verlustes. Als die Frau des Pinehas hörte, dass die Bundeslade verloren gegangen war, rief sie aus: „Die Herrlichkeit ist von Israel gewichen!" (1.Sam 4,21). Wenn ein Sünder sieht, was er verloren hat, dass er die *visio beatifica* –

den schönen Anblick Gottes – verloren hat (er hat nämlich das Königreich des Himmels verloren), dann wird er in Schrecken und Verzweiflung ausrufen: „Die Herrlichkeit, die ewige Herrlichkeit ist gewichen."

Das Zweite, was den Verlust dieses Königreichs verschlimmern wird, besteht darin, dass das eigene Gewissen des Sünders ihm Vorwürfe machen wird. Das ist der Wurm, der niemals stirbt, ein selbst anklagendes Gedächtnis (Mk 9,44). Wenn die Sünder bedenken werden, dass sie auf einem guten Weg zu dem Königreich waren, dass sie die Möglichkeit der Erlösung hatten, dass die Tür zum Himmel geöffnet war, auch wenn sie eng war, dass sie die Gnadenmittel hatten, dass das Gnadenjahr des Evangeliums vor ihren Ohren verkündet wurde, dass Gott gerufen hat, sie es aber abgelehnt haben, dass Christus ihnen das Pflaster seines eigenen Blutes angeboten hat, um sie zu heilen, sie es aber unter ihren Füßen zertrampelt haben, dass der Heilige Geist an der Tür ihres Herzens gestanden hat, angeklopft und gerufen hat, damit sie Christus und den Himmel empfangen, sie aber den Geist zurückgewiesen und diese Taube weggeschickt haben und dass sie jetzt durch ihre eigene Torheit und Widerspenstigkeit das Königreich des Himmels verloren haben, dann werden die Selbstanklagen des Gewissens schrecklich sein; es wird wie ein beißender Wurm sein, der am Herzen nagt.

Das Dritte, was den Verlust des Himmels verschlimmern wird, besteht darin, dass man auf die anderen schauen muss, die das Königreich bekommen haben. Die Glückseligkeit der Gesegneten wird ein Dorn im Auge sein. „Da wird das Heulen und das Zähneknirschen sein, wenn ihr Abraham, Isaak und Jakob und alle Propheten im Reich Gottes seht, euch selbst aber hinausgestoßen!" (Lk 13,28). Wenn die Gottlosen diejenigen sehen werden, welche sie gehasst und verachtet haben, die dann aber zu einem Königreich erhoben sind und in Kleidern der Herrlichkeit strahlen, und dass sie selbst das Königreich versäumt haben, dann wird ihnen das ein Dolch im Herzen sein und sie werden vor Neid mit ihren Zähnen knirschen.

Eine vierte Verschlimmerung ist, dass dieser Verlust des Königreichs des Himmels einhergehen wird mit der Bestrafung der Sinne. Wer durch einen zu kurzen Sprung das Ufer verfehlt, fällt in den Fluss. Die den Himmel verfehlen, fallen in den Fluss aus Feuer und Schwefel. „Die Gottlosen müssen ins Totenreich[42] hinabfahren", und wie furchtbar wird das sein (Ps 9,18). Wenn es schon so qualvoll ist, wenn hier nur ein Funke von Gottes Zorn auf das Gewissen trifft, wie wird es dann erst sein, wenn Berge von Gottes Zorn auf die Seele geworfen werden? „Wer erkennt aber die Stärke deines Zorns?" (Ps 90,11). Die Engel haben keine Schale ausgegossen, ohne dass darauf ein „Wehe" folgte (Offb 16,3). Wenn die bitteren Schalen des Zornes Gottes ausgegossen werden, folgt die Verdammnis. Der reiche Mann rief: „Ich leide Pein in dieser Flamme!" (Lk 16,24). In der Hölle gibt es keinen Tropfen Barmherzigkeit. Beim Speisopfer der Eifersucht wurde kein Öl und kein Weihrauch verwendet (4.Mose 5,15). In der Hölle gibt es kein Öl der Barmherzigkeit, um die Leiden der Verlorenen zu lindern, noch gibt es einen Weihrauch des Gebets, um den Zorn Gottes zu stillen.

Das Fünfte, was den Verlust dieses Königreichs verschlimmern wird, besteht darin, wenn man bedenkt, unter welchen leichten und vernünftigen Bedingungen die Menschen dieses Königreich hätten haben können. Wenn Gott tatsächlich unmögliche Dinge befohlen hätte, etwa dass der Mensch aus sich selbst heraus der Gerechtigkeit Gottes hätte Genüge leisten müssen, dann wäre das eine andere Sache. Doch was Gott geboten hat, war vernünftig und war zu ihrem Guten, nämlich Christus als ihren Herrn und Bräutigam anzunehmen und sich von dem zu trennen, was sie ruiniert. Das waren die guten Bedingungen, unter denen sie das himmlische Königreich hätten genießen können. Nun, das Verlieren des Himmels, den man unter so leichten Bedingungen hätte haben können, wird eine schneidende Verschlimmerung sein. Wenn der Sünder daran denkt, wie leicht er den Verlust dieses

42 Nach der englischen Übersetzung: „in die Hölle".

himmlischen Königreichs hätte verhindern können, wird es sein Herz mit Wut und Schmerz zerreißen.

Wenn die Sünder bedenken, wie aktiv sie zu dem Verlust des Königreichs beigetragen haben, wird das den Verlust des Himmels verschlimmern. Es war ein *felo de se* – ein Verbrechen an sich selbst. Was für Mühen haben sie auf sich genommen, um dem Geist zu widerstehen und das Gewissen zu ersticken! Sie haben gesündigt, bis sie außer Atem waren. „Sie mühen sich ab mit Unrechttun" (Jer 9,4). Durch was für Schwierigkeiten sind die Menschen gegangen! Was haben sie wegen ihrer Sünden alles erduldet! Wie viel Schmach und Schmerz! Wie krank war der Trunkenbold bei seinen Bechern! Wie war der Ehebrecher an seinem Leib wund! Welche Zeichen der Sünde hat er mit sich herumgetragen! Welche Gefahren haben die Menschen wegen ihrer Begierden riskiert! Sie haben den Zorn Gottes riskiert und das Brechen der Gesetze des Landes und die darauf folgende Strafe. Oh, wie wird das den Verlust des Himmels verschlimmern! Wie werden sich die Menschen selbst verfluchen, wenn sie daran denken, welche Mühen sie auf sich genommen haben, um die Glückseligkeit zu verlieren! Wie wird es den Menschen ins Gewissen stechen, wenn sie daran denken, dass sie den Himmel nicht verloren hätten, wenn sie nur so viel Mühe für den Himmel auf sich genommen hätten wie für die Hölle!

Dass es nicht wiedergutzumachen ist, wird den Verlust dieses Königreichs verschlimmern: Wenn der Himmel einmal verloren ist, kann man ihn nicht wieder zurückbekommen. Irdische Verluste können wiederhergestellt werden. Wenn ein Mensch seine Gesundheit verliert, kann sie durch einen Arzt wiederhergestellt werden. Wenn er aus seinem Königreich vertrieben wird, kann er wieder eingesetzt werden, wie das bei dem König Nebukadnezar der Fall war: „Ich wurde wieder über mein Königreich gesetzt und erhielt noch größere Macht" (Dan 4,34). König Heinrich VI. wurde von seinem Thron gestürzt und wieder eingesetzt. Die aber einmal den Himmel verlieren, können nie wieder eingesetzt werden. Nach Millionen von Jahren sind sie genauso weit davon entfernt, die

Herrlichkeit zu erhalten, wie am Anfang. Somit sehen wir, wie notwendig diese Ermahnung ist, damit wir dieses Königreich des Himmels nicht verfehlen.

Was sollten wir tun, damit wir dieses Königreich der Herrlichkeit nicht versäumen?
Hüten wir uns vor den Dingen, die dazu führen, dass wir den Himmel versäumen.

a) Hüten wir uns vor geistlicher Trägheit. Viele Christen ruhen sich auf ihrer Lauheit aus. Sie sind nicht willens, zu viele Mühen auf sich zu nehmen. Von Israel heißt es: „Sie verachteten das liebliche Land“ (Ps 106,24). Kanaan war ein Paradies der Freuden, ein Typus für den Himmel. Aber leider dachten einige der Juden, es würde sie eine große Menge an Schwierigkeiten und Gefahren kosten, um es zu bekommen – und so wollten sie lieber ohne es sein. „Sie verachteten das liebliche Land.“ Ich habe über gewisse Spanier gelesen, dass sie dort wohnen, wo es einen großen Vorrat an Fischen gibt. Aber sie sind so faul, dass sie sich nicht mühen, um sie zu fangen, sondern kaufen sie von ihren Nachbarn. Solch eine sündige Trägheit liegt auf vielen. Obwohl ihnen das Königreich des Himmels angeboten wird, spannen sie sich selbst dafür nicht in irgendeine Arbeit ein. Sie haben ein paar schwache Wünsche und ein schwaches Verlangen. Oh, dass ich dieses Königreich hätte! Sie sind wie ein Mann, der sich ein Wildbret wünscht, aber nicht nach ihm jagen möchte. „Die Seele des Faulen gelüstet nach vielem und hat doch nichts“ (Spr 13,4). Die Menschen wären zufrieden, wenn sie das Königreich des Himmels so haben könnten, wie wenn eine reife Traube in ihren Mund fallen würde. Sie sind aber nicht willens dafür zu kämpfen. Oh, hüten wir uns vor geistlicher Trägheit! Gott hat den Himmel nicht gemacht, um ein Bienenstock für Drohnen zu sein. Wir können die Welt nicht ohne Arbeit haben, und wie denken wir dann, wie wir den Himmel haben können? Am Tag des Gerichts werden die Heiden gegen viele Christen aufstehen. Was für Mühen haben sie bei ihren olympischen Wettbewerben auf sich genommen, als sie für eine Krone aus

Oliven oder Myrrhe mit Gold gelaufen sind. Und wir stehen still, wenn wir für ein Königreich laufen? „Faulheit versenkt in tiefen Schlaf" (Spr 19,15). Trägheit ist der Schlaf der Seele. Adam verlor seine Rippe, als er schlief. Manch einer verliert das Königreich des Himmels, wenn er sich in diesem tiefen Schlaf der Trägheit befindet.

b) Hüten wir uns vor dem Unglauben. Der Unglaube hielt Israel aus Kanaan raus. „Und wir sehen, dass sie nicht eingehen konnten wegen des Unglaubens" (Hebr 3,19). Und er hält viele aus dem Himmel draußen. Der Unglaube ist ein Feind der Erlösung. Er ist eine Sünde, die verdammt. Er flüstert uns folgendermaßen zu: Zu was für einem Zweck sind alle diese Mühen für das himmlische Königreich gut? Ich kann genauso gut still sitzen. Ich kann mich dem Himmel nahen. Doch dann verfehlen wir den Himmel. „Aber sie sagen: »Daraus wird nichts«"[43] (Jer 18,12). Der Unglaube zerstört die Hoffnung, und wenn wir diese Sehne durchschneiden, dann hinkt ein Christ im Glauben, falls er überhaupt laufen kann. Der Unglaube erweckt missgünstige Gedanken Gott gegenüber. Er stellt ihn als harten Richter dar. Er entmutigt manch eine Seele und hält sie von der Pflicht ab. Nehmen wir uns vor dem Unglauben in Acht. Lasst uns die Verheißungen glauben. „Der HERR ist gütig gegen die, welche auf ihn hoffen, gegen die Seele, die nach ihm sucht" (Klgl 3,25). Suchen wir ihn ernstlich, und er wird sowohl das Herz als auch den Himmel für uns öffnen. *Deus volentibus non deest* – denen, die nach Gott verlangen, lässt er es nicht misslingen. Tun wir das, was wir können, und Gott wird uns helfen. Während wir die Segel unserer Anstrengungen ausbreiten, bläst der Geist Gottes in diese Segel und trägt uns schnell zum Königreich des Himmels.

c) Wenn wir das himmlische Königreich nicht versäumen wollen, so wollen wir uns vor dem Fehler hüten, uns vorzustellen, dass der Weg leichter sei als er ist, so als ob er nur ein Seufzer wäre oder ein „Herr erbarme dich meiner." Es gibt keinen Weg zum Himmel *per saltum* – mit einem Sprung. Man

43 Nach der englischen Übersetzung: „Und sie sagen: »Es gibt keine Hoffnung.«"

kann nicht aus dem Schoß der Delila in Abrahams Schoß springen. Der Sünder ist tot in Übertretungen (Eph 2,1). Ist es für einen toten Menschen leicht, sein Leben wiederherzustellen? Ist die Wiedergeburt leicht? Gibt es bei der neuen Geburt keine Wehen? Bezeichnet die Schrift das Christsein nicht als Kampf und Wettlauf? Und wir meinen, das sei leicht? Der Weg zum Königreich ist nicht leicht, aber wir können uns leicht über den Weg irren.

d) Wenn wir das himmlische Königreich nicht versäumen wollen, dann wollen wir uns vor dem Aufschieben und Hinausziehen hüten. *Mora trahit periculum* - aufschieben bringt Gefahr. Ein üblicher Selbstbetrug ist folgender: Ich will mich um das Königreich des Himmels kümmern, aber nicht jetzt. Wenn ich ein eigenes Vermögen habe und alt geworden bin, dann will ich nach dem Himmel fragen. Doch die Menschen werden ganz plötzlich vom Tod überrascht und verfehlen den Himmel. Das Aufschieben verstärkt die Sünde, verhärtet das Herz und gibt dem Teufel noch mehr Besitz von einem Menschen. Hüten wir uns davor, das Suchen nach dem Königreich des Himmels solange zu vertagen und zu verschieben, bis es zu spät ist. Als Cäsar es aufschob, einen Brief zu lesen, dem man ihm in die Hand gab, wurde er im Gebäude des Senats getötet. Bedenken wir, wie kurz das Leben ist. Es ist wie eine dünne Kerze, die bald ausgeblasen wird. *Animantis cujusque vita in fuga est* – das Leben von jedem Lebenden fliegt vorbei. Der Leib ist wie ein Gefäß, das mit Luft gefüllt ist. Krankheit sticht das Gefäß an, und der Tod lässt die Luft raus. Lasst uns die Sache der Erlösung nicht einen Tag länger aufschieben, denn der Tod schlägt manchmal ohne Vorwarnung zu.

e) Wenn wir das Königreich des Himmels nicht verfehlen wollen, dann wollen wir uns vor Vorurteilen hüten. Viele haben gegenüber dem Glauben Vorurteile und gegen diese Felsen schleudern die Seelen. Sie haben Vorurteile gegenüber der Person Christi, gegenüber seinen Wahrheiten, seinen Nachfolgern, seinen Wegen.

Sie haben Vorurteile gegenüber seiner Person. „Und sie nahmen Anstoß an ihm“ (Mt 13,57). Was ist in Christus, dass man an ihm Anstoß nehmen könnte? Er ist „eine kostbare Perle“ (Mt 13,46). Nehmen Menschen an Perlen und Diamanten Anstoß? Christus ist ein Wunder an Schönheit. „Du bist schöner als die Menschenkinder“ (Ps 45,3). Gibt es irgendetwas an der Schönheit, um daran Anstoß zu nehmen? Er ist das Vorbild für Barmherzigkeit (Hebr 2,17). Warum sollte irgendjemand an Barmherzigkeit Anstoß nehmen? Er ist der Erlöser. Warum sollte ein gefangener Sklave an demjenigen Anstoß nehmen, der mit einer Summe Geld kommt, um ihn freizukaufen? Die Vorurteile, welche die Menschen über Christus haben, kommen aus der angeborenen Verderbtheit ihrer Herzen. Das entzündete Auge kann das Licht der Sonne nicht ertragen. Die Schuld liegt nicht bei der Sonne, sondern beim entzündeten Auge. In Christus gibt es zwei Dinge, gegen die die Menschen Vorurteile haben:

1. Seine Niedrigkeit. Die Juden erwarteten einen Herrscher als ihren Messias, aber Christus kam nicht mit äußerlichem Prunk und Glanz. Sein Reich war nicht von dieser Welt. Die Sterne, die zwischen die hellsten Himmelskörper gesetzt wurden, sieht man am wenigsten. Christus, der der helle Morgenstern ist, wurde nicht viel gesehen. Seine Gottheit wurde in der dunklen Leuchte seiner Menschheit verborgen. Alle, die den Menschen Christus sahen, sahen nicht den Messias. Die Juden stießen sich an der Niedrigkeit seiner Person.

2. Die Menschen haben Vorurteile wegen seiner Strenge. Sie betrachten ihn als streng und seine Gebote als zu schwer. „Lasst uns ihre Bande zerreißen und ihre Fesseln von uns werfen!“ Auch wenn die Gebote Christi für einen Heiligen keine größere Last sind als die Flügel für einen Vogel, so sind seine Gebote für den Gottlosen ein Joch, und sie wollen nicht unter Beschränkungen kommen, deshalb hassen sie Christus. Obwohl sie vorgeben, ihn als Erlöser zu lieben, hassen sie ihn als den Heiligen.

Die Menschen haben Vorurteile gegenüber den Wahrheiten Christi.

1. Selbstverleugnung. Ein Mensch muss seine eigene Gerechtigkeit verleugnen (Phil 3,9). Er schreibt die Hoffnung der Erlösung in das Stammbuch seiner eigenen Gerechtigkeit.

2. Er muss seine Ungerechtigkeit verleugnen. Die Schrift gibt keinen Freibrief zum Sündigen. Sie lehrt uns, dass „wir die Gottlosigkeit und die weltlichen Begierden verleugnen" sollen (Tit 2,12). Wir müssen uns von Sünden trennen, die Freude und Gewinn einbringen.

3. Das Vergeben von Kränkungen (Mk 11,25). Diesen Wahrheiten gegenüber haben die Menschen Vorurteile. Sie können eher auf die Vergebung Gottes verzichten, als dass sie anderen vergeben können.

Die Menschen haben Vorurteile gegenüber den Nachfolgern Christi.

1. Sie sind nur klein an Zahl. Es sind vergleichsweise nur wenige, die Christus ergreifen, doch warum sollte man daran Anstoß nehmen? Die Menschen nehmen doch auch nicht an Perlen und Edelsteinen Anstoß, weil es davon nur wenige gibt.

2. Ihre Armut. Viele, die die Farben Christi tragen, sind in der Welt gering, aber warum sollte das ein Anstoß sein? Christus hat bessere Dinge als diese, um sie seinen Nachfolgern zu schenken: etwa die heilige Salbung, den weißen Stein, das verborgene Manna und die Krone der Herrlichkeit. Nicht alle Nachfolger Christi sind niedrig durch Armut. Abraham war genauso reich an Gold und Silber, wie er reich war an Glauben. Auch wenn nicht viele Vornehme berufen sind, so sind doch einige Vornehme berufen. „Auch nicht wenige der angesehenen griechischen Frauen und Männer" wurden gläubig (Apg 17,12). Konstantin und Theodosius waren gottesfürchtige Kaiser. Somit ist dieser Stein des Anstoßes weggenommen.

3. Ihre Skandale. Einige Nachfolger Christi begehen unter der Maske der Frömmigkeit Sünde, was ein Vorurteil gegen den Glauben erzeugt. Doch lehren Christus oder sein Evangelium irgendwelche dieser Dinge? Die Ordnungen, die er anordnet, sind heilig. Warum sollte man schlecht von dem Herrn denken, weil einige seiner Knechte sich als böse erweisen?

Die Menschen haben Vorurteile gegenüber den Wegen Christi. Diese setzen die Christen Leiden aus. „Und nehme sein Kreuz auf sich und folge mir nach" (Mt 16,24). Viele nehmen am Kreuz Anstoß. Sie sind, wie Tertullian sagt, *delicatuli* – zierliche, sanfte Christen, die ihre Bequemlichkeit lieben. Sie folgen Christus auf den Berg Tabor, um seine Verklärung zu sehen, aber nicht auf den Hügel Golgatha, um mit ihm zu leiden. Aber ach, was bedeutet Trübsal im Vergleich zu der Herrlichkeit, die folgt! Die gewichtige Herrlichkeit macht die Trübsal leicht. *Adimant caput, non coronam* – lasst sie uns den Kopf wegnehmen, aber nicht die Krone. Oh, nehmen wir uns vor Vorurteilen in Acht, die auf dem Weg von Menschen zum Himmel zu einem Stein des Anstoßes geworden sind und sie das Königreich verfehlen ließen!

f) Wenn wir das Königreich des Himmels nicht verpassen wollen, dann lasst uns vor der Anmaßung in Acht nehmen. Die Menschen maßen sich an, dass alles gut ist, d.h. dass sie in den Himmel gehen werden und nehmen das als ein Prinzip, das nicht bestritten werden darf. Der Teufel hat ihnen Opium gegeben, um sie in einen tiefen Schlaf falscher Sicherheit zu versetzen. Der anmaßende Sünder ist wie der Leviathan „ohne Furcht." Er lebt so böse wie der Schlimmste, doch hofft er, dass er genauso wie der Beste gerettet wird. Er segnet sich selbst und sagt, dass er Frieden haben wird, obwohl er in der Sünde fortfährt (5.Mose 29,19). Das ist so, als ob jemand Gift trinken würde, aber nicht um seine Gesundheit fürchtet. Aber woher kommt diese anmaßende Hoffnung? Sicherlich von der Einbildung, dass Gott nur aus Barmherzigkeit besteht. Es ist wahr, dass Gott barmherzig ist, aber er ist auch gerecht. „Der Tausenden Gnade bewahrt und Schuld, Übertretung und Sünde vergibt, aber keineswegs ungestraft lässt, sondern die Schuld der Väter heimsucht an den Kindern und Kindeskindern bis in das dritte und vierte Glied" (2.Mose 34,7). Wenn ein König nur denen eine Begnadigung ausspricht, die zu ihm kommen und sich unterwerfen, sollte dann irgendjemand, der weiter in der Rebellion verharrt, den Nutzen der Begnadigung beanspruchen? Willst du auf Barmherzigkeit hoffen, der du die

Waffen nicht niederlegen willst, sondern in der Rebellion gegen den Himmel verharrst? Niemand durfte die Bundeslade anrühren außer den Priestern. Niemand darf diese Lade der Barmherzigkeit Gottes anrühren, außer heilige, abgesonderte Personen. Anmaßungen sind *heluo animarum* – die großen Seelenfresser. Tausende haben den Himmel verpasst, weil sie die breite Brille der Anmaßung aufgesetzt haben.

g) Wenn wir das Königreich des Himmels nicht verpassen wollen, dann wollen wir uns vor den Vergnügen und Freuden des Fleisches in Acht nehmen. Weiche Freuden verhärten das Herz. Viele Leute können keinen einzigen ernsthaften Gedanken ertragen, sondern sie verspielen ihre Erlösung für Komödien und Romane. „*Homines capiuntur voluptate, ut pisces hamo* – die Menschen werden mit Freuden gefangen, wie ein Fisch mit dem Haken" (Cicero). Die Freuden sind der verzuckerte Köder, in den die Menschen beißen, aber darunter ist ein Haken. „Sie singen laut zur Pauke und Laute und sind fröhlich beim Klang der Schalmei" (Hiob 21,12). „Sie liegen auf elfenbeinernen Betten ... sie fantasieren auf der Harfe ... sie trinken Wein aus Schalen und salben sich mit den besten Ölen!" (Am 6,4-6). Die Freuden der Welt halten viele von den Freuden des Paradieses ab. Was für eine Schande ist es, wenn die Seele, dieses fürstliche Ding, die das Zepter über den Verstand schwingt und mit den Engeln verwandt ist, durch sündige Freuden versklavt ist. Beard spricht in seinem Theater von jemandem, der ein Zimmer hatte, in dem er reichlich schöne Bilder aufhängte, ferner hatte er die schönste Musik, er besaß die seltensten schönen Sachen und alle Süßigkeiten und die seltensten Konfitüren des Konditors, um seine Sinne mit Freuden zu befriedigen. Und er schwor, er würde eine Woche wie ein Gott leben, auch wenn er sicher wüsste, dass er am nächsten Tag in der Hölle verdammt würde. Diodorus Siculus beobachtet, dass die sizilianischen Hunde bei der Jagd unter den süßen Blumen die Spur des Hasen verlieren. Ebenso verlieren viele das Königreich des Himmels, während sie den süßen Freuden der Welt nachjagen. Es ist, sagt Theophylakt, einer der schlimmsten Anblicke, zu sehen, wie ein Sünder lachend in die Hölle geht.

h) Wenn wir das Königreich des Himmels nicht verpassen wollen, dann wollen wir uns vor einer weltlichen Gesinnung in Acht nehmen. Ein begehrlicher Geist ist ein Misthaufen. Er erstickt gute Neigungen, wie Erde das Feuer löscht. Die Welt hielt den Jüngling davon ab, Christus nachzufolgen. *Abiit tristis* – er ging traurig fort, was unserem Erlöser diese Worte entlockte: „Wie schwer werden die Reichen ins Reich Gottes hineinkommen!" (Lk 18,24). *„Divitiae saeculi sunt laguei diaboli* – die Reichtümer der Welt sind die Fallstricke des Teufels" (Bernard). Reichtümer sind goldene Fallstricke. Wenn jemand einen steilen Felsen hinaufklettern würde und Gewichte an seine Beine gebunden wären, dann würde das seinen Aufstieg behindern. Ebenso werden uns viele goldene Gewichte behindern, während wir den steilen Felsen hinaufklettern, der zum Himmel führt. „Sie irren im Land umher, die Wüste hat sie eingeschlossen!" (2.Mose 14,3). Ebenso kann man auch über viele Leute sagen: Sie sind in irdischen Angelegenheiten verstrickt, die Welt hat sie eingeschlossen. Die Welt ist kein Freund der Gnade. Je mehr das Kind saugt, umso schwächer wird die Amme; und je mehr die Welt an uns saugt und zieht, umso schwächer wird die Gnade. „Habt nicht lieb die Welt" (1.Joh 2,15). Hätte ein Mensch das Monopol auf allen Reichtum der Welt, wäre er in der Lage alles Gold der westlichen Welt zu holen und alle Gewürze des Ostens, könnte er seinen Reichtum bis zum Sternenhimmel aufhäufen, so würde sein Herz doch nicht erfüllt werden. Habsucht ist eine trockene Wassersucht. Josua konnte den Lauf der Sonne anhalten, aber er konnte nicht Achans Jagd nach dem Goldbarren aufhalten. Derjenige, dessen Herz in seinem Geldkasten eingeschlossen ist, wird aus dem Himmel ausgeschlossen. Einige Schiffe, die den Felsen entkommen sind, sind auf Sandbänke gestrandet. So sind auch viele, die groben Sünden entkommen sind, auf den goldenen Sandbänken der Welt gestrandet.

i) Wenn wir das Königreich des Himmels nicht verfehlen wollen, dann wollen wir uns davor in Acht nehmen, dass wir nicht irgendeiner Sünde nachgeben. Ein Mühlstein sinkt genauso gut wie mehrere; und eine Sünde, in der man lebt, verdammt genauso gut wie mehrere. „*Ubi regnat peccatum, non potest regnare Dei regnum* – wo die Sünde herrscht, kann das Königreich Gottes nicht herrschen" (Hieronymus). Wenn eine einzige Sünde herrscht, wird sie uns davon abhalten, im Königreich des Himmels zu herrschen. Nehmen wir uns besonders vor anmaßenden Sünden in Acht, die *vastare conscentiam* – das Gewissen verwüsten (Tertullian) und vor der *peccatum deliciis* – Sünde unserer natürlichen Konstitution (Augustinus), unserer Lieblingssünde. „Und ich hielt es ganz mit ihm und hütete mich vor meiner Sünde" (Ps 18,24), der Sünde, die mein Herz am schnellsten lockt und mich umschmeichelt. Wie es im Bienenstock eine Hauptbiene gibt, so ist im Herzen eine Hauptsünde. Oh, hüten wir uns davor!

Wie kann man diese Sünde erkennen?
Diejenige Sünde, für die ein Mensch den Stachel der Zurechtweisung nicht ertragen kann, ist die Schoßsünde. Herodes konnte es nicht dulden, dass man sich in seinen Inzest einmischte; das war ein *noli me tangere* – Rühr-mich-nicht-an. Menschen können sich damit begnügen, wenn gegen andere Sünden vorgegangen wird. Wenn aber ein Pastor seinen Finger in die Wunde legt und eine besondere Sünde berührt, dann *igne micant oculi* – sprühen ihre Augen mit Feuer; sie sind erzürnt und speien das Gift der Bosheit.

Die Sünde, die am meisten aus dem Herzen eines Menschen ausgeht und durch die er am leichtesten gefangen wird, ist die „Delila" im Schoß. Ein Mensch wird durch Lüsternheit überwunden, ein anderer durch Weltlichkeit. Es ist eine traurige Sache, wenn ein Mensch durch eine Lieblingssünde so verzaubert wird, dass er, wenn man ihn fragte, ob er sich nicht nur von einer Hälfte des Königreichs, sondern vom ganzen Königreich des Himmels trennen würde, er sich ganz davon trennen würde, nur um diese Begierde zu befriedigen. Die Sünde, die einem Menschen die größte Not bereitet und ihm in der Stunde der Krankheit und Bedrängnis ins Gesicht fliegt, ist diejenige Sünde, der er sich hingegeben hat und die ihm ins Gesicht geschrieben steht. Als die Brüder Josefs in Not waren, erinnerten sie sich an ihre Sünde, dass sie ihren Bruder verkauft hatten. „Wahrlich, wir sind schuldig wegen unseres Bruders!“ (1.Mose 42,21). So ist es auch, wenn ein Mensch auf dem Krankenbett liegt und ihm das Gewissen sagt: „Du bist der Sünde der Verleumdung und Unreinheit schuldig.“ Das Gewissen erteilt ihm dann eine schlimme Lektion und erschreckt ihn wegen einer Sünde am meisten. Das ist die Sünde, die ihm ins Gesicht geschrieben steht.

Die Sünde, von welcher ein Mensch am wenigsten geneigt ist, sich von ihr zu trennen, ist die Lieblingssünde. Von allen seinen Söhnen konnte Jakob sich am schwersten von Benjamin trennen. „Benjamin wollt ihr [mir] nehmen“ (1.Mose 42,36). Ebenso redet der Sünder: Diese und jene Sünde habe ich aufgegeben, aber muss Benjamin auch gehen? Muss ich mich von dieser genussvollen Sünde trennen? Das geht mir zu Herzen. Das ist wie bei einer Burg, um die herum verschiedene Festungen angelegt sind. Die erste und die zweite Festung haben sich ergeben. Wenn es dann um die eigentliche Burg geht, wird der Burgherr eher kämpfen und sterben als sich ergeben. Ebenso mag ein Mensch die Zerstörung vieler seiner Sünden erleiden – wenn es dann aber um die eine geht, die wie das Einnehmen der eigentlichen Burg ist, wird er sich niemals ergeben, um sich von ihr zu trennen. Das ist gewiss die Hauptsünde.

Nehmen wir uns besonders vor dieser Sünde in Acht. Die Kraft der Sünde liegt in der Lieblingssünde, die, so wie eine schlechte Gemütslage auf das Herz geht, den Tod bringt. Ich habe von einem Herrscher gelesen, der, als er vom Feind verfolgt wurde, seine goldene Krone von seinem Kopf warf, um schneller rennen zu können. Ebenso müssen auch wir die Sünde, die wir als goldene Krone tragen, wegwerfen, damit wir schneller zum Königreich des Himmels rennen können. Oh, wenn wir die Herrlichkeit nicht verlieren wollen, dann müssen wir die Lieblingssünde töten. Stellen wir sie, wie David den Uriah, in die vorderste Schlachtreihe, damit sie erschlagen wird. Indem wir dieses rechte Auge herausreißen, werden wir besser sehen, um in den Himmel zu gehen.

j) Wenn wir das Königreich des Himmels nicht verfehlen wollen, dann müssen wir uns vor unmäßigen Leidenschaften in Acht nehmen. Vielfach ist ein Schiff im Sturm verloren gegangen und vielfach ist eine Seele im Sturm unbeherrschter Leidenschaft verlorengegangen. Jedes Glied am Leib ist mit der Sünde infiziert, so wie jeder Zweig am Wermutbaum bitter ist, denn die Zunge ist ein „Übel voll tödlichen Giftes" (Jak 3,8). Einige kümmern sich nämlich nicht darum, was sie in ihrer Leidenschaft sagen. Sie verurteilen andere, lästern und wünschen ihnen Böses. Wie kann Christus im Herzen sein, wenn der Teufel von der Zunge Besitz ergriffen hat? Leidenschaften beeinträchtigen den Verstand, sie sind ein *brevis insania* – ein kurzer Wahnsinn. Voller Erregung stellte sich Jona gegen Gott. „Ja, ich bin mit Recht zornig bis zum Tod" (Jona 4,9). Wie bitte? Auf Gott zornig sein und das auch noch rechtfertigen? „Ich bin mit Recht zornig." Der Mann war wohl nicht recht bei Trost. Leidenschaften machen ungeschickt zum Gebet. „So will ich nun, dass die Männer an jedem Ort beten, indem sie heilige Hände aufheben ohne Zorn und Zweifel" (1.Tim 2,8). Wer im Zorn betet, mag seine Hände zum Gebet erheben, aber er hebt keine heiligen Hände auf. Wenn Wasser heiß ist, kocht es bald über. Wenn das Herz durch Zorn erhitzt ist, kocht es bald über in hitzige leidenschaftliche Reden. Einige verfluchen andere in ihren Leidenschaften. Diejenigen, deren Zungen in Brand gesteckt sind, sollen darauf achten, dass sie nicht eines Tages in der Hölle nach einen Tropfen Wasser verlangen, um sie zu kühlen. Oh, wenn wir das Königreich des Himmels nicht verpassen wollen, dann nehmen wir uns in Acht, damit wir keinen Raum für ungezügelte Leidenschaften geben. Manche sagen, dass Worte nur Wind sind. Doch sie sind ein solcher Wind, der sie in die Hölle blasen kann.

k) Wenn wir das himmlische Königreich nicht verfehlen wollen, dann sollen wir uns davor in Acht nehmen, dass wir nicht zu sehr zu sinnlichen Begierden neigen. „Pflegt das Fleisch nicht bis zur Erregung von Begierden!" (Röm 13,14).

Das griechische Wort *pronoian poiein* – „Vorsorge treffen" bedeutet: Lieferanten für das Fleisch zu sein. „Ihr Gott ist der Bauch" (Phil 3,19). Die Kehle ist ein schlüpfriger Ort. Judas empfing den Teufel im eingetauchten Bissen Brot, und oft gleitet der Teufel im Alkohol herunter. Ausschweifung im Essen und Trinken vernebelt den Verstand, erstickt gute Neigungen und ruft die Begierde hervor. Vielfach gräbt ein Mensch sein eigenes Grab mit seinen Zähnen. Die Heiden konnten sagen: *„Magnus sum et ad majora natus quam ut sim corporis mei mancipium* – ich bin groß und zu großen Dingen geboren, damit ich kein Sklave meines Leibes bin" (Seneca). Er war von zu hoher Geburt, als um ein Sklave seines Leibes zu sein. Den Leib verwöhnen und die Seele zu vernachlässigen, ist so, als ob man dem Sklaven zu essen gibt und die Ehefrau verhungern lässt. Nehmen wir so viel Nahrung, damit unsere Natur Kraft genug hat, aber übersättigen wir sie nicht. Durch Ausschweifung in erlaubten Dingen haben schon viele das Königreich des Himmels verloren. Eine Biene saugt ein wenig Honig aus der Blüte. Setzt man sie aber in ein Fass mit Honig, dann ertrinkt sie. Gott erlaubt es, die Schöpfung maßvoll zu gebrauchen, aber durch Ausschweifung werden die Menschen vom Verderben verschlungen.

l) Wenn wir das Königreich des Himmels nicht verfehlen wollen, dann lasst uns uns vor Ungerechtigkeit bei unseren Geschäften in Acht nehmen. Betrügen besteht in zwei Dingen:

1) Das Mischen von Waren, wenn jemand schlechtes mit gutem Getreide vermischt und es als reines Getreide verkauft. Das ist Betrug. „Dein edler Wein ist mit Wasser verfälscht" (Jes 1,22).

2) Ein zu geringes Maß geben. „Damit wir das Ephamaß verkleinern" (Am 8,5). Das Ephamaß war ein Maß, das die Juden beim Verkaufen verwendeten. Sie verkleinerten das Ephamaß; sie gaben nicht das volle Maß. Ich hoffe, dass dies nicht die Sünde vieler ist. Er „hat eine falsche Waage in der Hand, er übervorteilt gern" (Hos 12,8). Können diejenigen heilig sein, die nicht gerecht sind? „Kann ich rein sein bei unrechter Waage ...?" (Mi 6,11). Ist derjenige aufrichtig, der fal-

sche Gewichte gebraucht? Viele können nicht in den Himmel kommen wegen ihres Übervorteilens.

m) Wenn wir das Königreich des Himmels nicht verpassen wollen, dann lasst uns uns vor böser Gesellschaft in Acht nehmen. Beim Kaufen und Verkaufen ist der Handel mit Menschen notwendig oder wie der Apostel sagt: Wir müssen in die Welt hinausgehen, jedoch sollen wir nicht freiwillig die Gesellschaft der Gottlosen suchen (1.Kor 5,10). „Jetzt aber habe ich euch geschrieben, dass ihr keinen Umgang haben sollt“ (1.Kor 5,11). Lassen wir uns nicht in die Gesellschaft der Gottlosen aufnehmen oder mit ihnen zu vertraut werden. Die Gottlosen hassen Gott und „solltest du so dem Gottlosen helfen und die lieben, welche den HERRN hassen“? (2.Chr 19,2). Ein Christ ist kraft seines Treueeides an Gott bei der Taufe daran gebunden, keinen engen Umgang mit solchen zu haben, die verschworene Feinde Gottes sind. Das ist ein schlechtes Zeugnis. Was haben die Tauben Christi unter den Raubvögeln zu suchen? Was haben Jungfrauen unter Huren zu suchen? Die Gesellschaft der Gottlosen befleckt sehr. Das ist so, als würde man unter Aussätzige gehen. „Sondern sie vermischten sich mit den Heidenvölkern und lernten ihre Werke“ (Ps 106,35). Wenn man glänzende Waffen mit rostigen mischt, dann werden die glänzenden Waffen die rostigen nicht zum Glänzen bringen, sondern die rostigen werden die glänzenden verderben. Diejenigen, die eine Unterweisung im Glauben bekommen haben und einige Neigungen zum Guten besitzen, leiden Schaden, wenn sie sich mit den Gottlosen mischen. Der Böse wird eher den Guten verderben, als dass der Gute den Bösen bekehrt. Der Pharao lehrte Josef zu schwören, aber Josef lehrte den Pharao nicht zu beten. In schlechter Gesellschaft liegt eine seltsame Anziehungskraft, um die besten Veranlagungen zu verderben und zu vergiften. Sie dämpft gute Neigungen. Werfen wir einen Feuerball in den Schnee, wird er bald erlöschen. Unter den Gottlosen verliert man die Wärme der eifrigen Zuneigung. Wenn wir mit den Gottlosen enge Kontakte halten, werden sie uns von strenger Gottesfurcht abbringen und uns an unserer Freiheit und Freude hindern. „Denn von dieser Sekte ist uns bekannt, dass ihr überall widersprochen wird!“ (Apg 28,22).

Daraufhin beginnt derjenige, der zuvor nach dem Himmel getrachtet hat, entmutigt zu werden, und er nimmt schrittweise im Guten ab. Es überkommt ihn eine Abneigung gegen seine frühere gläubige Lebensführung. Er denkt, dass er zu gerecht war und strenger als notwendig. In sein Herz wird eine verborgene Lust zum Bösen eingeflößt. Er beginnt törichte, verleumderische Reden zu mögen. Er kann hören, wie gegen den Glauben gesprochen wird, und dabei still sein, ja, daran sogar Wohlgefallen haben. Er liebt Eitelkeit und macht aus der Sünde einen Spaß. Er wird schrittweise umgewandelt und wird wie die Gesellschaft, mit der er Umgang hat, sodass bei ihm Abscheu und Hass wachsen gegenüber seinen früheren nüchternen Wegen. Er ist guten Menschen gegenüber von einer Krankheit befallen, er ist in einen spottenden Ismael verwandelt, in einen lebenden Teufel. Und schließlich wird er zu einem Kind der Hölle, er wird wie jeder andere aus der verdammten Bande ohne Gnade, mit der er Umgang hatte. Und was ist das Ende von alledem? Ein Schandfleck auf dem Namen, eine Motte im Besitz, ein Wurm im Gewissen. Oh, wenn wir das Königreich des Himmels nicht verpassen wollen, dann lasst uns uns vor böser Gesellschaft in Acht nehmen! Böse Gesellschaft ist der Fluch und das Gift der Jugend in dieser Zeit. Diejenigen, die einmal zur Nüchternheit geneigt waren, sind unter die Weltmenschen gekommen und mit ihnen vertraut geworden, bis sie schließlich miteinander in der Hölle in Gemeinschaft bleiben.

n) Wenn wir das Königreich des Himmels nicht verpassen wollen, dann nehmen wir uns davor in Acht, nicht mit dem Fleisch zu verhandeln. Das Fleisch ist ein Verräter in unserer Brust. Wenn ein Feind innerhalb der Mauern einer Burg gelangt, ist sie in großer Gefahr, eingenommen zu werden. Das Fleisch ist ein Feind im Inneren; es ist ein schlechter Ratgeber. Es sagt: Auf dem Weg ist ein Löwe. Es ist eine Entmutigung im Hinblick auf ein strengeres Glaubensleben. Es sagt wie Petrus zu Christus: „Schone dich selbst“ (Mt 16,23). Es sagt wie Judas: „Wozu ist diese Verschwendung?“ (Mk 14,4). Wozu ist das Beten notwendig? Warum verschwendest du alle deine Stärke und Geisteskraft für den Glauben? Wozu diese Verschwendung? Das Fleisch schreit nach Bequemlichkeit und Freude. Wie viele haben das Königreich des Himmels verloren, indem sie sich mit dem Fleisch beraten haben!

o) Wenn wir den Himmel nicht verfehlen wollen, dann wollen wir uns vor fleischlichen Beziehungen hüten. Unsere Freunde nach dem Fleisch sind oft Balken und Schlösser auf unserem Weg zum Himmel. Sie werden sagen: Dieser Weg ist etwas für Engstirnige und Sonderlinge. Die eigene Frau, die man im Herzen trägt, kann ein Versucher sein. Die Frau von Hiob war das: „Hältst du immer noch fest an deiner Tadellosigkeit? Sage dich los von Gott und stirb!“ (Hiob 2,9). Was? Immer noch beten? Was hast du davon, dass du Gott dienst? Hiob, welchen Lohn hast du davon? Was kannst du im Dienst Gottes aufweisen außer Beulen und Geschwüre? Und du hältst immer noch an deiner Tadellosigkeit fest? Wirf die Tracht Gottes von dir und sag dem Glauben ab. Hier haben wir eine Versuchung, die ihm von seiner Frau überreicht wurde. Die Frau wurde aus der Rippe gemacht, und der Teufel verwandelte die Rippe in einen Pfeil und wollte Hiob damit ins Herz schießen. Doch sein Glaube löschte diesen feurigen Pfeil. Nehmen wir uns vor den Beziehungen nach dem Fleisch in Acht. Wir lesen, dass einige Verwandte von Christus ihn ergriffen und ihn daran hindern wollten, dass er predigen geht. „Denn sie sagten: Er ist von Sinnen!“ (Mk 3,21). Manchmal stehen unsere Verwandten auf unserem Weg zum Himmel im Weg, indem sie unseren ganzen Eifer als Unbesonnenheit beurteilen und uns daran hindern, gerettet zu werden. Solche Verwandte nach dem Fleisch hatte Spira. Als er sich mit ihnen darüber beraten hatte, ob er weiter bei seiner orthodoxen Meinung bleiben sollte, überzeugten sie ihn, zu widerrufen. Uns so fiel er in Schrecken und Niedergeschlagenheit des Geistes, nachdem er seinem früheren Glauben abgesagt hatte. Auch für Galeacius, dem Marquis von Vico, war die Verwandtschaft nach dem Fleisch ein großes Hindernis auf seinem Weg.

Und was für Mühe hatte er, ihre Versuchungen zu durchbrechen! Nehmen wir uns vor dem Fallstrick in unserem Schoß in Acht! Ein mutiger Ausspruch von Hieronymus lautet: „*Si mater mihi ubera ostendat etc.* – Wenn mein Vater mich überreden wollte, Christus zu verleugnen und meine Mutter mir ihre Brust zeigen würde, an der ich gestillt wurde, wenn meine Frau mich mit ihren Umarmungen locken würde, so würde ich alles zurückweisen und zu Christus fliehen."

p) Wenn wir das Königreich des Himmels nicht verfehlen wollen, dann wollen wir uns vor dem Abfall vom Glauben in Acht nehmen. Hüten wir uns vor der Apostasie, dem Glaubensabfall. Wer den Lauf nicht vollendet, verpasst den Siegespreis. Wer im Glauben Schiffbruch erleidet, kann nicht im Hafen der Herrlichkeit ankommen. Wir leben wie das Blatt, das abfällt. Die Menschen fallen von dem Guten ab, das sie zu haben schienen. Einige verfallen dem Irrtum, andere der Untugend, einige dem Trinken und dem Würfelspiel, andere der Hurerei. Der ganze Mantel ihres Bekenntnisses ist dann abgefallen. Es ist für einen Menschen schrecklich, von einem hoffnungsvollen Anfang abzufallen. Der Abgefallene, sagt Tertullian, scheint Gott und Satan in die Waagschale zu legen, und nachdem er den Dienst von beiden abgewogen hat, bevorzugt er den Dienst des Teufels und ruft ihn als den besten Herrn aus. In dieser Hinsicht heißt es, dass er Christus zum Gespött macht (Hebr 6,6). Das ist letztendlich traurig (Hebr 10,38). Wenn wir die Herrlichkeit nicht verpassen wollen, dann wollen wir uns vor der Apostasie, dem Glaubensabfall, in Acht nehmen. Diejenigen, die abfallen, müssen zwangsläufig das Königreich verfehlen.

Was müssen wir dann tun?

a) Wenn wir das himmlische Königreich nicht verfehlen wollen, dann lasst uns viel Selbstverleugnung praktikzieren. „Wenn jemand mir nachkommen will, so verleugne er sich selbst" (Mt 16,24). Wer in den Himmel gehen will, muss die Selbstgerechtigkeit verleugnen. *Cavendum est a propria justitia* – wir müssen uns vor unserer eigenen Gerechtigkeit hüten.

„... und in ihm erfunden werde, indem ich nicht meine eigene Gerechtigkeit habe“ (Phil 3,9). Die Spinne webt ein Netz aus ihrem eigenen Inneren; ebenso webt ein Heuchler ein Netz der Erlösung aus seiner eigenen Gerechtigkeit. Wenn es um die Frage der Rechtfertigung geht, müssen wir unsere bürgerliche Gerechtigkeit verleugnen. Bürgerliche Gerechtigkeit ist eine gute Sache, um unter den Menschen zu leben, aber sie ist eine schlechte Leiter, um damit in den Himmel hinaufzuklettern. Bei der Frage der Rechtfertigung müssen wir unsere heiligen Werke verleugnen. Ach, wie sind unsere Pflichten mit Sünde durchdrungen! Legen wir Gold ins Feuer und es kommt Schlacke heraus; ebenso sind unsere goldenen Dienste mit Unglauben vermischt. Verleugnen wir unsere Selbstgerechtigkeit, nehmen wir die Pflichten wahr, doch vertrauen wir auf Christus. Die Taube von Noah benutzte ihre Flügel, um zu fliegen, doch um ihrer Sicherheit willen vertraute sie auf die Arche! Lasst uns in den Pflichten fleißig sein, aber nicht auf sie vertrauen. Die Selbstverleugnung ist der *via ad regnum* – der Weg zum Königreich. Es gibt keinen Weg in den Himmel außer durch die enge Pforte der Selbstverleugnung.

b) Das zweite Mittel, um das Königreich zu erhalten, ist ein ernsthaftes Nachsinnen. Die meisten Menschen verfehlen den Himmel, weil sie nicht über den Himmel nachdenken.

Wir sollten oft überlegen, was für ein Königreich der Himmel ist. Er wird ein *regnum paratum* – ein bereitetes Königreich genannt, was beinhaltet, dass er selten und vortrefflich ist (Mt 25,34). Gott hat in seinem Königreich Dinge bereitet, wie sie noch „kein Auge gesehen und kein Ohr gehört“ hat (1.Kor 2,9). Der Himmel übersteigt alles. Im Besonderen sind in diesem himmlischen Königreich zwei Dinge: ein stattlicher Palast und ein königliches Festmahl. Der stattliche Palast ist groß und hat mehrere Stockwerke. Seine Abmessungen sind zwölftausend Stadien[44] oder wie in einigen griechischen Handschriften steht: zwölfmal zwölftausend Stadien, eine endliche Zahl, die für eine unendliche Größe verwendet wird (Offb 21,15ff.) – kein Mathematiker kann diese Stadien be-

44 Achtelmeilen.

rechnen. Da es im Himmel eine unzählbare Schar an Heiligen und Engeln gibt, gibt es auch unendlichen Raum, um sie aufzunehmen. Der Palast dieses Königreiches ist klar und durchsichtig. Er wird mit Licht erleuchtet und Licht ist lieblich. Die Hölle ist ein dunkler Kerker, doch der Palast droben ist mit Licht erfüllt (Kol 1,12). Von Gott gehen solch erhabene Strahlen aus, dass sie im empyreischen Himmel Glanz und Herrlichkeit verbreiten. Dieser Palast ist gut gelegen, sodass es gute Luft und eine schöne Aussicht gibt. Dort gibt es die beste Luft, die nach dem Wohlgeruch des Salböls Christi duftet, und die schönste Aussicht auf den hellen Morgenstern. Der Palast ist reich und luxuriös. Er hat Perlentore (Offb 21,21). Er ist mit weißen Gewändern und Kronen der Herrlichkeit angereichert. Er zerfällt niemals und die Bewohner darin sterben nie. „Und sie werden herrschen von Ewigkeit zu Ewigkeit" (Offb 22,5).

Dort gibt es auch ein königliches Festmahl. Es wird als das „Hochzeitsmahl des Lammes" bezeichnet (Offb 19,9). Bullinger und Gregor der Große verstanden darunter das prächtige Abendmahl, das im Himmel bereitet ist. Es wird ein herrliches Festmahl sein im Hinblick auf seinen Stifter. Die verherrlichten Heiligen werden ihre Augen mit der Schönheit Gottes sättigen und ihre Herzen mit seiner Liebe. Es wird ein köstliches Festmahl sein im Hinblick auf die Festlichkeit und heilige Fröhlichkeit. Was für eine Freude wird dort in den Hymnen und Triumphen der verherrlichten Geister sein! Die Heiligen und die Engel werden in einer untrennbaren Einheit der Liebe miteinander verbunden sein und miteinander in lieblichen Armen liegen. Es wird ein königliches Bankett sein, und es wird dort keinen Überdruss geben, weil ständig ein frischer Gang serviert wird. Das ernsthafte Nachsinnen darüber, woraus das Königreich des Himmels besteht, sollte ein Mittel sein, um unsere Bemühungen anzureizen, ihm nachzujagen. Was sonst veranlasst die Menschen zu den Indies[45] zu reisen als die Überlegung, welches Gold und welche Gewürze es dort gibt? Wenn wir die Herrlichkeit des Himmels betrachten und darüber nachdenken, dann würden wir bald eine Reise

45 *Indies* oder *East India* sind Begriffe für die Länder von Süd-Ost Asien.

machen und nicht nachlassen, bis wir in dem himmlischen Königreich angekommen sind.

Wie wird es jemanden bekümmern, wenn er verloren gehen sollte und daran denkt, dass er den Himmel wegen eines Mangels an ein wenig mehr Mühe verfehlt hat! Der Prophet Elisa bat den König von Israel, sechsmal auf den Boden zu schlagen, er aber schlug nur dreimal und blieb dabei stehen (2.Kön 13,19). Dadurch verlor er viele Siege. So ist es auch, wenn jemand denken sollte: Ich habe etwas im Glauben getan, aber nicht genug; ich habe gebetet, aber die Gebete waren kalt; ich habe keine Kohlen zu dem Weihrauch gelegt; ich habe das Wort gehört, aber ich habe nicht darüber nachgedacht; ich habe es nicht wieder und wieder gekaut; ich habe nur dreimal geschlagen, während ich hätte sechsmal schlagen sollen; hätte ich etwas mehr Mühe auf mich genommen, wäre ich glückselig, doch ich habe das Königreich des Himmels verloren, indem ich zu kurz geschossen habe. Die Überlegung, wie schrecklich der Gedanke ist, den Himmel aus Mangel an ein wenig mehr Mühe zu verlieren, sollte ein Mittel sein, um unsere trägen Herzen anzuspornen und uns fleißiger machen, das Königreich zu bekommen.

c) Das dritte Mittel, um dieses Königreich zu erhalten, besteht darin, das tägliche Gebet aufrechtzuerhalten. „Ich aber bete" (Ps 109,4). Das Gebet entflammt die Zuneigungen und ölt die Räder der Bemühungen; es setzt sich bei Gott durch, öffnet sein Inneres und schließt den Himmel auf. Alle, die in den Himmel gekommen sind, die sind auf ihren Knien dorthin gekrochen. Diejenigen, die jetzt im Himmel sind, waren Männer des Gebets. Daniel betete dreimal am Tag, Jakob rang mit Gott im Gebet und überwand ihn als ein Fürst. Das Gebet muss brennend sein, ansonsten ist es *thuribulum sine prunis*, wie Luther sagt, ein goldenes Räuchergefäß ohne Feuer. Durch Gebet öffnete Elia den Himmel. Durch leidenschaftliches und beständiges Gebet wird der Himmel für uns geöffnet.

d) Wenn wir das himmlische Königreich erhalten wollen, dann lasst uns den Himmel liebgewinnen. Die Liebe lässt einen Menschen alle Mittel gebrauchen, um die Sache, die er liebt, zu genießen. Wie aktiv ist doch derjenige, der die Welt liebt! Er unterbricht dafür seinen Schlaf und seine Ruhe. In welche Gefahren begibt sich jemand, der die Ehre liebt! Er schwimmt zum Thron durch Blut. Jakob liebte Rahel, und was hätte er nicht getan, um sie zu bekommen, auch wenn es eine zweimal siebenjährige Dienstzeit als Knecht wäre. Die Liebe treibt einen Mann mit Gewalt zu dem Gegenstand, den er liebt. Die Liebe trägt einen Christen, wie die Flügel einen Vogel, wie die Segel das Schiff, mit voller Fahrt in den Himmel. Der Himmel ist ein Ort der Ruhe und der Freude; er ist ein Paradies – und sollten wir das nicht lieben? Lasst uns den Himmel lieben und wir können ihn nicht verpassen. Die Liebe durchbricht jeden Widerstand, sie nimmt den Himmel im Sturm ein. Obwohl es Arbeit ist, so ist es niemals mühsam. Die Liebe ist wie die Myrte[46] in der Hand des Reisenden, die ihn auf seiner Reise frisch und lebendig hält und ihn davor bewahrt, müde zu werden.

e) Wenn wir das Königreich des Himmels erhalten wollen, dann lasst uns den Glauben zu unserem Geschäft machen. Was ein Mensch als *parergon* – als Nebensächlichkeit betrachtet, darüber denkt er nicht viel nach. Wenn wir jemals den Himmel haben wollen, dann müssen wir ihn als unsere Hauptsorge betrachten. Andere Dinge betreffen unseren Lebensunterhalt, aber dies betrifft unsere Erlösung. Wir machen den Glauben zu unserem Geschäft, wenn wir uns ganz dem Dienst Gottes weihen (Ps 139,18b). Wir zählen die Stunden zu unseren besten, die wir mit Gott verbringen. Wir geben Gott die Sahne unserer Zuneigung, die Blume unserer Zeit und Kraft. Wir verkehren jeden Tag im Himmel. Wir sind Kaufleute der „kostbaren Perle.“ Wer sich keine Gedanken über seinen Handel macht, erlangt keinen Besitz. Wer den Glauben nicht zu seinem Hauptgeschäft macht, wird niemals den Himmel bekommen.

f) Wenn wir das Königreich des Himmels erhalten wollen, dann lasst uns unser Herz durch heilige Gelübde an Gott binden. Geloben wir dem Herrn, dass wir uns durch seine

46 Die Myrte ist ein immergrüner Strauch, der im Mittelmeergebiet wächst.

Gnade noch intensiver auf den Himmel richten als jemals zuvor. „Die Gelübde, die ich dir, o Gott, gelobte, liegen auf mir" (Ps 56,13). Ein Gelübde bindet denjenigen, der gelobt, an die Pflicht. Durch sein Gelübde betrachtet er sich Gott gegenüber als verpflichtet, an ihm zu kleben. Wenn Bienen in einem starken Wind fliegen, beschweren sie sich mit kleinen Steinen, damit sie nicht weggeweht werden. Ebenso müssen wir uns mit starken Gelübden stärken, damit wir nicht durch den gewaltigen Wind der Versuchung von Gott weggeweht werden. Ohne Frage kann ein Christ solch ein Gelübde machen, weil der Grund dafür moralisch gut ist. Er gelobt nichts anderes, außer dem, an was er kraft des Taufgelübdes gebunden ist, nämlich, eng mit Gott zu wandeln und dem Himmel noch stärker nachzujagen.

g) Wen wir das Königreich erhalten wollen, dann lasst uns alle Zeiten und Gelegenheiten für das Wohlergehen unserer Seele ergreifen. „Kauft die Zeit aus" (Eph 5,16). Die Gelegenheit ist die Sahne der Zeit; indem wir die Zeit der Gnade nutzen, zeigen wir, wie viel uns die Erlösung wert ist. Der Seemann gelangt zum Hafen, indem er die vorhandene Zeit ausnutzt, in welcher der Wind weht. Wenn wir die Zeit nutzen, in der wir die Gnadenmittel haben und der Wind des Geistes weht, können wir am Königreich des Himmels ankommen. Wir wissen nicht, wie lange wir das Evangelium genießen können. Die Zeit der Gnade kommt, wie Noahs Taube, mit einem Olivenzweig in ihrem Mund, aber schon bald bricht sie auf und fliegt davon. Auch wenn sie lieblich ist, so ist sie schnell vorbei. Gott kann den goldenen Leuchter von uns wegnehmen, wie er das bei den Kirchen in Kleinasien getan hat. Wir haben viele traurige Hinweise dafür: „Sein Haupthaar ist mit Grau gesprenkelt" (Hos 7,9). Deshalb lasst uns die gegenwärtige Zeit ausnutzen. Diejenigen, die während der Zeit der Saat schlafen, werden in der Erntezeit betteln.

h) Wenn wir in das Königreich des Himmels eingehen wollen, dann müssen wir *excubias agere* – täglich Wache halten. „Das sage ich allen: Wacht!" (Mk 13,37). Viele verlieren den Himmel aus Mangel an Wachsamkeit. Unser Herz ist dazu geneigt, uns in die Sünde zu locken, und der Teufel liegt mit seinen Versuchungen auf der Lauer. Wir müssen jeden Tag einen Wächter aufstellen und in unserer Seele Wache halten. „Auf meine Warte will ich treten" (Hab 2,1).

Wir müssen unsere Augen bewachen. „Ich hatte einen Bund geschlossen mit meinen Augen" (Hiob 31,1). Viel Sünde kommt über das Auge rein. Als Eva sah, dass der Baum gut zur Speise wäre und eine Lust für die Augen, nahm sie davon (1.Mose 3,6). Zuerst sah sie und dann begehrte sie. Das Auge setzt das Herz in Brand, wenn es einen unreinen Gegenstand betrachtet. Der Teufel kriecht häufig durch das Fenster des Auges hinein. Bewachen wir unsere Augen.

Bewachen wir unsere Ohren. Viel Gift wird durch das Ohr übertragen. Lassen wir unsere Ohren für Gott geöffnet sein und verschlossen für die Sünde.

Bewachen wir unser Herz. Wir überwachen verdächtige Personen. „Überaus trügerisch ist das Herz" (Jer 17,9). Bewachen wir unser Herz:

1) Wenn wir bei den heiligen Dingen sind; es wird uns zu nichtigen Dingen hin ablenken. „Wenn ich beim Beten bin", sagte Hieronymus, *„aut per porticum deambulo aut de foenore computo* – bummle ich entweder durch die Gallerien oder ich stelle Rechnungen auf."

2) Wenn wir in Gesellschaft sind. Der Basilisk[47] vergiftet die Kräuter, die er anhaucht. Ebenso ist auch der Atem der Gottlosen ansteckend. Ja, bewachen wir sogar unser Herz, wenn wir in guter Gesellschaft sind. Diejenigen, die etwas Gutes in sich haben, nehmen es manchmal zu leicht und gebrauchen viele leichtfertige Worte. Auch wenn kein Abschaum aus ihnen hochkocht, so können sie dennoch zu viel geifern. Der Teufel ist raffiniert, und er kann genauso gut in eine Taube kriechen, wie er einst in die Schlange kroch. Satan versuchte Christus durch einen Apostel.

3) Bewachen wir unser Herz im Wohlstand. Denn im Wohlstand sind wir in Gefahr, hochmütig zu werden. Je höher

47 Der Basilisk ist ein mythisches Tier, das in mittelalterlichen Büchern als König der Schlangen gilt.

das Wasser der Themse steigt, umso höher werden die Boote angehoben. Je höher der Besitz des Menschen ansteigt, umso höher wird sein Herz mit Hochmut erhoben. Im Wohlstand sind wir nicht nur in der Gefahr, Gott zu vergessen, sondern auch die Ferse gegen ihn zu erheben[48]. „Da wurde Jeschurun fett und schlug aus" (5.Mose 32,15). Es ist schwer, einen vollen Becher zu tragen, ohne etwas zu verschütten, und es ist schwer, mit einem reichen Besitz umzugehen, ohne zu sündigen. *„Turpi fregerunt saecula luxu divitiae molles* – leicht erworbener Reichtum, der zu schändlichem Luxus geführt hat, hat unser Zeitalter verdorben" (Seneca). Wie Simson im Schoß von Delila einschlief, so sind viele im Schoß des Wohlstandes so fest eingeschlafen, dass sie nicht eher wieder aufwachen, bis sie in der Hölle sind.

4) Bewachen wir unser Herz, nachdem wir die heilige Pflichten getan haben. Nachdem Jesus gebetet und gefastet hatte, wurde er vom Teufel versucht (Mt 4,3). Nachdem wir im Gebet mit Satan gekämpft haben, sind wir dazu geneigt, selbstsicher zu werden, und legen die geistliche Waffenrüstung ab, und dann stürzt sich der Teufel auf uns und verwundet uns. Oh, wenn wir in den Himmel kommen wollen, dann lasst uns allzeit auf unserem Wachturm sein, einen Wächter aufstellen und nahe bei unserer Seele Wache halten. Wer würde nicht wachen, wenn es um ein Königreich geht?

i) Wenn wir im Königreich des Himmels ankommen wollen, dann lasst uns folgende drei Gnadengaben bekommen, die uns ohne Zweifel dorthin bringen werden:

1) Göttliche Erkenntnis. Man kann nicht mit verbundenen Augen in den Himmel eingehen. In der Schöpfung war das Licht das Erste, was geschaffen wurde; ebenso ist es in der neuen Schöpfung. Erkenntnis ist die Feuersäule, die vor uns hergeht und uns den Weg zum himmlischen Königreich leuchtet. Sie ist ein Licht, das uns zu dem „Erbe der Heiligen im Licht" bringt (Kol 1,12).

---

48 Das ist eine Anspielung auf den Verrat des Judas: „Der mit mir das Brot isst, hat seine Ferse gegen mich erhoben" (Joh 13,19).

2) Glaube. Das Endziel des Glaubens ist die Erlösung. „Wenn ihr das Endziel eures Glaubens davontragt, die Errettung der Seelen!" (1.Petr 1,9). Wer glaubt, der geht so sicher in den Himmel, als ob er bereits schon dort wäre (Apg 16,31). Der Glaube rührt Christus an – und kann derjenige Christus verpassen, der ihn anrührt? Der Glaube vereint mit Christus – und sollten die Glieder nicht dort sein, wo das Haupt ist? Nicht alle haben das gleiche Maß an Glauben. Wir müssen unterscheiden zwischen dem direkten Glaubensakt und der daraus resultierenden Wirkung des Vertrauens und der Gewissheit. Doch der kleinste Same und Funke des Glaubens geben ein nicht anzweifelbares Anrecht auf das himmlische Königreich. Ich werde gerechtfertigt, weil ich glaube, nicht weil ich weiß, dass ich glaube.

3) Liebe zu Gott. Der Himmel ist für diejenigen bereitet worden, die Gott lieben (1.Kor 2,9). Liebe ist das Herz des Gehorsams, der Prüfstein für die Aufrichtigkeit; dadurch, dass wir Gott lieben, können wir wissen, dass er uns liebt (1.Joh 4,19). Und diejenigen, die Gott lieben, legt er in seinen Schoß. Bei seiner Grabrede für Theodosius führte Ambrosius an, dass die Engel über seiner scheidenden Seele schweben und darauf warten, sie in den Himmel zu tragen. Die Engel fragten ihn: „Welche Gnade er auf Erden am meisten praktiziert habe?" Theodosius antwortete: *„Dilexi, dilexi* – ich habe geliebt, ich habe geliebt", und er wurde mit einer Eskorte von Engeln auf direktem Weg in die Herrlichkeit überführt. Die Liebe ist ein heiliges Feuer, das in der Brust entzündet wird; in diesen Flammen steigt die gottesfürchtige Seele in den Himmel auf.

j) Wenn wir das himmlische Königreich erhalten wollen, dann lasst uns nach Aufrichtigkeit trachten. „Wer unsträflich wandelt, wird gerettet" (Spr 28,18). Ein aufrichtiger Christ kann gewisse Grade an Gnade verfehlen, aber er verfehlt niemals das Königreich. Wo das Herz aufrecht ist, wird Gott viele Verfehlungen übergehen (4.Mose 23,21). Echtes Gold hat, auch wenn es nur leicht ist, immer ein paar Körnchen an Zusätzen. „Siehe, du verlangst nach Wahrheit im Innersten" (Ps

51,8). Aufrichtigkeit ist die Sauce, die alle unsere Taten würzt und sie schmackhaft macht. Jede Gnadengabe hat eine Zutat; sie wird als „ungeheuchelter Glaube" (2.Tim 1,5) und „aufrichtige Liebe" (Eph 6,24); nach der englischen Übersetzung) bezeichnet. Eine Münze ist ohne den Stempel des Königs nicht gültig, und die Gnade ist nicht echt, wenn sie nicht den Stempel der Aufrichtigkeit trägt. Herrliche Pflichten, die mit Heuchelei durchsäuert sind, werden zurückgewiesen, während große Schwächen, die mit Aufrichtigkeit versüßt sind, angenommen werden. Wenn es irgendeine Sache in der Welt gibt, die uns in den Himmel bringt, dann ist es Aufrichtigkeit. Aufrichtigkeit bedeutet Klarheit des Herzens. „In dessen Geist keine Falschheit ist" (Ps 32,2). Je klarer der Diamant ist, umso kostbarer ist er.

Aufrichtigkeit besteht darin, dass wir Gott mit unserem Herzen dienen; wenn wir ihn nicht nur anbeten, sondern ihn lieben. Kain brachte sein Opfer dar, aber nicht sein Herz. Gott erfreut sich an einem Opfer, das auf dem Altar des Herzen brennt. Ein aufrichtiger Christ, auch wenn er in sich zwei Prinzipien hat, Fleisch und Geist, hat nicht zwei Herzen in sich; sein Herz gehört Gott.

Aufrichtigkeit besteht darin, dass wir alles, was wir tun, rein auf Gott ausrichten. Die Ehre Gottes ist mehr wert als die Erlösung aller menschlichen Seelen. Auch wenn ein aufrichtiger Christ bei der Pflicht oft zu kurz schießt, so hat er das rechte Ziel. Wie die Pflanze Heliotropium[49] sich nach der Bewegung der Sonne ausrichtet, so bewegen sich alle Taten des gottesfürchtigen Menschen in Richtung der Ehre Gottes.

k) Um das himmlische Königreich zu erhalten, lasst uns ein Brennen in der Pflicht aufrechterhalten. Was bringt eine tote Form ohne Kraft? „So aber, weil du lau bist und weder kalt noch heiß, werde ich dich ausspeien aus meinem Mund" (Offb 3,16). Brennend sein bringt Leben in die Pflicht. „Seid brennend im Geist, dient dem Herrn!" (Röm 12,11), griechisch „*zeontes* – überkochen." Christus „betete inbrünstiger"

49 Das Heliotropium (Sonnenwende) ist eine Pflanzengattung, deren Eigenart es ist, ihre Blätter mit der Sonne zu drehen.

(Lk 22,44). Als das Feuer im goldenen Weihrauchgefäß bereit war, auszugehen, musste Aaron mehr Kohlen zum Weihrauch legen. Ebenso legt man durch Beten mit Hingabe mehr Kohlen zum Weihrauch. Nicht Förmlichkeit bringt uns in den Himmel, sondern Brennend sein. Der Formalist ist wie Ephraim, ein Kuchen, der nicht gewendet wurde; auf der einen Seite ist er heiß und auf der anderen ist noch roher Teig. Im äußerlichen Gottesdienst scheint er heiß zu sein, aber im geistlichen Gottesdienst ist er kalt. Oh, wenn wir das Königreich des Himmels haben wollen, dann lasst uns mit dem Herzen brennend bei der Pflicht bleiben. Elia wurde in einem feurigen Streitwagen in den Himmel hinaufgetragen. Wenn wir in den Himmel kommen wollen, dann müssen in einem feurigen Wagen des Eifers dorthin getragen werden. Das Königreich des Himmels reißt man mit Gewalt an sich.

l) Wenn wir im himmlischen Königreich ankommen wollen, dann lasst uns die Bewegungen von Gottes Geist in unserem Herzen hegen und pflegen. Der Seemann kann seine Segel hissen, aber das Schiff kann nicht ohne einen Sturmwind in den Hafen gelangen. Ebenso können wir die Segel unserer Bemühungen hissen, aber wir gelangen nicht zum Hafen der Herrlichkeit ohne den Nord- und Südwind von Gottes Geist. Wie sehr müsste es deshalb in unserem Interesse liegen, viele Bewegungen des Geistes zu haben – Bewegungen zum Gebet, Bewegungen zur Buße. „Und wenn du in den Wipfeln der Balsambäume das Geräusch eines Einherschreitens hören wirst, dann beeile dich; denn dann ist der HERR vor dir hergezogen“ (2.Sam 5,24). So auch wir, wenn wir in uns ein Geräusch hören, eine verborgene Eingebung, die uns zu guten Pflichten anregt, dann sollten wir uns rühren. Während der Geist in uns wirkt, sollten wir mit dem Geist wirken. Viele Menschen haben in sich das Streben des Geistes Gottes; er legt gute Bewegungen und heilige Ziele in ihr Herz, doch sie weigern sich, diesen guten Bewegungen zu folgen und der Geist wird betrübt, und wenn der Geist betrübt wurde, zieht er seinen Beistand zurück, und wenn der Beistand fort ist, gibt es kein In-den-Himmel-Kommen. Oh, lasst uns viel aus den

Bewegungen des Geistes machen. Wir machen so viel daraus, wie uns die Erlösung wert ist. Der Geist Gottes wird mit einem Feuer verglichen (Apg 2,3). Wenn wir den Funken vorsichtig anblasen, können wir Feuer haben, um unsere Zuneigung zu entzünden und unserem Fuß auf dem Weg des Friedens Licht geben. Wenn wir den Geist löschen, indem wir ihn zurückweisen und seinen Bewegungen widerstehen, schneiden wir uns von der Erlösung ab. Der Geist Gottes hat eine ziehende Kraft (Hld 1,4). Der gesegnete Geist zieht durch seine Anziehungskraft an, wie der Magnet Eisen anzieht. In der Predigt des Wortes zieht der Geist durch ein heiliges Verlangen und Rufen das Herz hinauf zum Himmel. Wenn der Geist nun gerade dabei ist, um uns zu ziehen, dann müssen wir uns davor in Acht nehmen, dass wir uns nicht zurückziehen, sonst wird es unser Verderben (Hebr 10,39). Machen wir es wie Noah: Als die Taube kam und zur Arche flog, streckte er seine Hand aus und nahm die Taube in die Arche. So auch wir: Wenn die liebliche Taube des Geistes Gottes kommt und zu unserem Herzen fliegt und einen Impuls der Gnade in ihrem Schnabel mitbringt, wie einen Olivenzweig des Friedens. Oh, nehmen wir diese Taube in die Arche, laden wir den Geist in unser Herz ein, und er wird uns in den Himmel bringen.

Wie sollen wir die Bewegung des Geistes von einer Täuschung unterscheiden?
Die Bewegungen des Geistes sind immer in Übereinstimmung mit dem Wort. Wenn das Wort zur Heiligung ist, dann ist der Geist es auch. Der Geist bewegt zu nichts anderem, als zu dem, was das Wort anordnet. Auf dem Weg, auf dem das Wasser des Wortes fließt, auf dem weht auch der Wind des Geistes.

m) Wir erhalten das Königreich des Himmels durch gleichmäßigen und fröhlichen Gehorsam. Gehorsam ist die Straße, auf der wir zum Himmel reisen. Viele sagen, dass sie Gott lieben, aber sie weigern sich, ihm zu gehorchen. Liebt derjenige die Person des Fürsten, der seine Befehle ignoriert?

Der Gehorsam muss gleichmäßig sein. „Dann werde ich nicht zuschanden" (hebr. „ich werde nicht vor Scham rot werden"), „wenn ich auf alle deine Gebote achte" (Ps 119,6). Wie die Sonne alle Tierkreiszeichen des Zodiak[50] durchläuft, so müssen wir alle Pflichten des Glaubens durchlaufen. Wenn ein Mensch hundert Meilen laufen muss, um einen bestimmten Ort zu erreichen, er aber nur neunundneunzig Meilen geht und dann stehen bleibt, dann verfehlt er den Zielort. Wenn wir, wie Herodes, viele Dinge tun, die Gott gebietet, doch wir vernachlässigen eine Pflicht völlig, dann verfehlen wir das Königreich des Himmels. Wenn ein Mensch sich z.B. über die Pflichten der ersten Tafel ein Gewissen macht und nicht über die Pflichten der Zweiten Tafel, wenn er gläubig zu sein scheint, aber nicht rechtschaffen ist, dann ist er ein Übertreter und steht in der Gefahr, den Himmel zu verlieren. Wie die Kompassnadel den Weg anzeigt, so bewegt sich das Herz auf den Weg, auf den das Wort es zieht.

Der Gehorsam muss fröhlich sein. „Deinen Willen zu tun, mein Gott, begehre ich, und dein Gesetz ist in meinem Herzen" (Ps 40,9). Der Gehorsam, der fröhlich ist, der ist der lieblichste Gehorsam, so wie der Honig, der frei aus der Wabe tropft, am süßesten ist. Manchmal nimmt Gott die Bereitwilligkeit ohne die Tat an, aber niemals die Tat ohne Bereitwilligkeit. „Da kamen zwei Frauen hervor, und der Wind blies in ihre Flügel" (Sach 5,9). Flügel sind flink, aber Wind in den Flügeln bedeutet große Flinkheit und ist ein Sinnbild für die Flinkheit und Freudigkeit, die im Gehorsam sein sollte. Auf dem Weg des Gehorsams gehen wir zum Himmel.

n) Wenn wir dieses Königreich erhalten wollen, dann müssen wir viel mit den Heiligen in Gemeinschaft sein. Eine Wacholder-Kohle[51] entzündet die andere und wärmt sie. Ebenso wird die Gemeinschaft der Heiligen helfen, das Herz zu wärmen, wenn es tot und kalt ist. „Da besprachen sich die miteinander, welche den HERRN fürchteten." „Chris-

50 Zodiak (griech. = Lebewesenkreis, umgangsprachlich = Tierkreis). Der Zodiak wird als scheinbare Bahn der Sonne bezeichnet, in der sie 12 Tierkreiszeichen (Sternbilder) durchläuft.

51 Wacholder wird zur Herstellung von Holzkohle benutzt.

ten sollten niemals zusammenkommen", sagt Herr Bolton, „ohne über ihr Zusammenkommen im Himmel zu sprechen." Ein Christ kann durch Gebet und gemeinsames Gespräch für einen anderen Christen sehr hilfreich sein und ihn zum Himmel ziehen. Der alte Latimer[52] wurde durch das Hören des Glaubenszeugnisses von Herrn Bilney sehr gestärkt und getröstet. Wir lesen, dass Aaron und Hur die Hände von Mose hochhielten, als sie schwer wurden und er dabei war, sie fallen zu lassen (2.Mose 17,12). Ein Christ, der unter der Versuchung ohnmächtig wird und die Hände seines Glaubens herunterlässt, wird durch Gespräche mit anderen Christen gestärkt und seine Hände werden hochgehalten. Sich miteinander zu besprechen, ist ein großer Segen, sodass man Rat und Zuspruch bekommt. „Wenn ein Mann", sagte Chrysostomos, „der nur einen Kopf hat, hundert Köpfen Rat gibt, dann wäre er sehr weise. Aber ein einziger Christ hat durch die Gemeinschaft der Heiligen den Segen, dass er viel mehr Köpfen Rat geben kann, was sie in einer bestimmten Situation oder Notlage tun könnten." Durch gemeinsame Gespräche können die Heiligen sagen: „Brannte nicht unser Herz in uns?" Die Gemeinschaft der Heiligen finden wir in unserem Glaubensbekenntnis, aber zu selten in unserer Glaubenspraxis. Die Menschen reisen gewöhnlich am schnellsten in Gesellschaft; so reisen wir auch in der Gemeinschaft der Heiligen am schnellsten zum Himmel.

o) Wenn wir das Königreich des Himmels erhalten wollen, dann lasst uns bereitwillig die Bedingungen Christi befolgen. Viele machen das Königreich des Himmels billiger und bieten etwas dafür. Sie vermeiden grobe Sünden und gehen in die Kirche und sagen ihre Gebete auf, aber trotz alledem halten sie sich nicht bereitwillig an den Preis Gottes, weil sie nicht dem Götzen der Selbstgerechtigkeit widerstehen, indem sie nur zu Christus fliehen wie zu den Hörnern des Altars und weil sie nicht ihre Schoßsünde opfern, indem sie Gott keine

52 Hugh Latimer (* ca. 1485/1492 in Thurcaston, Leicestershire; † 16. Oktober 1555 in Oxford) war Bischof von Worcester und ein anglikanischer Märtyrer. Nach seiner Begegnung mit Thomas Bilney wandte er sich der Lehre von Martin Luther und der Reformation zu. Ihm wurde 1555 der Prozess gemacht und er wurde zusammen mit Nicholas Ridley auf dem Scheiterhaufen verbrannt.

geistliche Anbetung darbringen und ihm nicht mit dem Eifer und der Kraft ihrer Seele dienen (Joh 4,24). Sie vergeben nicht ihren Feinden; sie trennen sich nicht von ihrem fleischlichen Gewinn um Christi willen; sie wollen das Königreich des Himmels haben, aber sie halten sich nicht an den Preis. Wenn wir dieses Königreich haben wollen, dann dürfen wir nicht mit Christus handeln und feilschen, sondern akzeptieren seine Bedingungen. Lasst uns sprechen: „Herr, ich bin gewillt das Königreich des Himmels zu haben, was auch immer es mich kostet. Ich bin gewillt, mir das rechte Auge auszureißen, um mich für das Königreich von allem zu trennen. Hier ist ein weißes Blatt Papier, das ich in deine Hand lege. Herr, schreibe deine Bedingungen darauf, ich will sie unterschreiben."

p) Wenn wir das himmlische Königreich erhalten wollen, dann lasst uns an den heiligen Gnadenmitteln teilnehmen, durch die Gott unsere Seele in den Himmel bringt. „Wenn diese nicht im Schiff bleiben, könnt ihr nicht gerettet werden!" (Apg 27,31). Einige Leute wollen aus dem Schiff der Gnadenmittel springen und dann weiß allein Gott, wohin sie springen. Doch wenn wir nicht im Schiff der Gnadenmittel bleiben, können wir nicht gerettet werden. Wenn wir in den Himmel kommen wollen, dann müssen wir besonders am gepredigten Wort teilhaben. Unsere ersten Eltern verloren das Paradies durch das Ohr, indem sie auf die Schlange hörten. Und durch das Ohr gelangen wir in den Himmel, wenn wir auf das Wort hören. „Hört, so wird eure Seele leben!" (Jes 55,3). Manchmal lässt Gott unter der Predigt des Wortes das heilige Öl in das Ohr tropfen, welches das Herz heiligt und weich macht. Das gepredigte Wort wird als der „Dienst des Geistes" bezeichnet, weil Gottes Geist diesen „Antrieb" gebraucht, um Seelen zu bekehren. Wenn das gepredigte Wort beim Menschen nicht wirkt, dann wirkt gar nichts: weder Gericht, noch Wunder und auch dann nicht, wenn jemand von den Toten auferstehen würde (Lk 16,31). Angenommen, ein verherrlichter Heiliger würde aus dem Himmel kommen und einen Leib annehmen. Und er würde von der Herrlichkeit des Himmels und der Freude der Glückseligen berichten und auf diese Weise versuchen, jemanden vom Glauben zu überzeugen – nun, wenn die Predigt des Wortes jemanden nicht in den Himmel bringt, dann würde es auch nicht die Rhetorik von jemandem tun, der aus den Toten auferstanden ist. Im Himmel sind keine Gnadenmittel notwendig, doch während wir hier leben sehr wohl. Die Lampe benötigt Öl, aber der Stern benötigt keines. Während die Heiligen hier ihre brennende Gnadenlampe haben, benötigen sie das Öl der Gnadenmittel, das beständig auf sie tropft. Aber wenn sie Sterne im Himmel sind, besteht für dieses Öl keine Notwendigkeit mehr. Wenn wir beabsichtigen in den Himmel zu kommen, dann sollen wir schnell zum Hören sein, denn der Glaube kommt aus dem Hören (Röm 10,14.17). Petrus ließ das Netz seiner Predigt hinab und fing mit einem Fischzug dreitausend Seelen. Wenn wir wollen, dass die Himmelspforte für uns geöffnet wird, dann wollen wir am Türpfosten der Weisheit warten.

q) Wenn wir im Himmel ankommen wollen, dann sollten wir uns dieses Königreich allezeit vor Augen halten. Unser gesegneter Herr sah auf die Freude, die vor ihm lag, und Mose „sah die Belohnung an" (Hebr 11,26). Lassen wir das Königreich reichlich in unseren Gedanken vorkommen. Nachsinnen ist das Mittel, das uns in den Himmel hilft.

Wie hilft es uns?
Indem es ein Mittel ist, um uns vor der Sünde abzuhalten. Es gibt kein Schwert wie dieses, um die Sehnen der Versuchung auseinanderzuschneiden. Es ist fast unmöglich, mit lebendigen Gedanken und einer lebendigen Hoffnung auf den Himmel mutwillig zu sündigen. Israel stellte ein Kalb auf und betete es an, als Mose außer Sichtweite war. Ebenso richten die Menschen ihre Begierden auf und vergötzen sie, wenn das Königreich des Himmels außer Sichtweite und aus ihren Gedanken ist. Das Nachsinnen über den Himmel vertreibt die Sünde. Wer über das Gewicht der Herrlichkeit nachdenkt, wirft das Gewicht der Sünde weg.

Wenn man über das Königreich des Himmels nachdenkt, wird der Gehorsam angereizt und beflügelt. Dann werden wir denken, dass wir niemals genug beten können, niemals genug Gott lieben können, der für uns solch ein Königreich bereitet hat. *Immensum gloria calcar habet* – die Herrlichkeit besitzt einen unermesslichen Anreiz. Paulus hatte den Himmel vor Augen und wurde einmal dorthin entrückt, und was für einen Eifer hatte er für Gott! (1.Kor 16,10). Das ölt die Räder des Gehorsams.

Das wird uns dazu bringen, dass wir der Heiligung nachjagen, denn keine anderen als solche werden zu diesem Königreich zugelassen. Nur diejenigen, die reinen Herzens sind, werden Gott schauen (Mt 5,8). Heiligkeit ist die Sprache des Himmels. Sie ist die einzige Währung, die dort gültig ist. Diese Betrachtungen bringen uns dazu, dass wir uns reinigen wollen „von aller Befleckung des Fleisches und des Geistes zur Vollendung der Heiligkeit in Gottesfurcht" (2.Kor 7,1).

r) Das letzte Mittel, um das himmlische Königreich zu erhalten, ist das Beharren in der Heiligung. „Sei getreu bis in den Tod, so werde ich dir die Krone des Lebens geben!" (Offb 2,10). Für Christen gilt: *„Non initia sed fines laudantur* – nicht der Anfang, sondern das Ende wird belohnt" (Hieronymus).

Gibt es so etwas wie ein Beharren, bis wir in den Himmel kommen?

Dass jemand ausharrt, bis er ins Königreich kommt, ist ein Wunder, wenn man bedenkt:

a) Was für eine Welt der Verderbtheit mit der Gnade vermischt ist. Die Gnade droht zu ersticken, so wie die Kohlen in ihrer eigenen Asche ersticken. Es ist ein Wunder, dass die Gnade nicht gelöscht wird wie ein Funke im Meer. Es ist ein Wunder, dass die Sünde die Gnade nicht erdrückt, wie manchmal eine Amme ein Kind erdrückt, sodass es stirbt.

b) Die unversöhnliche Bosheit des Satans. Er ist neidisch, dass wir ein Königreich bekommen sollen, während er selbst hinausgeworfen wird. Es sticht ihm ins Herz, zu sehen, dass ein Stück Staub und Ton zu einem strahlenden Stern der Herrlichkeit gemacht wird und er selbst zu einem Engel der Finsternis.

Er wird *acheronta movere*[53] – alle Kräfte der Hölle in Bewegung setzen, um uns daran zu hindern, in das Königreich einzugehen. Er spuckt sein Gift, schießt seine feurigen Pfeile ab, erweckt einen Sturm der Verfolgung, ja, er überwindet einige. „Und es erschien ein anderes Zeichen im Himmel: siehe, ein großer, feuerroter Drache ... und sein Schwanz zog den dritten Teil der Sterne des Himmels nach sich und warf sie auf die Erde" (Offb 12,3.4). Mit dem roten Drachen ist das heidnische Weltreich gemeint. Nun, wenn sein Schwanz so viele Sterne auf die Erde geworfen hat, dann ist es ein Wunder, dass überhaupt noch Sterne fest in ihrer Umlaufbahn geblieben sind.

c) Die Schmeichelei des Reichtums. Der Jüngling im Evangelium ging sehr weit, doch war er reich an Gütern, und diese goldenen Gewichte hielten ihn davon ab, in das Königreich einzugehen (Lk 18,23). Jonathan ging der Schlacht nach, bis er zur Honigwabe kam, und dann blieb er stehen (1.Sam 14,27). Einige gehen auf dem Weg zum Himmel voran, bis sie die Lieblichkeit der Welt schmecken. Wenn sie zur Honigwabe kommen, dann bleiben sie stehen und gehen nicht mehr weiter. *Faenus pecuniae funus animae* – der Gewinn von Geld ist der Verlust der Seele. Diejenigen, die den Felsen der groben Sünde entkommen sind, wurden auf die goldenen Strände geworfen. Was für ein Wunder ist es deshalb, dass einige ausharren, bis sie in das Königreich kommen!

d) Wenn man die Beschwerlichkeit des Werkes eines Christen betrachtet, dann ist es ein Wunder, dass einige in der Gnade ausharren und auf ihrem Marsch zum Himmel nicht ermüden. Ein Christ hat keine Zeit, um untätig herumzuliegen. Er ist entweder am wachen oder am kämpfen. Ja, er tut die Pflichten, die vor dem Auge der Sinne und des Verstandes widersprüchlich erscheinen. Während er eine Pflicht ausübt, scheint sie einer anderen entgegenzustehen. Er kommt mit Freimut im Gebet zu Gott, jedoch muss er ihm mit Furcht dienen. Er muss wegen der Sünde klagen, sich aber trotzdem freuen. Er muss zufrieden sein, aber trotzdem begehren (1.Kor

53 Diese Phrase ist aus einem Zitat von dem Dichter Virgil: *„Flectere si nequeo superos, a acheronta movebo* – wenn ich die Oberen nicht beugen kann, dann werde ich die Unterwelt bewegen" (Äneis VII, 312).

12,31). Er muss die Gottlosigkeit der Menschen verachten und doch vor ihrer Autorität Ehrfurcht haben. Was für ein beschwerliches Werk ist das! Es ist ein Wunder, dass überhaupt ein Heiliger im himmlischen Königreich ankommt. Dem möchte ich noch die schlechten Vorbilder von außen hinzufügen, die so eine Anziehungskraft haben, dass wir sagen können: Die Teufel sind in der Gestalt von Menschen unter uns. Was für ein Wunder ist es, dass eine Seele im Glauben beharrt, bis sie in das Königreich des Himmels kommt! Aber wie groß das Wunder auch sein mag, es gibt so etwas wie ein Beharren. Das Beharren der Heiligen ist auf drei unbewegliche Säulen aufgebaut.

Auf die ewige Liebe Gottes. Wir sind in unserer Liebe zu Gott unbeständig, aber er nicht in seiner Liebe zu uns. „Mit ewiger Liebe habe ich dich geliebt" (Jer 31,3). Gottes Liebe zu den Auserwählten ist nicht wie die Liebe eines Königs zu seinem Günstling, die wieder abebbt, wenn sie ihren höchsten Punkt erreicht hat. Denn Gottes Liebe ist verewigt. Er kann verlassen, aber nicht enterben. Er kann seine Liebe in einen missgünstigen Blick verwandeln, aber nicht in Hass. Er kann seine Vorsehung ändern, aber nicht seinen Ratschluss. Wenn der Sonnenschein der erwählenden Liebe einmal über der Seele aufgegangen ist, geht er niemals mehr endgültig unter.

Das Beharren der Heiligen ist auf den Bund der Gnade aufgebaut. Er ist ein fester, unumstößlicher Bund, wie wir in den Worten des lieblichen Sängers von Israel lesen: „Denn er hat einen ewigen Bund mit mir gemacht, in allem wohlgeordnet und sicher" (2.Sam 23,5). Es ist ein lieblicher Bund, sodass Gott unser Gott sein will und Mark und Bein aller Segnungen. Und es ist ein sicherer Bund, sodass er seine Furcht in unsere Herzen legt, und wir sollen niemals von ihm weichen (Jer 32,40). Dieser Bund ist unantastbar, er kann nicht gebrochen werden. Die Sünde kann zwar den Frieden des Bundes brechen, aber nicht die Bindung des Bundes.

Die dritte Säule, die das Beharren der Heiligen stützt, ist die mystische Einheit.[54] Die Gläubigen sind in Christus ein-

54 Mystische Einheit bedeutet, die unsichtbare Einheit mit Christus.

gepfropft. Sie sind mit ihm verwachsen wie die Glieder mit dem Haupt durch den Nerv und das Gelenkband des Glaubens, sodass sie nicht abgerissen werden können (Eph 5,23). Was einmal über den natürlichen Leib Christi gesagt wurde, ist auch über seinen mystischen Leib[55] wahr: „Kein Knochen soll ihm zerbrochen werden" (Joh 19,36). Wie es unmöglich ist, den Sauerteig von dem Teig zu trennen, wenn sie einmal miteinander vermischt sind, so ist es auch unmöglich, wenn Christus mit den Gläubigen einmal vereint ist, dass sie getrennt werden – noch nicht einmal durch den Tod oder die Hölle! Wie kann Christus eines seiner Glieder des Leibes verlieren und gleichzeitig vollkommen sein? Wir sehen, dass das Beharren der Heiligen auf starken Säulen aufgebaut ist.

Wie harrt ein Christ aus, bis er in das Königreich kommt? Wie beharrt er?

a) *Auxilio Spiritus* – mit Hilfe des Geistes. Gott lässt einen Christen durch das starke und mächtige Wirken des Geistes beharren. Der Geist pflegt das Wesen und den Samen der Gnade. Er bläst den Funken der Gnade zu einer heiligen Flamme an. „*Spiritus est Vicarius Christi* – der Geist ist der Stellvertreter Christi" (Tertullian).

Er ist der Vertreter und Handlungsbevollmächtigte von Christus. Er wirkt jeden Tag im Herzen des Gläubigen, um die Gnade auszuüben und zum Beharren hin reifen zu lassen. Der Geist bearbeitet und schleift den Gläubigen zu einem Gefäß der Barmherzigkeit und macht ihn für die Herrlichkeit geeignet.

b) Christus bewirkt das Beharren der Heiligen und treibt sie an, bis sie in das himmlische Königreich kommen, *vi orationis* – durch seine Fürsprache. Er ist ein Anwalt wie auch ein Unterpfand. Er betet, dass die Heiligen sicher im Königreich ankommen werden. „Daher kann er auch diejenigen vollkommen erretten, die durch ihn zu Gott kommen, weil er für immer lebt, um für sie einzutreten" (Hebr 7,25). Das Gebet, das er für Petrus auf Erden sprach, betet er jetzt im Himmel

55 Mystischer Leib bedeutet, der unsichtbare Leib Christi.

für die Heiligen, damit ihr Glaube nicht aufhört und damit sie dort sein werden, wo er ist (Lk 22,32; Joh 17,24). Und wenn er betet, dass sie mit ihm in seinem Königreich sein sollen, dann können sie gewiss nicht auf dem Weg dorthin umkommen. Das Gebet Christi ist wirkmächtig. Wenn die Gebete der Heiligen schon so eine Kraft hatten und bei ihnen vorherrschten, wie bei Jakob, der Macht bei Gott hatte und wie ein Fürst überwunden hat, und wie bei Elia, der durch Gebet den Himmel öffnete – wenn also die Gebete der Heiligen bei Gott schon so viel Macht hatten, was muss dann erst das Gebet Christi bewirken? Wie können die Kinder solcher Gebete scheitern? Wie können diejenigen das Königreich verfehlen, die jemanden haben, der für sie betet? Der nicht nur ein Priester ist, sondern ein Sohn? Abgesehen davon, um was er als Mensch betet – als Gott hat er jedenfalls die Macht, es auch zu geben.

Aber mir dünkt, dass ich einige Christen reden höre: Wenn man nur durch Beharren das Königreich erhält, dann fürchte ich, werde ich nicht dorthin kommen. Ich fürchte, dass ich auf dem Weg ohnmächtig werde und die schwachen Beine meiner Gnade werden mich niemals bis zum Königreich des Himmels tragen.

In der Tat, wenn wir mit unserer eigenen Kraft stehen müssten, würden wir abfallen. Der Zweig, der keine Wurzel hat, an der er wachsen kann, verdorrt. Wir wachsen an der Wurzel Christi, der täglich einen lebendigen Einfluss aussendet, um uns zu stärken. Auch wenn wir beschränkt sind und schwach in der Gnade, so wollen wir uns nicht fürchten, den Himmel zu verfehlen, denn:

a) Gott hat für schwache Gläubige eine Verheißung gegeben. Was ist ein geknicktes Rohr anderes als ein Sinnbild für einen schwachen Glauben? Dennoch ist ihm eine Verheißung gegeben: „Das geknickte Rohr wird er nicht zerbrechen“ (Mt 12,20). Gott hat verheißen, den schwachen Christen mit so viel Gnade zu versorgen, wie er benötigt, bis er in den Himmel kommt. Außerdem hat der barmherzige Samariter zwei Denare hinterlassen, um für die Heilung des armen, verwundeten Mannes zu bezahlen; er hat sein Wort gegeben für alles, was er darüber hinaus benötigt (Lk 10,35). Ebenso gibt Christus nicht nur ein wenig Gnade in die Hand, sondern er hat sich zu mehr verpflichtet, dass er so viel Gnade geben wird, wie ein Heiliger benötigt, bis er in den Himmel kommt. „Der HERR gibt Gnade und Herrlichkeit", das ist ein frischer Vorrat an Gnade, bis wir in der Herrlichkeit vollendet sind (Ps 84,12).

b) Gott sorgt sich am meisten um seine schwachen Heiligen, die fürchten, dass sie nicht ausharren, bis sie in das Königreich kommen. Pflegt die Mutter nicht am meisten das schwache Kind? „Er wird seine Herde weiden wie ein Hirte; die Lämmer wird er in seinen Arm nehmen und im Bausch seines Gewandes tragen" (Jes 40,11). Wenn du denkst, dass du so schwach bist, dass du nicht ausharrst, bis du in den Himmel kommst, dann sollst du in den Armen des Allmächtigen getragen werden. Er nimmt die Lämmer in seinen Arm. Christus, der Löwe aus dem Stamm Juda, marschiert vor seinem Volk her und seine Macht ist ihre Nachhut, sodass keiner von ihnen ohnmächtig wird oder auf dem Weg zum Himmel stirbt.

Welche Ermutigungen gibt es, damit Christen solange ausharren, bis sie in das Königreich des Himmels kommen?

a) Es ist für einen Christen eine Ehre, wenn er die Wahrheit nicht nur verbreitet, sondern auch an ihr festhält, bis er in den Himmel kommt. Wenn die Gnade zum Beharren heranwächst und mit der Kirche von Thyatira unsere letzten Werke mehr sind als unsere ersten, dann ist das ein *insigne honoris* – Ehrenzeichen (Offb 2,19). Wenn man sieht, wie graue Haare mit goldenen Tugenden leuchten, dann ist das eine ruhmreiche Sache. Die Vortrefflichkeit einer Sache liegt in ihrer Vollendung. Worin liegt die Vortrefflichkeit eines Gebäudes? Nicht in der Grundlegung des ersten Steins, sondern in seiner Vollendung. Ebenso liegt die Schönheit und Vortrefflichkeit eines Christen in der Vollendung seines Glaubens, wenn er sein Werk getan hat und sicher im Himmel ankommt.

b) Wir, die wir einen Fortschritt im Glauben gemacht haben, müssen nicht mehr viele Meilen gehen, bis wir in das Königreich des Himmels kommen. „Denn jetzt ist unsere Errettung näher, als da wir gläubig wurden“ (Röm 13,11). Du, der du ergraute Haare hast, dein grüner Baum hat sich in einen Mandelbaum verwandelt. Du bist dem Himmel nahe, es sind nur ein paar weitere Schritte und du wirst deinen Fuß in das Tor des Himmels setzten. Oh, deshalb sei nun ermutigt auszuharren, deine Errettung ist näher, als zu dem Zeitpunkt, an dem du angefangen hast zu glauben! Wenn jemand fast am Ende des Rennens ist, wird er dann müde oder ohnmächtig werden? Wird er nicht seine ganze Kraft sammeln und jedes Glied anspannen, damit er den Siegespreis ergreifen kann? Unserer Errettung ist jetzt näher; es ist so, als wäre das Königreich schon in Sichtweite; wie sehr sollten wir unsere ganze Kraft zusammennehmen, um den Siegeskranz der Herrlichkeit zu ergreifen! Als Dr. Tailor auf dem Weg zu seinem Märtyrertod war, sagte er: „Ich muss nur noch zwei Schwellen überschreiten und ich werde im Hause meines Vaters sein.“ Da der Weg zum Himmel bergauf geht, müssen wir den steilen Felsen des Tötens hinaufklettern. Und obwohl Dornen auf dem Weg sind, sind wir schon den größten Teil des Weges gegangen und werden auf dem Marsch in wenigen Tagen im Königreich sein – und sollten wir da nicht beharren? Ihr Christen, nehmt euren Mut zusammen, kämpft den guten Kampf des Glaubens, jagt der Heiligung nach. In Kürze werdet ihr eure Waffenrüstung ablegen und euren ganzen mühseligen Marsch beenden und eine siegreiche Krone empfangen. Unsere Errettung ist näher, wir sind nicht mehr weit vom Königreich entfernt, deshalb lasst uns nun beharren. Wir sind bereit unser Maß an Herrlichkeit in Empfang zu nehmen.

c) Die gesegnete Verheißung, die mit dem Beharren verknüpft ist, ist eine Ermutigung. Die Verheißung ist eine Krone des Lebens (Offb 2,10). Der Tod ist ein Wurm, der an der Krone der Fürsten nagt, doch hier ist eine Krone des Lebens und ein unverwelklicher Ehrenkranz (1.Petr 5,4). „Und wer überwindet und meine Werke bis ans Ende bewahrt ... und ich werde ihm den Morgenstern [*stellam matutinam*] geben“ (Offb 2,26-28). Der Morgenstern ist heller als alle anderen Sterne. Mit dem Morgenstern ist Christus gemeint, als ob Christus gesagt hätte: Ich will dem, der beharrt, etwas von meiner Schönheit geben. Ich will einige meiner glänzenden Strahlen auf ihn fallen lassen. Er soll an Herrlichkeit mir graduell am nächsten sein, so wie der Morgenstern der Sonne am nächsten ist. Sollte uns das nicht mit Leben erfüllen und uns ausharren lassen? Wir sollen ein Königreich besitzen und das, was noch besser als ein Königreich ist: einen hellen Morgenstern.

Was sind die Mittel, die zum Beharren gereichen, oder was sollen wir tun, damit wir bis zum Königreich ausharren können?

a) Stellen wir den Glauben auf eine gute Grundlage, nicht auf eine Gemütslage oder auf weltliche Absichten, sondern lassen wir es wohlüberlegt sein, wägen wir die Dinge gut ab. „Denn wer von euch, der einen Turm bauen will, setzt sich nicht zuvor hin und berechnet die Kosten, ob er die Mittel hat zur gänzlichen Ausführung“ (Lk 14,28). Überdenken wir, was der Glaube uns kosten wird. Es kostet so viel, dass wir uns von der Sünde trennen müssen, und es kann uns so viel kosten, dass wir uns von unserem Leben trennen müssen. Bedenken wir, ob ein Königreich unsere Leiden aufwiegt. Wiegen wir die Dinge gut ab, und dann treffen wir unsere Wahl. „Den Weg der Treue habe ich erwählt“ (Ps 119,30). Warum werden viele abtrünnig und fallen ab, wenn nicht deshalb, weil sie sich niemals hingesetzt haben und die Kosten berechnet haben?

b) Wenn wir bis zum Königreich ausharren wollen, dann lasst uns die Gnadengabe des Glaubens hegen und pflegen. „Denn durch den Glauben stehen wir“ (2.Kor 1,24; nach der englischen Übersetzung). Der Glaube schlägt, wie die Herkuleskeule, jeden Widerstand nieder, der vor ihm ist. Der Glaube ist eine Gnadengabe zum Überwinden.

Wie kommt es, dass der Glaube so stark ist?
Der Glaube holt die Kraft Christi in die Seele (Phil 4,13). Ein Hauptmann kann seinen Soldaten Waffen geben, aber keine Kraft. Der Glaube hat an der Kraft Christi Anteil und erhält die Kraft aus der Verheißung. Wie das Kind durch das Saugen an der Brust Kraft bekommt, so bekommt der Glaube durch das Saugen an der „Brust der Verheißung" Kraft. Deshalb ist der Glaube solch eine Wunder wirkende Gnadengabe und befähigt einen Christen, zu beharren.

c) Wenn wir bis zum Königreich ausharren wollen, dann wollen wir uns die Vorbilder der edlen, heldenhaften Heiligen vor Augen halten, die bis zum Königreich ausgeharrt haben. *Vivitur exemplis* – das Leben wird durch Vorbilder gelebt. Vorbilder haben auf uns mehr Einfluss als Vorschriften: „Mein Fuß ist seinen Tritten gefolgt" (Hiob 23,11). Auch wenn auf dem Weg des Glaubens Steine und Dornen sind, so bin ich doch seinen Tritten gefolgt. Ich bin auf dem Weg nicht ohnmächtig geworden, noch von dem Weg abgekommen. Daniel hielt sich an seinen Gottesdienst und wollte sein Gebet nicht unterbrechen, obwohl er wusste, dass das Edikt gegen ihn unterzeichnet war und dass ein Gebet ihm das Leben kosten konnte (Dan 6,10). Die gesegneten Märtyrer beharrten bis zum Königreich durch Leiden hindurch. Saunders, dieser heilige Mann, sagte: „Das Kreuz Christi ist mir willkommen; mein Erlöser hat für mich mit einem bitteren Kelch angefangen und sollte ich ihn nicht auch nehmen?" Ein anderer Märtyrer sagte, als er den Scheiterhaufen küsste: „Ich werde mein Leben nicht verlieren, sondern tausche es für ein besseres Leben ein; anstatt Kohlen werde ich Perlen haben." Was für ein Geist der Tapferkeit war in diesen Heiligen! Lasst uns aus ihrem Mut beständige Treue lernen. Wenn ein Soldat seinen General wacker kämpfen sieht, wird er durch sein Vorbild angeregt und erhält neuen Kampfesgeist.

d) Lasst uns das brennende Gebet zu Gott hinzufügen, damit er uns fähig macht, bis zum himmlischen Königreich auszuharren. „Stärke du mich, so ist mir geholfen" (Ps 119,117). Lasst uns nicht vermessen auf unsere eigene Kraft vertrauen. Als Petrus auf dem Wasser zu Christus schrie: „Herr, rette mich!“, da ergriff Christus ihn an der Hand (Mt 14,30). Als er anfing auf seine eigene Kraft zu vertrauen, ließ Christus ihn fallen. Oh, beten wir zu Gott um helfende Gnade. Das Kind ist sicher, wenn es in den Armen der Amme gehalten wird, ebenso wir, wenn wir in den Armen Christi sind. Lasst uns beten, dass Gott seine Furcht in unsere Herzen legt, sodass wir nicht von ihm weichen, und das Gebet des Cyprian beten: *„Domine, quod coeptisti perfice, ne in portu naufragium accidat* – Herr, vollende, was du in mir begonnen hast, damit ich keinen Schiffbruch erleide, während ich schon beinahe im Himmel bin.“

Fünfte Anwendung

Lassen Sie mich hier einige kraftvolle Überzeugungen oder geistliche Argumente darlegen, damit wir all unsere Kraft zusammennehmen, um dieses gesegnete Königreich zu erhalten.

a) Der große Auftrag, mit dem Gott uns in die Welt sendet, besteht darin, uns für dieses himmlische Königreich zuzubereiten. „Trachtet vielmehr zuerst nach dem Reich Gottes“ (Mt 6,33). Zuerst was die Zeit betrifft, vor allen Dingen, und zuerst, was die Zuneigung betrifft, über allen Dingen. Man macht sich große Sorgen, um die weltlichen Dinge zu sichern (Mt 6,25). Wenn man sieht, wie die Leute für das Irdische arbeiten, wie Ameisen auf einem Maulwurfshügel, könnte man denken, das wäre der einzige Grund, warum sie hier sind. Ach, was bedeutet all das im Vergleich zum Königreich des Himmels? Ich habe von einem frommen Pilger gelesen, der nach Jerusalem reiste. Er kam durch verschiedene Städte, wo er stattliche Gebäude, Güter und Denkmäler sah und sprach: „Ich darf hier nicht bleiben, das ist nicht Jerusalem.“ Ebenso auch wir, wenn wir weltliche Dinge, Frieden und Überfluss genießen, sodass unsere Weinpressen vor neuem Wein zerplatzen – dann sollten wir zu uns selbst sprechen: Das ist nicht das Königreich, nach dem wir suchen, das ist nicht der Himmel. Es ist Weisheit, wenn man sich an seinen Auftrag erinnert. Es wird für einen Menschen auf seinem Sterbebett traurig sein, wenn er merkt, dass er sich mit Nichtigkeiten beschäftigt, Zeit verspielt und die wichtigste Sache vernachlässigt hat, für die er in die Welt gekommen ist.

b) Am Ende wird das Suchen nach dem himmlischen Königreich von allen Menschen als die vernünftigste Sache betrachtet werden. Diejenigen, die jetzt wegen ihrer Seele am sorglosesten sind, werden, bevor sie sterben, wünschen, dass sie mehr an die Ewigkeit gedacht hätten. Wenn das Gewissen erwacht und ein Mensch zu sich selbst kommt, was würde er für das Königreich des Himmels geben? Was für eine Freude wäre es, wenn die Menschen jetzt die gleichen Gedanken hätten wie bei ihrem Tod! Der Tod ändert die Meinung der Menschen. Diejenigen, welche die Dinge des Glaubens am meisten ignoriert und verunglimpft haben, werden sich wünschen, dass ihre Gedanken von der Vortrefflichkeit der Herrlichkeit eingenommen gewesen wären. Beim Sterben werden die Augen der Menschen geöffnet, und sie erkennen ihre Torheit erst, wenn es zu spät ist. Alle Menschen, sogar die schlimmsten, wünschen sich am Ende, dass sie an das Königreich des Himmels gedacht hätten. Warum sollten wir nicht jetzt das tun, was alle beim Sterben wünschen, dass sie es getan hätten?

c) Dieses Königreich des Himmels verdient unsere äußersten Mühen und unseren äußersten Fleiß. Es ist herrlich, jenseits jeder Größenvorstellung. Stellen wir uns irdische Königreiche noch prächtiger vor, als sie schon sind, ihre Fundamente aus Gold, ihre Wände mit Perlen, ihre Fenster aus Saphir, sie sind nicht vergleichbar mit dem himmlischen Königreich. Wenn seine Straßen schon mit so vielen hell strahlenden Lichtern und herrlichen Sternen verziert sind, wie ist das Königreich dann erst selbst? „Noch ist nicht offenbar geworden, was wir sein werden" (1.Joh 3,2). Dieses Königreich übersteigt unseren Glauben. Wie erhaben und herrlich ist der Ort, an dem die gesegnete Gottheit in seiner gewaltigen Herrlichkeit erstrahlt, die das Fassungsvermögen der Engel übersteigt!

Das Königreich des Himmels ist ein Ort der Ehre. Dort gibt es einen herrlichen Triumph und funkelnde Kronen. In anderen Königreichen gibt es nur einen König, aber im Himmel ist jeder ein König (Offb 1,6). Jeder verherrlichte Heilige hat an der gleichen Herrlichkeit wie Christus teil. „Und ich habe die Herrlichkeit, die du mir gegeben hast, ihnen gegeben" (Joh 17,22).

Dieses Königreich ist ein Ort der Freude. „Geh ein zur Freude deines Herrn!" (Mt 25,21). Einen permanenten Anblick der Liebe im Angesicht Gottes zu haben, mit Unsterblichkeit gekrönt zu sein, wie die Engel Gottes zu sein, für immer aus den Flüssen der Freude zu trinken, wird Verzückungen der Freude bewirken. Gewiss verdient es unsere äußersten Mühen, um diesem Königreich nachzujagen und um es zu sichern. Als Julius Cäsar sich mit seinem Heer Rom näherte und hörte, dass der Senat und die Leute aus der Stadt geflohen waren, sagte er: „Wer nicht für diese Stadt kämpfen will, für welche Stadt will er dann überhaupt kämpfen?" Wenn wir für das Königreich des Himmels keine Mühen auf uns nehmen wollen, für welches Königreich wollen wir dann überhaupt Mühen auf uns nehmen? Das war die Rede der Kundschafter zu ihren Brüdern: „Denn wir haben das Land angesehen, und siehe, es ist sehr gut; und ihr wollt untätig bleiben? Seid nicht faul, sondern zieht hin, um das Land in Besitz zu nehmen!" (Ri 18,9). Wir haben eine lebendige Beschreibung von der Herrlichkeit des Himmels, wir stellen fest, dass das Königreich sehr gut ist; warum sitzen wir dann still? Warum legen wir für dieses Königreich nicht *operam navare* – unseren äußersten Eifer und Fleiß an den Tag? Der Fleiß der anderen beim Trachten nach irdischen Königreichen beschämt unsere Kälte und Gleichgültigkeit beim Nachjagen nach dem Königreich des Himmels.

d) Die Zeit, die wir haben, um uns des himmlischen Königreichs zu versichern, ist sehr kurz und ungewiss. Nehmen wir uns in Acht, dass sie uns nicht entgleitet, bevor wir für das Königreich zubereitet sind. Die Zeit schreitet schnell voran: „*Cito pede preterita vita* – lauft schnell ihr Füße, bald ist das Leben vergangen!" Es dauert nicht lange „ehe die silberne Schnur zerreißt und die goldene Schale zerspringt" (Pred 12,6). Der Schädel, in dem sich das Gehirn befindet, ist eine Schale, die bald zerspringt. Die Seele ist im Leib, wie der Vogel in der Eierschale, die bald zerbricht, und der Vogel fliegt heraus. Wenn die Schale des Leibes zerbricht, fliegt die Seele in die Ewigkeit. Wir wissen nicht, ob wir noch bis zum nächsten Sabbat leben. Bevor wir hören, wie die nächste Kirchenglocke läutet, kann unsere Sterbeglocke läuten. Unser Leben fließt wie ein schneller Strom in den Ozean der Ewigkeit. Liebe Brüder, wenn unsere Zeit so kurz ist und so schnell vergeht, wenn die Kerze des Lebens so schnell aufgebraucht ist oder vielleicht durch einen gewaltsamen Tod ausgeblasen wird, wie sehr sollten wir dann alle unsere Kraft zusammennehmen und den Himmel um Hilfe anrufen, damit wir das Königreich der Herrlichkeit erhalten! Wenn die Zeit so kurz ist, warum verschwenden wir sie dann für Dinge mit geringem Gewicht und vernachlässigen das „Eine, was Not ist“ (Lk 10,42), nämlich das Königreich des Himmels? Ein Mensch, der ein großes Werk zu verrichten hat, aber nur einen Tag Zeit hat, es zu tun, muss hart arbeiten. Wir haben ein großes Werk zu tun, wir streben nach einem Königreich und ach, wir sind noch nicht einmal sicher, ob wir einen Tag in diesem großen Werk arbeiten können! Wie notwendig ist es deshalb, dass wir uns rühren und dass wir das, was wir für den Himmel tun, mit all unserer Kraft tun.

e) Um uns zum Fleiß anzureizen, lasst uns betrachten, wie unentschuldbar wir sein werden, wenn wir das Königreich des Himmels verpassen. Wer hatte solche Hilfsmittel für den Himmel, wie wir sie hatten? Die Indianer, die Goldminen haben, haben nicht so viele Vorteile im Hinblick auf die Herrlichkeit, wie wir sie haben. Sie haben das Licht der Sonne, des Mondes und der Sterne und das Licht der Vernunft, aber das ist nicht genug, um sie für den Himmel zu erleuchten. Wir hatten das Licht des Evangeliums, das in unseren Breitengraden leuchtete. Wir wurden durch die Gnadenmittel bis zum Himmel erhoben. Wir hatten das Wort zur Zeit und zur Unzeit. Die Gnadenmittel sind die Leitungen des Heiligtums, durch die das goldene Öl der Gnade in die Seele fließt; sie sind die *scala paradisi* – die Leiter, auf der wir zum Himmel hinaufsteigen. „Denn wo ist ein so großes Volk, zu dem sich die

Götter so nahen, wie der HERR, unser Gott, es tut, so oft wir ihn anrufen?“ (5.Mose 4,7). Uns wurden Himmel und Hölle vor Augen gestellt. Wir hatten die Ratschläge der Freunde, Warnungen, Vorbilder, die Bewegungen und Eingebungen des Heiligen Geistes. Wie sehr müsste uns all dies auf unserem Gang zum Himmel anspornen! Müsste das Schiff, das in der Strömung der Gnadenmittel fährt und vom Wind des Geistes getragen wird, nicht zügig zum Hafen segeln? Wenn wir das Königreich des Himmels durch Nachlässigkeit verpassen, dann werden wir gewiss nichts zu unserer Verteidigung sagen können. Wir werden von einer Ausrede genauso weit entfernt sein wie von der Glückseligkeit.

f) Wir können für das Königreich des Himmels nicht zu viel tun. Wir können nicht zu viel beten, den Sabbat zu sehr heiligen, noch Gott zu viel lieben. In weltlichen Dingen kann ein Mensch zu viel arbeiten; er kann sich durch Arbeit umbringen, aber man muss nicht befürchten, dass man für den Himmel zu viel arbeitet. *„In virtute non est verendum ne quid nimium sit* – bei der Tugend muss man nicht befürchten, dass man übertreibt“ (Seneca). Die Welt neigt dazu, die Gottesfürchtigen zu kritisieren, als ob sie zu übereifrig wären und sich im Glauben überanstrengen würden. In der Tat kann ein Mensch zu sehr der Welt nachfolgen; er kann zu sehr in Hast sein, nur um reich zu werden. Der Fährmann kann zu viele Passagiere in sein Boot lassen, sodass es sinkt. Ebenso kann ein Mensch so viel Gold und Silber anhäufen, dass er im Verderben versinkt (1.Tim 6,9). Wir können für das Königreich des Himmels nicht zu ernsthaft und eifrig sein. Man muss nicht fürchten, dass man hier übertreibt. Wenn wir alles tun, was wir können, verfehlen wir immer noch, was die Goldene Regel und das Vorbild Christi von uns fordern. Wenn unser Glaube auf dem höchsten Stand ist, wie die Sonne am Mittagshimmel, fehlt immer noch etwas in unserem Glauben, sodass all unsere Arbeit für das Königreich noch etwas zu wenig ist (1.Thess 3,1). Wenn ein Christ sein Bestes getan hat, dann hat er immer noch Sünden und Mängel zu beklagen.

g) Wir können den Stand unserer Seele, ob wir Gnade haben oder nicht, an dem Ernst beurteilen, mit dem wir dem himmlischen Königreich nachjagen. Die Gnade flößt einer Person einen aktiven Geist ein. Die Gnade liegt nicht schlummernd in der Seele, sie ist keine schläfrige Angewohnheit, sondern macht einen Christen wie die Seraphim, die flink und beflügelt in ihren himmlischen Bewegungen sind; wie Feuer lässt die Gnade einen Christen in der Liebe zu Gott brennen. Und je mehr er Gott liebt, umso mehr drängt er Richtung Himmel, wo er ihn in der Fülle genießen kann. Die Hoffnung ist eine aktive Gnadengabe; sie wird als eine „lebendige Hoffnung" bezeichnet (1.Petr 1,3). Sie ist wie die Sprungfeder im Uhrwerk, die alle Räder der Seele zum Laufen bringt. Der Landwirt sät seinen Samen in der Hoffnung auf eine Ernte. Die Hoffnung auf den Sieg lässt den Soldaten kämpfen, und eine wahre Hoffnung auf die Herrlichkeit lässt einen Christen ihr energisch nachjagen. Hier haben wir den geistlichen Prüfstein, mit dem wir unsere Gnade prüfen können. Wenn wir die Salbung des Geistes haben, wird sie die Räder unserer Bemühungen ölen und uns lebendig machen, um dem himmlischen Königreich nachzujagen. Kaum hat Paulus Gnade empfangen, schon heißt es: „Denn siehe, er betet" (Apg 9,11). Die Zuneigung wird von den Bibellehrern „die Füße der Seele" genannt. Wenn diese Füße nicht Richtung Himmel laufen, dann deswegen, weil in ihnen kein Leben ist.

h) Die Arbeit für den Himmel ist kein Verlust. Vielleicht denken wir, dass wir Gott umsonst gedient haben, doch wir dürfen wissen, dass unsere Mühen nicht umsonst sind. Der Samen wird in die Erde geworfen und stirbt, doch am Ende bringt er eine reiche Ernte hervor. Ebenso scheint unsere Arbeit fruchtlos zu sein, doch am Ende bringt sie uns in das Königreich. Wer würde nicht eine Stunde lang hart arbeiten, wenn er dafür ein König sein könnte, solange er lebt? Und lassen Sie mich Ihnen sagen: Je mehr Arbeit wir für das Königreich des Himmels aufgebracht haben, umso großer wird das Maß an Herrlichkeit sein, die wir haben werden. Wie es in der Hölle graduelle Unterschiede im Maß der Qualen gibt (Mt 23,14), so auch im Himmel im Maß der Herrlichkeit. Wie sich ein Stern in der Herrlichkeit vom anderen unterscheidet, so auch der eine Heilige vom anderen (1.Kor 15,41). Obwohl jedes Gefäß der Barmherzigkeit voll sein wird, so kann doch das eine mehr aufnehmen als das andere. Diejenigen, die mehr für Gott gearbeitet haben, werden im himmlischen Königreich mehr Herrlichkeit haben. Wenn wir hören könnten, wie die heimgegangenen Heiligen zu uns aus dem Himmel reden, dann würden sie mit Sicherheit auf diese Weise sprechen: „Könnten wir den Himmel für eine Zeit lang verlassen und wieder auf der Erde leben, dann würden wir Gott tausendmal mehr dienen, als wir es jemals getan haben. Wir würden lebendiger beten, mit mehr Eifer handeln, denn jetzt erkennen wir, je mehr wir gearbeitet hätten, desto größer wäre unsere Belohnung im Himmel gewesen."

i) Während wir für das Königreich arbeiten, wird Gott uns helfen. „Ja, ich will meinen Geist in euer Inneres legen und werde bewirken, dass ihr in meinen Satzungen wandelt und meine Rechtsbestimmungen befolgt und tut" (Hes 36,27). Die Verheißung ermutigt uns und der Geist Gottes befähigt uns. Ein Herr gibt seinem Knecht Arbeit, dass er sie tut, aber er kann ihm keine Kraft geben, um zu arbeiten. Aber Gott macht beides: Er setzt uns der Arbeit aus und gibt uns Kraft. „Verleihe deinem Knecht deine Stärke" (Ps 86,16). Gott gibt uns nicht nur eine Krone, wenn wir den Lauf vollendet haben, sondern gibt uns auch Beine zum Laufen. Er gibt uns anregende und unterstützende Gnade: *Lex jubet, gratia juvat* – das Gesetz gebietet, die Gnade hilft. Der Geist, der uns bei unserer Arbeit für den Himmel hilft, macht sie leicht. Wenn der Magnet das Eisen anzieht, ist es für das Eisen nicht schwer, sich zu bewegen. Ebenso bewegt sich das Herz mit Leichtigkeit und Bereitwilligkeit Richtung Himmel, wenn der Geist Gottes es zieht.

j) Je mehr Mühen wir für den Himmel auf uns nehmen, desto lieblicher wird der Himmel sein, wenn wir dort ankommen. Wie es für einen Gärtner angenehm ist, wenn er – nachdem er Bäume eingepflanzt oder Blumen in seinem Garten gesetzt hat – zurückblickt und seine Arbeit betrachtet, so wird es auch im Himmel sein, wenn wir uns an unseren früheren Eifer und Ernst für das Königreich erinnern. Das wird den Himmel lieblich machen und die Freude vermehren. Denn ein Christ fragt sich: Den Tag, den andere ihrem Spaß nachgegangen sind, habe ich damit verbracht, mein Herz zu prüfen, an dem Tag habe ich wegen der Sünde geweint, ich war im Gebet – und nun, habe ich durch meine Hingabe etwas verloren? Meine Tränen sind abgewischt und der Wein des Paradieses erfreut mein Herz. Jetzt genieße ich den, den meine Seele liebt. Nun bin ich im Besitz eines Königreichs, meine Arbeit ist getan und die Freude bleibt.

k) Wenn wir für das Königreich des Himmels nicht jetzt Mühen auf uns nehmen, wird es nach dem Tod für unsere Seele nichts mehr zu tun geben. Dies ist die einzige mögliche Zeit, um zu arbeiten. Und wenn diese Zeit verloren geht, hat man das Königreich verwirkt. „Alles, was deine Hand zu tun vorfindet, das tue mit deiner ganzen Kraft; denn im Totenreich, in das du gehst, gibt es kein Wirken mehr“ (Pred 9,10). Ein Ausspruch von Karl V. lautete: „Ich habe meine Schätze ausgegeben, aber die kann ich wieder zurückgewinnen, ich habe meine Gesundheit verloren, aber die kann wieder hergestellt werden, ich habe viele großartige, tapfere Soldaten verloren, aber die kann ich nicht wieder zurückbekommen.“ So können auch andere zeitliche Segnungen verloren gehen und wieder zurückgewonnen werden. Wenn aber die Lebenszeit, in der wir für den Himmel arbeiten sollten, einmal verloren gegangen ist, dann ist sie jenseits jeder Wiedergewinnungsmöglichkeit. Wir werden niemals mehr eine weitere Zeitspanne für unsere Seele bekommen.

l) Es gibt nichts anderes, über das wir Gewissheit bekommen können, als über das Königreich des Himmels. Des Lebens können wir uns jedenfalls nicht sicher sein. *„Quis scit an adjiciant hodiernae crastina vitae tempora di superi* – Wer weiß, ob die Götter dort oben dem Leben von heute noch ein Morgen hinzufügen werden?“ (Horatius[56]). Wenn wir ausatmen,

56 Horatius (65 - 8 v.Chr.) ist neben Vergil einer der wichtigsten römischen Dichter.

wissen wir nicht, ob wir noch einmal einatmen. Wie viele werden ganz plötzlich hinweggenommen! Wir können Reichtum nicht als sicher ansehen. Es ist unsicher, ob wir ihn bekommen. Die Welt ist wie ein Lotteriespiel, bei dem niemand sicher sein kann, ob er einen Preis gewinnt. Wenn wir Reichtum bekommen, wissen wir nicht, ob wir ihn auch behalten. „Bemühe dich nicht, Reichtum zu erwerben ... denn sicherlich schafft er sich Flügel“ (Spr 23,4.5). Die Erfahrung bestätigt diese Wahrheit. Viele, die reiche Besitztümer hatten, sind durch Feuer oder durch den Verlust auf See wie ein Schwamm ausgepresst worden und ihr ganzer Besitz wurde aufgelöst. Wenn die Menschen ihre Besitztümer jedoch für eine Weile behalten dürfen, so wird der Tod ihnen letzten Endes alles entreißen. Wenn der Todesschuss fällt, fliegt der ganze Besitz davon. „Denn wir haben nichts in die Welt hineingebracht, und es ist klar, dass wir auch nichts hinausbringen können“ (1.Tim 6,7). Somit können wir hier unten auf Erden keiner Sache sicher sein, jedoch können wir über das Königreich des Himmels Gewissheit bekommen. „Wer aber Gerechtigkeit sät, wird wahrhaftig belohnt“ (Spr 11,18). Wer Gnade hat, kann sich des Himmels gewiss sein, denn der Himmel hat in ihm begonnen. Ein Gläubiger hat einen Beweis für den Himmel. „Es ist aber der Glaube eine feste Zuversicht auf das, was man hofft, eine Überzeugung von Tatsachen, die man nicht sieht“ (Hebr 11,1). Er hat ein Unterpfand der Herrlichkeit. Er hat „das Unterpfand des Geistes in unsere Herzen gegeben“ (2.Kor 1,22). Ein Unterpfand ist ein Teil des ganzen Betrages. Er hat eine sichere Hoffnung. „Diese [Hoffnung] halten wir fest als einen sicheren und festen Anker der Seele“ (Hebr 6,19). Dieser Anker ist auf die Verheißung Gottes geworfen. „Aufgrund der Hoffnung des ewigen Lebens, das Gott, der nicht lügen kann, vor ewigen Zeiten verheißen hat“ (Tit 1,2). Somit liegt hierin eine große Ermutigung, für den Himmel Mühen auf sich zu nehmen, damit wir uns dieses Königreichs vergewissern.

m) Das Königreich des Himmels kann man nicht ohne Arbeit erhalten. *Non est ad astra mollis e terris via* – der Weg von der Erde zum Himmel ist nicht leicht. Ein Boot gelangt ebenso wenig ohne zu rudern an Land, wie wir ohne zu arbeiten in den Himmel kommen. Wir können die Welt nicht ohne Arbeit haben, und da denken wir, dass wir den Himmel ohne Arbeit haben können? Wenn jemand nach Kieselsteinen gräbt, wie viel mehr nach Gold? Ich „jage auf das Ziel zu" (Phil 3,14). Die Himmelspforte ist nicht wie die Eisentür, die sich für Petrus von selbst öffnete (Apg 12,10). Der Himmel ist nicht wie jene Frühfeigen, die dem, der sie essen will, in den Mund fallen (Nah 3,12). Nein, man muss dafür Mühen auf sich nehmen. Für einen Christen sind zwei Dinge unerlässlich: ein wachsames Auge und eine arbeitende Hand. Wir müssen, wie Hannibal auf dem Weg nach Rom, durch Schwierigkeiten hindurch einen Weg zum Himmel erzwingen. Bevor wir den Ehrenkranz der Herrlichkeit im Triumph tragen können, müssen wir ihn durch Arbeit gewinnen. Gott hat dieses Gesetz verabschiedet: „Kein Mensch soll ohne den Schweiß seines Angesichts vom Baum des Paradieses essen." Wie kann es dann jemand wagen, den Eifer eines Christen zu kritisieren? Wie können sie es dann wagen zu sagen, dass wir nicht mehr Mühen auf uns nehmen müssen als notwendig. Gott sagt: „Mühe dich, als ob es um Leben und Tod gehen würde: Kämpfe den guten Kampf des Glaubens." Und sie sagen: „Du bist zu streng." Doch wem sollen wir glauben: einem heiligen Gott, der uns gebietet, dass wir uns mühen, oder einem weltlichen Atheisten, der sagt, dass wir uns zu sehr mühen?

n) Viel von unserer Zeit wird falsch aufgebraucht. Wir müssen für das Königreich des Himmels noch härter arbeiten. Wer in der Schule seine Zeit verpasst hat, indem er oft schwänzte, muss sich noch härter anstrengen, um sich ein bestimmtes Maß an Wissen anzueignen. Und wer zu Beginn seiner Reise geschlafen oder gebummelt hat, muss am Nachmittag umso schneller reiten, sonst kommt er nicht an dem Ort an, zu dem er reist. Einige befinden sich in ihrer Jugendzeit, andere in der Blüte ihres Lebens, andere haben graue Haare (die Blüten des Mandelbaums) und sind vielleicht trotzdem im Hinblick auf ihre Seele und den Himmel sorglos gewesen. Zeit, die man nutzlos verbracht hat, ist keine gelebte

Zeit, sondern verlorene Zeit. Wenn es einige gibt, die ihre goldenen Stunden falsch verbraucht haben, dann sind sie keine faulen Knechte, sondern unnütze Knechte. Sie müssen jetzt die Zeit auskaufen und mit Macht zum himmlischen Königreich vorwärtsdrängen. „Denn es ist für uns genug, dass wir die vergangene Zeit des Lebens nach dem Willen der Heiden zugebracht haben" (1.Petr 4,3). Es mag für uns genug sein, dass wir bereits so viel Zeit verloren haben – nun aber lasst uns härter arbeiten. Die wie Schnecken gekrochen sind, müssen nun wie Adler zum Paradies Gottes fliegen. Wenn wir in unserem früheren Lebensabschnitt wie Weidenholz gewesen sind, unfruchtbar zum Guten, dann lasst uns in unserem weiteren Lebensabschnitt wie „ein Lustgarten von Granatbäumen mit herrlicher Frucht" sein (Hld 4,13). Machen wir die frühere Nachlässigkeit durch zukünftigen Fleiß wieder gut.

o) Wie unschön und heruntergekommen ist doch das faule Wesen einer Seele! „Und ich will die Leute heimsuchen, die auf ihren Hefen liegen [hebr. ‚zu Bodensatz gerinnen'‌]" (Zeph 1,12). „Hat der Faule seine Hand in die Schüssel gesteckt, so will er sie nicht wieder zum Mund zurückbringen"; er nimmt sie noch nicht einmal aus der Schüssel, um nach einer Krone zu greifen (Spr 19,24). *„Non capit porta illa caelestis torpore languidos* – Die Himmelspforte nimmt nicht solche Leute in Empfang, die schwerfällig vor Faulheit sind" (Brugensis[57]). Selbst den Teufel kann man nicht der Untätigkeit beschuldigen. Er „geht umher" (1.Petr 5,8). Eine untätige Seele steht in der Welt für eine Chiffre, und Gott schreibt in das Buch des Lebens keine Chiffre hinein. Der Himmel ist kein Bienenstock für Drohnen. Eine untätige Person ist offen für Versuchungen. Wenn ein Vogel still auf einem Ast sitzt, ist er vor dem Gewehr in Gefahr. Wenn jemand in Faulheit stille sitzt, schießt der Teufel mit der Versuchung auf ihn. Stehende Gewässer faulen. Im Gericht werden die Heiden gegen träge Christen aufstehen. Was für Mühen nehmen sie bei den Olympischen Spielen auf sich! Sie laufen nur für einen Kranz aus Blumen oder

57 Gemeint ist wahrscheinlich der österreichische Geistliche Arnold von Bruck (latinisierte Schreibweise: *Brugensis*).

Olivenzweigen und wir sitzen still, die wir für ein Königreich laufen sollten? Wie kann derjenige eine Belohnung erwarten, der niemals arbeitet, oder eine Krone, der niemals kämpft? *Inertia animae somnus* – Faulheit ist ein Schlaf der Seele. Adam verlor seine Rippe, als er schlief. Und wenn eine Person im Schlaf der Faulheit liegt, verliert er die Erlösung.

p) Heilige Tätigkeit und Fleiß adeln einen Christen. „*Labor splendore decoratur* – Arbeit wird mit Ehre gekrönt" (Cicero). Je vortrefflicher etwas ist, umso tätiger ist es. Die Sonne ist eine herrliche Schöpfung; sie ist immer in Bewegung und durchläuft ihre Bahn. Feuer ist das reinste Element und das aktivste; es funkelt und brennt allezeit. Die Engel sind die edelsten Geschöpfe; sie werden durch die Cherubim repräsentiert und mit Flügeln dargestellt. Je mehr wir für den Himmel tätig sind, umso erhabener sind wir und umso mehr gleichen wir den Engeln. Der Phönix fliegt mit einer kleinen Krone auf seinem Kopf. Ebenso hat die geschäftige Seele ihre kleine Krone. Ihre Arbeit ist ihr Ehrenzeichen.

q) Es ist eine Gnade, dass es die Möglichkeit der Glückseligkeit gibt und dass wir ein Königreich haben können, indem wir Mühen auf uns nehmen. Durch unseren Fall in Adam haben wir den Himmel verwirkt. Hätte Gott mit uns nicht ebenso handeln können wie mit den gefallenen Engeln? Sobald sie gesündigt hatten, wurden sie aus dem Himmel vertrieben und konnten nie wieder dorthin kommen. Wir können wie der Apostel sagen: „So sieh nun die Güte und die Strenge Gottes" (Röm 11,22). Die abgefallenen Engel sehen die Strenge Gottes darin, dass er sie auf ewig in die Hölle geworfen hat. Wir sehen die Güte Gottes darin, dass er uns in die Möglichkeit der Gnade versetzt hat, sodass für uns ein Königreich bereitsteht, wenn wir nur Mühen auf uns nehmen. Wie müsste das unsere Geschäftigkeit wecken und schärfen, da für uns Erlösung möglich ist! Und wir können ein ewiges Gewicht der Herrlichkeit empfangen, wenn wir das tun, wozu wir in der Lage sind!

r) Unsere Arbeit für das Königreich des Himmels ist sehr gering und nur vorübergehend. Sie dauert nicht lange; sie endet mit unserem Leben. Es ist nur eine Weile, und dann können wir aufhören zu arbeiten. Für ein wenig Arbeit werden wir eine ewige Ruhe haben. Wer würde es für viel halten, durch ein wenig Wasser zu waten, wenn er sicher wäre, dass er gekrönt wird, sobald er ans Ufer kommt? Ihr Christen, lasst euch dadurch ermutigen: Ihr müsst nur noch ein wenig Mühe auf euch nehmen, nur noch wenige Tränen weinen, nur noch wenige Sabbate halten, und siehe, es wird mit einer ewigen Belohnung wiedergutgemacht. Was sind ein paar Tränen im Vergleich zu einer Krone, ein paar Minuten von der Zeit im Vergleich zu einer ewigen Herrlichkeit?

s) Was für ein Streben gibt es nach irdischen Königreichen, die korrumpierbar und dem Wandel unterworfen sind! Mit was für einer Tatkraft und Bereitwilligkeit schritten die Soldaten Hannibals auf ihrem Marsch über die Alpen und zerklüftete Felsen, und die Soldaten Cäsars kämpften gegen Hunger und Kälte! Die Menschen brechen Gesetze und Eide; sie schwimmen im Blut zur Krone. Sie riskieren das, um auf der Erde voranzukommen, und sollten wir uns da nicht mehr um ein himmlisches Königreich bemühen? Dieses ist „ein unerschütterliches Reich" (Hebr 12,28); ein Königreich, in dem unvergleichliche Schönheit ist, unbefleckte Ehre, unvermischte Freude; ein Königreich, in dem nichts sein wird, von dem wir wünschten, dass es weggenommen wird; und es wird nichts fehlen, von dem wir wünschen, dass wir es genießen könnten. Wenn fürwahr nur ein Funke Gnade oder wahre Großmütigkeit in unserer Brust ist, werden wir nicht zulassen, dass andere eifriger sind als wir. Wir lassen sie für irdische Ehre nicht mehr Mühen auf sich nehmen als wir für diese vortreffliche Herrlichkeit, die alle unsere Wünsche krönen wird.

t) Was für Mühen nehmen einige Menschen auf sich, um in die Hölle zu gehen, und sollten wir da nicht mehr Mühen auf uns nehmen, um in den Himmel zu kommen? „Sie ermüden sich selbst mit dem Begehen von Missetaten" (Jer 9,5; nach der englischen Übersetzung). Sünder beschmutzen sich selbst im Dienst des Teufels. Welche Mühen nehmen einige Menschen auf sich, um ihre unreinen Begierden zu befriedigen! Sie verprassen ihren Besitz, tragen die schändlichen Zeichen der Sünde an sich und besuchen das Hurenhaus, obwohl es direkt neben der Hölle steht. „Ihr Haus ist der Eingang zum Totenreich“ (Spr 7,27). Welche Mühen nehmen andere für Verfolgungen auf sich! Heiligkeit ist das Zeichen, auf das sie schießen. Über Antiochus Epiphanes wird gesagt, dass er mehr ermüdende Märsche machte und sich mehr Gefahren aussetzte, um die Juden zu bedrücken und sich ihnen entgegenzustellen, als seine Vorfahren Mühen auf sich nahmen, um Siege zu erlangen. Der Teufel bläst das Horn, und die Menschen reiten so schnell sie können in die Hölle, als ob sie fürchten, die Hölle könnte voll sein, ehe sie dorthin kommen. Wie aktiv war Judas, als der Satan in ihn gefahren war! Er ging zu den Hohepriestern, von ihnen zur Schar der Soldaten, und mit ihnen wieder in den Garten und ließ nicht nach, bis er Christus verraten hatte! Wie geschäftig waren die götzendienerischen Juden! Sie waren so stark auf ihre Sünde gespannt, dass sie ihre Söhne und Töchter ihren Abgöttern opferten (Jer 32,35). Wenn die Menschen all diese Mühen für die Hölle auf sich nehmen, sollten wir dann nicht Mühen für das Königreich des Himmels auf uns nehmen? Die Gottlosen haben keine Ermutigungen zum Sündigen. Alle Drohungen Gottes stehen wie ein flammendes Schwert gegen sie. Oh, lassen wir die Menschen niemals sagen, dass die Knechte des Teufels tätiger sind als die Knechte Christi, dass sie dem, der sie nur mit Feuer und Schwefel belohnt, besser dienen, als wir Gott dienen, der uns mit einem Königreich belohnt!

u) Die Arbeit, die wir für den Himmel auf uns nehmen, ist eine Arbeit voller Freude (Spr 3,17). Jemand schwitzt, während er sich entspannt, wird bei der Jagd müde, doch dabei hat er Freude, was die Sache versüßt. „Denn ich habe Lust an dem Gesetz Gottes nach dem inneren Menschen“; griechisch: „Ich habe Freude“ (Röm 7,22). Nicht nur das Königreich des Himmels ist eine Freude, sondern auch der Weg dorthin. Was für eine Freude hat eine Seele, die Gnade hat, beim Gebet! Ich will „sie in meinem Bethaus erfreuen“ (Jes 56,7). Während ein Christ weint, tropfen die Tränen mit Freude; während er über Gott nachsinnt, hat er solche Erquickungen des Geistes, als wären sie solche Verklärungen der Seele, dass er von sich denkt, dass er schon zur Hälfte im Himmel ist. „Meine Seele wird satt wie von Fett und Mark, und mit jauchzenden Lippen lobt dich mein Mund, wenn ich an dich gedenke auf meinem Lager" (Ps 63,6.7). Die Arbeit eines Christen für den Himmel ist wie die Arbeit eines Bräutigams am Morgen des Hochzeitstages: Er zieht seine Kleidung und sein Hochzeitgewand an, in welchem er seine Braut heiraten wird. Ebenso ziehen auch wir in allen Pflichten des Glaubens unser Hochzeitsgewand an, in welchem wir mit Christus in der Herrlichkeit vermählt werden. Oh, was für ein Trost und Frieden liegen in einem engen Wandel mit Gott! „Und das Werk der Gerechtigkeit wird Friede sein (Jes 32,17). Gott zu dienen ist wie das Sammeln von Gewürzen oder Blumen, was mit ein wenig Arbeit verbunden ist, doch die Arbeit wird mit Freude belohnt. Das Arbeiten für den Himmel ist wie das Graben in einer Goldmine; das Graben ist Arbeit, aber das Gold zu bekommen, ist Freude! Oh, dann wollen wir uns aufraffen für das Königreich des Himmels; es ist eine Arbeit der Freude. Ein Christ würde sich nicht für die schönste Musik von seiner Freude trennen; er würde seinen Anker der Hoffnung nicht gegen eine Krone aus Gold eintauschen. Zu Recht sagt David: „Wer sie (deine Bestimmungen) befolgt, empfängt reichen Lohn", nicht nur, nachdem die Bestimmungen gehalten wurden, sondern auch während wir die Bestimmungen halten (Ps 19,12). Ein Christ hat sowohl die Frühlingsblumen als auch die Ernte: innerliche Freude, während er Gott dient, sind die Frühlingsblumen, die volle Ernte findet schließlich im Königreich der Herrlichkeit statt.

v) Wie eifrig waren die Heiligen in den früheren Zeiten! Sie dachten, dass sie für den Himmel niemals genug tun, dass sie Gott niemals genug dienen und ihn niemals genug lieben könnten. *„Minus te amavi Domine* – Herr, ich habe dich zu wenig geliebt" (Augustinus). Was für Mühen nahm Paulus für das himmlische Königreich auf sich. „Und strecke mich aus nach dem, was vor mir liegt" (Phil 3,13). Das griechische Wort für „sich ausstrecken" bedeutet, den Nacken strecken, eine Metapher für einen Rennläufer, der jedes Glied anspannt und sich danach ausstreckt, um den Preis zu gewinnen. Die Prophetin Hanna „wich nicht vom Tempel, sondern diente [Gott] mit Fasten und Beten Tag und Nacht" (Lk 2,37). Durch viel Arbeit und Wachen war die körperliche Kraft von Basilius dem Großen erschöpft. „Lasst Folterbänke und Qualen über mich kommen", sagte Ignatius, „solange ich Christus gewinne." Die Geschäftigkeit und der Mut der früheren Heiligen, die jetzt mit Herrlichkeit gekrönt sind, sollen unseren Eifer erwecken, damit wir uns am Ende mit ihnen im Königreich des Himmels niedersetzen können.

w) Je mehr Mühen wir für den Himmel auf uns nehmen, umso mehr wird uns der Tod willkommen sein. Was macht die Menschen so abgeneigt zu sterben? Sie sind wie ein säumiger Mieter, der das Haus nicht verlassen will, bis der Wachtmeister ihn herauszieht. Sie mögen es nicht, etwas über den Tod zu hören. Warum? Weil ihr Gewissen sie anklagt, dass sie nur wenig oder keine Mühen für den Himmel auf sich genommen haben. Sie haben geschlafen, während sie hätten arbeiten sollen, und nun fürchten sie den Fall, dass der Tod sie als Gefangene in die Hölle bringen könnte. Doch wer seine Zeit damit verbracht hat, Gott zu dienen, kann dem Tod getrost ins Angesicht schauen. Er war völlig vom Himmel eingenommen, und nun wird er in den Himmel aufgenommen. Zuvor war sein Handel im Himmel und nun geht er dorthin, um dort zu leben. *Cupio dissolvi* – „mich verlangt danach, aufzubrechen und bei Christus zu sein" (Phil 1,23). Paulus hatte sich völlig für Gott eingebracht, und nun weiß er, dass für ihn eine Krone breitgelegt ist, und er verlangt danach, sie in Besitz zu nehmen.

Somit habe ich für uns dreiundzwanzig Überzeugungen und Argumente dargelegt, damit wir uns anstrengen und den äußersten Eifer an den Tag legen, um das Königreich des Himmels zu erhalten. Oh, dass sie mit einer Diamantnadel in unsere Herzen geschrieben würden! Lassen Sie mich uns sofort auf dieses Werk ausrichten, weil in dieser Sache Verzögerungen gefährlich sind. „Ich eile und säume nicht, deine Gebote zu befolgen“ (Ps 119,60). Viele Leute sind von der Notwendigkeit überzeugt, das Königreich der Herrlichkeit zu suchen, jedoch sprechen sie wie jene Leute in Haggai 1,2: „Die Zeit ist noch nicht da.“ Sie vertagen und schieben es hinaus, bis ihre Zeit verstrichen ist, und so verlieren sie das Königreich des Himmels. Nehmen wir uns vor diesem Trugschluss in Acht. Das Aufschieben verstärkt die Sünde, verhärtet das Herz und gibt dem Teufel einen größeren Anteil an einem Menschen. „Weil die Sache des Königs solche Eile hatte“, ebenso erfordert die Sache der Erlösung Eile (1.Sam 21,9). Schieben wir es nicht eine Stunde hinaus. *Volat ambiguis mobilis alis hora* – die vorüberfliegende Stunde fliegt mit flatterhaften Flügeln. Welche Sicherheit haben wir, dass wir noch einen weiteren Tag leben werden? Haben wir eine garantierte Zeit gepachtet? Warum stehen wir dann nicht augenblicklich aus dem Bett der Faulheit auf und setzen alle unsere Kraft und unseren Mut ein, damit das Königreich der Herrlichkeit in unseren Besitz gelangt? Müssen die Dinge mit der höchsten Priorität nicht zuerst getan werden? Wenn sich ein Mensch auf einem Land niederlässt, dann schiebt er es nicht auf, die Eigentumsurkunde zu erwerben, sondern stellt es an erste Stelle. Was sonst ist von so großer Wichtigkeit, wie die Errettung unserer Seele und das Gewinnen eines Königreichs? Deshalb: Hören wir heute die Stimme Gottes, denken wir heute an die Ewigkeit, erwerben wir heute unsere Besitzurkunde für den Himmel, bevor der Tod darüber verfügt. Wie unklug ist es, wenn man die schwerste Last auf das schwächste Pferd legt! Das ist genauso, wie wenn wir die schwere Last der Buße auf uns legen, während wir durch Krankheit geschwächt sind, die Hände zittern, die Lippen beben und das Herz ohnmächtig ist. Oh, lasst uns rechtzeitig weise werden; bereiten wir uns jetzt auf das Königreich vor! Wenn ein Mensch seine Reise zum Himmel erst im Sturm des Todes beginnt, steht es Tausend zu Eins, dass er einen ewigen Schiffbruch erleidet.

Sechste Anwendung
Zur Ermahnung für diejenigen, die durch die Gnade eine gute Hoffnung haben. Ihr, die ihr Erben dieses Königreichs seid, lasst mich euch zu sechs Dingen ermahnen:

a) Betrachtet oft den Ausblick auf dieses himmlische Königreich. Erklimmt den himmlischen Berg, praktiziert jeden Tag ein heiliges Nachdenken, so als wäre es ein Ausflug zum Himmel. „Geht rings um Zion, geht rings um sie herum, zählt ihre Türme!" (Ps 48,13). Seht, was für ein herrliches Königreich der Himmel ist. Geht und zählt die Türme, betrachtet die Paläste des himmlischen Jerusalems. Ihr Christen, zeigt eurem Herzen die Perlentore, die Betten mit Gewürzen, die Bündel mit Weintrauben, die im Paradies Gottes wachsen. Sprecht: „Oh, meine Seele, all diese Herrlichkeit ist dein, es hat deinem Vater wohlgefallen, dir dieses Königreich zu geben." Die Gedanken an den Himmel sind voller Freude und Verzückungen. Die Weltmenschen können sich beim Anblick ihrer Goldsäcke und Getreidefelder so sehr freuen – aber die Erben der Verheißung sollten nicht mehr Freude am Nachsinnen über das himmlische Königreich haben? Das ernsthafte Nachdenken über das Königreich der Herrlichkeit wird diese drei Auswirkungen haben:

Es wird auf alle weltliche Herrlichkeit einen Makel werfen und sie ersticken. Vor den Augen derjenigen, die auf dem Gipfel der Alpen stehen, erscheinen die großen Städte von Kampanien[58] nur sehr klein. So ist es auch, wenn wir durch das Fernglas des Glaubens schauen und einen Blick auf die himmlische Herrlichkeit werfen, wie gering und klein erscheinen dann alle anderen Dinge! Mose verachtete die Auszeichnungen am Hof des Pharao, da er ein Auge für die Belohnung hatte (Hebr 11,26). Als Paulus die Herrlichkeit in einem Gesicht sah und Johannes im Geist weggetragen wurde und sah, wie das heilige Jerusalem aus dem Himmel mit der Herrlichkeit Gottes darin herabkommt, wie verdunkelt erschien ihm doch die Welt danach!

58 Region in Italien.

Das Nachdenken über das himmlische Königreich wird in uns sehr die Heiligung fördern. Der Himmel ist ein heiliger Ort: ein unbeflecktes Erbe (1.Petr 1,4). Er wird als durchsichtiges Glas beschrieben, um seine Reinheit deutlich zu machen (Offb 21,21). Das Nachsinnen über den Himmel bringt uns dazu, die Heiligkeit zu studieren, weil niemand sonst als Heilige zu diesem Königreich zugelassen wird. Der Himmel ist nicht wie die Arche Noah, wo reine und unreine Tiere hineinkamen. Nur diejenigen, die reinen Herzens sind, werden Gott schauen (Mt 5,8).

Das Nachdenken über das himmlische Königreich wird ein Ansporn zum Fleiß sein. *Immensum gloria calcar habet* – die Herrlichkeit besitzt einen unermesslichen Anreiz. „Nehmt immer zu in dem Werk des Herrn, weil ihr wisst, dass eure Arbeit nicht vergeblich ist im Herrn!" (1.Kor 15,58). Wenn der Seemann den Hafen sieht, dann rudert er härter. So sollten auch wir, wenn wir den Anblick der Herrlichkeit sehen, mehr im Gebet sein, mehr Almosen geben und wachen. Das sollte unseren Pflichten Flügel verleihen und die Lampe unserer Hingabe heller leuchten lassen.

b) Wenn wir die Hoffnung auf dieses Königreich haben, dann lasst uns zufrieden sein, auch wenn wir nur wenig von der Welt haben! Zufriedenheit ist eine seltene Sache. Sie ist ein Juwel, das nur wenige Christen tragen. Wenn wir aber eine begründete Hoffnung auf den Himmel haben, kann das in unserem Herzen Zufriedenheit bewirken. Was macht es, wenn wir nur wenig Besitz haben, da uns ja ein Königreich in Aussicht gestellt ist! Wenn wir schätzen müssten, was ein Mensch besitzt, wie sollten wir den Wert ermitteln? Anhand dessen, was er in seinem Haus hat oder anhand seines Landes? Vielleicht hat er wenig Geld oder Juwelen in seinem Haus, aber er ist ein Mann, der Land besitzt – dann liegt darin sein Besitz. Ein Gläubiger hat nur wenig Öl in seinem Fläschchen und nur wenig Mehl in seinem Krug, doch ist er jemand, der Land besitzt. Er hat die Besitzurkunde für ein Königreich – und müsste ihn das nicht zufrieden machen? Wenn jemand hier in England lebt, dem auf der anderen Seite des Meeres ein großer

Besitz zugefallen ist, und der gegenwärtig vielleicht kein Geld hat, sondern nur so viel, wie die Reise kostet, dann ist er zufrieden. Er weiß, wenn er zu seinem Besitz kommt, dann wird er genug Geld haben. So ist auch uns, die wir Gläubige sind, ein Königreich zugefallen. Auch wenn wir nur wenig in unserem Geldbeutel haben, wenn wir dabei nur genug haben, um für unsere Reise zu bezahlen, genug um unsere Auslagen für den Himmel zu zahlen, dann ist es genug. Gott hat uns Gnadengaben gegeben, die die Erstlinge der Ernte sind, und er wird uns die Herrlichkeit geben, welche die Nachlese ist, und müsste uns das nicht zufrieden machen?

c) Wenn wir die Hoffnung auf dieses gesegnete Königreich haben, dann lasst uns oft für sein Kommen beten. „Dein Königreich komme." Nur Gläubige können von Herzen beten, dass das Königreich der Herrlichkeit schnell komme.

Diejenigen, bei denen das Königreich der Gnade niemals im Herzen aufgerichtet wurde, können nicht beten, dass Christi Königreich der Herrlichkeit kommen möge. Können die schuldigen Gefängnisinsassen wünschen, dass der Gerichtstag kommen möge?

Diejenigen, welche die Welt lieben, können nicht von Herzen beten, dass Christi Königreich der Herrlichkeit kommen möge. Sie haben das Paradies gefunden. Sie sind bereits in ihrem Königreich; das ist ihr Himmel, und sie wünschen von keinem anderen zu hören. Sie sind derselben Meinung, wie derjenige, der sagte: „Wenn ich mein Kardinalsamt in Paris behalten kann, dann werde ich meinen Anteil im Paradies aufgeben."

Diejenigen, die sich seinem Königreich entgegenstellen, indem sie seine Gebote brechen, die das Zepter seines Königreichs sind, indem sie auf diejenigen schießen, die den Namen Christi und seine Farben tragen, können nicht von Herzen beten, dass Christi Königreich der Herrlichkeit kommen möge. Diese Leute können doch mit Sicherheit nicht beten, dass Christi Königreich der Herrlichkeit kommen möge, denn Christus wird sie richten, und wenn sie dieses Gebet sprechen, sind sie Heuchler; sie meinen nicht, was sie sagen. Aber lasst uns, bei denen das Königreich der Gnade im Herzen aufgerichtet ist, lasst uns viel beten, dass das Königreich der Herrlichkeit bald kommen möge und lasst uns sprechen: „Dein Königreich komme." Wenn dieses Königreich kommt, dann werden wir Christus ganz in seinem gestickten Gewand der Herrlichkeit sehen. Er wird zehntausendmal heller scheinen als die Sonne in ihrem ganzen Glanz am höchsten Punkt am Mittag. Wenn das Königreich Christi kommt, werden die Leiber der Heiligen, die im Staub schlafen, in Ehre auferweckt werden und dem herrlichen Leib Christi gleichgemacht. Dann werden unsere Seelen wie Diamanten mit Heiligkeit funkeln. Wir werden niemals mehr einen sündigen Gedanken haben. Wir werden so heilig wie die Engel sein. Wir werden so heilig sein, wie wir es gewünscht haben, und so heilig, wie Gott wollte, dass wir sind. Dann sind wir in einem besseren Stand als im Stand der Unschuld. Adam wurde als ein herrliches Geschöpf geschaffen, dennoch war er wandelbar. Er war ein heller Stern, jedoch ein gefallener Stern. Aber im Königreich des Himmels ist die Glückseligkeit unveränderlich. Wenn Christi Königreich der Herrlichkeit kommt, sind wir von allen unseren Feinden erlöst, wie Mose sagte: „Denn diese Ägypter, die ihr heute seht, die werdet ihr nicht wiedersehen in Ewigkeit!" (2.Mose 14,13). Ebenso werden wir die Feinde, die auf dem Rücken von Gottes Volk gepflügt und ihre Furchen tief gemacht haben, nie wieder sehen, wenn Christus in seiner Herrlichkeit kommen wird. Alle Feinde Christi werden „unter seine Füße gelegt" (1.Kor 15,25). Bevor die Gottlosen vernichtet werden, werden die Heiligen sie richten. „Wisst ihr nicht, dass die Heiligen die Welt richten werden?" (1.Kor 6,2). Es wird den Gottlosen ins Herz stechen, dass diejenigen, die sie früher verspottet und gegeißelt haben, über ihnen als Richter sitzen werden und in den Rechtssachen Christi mitabstimmen werden. Oh, dann müssen wir wohl beten, dass das Königreich der Herrlichkeit bald kommen möge: „Dein Königreich komme."

d) Wenn wir auf dieses gesegnete Königreich eine gute Hoffnung haben, dann lassen Sie es eine fröhliche und gesunde Farbe in unser Gesicht bringen. Wir haben die Besitzurkunde für ein Königreich und sind traurig? „Wir rühmen uns der Hoffnung auf die Herrlichkeit Gottes“ (Röm 5,2). Ihr Christen, die Posaune ist bereit zu erschallen, ein ewiges Jubeljahr ist nahe, indem die Freiheit von der Sünde verkündet wird. Der Tag unserer Krönung kommt bald. Es ist nur ein Ablegen unserer Kleider und das Niederlegen unseres Kopfes auf ein Kissen von Staub, und wir werden in einem Königreich inthronisiert und mit den gestickten Kleidern der Herrlichkeit gekleidet. Ruft all das nicht nach einem fröhlichen Geist? Freudigkeit krönt den Glauben. Christus liebt es, wenn die Seele in Stimmung ist. „Wenn ihr mich lieb hättet, so würdet ihr euch freuen“ (Joh 14,28). Bei vielen regt sich der Verdacht, dass der Himmel wohl nicht so angenehm ist, wenn sie diejenigen sehen, die traurig dorthin gehen. Wie freut sich ein Anwärter auf ein Erbe in der Hoffnung auf das Erbe? Wer könnte sich freuen, wenn nicht ein Gläubiger, der ein Erbe des Königreichs ist, und zwar eines solchen Königreichs, das noch kein Auge gesehen hat? Wenn das Fleisch beginnt zu ermatten, dann lasst den Glauben sein Haupt erheben und in der Seele einen heiligen Jubel und eine heilige Freude bewirken.

e) Lasst die Heiligen danach verlangen, um in diesem gesegneten Königreich zu sein. Verlangt ein Kronprinz, der in die Fremde reist, nicht danach, in seinem eigenen Land zu sein, damit er dann gekrönt werden kann? Die Braut verlangt nach dem Hochzeitstag. „Und der Geist und die Braut sprechen: Komm! ... Ja, komm, Herr Jesus!“ (Offb 22,17.20). Gewiss zeigt unsere Unwilligkeit, dorthin zu gehen, entweder die Schwäche unseres Glaubens an das himmlische Königreich oder unsere Zweifel, dass wir einen Anteil daran haben. Hätten wir über unsere Besitzurkunde für den Himmel mehr Klarheit, dann bräuchten wir mehr Geduld, um damit zufrieden zu sein, noch länger hier zu bleiben.

Noch einmal, unsere Unwilligkeit, dorthin zu gehen, macht deutlich, dass wir die Welt zu sehr lieben und Christus zu wenig. Liebe verlangt nach Vereinigung, wie Aristoteles sagt. Würden wir Christus lieben, wie wir sollten, dann würden wir danach verlangen, mit ihm in der Herrlichkeit vereint zu sein, wo wir ihn in der Fülle lieben. Seien wir darüber gedemütigt, dass wir so unwillig sind, dorthin zu gehen. Lasst uns daran arbeiten, um den göttlichen Seelenzustand zu erreichen, den Paulus hatte: *Cupio dissolvi* – „mich verlangt danach, aufzubrechen und bei Christus zu sein“ (Phil 1,23). Wir sind umgeben von einem Leib der Sünde; sollten wir nicht danach verlangen, diese Otter abzuschütteln? Wir sind in Mesech und in den Zelten von Kedar, einem Ort, an dem wir sehen, wie Gott entehrt wird. Sollten wir nicht danach verlangen, unseren Pass zu bekommen und wegzugehen? Wir sind im Tal der Tränen. Ist es nicht besser in einem Königreich zu sein? Hier müssen wir mit dem Satan kämpfen. Sollten wir nicht danach verlangen, aus diesem blutigen Schlachtfeld herausgerufen zu werden, wo die Kugeln der Versuchung so schnell fliegen, damit wir eine Siegeskrone empfangen? Oh, ihr Heiligen, schnauft nach dem himmlischen Königreich. Auch wenn wir bereitwillig im Dienen bleiben sollen, so sollten wir doch ehrgeizig danach verlangen, uns allezeit im Licht von Gottes Angesicht zu sonnen. Denken wir daran, wie es sein wird, für immer beim Herrn zu sein! Gibt es irgendein lieblicheres Lächeln oder eine Umarmung wie seine? Gibt es irgendein Bett, das so weich ist wie der Schoß Christi? Gibt es irgendeine Freude wie die, wenn das goldene Banner der Liebe Christi über uns ausgebreitet wird? Gibt es irgendeine Ehre wie die, mit Christus auf dem Thron zu sitzen? (Offb 3,21). Oh, dann lasst uns nach dem himmlischen Königreich verlangen!

f) Lasst uns auf das Königreich der Herrlichkeit warten. Es ist nicht unangemessen oder falsch, nach dem Himmel zu verlangen, doch warten wir auf ihn. Verlangen wir nach ihm, weil es ein Königreich ist, doch lasst uns auf das Wohlgefallen unseres Vaters warten. Gott könnte das Königreich sofort schenken, aber er hält es für gut, dass wir eine Weile warten.

1. Hätten wir das Königreich schon, gleich nachdem die erste Gnade in uns eingeflößt wurde, dann würde Gott viel von seiner Ehre verlieren. Wo würde dann unser Leben im Glau-

ben bleiben, das die Gnadengabe ist, die Gott den größten Ruhm der Herrlichkeit einbringt? (Röm 5,20). Wo bliebe unser Leiden für Gott, was ein Weg ist, um ihn zu ehren, wozu die Engel im Himmel nicht in der Lage sind? Wo bliebe der aktive Dienst, den wir für Gott tun sollen? Wollen wir, dass Gott uns ein Königreich gibt und dass wir nichts für ihn tun, bevor wir dorthin kommen? Wollen wir Ruhe haben, bevor wir arbeiten, eine Krone, bevor wir überwinden? Das wäre unredlich. Paulus war zufrieden, eine Weile außerhalb des Himmels zu bleiben, damit er das Mittel sein konnte, um andere dorthin zu bringen (Phil 1,24).

2. Während wir auf das Königreich warten, nimmt unsere Gnade zu. Jede Pflicht, die im Glauben ausgeführt wird, fügt unserer Krone einen Edelstein hinzu. Haben wir das Verlangen, dass unsere Kleider der Herrlichkeit noch heller strahlen? Lasst uns warten und arbeiten. Je länger wir auf das Kapital warten, umso größer wird der Anteil sein. Wie der Ackermann wartet, bis die Saat aufgeht, so lasst uns auf die Ernte der Herrlichkeit warten. Einige müssen Wochen am Gerichtshof warten. Das ist ihre Wartezeit. Christus sagt, man soll beten und nicht nachlässig werden (Lk 18,1). So lasst uns warten und nicht nachlässig werden. Lasst uns nicht müde sein – das Königreich des Himmels wird für das Warten entschädigen. „O HERR, ich warte auf dein Heil!“, sagte der sterbende Patriarch (1.Mose 49,18).

Siebte Anwendung
Zum Trost für das Volk Gottes.

a) In allen ihren Leiden. „Ein wahrer Heiliger“, sagt Luther, „ist ein *haeres crucis* – Erbe des Kreuzes.“ Trübsal ist sein Diätgetränk, aber dass seine Leiden ein Königreich einbringen, bewahrt ihn davor, ohnmächtig zu werden. „Die Hoffnung auf das Königreich“, sagt Basilius, „sollte alle unsere Nöte mildern und versüßen.“ „Wenn wir standhaft ausharren, so werden wir mitherrschen“ (2.Tim 2,12). Es ist nur ein kurzer Kampf, aber ein ewiger Triumpf. Dieses leichte Leiden erzeugt eine

„über alle Maßen gewichtige Herrlichkeit" (2.Kor 4,17). Je gewichtiger kostbare Dinge sind, umso mehr sind sie wert. Je gewichtiger eine Krone aus Gold ist, umso mehr ist sie wert. Wenn diese Herrlichkeit nur eine Weile andauern würde, dann würde das die Freude des Himmels verringern und verbittern, doch sie dauert ewig an. Gott wird ein tiefes Meer des Segens sein, und die verherrlichten Heiligen werden sich für immer in diesem Ozean baden. Einen Tag lang die Krone zu tragen, wird reichlich für die Leiden der Heiligen entschädigen; um wieviel mehr erst, wenn sie herrschen werden „von Ewigkeit zu Ewigkeit" (Offb 22,5). Oh, lasst dies unsere Hilfe in allen Schicksalsschlägen und Leiden in diesem Leben sein. Was für einen gewaltigen Unterschied gibt es zwischen den Leiden eines Gläubigen und seiner Belohnung! „Denn ich bin überzeugt, dass die Leiden der jetzigen Zeit nicht ins Gewicht fallen gegenüber der Herrlichkeit, die an uns geoffenbart werden soll" (Röm 8,18). Für ein paar Tränen gibt es Flüsse der Freude, für Trauer weiße Kleider. Das ließ die ersten Christen über Gefängnisstrafen lachen und Qualen umfassen wie viele Kronen. Auch wenn wir jetzt einen Becher mit Wermut trinken, ist auf dem Boden Zucker, um ihn zu versüßen. „Denn es hat eurem Vater gefallen, euch das Reich zu geben" (Lk 12,32).

b) Trost im Sterben. Was den Kindern Gottes den Schrecken des Todes nimmt, ist, dass sie in das Königreich eingehen. Kein Wunder, dass die gottlosen Menschen erschüttert sind und erschrecken, wenn sich der Tod nähert, denn sie sterben ohne Vergebung. Der Tod trägt sie in das Gefängnis, wo sie für immer liegen müssen, ohne Kaution oder die Chance, je freigelassen zu werden. Doch warum sollte eines der Kinder Gottes beim Gedanken des Todes erschrecken oder dabei fast sterben? Was für einen Schaden kann ihnen der Tod verursachen, außer dass er sie in ein herrliches Königreich führt? Der Glaube gibt eine Besitzurkunde für den Himmel, der Tod gibt den Besitz. Möge dies ein Gegenmittel des Evangeliums sein, um die Angst vor dem Tod zu vertreiben. Hilarion, dieser gesegnete Mann, rief aus: *„Egredere, anima, egredere, quid times* – geh hinfort, meine Seele, gehe hinfort, was fürchtest du?"

Lasst diejenigen den Tod fürchten, die die Sünde nicht fürchten, aber lasst die Kinder Gottes nicht zu sehr betrübt sein über das grimmige Gesicht des Boten, der sie zum Ende ihrer Trauer bringt und zum Anfang ihrer Freude. Der Tod ist unser; er ist ein Bestandteil vom Inventar des Gläubigen (1.Kor 3,22). Fürchtet sich ein Fürst eine Meerenge zu durchfahren, wenn er doch hernach gekrönt wird, nachdem er an Land kommt? Der Tod sollte für die Heiligen ein Pförtner sein, um sie in die Gegenwart des Königs der Ehre zu bringen. Dieser Gedanke legt Lilien und Rosen auf das schauderhafte Gesicht des Todes und lässt ihn liebenswürdig ausschauen. Der Tod bringt uns zu einer Krone der Herrlichkeit, die nicht vergeht. Für einen Gläubigen ist der Todestag besser als der Tag seiner Geburt. Der Tod ist der *aditus ad gloriam* – Eingang zu einer gesegneten Ewigkeit. Fürchten wir den Tod nicht, sondern lasst uns unsere Herzen beleben, wenn wir daran denken, das diese klappernden Räder vom Wagen des Todes nur dazu da sind, um uns nach Hause zu einem ewigen Königreich zu tragen.

IV. Die dritte Bitte im Gebet des Herrn

„Dein Wille geschehe, wie im Himmel, so auch auf Erden“

(Mt 6,10b)

Als Nächstes kommen wir zur dritten Bitte: „Dein Wille geschehe, wie im Himmel, so auch auf Erden.“

Diese Bitte besteht aus zwei Teilen: der Sache: „Dein Wille geschehe“ und der Art und Weise: „Wie im Himmel, so auch auf Erden.“

Was ist mit dem Willen Gottes gemeint?
Es gibt einen zweifachen Willen Gottes.

a) Den *voluntas decreti* – verborgenen Willen Gottes oder den Willen seines Ratschlusses. Wir beten nicht, dass der verborgene Wille Gottes durch uns getan werde. Dieses Geheimnis können wir nicht wissen; es ist in Gottes eigener Brust verschlossen und weder Menschen noch Engel haben einen Schlüssel, um es zu öffnen.

b) Den *voluntas revelata* – geoffenbarten Willen Gottes. Dieser Wille steht im Buch der Schrift geschrieben, das eine Verkündigung von Gottes Willen ist und feststellt, was wir im Hinblick auf unsere Erlösung tun sollen.

Für was beten wir in diesen Worten: „Dein Wille geschehe“?
Wir beten für zwei Dinge:

1. Für tätigen Gehorsam, dass wir in dem, was Gott gebietet, seinen Willen aktiv tun mögen.

2. Für passiven Gehorsam, dass wir uns in dem, was Gott auferlegt, geduldig unterordnen mögen.

I. *Wir beten, dass wir den Willen Gottes aktiv tun mögen,* alle seine Gebote unterschreiben, an Jesus glauben, was die hauptsächliche Gnade ist, und ein heiliges Leben führen. So schreibt auch Augustinus über diese Bitte: „*Nobis a Deo precamur obedientiam* – wir beten, dass wir aktiv dem Willen Gottes gehorsam sein mögen." Das ist die Summe aller Religion, die Verkörperung der beiden Tafeln des Gesetzes, das Tun von Gottes Willen. „Dein Wille geschehe." Wir müssen seinen Willen kennen, bevor wir ihn tun können. Erkenntnis ist das Auge, das den Fuß des Gehorsams lenken muss. In Athen wurde ein Altar für den „unbekannten Gott" aufgestellt (Apg 17,23). Wenn ein Blinder für Gott opfert, dann ist das genauso schlecht, wie wenn ein Toter opfern würde. Erkenntnis ist die Feuersäule, um Licht für die Praxis zu geben. Aber auch wenn die Erkenntnis unerlässlich ist, reicht die Erkenntnis vom Willen Gottes nicht aus, wenn man ihn nicht tut. Wenn jemand in seinem Kopf ein Glaubenssystem hat, wenn er „alle Erkenntnis" hätte, jedoch der Gehorsam fehlt, dann ist seine Erkenntnis ein Gelähmter, und sie wird ihn nicht zum Himmel tragen (1.Kor 13,2). Wenn jemand Gott kennt, kann das dazu führen, dass er bewundert wird, aber sein Tun führt dazu, dass er gesegnet wird. Den Willen Gottes kennen, ohne ihn zu tun, wird uns nicht mit der Glückseligkeit krönen.

1. Die bloße Kenntnis des Willens Gottes ist nicht wirkmächtig; sie macht das Herz nicht besser. Die Erkenntnis allein ist wie die Wintersonne, die keine Wärme und keinen Einfluss hat; sie erwärmt nicht die Zuneigung und reinigt nicht das Gewissen. Judas war eine große Leuchte; er kannte den Willen Gottes, doch war er ein Verräter.

2. Den Willen Gottes zu kennen, ohne ihn zu tun, macht die Sache noch schlimmer. Das macht die Hitze der Hölle nur noch heißer. „Der Knecht aber, der den Willen seines

Herrn kannte“ und ihn nicht tat, „wird viele Schläge erleiden müssen“ (Lk 12,47). Viel von der Erkenntnis eines Menschen ist eine Fackel, um ihm den Weg zur Hölle zu leuchten. Du, der du den Willen Gottes kennst, aber nicht tust, worin übertriffst du einen Heuchler? Ja, worin übertriffst du den Teufel, der sich selbst als ein Engel des Lichts verstellt? Ist es etwa nicht richtig, Christen, die den Willen Gottes kennen, aber nicht tun, so zu bezeichnen? Wenn es nicht richtig ist, jemanden als einen Händler zu bezeichnen, der niemals im Handel gearbeitet hat, so ist es auch nicht richtig, jemanden als Christen zu bezeichnen, der niemals im Handel des Glaubens gearbeitet hat. Lasst uns nicht in der Erkenntnis des Willens Gottes ruhen. Lassen wir es nicht zu, dass man über uns sagt, was Plutarch über die Griechen sagte: „Sie wissen, was recht ist, aber sie tun es nicht.“ Lasst uns dorthin kommen, dass wir den Willen Gottes tun. „Dein Wille geschehe.“

Warum ist es unerlässlich, den Willen Gottes zu tun?

a) Weil es recht und billig ist. Gott hat auf unseren Gehorsam einen rechtmäßigen Anspruch. Er hat uns begründet, und wir haben von ihm unser Sein, und es ist nur billig, dass wir den Willen dessen tun, durch dessen Wort wir geschaffen wurden. Gott ist unser Wohltäter. Es ist nur billig, dass wir dem unsere Ergebenheit geben, der uns unseren Unterhalt gibt.

b) Der große Plan Gottes im Wort besteht darin, uns zu Tätern seines Willens zu machen.

1. Alle königlichen Befehle und Vorschriften Gottes dienen dazu, um uns zu Tätern seines Willens zu machen. Welche Notwendigkeit bestand sonst für Gott, die Mühen auf sich zu nehmen, um uns die Abschrift seines Gesetzes zu geben und sie mit seinem eigenen Finger niederzuschreiben, wenn nicht für diesen Zweck? Das Wort Gottes ist nicht nur eine Regel zur Erkenntnis, sondern auch zur Pflicht. „An diesem heutigen Tag gebietet dir der HERR, dein Gott, dass du diese Satzungen und Rechtsbestimmungen hältst“ (5.Mose 26,16). Wenn wir unseren Kindern erzählen, wie unsere Denkweise

ist, dann dient das nicht nur dazu, dass sie unseren Willen kennen, sondern ihn auch tun. Gott hat uns sein Wort gegeben, wie ein Lehrmeister seinen Schülern eine Schrift gibt, um sie abzuschreiben. Er gab uns das Wort als seinen Willen und sein Testament, damit wir es in die Tat umsetzen und er sehen kann, wie es ausgeführt wird.

2. Das Ziel aller Verheißungen Gottes ist es, uns zu ziehen, damit wir seinen Willen tun. Die Verheißungen sind Magnete zum Gehorsam. „Den Segen, wenn ihr gehorsam seid", so als ob ein Vater seinem Sohn Bestechungsgeld gibt, damit er gehorsam ist (5.Mose 11,27; nach der englischen Übersetzung). „Wenn du der Stimme des HERRN, deines Gottes, wirklich gehorchst und darauf achtest, alle seine Gebote zu tun, die ich dir heute gebiete, dann wird dich der HERR, dein Gott, als Höchstes über alle Völker der Erde setzen ... gesegnet wirst du sein in der Stadt und gesegnet auf dem Feld" (5.Mose 28,1.3). Die Verheißungen sind eine königliche Charta, die auf Gehorsam gründet.

3. Der drohende Teil des Wortes, die Drohungen Gottes, stehen da wie der Engel mit seinem flammenden Schwert, um uns von der Sünde abzuhalten und uns zu Tätern des Willens Gottes zu machen. „Den Fluch aber, wenn ihr den Geboten des HERRN, eures Gottes, nicht gehorsam sein werdet" (5.Mose 11,28). „Gewiss wird Gott das Haupt seiner Feinde zerschmettern, den Haarscheitel dessen, der in seinen Sünden einhergeht" (Ps 68,22). Diese Drohungen ergreifen Menschen in diesem Leben. Sie werden als Beispiele gesetzt und in Ketten gelegt, um andere vor dem Ungehorsam abzuschrecken.

4. Die ganze Vorsehung Gottes dient dazu, um uns zu Tätern seines Willens zu machen. Wie Gott alle Jahreszeiten zur Ernte gebraucht, so dienen alle Variationen der Vorsehung dazu, um die Ernte des Gehorsams einzubringen.

5. Es heißt, dass die Nöte gesandt werden, um uns dazu zu bringen, dass wir den Willen Gottes tun. „Als er (Manasse) nun in der Not war, flehte er den HERRN, seinen Gott, an und demütigte sich sehr" (2.Chr. 33,12). Die Rute spricht folgende Sprache: „Seit Täter des Willens Gottes!" Trübsal wird als ein

Feuerofen bezeichnet. Der Feuerofen schmilzt das Metall, und dann wird es in eine neue Form gegossen. Gottes Feuerofen dient dazu, um uns zu schmelzen und uns in die Form des Gehorsams zu bringen.

6. Gottes Barmherzigkeit dient dazu, damit wir seinen Willen tun. „Ich ermahne euch nun, ihr Brüder, angesichts der Barmherzigkeit Gottes, dass ihr eure Leiber darbringt als ein lebendiges, heiliges, Gott wohlgefälliges Opfer" (Röm 12,1). Durch eine Synekdoche[59] wird der Leib auf den ganzen Menschen bezogen. Wenn die Seele Gott nicht ebenso dargebracht wird wie der Leib, kann es kein vernünftiger Gottesdienst sein. Deshalb sagt der Apostel: „Ich ermahne euch nun, ihr Brüder, angesichts der Barmherzigkeit Gottes, dass ihr eure Leiber darbringt als ein lebendiges, heiliges, Gott wohlgefälliges Opfer." Barmherzigkeit ist die stärkste Verpflichtung zur Pflicht. „Mit menschlichen Banden zog ich sie", das bedeutet: mit den goldenen Banden meiner Barmherzigkeit (Hos 11,4). Mit einem Wort gesagt: Alles was im Gesetz und Evangelium geschrieben steht, zielt darauf ab, dass wir Täter des Willens Gottes werden. „Dein Wille geschehe."

c) Indem wir den Willen Gottes tun, geben wir Zeugnis von unserer Aufrichtigkeit. Wie Christus in einer anderen Hinsicht sagte: „Die Werke, die ich tue im Namen meines Vaters, diese geben Zeugnis von mir" (Joh 10,25). Es sind nicht unsere goldenen Worte, selbst wenn wir wie die Engel reden könnten, sondern es sind unsere Werke, unser Tun des Willens Gottes, die das Zeugnis unsere Aufrichtigkeit tragen. Wir beurteilen die Gesundheit des Körpers eines Menschen nicht an seiner Gesichtsfarbe, sondern nach seinem Puls, wo sich hauptsächlich das Blut bewegt. Ebenso wird die Gesundheit eines Christen nicht nach seinem Bekenntnis beurteilt, sondern nach seinen gehorsamen Taten, abgelesen an seinem Tun des

59 Eine Synekdoche ist eine rhetorische Sprachfigur, die einen Begriff durch einen anderen ersetzt (etwa durch einen Begriff mit engerer oder weiterer Bedeutung, einen Unter- oder Oberbegriff), der aus demselben Bedeutungs- bzw. Begriffsfeld stammt, z.B. steht „Brot" für Nahrung oder hier steht „Leib" für den ganzen Menschen aus Leib und Seele.

Willens Gottes. Dies sind der beste Nachweis und das beste Zeugnis, um den Himmel aufzuweisen.

d) Durch das Tun des Willens Gottes wird das Evangelium verbreitet. Das ist der Diamant, der im Glauben funkelt. Die anderen können nicht sehen, welcher Glaube im Herzen ist, aber wenn sie sehen, dass wir auf Erden den Willen Gottes tun, bekommen sie eine ehrwürdige Meinung über den Glauben und werden zu ihm bekehrt. Julian schreibt in einem seiner Briefe an Arsatius, „dass der christliche Glaube sehr durch die Heiligkeit und den Gehorsam derjenigen aufblüht, die ihn bekennen".

e) Indem wir den Willen Gottes tun, zeigen wir unsere Liebe zu Christus. „Wer meine Gebote festhält und sie befolgt, der ist es, der mich liebt" (Joh 14,21). Welche Liebe zu Christus ist größer als die, seinen Willen zu tun, wobei unser Wille durchkreuzt wird. Jeder denkt, dass er Christus liebt, aber wie sonst kann man das wissen, wenn nicht dadurch? Tun wir seinen Willen auf Erden? *„Neque principem veneremaru, si odio ejus leges habemus* – wir ehren den Fürsten nicht, wenn wir seine Gesetze hassen" (Isidor[60]). Es ist für einen Menschen eine nichtige Sache, wenn er sagt, dass er Christus als Person liebt, während er seine Gebote ignoriert. Es ist ein großes Übel, wenn man den Willen Gottes auf Erden nicht tut.

Es ist sündhaft. Wir handeln gegen unsere Gebete. Wir beten: *„Fiat voluntas tua* – dein Wille geschehe", und trotzdem sind wir seinem Willen nicht gehorsam. Wir widerlegen unser eigenes Gebet. Wir handeln gegen unser Gelübde bei der Taufe. Wir haben gelobt, unter dem Banner des Herrn zu streiten, um seinem Zepter zu gehorchen, und dieses Gelübde haben wir oft beim Abendmahl des Herrn erneuert. Wenn wir den Willen Gottes auf Erden nicht tun, dann schwören wir ab, und Gott wird uns wegen Meineides anklagen.

Den Willen Gottes auf Erden nicht zu tun, ist töricht, weil man gegen Gott nicht bestehen kann. Wenn wir ihm nicht gehorchen, dann können wir ihm dennoch nicht widerste-

60 Isidor gilt als der letzte Kirchenvater des Westens, mit seinem Tod endet nach der vorherrschenden traditionellen Auffassung die Epoche der Patristik (die Zeit der Kirchenväter).

hen. „Sind wir etwa stärker als er?“ (1.Kor 10,22). „Ist denn dein Arm dem Arm Gottes gleich?“ (Hiob 40,9). Können wir uns mit dem Arm Gottes messen? Sich Gott entgegenzustellen ist so, als würde ein Kind gegen einen Erzengel kämpfen, so als würde sich ein Haufen Disteln in einem Bataillon gegen die Flamme stellen. Den Willen Gottes nicht zu tun, ist töricht, weil wir den Willen des Teufels tun, wenn wir nicht den Willen Gottes tun. Ist es nicht eine Torheit, einen Feind zufriedenzustellen – den Willen dessen zu tun, der unseren Untergang sucht?

Sind aber einige wirklich so gottlos, dass sie den Willen des Teufels tun?
Ja! „Ihr habt den Teufel zum Vater, und was euer Vater begehrt, wollt ihr tun!“ (Joh 8,44). Wenn jemand eine Lüge erzählt, tut er dann nicht den Willen des Teufels? „Ananias, warum hat der Satan dein Herz erfüllt, sodass du den Heiligen Geist belogen hast?“ (Apg 5,3).

Den Willen Gottes nicht zu tun, ist gefährlich. Das führt zu einer geistlichen Abmahnung. Wenn der Wille Gottes von uns nicht getan wird, dann wird er uns aufgezwungen werden. Wenn wir seinem Willen nicht aufgrund der Gebote gehorchen, dann werden wir aufgrund von Strafe gehorchen. „Bei der Offenbarung des Herrn Jesus vom Himmel her mit den Engeln seiner Macht, in flammendem Feuer, wenn er Vergeltung üben wird an denen ... die dem Evangelium unseres Herrn Jesus Christus nicht gehorsam sind“ (2.Thess 1,7.8). Entweder müssen wir seinen Willen tun oder ihn ertragen.

f) Den Willen Gottes zu tun, ist zu unserem Nutzen. Das ist für unser eigenes Selbstinteresse förderlich. Das ist so, als würde ein König einem Untertan befehlen, in einer Goldmine zu graben, und ihm alles Gold gibt, das er geschürft hat. Gott gebietet uns, seinen Willen zu tun, und das ist zu unserem Besten. „Und nun, Israel, was fordert der HERR, dein Gott, von dir, als nur, dass du den HERRN, deinen Gott, fürchtest ... indem du die Gebote des HERRN und seine Satzungen hältst, die ich dir heute gebiete, zum Besten für dich selbst?“ (5.Mose

10,12.13). Es ist der Wille Gottes, dass wir Buße tun, und das ist zu unserem Besten, denn Buße führt zur Vergebung. „So tut nun Buße und bekehrt euch, dass eure Sünden ausgetilgt werden" (Apg 3,19). Es ist der Wille Gottes, dass wir glauben, und warum sonst, als dass wir mit der Erlösung gekrönt werden können. „Wer glaubt und getauft wird, der wird gerettet werden" (Mk 16,16). Was Gott will, ist nicht so sehr unsere Pflicht wie unser Vorrecht. Er gebietet uns, seiner Stimme zu gehorchen, und das ist sehr zu unserem Besten. „Gehorcht meiner Stimme, so will ich euer Gott sein" (Jer 7,23). Ich will euch nicht nur meine Engel zu eurer Leibwache geben, sondern mich selbst als euer Erbteil. Ich gebe euch meinen Geist, um euch zu heiligen. Ich gebe euch meine Liebe, um euch zu trösten. Ich gebe euch meine Gnade, um euch zu erretten. „Ich will euer Gott sein."

g) Den Willen Gottes zu tun, ist für uns eine Ehre. Eine Person denkt, dass es eine Ehre ist, wenn ein König zu ihr sagt, welche Sache sie tun soll. Die Engel betrachten es als ihre höchste Ehre, im Himmel den Willen Gottes zu tun. *Servire Deo regnare est* – Gott zu dienen, bedeutet herrschen. *„Non onerant nos, sed ornant* – sie sind uns keine Last, sondern sie krönen uns" (Salvian[61]). Wie fröhlich ruderten die Ruderer das Boot, in dem Cäsar transportiert wurde! In dieser Bootseinheit angestellt zu sein, war eine Ehre. Wenn man angestellt ist, den Willen Gottes zu tun, dann ist dies das *insigne honoris* – höchste Ehrenzeichen, das ein sterbliches Geschöpf erhalten kann. Die Gebote Christi sind uns keine Last, sondern krönen uns.

h) Den Willen Gottes auf Erden zu tun, macht uns Christus ähnlich und mit ihm verwandt. Es macht uns wie Christus. Ist es nicht unser Gebet, dass wir wie Christus werden? Jesus Christus tat den Willen seines Vaters. „Denn ich bin aus dem Himmel herabgekommen, nicht damit ich meinen Willen tue, sondern den Willen dessen, der mich gesandt hat" (Joh

61 Salvian von Marseille war ein christlicher Kirchenvater und Schriftsteller während der spätantiken Völkerwanderung des 5. Jahrhunderts. Das Zitat ist aus seinem Hauptwerk *De gubernatione Dei* (lat.: Von der Herrschaft Gottes). Darin schildert Salvian um 450 die Drangsale der damaligen Zeit im Zeichen der Vorsehung und interpretierte die Probleme dieser Jahre als Strafe Gottes für den sündigen Zustand von Gesellschaft und Kirche.

6,38). Wie Gott der Vater und Christus ein Wesen haben, so haben sie auch nur einen Willen. Der Wille Christi ist mit dem Willen seines Vaters verschmolzen. „Meine Speise ist die, dass ich den Willen dessen tue, der mich gesandt hat" (Joh 4,34). Indem wir den Willen Gottes auf Erden tun, gleichen wir Christus, ja, wir sind mit ihm verwandt und sind aus dem königlichen Geblüt des Himmels. Alexander bezeichnete sich selbst als einen Vetter der Götter, doch was für eine Ehre ist es, ein Verwandter Christi zu sein! „Denn wer den Willen meines Vaters im Himmel tut, der ist mir Bruder und Schwester und Mutter!" (Mt 12,50). Stand der König Salomo nicht von seinem Thron auf, um seiner Mutter entgegenzugehen und sie auf seinen Thron zu setzen? (1.Könige 2,19). Solch eine Ehre wird Christus denen schenken, die Täter des Willens Gottes sind. Er wird sie als seine Verwandtschaft begrüßen und im Palast des Himmels auf einen herrlichen Thron setzen.

i) Den Willen Gottes auf Erden zu tun, bringt Frieden im Leben und Sterben.

1. Frieden im Leben. „Und wer sie befolgt (seine Gebote), empfängt reichen Lohn", nicht nur, nachdem er sie gehalten hat, sondern während er sie hält (Ps 19,12). Wenn wir im Gehorsam eng mit Gott wandeln, wird eine verborgene Freude in die Seele hineingelassen, und wie flink und fröhlich bewegen sich die Räder der Seele, wenn sie mit dem Öl der Freude geölt sind!

2. Frieden im Sterben. Als Hiskia dachte, dass er sterben müsste, was gab ihm da Trost? Dass er den Willen Gottes getan hatte. „Ach, HERR, gedenke doch daran, dass ich in Wahrheit und mit ganzem Herzen vor dir gewandelt bin und getan habe, was gut ist in deinen Augen!" (Jes 38,3). Es war der Wunsch von Augustus, dass er einen leichten Tod ohne viel Schmerzen haben möge. Wenn uns im Sterben irgendetwas unser Todeskissen leicht machen kann, dann ist es dies, dass wir uns bemüht haben, den Willen Gottes auf Erden zu tun. Haben wir jemals irgendjemanden auf seinem Sterbebett schreien gehört, dass er zu viel den Willen Gottes getan hat? Nein! Ist es nicht vielmehr so, dass sie in ihrem Gehorsam zu

kurz waren, weil sie seinen Willen nicht mehr getan haben? Den Willen Gottes zu tun, wird beides sein: unser Trost und unsere Krone.

j) Wenn wir keine Täter des Willens Gottes sind, dann werden wir als Verächter seines Willens betrachtet. Gott kann reden, was er will, die Leute machen trotzdem in der Sünde weiter, was ein Verachten Gottes ist. „Warum soll der Gottlose Gott lästern?" (Ps 10,13). Gott zu verachten ist schlimmer, als gegen Gott zu rebellieren. Die Stämme Israels rebellierten gegen Rehabeam, weil er ihr Joch schwerer machte (1.Kön 12,16). Aber Gott zu verachten ist schlimmer: das bedeutet ihn herabzusetzen, Spott über ihn zu bringen und ihn in sein Angesicht zu beleidigen, und eine Beleidigung lässt ihn sein Schwert ziehen.

In welcher Art und Weise sollen wir den Willen Gottes tun, damit wir angenommen werden?
Die Weise, auf die man den Willen Gottes tut, ist die wichtigste Sache. Die Scholastiker[62] sagen zu Recht: *„Modus rei cadit sub precepto* – die Art und Weise ist genauso notwendig, wie die Sache selbst."[63] Wenn jemand ein Haus baut und dem Besitzer gefällt es nicht und es ist nicht nach seinen Vorstellungen, dann denkt er, dass alle Kosten verloren sind. So ist es auch, wenn wir den Willen Gottes nicht auf die rechte Weise tun – es wird nicht angenommen. Wir müssen nicht nur das tun, was er angeordnet hat, sondern auch, wie er es angeordnet hat. Hier liegt die Lebensader des Glaubens. Deshalb ist es die große Frage: „In welcher Art und Weise sollen wir den Willen Gottes tun, damit wir angenommen werden?"

a) Wir tun den Willen Gottes in einer annehmbaren Weise, wenn wir die Pflichten geistlich tun. „Die wir Gott im Geist dienen" (Phil 3,3). Gott geistlich zu dienen, bedeutet die Pflichten *ab interno principio* – nach einem innerlichen Prinzip

62 Als Scholastiker werden die Bibelgelehrten des Mittelalters bezeichnet. Ihre theologischen Schriften sind sehr systematisch aufgebaut, deshalb wird ihre Theologie auch als scholastische Theologie (Schultheologie) bezeichnet.

63 Das Zitat findet sich bei Thomas von Aquin: *Scriptum super Sententiis*; liber 3, distincto 36.

zu tun. Die Pharisäer waren beim äußerlichen Gottesdienst sehr genau. Wie eifrig waren sie in der äußerlichen Beachtung des Sabbats, sodass sie sogar Christus beschuldigten, den Sabbat zu brechen! Doch all dies war nur äußerlicher Gehorsam: darin war nichts Geistliches. Wir tun den Willen Gottes in einer annehmbaren Weise, wenn wir ihm nach einem erneuerten Prinzip der Gnade dienen. Der Holzapfel kann genauso gut tragen wie ein guter Apfelbaum, aber die Frucht ist nicht so gut wie vom Apfelbaum, weil er nicht aus einer so süßen Wurzel kommt. Ebenso kann eine nicht wiedergeborene Person so viel äußerlichen Gehorsam tun wie ein Kind Gottes. Er kann genauso viel beten, genauso viel hören, doch sein Gehorsam ist hart und sauer, weil dieser nicht aus der lieblichen und angenehmen Wurzel der Gnade kommt. Das innerliche Prinzip des Gehorsams ist der Glaube. Deshalb wird es als „Glaubensgehorsam" bezeichnet (Röm 16,26). Doch warum muss sich dieser silberne Draht des Glaubens durch das ganze Werk des Gehorsams ziehen? Weil der Glaube bei jeder Pflicht auf Christus schaut, er berührt den Saum seines Kleides, und durch Christus wird sowohl die Person als auch das Opfer angenommen (Eph 1,6).

b) Wir tun den Willen Gottes in einer annehmbaren Weise, wenn wir seinem Willen vor allem anderen den Vorrang geben. Wenn Gott eine Sache will und der Mensch das Gegenteil, dann sollen wir nicht dem Willen des Menschen gehorchen, sondern dem Willen Gottes. „Entscheidet ihr selbst, ob es vor Gott recht ist, euch mehr zu gehorchen als Gott!" (Apg 4,19). Gott sagt: „Du sollst dir kein Bildnis noch irgendein Gleichnis machen" (2.Mose 20,4). Der König Nebukadnezar stellte ein goldenes Standbild auf, damit es angebetet wird, doch die drei Jünglinge, oder besser Helden, beschlossen, dass der Wille Gottes vorgeht und man ihm gehorchen muss, auch wenn das den Verlust des Lebens bedeutet. „So wisse, o König, dass wir deinen Göttern nicht dienen und auch das goldene Bild nicht anbeten werden, das du aufgestellt hast!" (Dan 3,18).

c) Wir tun den Willen Gottes in einer annehmbaren Weise, wenn wir ihn tun, wie er im Himmel getan wird, d.h. wie ihn die Engel tun. Wenn wir den Willen Gottes wie die Engel tun – dann *„similitudinem notat, non aequalitatem* – ist das ein Kennzeichen dafür, dass wir den Engeln ähnlich sind, aber nicht gleich" (Brugensis). Das bedeutet so viel wie, dass wir ihnen ähneln und sie zu unserem Vorbild machen sollen. Auch wenn wir den Engeln beim Tun des Willens Gottes nicht gleich sein können, so müssen wir sie dennoch nachahmen. Ein Kind kann eine Abschrift vom Original nicht so gut anfertigen wie das Original selbst, dennoch ahmt es das Original nach.

1. Wir tun den Willen Gottes wie die Engel im Himmel, wenn wir ihn regelkonform tun, *sine deflexu* – ohne zu schwanken. Wenn wir uns an die göttlichen Einrichtungen halten und nicht an den Ratschluss oder die Traditionen von Menschen. Die Engel tun nichts anderes, als das, was befohlen ist; sie folgen keinen Zeremonien. Wie es in einem Land verbindliche Gesetze gibt, so ist auch die Schrift das verbindliche Gesetz Gottes, das wir genau einhalten müssen. Wie die Uhr durch das Einstellrad eingestellt wird, so ist unser Gehorsam rechtens, wenn er sich nach der Sonnenuhr des Wortes richtet. Wenn der Gehorsam nicht das Wort als seine Regel hat, tun wir nicht den Willen Gottes, sondern unseren eigenen. Das ist ein eigenwilliger Gottesdienst. Der Herr wollte, dass Mose die Stiftshütte nach dem Vorbild machen sollte (2.Mose 25,40). Wenn Mose irgendetwas weggelassen oder hinzugefügt hätte, wäre das eine große Provokation gewesen. Wenn wir in den Gottesdienst etwas selbst Erdachtes hineinmischen, dann liegen wir daneben, ja, dann stehen wir im Gegensatz zu dem Vorbild. Sein Gottesdienst ist sein Augapfel, und gegen nichts hat er mehr sein Missfallen gezeigt, als gegen die Verfälschung seines Gottesdienstes. Wie streng hat er Nadab und Abihu für das Darbringen eines fremden Feuers zum Opfer bestraft, das Gott nicht für den Altar geheiligt hatte (3.Mose 10,2)! Was auch immer von Gott nicht angeordnet ist, das ist ein Darbringen eines fremden Feuers. Viele Leute haben in sich einen Juckreiz zum Aberglauben: Sie lieben einen bunten Glauben und sind mehr für Prunk im Gottesdienst als für Hei-

ligkeit – was Gott nicht gefallen kann! Als ob Gott nicht weise genug wäre, die Art und Weise zu bestimmen, wie ihm gedient werden soll. Der Mensch ist aber so vermessen, dass er es Gott vorschreibt. Wenn wir menschliche Erfindungen in die heiligen Dinge hineinbringen, tun wir unseren eigenen Willen und nicht den Willen Gottes, und er wird sagen: *Quis quaesivit haec* – „wer verlangt dies von euch?" (Jes 1,12). Wir tun den Willen Gottes, so wie er im Himmel getan wird, wenn wir ihn regelkonform tun, wenn wir seine Einrichtungen und die Art und Weise seines Gottesdienstes ehren, die den Stempel der göttlichen Autorität tragen.

2. Wir tun den Willen Gottes, wie er von den Engeln im Himmel getan wird, wenn wir ihn vollständig tun, *sine mutilatione* – ohne etwas wegzulassen. Die Engel im Himmel tun alles, was Gott befiehlt; sie lassen nichts ungetan. „Ihr seine Engel, ihr starken Helden, die ihr seinen Befehl ausführt" (Ps 103,20). Wenn Gott einen Engel zu der Jungfrau Maria schickt, dann geht er Gottes Botengang. Wenn er seinen Engeln den Auftrag gibt, den Heiligen zu dienen, dann gehorchen sie (Hebr 1,14). Es kann nicht zum Gehorsam der Engel passen, das kleinste *Jota*[64] vom Willen Gottes unerfüllt zu lassen. Wenn wir den ganzen Willen Gottes tun, dann lasst uns ihn tun, wie die Engel ihn tun. *Quicquid propter Deum fit aequaliter fit* – was auch immer für Gott getan wird, das wird einheitlich getan. Das war der Auftrag für Israel. „Sondern dass ihr an alle meine Gebote gedenkt und sie tut" (4.Mose 15,40). Von David heißt es: „Ich habe David gefunden, den Sohn des Isai, einen Mann nach meinem Herzen, der allen meinen Willen[65] tun wird" (Apg 13,22). Jedes Gebot hat die gleiche Autorität, und wenn wir den Willen Gottes aufrichtig tun, dann lasst ihn uns gleichmäßig tun. Wir gehorchen jedem Teil und Zweig seines Willens; wir nehmen die erste und die zweite Tafel zusammen. Gewiss schulden wir Gott, unserem Vater, uneingeschränkten Gehorsam, wovon die Papisten sagen, dass wir ihn unserer

64 Das Jota ist der kleinste Buchstabe im hebräischen Alphabet.

65 Im Griechischen steht „Willen" in der Mehrzahl.

Mutter, der Kirche, schulden. Wir müssen zu jedem Gebot hingeneigt sein, so wie die Nadel sich auf den Weg bewegt, auf den der Magnet sie zieht.

Viele tun den Willen Gottes nur zur Hälfte, nur das, was sie aus dem Glauben auswählen und herauspicken. In manchen Dingen entsprechen sie dem Willen Gottes, in anderen Dingen nicht, wie ein lahmes Pferd, das einige seiner Hufe auf den Boden setzt, aber einen Huf bevorzugt. Wer auf einer Laute spielt, muss jede Saite anschlagen oder er verdirbt die ganze Musik. Die Gebote Gottes können mit einer zehnsaitigen Laute verglichen werden; wir müssen seinem Willen in jedem Gebot gehorchen, jede Saite anschlagen oder wir bekommen im Glauben keine gute Melodie zustande. Beim Dachs ist das eine Bein kürzer als das andere; ebenso sind Heuchler in einige Pflichten „kürzer" als in anderen. Einige beten, geben aber keine Almosen. Einige hören das Wort, vergeben aber nicht ihren Feinden. Andere empfangen das Sakrament, geben aber nichts wieder zurück. Wie können diejenigen heilig sein, die nicht gerecht sind? Die Heuchler haben ein schönes Bekenntnis, wenn es aber darum geht, Isaak zu opfern, die Sünde zu opfern, die man liebt, oder wenn es darum geht, sich für Christus von einigem Besitz zu trennen, dann halten sie inne und sagen wie Naeman: „So wolle der HERR deinem Knecht in dieser Sache vergeben!" (2.Kön 5,18). Das ist weit davon entfernt, den Willen Gottes zu tun, wie ihn die Engel tun. Gott mag solche Leute nicht, die im Hinblick auf seinen Willen nur halbe Sachen machen. Wenn unser Knecht nur einen Teil der Arbeit tun würde, die wir ihm aufgetragen haben, und nicht die ganze Arbeit, wie würden wir das finden?

Doch wer ist in der Lage, den ganzen Willen Gottes zu tun? Auch wenn wir seinen ganzen Willen nicht im Sinne des Gesetzes tun können, so können wir ihn in einem evangelischen Sinn tun. Das ist:

a) Wenn wir darüber trauern, dass wir den Willen Gottes nicht besser tun können; wenn wir fehlen, dann weinen wir (Röm 7,24).

b) Wenn es das Verlangen unserer Seele ist, den ganzen Willen Gottes zu tun: „O dass meine Wege dahin zielten, deine Anweisungen zu halten!“ (Ps 119,5). Was einem Kind Gottes an Kraft fehlt, macht es durch sein Verlangen gut; *in magnis voluisse sat est* – bei großen Sachen reicht es, den Willen zu haben.

c) Wenn wir uns darum bemühen, *quoad conatum* – soweit wir dazu in der Lage sind, den ganzen Willen Gottes zu tun. Wenn ein Vater sein Kind bittet, eine Last hochzuheben, und das Kind ist dazu nicht in der Lage, aber es versucht es und gibt sein Bestes, akzeptiert der Vater es so, als hätte das Kind es getan. Ebenso bedeutet, wenn wir unser Bestes geben, dass wir den Willen Gottes in einem evangelischen Sinn tun. Er nimmt es als guten Teil. Auch wenn es nicht reicht, um Gott zufriedenzustellen, so reicht es, um angenommen zu werden.

3. Wir tun den Willen Gottes, wie er von den Engeln im Himmel getan wird, wenn wir ihn aufrichtig tun, *sine fuco* – ohne Vortäuschungen. Den Willen Gottes aufrichtig zu tun, besteht aus zwei Dingen:

Als Erstes, den Willen Gottes aus reinem Respekt vor seinem Gebot zu tun. Die Opferung Isaaks durch Abraham war gegen Fleisch und Blut. Den Sohn zu opfern, den er liebte, den Sohn der Verheißung, und durch keine andere Hand, außer der eigenen Hand des Vaters, war ein schwerer Dienst. Abraham gehorchte aus reinem Respekt vor dem Gebot, und weil Gott es geboten hatte. Das ist ein aufrichtiges Tun des Willens Gottes, wenn wir gehorchen, weil Gott es geboten hat, auch wenn wir gegenwärtig bei der Pflicht keine Freude und keinen Trost haben. Nicht der Trost, sondern das Gebot ist die Grundlage für die Pflicht. Auf diese Weise tun die Engel im Himmel den Willen Gottes. Sein Gebot ist das Gewicht, das die Räder ihres Gehorsams in Gang setzt.

Zweitens bedeutet den Willen Gottes aufrichtig zu tun, ihn so zu tun, dass die Augen rein auf seine Ehre gerichtet sind. Die Pharisäer taten den Willen Gottes, indem sie Almosen gaben. Da sie aber nicht die Ehre Gottes vor Augen hatten, war das eine tote Fliege im Salböl. Es war eitle Ehre; sie posaunten es vor sich aus. Jehu tat den Willen Gottes, indem er die Anbeter Baals umbrachte und Gott gab ihm dazu den Befehl, jedoch richtete er seine Augen mehr darauf, sich in das Königreich einzusetzen als auf die Ehre Gottes. Gott betrachtete es als nichts Besseres als Mord und sagte, er würde das Blut Jesreels am Hause Jehu rächen. (Hos 1,4). Lasst uns das Ziel unseres Gehorsams betrachten. Richten wir unsere Augen auf das richtige Ziel, auch wenn wir zu kurz schießen. Wir können den Willen Gottes tun und doch nicht mit ganzem Herzen. Und Amazja „tat, was recht war in den Augen des HERRN, doch nicht von ganzem Herzen" (2.Chr 25,2). Die Tat war von der Sache her richtig, aber sein Ziel war nicht richtig, und die Tat, der ein gutes Ziel fehlt, nimmt kein gutes Ende. Derjenige tut den Willen Gottes rechtmäßig, der ihn aufrichtig tut, dessen Ziel es ist, Gott zu ehren und seinen Namen in der Welt zu erheben. Eine begnadigte Seele stellt Gott in den Mittelpunkt. Das ist wie bei Joab, als er Rabba eingenommen hatte. Da ließ er David holen, damit er die Ehre des Sieges bekommt. Ebenso ist es bei einer begnadeten Seele, wenn sie eine Pflicht getan hat, dann verlangt sie danach, dass die ganze Ehre Gott gegeben wird (2.Sam 12,27.28). „Damit in allem Gott verherrlicht wird" (1.Petr 4,11). Wir tun den Willen wie die Engel, wenn wir seine Ehre nicht nur voranbringen, sondern sie auch zum Ziel haben. Von den Engeln heißt es, dass sie ihre Kronen vor dem Thron niederwerfen (Offb 4,10). Kronen sind Zeichen für die höchste Ehre. Aber Engel legen sie zu den Füßen des Herrn, um zu zeigen, dass sie die Ehre von allem, was sie getan haben, ihm zuschreiben.

4. Wir tun den Willen Gottes, wie er im Himmel von den Engeln getan wird, wenn wir ihn bereitwillig tun, *sine murmuratione* – ohne zu klagen. Die Engel lieben es, in den Dienst Gottes gestellt zu sein. Gott zu dienen, ist ihr Himmel. Bereitwillig steigen sie vom Himmel auf die Erde herab, wenn sie Botschaften von Gott bringen und frohe Kunde für die Kirche. Der Himmel ist ein Ort großer Freude, und die Engel

würden ihn nicht für eine Minute verlassen, wenn sie nicht so eine unendliche Freude hätten, den Willen Gottes zu tun. Wir ähneln den Engeln, wenn wir den Willen Gottes bereitwillig tun. „Und du, mein Sohn Salomo, erkenne den Gott deines Vaters und diene ihm von ganzem Herzen und mit williger Seele!" (1.Chr 28,9). Gottes Volk wird als ein williges Volk bezeichnet (hebr. „ein Volk mit Bereitwilligkeit"). Sie geben Gott ein freiwilliges Opfer. Auch wenn sie Gott nicht vollkommen dienen können, so dienen sie ihm bereitwillig (Ps 110,3). Ein Heuchler ist in der Lage, *facere bonum* – Gutes zu tun, jedoch nicht *velle* – willig. Er hat an der Pflicht keine Freude. Er tut es eher aus Furcht vor der Hölle als aus Liebe zu Gott. Er tut den Willen Gottes, jedoch gegen seinen eigenen Willen. *Virtus nolentium nulla est* – im Unwillen liegt keine Tugend. Kain brachte sein Opfer dar, aber nur widerwillig. Sein Gottesdienst war eher eine Pflicht als eine Gabe, eher eine Strafe als ein Opfer. Er tat den Willen Gottes, aber gegen seinen eigenen Willen. Bei jeder Pflicht müssen wir von den Flügeln der Freude getragen werden. Israel musste die Trompeten blasen, als sie Brandopfer darbrachten (4.Mose 10,10). Damit sollten sie ihre Freude und Fröhlichkeit im Dienst Gottes zeigen. Wir müssen das Wort mit Freude hören und lesen. „Als ich deine Worte fand, da verschlang ich sie; deine Worte sind mir zur Freude und Wonne meines Herzens geworden" (Jer 15,16). Eine fromme Seele kommt zum Wort wie zu einem Festmahl oder wie jemand, der mit Freude Musik hören geht. Sleidanus berichtet, dass die Protestanten in Frankreich eine Kirche hatten, die sie „Paradies" nannten, denn als sie im Haus Gottes waren, meinten sie, sie seien im Paradies. Die Heiligen scharen sich wie Tauben am Fenster des Hauses Gottes. „Wer sind die, welche gleich einer Wolke daherfliegen und wie Tauben zu ihren Schlägen?" (Jes 60,8). Es ist nicht so, dass eine wahre wiedergeborene Person immer in einer fröhlichen Stimmung des Gehorsams ist. Manchmal kann sich die Seele in einer Unpässlichkeit und Mattheit befinden, doch ihre Mattheit ist ihre Last. Sie ist ihrer Mattheit müde. Sie betet, weint und gebraucht alle Mittel, um den Eifer und die Freiheit im Dienst Gottes wiederzuerlangen, die sie gewohnt ist, zu haben. Den Willen Gottes auf eine annehmbare Weise zu tun, bedeutet, ihn bereitwillig zu tun. Freude in der Pflicht ist besser als die Pflicht selbst. Der Musiker wird nicht dafür gelobt, dass er lange spielt, sondern dass er gut spielt. Es geht nicht darum, wie viel wir tun, sondern wie viel wir lieben. „Wie habe ich dein Gesetz so lieb!" (Ps 119,97). Die Liebe ist wie Moschus auf Leinen, das es wohlriechend macht. Die Liebe macht den Gehorsam wohlriechend und lässt ihn wie Weihrauch zum Himmel aufsteigen. Das bedeutet, den Willen Gottes tun, wie ihn die Engel im Himmel tun. Sie sind vor Freude verzückt, während sie Gott preisen. Es heißt, dass sie in ihren Händen Harfen haben, um ihre Fröhlichkeit im Dienst Gottes zu zeigen (Offb 15,2).

5. Wir tun den Willen Gottes wie die Engel im Himmel, wenn wir ihn brennend tun, *sine remissione* – ohne nachlässig zu werden. „Seid brennend im Geist, dient dem Herrn!"; das ist eine Metapher für Wasser, wenn es siedet und überkocht (Röm 12,11). Ebenso sollte unsere Zuneigung im Eifer und in der Leidenschaftlichkeit überkochen. Die Engel dienen Gott so brennend und innig, dass sie Seraphim genannt werden, von einem hebräischen Wort, das „brennen" bedeutet, um zu zeigen, dass sie alle Feuer und Flamme sind. Sie brennen in Liebe und Eifer im Tun des Willens Gottes (Ps 104,4). Die Gnade verwandelt einen Heiligen in einen Seraphim. Aaron musste auf den Weihrauch brennende Kohlen legen (3.Mose 16,12). Weihrauch ist ein Typus für Gebet und Kohlen für Eifer, um zu zeigen, dass das Feuer des Eifers zum Weihrauch des Gebets gebracht werden muss. Formalismus lässt die Pflicht verhungern. Ist das den Engeln ähnlich, wenn man Gott lustlos und kalt dient? Pflicht ohne brennend zu sein, ist wie ein Opfer ohne Feuer. Wir sollen in einem feurigen Wagen der Hingabe zum Himmel auffahren.

6. Wir tun den Willen Gottes, wie die Engel im Himmel, wenn wir ihm in jedem Dienst das Beste geben. „Von allem, was

euch gegeben wird, sollt ihr dem HERRN ein Hebopfer abgeben, von allem Besten den geheiligten Teil" (4.Mose 18,29). „Im Heiligtum soll man dem HERRN das Trankopfer von starkem Getränk spenden" (4.Mose 28,7). Die Juden sollten dem Herrn keinen Wein opfern, der verdünnt oder vermischt war, sondern den starken Wein, um anzudeuten, dass wir Gott das Beste opfern müssen, das Stärkste unserer Zuneigung. Wenn die Gemahlin einen Becher hätte, der noch saftiger und würziger wäre, dann würde Christus davon trinken. „Ich würde dich mit Würzwein tränken, mit meinem Granatäpfelmost" (Hld 8,2). Auf diese Weise tun die Engel im Himmel den Willen Gottes. Sie dienen ihm in der besten Weise. Sie geben ihm den hochgestimmten Lobpreis der Seraphim. Ebenso gibt derjenige, der Gott liebt, ihm die Sahne seines Gehorsams. Gott forderte, dass alles Fett des Opfers ihm zusteht (3.Mose 3,16). Die Heuchler kümmern sich nicht darum, welche Dienste sie Gott darbringen. Sie denken, dass man ihm alles vorsetzen kann. Sie wenden für ihre Pflichten keine Kosten auf. „Und es geschah nach geraumer Zeit, dass Kain dem HERRN ein Opfer darbrachte von den Früchten des Erdbodens" (1.Mose 4,3). Der Heilige Geist nahm vom Opfer Abels zur Kenntnis, dass es kostspielig war. Er „brachte [ein Opfer] dar von den Erstlingen seiner Schafe und von ihrem Fett" (1.Mose 4,4). Als er über das Opfer Kains sprach, sagt er nur, dass er von den Früchten des Erdbodens brachte. Wir tun den Willen Gottes auf rechte Weise, wenn wir *pingua* – fette Dinge opfern, ihm das Beste zukommen lassen. Domitian wollte nicht, dass sein Bildnis in Holz oder Eisen graviert wurde, sondern in Gold. Gott will das Beste, das wir haben – goldene Dienste.

7. Wir tun den Willen Gottes wie die Engel im Himmel, wenn wir ihn gerne und umgehend tun. Die Engel streiten oder diskutieren nicht über eine Sache, sondern sobald sie ihren Auftrag von Gott haben, gehorchen sie unmittelbar. Um zu zeigen, wie bereit sie sind, um den Willen Gottes auszuführen, werden die Cherubim, welche die Engel repräsentieren, mit Flügeln beschrieben. „Da flog der Mann Gabriel (das war ein

Engel)“ (Dan 9,21; LÜ 84). So sollten wir den Willen Gottes wie die Engel tun. Sobald Gott das Wort spricht, müssen wir den Ehrgeiz haben, zu gehorchen. Ach, wie lange dauert es manchmal, bis wir unser Herz dazu bekommen, an die Pflicht zu gehen! Christus war bereitwilliger, *ad crucem* – ans Kreuz zu gehen, als wir zum Thron der Gnade. Was haben wir viele Widerreden und Entschuldigungen! Bedeutet das, den Willen Gottes zu tun, wie ihn die Engel im Himmel tun? Lasst uns diese Rückgebliebenheit abschütteln, wie Paulus die Schlange abschüttelte. *Nescit tarda molimina Spiritus Sancti gratia* – die Gnade des Heiligen Geistes kennt keine trägen Bemühungen. „Und siehe, zwei Frauen traten heran und hatten Flügel, die der Wind trieb“ (Sach 5,9; LÜ 84). Flügel sind schnell, aber Wind in den Flügeln bedeutet große Schnelligkeit; ein solches Bereitsein sollte in unserem Gehorsam sein. Sobald Christus dem Petrus gebot, sein Netz herunterzulassen, ließ er es herunter, und wir wissen, welchen Erfolg er hatte (Lk 5,4). Über diejenigen, die heim zu Christus gebracht werden, wurde prophezeit: „Sobald sie mich hören, werden sie mir gehorchen“ (Ps 18,45; nach der englischen Übersetzung).

8. Wir tun den Willen Gottes wie die Engel im Himmel, wenn wir ihn beständig tun. Die Engel werden niemals müde, den Willen Gottes zu tun. Sie dienen ihm Tag und Nacht (Offb 7,15). Darin müssen wir sie nachahmen. „Wohl denen, die das Recht beachten, die Gerechtigkeit üben allezeit!“ (Ps 106,3). Beständigkeit krönt den Gehorsam. *„Non coepisse, sed perfecisse, virtutis est* – die Gerechtigkeit besteht nicht im Beginnen, sondern im Vollenden des Werkes“ (Cyprian). Unser Gehorsam muss wie das Feuer auf dem Altar sein, das beständig brannte (3.Mose 6,13). Die Heuchler hören bald auf, den Willen Gottes zu tun. Sie sind wie ein Chrysolith[66], der am Morgen eine goldene Farbe hat, sehr leuchtend anzuschauen ist, aber wenn es Abend wird, wird er matt und verliert seinen Glanz. Wir sollten beständig den Willen Gottes tun, weil uns sonst ein großer Verlust widerfährt, wenn wir ihn nicht tun.

66 Ein Chrysolith ist ein großer, klarer Schmuckstein.

Es wird einen Verlust der Ehre geben. „Damit [dir] niemand deine Krone nehme!“ Das bedeutete, wenn die Gemeinde von Philadelphia ihren Gehorsam verlassen würde, dann würde sie ihre Krone verlieren – das meint ihre Ehre und ihren Ruf (Offb 3,11). Glaubensabfall bringt Schande hervor. Judas wurde von einem Apostel zu einem Verräter, was eine Unehre war. Wenn wir in unserem Gehorsam aufhören, dann ist alles verloren, was wir bereits getan haben. Alle Gebete eines Menschen sind dann verloren, alle Sabbate, die er gehalten hat, sind verloren; er löst alle seine guten Werke auf. „Sondern es soll an alle seine Gerechtigkeit, die er getan hat, nicht gedacht werden“ (Hes 18,24). Er macht alles, was er getan hat, ungetan. Das ist so, als ob jemand mit dem Stift ein besonderes Bild zeichnet und dann mit seinem Schwamm kommt und es wieder wegwischt. Ein Verlust der Seele und der Glückseligkeit. Wir sind auf einem guten Weg zum Himmel – wenn wir aber aufhören, den Willen Gottes zu tun, dann verfehlen wir die vortreffliche Herrlichkeit und werden noch tiefer in die Verdammnis gestürzt (2.Petr 2,21). Lasst uns deshalb beständig den Willen Gottes tun. Die Beständigkeit setzt die Krone auf das Haupt des Gehorsams.

Erste Anwendung
Zur Unterweisung.

a) Betrachten wir deshalb unsere Unfähigkeit. Wir haben keine angeborene Kraft, um den Willen Gottes zu tun. Welche Notwendigkeit bestünde zu beten „dein Wille geschehe“, wenn wir selbst die Kraft hätten, den Willen Gottes zu tun. Ich frage mich, warum die Anhänger des „freien Willens“ diese Bitte beten.

b) Wenn wir den Willen Gottes auf Erden tun sollen, wie er von den Engeln im Himmel getan wird, dann sehen wir die Torheit derer, die einem falschen Vorbild folgen. Sie tun meistens das, was ihre Mitmenschen tun: Wenn sie am Sabbat nichtige Dinge reden, wenn sie hier und da fluchen, dann ist das die Sitte ihrer Mitmenschen. Wir aber sollen den Willen Gottes tun wie die Engel im Himmel. Wir müssen die Engel zu unserem Vorbild nehmen und nicht unsere Mitmenschen. Wenn unsere Mitmenschen den Willen des Teufels tun, sollen wir das dann auch tun? Wenn unsere Mitmenschen in die Höllen gehen, sollen wir dann auch dorthin gehen, um ihnen Gesellschaft zu leisten?

c) Betrachten wir hier, was uns das Verlangen geben kann, um im Himmel zu sein, wo wir den Willen Gottes vollkommen tun werden wie die Engel. Ach, wie sind wir hier in unserem Gehorsam fehlerhaft! Wie weit schießen wir zu kurz! Wir können von der Heiligkeit keine Abschrift machen, ohne dabei zu klecksen. Unsere heiligen Dinge haben Flecken wie der Mond, der einen dunklen Punkt in sich hat, wenn er hell scheint. Aber im Himmel werden wir den Willen Gottes vollkommen tun, so wie die Engel in der Herrlichkeit.

2. Anwendung
Zur Zurechtweisung.

a) Es werden diejenigen zurechtgewiesen, die nicht den Willen Gottes tun. Sie kennen den Willen Gottes, doch obwohl sie ihn kennen, tun sie ihn nicht. Sie wissen, was Gott von ihnen will, dass sie es vermeiden. Sie wissen, dass sie nicht schwören sollen: „Ich aber sage euch, dass ihr überhaupt nicht schwören sollt“ (Mt 5,34). Wenn sie auch beten: „Geheiligt werde dein Name“, so entweihen sie ihn, indem sie Flüche in den Himmel schießen wie einen Kugelhagel. Sie wissen, dass sie sich von Unzucht und Unreinheit enthalten sollen, und doch können sie nicht anders, als in den Haken des Teufels zu beißen, wenn er das Fleisch als Köder daran gehängt hat (Jud 7).

Sie wissen, was Gott von ihnen will, dass sie es praktizieren, doch sie lassen die Dinge ungetan, die sie tun sollten. Sie wissen, dass es der Wille Gottes ist, dass sie wahrhaftig in ihren Versprechen sein sollen, gerecht in ihren Handlungen, gut in ihren Beziehungen, doch sie tun es nicht. Sie wissen, dass sie die Schrift lesen sollen, die Aussprüche Gottes als Ratschlag heranziehen sollen, aber die Bibel ist wie eine rostige Rüstung aufgehängt und wird selten benutzt. Sie schauen öfter nach einer Schachtel Karten als nach der Bibel. Sie wissen, dass ihre Häuser *palestrae pietatis* – Schulen der Frömmigkeit sein sollen, aber in ihnen ist kein Glaube zu finden. Ihre Häuser haben nicht den Wohlgeruch des Gebets. Was für Heuchler sind diejenigen, die in der Kirche niederknien und ihre Augen zum Himmel erheben und sagen: „Dein Wille geschehe", und doch kümmern sie sich rein gar nicht darum, den Willen Gottes zu tun! Das ist nichts anderes, als die Flagge des Widerstandes gegen den Himmel herauszuhängen! Rebellion ist wie die Sünde der Zauberei.

b) Es werden diejenigen ermahnt, die den Willen Gottes nicht in einer rechten, annehmbaren Weise tun. Sie tun den Willen Gottes nicht vollständig. Sie gehorchen ihm in einigen Dingen, aber nicht in anderen, so als wenn ein Knecht etwas von dem Werk tun würde, das wir ihm aufgetragen haben, aber nicht alles. Jehu zerstörte den Götzendienst Baals, ließ aber die goldenen Kälber Jerobeams stehen (2.Kön 10,28.29). Einige beachten die Pflichten der Zweiten Tafel, aber nicht der ersten. Andere sprechen ein großes Bekenntnis, als ob ihre Zungen von den Kohlen des Altars Gottes angerührt wären, gehen aber müßig ohne Beruf, über die der Apostel klagt: „Wir hören nämlich, dass etliche von euch unordentlich wandeln und nicht arbeiten" (1.Thess 3,11). Das Leben im Glauben und das Ausüben eines Berufes müssen miteinander einhergehen. Es ist eine böse Sache, wenn man nicht den ganzen Willen Gottes tut.

Sie tun den Willen Gottes nicht leidenschaftlich und fröhlich. Sie legen keine Kohlen auf den Weihrauch; sie bringen ihre Opfer dar, aber nicht ihre Herzen. Das ist weit davon entfernt, den Willen Gottes wie die Engel zu tun. Wie kann Gott unser Dienst gefallen, wenn wir ihm nicht gedient haben? Wie kann er unsere Pflichten beachten, wenn wir sie selbst nicht beachten?

Dritte Anwendung

Zur Überprüfung. Lasst uns alle unsere Handlungen prüfen, ob sie gemäß des Willens Gottes sind. Der Wille Gottes ist die

Regel und die Norm: Wir müssen alle unsere Handlungen nach dem Zeiger der Sonnenuhr ausrichten. Wer nicht nach der Regel arbeitet, ist kein guter Handwerker; so kann auch nicht derjenige ein guter Christ sein, der nicht nach der Regel des Willens Gottes arbeitet. Lasst uns unsere Handlungen untersuchen, ob sie *quadrare* – im Einklang mit dem Willen Gottes sind und mit ihm übereinstimmen. Ist unser Reden gemäß seinem Willen? Sind unsere Worte angenehm und mit Gnade gewürzt? Ist unser äußerliches Erscheinungsbild nach dem Willen Gottes? „Dass sich die Frauen in ehrbarem Anstand mit Schamhaftigkeit und Zucht schmücken", nicht schamlos und schrill, um andere zu verlocken (1.Tim 2,9). Ist unser Essen und unser Trinken nach dem Willen Gottes? Halten wir den goldenen Zügel der Mäßigkeit und nehmen wir nur so viel zu uns, um mehr die natürlichen Bedürfnisse zu befriedigen als sie zu übersättigen? Zu viel Öl erstickt die Lampe. Sind unsere ganze Haltung und unser Verhalten nach dem Willen Gottes? Sind wir Vorbilder an Besonnenheit und Frömmigkeit? Wir beten: „Dein Wille geschehe, wie im Himmel, so auch auf Erden." Sind wir wie unser Vorbild? Würden die Engel das tun, wenn sie auf der Erde wären? Würde Jesus das tun? Man ist ein gewachsener Heiliger, wenn man andere für Christus gewinnt, wenn wir unsere Gebete leben und unsere Handlungen dem Willen Gottes entsprechen.

Vierte Anwendung
Zur Ermahnung. Lasst uns Täter des Willens Gottes sein: „Dein Wille geschehe." Den Willen Gottes zu tun, ist unsere Weisheit. „So bewahrt sie (diese Satzungen) nun und tut sie; denn darin besteht eure Weisheit" (5.Mose 4,6). Außerdem ist das unsere Sicherheit. Ist das Elend nicht immer eine Begleiterscheinung davon, dass wir unseren eigenen Willen tun, und Glück, dass wir den Willen Gottes tun?

a) Das Elend ist immer eine Begleiterscheinung dessen, dass wir unseren eigenen Willen tun. Unsere ersten Eltern verließen den Willen Gottes, um ihren eigenen Willen zu verwirklichen, indem sie die verbotene Frucht aßen, und was ist daraus geworden? Der Apfel hatte einen bitteren Kern. Sie brachten einen Fluch über sich und ihre ganze Nachkommenschaft. Der König Saul verließ den Willen Gottes, um seinen eigenen Willen zu tun. Er verschonte Agag und die besten Schafe, und was kam dabei heraus außer dem Verlust seines Königreichs?

b) Glück ist immer eine Begleiterscheinung davon, dass man den Willen Gottes tut. Josef gehorchte dem Willen Gottes, indem er sich weigerte, seine Herrin zu umarmen – und war das nicht seine Beförderung? Gott erhöhte ihn dazu, der zweite Mann im Königreich zu sein. Daniel tat den Willen Gottes entgegen dem Beschluss des Königs. Er beugte seine Knie im Gebet vor Gott – und bewirkte Gott nicht, dass ganz Persien seine Knie vor Daniel beugen musste?

c) Der Weg, um unseren Willen zu bekommen, besteht darin, den Willen Gottes zu tun. Wünschen wir einen Segen für unseren Besitz? Dann lasst uns den Willen Gottes tun. „Es wird aber geschehen, wenn du der Stimme des HERRN, deines Gottes, wirklich gehorchst und darauf achtest, alle seine Gebote zu tun, die ich dir heute gebiete, dann wird dich der HERR, dein Gott, als Höchstes über alle Völker der Erde setzen ... Gesegnet wirst du sein in der Stadt und gesegnet auf dem Feld" (5.Mose 28,1.3). Das ist der Weg, um eine gute Ernte einzufahren. Wünschen wir einen Segen für unsere Seele? Dann lasst uns den Willen Gottes tun: „‚Gehorcht meiner Stimme, so will ich euer Gott sein': Ich werde mich selbst euch als ein ewiges Erbteil geben. Meine Gnade soll euer sein, um euch zu heiligen. Meine Barmherzigkeit soll euer sein, um euch zu erretten" (Jer 7,23). Wir sehen, dass wir nichts verlieren, wenn wir den Willen Gottes tun; es ist der Weg, um unseren eigenen Willen zu bekommen. Lassen wir Gott seinen Willen bekommen, indem wir gehorchen, und wir werden unseren Willen bekommen, indem wir gerettet werden.

Wie können wir den Willen Gottes in rechter Weise tun?

a) Lasst uns eine gesunde Erkenntnis bekommen. Wir müssen seinen Willen kennen, bevor wir ihn tun können. Erkenntnis ist das Auge, um den Fuß des Gehorsams zu leiten.

Die Papisten machen die Unkenntnis zur Mutter der Frömmigkeit, doch Christus macht die Unkenntnis zur Mutter des Irrtums. „Ihr irrt, weil ihr weder die Schriften noch die Kraft Gottes kennt“ (Mt 22,29). Wir müssen den Willen Gottes kennen, bevor wir ihn in rechter Weise tun können. Zuneigung ohne Erkenntnis ist wie ein feuriges Pferd ohne Augen.

b) Wenn wir den Willen Gottes in einer rechten Weise tun wollen, dann lasst uns danach trachten, uns selbst zu verleugnen. Bevor wir nicht unseren eigenen Willen verleugnen, werden wir niemals den Willen Gottes tun. Sein Wille und unser Wille sind wie der Wind und die Gezeiten, wenn sie gegenläufig sind. Er will eine Sache und wir eine andere. Er ruft uns dazu auf, für die Welt gekreuzigt zu sein, doch wir lieben die Welt von Natur aus. Er ruft uns dazu auf, unseren Feinden zu vergeben, doch wir tragen von Natur aus Bosheit in unserem Herzen. Sein Wille und unser Wille stehen einander entgegen, und solange wir nicht unseren eigenen Willen kreuzigen können, werden wir niemals seinen Willen erfüllen.

c) Lasst uns demütige Herzen bekommen. Hochmut ist die Quelle des Ungehorsams. „Wer ist der HERR, dass ich auf seine Stimme hören sollte“ (2.Mose 5,2). Ein stolzer Mensch betrachtet es unter seiner Würde, sich unter den Willen Gottes zu beugen. Seien wir demütig! Die demütige Seele spricht: „Herr, was willst du, dass ich tun soll?“ So, als würde er Gott ein weißes Blatt Papier in die Hand legen und ihn bitten zu schreiben, was er will, und er würde es unterschreiben.

d) Bitten wir den Herrn um Gnade und Kraft, um seinen Willen zu tun. „Lehre mich tun nach deinem Wohlgefallen“ – als ob David sagen wollte: Herr, man muss mich nicht lehren, meinen eigenen Willen zu tun, den kann ich schnell genug tun, sondern lehre mich, deinen Willen zu tun (Ps 143,10). Und was dem Gebet Flügel verleiht, ist die gnädige Verheißung Gottes: „Ja, ich will meinen Geist in euer Inneres legen und werde bewirken, dass ihr in meinen Satzungen wandelt“ (Hes 36,27). Wenn der Magnet das Eisen zieht, fällt es dem Eisen nicht schwer, sich zu bewegen. Wenn der Geist Gottes uns dazu befähigt, ist es nicht schwer, sondern eher eine Freude, den Willen Gottes zu tun.

II. *Wir beten, dass wir Gnade bekommen, um uns dem Willen Gottes geduldig unterzuordnen, in dem, was er auferlegt.* Der Text („Dein Wille geschehe ...“) muss sowohl im Hinblick auf das Erleiden von Gottes Willen als auch im Hinblick auf das Tun von Gottes Willen verstanden werden, so Maldonet und die meisten vernünftigen Ausleger. Ein guter Christ sollte, während er unter einer unheilvollen Vorsehung steht, stille zu den Füßen Gottes sitzen und sagen: „Dein Wille geschehe.“

Was ist keine geduldige Unterordnung unter den Willen Gottes?
Es gibt etwas, das wie Geduld aussieht, es aber nicht ist, wie z.B. wenn jemand eine Sache erträgt, an der er nichts ändern kann. Er nimmt Trübsal als sein Los und Schicksal hin. Deshalb erträgt er geduldig, was er nicht verhindern kann. Das ist eher eine Notwendigkeit als Geduld.

Wovon wird eine geduldige Unterordnung unter den Willen Gottes begleitet?

a) Ein Christ kann eine tiefe Empfindung für Bedrängnis haben und sich dennoch geduldig dem Willen Gottes unterordnen. Wir müssen keine Stoiker sein, die bei den Handlungen Gottes gefühllos und gleichgültig sind wie die Söhne des Deukalion, die, wie der Dichter sagt, aus Steinen gezeugt wurden. Christus hatte Gefühle, als er große Blutstropfen schwitzte, jedoch ordnete er sich dem Willen Gottes unter. „Doch nicht wie ich will, sondern wie du willst!“ (Mt 26,39). Uns wird geboten, dass wir uns unter die Hand Gottes demütigen, was wir solange nicht tun können, bis wir sie fühlen (1.Petr 5,6).

b) Ein Christ kann unter einer Trübsal weinen und sich dennoch geduldig dem Willen Gottes unterordnen. Gott erlaubt Tränen. Es ist sogar eine Sünde, wenn man „ohne natürliche Zuneigung“ ist (Röm 1,31; nach der englischen Übersetzung). Die Gnade macht das Herz weich. *Strangulat inclusus dolor* – unterdrückter Schmerz erdrückt das Herz. Weinen gibt der Trauer Luft. *Expletur lacrimis dolor* – Schmerz ergießt sich in Tränen. Josef weinte über den Tod seines Vaters. Als Hiob einmal viele schlechte Nachrichten gebracht wurden, zeriss er seinen Mantel als Ausdruck des Schmerzes, aber er zeriss nicht sein Haar im Zorn. Die weltliche Trauer darf jedoch nicht maßlos sein. Eine Ader mag zu stark bluten und das Wasser kann zu hoch ansteigen, sodass es die Ufer überflutet.

c) Ein Christ kann in seiner Trübsal klagen und sich dennoch dem Willen Gottes unterordnen. „Ich schreie mit meiner Stimme zum HERRN ... Ich schütte meine Klage vor ihm aus." (Ps 142,2.3). Wenn wir unterdrückt werden, können wir Gott sagen, wie es um uns steht, und von ihm begehren, unseren Schaden aufzuschreiben. Kann ein Kind bei seinem Vater nicht über das Unrecht klagen, das ihm angetan wird? Heiliges Klagen kann mit einer geduldigen Unterordnung unter den Willen Gottes übereinstimmen. Doch selbst wenn wir bei Gott klagen dürfen, so dürfen wir nicht über Gott klagen.

Was ist mit einer geduldigen Unterordnung unter den Willen Gottes unvereinbar?

a) Unzufriedenheit mit der Vorsehung. Unzufriedenheit ist eine Mischung aus Trauer und Zorn, und diese beiden erwecken zwangsläufig in der Seele einen Sturm der Leidenschaft. Wenn Gott unseren Augapfel anrührt und das schlägt, was wir lieben, dann sind wir mürrisch und gereizt und würdigen ihn keines guten Blickes. „Warum bist du so wütend?", wie ein gereizter Vogel, der sich selbst gegen den Käfig schlägt (1.Mose 4,6).

b) Murren kann nicht mit der Unterordnung unter den Willen Gottes übereinstimmen. Murren ist der Höhepunkt der Ungeduld; es ist ein Aufstand in der Seele gegen Gott. „Und das Volk redete gegen Gott" (4.Mose 21,5). Wenn sich in der Seele eine Wolke der Trauer ansammelt und nicht in Tränen abtropft, sondern aus ihr Hagelsteine kommen, murrende Worte gegen Gott, dann ist das weit von einer geduldigen Unterordnung unter seinen Willen entfernt. Wenn Wasser heiß ist, kocht der Schaum auf. Wenn das Herz vom Zorn gegen Gott erhitzt ist, kocht das Murren auf. Murren entspringt:

1. Dem Hochmut. Die Menschen glauben, dass sie aus der Hand Gottes Besseres verdient haben und wenn sie in Bedrängnis geraten, dann spucken sie Gift.

2. Dem Misstrauen. Die Menschen glauben nicht, dass Gott aus Gift einen süßen Sirup machen kann, dass er also aus ihren Nöten Gutes hervorbringen kann, deshalb murren sie. „Sie glaubten seinem Wort nicht. Und sie murrten in ihren Zelten“ (Ps 106,24.25). Die Menschen murren über die Vorsehung Gottes, weil sie seinen Verheißungen misstrauen. Gott musste viel erdulden, um diese Sünde zu tragen (4.Mose 14,27).

3. Ein aufgebrachter Geist kann nicht mit einer stillen Unterordnung unter den Willen Gottes übereinstimmen. Es ist so, als wenn ein Mensch sagt: Die Not hat mich so im Griff, dass ich keinen Ausweg mehr weiß. Mein Kopf und mein Herz sind so sehr davon eingenommen, dass ich nicht mehr in der Lage bin, zu beten. Wenn die Saiten einer Laute überspannt sind, macht die Laute keinen guten Klang. Ebenso kann ein Christ, wenn sein Geist verwirrt und verstört ist, nicht dem Herrn in seinem Herzen singen. Wenn der Geist in Aufruhr ist, dann ist das wie eine Armee auf der Flucht: der eine rennt dahin, der andere dorthin, alles ist im Durcheinander. Ebenso ist ein Christ mit einem gehetzten Geist: Seine Gedanken laufen zerstreut rauf und runter, als ob sein Stand rückgängig gemacht wäre, was nicht mit einer geduldigen Unterordnung unter den Willen Gottes bestehen kann.

4. Sich selbst zu entschuldigen – also wenn sich eine Person selbst rechtfertigt, anstatt unter der Hand Gottes demütig zu sein – kann nicht mit einer Unterordnung unter den Willen Gottes übereinstimmen. Ein stolzer Sünder setzt auf seine eigene Verteidigung und ist bereit, Gott wegen Ungerechtigkeit anzuklagen, was so ist, als würden wir die Sonne der Finsternis bezichtigen. Dies ist weit von einer Unterordnung unter den Willen Gottes entfernt. Gott ließ die Rizinusstaude

verdorren, und Jona stand zu seiner eigenen Rechtfertigung auf. „Ja, ich bin mit Recht zornig bis zum Tod!“ (Jona 4,9). Wie bitte? Auf Gott zornig sein und sich auch noch selbst rechtfertigen? „Ja, ich bin mit Recht zornig!“ Es ist befremdend, dass so etwas von einem Propheten kommt, und war weit von dem Gebet entfernt, das Christus uns lehrte: „Dein Wille geschehe.“

Was ist eine geduldige Unterordnung unter den Willen Gottes? Das ist eine durch Gnade geformte Seele, wobei ein Christ damit zufrieden ist, unter der Fügung Gottes zu stehen und in seine Weisheit einwilligt. „Er ist der HERR; er tue, was ihm wohlgefällt!“ (1.Sam 3,18). „Der Wille des Herrn geschehe!“ (Apg 21,14). Um das noch weiter zu veranschaulichen, möchte ich zeigen, worin diese Unterordnung unter den Willen Gottes besteht. Sie besteht in der Hauptsache aus drei Dingen:

a) Im Erkennen der Hand Gottes; indem man Gott im Unglück sieht. „Denn Unglück wächst nicht aus dem Staub hervor“ (Hiob 5,6). Hiob sah in allem, was über ihn kam, Gott. „Der HERR hat genommen“ (Hiob 1,21). Er klagte nicht über die Chaldäer oder den Einfluss der Planeten, er blickte weiter als die zweiten Ursachen; er sah im Unglück Gott. „Der HERR hat genommen.“ Solange es keine Erkenntnis der Hand Gottes gibt, kann es keine Unterordnung unter den Willen Gottes geben.

b) Eine geduldige Unterordnung unter den Willen Gottes besteht darin, Gott Recht zu geben. „Mein Gott, ich rufe bei Tag, und du antwortest nicht“, in meinem Unglück wendest du dich mir mit einem tauben Ohr zu (Ps 22,3). „Aber du bist heilig“ (Vers 4). Gott ist nicht nur heilig und gerecht, wenn er die Gottlosen bestraft, sondern auch wenn er die Gerechten betrübt. Auch wenn er in unseren Kelch Wermut tut, geben wir ihm dennoch Recht und verkünden seine Gerechtigkeit. Als der Kaiser Maurikios[67] sah, wie sein Sohn vor seinen Augen erschlagen wurde, rief er aus: „*Justus es, Domine* – gerecht bist

67 Maurikios war vom 13. August 582 bis 27. November 602 Kaiser des Oströmischen Reiches und war einer der wichtigsten spätantiken bzw. frühbyzantinischen Herrscher.

du, Oh Herr, in allen deinen Wegen." Wir rechtfertigen Gott und bekennen, dass er uns weniger straft, als wir verdienen (Esr 9,13).

c) Eine geduldige Unterordnung unter den Willen Gottes besteht in einem Akzeptieren der Strafe. „Sodass sie dann ihre Schuld annehmen" (3.Mose 26,41). Das Akzeptieren der Strafe bedeutet, dass man alles, was Gott tut, als guten Teil annimmt. Wer die Strafe akzeptiert, spricht: „Gut ist die Rute des Herrn", er küsst die Rute, ja, er dankt Gott, dass er solch eine barmherzige Strenge anwendet und ihn eher betrübt als verlorengehen lässt.

Eine geduldige Unterordnung unter den Willen Gottes in Trübsal, zeigt eine große Menge an Weisheit und Frömmigkeit. Die Geschicklichkeit eines Lotsen erkennt man am besten im Sturm – so auch die Gnade eines Christen im Sturm der Trübsal. Die Unterordnung unter den Willen Gottes tut uns am meisten Not, während wir in diesen niederen Regionen leben. Im Himmel ist Geduld ebenso unnötig, wie das Licht der Sterne, während die Sonne scheint. Im Himmel wird alles Freude sein, und für was sollte dann Geduld nötig sein? Um eine goldene Krone zu tragen, benötigt man keine Geduld, doch während wir hier im Tal der Tränen leben, ist eine geduldige Unterordnung unter den Willen Gottes sehr nötig. „Geduld aber habt ihr nötig" (Hebr 10,36; LÜ 84).

Der Herr legt manchmal schwere Trübsale auf uns. „Und deine Hand drückt mich" (Ps 38,3). Das Wort für „betrübt werden" bedeutet ursprünglich „geschmolzen werden." Manchmal schmilzt Gott sein Volk im Feuerofen. Manchmal legt er mehrere Trübsale auf uns. Er „schlägt mir viele Wunden" (Hiob 9,17). Gott schießt mehrere Arten von Pfeilen ab.

a) Manchmal betrübt Gott mit Armut. Die Witwe hatte nichts mehr außer einem Krug mit Öl (2.Kön 4,2). Armut ist eine große Versuchung. Wenn ein Besitz auf so gut wie nichts reduziert wird, ist das für Fleisch und Blut hart. „Nennt mich nicht Noomi, sondern Mara ... Voll zog ich aus, aber leer hat mich der HERR wieder heimgebracht" (Rut 1,20.21). Dies setzt jemanden der Verachtung aus. Als der verlorene Sohn arm war, schämte sich sein Bruder, ihm anzugehören. „Dieser dein Sohn“ (Lk 15,30). Er sagte nicht, dieser mein Bruder, sondern dieser dein Sohn; er scheute sich, ihn Bruder zu nennen. Wenn ein Hirsch angeschossen wird und blutet, wird er vom Rest der Herde ausgestoßen. Ebenso ist es auch, wenn er auf jemanden den Pfeil der Armut schießt, dann sind die anderen bereit, ihn auszustoßen. Als Terentius arm geworden war, wurde er von seinem Freund Scipio verstoßen. Die Dichter geben an, dass die Musen, die Töchter Jupiters, keine Brautwerber hatten, weil ihnen eine Mitgift fehlte.

b) Gott betrübt manchmal mit einem schlechten Ruf. Von denjenigen, die das Licht der Gnade haben, das in ihnen scheint, kann manchmal der Name verdunkelt werden. Die frühen Christen wurden in Verruf gebracht, dass sie des Inzests schuldig seien, sagt Tertullian. Luther wurde als eine Posaune des Aufruhrs bezeichnet. David bezeichnet Schmach als Herzensbruch (Ps 69,21). Gott lässt seine geliebten Heiligen oft darin üben. Auf eine Perle kann Schmutz geworfen werden und diese Namen, die im Buch des Lebens geschrieben stehen, können befleckt werden. Aufrichtigkeit schützt vor der Hölle, aber nicht vor Verleumdung.

c) Manchmal betrübt Gott durch den Verlust von geliebten Verwandten. „Menschensohn, siehe, ich will die Lust deiner Augen durch einen [plötzlichen] Schlag von dir wegnehmen“ (Hes 24,16). Das ist so, als würde ein Glied aus dem Körper gerissen. Er nimmt ein heiliges Kind weg: Jakobs Leben war eng mit Benjamin verbunden (1.Mose 44,30). Was noch schlimmer als der Verlust von Kindern ist, besteht darin, wenn sie als lebende Kreuze weiterleben; wo die Eltern Honig erwarten, dort bekommen sie Wermut. Was gibt es für einen größeren Schmerz für gläubige Eltern als ein Kind, das den Gott seines Vaters ablehnt? Ein ätzendes Mittel kann für den Körper gut sein, doch ein böses Kind ist ein ätzendes Mittel für das Herz. Solch einen ungehorsamen Sohn hatte David, der einen Verrat plante und nicht nur die Krone seines Vaters wegnehmen wollte, sondern auch sein Leben.

d) Gott betrübt manchmal durch einen gebrechlichen Leib. Krankheit nimmt den Trost des Lebens und bringt jemanden oft in Todesnöte.

Gott prüft sein Volk mit verschiedenen Trübsalen, sodass es notwendig ist, sich geduldig seinem Willen unterzuordnen. Derjenige, auf den mehrere Geschosse abgefeuert werden, benötigt eine Rüstung – so benötigen wir auch Geduld als sichere Rüstung, wenn verschiedene Trübsale über uns kommen. Manchmal lässt er die Trübsal lange andauern (Ps 74,9). Wie bei Krankheiten, von denen manche chronisch sind, die einige Jahre andauern und dem Leib anhängen, so ist es auch bei Trübsalen. Dem Herrn gefällt es, viele seiner kostbaren Kinder in chronische Trübsale einzuüben, die eine lange Zeit auf ihnen liegen. In allen diesen Fällen benötigen wir Geduld und eine Ergebenheit des Geistes gegenüber dem Willen Gottes.

Erste Anwendung
Zur Zurechtweisung.
Es werden diejenigen zurechtgewiesen, die diesen Teil des Gebets des Herrn noch nicht gelernt haben: „Dein Wille geschehe." Sie haben das nur aufgesagt, aber nicht gelernt. Wenn die Dinge nicht nach ihren Gedanken laufen, wenn der Wind der Vorsehung die Gezeiten ihres Willens durchkreuzt, dann sind sie unzufrieden und missmutig. Wo bleibt da nun die Unterordnung unter den Willen Gottes? Wenn wir unzufrieden mit Gott sind, wenn uns die Dinge nicht gefallen – bedeutet das etwa, dass wir zu Gottes Füßen liegen und uns seinem Willen fügen? Das ist eine sehr schlechte Geisteshaltung, und Gott kann uns gerechterweise strafen, indem er uns unseren Willen haben lässt. Rahel rief: „Schaffe mir Kinder! Wenn nicht, so sterbe ich!" (1.Mose 30,1). Gott ließ sie ein Kind haben, aber es kostete sie ihr Leben (1.Mose 35,18). Israel war mit dem Manna nicht zufrieden, denn sie mussten unbedingt Wachteln haben – und Gott bestrafte sie, indem er ihnen ihren Willen ließ. „Da fuhr ein Wind aus von dem HERRN und trieb Wachteln vom Meer her ... Als aber das Fleisch noch zwischen ihren Zähnen und noch nicht verzehrt war, da ent-

brannte der Zorn des HERRN über das Volk, und der HERR schlug sie mit einer sehr großen Plage" (4.Mose 11,31.33). Sie wären besser ohne Wachteln geblieben, als eine solche saure Sauce zu bekommen. Einige haben hartnäckig das Leben eines Kindes verlangt und konnten nicht ihren Willen unter den Willen Gottes bringen, um auch dann zufrieden zu sein, wenn sie sich von ihm trennen müssten. Und der Herr strafte sie, indem er sie ihren Willen haben ließ, denn das Kind lebte – wurde aber eine Last für sie. Wir sehen, dass ihr Kind ihren Willen durchkreuzte, weil ihr Wille Gott durchkreuzte.

Zweite Anwendung
Zur Ermahnung.
Lasst uns ermahnt sein: In welchen Nöten Gott uns auch immer einübt, *aequo animo ferre* – dass wir sie in einem ruhigen Geist tragen, dass wir unseren Willen hinter seinen Willen zurücktreten lassen und sprechen: „Dein Wille geschehe." Was ist besser: dass Gott uns seinen Willen auferlegt oder dass wir unseren Willen unter seinen Willen bringen? Lasst uns wie Eli sagen: „Er ist der HERR; er tue, was ihm wohlgefällt!" (1.Sam 3,18) und wie David: „Hier bin ich; er verfahre mit mir, wie es ihm gefällt!" (2.Sam 15,26). Ein Ausspruch von Harpulas lautete: *„Placet mihi quod Regi placet* – mir gefällt das, was dem König gefällt." So sollten auch wir sprechen: Das was Gott gefällt, gefällt auch uns. „Dein Wille geschehe." Einige haben diese Kunst der Unterordnung unter Gott noch nicht gelernt. Und wahrlich, wem in der Trübsal die Geduld fehlt, der ist wie ein Soldat in der Schlacht, dem die Waffenrüstung fehlt.

Wann ordnen wir uns dem Willen Gottes in Trübsal nicht so unter, wie wir sollten?

a) Wenn wir gegen ihn harte Gedanken haben und unser Herz anfängt, gegen ihn anzuschwellen.

b) Wenn wir über unsere gegenwärtige Trübsal so bekümmert sind, dass wir nicht in der Lage sind, unsere Pflicht zu tun. Wir trauern wie Tauben, können aber nicht beten oder Gott preisen. Wir sind so durcheinander, dass wir nicht in der

Lage sind, um auf irgendeinen guten Rat zu hören. „Sie aber hörten nicht auf ihn vor Missmut" (2.Mose 6,9). Israel war unter seiner Last so voller Klage, dass es nicht darüber nachdenken konnten, was Mose sagte, obwohl er zu ihnen mit einer Botschaft von Gott kam: „Sie aber hörten nicht auf ihn vor Missmut."

c) Wir ordnen uns dem Willen Gottes nicht unter, wie wir sollten, wenn wir daran arbeiten, uns durch unlautere Mittel von der Trübsal loszureißen. Viele Leute verrennen sich in Sünde, um sich aus der Not zu befreien. Während Gott sie mit Stricken der Trübsal gebunden hat, gehen sie zum Teufel, damit er ihre Banden löst. Es ist besser in der Trübsal zu bleiben, als sich aus ihr herauszusündigen. Oh, lasst uns lernen, dass wir uns in allen Trübsalen der Vorsehung unter den Willen Gottes beugen.

Aber wie können wir uns in allen Ereignissen der Vorsehung geduldig unter den Willen Gottes fügen und sagen: „Dein Wille geschehe"?

Die Mittel für eine stille Ergebenheit gegenüber dem Willen Gottes in Trübsal sind:

1. Vernünftiges Nachdenken.
„Und am bösen Tag bedenke" (Pred 7,14). Wenn uns eine Sache eine Last ist oder gegen unsere Wünsche läuft, setzten wir uns dann hin und denken wir darüber nach, wägen wir die Dinge mit einem ausgewogenen Urteil ab? Das würde unsere Gedanken sehr beruhigen und unseren Willen unter den Willen Gottes unterordnen. Nachdenken wäre wie die Harfe von David, um den bösen Geist des Eigenwillens und der Unzufriedenheit zu beschwichtigen.

Aber über was müssen wir nachdenken?
Über das, was uns in der Trübsal unter Gott unterordnet und sagen lässt: „Dein Wille geschehe." Das ist:

a) Darüber nachdenken, dass man im gegenwärtigen Stand des Lebens Trübsalen ausgesetzt ist, wie das Leben eines Seemanns Stürmen ausgesetzt ist. *Ferre quam sortem omnes patiuntur nemo recusat* – niemand entkommt dem Los, das alle tragen müssen. „Der Mensch ist zum Unglück geboren" (Hiob 5,7). Der Mensch ist der offensichtliche Erbe des Unglücks. Er kommt mit einem Schrei in die Welt und verlässt sie mit einem Seufzer. *Ea lege nati sumus* – in diesem Zustand werden wir geboren. Die Welt ist ein Ort, wo viel Wermut wächst. „Er hat mich mit Bitterkeit (hebr. „mit Bitterkeiten") gesättigt, mit Wermut getränkt" (Klgl 3,15). Nöte steigen wie Funken aus dem Feuerofen auf. Trübsale sind einige der Dornen, welche die Erde nach dem Fluch hervorbringt. Wir können ebenso gut meinen, dass wir den Wagen der Sonne in seiner schnellen Bewegung aufhalten könnten, wie die Nöte zu stoppen. Das Nachdenken über ein Leben, das Dunkelheit und Leiden ausgesetzt ist, sollte uns mit Geduld sprechen lassen: „Dein Wille geschehe." Sollte ein Seemann darüber böse sein, dass er auf dem Meer auf einen Sturm trifft?

b) Bedenken wir, dass Gott eine besondere Hand dafür hat, alle Ereignisse zu fügen. Hiob sah in seiner Trübsal Gott. „Der HERR hat genommen" (Hiob 1,21). Er klagte nicht über die Sabäer oder die Einflüsse der Planeten; er blickte weiter als die zweiten Ursachen; er sah in seiner Trübsal Gott und das ließ ihn sich fröhlich unterordnen. Er sagte: „Der Name des HERRN sei gelobt!" Christus blickte über Judas und Pilatus hinaus auf den vorherbestimmten Ratschluss Gottes, ihn auszuliefern, um ihn zu kreuzigen (Apg 4,27.28). Das ließ ihn sagen: „Vater ... nicht wie ich will, sondern wie du willst" (Mt 36,39). Es ist vergeblich, gegen die Mittel zu streiten: Die gottlosen Menschen sind nur eine Rute in der Hand Gottes. „Wehe Assyrien, der Rute meines Zorns" (Jes 10,5). Wer auch immer die Trübsal bringt, Gott sendet sie. Das Nachdenken über diese Dinge müsste uns sagen lassen: „Dein Wille geschehe", denn was der Herr tut, tut er nicht ohne Grund. Wir lesen von einem Rad in einem Rad (Hes 1,16). Das äußere Rad, das alles dreht, ist die Vorsehung. Das Rad in diesem Rad ist der Ratschluss Gottes.

Wenn das geglaubt wird, wird das Herz stille. Sollten wir uns gegen das auflehnen, was Gott tut? Wir könnten genauso gut gegen die Werke der Schöpfung streiten, wie gegen die Werke der Vorsehung.

c) Bedenken wir, dass Trübsale notwendig sind. Ihr werdet, „wenn es sein muss, traurig [sein] ... in mancherlei Anfechtungen" (1.Petr 1,6). Es ist notwendig, dass einige Dinge in Salzlake aufbewahrt werden. Trübsale sind aus verschiedenen Gründen notwendig:

1. Um uns in der Demut zu halten. Oft gibt es keinen anderen Weg, um das Herz demütig zu machen, als dass es in Niedrigkeit gebracht wird. Manasse „demütigte sich sehr vor dem Gott seiner Väter" in der Trübsal (2.Chr 33,12). Korrekturen sind Beizmittel, um das stolze Fleisch herauszufressen. „Gedenke doch an mein Elend und mein Umherirren, an den Wermut und das Gift! Beständig denkt meine Seele daran und ist tief gebeugt!" (Klgl 3,19.20).

2. Es ist notwendig, dass es Trübsal gibt, denn wenn Gott uns nicht manchmal in Trübsal bringen würde, wie könnte man dann seine Macht sehen, indem er uns aus der Trübsal wieder herausholt? Wäre Israel nicht im Feuerofen Ägyptens gewesen, dann hätte Gott seine Herrlichkeit bei ihrer Befreiung verloren.

3. Wenn es keine Trübsal gäbe, dann könnten viele Teile der Schrift nicht erfüllt werden. Gott hat verheißen, uns zu helfen, um Trübsal zu tragen (Ps 37,24.39). Wie könnten wir seine Unterstützung in unserer Not erfahren, wenn wir sie nicht manchmal antreffen würden? Gott hat verheißen, uns in der Trübsal Freude zu geben (Joh 16,20). Wie könnten wir diesen Honig der Freude schmecken, wenn wir nicht manchmal in Trübsal wären? Noch einmal, er hat verheißen, unsere Tränen von unseren Augen abzuwischen (Jes 25,8). Wie könnte er unsere Tränen im Himmel abwischen, wenn wir niemals welche vergießen? Damit besteht in vielerlei Hinsicht eine absolute Notwendigkeit, dass wir auf Trübsal treffen – und sollten wir uns nicht stille unterordnen und sagen: „Herr,

ich sehe, dass dafür eine Notwendigkeit besteht"? „Dein Wille geschehe!"

d) Bedenken wir, dass wir alles, was wir fühlen, selbst über uns gebracht haben. Wir haben Gott gewissermaßen eine Rute in die Hand gegeben, um uns zu züchtigen. Ihr Christen, Gott legt auf euch zwar ein Kreuz, doch das habt ihr selbst angefertigt. Wenn das Feld eines Menschen voller Unkraut ist, dann ist es das, was er selbst darauf gesät hat. Wenn wir eine bittere Ernte der Trübsal einfahren, dann ist es das, was wir selbst gesät haben. Die Stricke, die uns zwicken, haben wir selbst gedreht. *Meme adsum qui feci* – ich bin es, der sie gemacht hat. Wenn Kinder unreifes Obst essen, haben sie es sich selbst zu verdanken, wenn sie krank werden, und wenn wir die verbotene Frucht essen, ist es kein Wunder, dass wir Beschwerden fühlen. Die Sünde ist ein trojanisches Pferd, das über uns ein Heer von Trübsalen ablädt. „Denn eine Stimme meldet es von Dan her und verkündet Unheil" (Jer 4,15). „Dein Wandel und deine Taten haben dir das eingetragen; deine Bosheit ist schuld daran, dass es [nun] so bitter steht" (Jer 4,18). Wenn wir uns bei Gott durch die Sünde in Zahlungsverzug bringen, ist es kein Wunder, dass er Trübsal wie einen Wachtmeister hinter unseren Rücken stellt, um uns zu verhaften. Dies sollte uns in Trübsal geduldig unter Gott unterordnen lassen und sprechen lassen: „Dein Wille geschehe." Wir haben keinen Grund, über Gott zu klagen. Es ist nichts anderes, als was unsere Sünden verdienen. „Hast du dir dies nicht selbst bereitet?" (Jer 2,17). Auch wenn Gott das Kreuz auf uns legt, so haben wir es selbst gemacht. Also, dann lasst uns wie Micha sprechen: „Den Zorn des HERRN will ich tragen – denn ich habe gegen ihn gesündigt" (Kap. 7,9).

e) Bedenken wir, dass Gott dabei ist, uns zu prüfen und zu läutern. „Denn du hast uns geprüft, o Gott, und hast uns geläutert, wie man Silber läutert. Du hast uns ins Gefängnis geführt, hast unseren Lenden eine schwere Last auferlegt" (Ps 66,10.11). Wenn es keine Trübsal gäbe, wie hätte Gott dann Gelegenheit, den Menschen auf die Probe zu stellen? Die Heuchler können Gott zwar dienen, wenn sie in einem Vergnügungsboot sitzen, sie können ihm im Wohlstand dienen, doch wenn wir in Zeiten der Gefahr in seiner Nähe bleiben, wenn wir ihm in der Dunkelheit vertrauen und ihn lieben können, wenn wir sein Lächeln nicht haben und dann sagen: „Dein Wille geschehe", dann ist das die Prüfung der Aufrichtigkeit! Gott prüft uns nur – und welcher Schaden liegt darin? Wird Gold dadurch schlechter, dass es geläutert wird?

f) Bedenken wir, dass Gott bei jedem Kreuz uns gegenüber freundlich ist. Wie es für Israel keine Nacht gab, die so dunkel war, dass ihnen die Feuersäule kein Licht hätte geben können, so gibt es auch keine Situation, die so betrüblich ist, dass wir das Licht des Trostes nicht sehen könnten. David konnte von Gnade und Recht singen (Ps 101,1). Wenn wir bedenken, dass wir auf jedem Weg der Vorsehung einen Fußstapfen der Freundlichkeit sehen können, dann müsste das unseren Willen freudig unter Gott unterordnen.

Wenn Gott am unfreundlichsten erscheint, ist in der Trübsal Freundlichkeit.

1. Worin Liebe ist, darin ist Freundlichkeit. Gottes Rute und seine Liebe können zusammenstehen. „Denn wen der Herr lieb hat, den züchtigt er" (Hebr 12,6). Wie Isaak Abraham liebte, als er seine Hand zum Opfer erhob, so wird auch Gott von seinem Volk geliebt, wenn er es betrübt und ihren äußeren Trost zu opfern scheint. Der Landwirt liebt seinen Weinstock, wenn er ihn schneidet und bluten lässt – sollten wir uns da nicht Gott unterordnen? Sollten wir gegen das streiten, was in sich Freundlichkeit trägt und in Liebe kommt? Der Chirurg bindet seinen Patienten fest und schneidet ihn auf, doch kein vernünftiger Mensch würde gegen ihn streiten, weil es zur Heilung dient.

2. In der Trübsal liegt Freundlichkeit, weil Gott mit uns als Kindern handelt. „Denn wen der Herr lieb hat, den züchtigt er, und er schlägt jeden Sohn, den er annimmt" (Hebr 12,6). Gott hat einen Sohn ohne Sünde, doch keinen Sohn ohne Striemen. Trübsal ist ein Abzeichen für die Adoption. Sie ist das *„Dei sigillum* – Siegel Gottes", sagt Tertullian. Sie ist das Siegel Gottes, mit dem er uns als sein Eigentum kennzeichnet.

Als Munster, dieser heilige Mann, krank darniederlag, fragten ihn seine Freunde, wie es ihm ginge? Er zeigte auf seine Geschwüre und sagte: *„Hae sunt gemmae Dei* – das sind die Juwelen, mit denen Gott seine Kinder bedeckt." Sollten wir dann nicht sagen: „Dein Wille geschehe?" Herr, im Kreuz liegt Freundlichkeit; du behandelst uns wie Kinder. Die Zuchtrute dient dazu, um uns für das Erbe geeignet zu machen.

3. Gott hat in seiner Freundlichkeit in allen unseren Trübsalen für uns eine Verheißung hinterlassen, sodass die betrübteste Vorsehung wie ein Regenbogen in den Wolken erscheint. Dann haben wir die Verheißung Gottes bei uns: „Ich bin bei ihm in der Not" (Ps 91,15). Es kann doch mit dem Menschen, bei dem Gott ist, nicht schlecht stehen. Ich will bei ihm sein, um ihn zu unterstützen, zu heiligen und jede Trübsal lieblich zu machen. Ich wollte lieber im Gefängnis sein und die Gegenwart Gottes haben, als an einem Ort ohne ihn.

Wir haben die Verheißung, dass er nicht mehr auf uns legen wird, als er uns Kraft gibt zu tragen (1.Kor 10,13). Er wird uns nicht über unsere Kraft hinaus prüfen: entweder wird er unser Joch leichter machen oder unseren Glauben stärken. Sollte uns das nicht dazu bringen, unseren Willen seinem Willen unterzuordnen, wenn in den Trübsalen doch so viel Freundlichkeit liegt? In all unseren Prüfungen hat er uns Verheißungen hinterlassen, die wie das Manna in der Wüste sind.

4. Es ist eine große Freundlichkeit, dass alle Nöte, die über uns kommen, zu unserem Besten sein sollen. „Er aber zu unserem Besten" (Hebr 12,10).

Welcher Nutzen liegt in der Trübsal?

Trübsale dienen zur Züchtigung, sie lehren uns. Sie sind *Schola crucis, Schola lucis* – die Schule des Kreuzes, die Schule des Lichts. Viele Psalmen tragen die Überschrift „Maskil", ein Psalm zur „Unterweisung." Ebenso trägt die Trübsal die Überschrift „Maskil", eine Trübsal zur Unterweisung. „Hört auf die Zuchtrute" (Mi 6,9). Luther sagt, dass er einige Psalmen nie recht verstanden hatte, bis er in Trübsal war. Gideon „ließ Dornen aus der Wüste und Disteln holen und züchtigte die

Leute von Sukkot damit" (Ri 8,16). Gott lehrt uns durch die Dornen und Disteln der Trübsal.

Trübsal zeigt uns mehr von unserem eigenen Herzen. Das Wasser in einem Glasfläschchen sieht klar aus, doch stellt man einmal Feuer darunter, dann kocht der Schaum nach oben. Ebenso ist es, wenn Gott uns unter Feuer setzt: dann kocht die Verderbtheit nach oben, die wir zuvor nicht wahrgenommen haben. Scharfe Trübsal ist für die Seele wie ein Sturzregen für das Haus. Wir wissen nicht, dass im Haus Löcher sind, bis der Schauer kommt. Doch dann sehen wir, wie es hier und dort runtertropft. So wissen auch wir nicht, welche nicht-getöteten Begierden in der Seele sind, bis der Sturm der Trübsal kommt. Dann merken wir, wie Unglaube, Ungeduld, fleischliche Furcht an vielen Stellen runtertropfen. Trübsal ist eine heilige *collyrium* – Augensalbe; sie macht unser Sehvermögen klar: Die Rute gibt Weisheit.

Trübsal bringt jene Sünden ins Gedächtnis, die wir im Grab des Vergessens begraben haben. Die Brüder Josefs waren zwanzig Jahre lang nicht über ihre Sünde bekümmert, dass sie ihren Bruder verkauft hatten. Doch als sie nach Ägypten kamen und in Not gerieten, kam ihnen ihre Sünde ins Gedächtnis und sie wurden von ihrem Herzen geschlagen. „Sie sagten aber zueinander: Wahrlich, wir sind schuldig wegen unseres Bruders!" (1.Mose 42,21). Wenn ein Mensch in Bedrängnis kommt, dann kommt ihm seine Sünde frisch in die Gedanken, sein Gewissen hält ihm eine Gedächtnis-Predigt von allem Bösen, das in seinem Leben geschehen ist: Sein Verschwenden von kostbarer Zeit, seine Sabbatbrüche, seine Geringschätzung des Wortes kommen in sein Gedächtnis, und er geht wie Petrus hinaus und weint bitterlich. Auf diese Weise gibt die Rute Weisheit, zeigt das verborgene Böse im Herzen und bringt die früheren Sünden ins Gedächtnis.

In der Trübsal liegt ein Nutzen, da sie den Geist des Gebets belebt: *Premuntur justi ut pressi clamant* – die Gerechten werden betrübt, damit sie in ihrer Trübsal beten. Im Schiff schlief Jona, doch im Bauch des Wals betete er. Wahrscheinlich beten wir in Zeiten der Gesundheit und des Wohlstands in einer kalten und formellen Weise, wir legen keine Kohlen auf den Weihrauch, wir denken kaum über unsere Gebete nach – und wie soll Gott dann ihrer gedenken? Gott schickt das eine oder andere Kreuz, um uns anzureizen, wieder an ihm festzuhalten. Als Jakob wegen seines Bruders in Furcht um sein Leben war, kämpfte er mit Gott und weinte im Gebet und wollte nicht von ihm lassen, bis er ihn segnete (Hos 12,4). Vielen Kindern Gottes ergeht es so wie denen, die früher in diesem Land das Schweißfieber[68] hatten; das ist eine Schlafkrankheit; wenn sie einschliefen, dann starben sie. Um sie wachzuhalten, wurden sie deshalb mit Rosmarinzweigen geschlagen. Ebenso benutzt der Herr Trübsal wie einen Rosmarinzweig, um uns vom Schlafen abzuhalten und um einen Geist des Gebets zu erwecken. „Sie flehten leise in der Bedrängnis, als deine Züchtigung sie traf" (Jes 26,16). Jetzt durchstößt ihr Gebet den Himmel. In Zeiten der Not beten wir mit Gefühl, und wir beten niemals so brennend, wie wenn wir mit Gefühl beten – und ist das nicht zu unserem Nutzen?

Trübsal ist zu unserem Nutzen, da sie ein Mittel ist, um unsere Sünden herauszuspülen. „Darum wird Jakobs Schuld dadurch gesühnt [nach der englischen Übersetzung nicht „gesühnt", sondern „herausgespült"]" (Jes 27,9). Trübsal ist Gottes Medizin, um die üble Laune zu vertreiben. Sie heilt die Eiterbeule des Hochmuts, das Feuer der Begierde – und ist das nicht zu unserem Nutzen? Trübsal ist die Feile Gottes, um unseren Rost zu entfernen, sein Flegel, um unsere Hülsen abzudreschen. Das Wasser der Trübsal dient nicht dazu, um uns zu ertränken, sondern um unsere Flecken abzuwaschen.

Unter dem „Schwarzen Stab[69]" zu sein ist nützlich, weil wir dadurch ernsthafter werden und unsere Beweismittel für

68 Auch als „Englischer Schweiß" bekannt; eine rätselhafte, stark ansteckende grippale Infektionskrankheit, die im 15. und 16. Jahrhundert in mehreren Wellen hauptsächlich in England auftrat.

69 Der „Schwarze Stab" (engl. *Black Rod*) ist die Bezeichnung für den Vertreter des britischen Monarchen im House of Lords (Oberhaus). Er muss bei den Sitzungen der Lords anwesend sein und hat verschiedene Aufgaben, wie z.B. die des Pförtners und Platzanweiser oder auf die Einhaltung der Hausordnung zu achten. Der Name des Titels wird von seinem Symbol der Autorität abgeleitet, einem Stab aus Ebenholz mit einem goldenen Löwen. Watson vergleicht den „Schwarzen Stab" mit dem Heiligen Geist, der im

den Himmel deutlicher hervortreten. In Zeiten des Wohlstandes, wenn sich aus dem Felsen Ströme von Öl[70] ergießen, sind wir sorglos darin, unsere Besitzurkunde für die Herrlichkeit zu klären. Hätten viele Leute keine besseren Beweise für ihr Land als für ihre Erlösung, so wären sie in einer schlechten Lage. Doch wenn die Stunde der Not kommt, fangen wir an, nach unseren geistlichen Beweisen zu suchen und schauen, wie die Dinge zwischen unserer Seele und Gott stehen. Und ist es nicht zu unserem Nutzen, wenn wir unseren Anteil an Christus klarer sehen als jemals zuvor?

Trübsal ist zu unserem Nutzen, da es ein Mittel ist, um uns mehr von der Welt zu lösen. Die Welt erweist sich oft nicht nur als ein Spinnennetz, sondern auch als ein Ei von einem Basilisk. Verderbliche weltliche Dinge sind eine große Verzauberung; sie sind ein *„retinacula spei* – Halteseil der Hoffnung" (Tertullian). Sie hindern uns an unserem Durchgang zum Himmel. Wenn man eine Uhr überdreht, steht sie still. So ist es auch, wenn das Herz zu sehr um die Welt gewickelt ist, dann steht es für die himmlischen Dinge still. Leiden bläst zum Rückzug, um uns vom unmäßigen Nachjagen nach irdischen Dingen zurückzurufen. Wenn Dinge gefroren sind und aneinander festhängen, ist der einzige Weg, um sie wieder zu trennen, Feuer. So ist es auch, wenn das Herz und die Welt aneinander festhängen, dann hat Gott keinen besseren Weg, um sie zu trennen, als das Feuer der Leiden.

Trübsal ist zu unserem Nutzen, da sie uns läutert. Sie wirkt bei uns ein höheres Maß an Heiligkeit. „Er aber zu unserem Besten, damit wir seiner Heiligkeit teilhaftig werden" (Hebr 12,10). Die Gefäße der Barmherzigkeit werden durch Scheuern glänzender. Wie wir über unser Leinen Wasser gießen, wenn wir sie weißer machen wollen, so gießt auch Gott das Wasser der Trübsal über uns, um unsere Seelen weißer zu machen. Die Blätter und die Wurzel des Feigenbaums sind bitter, aber die Frucht ist süß. So sind auch Trübsale in sich selbst bitter, doch

---

Geistlichen eine ähnliche Aufgabe hat wie im Oberhaus im Weltlichen.

70 Das ist eine Anspielung auf Hiob. Als er auf sein früheres Glück zurückblickt, verwendet er diese Redewendung: „Als ich meine Tritte in Milch badete und der Fels neben mir Öl in Strömen ergoss" (Hiob 29,6)

bringen sie die liebliche Frucht der Gerechtigkeit hervor (Hebr 12,11). Dies sollte uns dazu bringen, dass wir uns Gott unterordnen und sprechen: „Dein Wille geschehe."

5. In der Trübsal liegt Freundlichkeit, weil sie ein Zustand ist, der noch schlimmer sein könnte. Wenn es dämmert, kann es noch dunkler werden. Gott macht unser Kreuz nicht so schwer, wie er könnte. Er „erweckte nicht seinen ganzen Grimm" (Ps 78,38). Er legt nicht so viele Nägel auf unser Joch, nicht so viel Wermut in unseren Becher, wie er könnte. Züchtigt Gott unseren Leib? Er könnte auch unser Gewissen quälen. Hält er uns an der kurzen Leine? Er könnte uns auch abschneiden. Der Herr könnte unsere Ketten schwerer machen. Ist es ein brennendes Fieber? Es könnte auch ein brennender See sein. Gebraucht Gott sein Schneidemesser, um uns zu beschneiden? Er könnte auch seine Axt nehmen, um uns niederzuschlagen. „Das Wasser reicht bis zum Knöchel." Reicht das Wasser der Trübsal bis zu den Knöcheln? Gott könnte es höher steigen lassen, ja, er könnte uns im Wasser ertränken. Gott benutzt die Rute, während er auch den Skorpion gebrauchen könnte.

6. In der Trübsal liegt Freundlichkeit, weil unsere Lage nicht so schlecht ist wie bei anderen, die beständig auf der Folterbank sind und ihre Jahre mit Seufzen verbringen (Ps 31,11). Haben wir einen sanften Anfall von Schüttelfrost? Andere schreien wegen Nierensteinen und Erstickungsanfällen. Tragen wir den Zorn von Menschen? Andere tragen den Zorn Gottes. Wir haben nur eine Prüfung, andere haben viele zusammen. Gott schießt nur einen Pfeil auf uns, auf andere schießt er einen Hagel von Pfeilen. Liegt in alledem nicht Freundlichkeit? Wir sind geneigt, zu sagen, dass niemand so leidet wie ich! Ging es Lazarus nicht schlecht, der so voller Geschwüre war, dass die Hunde mit ihm Mitleid hatten und seine Geschwüre leckten? Ja, ging es Christus nicht schlecht, der in Armut lebte und als Verfluchter starb? Sollte uns das nicht dazu bringen, zu sagen: „Dein Wille geschehe"? Es ist Freundlichkeit, dass Gott mit uns nicht so streng handelt wie mit anderen.

7. In der Trübsal liegt Freundlichkeit, weil das schon die ganze Hölle ist, die wir haben werden, wenn wir zu Gott gehören. Einige haben zwei Höllen: Sie leiden an ihrem Leib und in ihrem Gewissen, was die eine Hölle ist. Und die andere Hölle besteht darin, in ein unauslöschliches Feuer zu kommen. Judas hatte zwei Höllen, aber ein Kind Gottes hat nur eine. Lazarus hat seine ganze Hölle hier; er war voller Geschwüre, aber er hatte eine Eskorte von Engeln, um ihn in den Himmel zu tragen, als er starb. Lasst und deshalb sprechen: Nun, wenn das das Schlimmste ist, das ich haben werde, wenn das meine ganze Hölle ist, dann will ich mich geduldig fügen: „Dein Wille geschehe."

8. Darin, dass Gott in Trübsal eine gnädige Unterstützung gibt, liegt Freundlichkeit. Wenn er mit der einen Hand schlägt, dann unterstützt er mit der anderen. „Unter dir sind ewige Arme" (5.Mose 33,27). Es gibt nicht die kleinste Prüfung, bei der wir nicht aus Furcht vor Strafe versinken würden, wenn Gott uns verlassen und uns nicht mit seiner Gnade beistehen würde. Petrus erschrak bei der Stimme einer Magd (Mt 26,69). Oh, was ist es deshalb für eine Gnade, dass Christus uns Kraft gibt und sozusagen mit uns den schwersten Teil des Kreuzes trägt! Jemand sagte einmal: Ich habe in meiner Krankheit keine verzückende Freude, aber ich danke Gott, dass ich eine liebliche Unterstützung habe – sollte diese nicht eine Unterordnung unter den Wille Gottes bewirken und uns sprechen lassen: „Nun, wenn du so freundlich bist, dass du uns in der Trübsal trägst, damit wir nicht ohnmächtig werden, dann leg uns in die Weinpresse, wie es dir gefällt." „Dein Wille geschehe."

9. In der Trübsal liegt Freundlichkeit, da sie vorbeugend ist. Gott möchte durch seine Schläge gegen manche Sünde vorbeugen. Der „Pfahl fürs Fleisch", den Paulus hatte, sollte verhindern, dass er sich nicht im Hochmut erhob (2.Kor 12,7). Trübsal wird manchmal als Strafe für die Sünde geschickt, ein anderes Mal, um sie zu verhindern. Wohlstand setzt einen Menschen vielen Übeln aus; es ist schwer, einen vollen Becher zu tragen, ohne etwas zu verschütten, und ein großes Vermö-

gen zu haben, ohne zu sündigen. Gottes Kinder wissen nicht, wie viel sie ihrer Trübsal zu verdanken haben; sie wären möglicherweise in einige Skandale gefallen, hätte Gott nicht eine Dornenhecke in ihren Weg gestellt, um sie aufzuhalten. Was für eine Freundlichkeit ist das! Gott lässt uns in Leiden fallen, um zu verhindern, dass wir nicht in Fallstricke fallen. Lasst uns deshalb sprechen: Herr, handle wie es in deinen Augen gut erscheint. „Dein Wille geschehe."

Durch Trübsal möchte Gott die Verdammnis verhindern. Wir werden in der Welt gezüchtigt, „damit wir nicht samt der Welt verurteilt werden" (1.Kor 11,32). Jemand kann dadurch vor dem Fallen in einen Fluss bewahrt werden, dass er in Dornen fällt. So lässt Gott auch uns in die Dornen der Trübsal fallen, damit wir nicht im Verderben untergehen. Es ist eine große Gunst, wenn eine geringere Strafe auferlegt wird, um eine größere zu verhindern. Ist es keine Milde des Richters, wenn er eine leichte Strafe auf den Gefangenen legt und sein Leben rettet? So ist es auch, wenn Gott leichte Trübsal auf uns legt und uns vor dem zukünftigen Zorn rettet. Wie Pilatus sagte: „Darum will ich ihn züchtigen und dann freilassen!" (Lk 23,16), so züchtigt auch Gott seine Kinder, und dann lässt er sie gehen und bewahrt sie vor den ewigen Qualen. Was ist ein Tropfen Trauer, den die Gläubigen schmecken, im Vergleich zu dem Meer des Zorns, das die Gottlosen in alle Ewigkeit trinken werden? Oh, was für eine Freundlichkeit haben wir hier! Sollte uns das nicht sprechen lassen: „Dein Wille geschehe?"

10. Darin, dass Gott seine Vorsehung vermischt, liegt Freundlichkeit. Im Zorn gedenkt er seiner Barmherzigkeit (Hab 3,2). Nicht die ganze, reine Galle, sondern sie ist etwas mit Honig vermischt. Die Schuhe von Asser waren aus Eisen und Kupfer, aber seine Füße waren in Öl getaucht (5.Mose 23,24.25). Trübsal ist der Schuh aus Kupfer, aber Gott sorgt dafür, dass der Fuß in Öl getaucht wird. So wie der Maler seine dunklen Schatten mit hellen Farben mischt, so mischt auch der weise Gott die dunklen und hellen Farben, Kreuze mit Segnungen. Der Leib ist in Trübsal, aber im Inneren ist der Friede des Gewissens. Josef wurde nach Ägypten verkauft und ins Ge-

fängnis gebracht. Das war die dunkle Seite der Wolke. Hiob verlor alles, was er hatte, seine Haut war mit Eiterbeulen und Geschwüren bedeckt. Hier haben wir die traurige Vorsehung. Aber Gott gab vom Himmel her ein Zeugnis von der Aufrichtigkeit Hiobs und verdoppelte später seinen Besitz. „Und der HERR erstattete Hiob alles doppelt wieder“, hier haben wir die Güte Gottes Hiob gegenüber (Hiob 42,10). Gott macht die Werke seiner Vorsehung schwarz und weiß – gemischt wie auf einem Schachbrett. Und sollten wir uns nicht unterordnen und sprechen: „Herr, wenn du so freundlich bist, indem du in meine dunkle Situation so viele helle Farben hineinmischst, dann geschehe dein Wille“?

11. In der Trübsal liegt Freundlichkeit, da Gott seine Schläge abmildert. „Ich will dich mit Maßen züchtigen“ (Jer 30,11; LÜ 84). „Mit Maßen, durch Verbannung, hast du es gestraft; Er hat es durch seinen heftigen Sturm fortgetrieben am Tag des Ostwinds“ (Jes 27,8). Der Arzt, der die Verfassung und das Wesen seines Patienten kennt, wird keine zu starke Medizin für den Körper geben, noch wird er ein Gramm zu viel geben. So kennt auch Gott unsere Konstitution; er wird uns nicht über die Maßen betrüben; er wird die Saite der Viola nicht zu stark spannen, damit sie nicht reißt. Und liegt in alledem nicht Freundlichkeit? Sollte dies in unseren Herzen keine Unterordnung bewirken? „Herr, wenn du so viel Milde walten lässt und in Maßen züchtigst, dann geschehe dein Wille.“

12. In der Trübsal liegt Freundlichkeit, dass Gott sie oft mit göttlichem Trost versüßt. „Der uns tröstet in all unserer Bedrängnis“ (2.Kor 1,4). Nach einem bitteren Trank gibt er ein Stück Zucker. Gott tröstet in der Trübsal.

a) Zum Teil durch sein Wort. „Das ist mein Trost in meinem Elend, dass dein Wort mich belebt“ (Ps 119,50). Die Verheißungen des Wortes sind ein Laden mit Herzwassern.

b) Gott tröstet durch seinen Geist. Philipp, Landgraf von Hessen, sagte in seinen Nöten: *„Se divinas martyrum consolationes sensisse* – er fühle den göttlichen Trost der Märtyrer.“ David hatte seine Pilgerlieder und Paulus seine Gefängnislieder (Ps 119,54; Apg 16,25). Auf diese Weise süßt Gott unseren

Wermut mit Zucker und lässt uns von Dornen Weintrauben sammeln. Einige der Heiligen hatten in der Trübsal solch eine verzückende Freude, dass sie lieber ihre Leiden ertragen wollten, als nach ihrem Trost zu verlangen. Oh, wie viel Freundlichkeit ist in dem Kreuz! Im Bauch dieses Löwen ist eine Honigwabe. Sollte uns das nicht fröhlich dem Willen Gottes unterordnen lassen, wenn er das Joch mit Trost säumt und uns am Ende der Rute Honig gibt?

13. In der Trübsal liegt Freundlichkeit, da Gott sie einschränkt und verkürzt; Er lässt sie nicht lange auf jemandem liegen. „Denn ich will nicht immerdar hadern und nicht ewiglich zürnen; sonst würde ihr Geist vor mir verschmachten" (Jes 57,16; LÜ 84). Gott gibt seinem Volk eine Erleichterungsschrift und verkündet ein Gnadenjahr. Die Gottlosen mögen auf dem Rücken der Heiligen pflügen, aber Gott wird ihre Stricke zerschneiden (Ps 129,3.4). Der Goldschmied lässt sein Gold nicht länger im Feuerofen, als bis es gereinigt ist. Die Gottlosen müssen ein Meer des Zorns trinken, doch die Gläubigen haben nur einen Kelch der Trübsal und Gott wird sagen: „Lasst diesen Kelch vorübergehen" (Jes 51,17; nach der englischen Übersetzung). Trübsal kann mit Frost verglichen werden, der einbricht, und dann kommen die Frühlingsblumen. „Aber Kummer und Seufzen werden entfliehen!" (Jes 35,10). Trübsal hat einen Stachel, aber darüber hinaus auch einen Flügel: Die Traurigkeit wird davonfliegen. Diese Überflutung des Landes wird ausgetrocknet werden. Wenn in dem Kreuz so viel Freundlichkeit liegt und Gott dafür sorgen wird, dass die Not aufhört, dann lasst uns sprechen: „*Fiat voluntas tua* – dein Wille geschehe."

14. In der Trübsal liegt Freundlichkeit, da sie ein Mittel ist, um uns glücklich zu machen. „Siehe, wohl dem Menschen, den Gott zurechtweist!" (Hiob 5,17). Für Fleisch und Blut scheint es befremdend, dass Trübsal uns glücklich machen soll. Als Mose sah, wie der Dornenbusch brannte und nicht verzehrt wurde, sagte er: „Ich will doch hinzutreten und diese große Erscheinung ansehen" (2.Mose 3,3). Hier haben wir einen sonderbaren Anblick: einen Mann in Trübsal und

doch glücklich. Die Welt hält diejenigen für glücklich, die der Trübsal entkommen, doch glücklich ist der Mann, den Gott zurechtweist.

Wie tragen Trübsale zu unserer Glückseligkeit bei?
Indem sie die Mittel sind, die uns näher zu Gott zu bringen. Der Magnet des Wohlstands zieht uns nicht so nahe zu Gott wie die Stricke der Trübsal. Als der verlorene Sohn durch Mangel in der Klemme war, sagte er: „Ich will mich aufmachen und zu meinem Vater gehen“ (Lk 15,18). Wie die Sintflut die Taube zur Arche brachte, so lassen die Fluten der Trauer uns zu Christus eilen.

Trübsale machen uns glücklich, da sie sichere Führer zur Herrlichkeit sind. Der Sturm treibt das Schiff in den Hafen. Gesegneter Sturm, der die Seele in den himmlischen Hafen treibt. Ist es nicht besser durch Trübsal in die Herrlichkeit zu gehen als durch Freude ins Elend? Es ist nicht so, dass man durch Trübsale die Herrlichkeit verdient – sie bereiten uns vielmehr auf die Herrlichkeit vor. Mit keinem Kreuz kann man jemals das verdienen, was Christus am Kreuz erduldet hat. Oh, ihr Christen, bedenkt, wohin Trübsal führt! Sie führt zum Paradies, wo die Flüsse der Freude allezeit fließen. Sollte uns das nicht dazu bringen, dass wir uns freudig dem Willen Gottes unterordnen und sprechen: Herr, wenn in Trübsal so viel Freundlichkeit liegt, wenn alles, was du tust, dazu da ist, um uns glücklich zu machen, dann geschehe dein Wille.

g) Bedenken wir, dass es der gewöhnliche Weg Gottes ist, für seine Kinder ein bitteres Diät-Getränk bereitzuhalten und sie in großen Prüfungen zu üben. Trübsal ist der Trampelpfad, auf dem alle Heiligen gegangen sind. Die lebendigen Steine in dem geistlichen Gebäude wurden alle behauen und geschliffen. Die Lilie Christi wächst unter Dornen. „Und alle, die gottesfürchtig leben wollen in Christus Jesus, werden Verfolgung erleiden“ (2.Tim 3,12). Es ist für einen Christen zu viel, zwei Himmel zu haben. Das ist mehr als Christus hatte. Es war immer das Los der Heiligen, argen Prüfungen entgegenzutreten. Das war das Los der Propheten: „Meine Brüder, nehmt auch die Propheten ... zum Vorbild des Leidens und der Geduld“ (Jak 5,10). Das war das Los der Apostel, denn Petrus wurde mit seinem Kopf nach unten gekreuzigt. Jakobus wurde von Herodes enthauptet, Johannes wurde auf die Insel Patmos verbannt, der Apostel Thomas wurde mit einem Speer durchstoßen, Matthias (der an Stelle von Judas gewählt wurde) wurde zu Tode gesteinigt und Lukas, der Evangelist, wurde an einem Olivenbaum erhängt. Diese Heiligen, derer die Welt nicht wert war, standen unter der Zuchtrute (Hebr 11,38). Das Königreich Christi ist das *regnum crucis* – Königreich des Kreuzes. Diejenigen, die Gott vor der Hölle retten will, rettet er nicht vor dem Kreuz. Diese Überlegung müsste unseren Geist in der Trübsal stille machen und uns sprechen lassen: „Dein Wille geschehe.“ Denken wir etwa, dass Gott seinen Weg der Vorsehung für uns ändert? Warum sollten wir danach ausschauhalten, dass wir mehr von der Not ausgenommen werden als andere? Warum sollten wir denken, dass wir nur auf Rosen und Veilchen treten, während die Propheten und Apostel durch Dornen zum Himmel marschiert sind?

h) Betrachten wir, was Gott bereits für uns getan hat. Das sollte uns Christen zufrieden machen, jedes Leiden aus seiner Hand zu nehmen und zu sagen: „Dein Wille geschehe.“

1. Er hat uns als sein Kind angenommen. David hielt es für keine geringe Ehre, der Schwiegersohn des Königs zu sein (1.Sam 18,18). Was für eine Ehre ist es, wenn man seine Abstammung vom Himmel herleiten kann, wenn man von Gott geboren ist! Warum sind wir dann betrübt und murren über jedes leichte Kreuz? Wie Jonadab zu Amnon sprach: „Warum bist du jeden Morgen so niedergeschlagen, du Königssohn?“ (2.Sam 13,4). Warum bist du, der du ein Sohn oder eine Tochter des Königs des Himmels bist, über diese belanglosen Dinge so betrübt? Wie bitte? Der Sohn des Königs sein und niedergeschlagen aussehen? Lasst dadurch unseren Geist stille werden und uns unseren Willen unter den Willen Gottes bringen, dass er uns mit Ehre gewürdigt hat. Er hat uns zu seinem Sohn und Erben gemacht und wird uns ein Königreich zuteilen.

2. Gott hat uns Christus gegeben. Christus ist *communis thesaurus* – ein Magazin oder Lagerhaus aller himmlischen Schätze, eine kostbare Perle, um uns reich zu machen, ein Baum des Lebens, um uns zu erquicken, er ist der Inbegriff allen Segens. Warum sind wir dann mit unseren Kreuzen in der Welt unzufrieden? Sie können nicht so bitter sein, wie Christus lieblich ist. Wie Seneca zu Polybius sagte: „Warum klagst du über ein schweres Schicksal, *salvo Caesare* – während es Cäsar wohlgeht? Ist Cäsar nicht dein Freund?“ Ist ebenso Christus nicht unser Freund? Wer auf seinem Land eine Goldmine hat, kann niemals arm sein und auch nicht derjenige, der den unausforschlichen Reichtum Christi hat. Dann lasst uns sprechen: „Herr, dein Wille geschehe.“ Obwohl ich mein Kreuz habe, so habe ich doch Christus dabei. Das Kreuz mag mich zum Weinen bringen, aber Christus wischt alle Tränen ab (Offb 7,17).

3. Gott hat uns Gnade gegeben. Gnade ist die kostbare Stickerei und das Kunstwerk des Heiligen Geistes. Sie ist die heilige Salbung (1.Joh 2,27). Die Gnadengaben sind eine Perlenkette zum Schmuck und Betten mit Gewürzen, die für Gott ein lieblicher Wohlgeruch sind. Gnade ist ein Segen, der unterscheidet. Christus gab Judas seinen Geldbeutel, aber nicht seinen Geist. Müsste dies nicht das Herz in Trübsal stille machen und uns sagen lassen: „Dein Wille geschehe“? Herr, du hast mir das Juwel gegeben, das du nur deinen Auserwählten schenkst. Die Gnade ist das Siegel deiner Liebe; sie ist sowohl Nahrung als auch Herzensstärkung; sie ist ein Unterpfand der Herrlichkeit.

i) Bedenken wir: Wenn Gott jemandem in seinem Volk die größte Gnade geben will, dann macht er ihn in Trübsal niedrig. Gott scheint dann völlig gegen die Gefühle und den Verstand zu handeln, denn wenn er uns am höchsten erhöhen will, bringt er uns an den tiefsten Punkt. Wie die Hand von Mose aussätzig war, bevor sie Wunder tat, und der Mutterleib der Sara verschlossen war, bevor er den Sohn der Verheißung hervorbrachte. Gott macht uns niedrig, bevor er uns erhöht –

so wie das Wasser in der tiefsten Ebbe ist, bevor die Springflut kommt.

Dies ist in einem weltlichen Sinn wahr. Als Gott Israel nach Kanaan bringen wollte, in ein Land, in dem Milch und Honig fließt, führte er sie zuerst durch das Meer und die Wüste. Als er Josef zum zweiten Mann im Königreich befördern wollte, warf er ihn erst ins Gefängnis und seine Seele wurde ins Eisen gelegt (Ps 115,18). Bevor der Morgenstern der Befreiung erscheint, lässt er es gewöhnlich am dunkelsten werden.

Es ist in einem geistlichen Sinn wahr. Wenn Gott eine Seele zum geistlichen Trost erwecken will, legt er sie zuerst in tiefe Verlassenheit (Jes 12,1). Wie der Maler zuerst seine dunkle Farbe aufträgt und dann darauf seine goldene, so legt auch Gott die Seele zuerst in dunkle Verlassenheit, und dann trägt er darauf seine goldene Farbe der Freude und des Trostes auf. Sollten wir uns deswegen nicht fröhlich unterordnen und sprechen: „Dein Wille geschehe"? Vielleicht werde ich gerade von Gott betrübt. Er ist dabei, mich zu erhöhen. Er beabsichtigt, mir eine größere Gnade zu geben, als ich wahrnehme.

j) Betrachten wir die Vortrefflichkeit dieses Seelenzustandes, wenn man zu den Füßen Gottes sitzt und spricht: „Dein Wille geschehe."

Eine Seele, die mit dem Willen Gottes verschmolzen ist, weist eine Vielfalt an Gnadengaben auf. Wie das heilige Salböl aus verschiedenen wohlriechenden Gewürzen gemacht war: Myrrhe, Zimt und Kassie, so hat auch dieser liebliche Gemütszustand der Seele, indem er in Trübsal Gott untergeordnet ist, in sich eine Mischung aus verschiedenen Gnadengaben (2.Mose 30,23). Im Besonderen ist er aus drei Gnadengaben zusammengesetzt: Glaube, Liebe, Demut.

1. Glaube. Der Glaube glaubt, dass Gott alles in Barmherzigkeit tut, damit durch die Trübsal einige Sünden getötet werden oder einige Gnadengaben eingeübt werden, und dass Gott in Liebe und Treue züchtigt (Ps 119,75). Der Glaube daran bewirkt eine Unterordnung unter den Willen Gottes.

2. Liebe. Die Liebe denkt nichts Böses (1.Kor 13,5). Sie fasst alles, was Gott tut, in einem guten Sinn auf. Sie hat gute Ge-

danken über Gott und bewirkt Unterordnung. Wenn der gerechte Gott mich schlägt, sagt die Liebe: Es ist eine Freundlichkeit, ja, es ist ein vortreffliches Salböl, das mein Haupt nicht brechen wird.

3. Demut. Die demütige Seele schaut auf ihre Sünden und wie sehr sie Gott herausgefordert hat. Sie sagt nicht, dass ihre Trübsal groß ist, sondern dass ihre Sünden groß sind. Sie liegt in Niedrigkeit zu den Füßen Gottes und spricht: „Den Zorn des HERRN will ich tragen – denn ich habe gegen ihn gesündigt" (Mi 7,9). Somit ist eine unterordnende Gestalt des Herzens voller Gnade. Es ist eine Verbindung von verschiedenen Gnadengaben. Gott gefällt es, zu sehen, wie so viele Gnadengaben auf einmal lieblich eingeübt werden. Er spricht über einen solchen Christen wie David über das Schwert Goliaths: „Es gibt nicht seinesgleichen; gib es mir!" (1.Sam 21,9).

Wer zu dem Willen Gottes sein *fiat et placet* – So-sei-Es und seine Zustimmung gibt und spricht: „Dein Wille geschehe", der zeigt nicht nur verschiedene Gnadengaben, sondern Kraft in der Gnade. Es spricht für viel körperliche Kraft, wenn man in der Lage ist, hartes Wetter auszuhalten und dabei in Kraft nicht nachlässt. Ebenso zeigt es, dass jemand mehr als eine gewöhnliche Kraft der Gnade hat, wenn er schwere Prüfungen ertragen kann und dabei nicht ohnmächtig wird und sich keine Sorgen macht. Du, der du sagen kannst, dass du deinen Willen unter den Willen Gottes gebracht hast – der Wille Gottes und dein Wille stimmen miteinander überein wie die Kopie und das Original – lass mich dir versichern, dass du viele Christen überflügelt hast, die vielleicht in ihrer Erkenntnis in höheren Sphären strahlen als du. Wenn man damit zufrieden ist, Gott zur Verfügung zu stehen, alles zu sein, was Gott will, zeigt das eine edle, heldenhafte Seele. Es wird von dem Adler berichtet, dass er nicht wie die anderen Vögel ist, die, wenn sie hungrig sind, Lärm machen und wie die Raben nach Nahrung schreien. Aber von dem Adler hört man niemals, dass er Lärm macht, auch wenn ihm Nahrung fehlt, weil er einen großen und edlen Geist hat. Er steht über den anderen Vögeln und hat einen Geist, der seiner Natur entspricht. So ist es auch ein Beweis für einen außerordentlich großen Geist, dass ein Christ, welche Kreuze der Vorsehung auch immer über ihn kommen, nicht weint und jammert wie andere, sondern still ist und ruhig zu den Füßen Gottes sitzt. In solch einer Seele ist viel Kraft der Gnade, ja, Gnade in höchstem Maß. Wenn die Gnade triumphiert, dann ist es leicht zu sagen: „Herr, dein Wille geschehe." Wenn aber die Gnade angefochten wird und auf Kreuze und Prüfungen trifft und dabei spricht: „Dein Wille geschehe", dann ist das in der Tat eine herrliche Sache und eine Vorbereitung auf den Ehrenkranz.

k) Bedenken wir, dass die Leute im Unglück gewöhnlich besser sind als im Wohlstand; beugen wir uns deshalb unter den Willen Gottes. Die Lage im Wohlstand ist nicht immer so sicher. Es ist wahr, dass es für den Gaumen angenehmer ist, und jeder wünscht sich auf der Sonnenseite zu sein, wo die Sonne des Wohlstands scheint, aber das ist nicht immer am besten. Im Zustand des Wohlstands gibt es mehr Lasten – *plus oneris*. Viele Leute schauen auf das Leuchten und den Glanz des Wohlstands, aber nicht auf dessen Lasten.

1. Da ist die Last der Sorge. Deshalb bezeichnet Gott Reichtümer als „Sorgen" (Lk 8,14). Eine Rose hat ihre Dornen, so auch Reichtum. Wir halten diejenigen für glücklich, die in ihren Kleidern aus Seide und Gold blühen, aber wir sehen nicht die Nöte und Sorgen, die damit verbunden sind. Ein Schuh kann Schnürsenkel aus Silber haben, aber dennoch den Fuß drücken. Mancher Mann, der seiner täglichen Arbeit nachgeht, lebt ein zufriedeneres Leben als derjenige, der *per annum* – jedes Jahr seine „Tausende" macht. Beunruhigende Sorge ist der *malus genius* – böse Geist, der den reichen Mann verfolgt. Wenn seine Kisten voll mit Gold sind, ist sein Herz voller Sorge, wie er das vermehren oder beschützen kann, was er bekommen hat. Er ist manchmal voller Sorge, wem er es hinterlassen soll. Ein großer Besitz ist wie ein langes Gewand – oft eher lästig als nützlich.

2. Wenn man durch Besitz wohlhabend ist, trägt man die Last der Verantwortung. Diejenigen, die in einer hohen Stellung sind, müssen vor Gott bei Weitem eine größere Rechen-

schaft ablegen als andere. „Wem viel anvertraut ist, von dem wird man desto mehr fordern“ (Lk 12,48). Je mehr goldene Talente jemandem anvertraut sind, umso mehr muss er zurückgeben; je höher seine Einkünfte sind, umso höher sind die Rechnungen. Gott wird sagen: Ich habe dir einen großen Besitz gegeben, was hast du damit gemacht? Wie hast du ihn zu meiner Ehre eingesetzt? Ich habe von Philipp, dem König von Spanien, gelesen, dass er, als er im Sterben lag, sagte: „Oh, wäre ich niemals ein König geworden! Oh, hätte ich nur ein einsames bürgerliches Leben gehabt! Hier ist die ganze Frucht meines Königreichs, es hat meine Verantwortung schwerer gemacht!“ Müsste dies unser Herz nicht in einen niedrigen Stand versetzen, es darin stille machen und uns sprechen lassen: „Herr, dein Wille geschehe!“ Weil du mir einen geringeren Teil an weltlichen Dingen gegeben hast, habe ich eine geringere Sorgenlast und eine geringere Last an Verantwortung.

3. Wohlstand trägt in sich *plus periculi* – mehr Gefahr. Diejenigen, die auf dem Höhepunkt der Ehre sind, stehen in größerer Gefahr, zu fallen. Sie sind vielen Versuchungen ausgesetzt; ihr Tisch ist oft ein Fallstrick. Heliogabalus[71] machte Becken mit süßem Wasser, um darin zu baden. Millionen sind im süßen Wasser der Freude ertrunken. Ein großes Segel bringt das Schiff zum Kentern. Bei vielen Leuten ist die Seele gekentert, weil sie zu große Segel des Wohlstands hatten! Man muss einen starken Kopf haben, um berauschenden Wein vertragen zu können. Man muss viel Weisheit und Gnade haben, damit man eine hohe Stellung tragen kann. Es ist schwer, einen vollen Becher zu tragen, ohne ihn zu verschütten, und einen übermäßigen Besitz zu haben, ohne zu sündigen. Agur fürchtete, dass er Gott aus Übersättigung verleugnen und sagen könnte: „Wer ist der HERR?“ (Spr 30,9). Wohlstand erzeugt Hochmut. Die Kinder von Korach standen in einer höheren Position als die übrigen Leviten. Sie dienten in der Stiftshütte an den heiligsten Dingen. Sie hatten das erste Los. Aber so wie sie über die anderen Leviten an Ehre erhoben waren, so auch

71 Elagabalus, auch bekannt unter dessen Spitznamen Heliogabalus, war von 218 n.Chr. bis 222 n.Chr. römischer Kaiser.

an Hochmut (4.Mose 4,4; Jos 21,10; 4.Mose 16,3). Wenn in der Themse der Wasserstand steigt, steigen auch die Boote höher. So ist es auch, wenn der Stand eines Besitzes höhersteigt, dann steigen auch die Herzen vieler Menschen im Hochmut höher. Wohlstand erzeugt eine falsche Sicherheit. Simson schlief im Schoß der Delila ein. So schlafen auch Menschen im Schoß der Bequemlichkeit und des Überflusses ein. Der goldene Sand der Welt ist Treibsand. „Wie schwer werden die Reichen ins Reich Gottes hineinkommen!" (Lk 8,24). Wenn wir dies bedenken, dann müssten wir uns im Unglück unter den Willen Gottes unterordnen und sagen: „Dein Wille geschehe." Gott sieht, was für uns am besten ist. Wenn wir weniger Besitz haben, dann sind wir auch weniger in Gefahr. Wenn wir der Ehre der anderen ermangeln, dann haben wir auch nicht ihre Versuchungen.

l) Bedenken wir, dass es ein gutes Zeichen ist, dass unsere gegenwärtige Trübsal geheiligt ist, wenn unser Wille mit dem Willen Gottes verschmolzen ist. Die Trübsal ist geheiligt, wenn sie das Ziel erreicht, wozu sie gesandt wurde. Das Ziel, warum Gott Trübsal schickt, besteht darin, den Geist zur Ruhe zu bringen, unseren Willen unterzuordnen und in Übereinstimmung mit dem Willen Gottes zu bringen. Wenn das getan ist, dann hat die Trübsal das Ziel erreicht, für das sie bestimmt war. Sie ist geheiligt, und es wird nicht lange dauern, bis sie weggenommen wird. Wenn die Wunde geheilt ist, wird das schmerzende Pflaster abgenommen.

m) Bedenken wir, wie unwürdig es für einen Christen ist, eigensinnig zu sein und sich nicht unterzuordnen und seinen Willen nicht mit dem Willen Gottes in Übereinstimmung zu bringen:

1. Es ist unter der Würde eines Christen. Der Geist eines Christen ist wie eine Taube, sanftmütig und ruhig; er steht Gott bereitwillig zur Verfügung. „Doch nicht mein, sondern dein Wille geschehe!" (Lk 22,42). Der Geist eines Christen ist nicht unruhig, sondern demütig, nicht gierig, sondern zufrieden. Sehen wir das Bild eines christlichen Geistes bei Paulus: Ich weiß „Überfluss zu haben als auch Mangel zu leiden" (Phil

4,12). Er konnte sowohl hoch als auch niedrig sein, so wie Gott es für gut erachtete. Er konnte mit jedem Wind der Vorsehung segeln, ob es ein Wind des Wohlstands war oder ein tosender Sturm, sein Wille war mit dem Willen Gottes verschmolzen. Es ist für den Geist eines Christen unwürdig, einen Quergeist zu haben, der sich Gott nicht unterordnen kann. Er ist dann wie ein Vogel, der sich selbst gegen den Käfig schlägt, weil er eingeschlossen ist und nicht ins Freie fliegen kann.

2. Ein eigensinniges Wesen, das sich nicht dem Willen Gottes unterordnen kann, ist eines christlichen Bekenntnisses unwürdig. Er bekennt zwar durch den Glauben zu leben, doch hadert er mit seinen Zustand. Der Glaube lebt nicht durch Brot allein; er nährt sich von den Verheißungen; er lässt die zukünftige Herrlichkeit Gegenwart werden; er sieht alles in Gott. Auch wenn der Feigenbaum nicht blüht, kann sich der Glaube am Heil Gottes erfreuen (Hab 3,17.18). Wenn man über den gegenwärtigen Stand bekümmert ist, weil er niedrig und durchschnittlich ist, dann zeugt das von einem schwachen Glauben. Gewiss ist ein Glaube, der zur Unterstützung Krücken nötig hat, ein schwacher oder sogar gar kein Glaube. Oh, wir müssen uns schämen, uns selbst Gläubige zu nennen, wenn wir bei einem Mangel an äußerlichen Segnungen Gott nicht vertrauen können und uns seinem Willen nicht fügen können.

3. Ein eigensinniger Geist, der sich nicht unterordnen und seinen Willen nicht dem Willen Gottes ausliefern kann, ist der hohen Würde unwürdig, die Gott auf einen Christen legt. Er ist ein reicher Erbe; er ist über alle Geschöpfe erhoben, die Gott gemacht hat, ausgenommen der Engel. Ja, in einem gewissen Sinne steht er sogar über den Engeln, wenn seine Natur wesenhaft mit der göttlichen Natur verbunden ist. Oh, wie ist es dann unter seiner Würde, wenn er aus Mangel an ein paar irdischen Segnungen eigensinnig ist und gegen die Gottheit streitet! Ist es nicht eines Königssohnes unwürdig, wenn er über seinen königlichen Vater unzufrieden ist und gegen ihn rebelliert, nur weil er eine bestimmte Blume nicht pflücken darf. Ein Christ ist mit Jesus Christus vermählt. Wie bitte?

Er ist mit Christus vermählt und trotzdem eigensinnig und ordnet sich nicht unter? Haben wir in ihm nicht genug? Wie Elkana zu Hanna sagte: „Bin ich dir nicht mehr wert als zehn Söhne?“ (1.Sam 1,8). Ist Christus nicht besser als zehntausend weltliche Segnungen? *Omnia bona in summo bono* – alle guten Dinge sind in dem höchsten Gut. Es ist eine Herabwürdigung Christi, wenn seine Braut eigensinnig ist, während die Krone des Himmels für sie bestimmt ist.

4. Ein eigensinniger Geist, der sich nicht unterordnet, passt nicht zu den Gebeten eines Christen. Er betet: „Dein Wille geschehe.“ Es ist der Wille Gottes, dass ihn bestimmte Nöte treffen, ob Krankheit, Verlust des Besitzes, Kreuze durch Kinder; Gott hat sie beschlossen und angeordnet. Warum gibt es dann keine Unterordnung? Warum sind wir über das unzufrieden, wofür wir beten? Latimer sagte, als er über Petrus sprach, der seinen Meister verleugnet hatte, dass er vergessen hatte zu beten: „Geheiligt werde dein Name.“ So vergessen auch wir oft zu beten, oder stehen im Widerspruch zu unseren Gebeten, wenn wir beten: „Dein Wille geschehe.“ Wenn es nun eines Christen unwürdig ist, dass er sich Gott nicht unterordnet, sollten wir dann nicht danach trachten, unseren Willen unter den Willen Gottes zu bringen und sprechen: Herr, lass mich den Glauben nicht herabwürdigen; lass mich nichts tun, was für einen Christen unwürdig ist?

n) Bedenken wir, dass Eigensinn und ein nicht Unterordnen des Willens unter Gott sehr sündhaft sind:

1. Es ist seinem Wesen nach sündhaft. Wenn man gegen Gott murrt, weil er unseren Willen durchkreuzt, zeugt das von viel Gottlosigkeit. Der Apostel Judas sprach über die Gottlosen, und damit wir besser erkennen, wer diese Leute sind, hat er gezeigt, welches Merkmal sie haben: „diese murren“ (Vers 15.16; LÜ 84). Einige denken, dass sie nicht so gottlos wie andere sind, weil sie nicht Fluchen, nicht betrunken sind – jedoch können sie durch Murren gottlos sein. Es gibt nicht nur gottlose Trunkenbolde, sondern auch gottlose Murrer. Ja, das ist der Gipfel der Gottlosigkeit; das ist Rebellion. Korach und seine Rotte murrten gegen Gott – und beachten wir, wie

Gott das aufgefasst hat: „Holt den Stab Aarons und nehmt ihn als ein Zeichen für die Rebellion" (4.Mose 17,10; nach der englischen Übersetzung). Ein Murrer und ein Rebell ist in den Augen Gottes das Gleiche. „Das ist das Haderwasser, wo die Kinder Israels mit dem HERRN haderten" (4.Mose 20,13). Wie haben sie doch mit Gott gehadert! Es ist für einen Knecht eine Schande, wenn er mit seinem Herrn hadert. Doch was ist es dann erst, wenn ein Geschöpf mit seinem Schöpfer hadert?

2. Wenn man gegen die Vorsehung Gottes streitet und sich seinem Willen nicht unterordnet, dann ist das von Grund auf sündhaft; es entspringt dem Hochmut. „Ihr werdet sein wie Gott" (1.Mose 3,5) war die Versuchung des Satans. Ein hochmütiger Mensch macht sich selbst zu einem Gott; er lehnt es ab, dass sein Wille durchkreuzt wird; er hält sich für besser als andere, deshalb verwirft er die Weisheit Gottes, die besagt, dass er nicht über die anderen steht.

3. Das Streiten und Nicht-Unterordnen unter den Willen Gottes ist in seinen Begleiterscheinungen sündhaft.

Es ist mit sündhaften Wallungen des Herzens verbunden. Böse Gedanken steigen auf. Wir denken hart über Gott, als ob er uns Unrecht getan hätte oder dass wir aus seinen Händen Besseres verdienen würden. Leidenschaften steigen auf; das Herz murrt heimlich gegen Gott. Jonas Wille wurde durchkreuzt und in ihm begann die Leidenschaft hochzukochen: „Und er wurde zornig" (Jona 4,1). Der Geist Jonas wurde wie das Meer aufgewühlt und stürmisch. Ein nicht Unterordnen des Willens ist mit Undankbarkeit verbunden. Wenn wir nämlich nur in einer Sache betrübt werden, vergessen wir alle Wohltaten, die wir haben. Wir handeln mit Gott wie die Witwe von Zarpat mit dem Propheten. Der Prophet Elia war in der Hungersnot ein Mittel, um sie am Leben zu erhalten, doch als ihr Kind starb, stritt sie mit dem Propheten: „Du Mann Gottes, was habe ich mit dir zu tun? Du bist zu mir hergekommen, damit an meine Schuld gedacht werde und mein Sohn sterbe!" (1.Kön 17,18). So können auch wir zufrieden sein, wenn wir aus der Hand Gottes Segnungen empfangen – wenn aber die kleinste Sache unseren Willen durchkreuzt, dann werden wir gereizt und sind dazu geneigt, in Leidenschaft gegen ihn auszuschwärmen.

4. Eigensinn und ein Nicht-Unterordnen unter den Willen Gottes ist böse in den Auswirkungen. Es macht untauglich zur Pflicht. In einem Sturm, wenn das Herz stürmisch und unruhig ist, lässt sich schlecht segeln und schlecht beten. Es ist kein Wunder, dass solche Gebete Schiffbruch erleiden. Ein Nicht-Unterordnen des Geistes macht jemanden manchmal unfähig, den Verstand zu gebrauchen. Jona war unzufrieden, weil er seinen Willen nicht bekam. Gott ließ die Rizinusstaude verdorren und sein Herz ärgerte sich über Gott. Und inmitten seiner Leidenschaft sagte er Dinge, die nicht weniger als Unsinn und Gotteslästerung sind. „Ja, ich bin mit Recht zornig bis zum Tod!“ (Jona 4,9). Er wusste mit Sicherheit nicht, was er sagte. Wie bitte? Auf Gott zornig sein und vor lauter Zorn sterben? Er sprach so, als hätte er seinen Verstand verloren. Somit ist ein Nicht-Unterordnen des Willens dem Wesen nach sündhaft und verursacht Begleiterscheinungen und hat Auswirkungen. Müsste dies nicht unseren Willen töten und ihn in allem unter Gott bringen und uns sprechen lassen: „Dein Wille geschehe“?

o) Bedenken wir, dass ein Nicht-Unterordnen unter den Willen Gottes sehr unklug ist. Wir gewinnen dadurch nichts; es macht unsere Last nicht leichter, sondern eher noch schwerer. Je mehr sich das Kind gegen die Eltern wehrt, umso mehr wird es geschlagen. So ist es auch, wenn wir uns gegen Gott wehren und uns nicht seinem Willen unterordnen, dann bekommen wir nichts, außer mehr Schläge. Anstatt dass unsere Stricke der Trübsal gelöst werden, bringen wir Gott dazu, dass er sie noch fester zieht. Deshalb wollen wir uns unterordnen und sprechen: „Herr, dein Wille geschehe.“ Warum sollte ich meine Not durch Ungeduld erweitern und mein Kreuz schwerer machen? Was hatte Israel durch seinen Eigensinn gewonnen? Sie waren elf Tage von Kanaan entfernt und Gott führte sie in einem Marsch durch die Wüste, der 40 Jahre länger dauerte.

p) Bedenken wir, dass ein Nicht-Unterordnen unter den Willen Gottes einen Menschen in der Trübsal für viele Versuchungen offenmacht. Wo sich ein Herz durch Unzufriedenheit an Gott ärgert, ist für den Satan in diesen Wassern der Trübsal gut fischen. Gewöhnlich drängt der unzufriedene Mensch darauf, unlautere Mittel zu gebrauchen. Die Frau von Hiob ärgerte sich (so weit war sie von einer heiligen Unterordnung entfernt) und brachte ihren Ehemann bald dazu, Gott zu fluchen. „Sage dich los von Gott und stirb!" (Hiob 2,9). Aus welchem Grund sonst haben sich einige an Hexen gewendet und sich dem Teufel hingegeben, wenn nicht aus Neid und Unzufriedenheit, weil sie nicht ihren Willen bekommen haben! Andere haben sich selbst Gewalt angetan, während sie unter der Versuchung der Armut waren, weil sie nicht ihren Willen bekommen haben, auf einem solch hohen Standard zu leben wie die anderen. Oh, wie sind Menschen mit einem unzufriedenen Geist den Versuchungen ausgesetzt! Hier, sagt der Satan, ist für mich gut fischen.

q) Betrachten wir, wie weit ein Geist, der sich nicht unterordnet, von einer Geisteshaltung entfernt ist, die Gott in der Trübsal fordert. Er will, dass wir in Geduld unsere Seelen gewinnen (Lk 21,19). Das griechische Wort für „Geduld" bedeutet, unter einer Last auszuhalten ohne ohnmächtig zu werden oder sich zu ärgern. Doch sind Eigensinn und in der Trübsal gegen den Willen Gottes zu streiten christliche Geduld? Gott will, dass wir uns in der Trübsal freuen. „Achtet es für lauter Freude, wenn ihr in mancherlei Anfechtungen geratet"; wie die Vögel zu sein, die im Winter singen, bedeutet, Anfechtungen als Freude zu erachten (Jak 1,2). „Indem ihr das Wort unter viel Bedrängnis aufgenommen habt mit Freude" (1.Thess 1,6). Paulus konnte vor Freude hüpfen, als er in Fesseln war, und singen, als er im Stock lag (Apg 16,25). Wie weit ist doch eine unzufriedene Seele von dieser Gesinnung entfernt! Wer nicht gelernt hat, sich unterzuordnen, ist weit davon entfernt, sich in der Trübsal zu freuen.

r) Betrachten wir, was den Unterschied zwischen einem gläubigen und einem ungläubigen Menschen in der Trübsal ausmacht: der gläubige Mensch ordnet sich dem Willen Gottes unter – der ungläubige Mensch nicht. Ein gottloser Mensch ärgert sich und ist zornig – er ist wie ein Bulle in einem Netz. In der Trübsal lästert er Gott. „Und die Menschen wurden versengt von großer Hitze, und sie lästerten den Namen Gottes" (Offb 16,9). Legen einen Stein ins Feuer, und so fliegt er dir ins Gesicht. So fliegen auch steinerne Herzen Gott ins Angesicht. Je mehr man an einer Sache, die verfault ist, reibt, umso mehr nutzt sie sich ab und reißt. Wenn Gott einen Sünder betrübt, zerreißt er sich im Zorn, aber ein gläubiger Mensch ist seinem Willen lieblich untertan. Seine Rede ist: „Soll ich den Kelch nicht trinken, den mir der Vater gegeben hat?" (Joh 18,11). Wenn Gewürze zerrieben werden, geben sie einen lieblichen, wohlriechenden Geruch ab. So ist es auch, wenn Gott die Heiligen zerreibt – dann geben sie einen lieblichen Wohlgeruch der Geduld ab. Servulus, ein heiliger Mann, wurde lange durch eine Lähmung betrübt, trotzdem war seine Rede üblicherweise: *„Laudatur Deus* – gelobt sei Gott." Oh, lasst uns sprechen: „Dein Wille geschehe." Lasst uns das mit Geduld ertragen, was uns Gott gerechterweise auferlegt – oder wie sonst können wir zeigen, dass wir Gnade haben? Welchen Unterschied gibt es in der Trübsal sonst zwischen uns und den Gottlosen?

s) Bedenken wir, dass man Gott in hohem Maße herausfordert, wenn man sich nicht dem Willen seiner Vorsehung unterordnet. Können wir ihn mehr erzürnen als dadurch, dass wir mit ihm streiten und ihm nicht seinen Willen zugestehen? Könige mögen es nicht, wenn man sich ihrem Willen widersetzt, obwohl sie auch ungerecht sein können. Wie sehr nimmt Gott es übel, wenn wir gegen seinen gerechten Willen streiten? Das ist eine Sünde, die er nicht dulden kann. „Wie lange soll ich diese böse Gemeinde dulden, die gegen mich murrt?" (4.Mose 14,27). Kann Gott nicht mit Recht sagen: Wie lange soll ich diese gottlose Person dulden, die gegen mich murrt, wenn ihr irgendetwas missfällt? „Darum sprich zu ihnen: So wahr ich lebe, spricht der HERR: Ich will genauso an euch handeln, wie ihr vor meinen Ohren geredet habt!" (Vers 28). Gott schwört gegen mürrische Menschen einen Eid:

„So wahr ich lebe“! Und was wird er tun, wenn er lebt? „Eure Leichname sollen in dieser Wüste fallen“ (Vers 29). Wir sehen, wie ein unzufriedener, streitsüchtiger Geist Gott herausfordert; es kann den Menschen sein Leben kosten, ja, seine Seele. Gott sandte wegen ihres Murrens feurige Schlangen unter das Volk (1.Kor 10,10). Er kann noch Schlimmeres als feurige Schlangen schicken; er kann das Feuer der Hölle schicken.

t) Bedenken wir, wie viel Gott von dem erträgt, was von unseren Händen kommt – und sollten wir unzufrieden sein, wenn wir etwas aus seiner Hand ertragen? Wenn die Engel uns einen Tag ertragen müssten, würde ihre Geduld ermüden. Der Herr „ist langmütig gegen uns“ (2.Petr 3,9). Wie oft sündigen wir mit unseren Augen durch neidische, unreine Blicke und mit unserer Zunge durch leichtfertige Kritik? Doch Gott übersieht viele Kränkungen und erträgt uns! Wenn uns der Herr jedes Mal strafen würde, wenn wir sündigen, dann müsste er jeden Tag sein Schwert ziehen. Sollte er so viel von dem ertragen, was von unseren Händen kommt, und wir ertragen nichts von dem, was aus seiner Hand kommt? Sollte er mit uns geduldig sein und wir mit ihm ungeduldig? Sollte er sanftmütig sein und wir murren? Sollte er unsere Sünden dulden und wir nicht seine Schläge? Oh, lasst uns sprechen: „Dein Wille geschehe.“ Herr, du hast am meisten gelitten; du hast mehr von mir ertragen, als ich von dir ertragen kann.

u) Bedenken wir, dass die Unterordnung unseres Willens unter Gott in der Trübsal die Hoffnung Satans enttäuscht und seinen Plan ganz und gar vereitelt. Das Ziel des Teufels in allen unseren Trübsalen ist es, uns zum Sündigen zu bringen. Der Grund, warum der Satan den Hiob an seinem Leib und Besitz schlug, war, um seine Gedanken zu verwirren und um ihn in eine Leidenschaft zu bringen. Er hoffte, dass Hiob unzufrieden sein würde und in einem Anfall von Zorn nicht nur den Tag seiner Geburt verfluchen würden, sondern auch Gott. Aber indem Hiob zu den Füßen Gottes lag und ihn in der Trübsal lobte, enttäuschte er die Hoffnung Satans und sein Komplott wurde ganz und gar vereitelt. Hätte Hiob gemurrt, dann hätte er dem Satan einen Gefallen getan. Wäre er erhitzt gewesen und die Funken seines Zorns wären umhergeflogen, dann hätte sich der Teufel am Feuer von Hiobs Leidenschaft erwärmt. Aber Hiob hatte sich stille untergeordnet und Gott gelobt. Auf diese Weise wurde der Plan des Satans vereitelt und verfehlte sein Ziel. Der Teufel hat uns oft betrogen. Der beste Weg nun ihn zu enttäuschen, ist eine stille Unterordnung unter Gott in allen Dingen, indem man spricht: „Dein Wille geschehe."

v) Bedenken wir, dass für die Gläubigen die Art der Trübsal eine völlig andere ist. Für den Gottlosen ist sie ein Fluch, die Rute verwandelt sich in eine Schlange. Für ihn ist die Trübsal nur eine Auswirkung des Missfallens Gottes, der Anfang der Trauer. Aber die Art der Trübsal ist für einen Gläubigen völlig anders. Sie verwandelt sich durch ein göttliches „Scheideverfahren" in einen Segen. Sie ist wie ein Gift, das durch Veränderung zu einer Medizin wird. Sie ist ein Zeichen der Liebe, ein Abzeichen der Adoption, eine Vorbereitung auf die Herrlichkeit. Sollte uns das nicht sprechen lassen: „Dein Wille geschehe"? Das Gift der Trübsal ist weg. Sie schadet nicht, sondern sie heilt. Dies hat die Heiligen in der Trübsal nicht nur geduldig gemacht, sondern auch Danksagung hervorgebracht. Wenn die Glocken ins Feuer geworfen wurden, geben sie danach einen schöneren Klang. So auch die Gläubigen: Nachdem sie in das Feuer der Trübsal geworfen wurden, lassen sie das Lob Gottes erklingen. „Es ist gut für mich, dass ich gedemütigt wurde" (Ps 119,71). „Der Name des HERRN sei gelobt!" (Hiob 1,21).

w) Betrachten wir, wie viele gute Dinge wir von Gott empfangen, und sollten wir da unzufrieden sein, wenn wir ein wenig Böses empfangen? „Wenn wir das Gute von Gott annehmen, sollten wir da das Böse nicht auch annehmen?" (Hiob 2,10). Im Hebräischen heißt es: „Sollten wir von Gott Gutes empfangen und nichts Böses?" Dies müsste uns sprechen lassen: „Dein Wille geschehe." Wie viele Segnungen haben wir aus der freigebigen Hand Gottes empfangen? Wir haben Wunder an Barmherzigkeit empfangen. Was für eine verschonende, bewahrende, befreiende Barmherzigkeit haben wir empfangen! Die Honigwabe der Barmherzigkeit ist beständig auf uns getropft. Seine Barmherzigkeit „ist jeden Morgen neu“ (Klgl 3,23). Die Barmherzigkeit kommt so beständig wie die Gezeiten – ja, wie viele Gezeiten der Barmherzigkeit sehen wir an nur einem Tag? Wir essen nicht, ohne dass die Barmherzigkeit jeden Bissen für uns zurechtschneidet. Wir trinken nicht, ohne dass es aus dem goldenen Becher der Barmherzigkeit kommt. Wir gehen nicht nach draußen, ohne dass die Barmherzigkeit eine Wache von Engeln um uns stellt. Wir gehen nicht zu Bett, ohne dass die Barmherzigkeit den Vorhang des Schutzes dicht über uns zuzieht. Da wir so viele gute Dinge aus der Hand Gottes empfangen, sollten wir da Böses nicht auch annehmen? Unsere Barmherzigkeit, die wir empfangen, überwiegt unsere Trübsal bei Weitem; für eine Trübsal haben wir tausend Barmherzigkeiten. Oh, dann lasst uns uns unter Gott unterordnen und sprechen: „Dein Wille geschehe.“ Das Meer der Barmherzigkeit Gottes wird ein paar Tropfen Trübsal verschlucken.

x) Bedenken wir, dass es dem Evangelium viel Ehre einbringt, wenn in der Trübsal unser Wille mit Gott übereinstimmt. Ein Christ, der sich nicht unterordnet, bringt einen schlechten Ruf über den Glauben, als ob er nicht in der Lage wäre, einen widerspenstigen Geist zu bändigen. Wenn eine Medizin üble Laune nicht auslöschen kann, dann ist sie schwach. Und gewiss ist es ein schwaches Evangelium, wenn es unsere Unzufriedenheit nicht beherrschen und unseren Willen nicht töten kann. Ein Nicht-Unterordnen ist eine Schande, aber eine fröhliches Abtreten unseres Willens an Gott setzt dem Glauben eine Ehrenkrone auf. Das zeigt die Kraft des Evangeliums, welches unsere Leidenschaft beruhigen kann und den Willen mit dem Willen Gottes verschmilzt. Deshalb wird in der Schrift die unterordnende Geduld als eine krönende Gnadengabe eingebracht. „Hier ist das standhafte Ausharren der Heiligen“ (Offb 14,12).

y) Betrachten wir das Beispiel von unserem Herrn Jesus, wie beugsam er gegenüber seinem Vater war und sich untergeordnet hat! Er, der uns dieses Gebet lehrte: „Dein Wille geschehe“, er selbst hatte es gelernt. Der Wille Christi stimmte vollkommen mit dem Willen seines Vaters überein. Es war der Wille seines Vaters, dass er für unsere Sünden sterben sollte und dass er „das Kreuz erduldete“ (Hebr 12,2). Es war ein schmerzhafter, schmachvoller und verfluchter Tod. Er litt so, als würden alle Qualen der Hölle auf ihm liegen, doch ordnete er sich willig unter. „Seinen Mund“ tat er nicht auf. Er tat seine Seite auf, als das Blut herausfloss, aber er öffnete nicht seinen Mund mit Hader. Sein Wille war in dem Willen seines Vaters aufgelöst (Jes 53,7). „Soll ich den Kelch nicht trinken, den mir der Vater gegeben hat?“ (Joh 18,11). Nun, je mehr unser Wille in der Trübsal dem Willen Gottes untergeordnet ist, umso näher kommen wir unserem Vorbild Christus. Ist es nicht unser Gebet, dass wir wie Christus werden? Durch eine heilige Unterordnung folgen wir ihm nach; sein Wille war mit dem Willen seines Vaters verschmolzen.

z) Bedenken wir, dass die Unterordnung unseres Willens der Weg ist, um unseren Willen zu bekommen. Jeder würde sich freuen, wenn er seinen Willen bekommt. Der Weg, unseren Willen zu bekommen, besteht darin, ihn aufzugeben. Gott handelt mit uns wie mit eigensinnigen Kindern. Während wir uns ärgern und streiten, gibt er uns nichts, aber wenn wir uns unterordnen und sprechen: „Dein Wille geschehe“, gibt er uns Segnungen. Der Weg, unseren Willen zu bekommen, besteht darin, dass wir uns seinem Willen unterordnen. David brachte seinen Willen unter den Willen Gottes. „Hier bin ich; er verfahre mit mir, wie es ihm gefällt!“ (2.Sam 15,26). Nachdem er seinen Willen abgetreten hatte, bekam er seinen Willen. Gott brachte ihn zurück zur Bundeslade und setzte ihn wieder auf seinen Thron (2.Sam 19). Manch ein Elternteil, das ein geliebtes krankes Kind hatte, hat es gesund zurückbekommen, nachdem das Elternteil seinen Willen darbringen konnte, um sich davon zu trennen. Wir verlieren nichts, wenn wir Gott unseren Willen übergeben. Der Herr nimmt ihn gütig von uns, und das ist der einzige Weg, um unseren Willen zu bekommen.

Bedenken wir, dass wir, wenn wir sterben, umso freudiger Gott unsere Seele übergeben können, wenn wir Gott unseren Willen übergeben haben, als wir gelebt haben. Unser gesegneter Erlöser hat allezeit seinen Willen Gott untergeordnet. Zwischen Gott, dem Vater, und Christus gab es nur einen Willen. Christus hat während seiner Lebenszeit seinen Willen an den Willen seines Vaters übergeben, im Sterben hat er ihm freudig seine Seele übergeben. „Vater, in deine Hände befehle ich meinen Geist!" (Lk 23,46). Du, der du deinen Willen an Gott abtrittst, kannst ihm in der Stunde des Todes getrost deine Seele übergeben.

2. Das zweite Mittel, um in der Trübsal unseren Willen unter den Willen Gottes zu bringen, besteht darin, seinen Willen zu erforschen.

a) Es ist ein souveräner Wille. Er hat das höchste Recht und die Herrschaft über seine Geschöpfe, um über sie zu verfügen, wie es ihm gefällt. Ein Mensch kann mit dem Seinen tun, wie es ihm gefällt. „Oder habe ich nicht Macht, mit dem Meinen zu tun, was ich will?" (Mt 20,15). Ein Mensch kann sein eigenes Holz schnitzen, wie er will. Die Souveränität Gottes kann Unterordnung bewirken; er kann mit uns tun, wie er es für gut hält. Er ist keinem Geschöpf gegenüber für das, was er tut, Rechenschaft schuldig. „Da er doch keine seiner Taten zu verantworten hat?" (Hiob 33,13). Wer könnte Gott zur Rechenschaft ziehen? Wer ist höher als der Höchste? (Pred 5,8) Welcher Mensch oder Engel wagt es, Gott auf die Gerichtsbank zu rufen? „Da er doch keine seiner Taten zu verantworten hat." Gott wird für unser Verhalten ihm gegenüber Rechenschaft fordern, aber er wird keine Rechenschaft geben über sein Verhalten uns gegenüber. Er hat über uns eine uneingeschränkte Gerichtsbarkeit. Wenn wir bedenken, dass er einen souveränen Willen hat, um mit uns zu tun, was ihm gefällt, sollte das unsere Unzufriedenheit zum Schweigen bringen und alle unsere widerspenstigen Leidenschaften beruhigen. Wir sollen nicht streiten, sondern uns unterordnen.

b) Gottes Wille ist weise. Er weiß, was für sein Volk zum Guten mitwirkt, deshalb wollen wir uns unterordnen. „Denn der HERR ist ein Gott des Rechts“ (Jes 30,18); das bedeutet, dass er darüber urteilen kann, was für uns das Beste ist. Deshalb lasst uns in seiner Weisheit ruhen und uns seinem Willen fügen. Wir ruhen in der Weisheit eines Arztes. Wir sind einverstanden, wenn er uns sticht und Blut abnimmt, denn er ist vernünftig und weiß, was am meisten zu unserer Gesundheit beiträgt. Wenn der Steuermann geschickt ist, sagen die Passagiere: „Lasst ihn alleine; er weiß am besten, wie man ein Schiff steuert.“ Sollten wir nicht in der Weisheit Gottes ruhen? Wenn wir nur erforschen würden, wie weise er alle Ereignisse steuert und wie oft er uns durch Gegenwind hindurch in den Hafen bringt, dann würde das unseren Geist sehr beruhigen und uns sprechen lassen: „Dein Wille geschehe.“ Der Wille Gottes wird durch Weisheit geleitet. Wenn er uns manchmal unseren Willen lassen würde, dann würden wir uns selbst zugrunde richten. Würde er das Schnitzen uns überlassen, dann würden wir das schlechteste Stück auswählen. Lot wählte Sodom aus, weil es gut bewässert und wie der Garten des Herrn war, doch Gott ließ Feuer vom Himmel darauf regnen (1.Mose 13,10; 19,24).

c) Gottes Wille ist gerecht. „Sollte der Richter der ganzen Erde nicht gerecht richten?“ (1.Mose 18,25). Der Wille Gottes ist die *regula et mensura* – Richtschnur und der Maßstab. Er ist die Richtschnur für das Recht. Der Wille der Menschen ist korrupt, deshalb ist er ungeeignet, um das Gesetz zu geben, aber der Wille Gottes ist heilig und unfehlbar, was Unterordnung bewirken kann (Ps 97,2). Gott kann unseren Willen durchkreuzen, aber er kann uns kein Unrecht tun. Er kann streng sein, aber nicht ungerecht. Darum müssen wir die Segel streichen und sprechen: „Dein Wille geschehe.“

d) Gottes Wille ist gut und gnädig. Er fördert unseren Anteil. Wenn es sein Wille ist, uns zu betrüben, wird er uns dazu bringen, dass wir am Ende sagen: Es war gut für uns, dass wir betrübt wurden. Sein Flegel wird nur unsere Spreu herausdreschen. Was gegen unseren Willen ist, ist nicht zu unseren

Ungunsten. Lasst uns erforschen, wie gut der Wille Gottes ist, und wir werden sagen: „*Fiat voluntas* – dein Wille geschehe."

e) Der Wille Gottes ist unwiderstehlich. Wir können uns ihm entgegenstellen, ihn aber nicht verhindern. Die aufkommende Welle kann das Schiff nicht aufhalten, wenn es in vollen Segeln steht. Ebenso kann auch unser Wille, der sich gegen Gott erhebt, die Ausführung des Willens Gottes nicht aufhalten. „Denn wer kann seinem Willen widerstehen?" (Röm 9,19). Wer kann die Sonne in ihrer vollen Laufbahn aufhalten? Wer kann den Fortgang des Willens Gottes verhindern? Deshalb ist es vergeblich, mit Gott im Wettstreit zu liegen. Sein Wille wird stattfinden. Es gibt keinen Weg, um ihn zu überwinden, außer dass man zu seinen Füßen liegt.

3. Das dritte Mittel, um sich in der Trübsal Gott unterzuordnen, besteht darin, ein Herz zu bekommen, das Gnade hat. Alle Regeln und Hilfsmittel in der Welt tun nur ein wenig, bis man Gnade empfängt. Die Kugel muss eine gute Ausrichtung haben oder sonst rollt sie nicht so, wie wir wünschen. Ebenso legt Gott eine neue Ausrichtung der Gnade in die Seele, die den Willen ausrichtet; sonst ordnet er sich Gott niemals unter. Die Gnade erneuert den Willen, und er muss erneuert werden, bevor er gehorsam wird. Die Gnade lehrt Selbstverleugnung, und wir können niemals unseren Willen unterordnen, bis wir ihn verleugnen.

4. Ein viertes Mittel ist, dass wir danach trachten, unseren Anteil am Bund zu klären, damit wir wissen, dass Gott unser Gott ist. „Dass dieser Gott unser Gott ist" (Ps 48,15). Derjenige, dessen Glaube in Gewissheit aufblüht, der sagen kann, dass Gott sein Gott ist, wird sprechen: „Dein Wille geschehe." Ein gottloser Mensch wird sagen: „Gott hat mir diese Trübsal auferlegt, und ich kann nichts daran ändern", aber ein Gläubiger sagt: „Mein Gott hat dies getan, und ich werde mich unterordnen." Wer Gott seinen Gott nennen kann, weiß, dass Gott ihn liebt, wie er Christus liebt, und dass er seine Erlösung im Sinn hat. Deshalb wird er, wie Paulus, an Schwachheiten

ein Wohlgefallen haben (2.Kor 12,10). In jeder widrigen Vorsehung ist er Gott ergeben; er ist wie das Wachs, das durch den Abdruck des Siegels geformt wird.

5. Ein weiteres Mittel, um sich Gott in Trübsal unterzuordnen, besteht darin, einen demütigen Geist zu bekommen. Ein hochmütiger Mensch wird sich niemals vor Gott beugen. Er wird eher zerbrechen als sich biegen. Wenn aber das Herz demütig ist, dann ist der Wille fügsam. Was für einen gewaltigen Unterschied gab es zwischen dem Pharao und Eli! Der Pharao rief aus: „Wer ist der HERR, dass ich auf seine Stimme hören sollte?" (2.Mose 5,2). Aber Eli sagte: „Er ist der HERR; er tue, was ihm wohlgefällt!" (1.Sam 3,18). Sehen wir den Unterschied zwischen einem Herzen, das mit Hochmut angeschwollen ist, und einem Herzen, das in Demut gebeugt ist! Der Pharao sagte: „Wer ist der HERR?" Eli sagte: „Er ist der HERR." Eine demütige Seele hat ein tiefes Gefühl für die Sünde; sie sieht, wie sehr sie Gott herausgefordert hat; sie wundert sich darüber, dass sie noch nicht in der Hölle ist. Deshalb weiß sie, was auch immer Gott auferlegt, dass es weniger ist, als ihre Missetaten verdienen, was sie sprechen lässt: „Herr, dein Wille geschehe." Oh, lasst uns eine demütige Haltung bekommen. Der Wille ist niemals beugsam, solange bis das Herz demütig ist.

6. Ein weiteres Mittel ist, dass wir ein Herz bekommen, das von den Dingen hier unten gelöst ist. Seien wir für die Welt gekreuzigt! Woher sonst kommt die Halsstarrigkeit der Kinder, außer daher, dass man ihnen ihre Spielsachen wegnimmt? Wenn wir die Dinge in der Welt lieben und Gott nimmt sie uns weg, dann werden wir halsstarrig und ordnen uns nicht seinem Willen unter. Jona freute sich über seine Rizinusstaude außerordentlich und als Gott sie stach, wurde er halsstarrig, und weil Gott seinen Rizinus getötet hatte, sagte er: Töte auch mich (Jona 4,8). Wer die Welt liebt, der kann dieses Gebet niemals von Herzen beten: „Dein Wille geschehe." Sein Herz kocht vor Zorn gegen Gott, und wenn die Welt nicht mehr da

ist, ist auch seine Geduld nicht mehr da. Wir wollen unsere Zuneigung zu diesen Dingen unter der Sonne töten lassen.

7. Ein weiteres Mittel, um sich Gott unterzuordnen, besteht darin, eine gute Überzeugung zu bekommen, dass unsere Sünden vergeben sind. *„Feri, Domine, quia peccata mea condonata sunt* – schlage Herr, schlage wo du willst, denn meine Sünden sind vergeben", sagte Luther. Die Vergebung der Sünden ist ein krönender Segen. Hat Gott meine Sünden vergeben? Ich werde alles tragen; ich werde nicht murren, sondern staunen. Ich werde nicht über die Last der Trübsal klagen, sondern Gott dafür danken, dass er die Last meiner Sünde weggenommen hat. Die Seele, die Vergebung hat, spricht dieses Gebet von Herzen: „Dein Wille geschehe." Herr, gebrauche das Schneidmesser, solange du nicht mit deiner blutigen Axt kommst, um mich niederzuschlagen.

8. Wenn wir wollen, dass unser Wille Gott untergeordnet wird, ist ein weiteres Mittel, dass wir nicht so sehr auf die dunkle Seite der Wolke schauen, sondern auf die helle. Das bedeutet: Lasst uns nicht so sehr auf den Schmerz der Trübsal schauen, sondern auf das Gute daran. Es ist schlecht, wenn man nur über den Schmerz grübelt, wie es auch schlecht ist, wenn man mit entzündeten Augen zu viel ins Feuer schaut, sondern wir sollen auf das Gute in der Trübsal schauen. Simson schaute nicht auf den toten Körper des Löwen, sondern auf die Honigwabe darin. „Er bog vom Weg ab, um das Aas des Löwen anzusehen; und siehe, da war ein Bienenschwarm und Honig in dem Körper des Löwen" (Ri 14,8). Trübsal ist der furchterregende Löwe, doch sehen wir, was für ein Honig darin ist. Das macht uns demütig, reinigt uns, erfüllt uns mit dem Trost Gottes – im Bauch des Löwen ist Honig. Könnten wir nur auf den Nutzen der Trübsal sehen, dann würde die Halsstarrigkeit in Unterordnung verwandelt werden und wir könnten sprechen: „Dein Wille geschehe."

9. Als weiteres Mittel lasst uns zu Gott beten, dass er unseren Geist ruhig macht und unseren Willen überwindet. Es ist keine leichte Sache, sich in der Trübsal Gott unterzuordnen. Es wird Aufwallungen des Herzens geben, deshalb lasst uns beten, dass wir mit Geduld das tragen können, was Gott gerechterweise auferlegt. Er tut mit dem Herzen das, was Christus mit dem See tat, als er aufgewühlt war. Er gebot dem Wind, und es entstand eine große Stille. Wenn die Leidenschaften aufsteigen und der Wille geneigt ist, sich gegen Gott zu erheben, bewirkt das Gebet eine begnadete Stille in der Seele. Das Gebet tut am Herzen das, was ein Schwamm bei der Kanone macht: Wenn sie heiß ist, kühlt er sie.

10. Wenn wir uns in der Trübsal Gott unterordnen wollen, besteht ein weiteres Mittel darin, dass wir alle Handlungen Gottes richtig interpretieren und dass wir alles, was er tut, im besten Sinne verstehen. Wir sind dazu geneigt, Gottes Handlungen misszuverstehen und sie falsch zu interpretieren, wie Israel es tat: „Und warum habt ihr die Gemeinde des HERRN in diese Wüste gebracht, damit wir hier sterben, wir und unser Vieh?" (4.Mose 20,4). Gott hat über uns Trübsal gebracht, und wir sagen, das ist deswegen, weil er uns hasst und uns vernichten will – aber solche harten Gedanken über Gott erzeugen Missmut und Halsstarrigkeit. Oh, lasst uns die Vorsehung gerecht und ehrlich interpretieren. Betrübt uns Gott? Dann lasst uns sprechen: Vielleicht beabsichtigt er, uns darin Gnade zu geben. Er prüft uns, ob wir ihn auch in der Trübsal lieben. Er ist dabei, einige Sünden zu töten oder einige Gnadengaben auszuüben. Er schlägt den Leib, damit er die Seele retten kann. Wenn wir den Handlungen Gottes solch eine gute Bedeutung beimessen könnten, dann würden wir sprechen: „Dein Wille geschehe." „Der Gerechte schlage mich, das ist Gnade; und er züchtige mich, das ist Öl für mein Haupt" (Ps 141,5).

11. Das letzte Mittel, wenn wir uns in der Trübsal Gott unterordnen wollen, besteht darin, dass der gegenwärtige Zustand für uns am besten ist. Wir sind keine kompetenten Richter. Wir

bilden uns ein, dass Bequemlichkeit und Überfluss am besten sind und dass aus dem Felsen Flüsse von Öl fließen. Aber Gott hält Trübsal am besten für uns. Er sieht, dass unsere Seele am besten gedeiht, wenn wir nur das absolut Notwendige haben. Das Fallen der Blätter ist der Brunnen unserer Gnade. Könnten wir glauben, dass der Zustand für uns am besten ist, den Gott aussucht, dann wäre der Streit bald zu Ende, und wir würden uns zufrieden niedersetzen mit dem, was er tut, und sprechen: „Dein Wille geschehe."

V. Die vierte Bitte im Gebet des Herrn

„Gib uns heute unser tägliches Brot“

(Mt 6,11)

Bei dieser Bitte müssen wir zwei Dinge beachten – die Reihenfolge und die Sache.

I. *Zuerst beten wir: „Geheiligt werde dein Name. Dein Reich komme. Dein Wille geschehe“, bevor wir beten: „Gib uns heute unser tägliches Brot.“* Die Ehre Gottes muss schwerer als alles andere wiegen. Sie muss vor unsere liebsten Belange gehen. Als Christus ein Mensch war, ließ er die Ehre seines Vaters vor seiner eigenen Ehre gehen. „Ich ehre meinen Vater ... Ich aber suche nicht meine Ehre“ (Joh 8,49.50). Die Ehre Gottes ist das, was ihm am liebsten ist; sie ist sein Augapfel; darin liegt sein ganzer Reichtum. Wie Micha sagte: „Was habe ich nun noch?“ (Ri 18,24), so mag ich über die Ehre Gottes sagen: Was hat er nun noch? Seine Ehre ist seine glänzendste Perle an seiner Krone, wovon er sich nicht trennen wird. „Ich will meine Ehre keinem anderen geben“ (Jes 42,8). Gottes Ehre ist mehr wert als der Himmel, mehr wert als die Erlösung aller Seelen der Menschen. Es ist besser, dass Königreiche zerstört werden, dass Menschen und Engel ausgelöscht werden, als dass Gott einen Teil seiner Ehre verliert. Wir müssen die Ehre Gottes gegenüber unseren liebsten Belangen vorziehen. Doch bevor wir die Ehre Gottes gegenüber unseren persönlichen Belangen vorziehen, müssen wir wiedergeboren sein. Der natürliche Mensch sucht seinen eigenen weltlichen Anteil vor der Ehre Gottes. Er „ist von der Erde und redet von der Erde" (Joh 3,31). Lasst ihn Frieden haben und Geschäfte machen, lasst aus dem Felsen Flüsse von Öl fließen und lasst es um die Ehre Gottes stehen, wie es will, er kümmert sich nicht darum. Ein Wurm kann nicht fliegen und wie eine Lerche singen. Ebenso kann ein natürlicher Mensch, dessen Herz auf der Erde kriecht, Gott nicht bestaunen oder seine Ehre fördern, wie es ein Mensch tut, der durch die Gnade erhöht ist.

Anwendung.
Zur Überprüfung.
Ziehen wir die Ehre Gottes unseren persönlichen Belangen vor? „*Minus et amat qui aliquid tecum amat, quod non propter et amat* – wer irgendetwas ebenso liebt wie dich, das er nicht um deinetwillen liebt, der liebt dich zu wenig" (Augustinus).

a) Ziehen wir die Ehre Gottes unserem eigenen guten Namen vor? *Fama pari passu ambulat cum vita* – der gute Namen folgt uns im Leben auf Schritt und Tritt. Ein guter Name ist ein Juwel von hohem Wert; er ist wie kostbares Salböl; er verbreitet einen Wohlgeruch. Aber die Ehre Gottes muss uns lieber sein als ein guter Name oder Beifall. Wir müssen dazu bereit sein, dass man auf unserem guten Namen herumtrampelt, damit die Ehre Gottes höher erhoben werden kann. Der Apostel freute sich, „weil sie gewürdigt worden waren, Schmach zu leiden um seines Namens willen", dass sie soweit begnadet waren, um für Christus in Schande gebracht zu werden (Apg 5,41).

b) Ziehen wir die Ehre Gottes unseren Verwandten vor? Verwandte sind uns lieb; sie sind von unseren eigenen Fleisch und Blut, aber die Ehre Gottes muss uns lieber sein. „Wenn jemand zu mir kommt und hasst nicht seinen Vater und seine Mutter ... so kann er nicht mein Jünger sein" (Lk 14,26). Hier ist *odium in suos* – der Hass gegenüber den eigenen Verwandten und *pietas in Deum* – Hingabe gegenüber Gott. Hieronymus sagt: „Wenn meine Freunde mich überreden wollten, Christus zu verleugnen, wenn sich meine Frau an meinen Hals hängen würde, wenn meine Mutter mir ihre Brüste zeigen würde, die mich genährt haben, ich würde auf alles treten und zu Christus fliehen."

c) Wir müssen die Ehre Gottes unserem Besitz vorziehen. Gold ist nur glänzender Staub. Die Ehre Gottes muss schwerer wiegen. Wenn es hierum geht, kann ich nicht am Ort des Gewinns bleiben, sonst wird die Ehre Gottes verdunkelt. Ich muss lieber Schaden an meinem Besitz erleiden, als dass die Ehre Gottes Schaden erleidet (Hebr 10,34).

d) Wir müssen die Ehre Gottes unserem Leben vorziehen. Sie „haben ihr Leben nicht geliebt bis in den Tod!" (Offb 12,11). Ignatius nannte seine Fesseln seine geistlichen Juwelen; er trug sie wie eine Perlenkette. Gordius, der Märtyrer, sagte: „Wenn ihr etwas von meinen Leiden wegnehmt, ist das ein Verlust für mich." Das spricht für eine Gnade, die gewachsen und auf ein hohes Maß erhoben ist. Wer, außer einer Seele, die in Liebe zu Gott entflammt ist, kann Gott auf dem Thron am höchsten setzen und ihn vor allen persönlichen Belangen vorziehen?

II. *Das Zweite in der Bitte ist die Sache, um die es geht.* „Gib uns heute unser tägliches Brot." Die Bitte fasst zusammen, dass Gott uns in äußeren Dingen ein solches Einkommen gibt, wie er es für uns am besten hält. Sie ist ähnlich wie das Gebet von Agur: „Lass mich aber mein Teil Speise dahinnehmen, das du mir beschieden hast" (Spr 30,8; LÜ 84). Gib mir eine Wegzehrung, die ausreicht, um meine Auslagen zu tragen, bis ich in den Himmel komme, und es genügt. Lassen Sie mich die Worte erklären: „Gib uns heute unser tägliches Brot." Die guten Dinge des Lebens sind Gaben Gottes; er ist der Geber aller Segnungen. „Gib uns" nicht nur Glauben, sondern auch Nahrung ist eine Gabe Gottes. Nicht nur die tägliche Gnade ist von Gott, sondern auch „unser tägliches Brot". Alle guten Dinge kommen von Gott. „Jede gute Gabe und jedes vollkommene Geschenk kommt von oben herab, von dem Vater der Lichter" (Jak 1,17). Weisheit ist eine Gabe Gottes. „Und dieses Vorgehen lehrte ihn sein Gott" (Jes 28,26). Reichtum ist eine Gabe Gottes. „Dazu will ich dir Reichtum" geben (2.Chr 1,12).

Frieden ist eine Gabe Gottes. „Er gibt deinen Grenzen Frieden" (Ps 147,14). Gesundheit, welche die Sahne des Lebens ist, ist eine Gabe Gottes. „Aber dich will ich wieder gesund machen" (Jer 30,17; LÜ 84). Regen ist eine Gabe Gottes. „Er gießt Regen auf die Erde" (Hiob 5,10). Alles kommt von Gott; er lässt das Getreide wachsen und die Kräuter gedeihen.

a) Betrachten wir unsere Armut und Bedürftigkeit. Wir leben alle von Almosen und freien Gaben – „gib uns heute." Alles, was wir haben, kommt aus der Hand der königlichen Freigebigkeit Gottes . Wir haben nichts, außer dem, was er uns aus seiner Vorratskammer gibt. Ohne Gott haben wir keinen einzigen Bissen Brot. Der Teufel hat unsere ersten Eltern überredet, dass sie durch Ungehorsam wie Götter sein werden, aber jetzt sehen wir, was für „stattliche Götter" wir sind, dass wir nicht einen Bissen Brot in unseren Mund legen können, bevor ihn Gott uns nicht gibt (1.Mose 3,5). Das ist eine demütigende Betrachtung.

b) Ist alles eine Gabe? Dann müssen wir jede Wohltat im Gebet von Gott suchen. „Gib uns heute." Der Baum der Barmherzigkeit lässt seine Früchte nicht fallen, bevor man ihn nicht mit der Hand des Gebets schüttelt. Was auch immer wir haben, wenn es nicht auf dem Weg des Gebets kommt, kommt es nicht auf dem Weg der Liebe. Dann ist es im Zorn gegeben wie die Wachteln für Israel. Wenn alles eine Gabe ist, dann verdienen wir sie nicht; diese Almosen stehen uns nicht zu. Und müssen wir wegen jeder Wohltat zu Gott gehen? Wie gottlos sind dann diejenigen, die wegen Nahrung, anstatt zu Gott zu gehen, wenn sie Mangel haben, zum Teufel gehen und mit ihm einen Packt schließen. Und wenn er ihnen beim Lebensunterhalt hilft, geben sie ihm ihre Seele. Es ist besser zu sterben, als zum Teufel als Versorger zu gehen. Ich wünschte, dass es niemanden gäbe, der in unserer Zeit hieran schuldig ist. Diejenigen, die Mangel haben, gebrauchen unerlaubte Mittel zum Lebensunterhalt. Sie suchen Hexen auf, die das Orakel des Teufels sind, deren Ende schrecklich sein wird, wie das Ende von Saul, von dem der Herr sagte, dass er ihn getötet habe, weil er unreine Geister um Rat gefragt hatte.

c) Wenn alles eine Gabe ist, dann ist es keine Schuldigkeit, und wir können nicht zu Gott wie der Schuldner sagen: „Bezahle mir, was du schuldig bist!" (Mt 18,28). Wer kann Gott zum Schuldner machen oder irgendein Werk tun, das verpflichtend oder verdienstlich ist? Was auch immer wir von Gott empfangen, ist eine Gabe. Wir können ihm nichts geben, außer dem, was er uns zuvor gegeben hat. „Von dir ist alles gekommen, und von deiner Hand haben wir dir's gegeben" (1.Chr 29,14). David und sein Volk gaben Gold und Silber für das Haus Gottes, aber sie gaben nichts, außer dem, was Gott ihnen zuvor gab. „Von deiner Hand haben wir dir's gegeben." Wenn wir Gott lieben, dann ist er es, der uns ein Herz gegeben hat, um ihn zu lieben. Wenn wir ihn loben, hat er uns sowohl das Organ der Zunge gegeben als auch den Ton. Wenn wir Almosen an andere geben, hat er uns zuerst Almosen gegeben, sodass wir sagen müssen: „Wir geben dir, oh Herr, von deinem Eigenen." Wenn alles eine Gabe ist, wie absurd ist dann die Lehre von den verdienstlichen Werken? Das ist die Rede eines hochmütigen Mönches, der sagte: *„Redde mihi Vitam Eternam quam debes* – gib mir, Herr, das ewige Leben, das du mir schuldest." Wir können noch nicht einmal einen Bissen Brot verdienen, um wie viel weniger dann eine Krone der Herrlichkeit. Wenn alles eine Gabe ist, dann sind die Verdienste zerplatzt und vor der Tür ausgeschlossen.

d) Wenn alles eine Gabe ist, dann lasst uns die Güte Gottes zur Kenntnis nehmen. Es gibt nichts in uns, dass die Güte Gottes verdient oder vergelten kann. Doch sein Wesen ist von solch einer Lieblichkeit, dass er uns eine reiche Versorgung gibt und uns mit dem feinsten Weizen nährt. Pindar[72] sagt, dass die Leute von Rhodos der Meinung waren, dass Jupiter Gold auf die Stadt niederregnen ließ. Gott hat auf uns goldene Wohltaten niederregnen lassen; er hat eine gebende Hand. Beachten wir drei Dinge, wie er gibt:

1. Er wird nicht müde, zu geben. Der Brunnen der Wohltaten fließt immer. Er hat nicht nur in früheren Zeiten Segnungen verteilt, sondern er gibt auch uns Gaben, so wie die Sonne

72 Pindar (gest. nach 446 v.Chr.) war ein griechischer Dichter.

die Welt nicht nur mit ihrem Morgenlicht beschenkt, sondern auch Licht für die Mittagszeit bewahrt. Die Honigwabe der Freigebigkeit Gottes ist immer noch am tropfen.

2. Er erfreut sich am Geben. „… sondern Lust an der Gnade hat“ (Mi 7,18). Wie sich die Mutter freut, dem Kind die Brust zu geben, so liebt es Gott, wenn wir die Brust der Wohltaten in unserem Mund haben.

3. Gott gibt seinen größten Feinden. Wer würde seinen Feinden Vorräte schicken? Die Menschen breiten für ihre Feinde Netze aus, Gott bereitet einen Tisch. Der Tau tropft ebenso auf die Distel wie auf die Rose. Der Tau der Freigebigkeit Gottes tropft auf den schlechtesten Menschen. Gott legt Brot in den Mund, der sich gegen ihn öffnet. Oh, die königliche Freigebigkeit Gottes! „Die Gnade Gottes ist den ganzen Tag da“ (Ps 52,3). Er legt „Sünderschweinen“ Juwelen vor und ernährt sie jeden Tag.

e) Wenn alles eine Gabe ist, dann sehen wir die abscheuliche Undankbarkeit der Menschen, die gegen ihren Geber sündigen! Gott ernährt sie, und sie kämpfen gegen ihn. Er gibt ihnen Brot, und sie beleidigen ihn. Wie unwürdig ist das! Sollten wir nicht über denjenigen Schande ausrufen, der von einem Freund allezeit Geld zugeführt bekommt und ihn trotzdem verrät und schädigt? So undankbar handeln Sünder mit Gott. Sie vergessen nicht nur seine Wohltaten, sondern sie missbrauchen sie. „Nachdem ich sie gesättigt hatte, brachen sie die Ehe und drängten sich scharenweise ins Hurenhaus!“ (Jer 5,7). Oh, wie furchtbar ist es, gegen einen freigebigen Gott zu sündigen – indem man die Hände ausschlägt, die uns befreien! Wie viele machen aus den Wohltaten Gottes einen Pfeil, den sie auf Gott schießen! Er gibt ihnen Verstand, und sie dienen damit dem Teufel. Er gibt ihnen Kraft und sie verzehren sie mit Huren. Er gibt ihnen Brot zu essen, und sie erheben gegen ihn die Ferse. „Da wurde Jeschurun fett und schlug aus“ (5.Mose 32,15). Sie sind wie Absalom, der gegen seinen Vater einen Verrat schmiedete, sobald er ihn geküsst hatte (2.Sam 15,10). Sie sind wie ein Maultier, welches das Muttertier tritt, nachdem es ihm Milch gegeben hat. Gegen diejenigen, die gegen ihren Geber sündigen und die königliche Gunst Gottes missbrauchen, werden die Wohltaten Gottes zeugen. Was ist geschmeidiger als Öl? Aber was ist siedend heißer, wenn es erhitzt wird? Was ist lieblicher als die Barmherzigkeit? Aber was ist schrecklicher, wenn sie missbraucht wird? Dann verwandelt sie sich in Grimm.

f) Wenn Gott uns alles gibt, dann wollen wir uns durch seine Freigebigkeit zur Dankbarkeit anreizen lassen. Er ist der Stifter und Geber von allen unseren Segnungen und ihm steht unsere ganze Danksagung zu. „Zu dem Ort, von dem die Flüsse laufen, laufen sie wieder zurück“ (Pred 1,7; nach der englischen Übersetzung). Alle unsere Gaben kommen von Gott, und zu ihm muss unser ganzes Lob zurückkehren. Wir sind dazu geneigt, uns selbst zu beweihräuchern, alles, was wir haben, den zweiten Ursachen zuzuschreiben (Hab 1,16).

1. Unser Geschick und Fleiß. Gott ist der Geber; er gibt das tägliche Brot (Ps 136,25). Er gibt Reichtum. „Denn Er ist es, der dir Kraft gibt, solchen Reichtum zu erwerben“ (5.Mose 8,18).

2. Oder wir lassen den zweiten Ursachen das Lob zukommen und vergessen Gott. Wenn Freunde einen Besitz bekommen, schauen wir auf sie und bewundern sie, aber nicht Gott, welcher der große Geber ist. Das ist so, als ob jemand für den Hausknecht dankbar wäre und den Hausvater, der alle versorgt, nicht beachtet. Oh, wenn Gott alles gibt, unser Augenlicht, unsere Nahrung, unsere Kleidung, dann lasst uns ihm das größte Lob opfern. Lassen wir Gott bei seinen Wohltaten nicht zu kurz kommen. Lob ist ein erhabener Teil der Anbetung Gottes. Unser Mangel kann uns ins Gebet treiben, die Natur kann uns dazu bringen, um unser tägliches Brot zu bitten, aber indem wir Gott Lob darbringen, wird deutlich, dass wir ein Herz voller Klugheit und Gnade haben. Im Bitten handeln wir wie Menschen, im Lob handeln wir wie die Engel. Wir werden als Tempel Gottes bezeichnet, und wo sonst sollte das Lob Gottes erschallen, wenn nicht in seinem Tempel? (1.Kor 3,16). „Ich will den HERRN loben, solange ich lebe, und meinem Gott lobsingen, solange ich bin“

(Ps 146,2). Gott gibt uns das tägliche Brot, lasst uns ihm täglich lobsingen. Dankbarkeit unserem Geber gegenüber ist die beste Vorgehensweise. Dadurch verliert man nichts. Der beste Weg, um mehr Gnadengaben zu bekommen, besteht darin, für eine Gnadengabe dankbar zu sein. Musiker mögen es, ihre Posaunen dort erschallen zu lassen, wo der beste Widerhall ist, und Gott mag es, seine Gnadengaben dort zu schenken, wo der beste Widerhall des Lobes ist. Die Kälber unserer Lippen zu opfern ist nicht genug, sondern wir müssen unsere Dankbarkeit zeigen, indem wir die Gaben ausüben, die Gott uns gegeben hat und sie gewissermaßen zur Anwendung bringen. Gott gibt uns einen Besitz, und wir ehren den Herrn mit dem, was wir haben (Spr 3,9). Er gibt uns einen Vorrat an Brot, und wir investieren die Kraft, die wir dadurch empfangen, in seinen Dienst. Das ist Dankbarkeit, und damit wir dankbar sind, lasst uns demütig sein. Hochmut stoppt den Strom der Dankbarkeit. Ein hochmütiger Mensch wird niemals dankbar sein. Er betrachtet alles, was er hat, als etwas, was er selbst erworben und verdient hat. Lasst uns erkennen, dass alles, was wir haben, eine Gabe Gottes ist und wie unwürdig wir sind, auch nur die geringste Gunst zu empfangen. Und dies wird uns zu viel Lobpreis und Dankbarkeit bringen. Wir werden silberne Posaunen sein, die das Lob Gottes erschallen lassen.

1. So schließen wir aus dem Wort: „Gib uns", dass die guten Dinge dieses Lebens Gaben Gottes sind, dass er der Stifter und der Geber ist und dass es nicht unrechtmäßig ist, wenn wir für zeitliche Dinge bitten. Wir dürfen für das tägliche Brot bitten. „Nähre mich mit dem mir beschiedenen Brot" (Spr 30,8). Wir dürfen für Gesundheit bitten. „Heile mich, o HERR, denn meine Gebeine sind erschrocken" (Ps 6,3). Da diese Dinge in sich selbst gut sind, sind sie für uns auch nützlich. Sie sind ebenso notwendig, um den Trost des Lebens zu bewahren, wie Öl notwendig ist, um die Lampe vor dem Ausgehen zu bewahren. Lassen Sie mich nur zwei Dinge einfügen:

a) Es gibt einen großen Unterschied zwischen dem Beten für zeitliche Dinge und dem Beten für geistliche Dinge. Für geistliche Dinge müssen wir uneingeschränkt beten. Wenn wir um die Vergebung der Sünden und die Gunst Gottes beten und für die heiligenden Gnadengaben des Geistes, die für die Erlösung unbedingt erforderlich sind, dürfen wir keine Grenzen setzen. Wenn wir aber für zeitliche Dinge beten, müssen unsere Gebete begrenzt sein. Wir müssen vorbehaltlich beten, nur so weit, wie Gott die Dinge für uns als gut erachtet. Er hat manchmal Grund, zeitliche Dinge vor uns zurückzuhalten, wenn sie Fallstricke sein würden und unsere Herzen von ihm wegziehen. Deshalb müssen wir für diese Dinge mit der Unterordnung unter dem Willen Gottes beten. Als Israel ein kategorisches und uneingeschränktes Verlangen nach zeitlichen Dingen hatte, war das ihre Sünde. Die Speisekarte Gottes gefiel ihnen nicht, sie wollten Delikatessen haben. „Wer gibt uns Fleisch zu essen?“ (4.Mose 11,18). Gott gab ihnen das Manna, er speiste sie mit einem Wunder vom Himmel, aber ihr lüsterner Gaumen begehrte mehr. Sie wollten Wachteln haben. Gott ließ ihnen ihren Wunsch, aber ihre Wachteln hatten einen bitteren Beigeschmack. „Sie hatten ihre Begierde noch nicht gestillt, und ihre Speise war noch in ihrem Mund, da erhob sich der Zorn Gottes gegen sie; und er tötete die Vornehmsten unter ihnen“ (Ps 78,30.31). Rahel war in ihrem Verlangen nach einem Kind aufdringlich. „Schaffe mir Kinder! Wenn nicht, so sterbe ich!“ (1.Mose 30,1). Gott ließ sie ein Kind haben, aber es war ein *Ben-Oni*, ein „Sohne meiner Not“, es kostete sie ihr Leben, ihn zur Welt zu bringen (1.Mose 30,1; 35,18). Wir müssen für die äußerlichen Dinge mit Unterordnung unter den Willen Gottes beten, ansonsten kommen sie im Zorn.

b) Wenn wir für Dinge beten, die dieses Leben betreffen, dann müssen wir die zeitlichen Dinge für einen geistlichen Zweck begehren. Wir müssen diese Dinge begehren, damit sie auf unserer Reise zum Himmel eine Hilfe sind. Wenn wir für Gesundheit beten, dann muss es dafür sein, dass wir dieses Talent der Gesundheit zur Ehre Gottes einsetzen und dass wir für seinen Dienst geeigneter werden. Wenn wir dafür beten, dass wir für Besitz tüchtig werden, dann muss es für einen heiligen

Zweck sein, damit wir vor den Versuchungen bewahrt werden, die Armut gewöhnlich mit sich bringt und damit wir in einem besseren Stand sind, um die goldene Saat der Wohltätigkeit zu säen und solchen helfen können, die Mangel haben. Für zeitliche Dinge muss man zu einem geistlichen Zweck beten. Hanna betete für ein Kind, aber es war für den Zweck, dass ihr Kind Gott geweiht würde. „HERR der Heerscharen, wenn du das Elend deiner Magd ansehen und an mich gedenken und deine Magd nicht vergessen wirst und deiner Magd einen Sohn geben wirst, so will ich ihn dem HERRN geben, solange er lebt, und kein Schermesser soll auf sein Haupt kommen!" (1.Sam 1,11). Viele beten für äußerliche Dinge nur, um ihre sinnlichen Lüste zu befriedigen, so wie die Raben nach Futter schreien (Ps 147,9). Nur für äußerliche Dinge zu beten, um die Natur zu befriedigen, ist eher wie das Schreien von Raben als von Christen. Wir müssen in unseren Gebeten ein höheres Ziel haben; wir müssen uns auf den Himmel ausrichten, während wir für das Irdische beten. Müssen wir für zeitliche Dinge zu einem geistlichen Zweck beten, damit wir geeigneter werden, um Gott zu dienen? Wie gottlos sind dann diejenigen, die um zeitliche Wohltaten bitten, damit sie noch mehr in der Lage sind, gegen Gott zu sündigen! „Ihr bittet … um es in euren Lüsten zu vergeuden" (Jak 4,3). Ein Mann ist krank, und er betet um Gesundheit, damit er unter seinen Trinkbechern und Huren sein kann. Ein anderer betet um Besitz: Er möchte nicht nur seinen Bauch füllen, sondern auch seine Scheunen, und er möchte reich sein, um seinen Namen zu erhöhen, oder damit er sich an seinen Feinden besser rächen kann, wenn er mehr Macht in seinen Händen hat. Es ist Gottlosigkeit gepaart mit Vermessenheit, wenn man zu Gott betet, dass er uns zeitliche Dinge gibt, damit wir besser in der Lage sind, dem Teufel zu dienen.

Wenn wir für zeitliche Dinge beten müssen, um wie viel mehr dann für geistliche Dinge? Wenn wir für Brot beten müssen, um wie viel mehr dann für das Brot des Lebens? Wenn wir für Öl beten müssen, um wie viel mehr dann für das Öl der Freude? Wenn wir beten müssen, dass unser Hunger gestillt wird, um wie viel mehr müssen wir dann beten, dass unsere Seele gerettet wird. Ach, wenn Gott unsere Gebete hören und uns diese zeitlichen Dinge gewähren würde und nicht mehr, was würde es uns das nützen? Was nützt es, Nahrung zu haben und es fehlt die Gnade? Was nützt es, wenn wir den Rücken bekleidet haben und die Seele nackt ist? Wenn man im Süden Land hat und es fehlt die lebendige Quelle im Blut Christi, welchen Trost könnte das geben? Oh, deshalb lasst uns ernsthaft sein, wenn es um die geistlichen Gnadengaben geht! Herr, gibt mir nicht nur Nahrung, sondern heilige mich. Gib mir lieber ein Herz voller Gnade als ein Haus voller Gold. Wenn wir für das tägliche Brot beten müssen, für die Dinge dieses Lebens, um wie viel mehr dann für die Dinge des zukünftigen Lebens.

Einige mögen sagen: Wir haben bereits einen Besitz, und ist es dann notwendig zu beten: „Gib uns heute unser tägliches Brot"?
Angenommen wir haben reichlich Besitz, so ist es trotzdem notwendig, dass wir bitten: „Gib uns heute unser tägliches Brot", und das aus einem zweifachen Grund.

a) Damit auf unserer Nahrung ein Segen liegen kann und auf allen Dingen, die wir genießen. „Ihre Nahrung will ich reichlich segnen" (Ps 132,15). „Der Mensch lebt nicht vom Brot allein, sondern von einem jeden Wort, das aus dem Mund Gottes hervorgeht!" (Mt 4,4). Was ist das anderes als ein Wort des Segens? Obwohl das Brot in unserer Hand ist, so liegt doch der Segen in der Hand Gottes, und es muss durch Gebet aus seiner Hand genommen werden. Nun, deshalb müssen reiche Menschen beten: „Gib uns heute unser tägliches Brot"; lasst es mit einem Segen gewürzt sein. Wenn Gott seinen Segen zurückhalten würde, dann würde nichts, was wir haben, uns zum Guten dienen: Unsere Kleider würden uns nicht wärmen, unsere Nahrung würde uns nicht ernähren. „Und er gab ihnen, was sie forderten, aber er sandte Auszehrung in ihre Seelen", das bedeutet, dass sie verschmachteten und dass sie ihr Fleisch nicht ernährte (Ps 106,15). Wenn Gott einen Segen zurückhalten würde, dann würde das, was wir essen, sich im Magen in einen üblen Saft verwandeln und schnell den Tod herbeiführen. Wenn Gott unseren Reichtum nicht segnet, dann würde er uns mehr schaden als Gutes tun. „Reichtum, der von seinem Besitzer zu seinem Schaden aufbewahrt wird" (Pred 5,12). Auch wenn wir reichlich Besitz haben, so müssen wir dennoch beten: „Gib uns heute unser tägliches Brot." Lasst uns über das, was wir haben, einen Segen empfangen.

b) Auch wenn wir Besitztümer haben, so müssen wir dennoch beten: „Gib uns", damit wir hiermit Gott veranlassen, diese Tröstungen für uns fortzuführen. Wie viele Verluste können auftreten! Wie viele Leute hatten Getreide in ihrer Scheune und plötzlich kam ein Feuer und verzehrte alles! Wie viele Leute haben auf dem Meer Verluste erlitten und große Besitztümer haben sich in nichts aufgelöst! „Voll zog ich aus, aber leer hat mich der HERR wieder heimgebracht" (Rut 1,21). Deshalb müssen wir, auch wenn wir Besitz haben, beten: „Gib uns". Herr gibt uns in diesen Tröstungen Bestand, damit sie nicht, bevor wir es merken, Flügel bekommen und von uns wegfliegen. So viel zu dem ersten Wort in der Bitte: „Gib uns".

2. Als Zweites „uns" – „gib uns".

Warum beten wir im Plural: „Gib uns"? Warum heißt es nicht: „Gib mir"?

Um zu zeigen, dass wir im Gebet einen Gemeinsinn haben müssen. Wir sollen nicht nur für uns selbst beten, sondern auch für andere. Sowohl das Gesetz Gottes als auch das Gesetz der Liebe binden uns daran. Wir sollen unseren Nächsten lieben wie uns selbst. Deshalb müssen wir sowohl für sie als auch für uns beten. Jeder gute Christ hat für die Mängel und das Elend der anderen ein Mitgefühl und er betet, dass Gott seine Mildtätigkeit nach ihnen ausstrecken möge. Besonders betet er für die Heiligen. „Indem ihr zu jeder Zeit betet … für alle Heiligen" (Eph 6,18). Das sind die Kinder der Familie.

Erste Anwendung

Sollen wir im Gebet einen Gemeinsinn haben? Dann werden Menschen mit einem engen Geist getadelt, die sich nur in ihrem eigenen Bereich bewegen, die nur nach sich selbst schauen und sich nicht um die Lage der anderen kümmern, die andere nicht mit in ihre Gebete nehmen. Wenn sie ihr tägliches Brot haben, kümmern sie sich nicht darum, dass andere hungern. Wenn sie Kleidung haben, kümmern sie sich nicht darum, dass andere nackt sind. Christus hat uns gelehrt, für andere zu beten und zu sagen: „Gib uns." Aber selbstsüchtige Personen sind in sich selbst eingeschlossen wie die Schnecke im Schneckenhaus, und sie sprechen niemals im Gebet ein Wort für andere. Sie haben kein Mitgefühl und Erbarmen. Sie sind wie Judas, dessen Eingeweide herausquollen.

Zweite Anwendung

Lasst uns für andere genauso beten wie für uns selbst. *Vir bonus aliis prodest aeque ac sibi* – ein guter Mensch tut anderen ebenso viel Gutes wie sich selbst. Spinnen arbeiten für sich selbst, aber Bienen arbeiten zum Nutzen anderer. Je vortrefflicher etwas ist, umso mehr wirkt es zum Nutzen anderer. Quellen erfrischen andere mit ihren Strömen aus Kristall. Die Sonne erleuchtet andere mit ihren goldenen Strahlen. Je mehr ein Christ mit Gnade geadelt ist, umso mehr überhäuft er andere mit seinen Gebeten. Wenn wir Glieder am mystischen Leib sind, dann können wir nicht anders, als mit anderen in ihrem Mangel Mitgefühl haben, und dieses Mitgefühl wird uns dazu führen, dass wir für sie beten. David hatte im Gebet einen Gemeinsinn. „HERR, tue Gutes den Guten" (Ps 125,4). Auch wenn er den Psalm mit Gebet für sich selbst beginnt: „O Gott, sei mir gnädig nach deiner Güte", so beendet er den Psalm mit Gebet für andere: „Tue wohl an Zion nach deiner Gnade" (Ps 51,1.20).

Dritte Anwendung

Für die Gläubigen, die in der Welt niedrig sind, ist es eine Sache des Trostes, dass sie die Gebete der Kinder Gottes haben, die nicht nur dafür beten, dass ihr Glaube zunimmt, sondern auch ihre Nahrung, dass Gott ihnen ihr „tägliches Brot" gibt. Wer verschiedene Aktien am Laufen hat, wird wahrscheinlich reich. So sind auch diejenigen auf dem Weg, zu gedeihen, die in verschiedenen Teilen der Welt die Gebete der Heiligen für sich am Laufen haben.

3. Das dritte Wort in der Bitte ist „heute." Wir beten nicht: Gib uns Brot für einen Monat oder ein Jahr, sondern für einen Tag. „Gib uns heute."

Ist es nicht erlaubt, etwas für die Zukunft zur Seite zu legen? Sagt nicht der Apostel (1.Tim 5,8): Wer nicht für seine Familie sorgt, der „ist schlimmer als ein Ungläubiger"?
Sicherlich ist es erlaubt, etwas für die Nachwelt zur Seite zu legen, aber unser Erlöser hat uns aus zwei Gründen gelehrt zu beten: „Gib uns heute unser tägliches Brot":

a) Damit wir keine ängstlichen Sorgen vor der Zukunft haben. Wir sollen nicht unseren Verstand martern oder uns damit quälen, wie wir ein großes Vermögen zur Seite legen. Wenn wir *vivere in diem* – für den Tag leben, wenn wir genug haben, um für die Gegenwart Vorrat zu haben, dann sollte das genügen. „Gib uns heute". „Darum sollt ihr euch nicht sorgen um den morgigen Tag" (Mt 6,34). Gott nährte Israel in der Wüste mit dem Manna, und er nährte sie von der Hand in den Mund. Manchmal war ihr ganzes Manna aufgebraucht, und wenn jemand gefragt hätte, woher sie am nächsten Morgen ihr Frühstück bekämen, hätten sie gesagt: „Wir sorgen nur für einen Tag. Gott wird das Manna, das wir brauchen, niederregnen lassen. Wenn wir für den heutigen Tag Brot haben, dann lasst uns nicht der Vorsehung Gottes für die Zukunft misstrauen."

b) Unser Erlöser will, dass wir beten: „Gib uns heute unser tägliches Brot", damit wir jeden Tag so leben, als wäre es unser letzter. Wir sollen nicht beten: Gib uns Brot für morgen, weil wir nicht wissen, ob wir morgen noch leben, sondern wir sollen beten: „Gib uns heute unser tägliches Brot"; es könnte der letzte Tag sein, den wir leben, und dann benötigen wir nichts mehr.

Wenn wir um Brot für nur einen Tag beten, dann haben die, welche große Besitztümer haben, Grund, um dankbar zu sein. Sie haben mehr, als wofür sie beten. Sie beten um Brot für nur einen Tag, und Gott hat ihnen genug gegeben, sodass es für ihr ganzes Leben ausreicht. Was für einem mildtätigen Gott dienen wir doch! Zwei Dinge sollten reiche Menschen dankbar machen.

a) Gott gibt ihnen mehr, als sie verdienen.

b) Er gibt ihnen mehr, als wofür sie beten.

4. Die vierte Sache in der Bitte ist „unser Brot."

Warum wird es als „unser Brot" bezeichnet, während es nicht unser Brot, sondern Gottes Brot ist?

a) Wir müssen das in einem rechten Sinn verstehen. Es ist unser Brot, weil wir es durch ehrliche Arbeit bekommen haben. Es gibt zwei Arten von Brot, die nicht rechtmäßig unser Brot genannt werden können: das Brot der Faulheit und das Brot der Gewalt.

Das Brot der Faulheit. Sie „isst nie das Brot der Faulheit" (Spr 31,27). Ein fauler Mensch lebt auf Kosten eines anderen. „Seine Hände weigern sich zu arbeiten" (Spr 21,25). Wir sollen nicht wie die Drohnen sein, welche den Honig essen, den andere Bienen in den Bienenstock gebracht haben. Wenn wir das Brot der Faulheit essen, dann ist es nicht unser eigenes Brot. „Wir hören nämlich, dass etliche von euch unordentlich wandeln und nicht arbeiten, sondern unnütze Dinge treiben. Solchen gebieten wir und ermahnen sie im Auftrag unseres Herrn Jesus Christus, dass sie mit stiller Arbeit ihr eigenes Brot verdienen" (2.Thess 3,11.12). Der Apostel gibt den Hinweis, dass solche, die faul leben, nicht ihr eigenes Brot essen.

Das Brot der Gewalt. Wir können nicht das „unser Brot" nennen, was wir anderen weggenommen haben, was wir durch Diebstahl und Betrug bekommen haben oder auf irgendeine erpresserische Weise. Das ist nicht „unser Brot";

es gehört einem anderen. Wer ein Raubvogel ist, wer den Witwen und Waisen das Brot wegnimmt, isst Brot, das nicht ihm gehört, noch kann er um einen Segen dafür bitten. Kann er Gott bitten, das zu segnen, was er unrechtmäßig bekommen hat?

b) Es wird als unser Brot bezeichnet kraft des Anrechts, das wir darauf haben. Es gibt ein zweifaches Anrecht auf das Brot.

1. Ein geistliches Anrecht. In und durch Christus haben wir ein Recht auf das Geschaffene und dürfen es „unser Brot" nennen. Als Gläubige haben wir das beste Anrecht auf die irdischen Dinge; wir besitzen alles *in capite* – in unserem Haupt, in Christus. „Alles gehört euch." Durch welches Anrecht? „Ihr aber gehört Christus an" (1.Kor 3,23).

2. Ein bürgerliches Anrecht, welches uns das Gesetz verleiht. Wenn man den Menschen ein bürgerliches Recht auf ihren Besitz abspricht und alle Dinge vergemeinschaftet, dann öffnet das die Tür für Anarchie und Durcheinander.

Betrachten wir das Vorrecht der Gläubigen. Sie haben sowohl ein geistliches als auch ein bürgerliches Anrecht auf das, was sie besitzen. Diejenigen, die „unser Vater" sagen können, die können auch „unser Brot" sagen. Die gottlosen Menschen haben ein gesetzliches Recht auf das, was sie besitzen, aber kein Recht des Bundes. Sie haben den Besitz durch die Vorsehung, aber nicht durch die Verheißung, unter der Zulassung Gottes, aber nicht mit seiner Liebe. Die gottlosen Menschen sind in den Augen Gottes nicht besser als Thronräuber. Alles, was sie haben, ihr Geld und ihr Land, ist wie Stoff vom Tuchmacher, für den man nicht bezahlt. Doch das liebliche Vorrecht der Gläubigen besteht darin, dass sie sagen können: „unser Brot". Da Christus ihnen gehört, gehört alles ihnen. Oh, wie lieblich ist jeder Bissen Brot, der in das Blut Jesu getaucht ist! Wie gut schmeckt die Speise, die ein Erstling und ein Unterpfand für mehr ist! Das Mehl im Krug ist ein Erstling unserer Engelsspeise im Paradies. Es ist ein Vorrecht der Heiligen, dass sie ein Recht auf den Himmel und die Erde haben.

5. Die fünfte und letzte Sache in dieser Bitte ist die Sache, für die wir beten: „tägliches Brot."

Was ist mit Brot gemeint?
Für das Brot wird hier eine Synekdoche verwendet, *species pro genere* – ein Teil steht für das Ganze, für alle zeitlichen Segnungen des Lebens, Nahrung, Brennstoffe, Kleidung etc. „*Quicquid nobis conducit ad bene esse* – was auch immer zu unserem Wohlbefinden dient" (Augustinus). Was auch immer für das Notwendige und eine nüchterne Freude dient.

Lernen wir mit den Zuwendungen, die Gott gibt, zufrieden zu sein. Wenn wir Brot haben und die Tüchtigkeit zu äußerlichen Dingen, dann lasst uns zufrieden darin ruhen. Wir beten nur für Brot: „Gib uns heute unser tägliches Brot." Wir beten nicht für überflüssige Dinge, noch für Wachteln oder ein Wildbret, sondern für Brot zum Lebensunterhalt. Auch wenn wir nicht so viel wie andere haben, nicht so eine reiche Ernte, keinen so teuren Besitz, so lasst uns trotzdem zufrieden sein, wenn wir einen Vorrat an Brot haben, der uns vor dem Umkommen bewahrt. Die meisten Leute machen hierbei Fehler. Obwohl sie beten, dass Gott ihnen Brot gibt, so viel wie er für sie für angemessen hält, so sind sie dennoch nicht mit seiner Zuwendung zufrieden, sondern begehren habgierig mehr und schreien mit den Töchtern des Blutegels: „Gib her, gib her!" (Spr 30,15). Das ist eine Untugend, die von Natur aus in uns eingewurzelt ist. Viele Leute beten das erste Gebet von Agur: „Gib mir keine Armut", aber nur wenige beten sein letztes Gebet: „Gib mir keinen Reichtum" (Spr 30,8; nach der englischen Übersetzung). Sie sind mit dem „täglichen Brot" nicht zufrieden, sondern haben die trockene Wassersucht der Habgier. Sie verlangen nach immer mehr. „Der seinen Rachen weit aufgesperrt hat wie das Totenreich und unersättlich ist wie der Tod" (Hab 2,5). Agur sagt, dass es vier Dinge gibt, die sagen, dass es nicht genug ist: das Grab, der verschlossene Mutterleib, die Erde, das Feuer, und ich möchte noch eine fünfte Sache hinzufügen: das Herz eines habsüchtigen Menschen (Spr 30,15). Diejenigen, die nicht mit dem täglichen

Brot zufrieden sind, sondern nach unstillbar mehr dürsten, durchbrechen den Zaun von Gottes Gebot und um reich zu werden, machen sie vor keiner Sünde halt. *„Cui nihil satis est, eidem nihil turpe* – der, für den nichts genug ist, hält nichts für schändlich" (Tacitus). Deshalb wird die Habgier die Wurzel der Untugend genannt. „Eine Wurzel alles Bösen" (1.Tim 6,10). *Quid non mortalia pectora cogis, auri sacra fames* – oh, du verfluchter Hunger nach Gold, wohin hast du die Herzen der Menschen getrieben? Das griechische Wort für Habgier, *pleonexia,* bedeutet ein unmäßiges Verlangen, um etwas zu bekommen. Habgier besteht nicht nur darin, Reichtum unrechtmäßig zu bekommen, sondern auch darin, ihn unmäßig zu lieben, was ein Schlüssel ist, der die Tür für jede Sünde öffnet. Sie verursacht:

a) Diebstahl. Die habgierige Gesinnung von Achan brachte ihn dazu, den Goldbarren zu stehlen, was seine Seele von Gott abtrennte (Jos 7,21).

b) Habgier führt zu Verrat. Was brachte Judas dazu, Christus zu verraten? Es waren die dreißig Silberlinge (Mt 26,15).

c) Habgier führt zu Mord. Es war die unmäßige Liebe zu dem Weinberg, die Ahab eine Verschwörung machen ließ, die zum Tod Nabots führte (1.Kön 21,3).

d) Habgier ist die Wurzel des Meineids. Werden die Menschen habgierig, so folgt darauf, dass sie den Waffenstillstand brechen (2.Tim 3,2). Die Liebe zum Geld lässt die Menschen einen falschen Eid ablegen und einen rechtmäßigen Eid brechen.

e) Habgier ist die Quelle des Abfalls. „Denn Demas hat mich verlassen, weil er die jetzige Weltzeit lieb gewonnen hat" (2.Tim 4,10). Er hat nicht nur die Gesellschaft des Paulus verlassen, sondern auch seine Lehre. Nach Dorotheus wurde Demas später der Priester in einem Götzentempel.

f) Habgier macht Menschen zu Götzendienern. „Habsucht, die Götzendienst ist" (Kol 3,5). Obwohl der habsüchtige Mensch keine geschnitzten Bilder in der Kirche anbetet, so betet er aber das gravierte Bild auf seiner Münze an.

g) Habgier bringt die Menschen dazu, dass sie sich dem Teufel hingeben. Papst Sylverster II. verkauft für das Papsttum seine Seele an den Teufel. Habgierige Personen vergessen das Gebet: „Gib uns heute unser tägliches Brot." Sie sind nicht mit dem zufrieden, was die Natur befriedigt, sondern sie sind in ihrem Verlangen unersättlich. Oh, lasst uns uns vor dieser trockenen Wassersucht in Acht nehmen! „Begnügt euch mit dem, was vorhanden ist" (Hebr 13,5). „*Natura parvo dimittitur* – die Natur ist mit wenig zufrieden" (Seneca).

Anwendung.
Damit wir mit dem „täglichen Brot" zufrieden sind, das Gott uns in seiner Vorsehung zukommen lässt und nicht begierig sind oder murren, wollen wir Folgendes betrachten:

a) Gott kann das Wenige segnen. „So wird er dein Brot und dein Wasser segnen" (2.Mose 23,25). Ein Segen legt in den kleinsten Bissen Brot Lieblichkeit. Er ist wie der Zucker im Wein. „Ihre Nahrung will ich reichlich segnen" (Ps 132,15). Daniel und die drei Jünglinge aßen Hülsenfrüchte, was eine karge Kost war, und dennoch sahen sie besser aus als diejenigen, die von der Speise des Königs aßen (Dan 1,12.15). Woher kam das? Der Herr legte in die Hülsenfrüchte mehr als nur einen gewöhnlichen Segen. Sein Segen war besser als das Wildbret des Königs. Ein Stück Brot mit der Liebe Gottes ist eine Engelsspeise.

b) Gott, der uns unsere Zuwendung gibt, weiß, welche Menge an äußeren Dingen für uns am geeignetsten ist. Für manche ist ein kleinerer Vorrat geeigneter; Brot kann besser sein als Delikatessen. Nicht jeder kann eine hohe Position tragen, genauso wenig wie ein schwacher Verstand starken Wein vertragen kann. Hat jemand eine größere Menge an weltlichen Dingen? Gott sieht, dass er mit solch einer Position besser umgehen kann. Er kann seine Angelegenheit mit einem gesunden Maß regeln, was ein anderer vielleicht nicht kann. Wie er einen großen Besitz hat, so hat er auch ein großes Herz, um Gutes zu tun, was ein anderer vielleicht nicht hat. Das sollte uns mit einer kleineren Speisekarte zufrieden sein lassen. Wir sollten uns der Weisheit Gottes fügen; er weiß, was für jeden das Beste ist. Das, was für den einen gut ist, kann für den anderen schlecht sein.

c) Wenn man mit dem täglichen Brot zufrieden ist, obwohl es weniger ist, als andere haben, dann zeigt sich darin viel Gnade. Alle Gnadengaben wirken ihre Aufgaben in einer zufriedenen Seele. Wie das heilige Salböl aus verschiedenen Spezereien, Myrrhe, Zimt und Kalmus gemacht wurde, so besteht auch Zufriedenheit aus einer Mischung von verschiedenen Gnadengaben (2.Mose 30,23). Darin liegt Glaube. Ein Christ glaubt, dass Gott alles zu seinem Besten tut. Darin liegt Liebe, die nichts Böses denkt, sondern alles, was Gott tut, als guten Teil annimmt. Darin liegt Geduld, die sich freudig unter das unterordnet, was Gott weise befiehlt. Gott gefällt es sehr, zu sehen, wie so viele Gnadengaben gleichzeitig lieblich ausgeübt werden, die wie viele strahlende Sterne in einem Sternenbild leuchten.

d) Wenn man mit dem täglichen Brot zufrieden ist, auch wenn es nur karg ist, bewahrt uns das vor vielen Versuchungen, in die unzufriedene Personen fallen. Wenn der Teufel sieht, wie eine Person in der Gesinnung Israels ist, wenn er mit dem Manna nicht zufrieden ist, sondern Wachteln haben möchte, dann sagt er: Hier ist für mich gut fischen. Satan versucht Unzufriedene oft zum Murren und zum Gebrauch von unerlaubten Mitteln, zum Betrügen und Übervorteilen. Und er vergrößert einen Besitz durch unlautere Mittel, stopft dessen Kissen mit Dornen aus, sodass dessen Kopf sehr unruhig liegt, wenn er ins Sterben kommt. Wenn wir von den Versuchungen frei werden wollen, denen die Unzufriedenen ausgesetzt sind, dann seien wir mit den Dingen zufrieden, die wir haben; danken wir Gott für unser „tägliches Brot".

e) Was für eine seltene und bewundernswürdige Sache ist es, wenn man mit dem „täglichen Brot" zufrieden ist, obwohl es karg ist und obwohl es davon nur ein wenig gibt! Obwohl ein Christ nur ein *viaticum* – eine Wegzehrung hat, ein wenig Mehl im Krug, so hat er dennoch das, was ihm Zufriedenheit gibt. Was er nicht im Küchenschrank hat, das hat er in der

Verheißung. Das Stück Brot, das er hat, hat er mit der Liebe Gottes, und diese Sauce lässt es lieblich schmecken. Das wenige Öl im Krug ist ein Erstling und ein Unterpfand der Delikatessen, die er im Königreich Gottes haben wird, und das macht ihn zufrieden. Was für eine seltene und wunderbare Sache ist das! Es ist kein Wunder, wenn man im Himmel zufrieden ist, wo wir direkt an der Quelle sind und alle Dinge haben, die wir begehren. Wenn man aber zufrieden ist, wenn Gott uns bei den Allgemeingütern kurz hält und wir kaum unser „tägliches Brot" haben, dann ist das in der Tat ein Wunder. Wenn die Gnade uns krönt, ist es kein Wunder, wenn man zufrieden ist. Wenn die Gnade aber mit Schwierigkeiten konfrontiert wird, dann ist es eine herrliche Sache, zufrieden zu sein und verdient den Ehrenkranz.

f) Um uns mit dem „täglichen Brot" zufrieden zu machen, obwohl Gott uns in unserer Zuwendung einschränkt, lasst uns ernstlich über die Gefahr nachdenken, die in einer hohen, wohlhabenden Position liegt. Einige sind nicht mit dem „täglichen Brot" zufrieden, sondern begehren, dass ihre Scheunen gefüllt werden und häufen Geld wie Staub an, was sich für sie als ein Fallstrick erweist. „Denn die, welche reich werden wollen, fallen in Versuchung und Fallstricke" (1.Tim 6,9). Hochmut, Müßiggang und Wollust sind drei Würmer, die gewöhnlich aus dem Überfluss geboren werden. Wohlstand macht oft das Ohr Gott gegenüber taub. „Ich habe zu dir geredet, als es dir noch gut ging; aber du sagtest: »Ich will nicht hören!«" (Jer 22,21). Sanfte Vergnügen verhärten das Herz. Je fetter der Leib ist, umso weniger Blut ist in den Venen und umso weniger Lebensgeist ist darin. Es ist auch oft so: je mehr äußerer Überfluss, umso weniger Frömmigkeit. Der Wohlstand hat seinen Honig und auch seinen Stachel, wie der Vollmond macht er viele wahnsinnig. Die Weiden des Wohlstands machen fett und satt. Ängstliche Sorge ist der *malus genius* – böse Geist, der den reichen Mann jagt und ihn nicht zur Ruhe kommen lässt. Wenn seine Kisten voller Geld sind, ist sein Herz voller Sorge, entweder wie er es verwalten oder wie er es vermehren soll oder wie der das, was er bekommen hat, sichern kann. Der Sonnenschein ist angenehm, aber manchmal verbrennt er. Sollten wir nicht mit der Zuwendung zufrieden sein, die Gott gibt, wenn wir unser tägliches Brot haben, aber keine Delikatessen? Denken wir an die Gefahr des Wohlstands! Ein voll ausgebreiteter Tisch kann eine aufgestellte Falle sein! Viele Leute sind mit goldenen Gewichten in die Hölle gesunken. Der Fährmann lässt alle Passagiere herein, um seinen Fahrpreis zu erhöhen und manchmal so viele, bis sein Boot sinkt. „Denn die, welche reich werden wollen, fallen in Versuchung … welche die Menschen in Untergang und Verderben stürzen" (1.Tim 6,9). Der goldene Sand der Welt ist Treibsand. Das sollte uns unser tägliches Brot mit Zufriedenheit nehmen lassen, auch wenn es nur karg ist. Wenn wir wenig Nahrung haben, dann haben wir wenige Fallstricke. Wenn wir eine geringere Stellung haben, dann haben wir weniger Gefahr. Wie wir die reichen Vorräte der Welt nicht haben, so haben wir auch nicht die Versuchungen.

g) Wenn Gott uns bei dürftiger Nahrung hält, wenn er uns weniger weltliche Dinge gibt, macht er das mit geistlichen Dingen wieder gut. Er gibt uns die kostbare Perle und die heilige Salbung. Die kostbare Perle, Jesus Christus, ist der Inbegriff aller guten Dinge. Wenn Gott uns Christus gibt, dann ist das mehr, als hätte er uns die ganze Welt gegeben. Er kann mehr Welten erschaffen, aber er hat nur einen Christus zu verschenken. Er hat eine solche Goldmine, dass die Engel nicht bis zum Grund graben können (Eph 3,8). Von Christus können wir gerechtfertigt, adoptiert und gekrönt werden. Luther sagt: Das Meer der Gnade Gottes in der Gabe von Christus müsste all unseren Mangel verschlingen. Gott hat uns mit Gnadengaben gesalbt, die heilige Salbung seines Geistes. Die Gnade ist ein Same Gottes, eine Blume der Ewigkeit. Die Gnadengaben sind Abdrücke der göttlichen Natur, Sterne, um uns zu erleuchten, Spezereien, um uns zu einem Wohlgeruch zu machen, Diamanten, um uns reich zu machen – und wenn Gott den verborgenen Menschen des Herzens mit diesen heiligen Juwelen geschmückt hat, kann uns das nun zufrieden machen, auch wenn wir mit Allgemeingütern kurz gehalten werden. Gott hat seinem Volk bessere Dinge gegeben als Getreide und Wein. Er hat ihnen das gegeben, was er nicht im Zorn geben kann und das, was nicht unter der Verwerfung steht, und sie können wie David sagen: „Die Messschnüre sind mir in einer lieblichen Gegend gefallen, ja, mir wurde ein schönes Erbe zuteil" (Ps 16,6). Didymus[73] war ein blinder Mann, aber er war sehr heilig. Antonius fragte ihn, ob er darüber nicht bekümmert sei, dass ihm das Augenlicht fehlt, und er sagte ihm, dass er in der Tat betrübt ist. Antonius antwortete: „Warum bist du bekümmert? Dir fehlt das, was Fliegen und Vögel haben, aber du hast das, was die Engel haben." Somit kann ich zu den Christen sagen: Auch wenn Gott euch keinen Geldbeutel gegeben hat, so hat er euch seinen Geist gegeben. Wenn euch das fehlt, was die reichen Menschen haben, so hat Gott euch das gegeben, was die Engel haben – und ihr seid nicht zufrieden?

h) Wenn wir nur genug tägliches Brot haben, um die Natur zu befriedigen, dann lasst uns zufrieden sein. Bedenken wir, dass es nicht immer der Überfluss ist, der das Leben angenehm macht. Es ist nicht die Größe des Käfigs, die den Vogel singen lässt. Wenn man tüchtig ist, kann das zur Zufriedenheit führen, während jemand weniger zufrieden sein kann, der mehr hat. Ein Stock kann einem Reisenden helfen, aber ein Bündel Stäbe wird für ihn eine Last sein. Ein großer Besitz kann wie ein langes Kleidungsstück sein, das eher lästig als nützlich ist. Viele Leute, die ein großes Einkommen und viele Finanzen haben, haben in ihrem Leben nicht so viel Trost, wie einige, die hart arbeiten.

i) Wenn wir weniger tägliches Brot haben, dann müssen wir weniger Rechenschaft geben. Die Reichtümer und Auszeichnungen in dieser Welt machen wie die Alchemie eine große Show, und mit Glitzern verblenden sie die Augen der Menschen, aber sie denken nicht an die große Rechenschaft,

73 Didymus, genannt der Blinde, war ein antiker christlicher Schriftsteller des 4. Jahrhunderts. Obwohl Didymus im Alter von vier Jahren, noch ehe er lesen gelernt hatte, blind wurde, eignete er sich das gesamte Wissen seiner Zeit an. Als er in den Dienst der Kirche trat, wurde er zum Lehrer in der Katechetenschule von Alexandria eingesetzt, wo er bis ins hohe Alter lebte und arbeitete. Unter seinen Schülern waren Hieronymus und Rufinus.

die sie Gott geben müssen. „Lege Rechenschaft ab von deiner Verwaltung“ (Lk 16,2). Was hast du mit deinem Besitz Gutes getan? Hast du wie ein guter Verwalter mit deinen goldenen Talenten zur Ehre Gottes gehandelt? Hast du den Herrn mit deinem Gut geehrt? Je größer das Einkommen, umso größer die Rechenschaft. Wenn wir nur wenig tägliches Brot haben, dann lasst uns ruhig und zufrieden sein, denn die Rechenschaft, die man von uns fordert, wird gering sein.

j) Wenn wir bei äußeren Dingen nur wenig Kompetenzen besitzen, können wir zufrieden sein, wenn wir bedenken, wie viel wir zukünftig zu erwarten haben. Gott hebt den besten Wein bis zum Schluss auf. Was bedeutet es schon, wenn wir jetzt einen kleinen Hungerlohn haben und von der Hand in den Mund leben? Wir warten auf eine ewige Belohnung: weiße Gewänder, funkelnde Kronen, Flüsse der Freude. Ein Sohn ist zufrieden, auch wenn ihm sein Vater von Zeit zu Zeit nur wenig Geld gibt, solange er erwartet, dass sein Vater ihm am Ende sein ganzes Land überträgt. So ist es auch, wenn Gott uns gegenwärtig nur ein wenig gibt, denn wir erwarten die Herrlichkeit, die noch kein Auge gesehen hat. Die Welt ist nur ein *diversorium* – großes Gasthaus. Wenn Gott uns genug gibt, um die Kosten in unserem Gasthaus zu bezahlen, dann können wir zufrieden sein. Wenn wir in unser eigenes Land kommen, dann haben wir genug.

Wie können wir zufrieden sein, obwohl uns Gott in diesen äußerlichen Dingen kurz hält, obwohl wir nur wenig tägliches Brot haben und dazu noch ganz gewöhnliches?

a) Bedenken wir bei uns selbst, dass manche Leute noch niedriger waren als wir, die aber besser waren. Jakob, der heilige Patriarch, ging mit seinem Gesinde über den Jordan und lebte eine lange Zeit in einfachen Umständen. Die Wolken waren sein Zelt und ein Stein sein Kissen. Mose hätte reich werden können, wie einige Historiker sagen, da die Tochter des Pharao ihn als ihren Sohn adoptierte und weil der König Pharao keinen Erben hatte – so hätte Mose später die Krone bekommen. In was für niedrigen, einfachen Umständen lebte er jedoch, weil er die Ehre am Hof hinter sich ließ und zu Jethro, seinem Schwiegervater, ging! Musculus[74], der bekannt für seine Gelehrtheit und Frömmigkeit war, kam in große Nöte, musste sogar im städtischen Kanal graben und hatte kaum tägliches Brot und war trotzdem zufrieden. Ja, Christus, der der Erbe aller Dinge ist, wurde arm um unseretwillen (2.Kor 8,9). Lasst uns durch alle diese Vorbilder zufrieden werden.

b) Lasst uns danach trachten, dass unser Anteil zwischen Gott und unserer Seele klar wird. Wer sagen kann: „Mein Gott“, der hat genug, um sein Herz in den niedrigsten Umständen in Ruhe zu wiegen. An was kann es jemandem mangeln, der *El-Schaddai* – den allgenugsamen Gott als sein Teil hat? Wenn die unteren Quellen versagen, hat er die oberen Quellen. Auch wenn uns die Speisekarte kurz hält, so ist ein Anteil an Gott unser Stützpfeiler, und dann können wir uns, wie David, am Herrn unseren Gott aufmuntern.

74 Andreas Musculus (auch: *Andreas Meusel;* * 29. November 1514 in Schneeberg; †29. September 1581 in Frankfurt a. d. Oder) war ein evangelischer Theologe und Reformator.

VI. Die fünfte Bitte im Gebet des Herrn

„Und vergib uns unsere Schulden, wie auch wir vergeben unseren Schuldnern“

(Mt 6,12)

Bevor ich speziell auf die Worte zu sprechen komme, möchte ich anmerken:

1. Dass es in diesem Gebet nur eine Bitte für den Leib gibt: „Gib uns heute unser tägliches Brot“, aber zwei Bitten für die Seele: „Und vergib uns unsere Schulden ... Und führe uns nicht in Versuchung, sondern errette uns von dem Bösen.“ Beachten wir deshalb, dass wir mehr Sorge für unsere Seele als für unseren Leib und mehr Sorge für die Gnade als für das tägliche Brot tragen müssen, und wir sollen mehr wünschen, dass unsere Seele gerettet als dass der Leib ernährt wird. Im Gesetz war das Gewicht des Heiligtums zweimal so groß wie das allgemeine Gewicht, um zu symbolisieren, dass die geistlichen Dinge ein weit größeres Gewicht haben sollen als die irdischen Dinge. Die Vortrefflichkeit der Seele sollte unsere Hauptsorge herausfordern.

a) Die Seele ist eine nicht-stoffliche Substanz; sie ist ein himmlischer Funke, der durch den Odem Gottes entzündet wurde. Sie ist der feinere und geistlichere Teil des Menschen. Sie ist von der Natur der Engel. Sie hat eine schwache Ähnlichkeit mit Gott. Der Leib ist der bescheidenere Teil. Er ist nur das Gehäuse, auch wenn er wunderbar gemacht ist. Aber die Seele ist das Juwel; sie ist mit den Engeln verwandt, sie ist *capax beatitudinis* – fähig mit Gott in der Herrlichkeit Gemeinschaft zu haben.

b) Sie ist unsterblich, sie wird niemals erlöschen. Sie kann ohne den Leib handeln. Auch wenn der Leib sich in Staub auflöst, so lebt die Seele (Lk 12,4). Das Wesen der Seele ist ewig; sie hat einen Anfang, aber kein Ende. Wenn die Seele nun so edel und würdevoll ist, dann muss man für sie gewiss mehr Sorge tragen als für den Leib. Deshalb machen wir nur eine Bitte für den Leib, aber zwei Bitten für die Seele.

Erste Anwendung

Es werden diejenigen zurechtgewiesen, die für ihren Leib mehr Sorge tragen als für ihre Seele. Der Leib ist nur der tierische Teil, trotzdem tragen sie mehr Sorge darum:

a) Ihren Leib zu bekleiden als ihre Seele. Sie ziehen die besten Kleider an, sind mit dem teuersten Gewand angezogen, aber kümmern sich nicht darum, wie nackt und unbekleidet ihre Seele ist. Sie trachten nicht nach dem Juwel der Gnade, um den inneren Menschen zu schmücken.

b) Ihren Leib zu nähren als ihre Seele. Sie sind Lieferanten für das Fleisch; sie treffen für das Fleisch Vorsorge; sie haben die beste Ernährung, lassen ihre Seele aber verhungern, so als wenn jemand seinem Falken Nahrung gibt, aber sein Kind hungern lässt. Der Leib muss in einem Thronsessel sitzen, aber die Seele, dieses fürstliche Ding, wird zu einem Lakaien gemacht, um für die Botengänge des Teufels zu laufen.

Zweite Anwendung

Lasst uns mehr um unsere Seele sorgen. „*Omnia si perdas, animam servare memento* – wenn wir alles verlieren, dann lasst uns nicht vergessen, unsere Seele zu bewahren." Wenn es mit der Seele gut steht, dann wird es auch mit dem Leib gut stehen. Wenn die Seele Gnade hat, dann wird der Leib herrlich sein, denn er wird strahlen wie der Leib Christi. Deshalb ist es Weisheit, wenn man vornehmlich nach der Seele schaut, denn indem wir die Seele retten, sichern wir die Seligkeit des Leibes. Und wir können unsere Sorge für die Seele nicht mehr zeigen, als dadurch, dass wir jede Gelegenheit zu ihrem Besten nutzen, wie das Lesen, das Beten, das Hören und das Nachsinnen. Oh, halten wir nach der Hauptgelegenheit Ausschau: Lasst uns hauptsächlich die Seele pflegen! Der Verlust der Seele wäre verhängnisvoll. Andere Verluste können wieder wettgemacht werden. Wenn jemand seine Gesundheit verliert, kann er wieder gesund werden; wenn er seinen Besitz verliert, kann er ihn wieder zurückbekommen, aber der Verlust der Seele ist nicht wiedergutzumachen. Der Kaufmann, der alles riskiert, indem er alles, was er hat, auf ein Schiff lädt, ist völlig ruiniert, wenn es verloren geht.

2. Sobald Jesus gesagt hatte: „Gib uns heute unser tägliches Brot", fügte er hinzu: „Und vergib uns." Er verbindet die Bitte um Vergebung der Sünden unmittelbar mit der anderen Bitte um das tägliche Brot, um uns zu zeigen, dass das tägliche Brot ohne die Vergebung nichts ist. Wenn unsere Sünden nicht vergeben sind, können wir in unserem Essen nur wenig Trost finden. Wie ein Mann, der zum Tode verurteilt ist, ohne eine Begnadigung nur wenig Trost aus der Speise zieht, die wir ihm ins Gefängnis bringen, so auch wir: Obwohl wir das tägliche Brot haben, tut es uns dennoch nichts Gutes, bevor die Sünden vergeben sind. Als Jesus gesagt hatte: „Gib uns heute unser tägliches Brot", fügte er augenblicklich hinzu: „Vergib uns unsere Schulden." Das tägliche Brot mag den Hunger stillen, aber die Vergebung der Sünden stellt das Gewissen zufrieden.

Erste Anwendung
Es wird die Torheit der meisten Leute verurteilt: Wenn sie nur das tägliche Brot haben, also die angenehmen Dinge dieses Lebens, dann schauen sie nicht weiter; sie sorgen sich nicht um die Vergebung der Sünden. Wenn sie das haben, was sie satt macht, schauen sie nicht nach dem, was sie krönen würde. Ach, man kann das tägliche Brot haben und dennoch verloren gehen! Der reiche Mann im Evangelium hatte das tägliche Brot, ja, er hatte Delikatessen; er „lebte alle Tage herrlich und

in Freuden", aber „als er nun in der Hölle war, hob er seine Augen auf in seiner Qual" (Lk 16,19.23; LÜ 84).

Zweite Anwendung
Lasst uns beten, dass Gott uns nicht allein in diesem Leben unseren Teil gibt, dass er uns nicht nur mit dem täglichen Brot gehen lässt, sondern dass er uns die Vergebung gibt. Das ist die Sauce, die unser Brot umso lieblicher schmecken lässt. Eine Redewendung von Luther war: „*Valde protestatus sum me nolle sic satiari ab illo* – ich habe feierlich darauf gedrungen, dass Gott mich nicht mit äußeren Dingen gehen lässt." Seien wir nicht mit dem zufrieden, was wir mit den tierischen Kreaturen gemeinsam haben, mit dem Hund oder Elefanten, dass unser Hunger gestillt wird, sondern lasst uns überdies auch die Vergebung der Sünden bekommen. Ein Tropfen von Christi Blut oder ein Schluck von der vergebenden Gnade sind unendlich mehr wert als alle Freuden unter der Sonne. Das tägliche Brot mag uns getröstet leben lassen, aber die Vergebung der Sünden wird uns getröstet sterben lassen. Nun komme ich zu den Worten der Bitte: „Und vergib uns unsere Schulden" etc.

Hier wird der Sünde ein spezieller Begriff gegeben: sie ist eine Schuld. Das Bekenntnis der Schuld: „unsere Schulden." Ein Gebet: „vergib uns", und eine Bedingung, unter der wir nach Vergebung verlangen sollen: „Wie auch wir vergeben unseren Schuldnern".

I. *Die erste Sache ist der Begriff, welcher der Sünde gegeben wird; sie ist eine Schuld.* Das, was hier als Schuld bezeichnet wird, wird auch als Sünde bezeichnet. „Und vergib uns unsere Sünden" (Lk 11,4). Somit ist eine Sünde also eine Schuld, und jeder Sünder ist ein Schuldner. Die Sünde wird mit einer Schuld von zehntausend Talenten verglichen (Mt 18,24).

Warum wird Sünde als eine Schuld bezeichnet?
Weil sie der Schuld genau ähnelt.

a) Eine Schuld entsteht aus dem Nicht-Zahlen von Geld oder dem Nicht-Zahlen von dem, was man jemandem schuldet.

b) Im Falle des Nicht-Zahlens geht der Schuldner ins Gefängnis. Ebenso ist es auch mit unserer Sünde: Wir werden schuldig und sind dem Fluch und der Verdammnis Gottes ausgesetzt. Obwohl er dem Sünder für eine Zeit lang eine Galgenfrist gewährt, so bleibt auf ihm dennoch der ewige Tod, wenn die Schuld nicht vergeben wird.

In welcher Hinsicht ist die Sünde die schlimmste Schuld?

a) Weil wir nichts haben, um zu bezahlen. Wenn wir die Schuld bezahlen könnten, wozu wäre es dann notwendig zu beten: „vergib uns“? Wir können nicht wie der Knecht im Evangelium sagen: „Herr, habe Geduld mit mir, so will ich dir alles bezahlen!“ (Mt 18,26). Wir können weder alles noch einen Teil bezahlen. Adam hat uns alle zu Bankrotteuren gemacht. Im Stand der Unschuld hatte Adam einen Vorrat an ursprünglicher Gerechtigkeit, um damit in der Welt anzufangen; er konnte Gott persönlichen und vollkommenen Gehorsam geben. Aber durch seine Sünde wurde er ganz gebrochen und hat alle seine Nachkommen an den Bettelstab gebracht. Wir haben nichts, um zu bezahlen. Alle unsere Pflichten sind mit der Sünde vermischt, und somit können wir nicht mit einer gültigen Währung an Gott zahlen.

b) Die Sünde ist die schlimmste Schuld, weil sie sich gegen eine unendliche Majestät richtet. Eine Übertretung gegen die Person eines Königs ist *crimen laesae majestatis* – das Verbrechen des Hochverrats. Das steigert und erschwert das Verbrechen. Die Sünde ist ein Unrecht gegen Gott, und somit ist es eine unendliche Übertretung. Die Scholastiker sagen: *„Omne peccatum contra conscientiam est quasi deicidium* – d.h. jede bekannte Sünde tastet die Gottheit an.“ Der Sünde stößt Gott nicht nur von seinem Thron, sondern sie lässt ihn nicht mehr Gott sein, was die Schuld unendlich macht.

c) Die Sünde ist die schlimmste Schuld, weil sie nicht nur eine einzelne Schuld ist, sondern weil sie sich multipliziert.

Vergib uns „unsere Schulden"; wir haben Schuld über Schuld. „Denn Übel ohne Zahl haben mich umringt" (Ps 40,13). Wir können genauso wenig alle Wassertropfen im Meer aufzählen wie unsere ganzen geistlichen Schulden; wir können nicht sagen, wie viel wir schuldig sind. Ein Mensch kann seine anderen Schulden kennen, aber er kann nicht seine geistlichen Schulden beziffern. Jeder nichtige Gedanke ist eine Sünde. „Dummheiten ersinnen ist Sünde" (Spr 24,9). Und was für Schwärme von nichtigen Gedanken haben wir! Die erste Regung der Verderbtheit ist eine Sünde, auch wenn sie sich nicht zur äußeren Tat entfaltet. Deshalb: „Wer kann seine Irrtümer verstehen?" Wir wissen nicht, wie viel wir Gott schuldig sind.

d) Die Sünde ist die schlimmste Schuld, weil sie in zweifacher Hinsicht unentschuldbar ist:

1. Es ist nicht möglich, die Schuld zu verleugnen. Andere Schulden können die Menschen leugnen. Wenn das Geld nicht vor Zeugen bezahlt wird oder wenn der Gläubiger den Schuldbrief verliert, kann der Schuldner sagen, dass er ihm nichts schuldig ist. Aber es ist nicht möglich, die Schuld der Sünde zu verleugnen. Wenn wir sagen, dass wir keine Sünde haben, dann kann Gott die Schuld beweisen. „Aber ich will dich zurechtweisen und es dir vor Augen stellen!" (Ps 50,21). Gott schreibt unsere Schulden in sein Gedenkbuch nieder und sein Buch stimmt mit dem Buch des Gewissen genau überein. Somit kann die Schuld nicht verleugnet werden.

2. Es ist nicht möglich, die Schuld wegzuschieben. Andere Schulden kann man wegschieben. Wir können Freunde bekommen, die sie bezahlen. Aber diese Schuld können weder Menschen noch Engel für uns bezahlen. Wenn alle Engel im Himmel einen Geldbeutel machen würden, könnten sie auch nicht eine von unseren Schulden bezahlen. Bei anderen Schulden können die Menschen Schutz bekommen, sodass niemand ihre Person antasten oder dafür belangen kann. Doch wer soll uns vor der Gerechtigkeit Gottes schützen? „… und mich niemand aus deiner Hand erretten kann" (Hiob 10,7). Der Papst behauptet zwar, dass seine Absolution die Menschen

schützt und die Gerechtigkeit Gottes sie nicht belangen kann, doch das ist eine Fälschung, und vor dem Richterstuhl Gottes kann man nicht darauf plädieren. Andere Schulden können nicht mehr beglichen werden, wenn der Schuldner im Gefängnis stirbt. Der Tod befreit ihn von der Schuld. Wenn wir aber in Schuld gegenüber Gott sterben, dann weiß er sie zu begleichen. Solange wir eine Seele haben, die gepfändet werden kann, wird Gott seine Schuld nicht abschreiben. Nicht durch den Tod des Schuldners, sondern durch den Tod des Bürgen wird die Schuld eines Sünders bezahlt. Bei anderen Schulden flüchten die Menschen vor ihrem Gläubiger; sie verlassen ihr Land und gehen ins Ausland, und der Gläubiger kann sie nicht finden. Aber wir können nicht vor Gott fliehen. Er weiß, wo er alle seine Schuldner finden kann. „Wo sollte ich hinfliehen vor deinem Angesicht? ... Nähme ich Flügel der Morgenröte und ließe mich nieder am äußersten Ende des Meeres, so würde auch dort deine Hand mich führen und deine Rechte mich halten!" (Ps 139,7.9.10).

e) Die Sünde ist die schlimmste Schuld, weil sie den Menschen im Falle des Nicht-Zahlens in ein schlimmeres Gefängnis bringt als irgendein Gefängnis auf der Erde, nämlich in ein glühend heißes Gefängnis. Und der Sünder wird in schlimmere Ketten gelegt, in Ketten der Finsternis, wo er für immer unter dem Zorn gebunden ist.

Worin haben wir die Eigenschaft eines schlechten Schuldners?

a) Ein schlechter Schuldner mag es nicht, zur Rechenschaft gezogen zu werden. Es wird ein Tag kommen, an dem Gott seine Schuldner zur Rechenschaft ziehen wird. „So wird also jeder von uns für sich selbst Gott Rechenschaft geben" (Röm 14,12). Doch wir verspielen die Zeit und mögen es nicht, vom Tag des Gerichts zu hören, und mögen nicht die Pastoren, die uns unsere Schulden in Erinnerung rufen oder vom Tag unserer Rechenschaft sprechen. Was wird das für einen selbstsicheren Sünder für ein verblüffendes Wort sein: *Redde rationen* – lege über deine Verwaltung Rechenschaft ab!

b) Ein schlechter Schuldner ist nicht gewillt, seine Schuld zu bekennen. Er will sie hinausschieben oder kleiner machen. So sind wir mehr gewillt, die Sünde zu entschuldigen, als sie zu bekennen. „Ich habe doch der Stimme des HERRN gehorcht ... Aber das Volk hat von der Beute genommen" (1.Sam 15,20.21). Er entschuldigt eher seine Sünde, als dass er sie bekennt.

c) Ein schlechter Schuldner neigt dazu, seinen Gläubiger zu hassen. Schuldner wünschen, dass ihre Gläubiger tot wären. Ebenso hassen die gottlosen Menschen von Natur aus Gott, weil sie denken, dass er ein gerechter Richter ist und sie zur Rechenschaft ziehen wird. Im Griechischen werden sie als Gotteshasser bezeichnet. Ein Schuldner will seinen Gläubiger nicht sehen.

Erste Anwendung

Es werden diejenigen zurechtgewiesen, die ungern in Schulden sind, aber die Sünde nicht in Rechnung stellen, was die größte Sünde ist. Sie gebrauchen nicht die Mittel, um aus ihr herauszukommen, stattdessen rennen sie noch tiefer in die Schuld Gott gegenüber. Wir würden es für merkwürdig halten, wenn gegen einen Menschen Gerichtsurkunden oder Haftbefehle ausstehen würden oder ein Gerichtet angeordnet hätte, seinen Leib und Besitz zu beschlagnahmen, und ihm wäre das völlig egal und gleichgültig. Gott hat gegen einen Sünder eine Gerichtsurkunde, ja, viele Gerichtsurkunden wegen Schwörens, Trunkenheit, Sabbatbruchs, und trotzdem isst und trinkt der Sünder und ist in Ruhe, als ob er nicht in Schulden wäre. Was für ein Opiat hat der Satan den Menschen nur gegeben!

Zweite Anwendung

Wenn Sünde eine Schuld ist, dann lasst uns demütig sein. Der Name der Schuld ist ein *grave vocabulum* – schlimmer Name, sagt Ambrosius. Menschen in Schuld sind voller Beschämung, sie verstecken sich und achten darauf, dass sie nicht gesehen werden. Ein Schuldner ist sogar in der Furcht, in Arrest zu kommen. *Canis latrat et cor palpitat* – ein Hund bellt und sein

Herz schlägt. Oh, lasst uns erröten und zittern, wir, die wir so tief bei Gott verschuldet sind. Als ein Römer in Schulden starb, sandte der Kaiser Augustus, um sein Kissen zu kaufen, weil, so sagte er, er hoffe, dass darauf, worauf ein Mensch mit so vielen Schulden ausruhen konnte, eine Kraft liegt, die ihn schlafen lässt. Wir, die wir so viele geistliche Schulden haben, die auf uns liegen, wie können wir zur Ruhe kommen, solange wir keine Hoffnung haben, dass sie erlassen sind?

II. *Die zweite Sache in dieser Bitte ist das Schuldbekenntnis.* Lasst uns unsere Schuld bekennen. Lasst uns eingestehen, dass wir bei Gott in Verzug sind und es verdienen, dass er das Gesetz an uns vollstreckt und uns in das Gefängnis der Hölle wirft. Durch das Schuldbekenntnis geben wir Gott die Ehre. „Mein Sohn, gib doch dem HERRN, dem Gott Israels, die Ehre, und lege ein Geständnis vor ihm ab" (Jos 7,19). Sagen wir, dass Gott gerecht wäre, wenn er alles, was wir haben, beschlagnahmen würde. Wenn wir die Schuld bekennen, wird Gott sie vergeben. „Wenn wir aber unsere Sünden bekennen, so ist er treu und gerecht, dass er uns die Sünden vergibt" (1.Joh 1,9). Bekennen wir doch die Schuld und Gott wird sie aus dem Buch ausstreichen. „Ich sprach: »Ich will dem HERRN meine Übertretungen bekennen!« Da vergabst du mir meine Sündenschuld" (Ps 32,5). Lasst uns nicht nur lediglich bekennen, sondern auch danach trachten, dass unsere geistlichen Schulden durch den Bürgen Christus bezahlt werden. Lasst uns sprechen: „Herr, hab Geduld mit mir, und Christus wird dir alles bezahlen. Er hat einen unendlichen Preis hingelegt." Der Bund der Werke lässt keinen Bürgen zu; er gebietet persönlichen Gehorsam. Aber das Vorrecht das wir durch das Evangelium haben, ist ein „court of chancery[75]", um uns freizusprechen. Wenn wir nichts haben, um zu bezahlen, dann wird Gott einen Bürgen zulassen. Lasst uns an das Blut Christi glauben, und die Schuld ist bezahlt.

75 Das „court of chancery" ist in England ein Gericht, das Gewissensfragen behandelt.

Als Nächstes müssen wir in diesen Worten die Bitte betrachten: „Vergib uns unsere Schulden“ und die Bedingung: „Wie auch wir vergeben unseren Schuldnern.“ Die Ursache dafür, dass wir anderen vergeben, besteht nicht darin, dass Gott uns vergeben hat, sondern ist eine Bedingung, ohne die Gott uns nicht vergeben wird.

III. *Wir wollen nun diese Bitte betrachten: „Vergib uns unsere Schulden.“* Das ist eine gesegnete Bitte. Die Unwissenden würden sagen: „Wer wird uns Gutes sehen lassen?“ (Ps 4,7), womit sie eine gute Pacht oder einen guten Einkauf meinen, doch der Erlöser lehrt uns für etwas zu beten, was edler ist, und uns in einen festeren Stand bringt: nämlich die Vergebung der Sünden. Die Vergebung der Sünden ist der vornehmste Segen, er ist einer der ersten Gnadengaben, die Gott schenkt. „Und ich will reines Wasser über euch sprengen“, das ist die Vergebung der Sünden (Hes 36,25). Wenn Gott vergibt, ist nichts mehr im Weg, um alles an der Seele zu tun; er adoptiert, heiligt und krönt sie.

Was ist die Vergebung der Sünden?
Das bedeutet, dass Gott an der Sünde vorrübergeht, die Rechnung streicht und uns einen Schuldenerlass gibt (Mi 7,18).

1. Das Wesen der Vergebung wird klarer werden, wenn wir einige Ausdrücke der Schrift darlegen und einige Lehraussagen festlegen.

a) Vergebung der Sünden bedeutet, die Übertretung wegzunehmen. „Warum vergibst du meine Übertretung nicht?“ (Hiob 7,21). Im Hebräischen steht „abnehmen.“ Das ist eine Metapher, die von einem Mann genommen ist, der eine schwere Last trägt und droht, darunter zusammenzubrechen. Und dann kommt ein anderer und nimmt sie ab. So ist es auch, wenn die schwere Last der Sünde auf uns liegt. Indem Gott vergibt, nimmt er die Last vom Gewissen ab und legt sie auf Christus. „Aber der HERR warf unser aller Schuld auf ihn“ (Jes 53,6).

b) Vergebung der Sünden bedeutet, sie zu bedecken. Du „hast alle ihre Sünde zugedeckt“ (Ps 85,3). Das wurde durch den Gnadenstuhl dargestellt, der die Bundeslade bedeckte, um zu zeigen, dass Gott durch Christus die Sünde bedeckt. Gott bedeckt die Sünde nicht in einem antinomistischen Sinn, als ob er sie nicht sehen würde, sondern er bedeckt die Sünde so, dass er sie nicht zurechnet.

c) Vergebung der Sünden bedeutet, sie auszutilgen. „Ich, ich tilge deine Übertretungen“ (Jes 43,25). Das hebräische Wort „austilgen“ spielt auf einen Gläubiger an, der, wenn der Schuldner gezahlt hat, die Schuld austilgt und ihm eine Empfangsquittung gibt. So tilgt auch Gott die Schuld aus, wenn er die Sünde vergibt. Er zieht eine rote Linie mit dem Blut Christi darüber und streicht sie so aus dem Schuldenbuch.

d) Das Vergeben der Sünde ist für Gott wie das Auflösen einer Wolke. „Ich tilge deine Übertretungen wie einen Nebel und deine Sünden wie eine Wolke“ (Jes 44,22). Die Sünde ist die Wolke, eine Wolke die dazwischen steht, die auflockert, damit das Licht seines Angesichts hindurchbrechen kann.

e) Das Vergeben der Sünde ist für Gott wie das Werfen unserer Sünden in die Tiefen des Meeres, was bedeutet, dass er sie begräbt, sodass sie außer Sichtweite sind, damit sie im Gericht nicht gegen uns aufstehen können. „Ja, du wirst alle ihre Sünden in die Tiefe des Meeres werfen!“ (Mi 7,19). Gott wird sie in das Meer werfen, nicht wie einen Korken, der wieder hochkommt, sondern wie Blei, das bis auf den Grund sinkt.

2. Das Wesen der Vergebung wird außerdem deutlich werden, wenn wir einige Lehraussagen darüber niederlegen.

a) Jede Sünde verdient den Tod, und deshalb ist Vergebung notwendig. Die Papisten unterscheiden zwischen Todsünden und lässlichen Sünden[76]. Einige kommen *ex surreptione* – aus dem Verborgenen. Sie schleichen unbewusst in die Gedanken, wie z.B. nichtige Gedanken, plötzliche Gefühlsaufwallungen

76 Nach katholischer Lehre führen lässliche Sünden nicht zur ewigen Verdammnis im Gegensatz zu Todsünden.

wie Zorn und Rache, wovon Bellarmin[77] sagt, dass es sich ihrem Wesen nach um lässliche Sünden handelt. Es ist wahr, dass die größten Sünden in einem gewissen Sinn lässlich sind, d.h. dass Gott sie vergeben kann, aber selbst die geringste Sünde ist ihrem Wesen nach nicht lässlich, sondern verdient die Verdammnis. Wir lesen von den Begierden des Fleisches und von den Werken des Fleisches (Röm 13,14; Gal 5,19). Die Begierden des Fleisches sind ebenso sündig wie die Werke des Fleisches. Das, was eine Übertretung des Gesetzes ist, verdient die Verdammnis. Denn die ersten Regungen der Verderbtheit sind ein Bruch des königlichen Gesetzes und verdienen deshalb die Verdammnis (Röm 7,7; Spr 24,9). Somit ist die geringste Sünde eine Todsünde und muss vergeben werden.

b) Allein Gott ist es, der die Sünde vergibt. Sünden zu vergeben ist eines der *jura regalia* – königlichen Vorrechte, die Blumen der Krone Gottes. „Wer kann Sünden vergeben als nur Gott allein?" (Mk 2,7). Es steht allein Gott zu, die Sünden zu vergeben; nur der Gläubiger kann die Schuld erlassen. Sünde ist eine unendliche Übertretung. Kein Mensch kann die Sünde wegnehmen, solange er nicht in der Lage ist, Gnade einzugießen, wie Thomas von Aquin sagt: Mit der Vergebung geht immer das Eingießen der Gnade einher. Aber kein Mensch kann Gnade eingießen, deshalb kann auch kein Mensch Sünden vergeben. Nur derjenige kann Sünden vergeben, der die Strafe erlassen kann. Aber nur Gott ist dazu befugt, Sünden zu vergeben.

Aber ein Christ ist dazu verpflichtet, seinem Bruder zu vergeben. „Vergebt einander" (Kol 3,13).

Bei allen Sünden gegen die zweite Tafel müssen zwei Dinge unterschieden werden: Ungehorsam gegenüber Gott und einem Menschen Schaden zufügen. Das, was vom Menschen gefordert wird, zu vergeben, ist das Unrecht, das ihm selbst angetan wird, aber das Unrecht, das Gott angetan wird, kann der Mensch nicht vergeben. Der Mensch kann eine Übertre-

77 Robert Bellarmin war ein Hauptverfechter des römischen Katholizismus und des päpstlichen Führungsanspruches im 16. Jahrhundert.

tung vergeben, die ihm angetan wird, aber keine Übertretung, die Gott angetan wird.

Die Schrift spricht davon, dass Pastoren die Macht haben, Sünden zu vergeben: „Welchen ihr die Sünden vergebt, denen sind sie vergeben" (Joh 20,23).
Pastoren haben keine Autorität und keine wirksame Macht, Sünden zu erlassen, sondern sie können nur verkünden, dass die Sünden erlassen sind. Sie haben ein besonderes Amt und eine besondere Autorität, die Verheißung der Vergebung an zerbrochenen Herzen anzuwenden. Wenn ein Pastor sieht, wie sich jemand wegen der Sünde demütigt, aber Angst hat, dass Gott ihm nicht vergeben hat und in Trauer versinkt, dann kann er zur Erleichterung des Gewissens von diesem Menschen im Namen Christi verkünden, dass ihm vergeben ist. Er vergibt die Sünde nicht durch seine eigene Autorität, sondern als ein Verkündiger im Namen Christi verkündet er die Vergebung der Sünde eines Menschen. Wie Gott unter dem Gesetz den Aussätzigen reinigte und der Priester ihn für rein erklärte, so vergibt Gott aufgrund seines Vorrechts die Sünde, und der Pastor verkündet dem bußfertigen Sünder Vergebung. Es wurde niemals einem sterblichen Menschen die Macht gegeben, kraft seiner Autorität in seinem eigenem Namen Sünden zu vergeben. Ein König kann das Leben eines Menschen verschonen, aber er kann nicht seine Sünde vergeben. Päpstliche Ablässe sind bedeutungslos wie Nieten bei einer Lotterie; sie sind zu nichts zu gebrauchen, außer, dass man sie zerreißt.

c) Vergebung der Sünde ist allein eine Tat der freien Gnade Gottes. Es gibt einige Taten Gottes, die seine Macht verkünden, wie das Erschaffen und Regieren der Welt. Andere Taten verkünden seine Gerechtigkeit, wie das Bestrafen des Schuldigen; andere Taten verkünden seine freie Gnade, wie das Vergeben von Sündern. „Ich, ich tilge deine Übertretungen um meinetwillen" (Jes 43,25). Er vergibt, wie ein Gläubiger frei seinem Schuldner vergibt. „Aber darum ist mir Erbarmung widerfahren" (1.Tim 1,16). Ich wurde überall mit Gnade besprengt. Wenn Gott eine Sünde vergibt, dann zahlt er nicht eine Schuld, sondern gibt eine Erbschaft. Die Vergebung ist aus der inneren Barmherzigkeit Gottes gesponnen. Es gibt nichts, was wir tun können, dass wir sie verdienen könnten: Nicht unsere Gebete oder Tränen oder gute Taten können die Vergebung erwerben. Als Simon, der Magier, die Gabe des Heiligen Geistes mit Geld kaufen wollte, sprach Petrus zu ihm: „Dein Geld fahre mit dir ins Verderben“ (Apg 8,20). So ist es auch, wenn Menschen denken, dass sie mit ihren Pflichten und Almosen die Vergebung der Sünden kaufen können: Lasst ihr Geld mit ihnen ins Verderben fahren. Die Vergebung ist eine Tat der freien Gnade Gottes, mit der er das Banner der Liebe aufrichtet. Das richtet die Siegeszeichen der Ehre Gottes auf und lässt die Heiligen im Himmel triumphieren. Denn als in ihnen keine Würdigkeit war, als sie in ihrem Blut lagen, erbarmte sich Gott über sie und streckte das goldene Zepter der Liebe aus, indem er ihnen vergab. Die Vergebung ist das goldene Garn, das aus dem Inneren der freien Gnade gesponnen wurde.

d) Vergebung geschieht durch das Blut Christi. Die freie Gnade ist der innere Beweggrund. Das Blut Christi ist der äußere Grund, durch den die Vergebung erworben wurde. „In ihm haben wir die Erlösung durch sein Blut“ (Eph 1,7). Jede Vergebung ist mit dem Blut Christi versiegelt. Die Schuld der Sünde war unendlich, und nichts außer dem Blut, das einen unendlichen Wert hat, kann Vergebung bewirken.

Wenn Christus aber sein Blut als Preis für unsere Vergebung niedergelegt hat, wie können wir dann sagen, dass Gott die Sünde frei vergibt? Wenn sie erworben wurde, wie kann sie dann aus Gnade sein?

Es war die freie Gnade, die einen Weg der Erlösung durch einen Mittler gefunden hat. Ja, die Liebe Gottes zeigt sich noch mehr darin, dass er Christus für uns sterben ließ, als wenn er uns vergeben hätte, ohne eine Genugtuung zu fordern. Es war freie Gnade, die Gott dazu bewegte, den Preis anzunehmen, der für unsere Sünden bezahlt wurde. Es war freie Gnade, dass Gott einen Bürgen akzeptierte, dass einer sündigen und ein anderer leiden würde. Somit ist die Vergebung der Sünden freie Gnade, auch wenn sie durch das Blut Christi erworben wurde.

e) In der Vergebung der Sünden erlässt Gott die Schuld und die Strafe. *Remissa culpa, remittitur poena* – beim Erlassen der Schuld erlässt er auch die Strafe. Auf der Schuld liegt eine Verpflichtung zur Bestrafung, sie schreit nach Gerechtigkeit. Wenn Gott vergibt, ist er mit dem Sünder auch bei der Strafe nachsichtig. Er scheint zu ihm zu sagen: „Auch wenn du in die Hände meiner Gerechtigkeit gefallen bist, so will ich doch die Strafe aufheben; wie auch immer die Anklage gegen dich lautet, ich will sie fallen lassen." Wenn Gott einer Seele vergibt, dann rechnet er mit ihr nicht mehr auf dem reinen Weg der Rache ab; er stoppt den Vollzug der Strafe.

f) Kraft dieser Vergebung wird Gott der Sünde nicht mehr gedenken. „Und an ihre Sünden und ihre Gesetzlosigkeiten werde ich nicht mehr gedenken" (Hebr 8,12). Er wird einen Akt des Vergessens einleiten; er wird die früheren Unfreundlichkeiten nicht mehr vorwerfen. Wenn wir fürchten, dass Gott unserer Sünden wieder gedenken wird, nachdem er sie vergeben hat, dann wollen wir in diesen Akt der Absicherung schauen: „Und an ihre Sünden und ihre Gesetzlosigkeiten werde ich nicht mehr gedenken." Darum heißt es von Gott: „Ich tilge deine Übertretungen." Ein Mensch wird nicht mehr nach seiner Schuld gefragt, wenn er aus dem Schuldenbuch gestrichen wurde. Wenn Gott einem Menschen vergibt, dann ist sein früheres Missfallen beendet. „Denn mein Zorn hat sich von ihnen abgewandt" (Hos 14,5).

Ist Gott noch auf diejenigen zornig, denen er vergeben hat? Obwohl ein Kind Gottes, nachdem ihm vergeben wurde, das Missfallen seines Vaters auf sich ziehen kann, so ist doch sein richterlicher Zorn weggenommen. Obwohl er die Rute anlegen kann, so hat er doch den Fluch weggenommen. Über die Heiligen kann Züchtigung kommen, aber keine Vernichtung. „Aber meine Gnade will ich ihm nicht entziehen" (Ps 89,34).

g) Die Sünde wird nicht vergeben, bevor man über sie Buße tut. Deshalb ist beides miteinander verbunden: „Buße und Vergebung" (Lk 24,47). *„Domine, da poenitentiam, et postea indugentiam* – Herr, gib mir Buße und danach Vergebung" (Fulgentius[78]). Buße besteht aus drei Bestandteilen, die alle vor der Vergebung geschehen müssen. Das sind Reue, Bekenntnis und Bekehrung.

Reue[79] oder der Zerbruch des Herzens. Sie werden sein „wie die Tauben in den Schluchten. Sie werden alle seufzen, jeder um seiner Missetat willen" (Hes 7,16). Diese Reue oder dieses Zerreißen des Herzens wird manchmal durch das Schlagen auf die Brust zum Ausdruck gebracht (Lk 18,13), manchmal durch das Ausreißen der Haare (Esr 9,3) und manchmal durch das Benetzen des Bettes mit Tränen (Ps 6,7). Doch nicht jede Demütigung ist Reue. Einige haben die Trauer wegen der Sünde nur vorgegeben und haben keine Vergebung bekommen, wie Ahab, der sich selbst demütigte und seine Kleider zerriss, aber nicht sein Herz.

Welche Einsicht und Trauer geht dann der Vergebung der Sünden voraus?

Es ist eine heilige Trauer; es ist ein Betrübt-Sein über die Sünde, über die Sünde, weil sie Sünde ist und weil sie Gott entehrt und die Seele befleckt. Obwohl keine Leiden die Folge sind, so wird der wahre reuige Sünder wegen der Sünde trauern. „Meine Sünde ist allezeit vor mir" (Ps 51,5). Diese Reue geht der Vergebung voraus. „Denn nach meiner Umkehr empfinde ich Reue ... schlage ich mir auf die Hüfte ... Ist mir Ephraim ein teurer Sohn? ... Darum ist mein Herz entbrannt für ihn; ich muss mich über ihn erbarmen!" (Jer 31,19.20). Ephraim war wegen der Sünde bekümmert, und Gott war im In-

78 Fulgentius von Ruspe (* um 462 oder 467; † 1. Januar 533 in Ruspe, Nordafrika) war Bischof von Ruspe und einflussreicher Kirchenschriftsteller der Generation nach Augustinus. In seinen Schriften setzte er sich vor allem für die Prädestinations- und Gnadenlehre des Augustinus und für eine liebevolle Offenmütigkeit auch Andersdenkenden gegenüber ein, bekämpfte jedoch entschieden den in Südgallien verbreiteten Semipelagianismus sowie den Arianismus der Vandalen.

79 Engl. contrition, auch: Zerknirschung.

nersten bekümmert über Ephraim. Die Frau im Evangelium trat weinend zu den Füßen Jesu, und darauf folgte die Vergebung. „Deshalb sage ich dir: Ihre vielen Sünden sind vergeben worden" (Lk 7,47). Das Siegel wird auf das Wachs gesetzt, wenn es geschmolzen ist. Gott versiegelt seine Vergebung auf geschmolzenen Herzen.

Der zweite Bestandteil der Buße ist das Bekenntnis. „An dir allein habe ich gesündigt" (Ps 51,6). Das ist keine Ohrenbeichte, welche die Papisten zu einem Sakrament machen und behaupten, dass kein Mensch Vergebung empfangen kann, ohne alle Sünden ins Ohr des Priesters zu beichten. Die Schrift kennt so etwas nicht, noch lesen wir, dass irgendein allgemeines Konzil bis zum Laterankonzil[80], das etwa zwölfhundert Jahre nach Christus war, jemals die Ohrenbeichte beschlossen hat.

Aber sagt die Schrift nicht: „Bekennt einander die Übertretungen" (Jak 5,16)?
Es ist absurd, dies für die Ohrenbeichte anzuführen, denn damit müsste der Priester vor dem Kirchenvolk beichten, wie auch das Kirchenvolk vor dem Priester beichten muss. Der Sinn dieser Stelle ist, dass man im Fall öffentlicher Ärgernisse oder privater Verfehlungen vor einem anderen bekennen soll, doch in der Hauptsache soll vor Gott bekannt werden, der die geschädigte Partei ist. „An dir allein habe ich gesündigt." Das Bekenntnis gibt Raum zur Trauer. Es muss frei ohne Zwang geschehen, offen ohne etwas zurückzuhalten, von Herzen ohne Heuchelei; es muss in Übereinstimmung mit dem Herzen sein. Das ebnet den Weg zur Vergebung. „Ich sprach: »Ich will dem HERRN meine Übertretungen bekennen!« Da vergabst du mir meine Sündenschuld" (Ps 32,5). Als der Zöllner und der Dieb

80 Die Laterankonzilien sind die fünf mittelalterlichen Konzilien der katholischen Kirche, die zwischen 1123 und 1517 im Lateran (dem Sitz des Papstes) in Rom stattfanden. Mit dem Laterankonzil, das zwölfhundert Jahre nach Christus stattfand, meint Watson wahrscheinlich das 4. Laterankonzil (1215). Dies war das theologisch bedeutendste Konzil des Mittelalters, auf dem das Primat des Papstes (Vorherrschaft über die gesamte Christenheit) und die Transsubstantiation (Wandlung) beim Abendmahl formuliert wurden.

bekannten, hatten sie Vergebung. Der Zöllner schlug sich mit Reue auf die Brust und sagte: „O Gott, sei mir Sünder gnädig!" (Lk 18,13). Hier haben wir das Bekenntnis. Er ging gerechtfertigt davon. Hier haben wir die Vergebung. Der Dieb sagte: „... und wir gerechterweise, denn wir empfangen, was unsere Taten wert sind", hier haben wir das Bekenntnis (Lk 23,41). Und Christus sprach ihn frei, bevor er starb: „Heute wirst du mit mir im Paradies sein!" (Lk 23,43). Diese Worte waren wohl der Anlass für den Ausspruch von Augustinus: „Das Bekenntnis schließt den Mund der Hölle und öffnet das Tor des Paradieses."

Der dritte Bestandteil der Buße ist die Bekehrung oder das Abwenden von der Sünde. „Wir haben gesündigt", hier haben wir das Bekenntnis. „Und sie taten die fremden Götter von sich", hier haben wir die Bekehrung (Ri 10,15.16). Es muss eine universale Abwendung von der Sünde geschehen. „Werft alle eure Treulosigkeiten, die ihr verübt habt, von euch ab" (Hes 18,31). Wir wären nicht abgeneigt, wenn Gott uns nur einige unserer Sünden vergeben würde. Wollen wir, dass alles vergeben wird, aber nicht alles aufgeben? Wer einen Rebellen versteckt, der ist ein Verräter an der Krone. Wer in einer bekannten Sünde lebt, der ist ein verräterischer Heuchler. Es darf nicht nur eine Abwendung von der Sünde geschehen, sondern es muss auch eine Hinwendung zu Gott geschehen. Deshalb wird es auch als „Umkehr zu Gott" bezeichnet (Apg 20,21; LÜ 84). Das Herz ist dann auf Gott ausgerichtet wie die Kompassnadel auf den Nordpol. Der verlorene Sohn verließ nicht nur seine Huren, sondern machte sich auf und ging zu seinem Vater (Lk 15,18). Diese Buße ist der bereitete Weg zur Vergebung. „Der Gottlose verlasse seinen Weg ... und er kehre um zu dem HERRN, so wird er sich über ihn erbarmen" (Jes 55,7). Ein König wird einem Rebellen, der in offener Feindschaft fortfährt, nicht vergeben. Somit geht die Buße der Vergebung voraus. Diejenigen, die niemals Buße getan haben, die haben keinen Grund zur Hoffnung, dass ihre Sünden vergeben sind.

Es ist nicht so, dass man durch Buße die Vergebung der Sünden verdient. Die Buße für ausreichend zu halten, ist papistisch. Durch Buße gefallen wir Gott, aber wir leisten ihm keine Genugtuung. „Das Blut Christi muss unsere Tränen waschen." Buße ist eine Bedingung, keine Ursache. Gott vergibt nicht aufgrund der Buße, aber auch nicht ohne Buße. Er versiegelt seine Vergebung auf geschmolzenen Herzen. Buße lässt uns die Vergebung mehr wertschätzen. Wer aus seinen gebrochenen Knochen heraus schreit, der wird die Barmherzigkeit mehr wertschätzen, dass sie wieder zusammengesetzt werden. So ist es auch, wenn in der Seele nichts als Wolken der Trauer sind und Gott Vergebung bringt, was wie das Setzen eines Regenbogens in der Wolke ist, um der Seele mitzuteilen, das die Flut von Gottes Zorn sie nicht überfluten soll. Oh, was für eine Freude ist das beim Anblick des Regenbogens! Die Seele entbrennt in der Liebe zu Gott.

h) Die Vergebung umfasst die größten Sünden. Inzest, Sodomie, Ehebruch, Diebstahl, Mord – was Sünden ersten Ranges sind, die aber vergeben werden können. Paulus war ein Gotteslästerer und sündigte damit gegen die erste Tafel; er war auch ein Verfolger und sündigte damit gegen die zweite Tafel, und doch ist ihm Erbarmung widerfahren (1.Tim 1,13). Zachäus, ein Wucherer, Maria Magdalena, eine unzüchtige Frau, aus der sieben Teufel ausgetrieben wurden, Manasse, der die Straßen mit Blut tränkte, haben Vergebung empfangen. Einigen Juden, die bei der Kreuzigung Christi mit Hand anlegten, wurde vergeben. Gott tilgt nicht nur die Wolke, sondern die dicke Wolke, sowohl Abscheulichkeiten als auch Schwachheiten (Jes 44,22). Im Gleichnis erließ der König seinem Schuldner zehntausend Talente, die er ihm schuldete (Mt 18,27). Ein Talent wog dreitausend Schekel; zehntausend Talente bestanden aus fast zwölf Tonnen Gold. Das ist ein Sinnbild dafür, dass Gott große Sünden vergibt. „Wenn eure Sünden wie Scharlach sind, sollen sie weiß werden wie der Schnee" (Jes 1,18). Scharlach bedeutet im Griechischen „zweimal eingetaucht", und mit keiner menschlichen Kunst kann der Farbstoff wieder ausgewaschen werden. Obwohl unsere Sünden von scharlachroter Farbe sind, kann die Gnade Gottes sie auswaschen, wie das Meer sowohl große Felsen als auch

Sandstrände bedeckt. Ich erwähne das, damit Sünder nicht verzweifeln müssen. Gott betrachtet es als eine Ehre, große Sünden zu vergeben, wobei die Barmherzigkeit und die Liebe im Triumphzug reiten. „Und die Gnade unseres Herrn wurde über alle Maßen groß", sie wurde überfließend, sie floss über wie der Nil (1.Tim 1,14). Wir dürfen Gott nicht an uns selbst messen. Seine Gnade übersteigt unsere Sünden, soweit der Himmel über der Erde ist (Jes 55,9). Wenn große Sünden nicht vergeben werden könnten, dann dürfte man nicht zu großen Sündern predigen, aber das Evangelium wird allen gepredigt. Wenn ihnen nicht vergeben werden könnte, dann wäre das für das Blut Christi eine Entehrung, als ob die Wunde größer wäre als das Pflaster. Gott hat aus großen Sündern zuerst „gebrochene Gefäße" gemacht; er hat wegen der Sünde ihre Herzen gebrochen. Und dann hat er sie zu „goldenen Gefäßen" gemacht; er hat sie mit dem goldenen Öl der vergebenden Gnade gefüllt. Das kann große Sünder dazu ermutigen, hereinzukommen und Buße zu tun. Die Sünde gegen den Heiligen Geist kann zwar nicht vergeben werden, aber nicht deswegen, weil in Gott nicht genug Gnade ist, sondern, weil derjenige, der sie begannen hat, keine Vergebung haben möchte. Er verachtet Gott, verhöhnt seine Gnade, gießt das Herzwasser des Blutes Christi aus und zertrampelt es unter den Füßen. Er weist die Erlösung von sich. Wenn ein armer Sünder auf sich selbst schaut und seine Schuld sieht, und er schaut auf die Gerechtigkeit und Heiligkeit Gottes, dann fällt er bestürzt nieder. Doch hier ist etwas, das wie ein Korken am Netz ist, um ihn vor dem Verzweifeln zu bewahren – wenn er seine Sünden verlässt und zu Christus kommt, dann kann die Gnade seine Vergebung versiegeln.

i) Wenn Gott einem Sünder Vergebung schenkt, dann vergibt er alle seine Sünden: „Und ich werde ihnen alle ihre Missetaten vergeben" (Jer 33,8). „Indem er euch alle Übertretungen vergab" (Kol 2,13). Der Gnadenstuhl, der ein Typus für die Vergebung ist, bedeckte die ganze Bundeslade, um zu zeigen, dass Gott alle unsere Übertretungen bedeckt. Er lässt nicht eine Sünde auf der Rechnung zurück; er nimmt nicht den Stift und schreibt für achtzig Sünden fünfzig, sondern er tilgt alle Sünden aus. „Der dir alle deine Sünden vergibt" (Ps 103,3). Wenn ich sage, dass Gott alle Sünden vergibt, dann meine ich damit die Sünden der Vergangenheit, denn die zukünftigen Sünden werden nicht vergeben, bis man über sie Buße tut. Gott hat zwar beschlossen, sie zu vergeben, und wenn er eine Sünde vergibt, dann wird er zur entsprechenden Zeit alle Sünden vergeben, aber die zukünftigen Sünden werden streng genommen nicht vergeben, bis man über sie Buße getan hat. Es ist absurd, zu denken, dass die Sünde vergeben werden könnte, bevor sie begangen wurde.

Wenn alle vergangenen und zukünftigen Sünden auf einmal vergeben werden, welche Notwendigkeit besteht dann, um für die Vergebung der Sünden zu beten? Es ist eine vergebliche Sache, für die Vergebung von Dingen zu beten, die bereits vergeben sind. Die Ansicht, dass die zukünftigen Sünden ebenso vergeben sind wie die vergangenen, macht die Fürsprache Christi unwirksam und nimmt sie weg. Er ist ein Fürsprecher, der für die täglichen Sünden eintritt (1.Joh 2,1). Wenn die Sünde aber vergeben ist, bevor sie begangen wurde, welche Notwendigkeit besteht dann für seine tägliche Fürsprache? Für was benötige ich einen Fürsprecher, wenn die Sünde vergeben ist, bevor sie begangen wurde? Somit werden zukünftige Sünden nicht vergeben, bis die Buße erneuert wurde, auch wenn Gott einem Gläubigen alle vergangenen Sünden vergibt.

j) Der Glaube geht notwendigerweise der Vergebung voraus. Wir müssen von unserer Seite aus glauben, bevor Gott von seiner Seite aus vergibt. „Von diesem legen alle Propheten Zeugnis ab, dass jeder, der an ihn glaubt, durch seinen Namen Vergebung der Sünden empfängt" (Apg 10,43). Somit ist der Glaube ein notwendiger Vorläufer der Vergebung. Der Glaube besteht aus zwei Akten: Christus anzunehmen und Christus zu vertrauen, seine Bedingungen anzunehmen, seinem Verdienst zu vertrauen. Und wer keines von diesen Dingen tut, kann keine Vergebung haben. Wer Christus nicht annimmt, kann seine Person nicht haben. Wer ihm nicht vertraut, kann aus seinem Blut keinen Nutzen ziehen. Somit gibt es ohne Glauben keine Vergebung.

k) Obwohl die Rechtfertigung und die Heiligung nicht dasselbe sind, so vergibt Gott niemals einem Sünder, es sei denn, dass er ihn heiligt. Rechtfertigung und Heiligung sind nicht dasselbe. Die Rechtfertigung geschieht außerhalb von uns, die Heiligung in uns. Das eine wird aufgrund der Gerechtigkeit zugerechnet, das andere wird aufgrund der Gerechtigkeit übermittelt. Die Rechtfertigung ist immer gleich, die Heiligung hat graduelle Unterschiede. Heiligung bedeutet, *recipere magis et minus* – mehr oder weniger zu empfangen. Der eine wird mehr geheiligt als ein anderer, aber der eine wird nicht mehr gerechtfertigt als ein anderer. Der eine hat mehr Gnade als ein anderer, aber er ist nicht mehr ein Gläubiger als ein anderer. Die Sache unserer Rechtfertigung ist vollkommen, nämlich die Gerechtigkeit Christi, doch unsere Heiligung ist unvollkommen, denn bei den Kindern Gottes gibt es Schandflecken (5.Mose 32,5). Unsere Gnadengaben sind vermischt, unsere Pflichten sind befleckt.

Damit sind die Rechtfertigung und die Heiligung nicht dasselbe. Jedoch sind sie, trotz allem, nicht voneinander zu trennen. Gott vergibt niemals einem Sünder und rechtfertigt ihn nicht, es sei denn, dass er ihn heiligt. „Ihr seid geheiligt, ihr seid gerechtfertigt worden" (1.Kor 6,11). „Er ist es, der durch Wasser und Blut gekommen ist, Jesus der Christus" (1.Joh 5,6). Christus kommt durch Blut zu der Seele, was Vergebung bedeutet, und durch Wasser, was Heiligung bedeutet. Lasst niemanden sagen, dass er Vergebung hat, wenn er nicht geheiligt wurde. Das mahne ich gegen die Antinomer an, die davon reden, dass ihre Sünden vergeben sind und sie Anteil an Christus haben und doch unbekehrt bleiben und in den gröbsten Sünden leben. Vergebung und Heilung gehören zusammen. „Indem ich Frucht der Lippen schaffe: Friede" (Jes 57,19). Friede ist eine Frucht der Vergebung, und dann folgt dem Frieden: „Ich will es heilen!" Wo Gott vergibt, dort reinigt er. Wie bei der Krönung eines Königs bei der Krone das Öl ist, um zu salben, so ist es auch, wenn Gott einen Menschen mit Vergebung krönt, dann gibt er das Salböl der Gnade, um zu heiligen. „Ich werde ihm einen weißen Stein geben und auf dem Stein geschrieben einen neuen Namen“ (Offb 2,17). Ein „weißer Stein“, das bedeutet Absolution, und ein „neuer Name“, das bedeutet Heiligung.

Wenn Gott einem Menschen vergeben, ihn aber nicht heiligen würde, dann würde das über ihn Schmach bringen. Er würde die Menschen in ihren Sünden lieben und an ihnen Wohlgefallen haben, was seinem heiligen Wesen diametral entgegengesetzt ist.

Wenn Gott uns vergeben aber nicht heiligen würde, könnte er von uns keine Ehre empfangen. Gottes Volk wurde geformt, um seinen Ruhm zu verkündigen. Wenn er uns jedoch vergeben und nicht heiligen würde, wie könnten wir dann seinen Ruhm verkündigen? (Jes 43,21). Wie könnten wir ihm dann die Ehre geben? Welche Ehre könnte Gott von einem hochmütigen, unverständigen, weltlichen Herzen empfangen?

Wenn Gott vergeben und nicht heiligen würde, dann würde jemand in den Himmel eintreten, der verunreinigt ist – es soll jedoch nichts Unreines in den Himmel hineinkommen (Off 21,27). Gott würde dann das Erbe auf Menschen übertragen, bevor sie dazu tüchtig sind. „Der uns tüchtig gemacht hat, teilzuhaben am Erbe der Heiligen im Licht“ (Kol 1,12). Wie sonst könnte das geschehen, außer durch die göttliche Salbung? Somit gestaltet Gott denjenigen um, wem auch immer er vergibt. Lasst keinen Menschen sagen, dass seine Sünden vergeben sind, der in seinem Herzen nicht ein innewohnendes Werk der Heiligung findet.

l) Wo Gott die Sünde vergibt, dort rechnet er die Gerechtigkeit zu. Diese zugerechnete Gerechtigkeit ist eine *salvo* – Heilung von dem Gesetz und leistet eine volle Genugtuung für die Gesetzesbrüche. Diese Gerechtigkeit erwirkt die Gunst Gottes. Gott kann nicht anders als uns lieben, wenn er uns in dem Kleid seines Sohnes sieht, das uns sowohl bedeckt als auch schmückt. In diesem fleckenlosen Kleid Christi stellen wir die Engel in den Schatten. Sie haben nur die Gerechtigkeit von Geschöpfen, wir haben die Gerechtigkeit Gottes. „Damit wir in ihm [zur] Gerechtigkeit Gottes würden" (2.Kor 5,21). Was für ein großer Segen ist dann die Vergebung! Mit der Vergebung der Sünden ist die Zurechnung der Gerechtigkeit verbunden.

m) Diejenigen, deren Sünden vergeben sind, dürfen es nicht unterlassen, für die Vergebung zu beten. „Und vergib uns unsere Schulden." Gläubige, denen vergeben ist, müssen beständig Werber für die Vergebung sein. Als Nathan zu David sprach: „So hat auch der HERR deine Sünde hinweggenommen", schrieb David einen Bußpsalm über die Vergebung seiner Sünde (2.Sam 12,13). Nach der Vergebung erhebt sich die Sünde wieder. Das ist wie mit dem Haar von Simson: Obwohl es geschnitten wurde, wuchs es wieder nach. Wir sündigen täglich, und wir müssen ebenso täglich um Vergebung bitten wie für das tägliche Brot. Außerdem ist die Vergebung eines Christen nicht so sicher, als dass er nicht das Verlangen haben müsste, um einen noch klareren Beweis dafür zu bekommen.

n) Eine volle Absolution von allen Sünden wird nicht vor dem Tag des Gerichts verkündet. Der Tag des Gerichts wird als eine Zeit der Erquickung bezeichnet, an dem die Sünde vollkommen ausgetilgt wird (Apg 3,19). Jetzt tilgt Gott die Sünde wahrhaftig aus, aber dann wird das in einer noch öffentlicheren Weise geschehen. Gott wird die Absolution der Heiligen vor den Menschen und den Engeln öffentlich verkündigen. Ihre Glückseligkeit ist bis zum Tag des Gerichts noch nicht vollkommen, denn ihre Vergebung soll feierlich verkündet werden, und dann wird der Jubel der himmlischen Heerscharen erfolgen. An diesem Tag wird es wirklich wahr sein, dass Gott in seinen Kindern keine Sünde mehr sieht. Sie werden rein wie die Engel sein. Dann wird die Kirche ohne Runzel präsentiert (Eph 5,27). Sie wird dann sowohl von Flecken als auch von Schuld frei sein; der Satan wird sie nicht mehr anklagen. Christus wird das Schuldenbuch zeigen, dass mit seinem Blut durchgestrichen ist. Deshalb betet die Kirche, dass Christus zum Gericht kommt. Die Braut spricht: „Ja, komm, Herr

Jesus!.“ Zündet zunächst die Lichter an, dann den Weihrauch (Offb 22,20)!

Erste Anwendung
Zur Information.

a) Aus dem Wort „vergib“ lernen wir, dass die Schuld der Sünde auf keinem anderen Weg erlassen werden kann als durch Vergebung. Wir können für die Schuld eine Genugtuung leisten. Eine von noch anderen verdammungswürdigen Ansichten ist, dass ein Mensch die Kraft habe, für die Sünde Genugtuung zu leisten. Das Konzil von Trient lehrt, dass Gott Genüge geleistet wird, wenn wir uns der Strafe unterziehen, die der Priester als Wiedergutmachung auferlegt. Und nochmals, dass wir eigene Werke haben, durch die wir Genugtuung leisten können für das Unrecht, das wir Gott angetan haben. Aufgrund dieser Ansichten beurteilen wir, was die papistische Religion ist. Sie meinen, dass sie die Schuld, die sie bei Gott haben, selbst bezahlen können, um sie teilweise zu bezahlen, und kümmern sich nicht darum, dass sie ganz vergeben wird. Doch warum hat uns Christus gelehrt zu beten „… und vergib uns unsere Schulden“, wenn wir durch uns selbst Gott Genugtuung leisten könnten für das Unrecht, das wir ihm angetan haben? Diese Lehre beraubt Gott seiner Ehre, Christus seines Verdienstes und die Seele ihrer Erlösung. Ach, wird hier nicht die Haarlocke, in der die Kraft liegt, abgeschnitten? Sind nicht alle unsere Werke von der Sünde befallen, und kann die Sünde für die Sünde Genugtuung leisten? Diese Lehre macht den Menschen zu seinem eigenen Erlöser, was zu lehren am absurdesten überhaupt ist: Kann denn der Gehorsam eines endlichen Geschöpfes für eine unendliche Schuld Genugtuung leisten? Wenn die Sünde vergeben werden muss, dann bedeutet das klar, dass wir für sie keine Genugtuung leisten können.

b) Aus dem Wort *uns*: Aus dem „Vergib *uns*“ lernen wir, dass wir hauptsächlich für uns selbst Vergebung suchen müssen, denn auch, wenn wir für die Vergebung der anderen beten müssen: „Betet füreinander“, so müssen wir dennoch an erster Stelle um die Vergebung für uns selbst bitten (Jak 5,16). Wie bitte? Ist die Vergebung eines anderen für uns von Nutzen? Jeder muss sich darum bemühen, Vergebung in seinem eigenen Namen zu bekommen. Ein Sohn kann durch die Freiheit seines Vaters frei werden, aber ihm kann nicht durch die Vergebung, die sein Vater hat, vergeben werden. Er muss selbst Vergebung haben. In dieser Hinsicht ist Eigennutz erlaubt. Jeder muss für sich selbst stehen und Vergebung für seine eigenen Sünden erlangen. „Vergib uns."

c) Aus dem Wort *unsere*: Aus dem „*Unsere* Schulden" lernen wir, wie gerecht Gott darin ist, dass er uns bestraft. Der Text sagt: „Unsere Schulden". Wir werden nicht für die Sünden eines anderen Menschen bestraft, sondern für unsere eigenen Sünden. „*Nemo habet de proprio, nisi peccatum* – niemand hat etwas aus sich selbst, außer seine Sünde" (Augustinus). Es gibt nichts, was wir so mit Recht unser Eigen nennen können, wie unsere Sünde. Unser tägliches Brot haben wir von Gott, unsere täglichen Sünden haben wir von uns selbst. Die Sünde ist unsere eigene Tat, ein Netz, das wir selbst gesponnen haben. Wie gerecht ist deshalb Gott, wenn er uns bestraft! Wir säen die Saat, und Gott lässt uns das ernten, was wir gesät haben. „Um jedem Einzelnen zu vergelten entsprechend seinen Wegen, entsprechend der Frucht seiner Taten" (Jer 17,10). Wenn wir bestraft werden, dann schmecken wir die Frucht, die wir selbst gepflanzt haben.

d) Aus dem Wort *Schulden* lasst uns die Menge der Sünden sehen, durch die wir in Schuld stehen. Wir beten nicht: Vergib uns unsere Sünde, als ob es nur eine einzelne Schuld wäre, sondern wir beten im Plural: „Sünden". Das Register unserer Sünden ist so groß, dass David ausruft: „Wer kann merken, wie oft er fehlet?" (Ps 19,13; LÜ 84). Unsere Sünden sind wie die Tropfen im Meer, wie die Atome in der Sonne – sie übersteigen jede Berechnung. Die Schulden, die wir bei Gott haben, können wir ebenso wenig zählen wie dafür Genugtuung leisten. Wie uns dies demütig machen sollte, damit wir bedenken, wie unsere Seele voller schwarzer Flecken ist, so sollte es uns auch dazu bringen, dass wir die Vergebung unserer Sünden suchen.

Zweite Anwendung
Zur Ermahnung.
Lasst uns nach der Vergebung der Sünden trachten, was ein Hauptartikel in der Charta des Gnadenbundes ist. „Denn ich werde gnädig sein gegen ihre Ungerechtigkeiten, und an ihre Sünden und ihre Gesetzlosigkeiten werde ich nicht mehr gedenken" (Hebr 8,12). Es ist eine Wohltat, uns Nahrung zu geben, aber es ist eine große Wohltat, uns zu vergeben. Irdische Dinge sind kein Zeichen für die Liebe Gottes: Man kann das Wildbret haben, aber nicht den Segen. Wenn er aber die Vergebung versiegelt, dann gibt er seine Liebe und damit auch den Himmel. „Du hast eine Krone aus Feingold auf sein Haupt gesetzt" (Ps 21,4). Eine Krone aus Feingold ist eine Wohltat, aber wenn wir in Psalm 103 schauen, werden wir eine noch größere Wohltat finden: „Der dir alle deine Sünden vergibt ... der dich krönt mit Gnade und Barmherzigkeit" (Verse 3.4). Mit Vergebung und Barmherzigkeit gekrönt zu werden, ist eine weit größere Wohltat, als eine Krone aus reinem Gold zu haben, die auf das Haupt gesetzt wird. Es war eine Wohltat, als Christus den gelähmten Mann heilte, aber als Christus zu ihm sagte: „Deine Sünden sind dir vergeben", war das mehr als die Heilung seiner Lähmung (Mk 2,5). Die Vergebung der Sünden ist die vornehmste Sache, nach der wir suchen müssen, und zweifellos ist es so: Wenn das Gewissen einmal mit einem Gefühl für die Sünde angerührt wurde, dann gibt es nichts, wonach ein Mensch mehr dürstet, als nach der Vergebung der Sünden. „Meine Sünde ist allezeit vor mir" (Ps 51,5). Das ließ David so ernsthaft nach Vergebung suchen: „O Gott, sei mir gnädig nach deiner Güte; tilge meine Übertretungen" (Ps 51,3). Wenn jemand zu David gekommen wäre und ihn gefragt hätte: „Was quält dich? Was bekümmert dich? Ist es die Furcht vor der Schande, die über dich und deine Frauen kommen soll? Ist es die Furcht vor dem Schwert, mit dem Gott gedroht hat, dass es nicht von deinem Haus weichen soll?"

Dann hätte er geantwortet: „Nein, es sind nur meine Sünden, die mich quälen." „Meine Sünde ist allezeit vor mir". Würde diese durch die Vergebung weggenommen, dann wäre ich zufrieden genug, auch wenn das Schwert in meiner Familie die Runde machen würde. Wenn der Pfeil der Schuld in das Gewissen trifft, dann hat man nach nichts so sehr ein Verlangen, wie danach, das er durch die Vergebung herausgezogen wird.

Oh, lasst uns deshalb die Vergebung der Sünden suchen. Wir können die Vergebung verdrängen und ohne sie leben, aber wie werden wir ohne sie sterben? Hat der Tod nicht für einen Sünder, der keine Vergebung hat, einen Stachel? Wie gedenken wir ohne Vergebung in den Himmel zu kommen? Wie man bei einigen Festivals ohne Ticket keinen Eintritt bekommt, so bekommt man auch zu dem heiligen Ort des Himmels keinen Eintritt, solange man nicht das Ticket zeigen kann: „Vergebung der Sünden." Wird Gott jemals solche Leute krönen, denen er nicht vergeben hat? Oh, lasst uns die vergebende Gnade begehren. Als Gott dem Abraham große und umfangreiche Verheißungen gab, antwortete er: „O Herr, HERR, was willst du mir geben, da ich doch kinderlos dahingehe?" (1.Mose 15,2). So auch wir, wenn Gott uns Reichtum gegeben hat und alles, was das Herz begehren kann, dann lasst uns zu ihm sagen: Herr, was bringt das alles, wenn mir die Vergebung fehlt? Lass meine Vergebung doch im Blut Christi versiegelt sein. Ein Gefangener in einem Turm ist trotz seines guten Essens, der vielen Besuche, des weichen Bettes, auf dem er liegen kann, in einer schlechten Lage, weil er unter Anklage steht, und er blickt jeden Tag auf sein Urteil voraus und fürchtet die Todesstrafe. In einer solchen Lage – und sogar in einer noch schlimmeren Lage – ist derjenige, der in den Freuden der Welt schwimmt, aber keine Vergebung seiner Sünden hat. Ihn klagt ein schuldiges Gewissen an, und er fürchtet, dass die Klage erhoben wird und dass er vor dem Richterstuhl Gottes verdammt wird. Geben wir unseren Augen keinen Schlaf, unseren Augenliedern kein Schlummern, bis wir eine wohl gegründete Hoffnung haben, dass unsere Sünden getilgt sind. Bevor ich dazu komme, auf die Ermahnung zu drängen, die Vergebung der Sünden zu suchen, will ich eine Frage behandeln.

Wenn die Vergebung der Sünden so absolut notwendig ist, was ist dann der Grund dafür, dass in der Welt nur so wenige nach ihr suchen? Wenn ihnen Gesundheit fehlt, dann gehen sie zum Arzt, um gesund gemacht zu werden. Wenn ihnen Reichtum fehlt, dann machen sie eine Reise zu den Indies[81]. Aber wenn ihnen die Vergebung fehlt, scheinen sie gleichgültig zu sein und suchen nicht nach ihr. Woher kommt das? Aus Unachtsamkeit oder aus einem Mangel, darüber nachzudenken. Sie schauen nicht auf ihren geistlichen Stand oder stellen nicht ihre Rechnung auf, um zu sehen, wie die Dinge zwischen Gott und ihrer Seele stehen. „Mein Volk hat keine Einsicht" (Jes 1,3). Sie denken nicht darüber nach, dass sie bei Gott mit einer Schuld von zehntausend Talenten verschuldet sind und dass Gott sie in Kürze zur Rechenschaft ziehen wird. „So wird also jeder von uns für sich selbst Gott Rechenschaft geben" (Röm 14,12). Doch die Leute meiden ein ernsthaftes Nachdenken: „Mein Volk hat keine Einsicht." Deswegen suchen sie nicht nach Vergebung.

Die Menschen suchen nicht nach Vergebung aus Mangel an Überzeugung. Wenige sind davon überzeugt, was für ein tödliches Übel die Sünde ist; sie ist das Extrakt aus dem Geist des Unheils. Sie verwandelt die Ehre eines Mannes in Schande. Sie bringt alle Plagen über den Leib und alle Flüche über die Seele. Es gibt keine niedriger lebenden Geschöpfe als den Hund, die Schlange oder die Kröte. Aber sie sind in einem besseren Stand als der Sünder, solange seine Sünde nicht vergeben ist: Denn wenn diese Tiere sterben, werden sie nur zur Erde, aber wenn der Sünder ohne Vergebung stirbt, geht er für immer in die Höllenqualen. Die Menschen sind hiervon nicht überzeugt, sondern sie spielen mit der Otter der Sünde.

Die Menschen suchen nicht ernsthaft nach Vergebung, weil sie nach anderen Dingen trachten. Sie trachten auf unmäßige Weise nach dem Weltlichen. Als Saul die Eselinnen suchte,

81 Die *Indies* ist eine Bezeichnung für Südostasien.

dachte er nicht an ein Königreich. Die Welt ist eine goldene Schlinge. *„Divitiae saeculi sunt laquei diaboli* – die Reichtümer der Welt sind die Schlingen des Teufels" (Bernard). Der Goldbarren hält viele davon ab, die Vergebung zu suchen. Pastoren rufen den Leuten zu: „Verschafft euch eine Versiegelung der Vergebung" – nun, wenn man aber einen Mann ruft, der in einer Mühle ist, dann wird die Stimme durch den Krach der Mühle übertönt, sodass er nicht hören kann. So ist es auch, wenn die Mühle des Geschäfts sich dreht; sie macht so viel Lärm, dass die Leute den Pastor nicht hören können, wenn er seine Stimme wie eine Posaune erhebt und ihnen zuruft, dass sie die Versiegelung ihrer Vergebung suchen sollen. Wer seine ganze Zeit in der Welt verbringt und sich nicht um die Vergebung kümmert, wird sich am Ende selbst der Torheit anklagen. Wir würden den Gefangenen für unweise halten, der seine ganze Zeit beim Koch zubringt, um sein Essen zu bereiten, und sich nicht darum kümmert, Vergebung zu bekommen.

Die Menschen suchen nicht die Vergebung der Sünde, weil sie in vermessener Weise auf Gnade hoffen. Sie stellen sich vor, dass Gott in allem barmherzig ist und mit ihnen Nachsicht übt, obwohl sie wenig oder keine Mühen auf sich nehmen, um Vergebung zu bitten. Es ist wahr, dass Gott barmherzig ist, aber er ist auch gerecht. Er wird seine Gerechtigkeit nicht beugen, um Gnade zu zeigen. Lesen wir die Erklärung: „Der HERR, der HERR, der starke Gott, der barmherzig und gnädig ist ... aber keineswegs ungestraft lässt" (2.Mose 34,6.7). Diejenigen, die in der Sünde fortfahren und so faul und eigenwillig sind, dass sie nicht nach der Vergebung suchen, werden nicht einen Tropfen als Anteil bekommen, obwohl es im Herrn ein Meer der Gnade gibt. Er wird „aber keineswegs ungestraft" lassen.

Die Menschen suchen nicht ernsthaft nach Vergebung aus einer Hoffnung heraus, dass sie ungestraft bleiben. Sie reden sich die Sünde schön, und weil sie so lange verschont wurden, denken sie deshalb, dass Gott nicht vorhat, sie zur Rechenschaft zu ziehen. „Er spricht in seinem Herzen: »Gott hat es vergessen, er hat sein Angesicht verborgen, er sieht es niemals!«" (Ps 10,11). Die Atheisten denken, dass der Richter entweder blind oder vergesslich ist. Der Sünder bedenke aber, dass Langmut keine Vergebung ist. Gott hat Sodom eine lange Zeit ertragen, aber am Ende ließ er Feuer und Schwefel auf sie regnen. Die Vertagung der Gerichtsverhandlung spricht den Gefangenen nicht frei. Je länger Gott den Schlag zurückhält, umso schwerer wird er sein, wenn die Sünder keine Buße tun.

Die Menschen suchen nicht ernsthaft nach Vergebung aufgrund einer falschen Auffassung. Sie denken, dass es leicht ist, Vergebung zu bekommen. Es ist nur ein Umkehren in der letzten Stunde, ein Seufzer oder ein „Herr, sei mir gnädig" und schon tropft die Vergebung in ihren Mund. Ist es aber so einfach, umzukehren und Vergebung zu bekommen? Oh, Sünder, sag mir: Ist die Wiedergeburt leicht? Gibt es bei der neuen Geburt keine Wehen? Ist das Töten der Sünde leicht? Ist es nichts, das rechte Auge auszureißen? Ist es leicht, aus dem Schoß von Delila in Abrahams Schoß zu springen? Das ist ein Schleppnetz, mit dem der Teufel Millionen in die Hölle zieht, nämlich, dass das Erlangen von Buße und Vergebung eine Leichtigkeit sei.

Die Menschen suchen nicht nach Vergebung aufgrund von Verzweiflung. Oh, sagt die verzagte Seele, es ist vergeblich, Vergebung für mich zu erwarten. Meine Sünden sind so zahlreich und abscheulich, dass mir Gott mit Sicherheit nicht vergeben wird. „Aber sie sprechen: Daraus wird nichts!" (Jer 18,12). Meine Sünden sind gewaltige Berge – und können die jemals ins Meer geworfen werden? Verzweiflung schneidet die Sehnen der Bemühungen durch. Wer gebraucht Mittel, welche den Erfolg versagen? Der Teufel zeigt einigen Menschen ihre Sünden durch das Objektiv eines Fernglases, und so erscheinen sie klein oder gar nicht vorhanden, aber anderen zeigt er ihre Sünden durch das Okkular des Fernglases, und die Sünden erschrecken sie bis zur Verzweiflung. Dies ist eine Sünde, welche die Seele in die Verdammnis bringt. Die Verzweiflung des Judas war schlimmer als sein Verrat. Verzweiflung vergießt das „Herzwasser" von Christi Blut. Die Stimme der Verzweiflung spricht: Das Blut Christi kann mir nicht vergeben.

So sehen wir, woher es kommt, dass Menschen nicht ernsthafter nach der Vergebung der Sünden suchen. Nachdem ich diese Frage beantwortet habe, möchte ich jetzt dazu kommen, jeden von uns zu der Ermahnung zu drängen, ernsthaft nach der Vergebung unserer Sünden zu trachten.

a) Unser ganzes Leben hängt davon ab, dass wir Vergebung bekommen. Sie wird als „die Rechtfertigung, die Leben gibt" bezeichnet (Röm 5,18). Nun, wenn unser Leben in unserer Vergebung liegt und wir ohne sie tot und verdammt sind, betrifft sie uns dann nicht über allen Dingen, um nach der Vergebung der Sünden zu trachten? „Denn es ist kein leeres Wort für euch, sondern es ist euer Leben" (5.Mose 32,47). Wenn über einen Mann eine Todesstrafe verhängt wurde, wird er seinen ganzen Verstand anstrengen und wird alle seine Freunde gebrauchen, um den König dazu zu bringen, ihm eine Begnadigung zu gewähren, weil sein Leben davon abhängt. So stehen auch wir aufgrund der Sünde unter dem Urteil der Verdammnis. Am Gericht gibt es einen Freund, den wir nutzen können, um unsere Begnadigung zu erwirken, nämlich den Herrn Jesus. Wie ernsthaft müssen wir mit ihm umgehen, damit er unser Anwalt bei dem Vater wird, damit er das Verdienst seines Blutes dem Vater als Preis für unsere Begnadigung präsentiert!

b) In der Sünde befindet sich etwas, was uns ein Verlangen nach der Vergebung geben müsste. Die Sünde ist die einzige Sache, welche die Seele beunruhigt. Sie ist eine Last; sie liegt wie eine Last auf der Schöpfung; sie liegt wie eine Last auf dem Gewissen (Röm 8,22; Ps 38,5). Ein gottloser Mensch ist für die Sünde nicht sensibel; er ist tot in der Sünde, und wenn man auf einen toten Menschen tausend Gewichte legt, spürt er sie nicht. Für ein erwecktes Gewissen ist die Sünde aber eine Last. Wenn ein Mensch ernsthaft die Herrlichkeit und Reinheit der Majestät erwägt, die durch die Sünde beleidigt wurde, die Kostbarkeit der Seele, die verunreinigt wurde, in welche Gefahr die Sünde die Glückseligkeit gebracht hat, verloren zu gehen, die

Größe der Qualen, welche die Sünde verdient, wenn man das alles zusammennimmt, dann muss die Sünde gewiss eine Last werden – und sollten wir nicht danach trachten, dass diese Last durch die vergebende Gnade abgenommen wird? Die Sünde ist eine Schuld: „Und vergib uns unsere Schulden" (Mt 6,12). Jeder Schuld, die wir haben, hat Gott in sein Buch geschrieben. „Siehe, das ist vor mir aufgeschrieben" (Jes 65,6). Und eines Tages wird Gottes Schuldenbuch geöffnet. „Und es wurden Bücher geöffnet" (Offb 20,12). Und müsste uns das nicht dazu bringen, nach Vergebung zu suchen? Da die Sünde eine solche Schuld ist, dass wir dafür ewig im Gefängnis der Hölle liegen müssen, wenn sie nicht erlassen wird, sollten wir dann nicht mit Gott auf ernste Weise umgehen, damit er sie mit dem Blut seines Sohnes im Schuldenbuch durchstreicht? Es gibt keinen anderen Weg, um Gott mit Trost ins Angesicht zu schauen, als den, dass unsere Schulden bezahlt oder vergeben sind.

c) Nichts außer der Vergebung kann ein bekümmertes Gewissen erleichtern. Es liegt ein großer Unterschied darin, ob man eine zufriedene Gemütslage hat oder ein erleichtertes Gewissen. Weltliche Dinge können eine zufriedene Gemütslage geben, aber nicht das Gewissen erleichtern. Nichts außer der Vergebung kann eine bekümmerte Seele erleichtern. Es ist schon seltsam, welche Windungen die Menschen machen, um ihr Gewissen zu erleichtern, wenn es sie quält, und wie viele falsche Heilmittel sie gebrauchen, bevor sie den richtigen Weg zur Heilung einschlagen. Wenn das Gewissen bekümmert ist, versucht man es mit fröhlicher Gesellschaft. Sie können den Kummer des Gewissen vielleicht wegtrinken, vielleicht können sie ihn mit Karten wegspielen, vielleicht tun es Kasteiungen in der Fastenzeit, vielleicht nimmt eine Menge an Geschäftigkeit bei ihnen so viel Zeit ein, dass sie keine Ruhezeit finden, um die Schreie und Anklagen des Gewissens zu hören. Doch wie vergeblich sind alle diese Versuche! Die Wunde blutet immer noch innerlich, ihre Herzen zittern, ihr Gewissen brüllt, und sie können keinen Frieden finden. Woher kommt das? Der Grund dafür ist, dass sie nicht zur Gnade Gottes gehen und zu dem Blut Christi, damit ihre Sünden vergeben werden, und deshalb finden sie keine Erleichterung. Stellen wir uns vor, ein Mensch hat in seinem Fuß einen Dorn, der ihm Schmerzen bereitet. Lasst ihn Salbe darauf tun oder einen Verband herum anlegen und ihn warm halten. Aber solange der Dorn nicht herausgezogen wird, schmerzt er und der Fuß schwillt an, und er findet keine Erleichterung. So ist es auch, wenn der Dorn der Sünde im Gewissen eines Menschen ist, dann gibt es so lange keine Erleichterung, bis er herausgezogen wird. Wenn Gott die Ungerechtigkeit wegnimmt, wird der Dorn herausgezogen. Wie fein wurde das Herz Davids beruhigt, als der Prophet Nathan zu ihm sagte: „So hat auch der HERR deine Sünde hinweggenommen" (2.Sam 12,13). Wie müssten wir deshalb nach Vergebung trachten! Denn eher können wir in der Seele keine Erleichterung finden. Nichts außer der Vergebung, die mit dem Blut des Erlösers versiegelt ist, kann einen verwundeten Geist erleichtern.

d) Die Vergebung der Sünden ist möglich, und man kann sie erhalten. Unmöglichkeit zerstört die Bemühungen, „nun aber ist noch Hoffnung für Israel in dieser Sache" (Esr 10,2). Für die Teufel gibt es keine Hoffnung mehr; über sie ist die Todesstrafe verhängt, die nicht widerrufen werden kann. Aber für uns gibt es Hoffnung, Vergebung zu erhalten. „Aber bei dir ist die Vergebung" (Ps 130,4). Wenn die Vergebung der Sünden nicht möglich wäre, dann müsste man nicht dafür beten, aber für sie wurde gebetet. „Nun aber, o HERR, nimm doch die Missetat deines Knechtes hinweg" (2.Sam 24,10). Und Christus gebietet uns, dafür zu beten: „Und vergib uns unsere Schulden." Was Gott verheißen hat, das ist möglich, denn Gott hat im Falle der Buße die Vergebung verheißen. „Der Gottlose verlasse seinen Weg ... und er kehre um zu dem HERRN, so wird er sich über ihn erbarmen, und zu unserem Gott, denn bei ihm ist viel Vergebung" (Jes 55,7). Im Hebräischen heißt es: „Er wird vielfach vergeben." Das, was andere erhalten haben, ist möglich. Denn andere haben Vergebung empfangen, deshalb kann man sie erhalten (Ps 32,5). „Denn du hast alle meine Sünden hinter deinen Rücken geworfen“ (Jes 38,17).

e) Die Vergebung der Sünden ist ein auserlesener und bedeutender Segen. Weil es wert ist, aus dem Buch ausgestrichen zu werden und dass Gott versöhnt wird, sollten unsere Bemühungen danach angereizt werden. Dass es ein seltener, alles übersteigender Segen ist, wird deutlich, wenn man drei Dinge veranschaulicht:

Als Erstes, wenn wir betrachten, wie dieser Segen erworben wurden, nämlich durch den Herrn Jesus. Es gibt drei Dinge in Bezug auf Christus, welche die Vortrefflichkeit und die Kostbarkeit der Vergebung darlegen:

1. Keine geschaffene Macht im Himmel oder auf der Erde könnte eine einzige Sünde sühnen oder Vergebung bewirken, außer Jesus Christus allein. „Er ist das Sühnopfer für unsere Sünden“ (1.Joh 2,2). Kein Verdienst kann eine Vergebung erkaufen. Paulus konnte sich ebenso rühmen wie irgendein anderer Mensch: wegen seiner hohen Geburt, seiner Gelehrsamkeit, seiner Rechtschaffenheit vor dem Gesetz. Wenn es aber um die Rechtfertigung geht, verwirft er alles und legt es unter die Füße Christi, um zertreten zu werden. Kein Engel in seiner ganzen Heiligkeit könnte einen Preis für die Vergebung der Sünden niederlegen. „Wenn ein Mensch gegen den Herrn sündigt, wer kann für ihn bitten?“ (1.Sam 2,25; nach der englischen Übersetzung). Welcher Engel würde es wagen, so kühn zu sein, um seinen Mund vor Gott für einen schuldigen Sünder zu öffnen? Nur Jesus Christus, der Gott und Mensch ist, konnte mit der Gerechtigkeit Gottes verhandeln und Vergebung erwerben.

2. Selbst Christus konnte ohne zu sterben keine Vergebung bewirken. Jede Vergebung hat einen Blutpreis. Das Leben Christi war eine Richtschnur für Heiligkeit und ein Vorbild des Gehorsams. Er hat alle Gerechtigkeit erfüllt (Mt 3,15). Gewiss war sein aktiver Gehorsam von großem Wert und Verdienst, aber was den Wert der Vergebung angeht, hat sein aktiver Gehorsam ohne das Vergießen seines Blutes für uns nicht eine vollständige Vergebung bewirkt. Deshalb wird unsere

Rechtfertigung seinem Blut zugeschrieben. „Nachdem wir jetzt durch sein Blut gerechtfertigt worden sind" (Röm 5,9). Christus hat unsere Vergebung „ausgeblutet." Seiner Fürsprache wird viel zugeschrieben, aber seine Fürsprache zur Vergebung der Sünden wäre bei Gott nicht durchgedrungen, wenn er nicht sein Blut vergossen hätte. Es ist eine Anmerkung wert, dass Christus, als er von Johannes als ein Fürsprecher für seine Kirche beschrieben wird, mit dem Bild eines geschlachteten Lammes dargestellt wird, um zu zeigen, dass Christus sterben und geschlachtet werden musste, bevor er ein Fürsprecher sein konnte (Offb 5,6).

3. Christus hätte durch sein Sterben für uns keine Vergebung erworben, wenn er nicht einen Tod gestorben wäre, der verflucht ist. Er trug den Fluch (Gal 3,13). Den ganzen Todeskampf, den Jesus in seiner Seele ertrug, all die Qualen an seinem Leib konnten nicht eine Vergebung erwerben, außer dass er für uns zu einem Fluch gemacht wurde. Bevor wir mit Vergebung gesegnet werden können, musste er verflucht werden.

Zweitens ist die Vergebung der Sünden ein auserlesener Segen, wenn wir betrachten, welche herrlichen Eigenschaften Gott darin ausübt. Er übt unendliche Macht aus. Als Mose bei Gott um die Vergebung der Sünde Israels flehte, sprach er wie folgt: „So lass nun die Macht des Herrn groß werden, wie du gesprochen und verheißen hast" (4.Mose 14,17). Für Gott ist die Vergebung der Sünden ein Werk von ebenso großer Macht wie das Erschaffen von Himmel und Erde, ja, sogar noch ein Werk von größerer Macht. Als er die Welt machte, traf er auf keinen Widerstand, wenn er aber vergibt, dann leistet der Satan Widerstand und das Herz leistet Widerstand. Ein Sünder ist verzweifelt und ignoriert, ja, er widersetzt sich der Vergebung, bis Gott ihn durch seine allmächtige Kraft von seiner Sünde und der Gefahr überzeugt und ihn willig macht, die Vergebung anzunehmen. In der Vergebung der Sünden übt Gott unendliche Gnade aus. „Vergib nun die Schuld dieses Volkes nach deiner großen Gnade" (4.Mose 14,19). Es ist Gnade, eine Begnadigung zu bekommen, und wenn es Gnade ist, einen Sünder zu verschonen, was für eine Gnade ist es dann, wenn ihm vergeben wird! Das ist die *flos lactis* – die Sahne der Gnade. Es ist eine unendliche Gunst, dass Gott so viele Kränkungen auf sich nimmt, um so viele Schulden aus der Rechnung zu streichen.

Drittens ist die Vergebung der Sünden ein auserlesener Segen, weil sie das Fundament für weitere Wohltaten legt. Sie ist eine Hauptwohltat. Sie bahnt den Weg für zeitliche Segnungen. Sie bringt Gesundheit. Als Christus zu dem gelähmten Mann sagte: „Deine Sünden sind dir vergeben", bahnte er den Weg für eine körperliche Heilung. „Steh auf, nimm deine Liegematte und geh heim!" (Mt 9,5.6). Die Vergebung seiner Sünden bahnte den Weg für die Heilung seiner Lähmung. Sie bringt Wohlstand (Jer 33,8.9). Sie bahnt den Weg für geistliche Segnungen. Die Vergebung der Sünden kommt niemals alleine, sondern sie wird von anderen geistlichen Segnungen begleitet. Wem Gott vergibt, den heiligt er, den adoptiert er, den krönt er. Die Vergebung ist eine umfangreiche Wohltat; sie zieht die silberne Verbindung zur Gnade und die goldene Verbindung zur Herrlichkeit mit sich. Sie ist eine Tat von hoher Gunst. Gott versiegelt die Vergebung eines Sünders mit einem Kuss[82]. Und sollten wir dann nicht vor allen Dingen nach einem so großen Segen wie der Vergebung suchen?

f) Das, was uns nach der Vergebung der Sünden trachten lassen sollte, ist die Bereitwilligkeit Gottes zu vergeben. „Aber du bist ein Gott der Vergebung"[83] (Neh 9,17). Im Hebräischen steht: „ein Gott der Vergebungen". Wir sind geneigt, falsche Vorstellungen über Gott mit uns herumzutragen: dass er erbarmungslos ist und nicht vergibt. „Herr, ich kannte dich, dass du ein harter Mann bist" (Mt 25,24). Aber Gott ist ein Gott, der die Sünde vergibt. „Der HERR, der starke Gott, der barmherzig und gnädig ist ... und Schuld, Übertretung und Sünde vergibt" (2.Mose 34,6.7). Das ist mein Name, sagt Gott: Wenn du wissen willst, wie ich genannt werde, dann sage ich

82 Anspielung auf den verlorenen Sohn in Lukas 15, der von seinem Vater geküsst wurde, als dieser ihm vergab und wieder als Sohn annahm.

83 Im Englischen heißt es: „Du bist ein Gott, der bereit ist, zu vergeben."

dir meinen Namen. „Der HERR, der starke Gott, der barmherzig und gnädig ist ... und Schuld, Übertretung und Sünde vergibt." Ein Pirat oder ein Rebell, der weiß, dass gegen ihn eine Suchmeldung verkündet wurde, kommt nicht herbei. Wenn er aber hört, dass der Fürst voller Milde ist und dass es einen Gnadenerlass gibt, wenn er sich ergibt, dann wird das für ihn ein großer Anreiz sein, seine Waffen niederzulegen und seinem Fürsten gegenüber loyal zu werden. Sehen wir die Proklamation Gottes für bußwillige Sünder: „Geh hin, rufe diese Worte aus gegen den Norden hin und sprich: Kehre um, Israel, du Abtrünnige!, spricht der HERR. Ich will mein Angesicht nicht vor euch verdüstern, denn ich bin gnädig, spricht der HERR, und zürne nicht ewig!" (Jer 3,12). Gottes Gnade ist eine weiche Barmherzigkeit. Das hebräische Wort für Barmherzigkeit bedeutet „Eingeweide." Gottes Barmherzigkeit ist voller Mitgefühl; er hat das lieblichste und nachsichtigste Wesen. „Denn du, Herr, bist gut und vergibst gern" (Ps 86,5). Für Gott ist es genauso natürlich, Gnade zu zeigen, wie es für die Biene natürlich ist, Honig zu geben.

Aber scheint Gott sich nicht an strafenden Taten oder Akten der Strenge zu freuen? „So werde auch ich über euer Unglück lachen" (Spr 1,26).
Zu wem sagt Gott das? Betrachten wir Vers 25: „Weil ihr vielmehr allen meinen Rat verwerft und meine Zurechtweisung nicht begehrt." Gott freut sich am Untergang derer, die seinen Rat verachten. Denn er freut sich an einem demütigen, bußfertigen Brechen mit der Sünde und einem Bitten um Vergebung. Er ist ein Gott, der „Lust an der Gnade hat" (Mi 7,18).

Obwohl Gott aber so voll Barmherzigkeit ist und bereit ist, zu vergeben, erreicht seine Gnade nicht alle. Er vergibt nur solchen, die erwählt sind, und ich zweifle an meiner Erwählung. Kein Mensch kann sagen, dass er nicht erwählt ist. Gott hat keinem bestimmten Menschen geoffenbart, dass er ein Verworfener ist, allein ausgenommen derjenige, der gegen den Heiligen Geist gesündigt hat, wovon derjenige, der über seine

Sünde klagt und nach Vergebung sucht, weit genug entfernt ist.

Der Gedanke, dass wir nicht erwählt sind und dass es für uns keine Vergebung gibt, kommt vom Satan und ist der vergiftete Pfeil, den er abschießt. Er ist der Verkläger. Er klagt uns bei Gott an, dass wir große Sünder sind, und er beschuldigt Gott bei uns, als ob er ein Tyrann wäre, einer, der darauf aus ist, seine Geschöpfe zu vernichten. Das sind diabolische Anregungen. Lasst uns sprechen: „Weiche von mir, Satan!“ (Mt 16,23).

Es ist sündig, wenn jemand behauptet, dass er nicht erwählt ist. Das wird ihn vom Gebrauch der Gnadenmittel abhalten, vom Beten und Buße tun. Das wird ihn verhärten und in die Verzweiflung führen. Schnüffeln wir deshalb nicht in den *arcana coeli* – Geheimnissen des Himmels herum. Erinnern wir uns daran, was den Leuten von Beth-Schemesch widerfuhr, als sie in die Bundeslade hineinschauten (1.Sam 6,19). Erkennen wir, dass wir nicht nach dem verborgenen Willen Gottes gehen sollen, sondern nach seinem geoffenbarten Willen. Lasst uns in den geoffenbarten Willen Gottes schauen, und dort werden wir genug finden, um Hoffnung zu hegen und uns zu ermutigen, wegen der Vergebung der Sünden zu Gott zu gehen. Er hat in seinem Wort gesagt, dass er „reich ist an Erbarmen“ ist und dass er keine Freude an der Vernichtung des Sünders hat (Eph 2,4; Hes 18,32). *„Jurat per essentiam* – er schwört bei seinem Wesen“ (Musculus). „So wahr ich lebe, spricht GOTT, der Herr: Ich habe kein Gefallen am Tod des Gottlosen“ (Hes 33,11). Deshalb wartet er lange, schiebt von Zeit zu Zeit das Gericht auf, um zu sehen, ob die Sünder umkehren und ihn wegen der Vergebung suchen. Deshalb lasst uns durch Gottes weiche Barmherzigkeit und seine kostbaren Verheißungen uns dazu ermutigen, ihn wegen der Vergebung unserer Sünden zu suchen.

g) Die Vergebung nicht ernsthaft zu suchen, ist ein unaussprechliches Elend für diejenigen, welche Vergebung brauchen. Um den Übeltäter, der keine Vergebung hat, muss es notwendigerweise schlecht stehen.

Der Sünder, der keine Vergebung hat und so lebt und stirbt, steht unter dem größten Verlust und der größten Not. Gibt es irgendeine Glückseligkeit, die wie die Freude an Gott in der Herrlichkeit ist? Das ist die Freude der Engel, die Krone der verherrlichten Heiligen! Aber der Sünder, der keine Vergebung hat, wird das freundliche Angesicht Gottes nicht sehen. Er wird Gott als einen Feind sehen und nicht als einen Freund. Er wird von Gott einen erschreckenden Anblick haben und keinen seligen. Er wird den „Schwarzen Stab" sehen und nicht den Gnadenstuhl. Sünden, die nicht vergeben sind, sind wie die Engel mit dem flammenden Schwert, die den Durchgang zum Paradies versperren. Sie verschließen den Weg zum himmlischen Paradies. Wie traurig ist der Zustand der Seele, die vom Ort der Seligkeit verbannt wird, wo der König der Herrlichkeit seinen Hof hat!

Der Sünder, der keine Vergebung hat, der hat nichts mit irgendeiner Verheißung zu tun. Die Verheißungen sind *mulctralia evangelii* – Brüste, welche die lautere Milch des Wortes enthalten, welche die Seele mit kostbarer Lieblichkeit erfüllen. Sie sind das königliche Recht – doch was hat ein Fremder damit zu tun, sich in die Rechte einzumischen? Es war eine Taube, die den Olivenzweig pflückte. Es ist nur der Gläubige, der vom Baum der Verheißung pflückt. Solange die Bedingungen der Verheißung nicht erfüllt sind, hat kein Mensch das Recht auf den Trost der Verheißung, und wie traurig ist es, wenn man keine Verheißung für den Himmel vorzeigen kann!

Ein Sünder, der keine Vergebung hat, ist beständig in der Gefahr, dass sein anklagendes Gewissen aufschreit. Ein anklagendes Gewissen ist eine kleine Hölle. *„Siculi non invenere tyranni tormentum majus* – die Tyrannen von Sizilien konnten sich keine schlimmere Qual vorstellen." Wir zittern, wenn wir einen Löwen brüllen hören. Wie schrecklich ist dann erst das Brüllen des Gewissens! Judas erhängte sich, um sein Gewissen zum Schweigen zu bringen. Das Gewissen eines Sünders ist zur Zeit entweder eingeschlafen oder gebrandmarkt. Doch wenn Gott es entweder durch Trübsal oder den Tod erweckt, wie ist der Sünder, der keine Vergebung hat, dann erschreckt? Wenn einem Menschen alle seine Sünden vor Augen gestellt und in ihren blutigen Farben ausgemalt werden und der Wurm des Gewissens zu nagen anfängt, oh, wie wird das Herz des Sünders dann zittern!

Alle Flüche Gottes stehen in voller Stärke gegen einen Sünder, der keine Vergebung hat. Seine größten Segnungen sind verflucht: Ich werde „verfluchen, womit ihr gesegnet seid“ (Mal 2,2; LÜ 84). Sein Tisch ist ein Fallstrick; er isst und trinkt einen Fluch. Welchen Trost konnte Dionysius bei seinem Festmahl haben, als er daran dachte, dass ein blankes Schwert an einem seidenen Faden über seinem Kopf hängt? Dass ein Fluch wie ein blankes Schwert über dem Kopf eines Sünders hängt, reicht aus, um sein Mahl zu vermiesen. Cäsar wunderte sich darüber, als er einen seiner Soldaten, der verschuldet war, fröhlich sah. Man kann sich darüber nur wundern, dass ein Mensch, der ein Erbe aller Flüche Gottes ist, fröhlich sein kann. Er sieht diese Flüche nicht, sondern ist blinder als der Esel Bileams, der das gezogene Schwert des Engels sah.

Der Sünder, der keine Vergebung hat, ist bei seinem Tod in einer schlimmen Lage. Luther bekannte, dass es drei Dinge gab, an die er nicht wagte zu denken, wenn man ohne Christus ist: seine Sünden, den Tod und den Tag des Gerichts. Der Tod ist für eine Seele ohne Christus der „König der Schrecken.“ Wie der Prophet Achija zur Frau Jerobeams sprach: „Ich bin mit einer harten Botschaft an dich beauftragt!“ (1.Kön 14,6), so wird auch der Tod zu der Seele, die keine Vergebung hat, mit einer harten Botschaft gesandt. Er ist der Kerkermeister Gottes, um den Sünder gefangen zu nehmen. Der Tod ist ein Vorbote der Verdammnis. Er nimmt alle irdischen Tröstungen weg; er nimmt alle versüßten Häppchen weg: keinen Wein mehr in Schalen, keine Heiterkeit und Musik mehr. „Und der Klang der Harfenspieler und Sänger und Flötenspieler und Trompeter wird nicht mehr in dir gehört werden“ (Offb 18,22). Der Sünder wird bis in alle Ewigkeit nie wieder die köstlichen Genüsse schmecken; sein Honig wird sich in „Otterngift“ verwandeln (Hiob 20,14). Beim Tod kommen alle Galgenfristen zu einem Ende. Jetzt gewährt Gott einem Sünder Aufschub; er verschont ihn vor einem Krankheitsanfall; er gibt ihm viele Jahre Aufschub. Der Sünder hätte bei einem Trinkgelage sterben können, aber Gott hat ihm eine Galgenfrist gewährt; er hat den silbernen Draht der Geduld in die Länge gezogen, was ein Wunder ist. Wenn der Sünder aber ohne Buße und Vergebung stirbt, dann ist die Pacht der Geduld Gottes ausgelaufen, und er muss persönlich vor dem gerechten Gott erscheinen, um seine Strafe zu empfangen. Danach wird es niemanden mehr geben, der eine Kaution für ihn hinterlegt, noch wird er jemals wieder von einer Galgenfrist hören.

h) Der Sünder, der ohne Vergebung stirbt, muss in die Verdammnis gehen. Das ist der zweite Tod: *mors sine morte* – der Tod, der nicht stirbt. Die Seele, die keine Vergebung hat, muss für immer den Zorn Gottes tragen, der die Sünde rächt. Solange Gott Gott ist, solange wird auch das Fläschchen seines Zorns auf die verdammte Seele tropfen. Das ist ein hilfloser Zustand. Es gibt eine Zeit, in der ein Sünder keine Hilfe will; Christus und die Erlösung werden ihm angeboten, aber er ignoriert sie, und in Kürze kommt die Zeit, in der ihm nicht mehr geholfen werden kann. Er schreit nach Gnade: Oh, vergib, vergib! Aber es ist zu spät, die Zeit der Gnade ist abgelaufen. Oh, wie traurig ist es dann, ohne Vergebung zu leben und zu sterben! Man kann auf diesen Menschen einen Grabstein legen und darauf die Grabinschrift schreiben: „Es wäre für diesen Menschen besser gewesen, wenn er nie geboren worden wäre." Nun, wenn das Elend im Stand ohne Vergebung so unaussprechlich ist, wie müssten wir dann nach Vergebung trachten, damit wir nicht für alle Ewigkeit in so einem schrecklichen Labyrinth aus Feuer und Schwefel verschlungen werden!

i) Diejenigen, die ohne Vergebung sind, müssen notwendigerweise ein trostloses Leben führen. „Dein Leben wird vor dir an einem Faden hängen; Tag und Nacht wirst du dich fürchten und deines Lebens nicht sicher sein" (5.Mose 82,66). Somit muss der Sünder, der keine Vergebung hat, notwendigerweise ein klopfendes und zitterndes Herz haben; er fürchtet sich vor jedem Busch, den er sieht. „Die Furcht hat Pein" (1.Joh 4,18; nach der englischen Übersetzung). Das griechische Wort für

Pein – *kolasis* wird manchmal für die Hölle verwendet: Die Furcht hat in sich etwas von der Hölle. Ein Mann, der Schulden hat, fürchtet bei jedem Schritt, den er geht, dass er gefangen genommen werden könnte. So fürchtet auch der Sünder, der keine Vergebung hat, dass ihn diese Nacht der Tod, welcher der Wachtmeister Gottes ist, gefangen nehmen könnte! „Warum vergibst du meine Übertretung nicht ... Denn jetzt muss ich mich in den Staub legen“ (Hiob 7,21). Das ist, als ob Hiob gesagt hätte: „Herr, in Kürze werde ich sterben; ich werde im Staub schlafen, und was soll ich dann tun, wenn meine Sünden nicht vergeben sind?“ Welchen Trost kann eine Seele, die keine Vergebung hat, auch nur in irgendetwas finden? Mit Sicherheit nicht mehr, als ein Gefangener, der keine Begnadigung bekommt, im Essen oder der Musik findet. Lasst uns deshalb aufgrund all dieser kraftvollen Beweggründe nach der Vergebung der Sünden trachten.

Ich habe aber keinen Mut, um wegen der Vergebung zu Gott zu gehen, denn ich bin der Vergebung nicht würdig. Wer bin ich, dass Gott mir eine solche Gunst erweisen sollte?
Gott vergibt nicht, weil wir würdig sind, sondern weil er gnädig ist. „Der HERR, der HERR, der starke Gott, der barmherzig und gnädig ist“ (2.Mose 34,6). Er vergibt aus seiner Milde heraus. Akte der Vergebung sind Gnadenakte. Welche Würdigkeit war in Paulus vor seiner Bekehrung? Er war ein Gotteslästerer, und so sündigte er gegen die erste Tafel. Er war ein Verfolger, und so sündigte er gegen die Zweite Tafel. Doch die freie Gnade hat seine Vergebung versiegelt. „Mir ist Erbarmung widerfahren“ (1.Tim 1,13). Ich bin ganz mit Barmherzigkeit überschüttet worden. Welche Würdigkeit war in der Frau aus Samaria? Sie war unwissend (Joh 4,22). Sie war unrein (Vers 18). Sie war missmutig und kleinlich; sie wollte Christus noch nicht einmal einen Becher kalten Wassers geben (Vers 9). Wie kommt es, dass du, der du ein Jude bist, mich um etwas zu trinken bittest, die ich eine Frau aus Samaria bin? Welche Würdigkeit gibt es hier? Doch Christus sah über alles hinweg und vergab ihre Undankbarkeit, und obwohl sie ihm

das Wasser aus dem Brunnen verweigerte, gab er ihr das Wasser des Lebens. *Gratia non invenit dignos, sed facit* – die freie Gnade befindet uns nicht als würdig, sondern sie macht uns würdig. Deshalb lasst uns, ungeachtet unserer Unwürdigkeit, Gott suchen, damit unsere Sünden vergeben werden können.

Ich bin aber ein großer Sünder, und Gott wird mir mit Sicherheit nicht vergeben?
David führt das als ein Argument für die Vergebung an: „Vergib meine Schuld; denn sie ist groß!“ (Ps 25,11). Wenn Gott große Sünden vergibt, dann tut er ein Werk, das ihm entspricht. Die Hoffnungslosigkeit der Wunde macht die Kraft des Blutes Christi bei der Heilung der Wunde deutlich. Maria Magdalena, aus der sieben Teufel ausgetrieben wurden, war eine große Sünderin, dennoch empfing sie Vergebung. Als einige der Juden, die bei der Kreuzigung Christi die Hand mit im Spiel hatten, Buße taten, versiegelte dasselbe Blut ihre Vergebung, das sie vergossen hatten. Auch wenn wir die Sünden als so zahlreich betrachten wie den Sand in den Stränden des Meeres oder so schwer wie die Felsen des Meeres, so gibt es dennoch in Gott ausreichend Gnade, um sie zu vergeben. „Wenn eure Sünden wie Scharlach sind, sollen sie weiß werden wie der Schnee“ (Jes 1,18). Scharlach bedeutet: „zweimal in die Farbe eingetaucht“ – was durch keine menschliche Kunst mehr herauszubekommen ist, doch Gott kann die Scharlachfarbe wieder herauswaschen. Es gibt keine Sünde, die von der Vergebung ausgenommen ist, außer der Sünde, welche die Vergebung verschmäht: die Sünde gegen den Heiligen Geist (Mt 12,31). Oh, Sünder, deshalb wirf den Anker deiner Hoffnung nicht weg, sondern gehe wegen der Vergebung zu Gott. Dem gewaltigen Ozean sind Grenzen gesetzt, doch die vergebende Gnade Gottes ist grenzenlos. Er kann große Sünden genauso vergeben wie kleine Sünden, so wie das Meer große Felsen genauso bedecken kann wie kleine Sandstrände. Der Vergebung steht nichts im Weg, es sei denn, dass der Sünder nicht danach fragt.

Dass ein großer Sünder wegen der Vergebung nicht verzweifeln muss, können wir aus dieser Schriftstelle entnehmen: „Ich, ich tilge deine Übertretungen um meinetwillen.“ Wenn man sich die vorausgehenden Worte anschaut, dann fragt man sich, wie dieser Vers danach kommen kann: „Aber du hast mir zu schaffen gemacht mit deinen Sünden und mir Mühe gemacht mit deinen Missetaten!“ (Jes 43,24.25). Man sollte denken, dass es eher folgendermaßen laufen würde: „Du hast mir mit deinen Missetaten Mühe gemacht; ich, ich bestrafe deine Übertretungen“. Aber Gott kommt in einem milden, liebevollen Ton: Du hast „mir Mühe gemacht mit deinen Missetaten; ich, ich tilge deine Übertretungen um meinetwillen.“ Somit sollte die Größe unserer Sünden uns nicht entmutigen, wegen der Vergebung zu Gott zu gehen. Auch wenn wir Taten der Gottlosigkeit begangen haben, so kann Gott dennoch mit einem Akt der Vergebung kommen und sprechen: „Ich, ich tilge deine Übertretungen um meinetwillen.“ Gott betrachtet es als seine Ehre, die freie Gnade in ihren brillantesten Farben zu zeigen. „Wo aber das Maß der Sünde voll geworden ist, da ist die Gnade überströmend geworden“ (Röm 5,20). Wenn die Sünde über die Maßen sündig wird, dann wird die freie Gnade über die Maßen herrlich. Die vergebende Liebe Gottes kann den Sünder überwinden und über die Sünde triumphieren: „Du Seele, die du nahe an der Verzweiflung bist, betrachte, dass in dem Menschen nicht so viel Sünde ist wie in Gott Gnade.“ Die Sünde des Menschen ist im Vergleich zur Gnade Gottes nur ein Funke im Vergleich zum Ozean, und wer würde daran zweifeln, dass ein Funke nicht von einem Ozean gelöscht werden könnte?

Ich bin aber wieder in die gleichen Sünden zurückgefallen, und wie kann ich den Mut aufbringen, um zu Gott zu gehen, wegen der Sünden, in die ich mehr als einmal gefallen bin?
Ich weiß, dass die Novatianer[84] behaupten, dass es nach einem Rückfall keine Vergebung mehr durch die Kirche gibt. Doch das war zweifellos ein Irrtum. Abraham hat zweimal zweideutig geredet. Lot beging zweimal Inzest. Petrus sündigte durch fleischliche Furcht dreimal, doch sie taten Buße und empfingen Vergebung.

84 Novatian war im 3. Jahrhundert n.Chr. ein Gegenbischof in Rom. Er gründete eine kirchliche Gemeinschaft der Novatianer. Sie hatten eine radikale Haltung gegenüber schweren Sünden und wollten dafür keine Buße mehr zulassen und schlossen diese „wankelmütigen Geister“ für immer aus der Kirche aus. Die Novatianer konnten sich in Rom jedoch nicht durchsetzen und werden in der Tradition allgemein als Ketzer bezeichnet.

Es gibt einen zweifachen Rückfall:

a) Einen mutwilligen Rückfall, wenn ein Mensch, nachdem er sich feierlich Gott geweiht hat, einen Bund mit der Sünde eingeht und zu ihr zurückkehrt. „Denn ich liebe die Fremden, und ihnen will ich nachlaufen!" (Jer 2,25).

b) Es gibt einen Rückfall aus Schwachheit, wenn die Neigung und der Vorsatz eines menschlichen Herzens sich gegen die Sünde richten, er aber durch die Macht der Versuchung und dem Rückzug der Gnade Gottes gegen seinen Willen mit dem Strom hinuntergetragen wird. Nun, auch wenn mutwilliges und beständiges Zurückfallen zum Verzweifeln ist und dazu neigt, „*vastare conscientiam* – das Gewissen zu verwüsten" (so Tertullian) und den Menschen an den Abgrund der Verdammnis führt, so können wir dennoch Vergebung erhalten, wenn es aus Schwachheit geschieht und wir darüber trauern. Ein gottesfürchtiger Mensch marschiert der Sünde nicht wie seinem General hinterher, sondern wird durch die Sünde wie ein Gefangener geführt, und der Herr wird sich über einen gefangenen Häftling erbarmen. Christus gebietet uns, die Übertretungen eines Bruders siebzigmalsiebenmal zu vergeben (Mt 18,22). Wenn er uns darum bittet, dies zu tun, um wie viel mehr wird er einem Sünder, der zurückfällt, in dem Fall, dass er Buße tut, vergeben? „Kehre um, Israel, du Abtrünnige! ... denn ich bin gnädig, spricht der HERR" (Jer 3,12). Man ertrinkt nicht, wenn man einmal oder zweimal in einen Sumpf fällt, sondern wenn man dort liegen bleibt. Man wird nicht verdammt, wenn man einmal in die Sünde zurückfällt, sondern wenn man in der Sünde unbußfertig liegen bleibt.

Aber Gott verlangt so viel Trauer und Demütigung, bevor er vergibt, sodass ich fürchte, dass ich das niemals erreiche!

Er verlangt nicht mehr Demütigung, als eine Seele braucht, um für die Gnade empfänglich zu werden. Vielfach denkt ein Christ, dass, weil er Gottes Flasche nicht so voll mit Tränen gefüllt hat wie andere, er nicht demütig genug wäre, um Vergebung zu erhalten. Doch Gott handelt unterschiedlich: Nicht alle haben bei der neuen Geburt die gleichen Wehen. Einige werden durch die Liebe gewonnen: Das Gefühl dafür, dass man die Gnade Gottes missbraucht hat, bewirkt, dass aufrichtige Tränen fließen. Andere sind schändlicher und mehr verhärtet und Gott handelt mit ihnen strenger. Es ist jene Seele ausreichend gedemütigt, um Vergebung zu empfangen, die zu einem umfassenden Gefühl für die Sünde gebracht worden ist und die Notwendigkeit für einen Erlöser erkannt hat und ihn liebt als den Schönsten unter zehntausend. Seien wir deshalb nicht entmutigt, denn wenn unser Herz von der Sünde verletzt und von ihr gebrochen ist, dann wird unsere Sünde ausgelöscht werden. Ephraim weinte nicht, ehe sich Gott über ihn erbarmte. „Darum ist mein Herz entbrannt für ihn; ich muss mich über ihn erbarmen!“ (Jer 31,20).

Nachdem ich diese Einwände beantwortet habe, lassen Sie sich von mir inständig darum bitten, vor allen Dingen nach der Vergebung der Sünden zu trachten. Bedenken Sie bei sich selbst, was für eine große Wohltat das ist: Das ist einer der kostbarsten Juwelen an dem Gehäuse des Neuen Bundes. „Wohl dem, dessen Übertretung vergeben“ ist (Ps 32,1). Im Hebräischen heißt es „Glückseligkeit“. Und denken wir an das unvergleichliche Elend derer, deren Sünden nicht vergeben sind! Diejenigen, die auf ihre Türpfosten nicht das Blut des Passahlammes gesprengt hatten, wurden von dem Engel umgebracht (2.Mose 12). So werden auch diejenigen, die nicht mit dem Blut Christi besprengt sind, damit es die Schuld der Sünde abwäscht, in den Pfuhl der Verdammnis fallen. Wenn wir entschlossen sind, nach Vergebung zu suchen, dann lasst uns das nicht aufschieben!

Viele sagen, dass sie Vergebung haben wollen, doch sie verschleppen und zögern sie so lange hinaus, bis es zu spät ist. Wenn die Schatten des Abends sich erstrecken und die Nacht des Todes sich nähert, dann fangen sie an, nach Vergebung zu suchen. Das ist bereits für Millionen zum Verhängnis geworden. Sie beabsichtigen nach ihrer Seele zu schauen, doch sie warten solange, bis die Pacht der Gnade abgelaufen ist. Oh, lasst uns deshalb eilen, um Vergebung zu bekommen! Denken wir doch daran, wie unsicher das Leben ist. Welche Sicherheit haben wir, dass wir noch einen weiteren Tag leben werden? *Volat ambiguis mobilis alis hora* – die vorbeifliegende Stunde fliegt mit flatterhaften Flügeln. Unser Leben ist eine dünne Kerze, die bald ausgeblasen wird; es besteht aus nur wenigen dahinfliegenden Minuten. Oh, du Staub und Asche! Du musst jede Stunde fürchten, dass du ins Grab gepustet wirst, und was ist, wenn der Tod kommt, um uns gefangen zu nehmen, bevor unsere Vergebung versiegelt ist? Plutarch berichtet von einem gewissen Archias, dass ihm ein Brief übergeben wurde, während er bei einem Trinkgelage war, und er wollte ihn lesen, da es um eine ernsthafte Angelegenheit ging. Er sprach: „*Seria cras* – über ernsthafte Dinge will ich morgen nachdenken", und in derselben Nacht wurde er erschlagen. Du, der du sagst: „Morgen werde ich Buße tun; ich werde meine Vergebung bekommen", du kannst plötzlich umgebracht werden. Deshalb suche heute nach der Vergebung der Sünden, solange es noch „heute" heißt. Noch eine kurze Zeit, dann werden alle Quellen der Gnade aufhören zu fließen. Dann wird kein einziger Tropfen des Blutes Christi mehr erhältlich sein. Nach dem Tod gibt es keine Vergebung mehr.

Dritte Anwendung

Lasst uns danach trachten, den Beweis zu bekommen, dass unsere Sünden vergeben sind. Ein Mensch kann die Vergebung seiner Sünden haben und weiß es nicht. Er kann vor dem Gericht des Himmels Vergebung haben, während er sie nicht vor dem Gericht des Gewissens hat. Davids Sünde war vergeben, sobald er Buße tat. Gott sandte den Propheten Nathan, um ihm das mitzuteilen (2.Sam 12,13). Doch David fühlte den Trost nicht sofort, wie aus dem Bußpsalm deutlich wird, der danach gedichtet wurde. „Lass mich Freude und Wonne hören" und „Verwirf mich nicht von deinem Angesicht" (Ps 51,10.13). Es ist eine Sache, Vergebung zu haben, und eine andere, sie wahrzunehmen. Der Beweis für die Vergebung kann sich für eine gewisse Zeit nicht zeigen, und das kann sein, weil:

a) Der Glaube beschränkt und schwach ist. Die Vergebung der Sünden ist ein so fremdartiger und unendlicher Segen, dass ein Christ sich kaum selbst davon überzeugen kann, dass Gott ihm eine solche Gunst gewährt. Wie es über die Apostel heißt, als Christus ihnen zum ersten Mal erschien: „Da sie aber noch nicht glaubten vor Freude und sich verwunderten" (Lk 24,41), so kann auch die Seele so mit Verwunderung geschlagen werden, dass das Wunder der Vergebung ihren Glauben ins Wanken bringt.

b) Ein Mensch kann Vergebung haben und es aufgrund der Macht der Versuchung nicht wissen. Satan klagt die Gläubigen der Sünde an und sagt ihnen, dass Gott sie nicht liebt – können dann solche Sünder an Vergebung denken? Die Gläubigen werden mit einem geknickten Rohr verglichen und die Versuchung mit dem Wind (Mt 12,20; 7,25). Nun, ein Rohr wird leicht vom Wind geschüttelt. Die Versuchung schüttelt die Gläubigen, und obwohl sie Vergebung haben, wissen sie es nicht. Hiob dachte in der Versuchung, dass Gott sein Feind wäre, und dennoch war er im Stand der Vergebung (Hiob 16,9).

Warum verbirgt Gott manchmal den Beweis der Vergebung? Obwohl er vergibt, kann er das Gefühl dafür für eine gewisse Zeit zurückhalten:

a) Weil er uns in eine noch tiefere Reue führen möchte. Er will, dass wir sehen, was für eine böse und bittere Sache es ist, gegen ihn zu sündigen. Deshalb müssen wir länger in den salzigen Tränen der Buße liegen, bevor wir das Gefühl für die Vergebung haben. Es dauerte lange, bis die gebrochenen Knochen Davids gerichtet wurden und seine Vergebung versiegelt wurde, damit sein Herz mehr bereut, und das war ein Opfer, an dem sich Gott erfreute.

b) Obwohl Gott die Sünden vergeben hat, so kann er die Manifestation davon für eine gewisse Zeit verwehren, um uns dazu zu bringen, dass wir die Vergebung wertschätzen und um sie für uns lieblicher zu machen, wenn sie kommt. Die Schwierigkeit, eine Segnung zu erhalten, steigert ihren Wert.

Wenn wir für eine lange Zeit im Gebet um die Vergebung einer Sünde ringen und Gott hält sie immer noch zurück, aber schließlich kommt sie nach vielen Seufzern und Tränen, dann schätzen wir sie umso mehr, und sie ist lieblicher. *Quo longius defertur eo suavius laetatur* – je länger die Verzögerung, umso lieblicher die Freude. Je länger die Geburt einer Wohltat dauert, umso willkommener wird die Befreiung sein.

Lasst uns, egal wie, nicht ohne den Beweis und das Gefühl für die Vergebung zufrieden sein. Derjenige, der Vergebung hat und es nicht weiß, ist wie jemand, dem ein Besitz vererbt wurde und es nicht weiß. Unser Trost besteht in dem Wissen um unsere Vergebung. „Lass mich Freude und Wonne hören" (Ps 51,10). In der Seele ist ein Jubeljahr, wenn wir in der Lage sind, unsere Vergebung abzulesen. Zu dem Zeugnis des Gewissens fügt Gott das Zeugnis seines Geistes hinzu, und durch den Mund dieser beiden Zeugen wird unsere Freude bestätigt. Oh, lasst uns nach dem Beweis für die Vergebung trachten!

Wie können wir wissen, dass unsere Sünden vergeben sind?
In dieser Sache dürfen wir nicht unser eigener Richter sein. „Wer sich auf sein eigenes Herz verlässt, ist ein Narr" (Spr 28,26). „Überaus trügerisch ist das Herz" (Jer 17,9). Es ist töricht, einem Betrüger zu vertrauen. Der Herr muss allein durch sein Wort beurteilen, ob wir Vergebung haben oder nicht. Wie unter dem Gesetz kein Aussätziger selbst beurteilen durfte, ob er rein ist, denn der Priester musste ihn für rein erklären (3.Mose 13,37), so dürfen wir auch nicht uns selbst beurteilen, ob wir von der Schuld der Sünde rein sind, bis wir zu denen gehören, die das Wort Gottes für rein erklärt.

Wie können wir durch das Wort wissen, dass unsere Sünden vergeben sind?

a) Der Sünder, der Vergebung hat, ist ein großer Weinender. Das Gefühl für die Liebe Gottes bringt sein Herz zum Schmelzen. Wenn die freie Gnade mich einmal ansieht, wenn die scharlachfarbenen Sünden in dem Blut Christi abgewaschen werden, dann wird das Herz zum Schmelzen gebracht und die

Tränen fließen. Niemals hat ein Mensch seine Vergebung mit trockenen Augen gelesen. „Sie trat hinten zu seinen Füßen, weinte“ (Lk 7,38). Die Tränen der Maria waren für Christus kostbarer als ihr Salböl. Ihre Augen, die zuvor vor Begierde funkelten, wurden nun zu einer Quelle, und sie wusch mit ihren Tränen die Füße Christi. Sie war eine wahre reuige Sünderin und hatte Vergebung. „Deshalb sage ich dir: Ihre vielen Sünden sind vergeben worden“ (Vers 47). Vergebung erweicht das härteste Herz und bringt das steinerne Herz zum Bluten. Steht es auch mit uns so? Waren wir schon wegen der Sünde in Tränen aufgelöst? Gott versiegelt seine Vergebung auf geschmolzenen Herzen.

b) Wir können wissen, dass unsere Sünden vergeben sind, indem wir die Gnade des Glaubens haben. „Von diesem legen alle Propheten Zeugnis ab, dass jeder, der an ihn glaubt, durch seinen Namen Vergebung der Sünden empfängt“ (Apg 10,43). Der rettende Glaube beinhaltet zwei Dinge: Eine Lossage von sich selbst und eine Übergabe.

1. Eine Lossage von sich selbst. Ein Mensch legt alle eigenen Ansichten über sich selbst ab; er wird aus seinem eigenen Bau ausgegraben; er wird ganz sich selbst enthoben (Phil 3,9). Er sieht, dass alle seine Pflichten nur ein gebrochenes Rohr sind. Auch wenn er ein Meer von Tränen weinen würde; auch wenn er alle Gnade der Menschen und Engel hätte, könnte das nicht seine Vergebung erwerben.

2. Eine Übergabe. Der Glaube ist ein vertrauensvolles Zustimmen. Die Seele hält an Christus fest, wie sich Adonija an den Hörnern des Altars festhielt (1.Kön 1,51). Der Glaube wirft sich selbst in den Strom des Blutes Christi und sagt: Wenn ich untergehe, dann gehe ich unter. Wenn wir nur *minimum quod sic* – die kleinste Drachme von diesem kostbaren Glauben haben, dann haben wir etwas, um die Vergebung aufzuweisen. Dieser Glaube wird von Gott angenommen. Er gefällt ihm mehr als das Darbringen von zehntausend Flüssen aus Öl, als das Wirken von Wundern, als der Märtyrertod oder der höchste Akt des Gehorsams. Dieser Glaube ist für uns nützlich; er ist der beste Nachweis, um unsere Vergebung aufzu-

zeigen. Sobald der Glaube die Hand ausstreckt, um Christus zu empfangen, unterzeichnet die Hand Christi unsere Vergebung.

c) Die Seele, die Vergebung hat, ist ein Bewunderer Gottes. „Wer ist ein Gott wie du, der die Sünde vergibt?" (Mi 7,18). Oh, möge Gott immer auf mich schauen! Ich war ein Sünder und nichts als ein Sünder, und doch habe ich Gnade empfangen! „Wer ist ein Gott wie du?" Die Gnade wurde verachtet, und dennoch hat mich diese Gnade errettet. Christus wurde durch mich gekreuzigt, dennoch krönt mich sein Kreuz. Gott hat die Zeichen seiner freien Gnade gezeigt; er hat seine Gnade über meiner Sünde aufgerichtet, ja, sogar trotz meiner Sünde. Das bewirkt Bewunderung. „Wer ist ein Gott wie du?" Ein Mensch, der in der Nacht über eine schmale Brücke geht und am nächsten Morgen sieht, in welcher Gefahr er war, wie er auf wunderbare Weise bewahrt wurde, ist mit Erstaunen erfüllt. So ist es auch, wenn Gott einem Menschen zeigt, wie nahe er dran war, in die Hölle zu fallen, wie diese Kluft überwunden wurde und alle seine Sünden vergeben sind; dann ist er erstaunt und ruft aus: „Wer ist ein Gott wie du, der die Sünde vergibt?" Dass Gott dem einen vergibt und an dem anderen vorübergeht – der eine wird angenommen und der andere zurückgelassen – erfüllt die Seele mit Erstaunen und Bewunderung.

d) Wo auch immer Gott Sünde vergibt, dort bezwingt er sie auch. „Er wird sich wieder über uns erbarmen, unsere Missetaten bezwingen" (Mi 7,19). Wo Menschen gerechtfertigt werden, dort werden ihre Begierden getötet. In der Sünde liegt eine *vis imperatoria et damnatoria* – eine Macht, die herrscht, und eine Macht, die verdammt. Wenn die Macht, die verdammt, weggenommen wird, wird auch die Macht weggenommen, die herrscht. Wir wissen, dass unsere Sünden vergeben sind, wenn sie bezwungen sind. Wenn ein Übeltäter im Gefängnis ist, wie kann er dann wissen, dass sein Fürst ihn begnadigt hat? Wenn der Kerkermeister kommt und seine Ketten und Fesseln aufschließt und ihn aus dem Gefängnis herauslässt, dann weiß er, dass er begnadigt ist. So wissen auch wir, dass Gott uns vergeben hat, wenn die Fesseln der Sünde aufgebrochen sind und wir in Freiheit in den Wegen Gottes wandeln. „Und ich werde wandeln in weitem Raum[85]"; das ist ein gesegnetes Zeichen dafür, dass wir Vergebung haben (Ps 119,45). Diejenigen, die im Blut Christi von der Schuld gewaschen sind, werden zu Königen gemacht (Offb 1,6). Wie Könige herrschen sie über ihre Sünden.

e) Wer Vergebung seiner Sünden hat, ist voller Liebe zu Gott. Maria Magdalenas Herz brannte vor Liebe. „Ihre vielen Sünden sind vergeben worden, darum hat sie viel Liebe erwiesen" (Lk 7,47). Ihre Liebe war nicht die Ursache für ihre Vergebung, sondern ein Zeichen dafür. Eine Seele, die Vergebung hat, ist ein Denkmal der Gnade und denkt, dass sie Gott niemals genug lieben kann. Sie wünscht, dass sie eine Kohle vom Altar Gottes hätte, um das Herz in Liebe zu Gott zu entzünden. Sie wünschte, dass sie sich die Flügel der Cherubim leihen könnte, damit sie schneller im Gehorsam fliegen könne. Eine Seele, die Vergebung hat, ist krank vor Liebe. Derjenige, dessen Herz wie aus Marmor ist, der in Unbußfertigkeit eingeschlossen ist, der nicht in Liebe schmilzt, der beweist damit, dass seine Vergebung noch nicht versiegelt ist.

f) Wo die Sünde vergeben ist, dort wird das Wesen gereinigt. „Ich will ihre Abtrünnigkeit heilen, gerne will ich sie lieben" (Hos 14,5). Jeder Mensch ist von Natur aus sowohl schuldig als auch krank. Wenn Gott die Schuld erlässt, dann heilt er auch die Krankheit. „Der dir alle deine Sünden vergibt und heilt alle deine Gebrechen" (Ps 103,3). Hierin geht die Vergebung über die Begnadigung, die ein König gewährt, hinaus: Der König kann einen Übeltäter begnadigen, aber er kann nicht sein Herz verändern, das immer noch das Herz eines Diebes sein kann. Doch wenn Gott vergibt, dann verändert er das Herz. „Und ich will euch ein neues Herz geben" (Hes 36,26). Eine Seele, die Vergebung hat, wird mit Heiligkeit geschmückt und verziert. „Er ist es, der durch Wasser und Blut gekommen ist" (1.Joh 5,6). Wenn Christus mit Blut kommt, um zu rechtfertigen, dann kommt er auch mit Wasser, um zu

85 „Ich werde in Freiheit wandeln" (nach der englischen Übersetzung).

reinigen. „Siehe, ich habe deine Sünde von dir genommen und lasse dir Festkleider anziehen!“ (Sach 3,4). Ich habe deine Sünde von dir genommen; hier haben wir die vergebende Gnade. Und lasse dir Festkleider anziehen; hier haben wir die heiligende Gnade. Niemand, der keine Gnade hat, sage, dass er Vergebung habe. Viele, die niemals geheiligt wurden, erzählen uns von der Hoffnung, dass sie Vergebung hätten. Sie glauben an Christus, doch was für ein Glaube ist das? Ein Glaube, der flucht, ein Glaube, der Hurerei betreibt; der Glaube der Teufel ist genauso gut.

g) Diejenigen, die zur Anzahl des Volkes Gottes gehören, haben Vergebung der Sünden. „Tröstet, tröstet mein Volk! ... ruft ihr zu ... dass ihre Schuld abgetragen ist“ (Jes 40,1.2).

Wie können wir wissen, dass wir zu Gottes auserwähltem Volk gehören?
Aufgrund dreier Kennzeichen:

Gottes Volk ist ein demütiges Volk. Der Anstrich, den das ganze Volk von Christus trägt, ist Demut. „Und mit Demut bekleiden“ (1.Petr 5,5). Der Anblick von Gottes Herrlichkeit macht demütig. Elia verhüllte sein Gesicht in einen Mantel, als die Herrlichkeit Gottes vorüberzog. „Aber nun hat mein Auge dich gesehen. Darum spreche ich mich schuldig“ (Hiob 42,5.6). Wenn die Sonne erscheint, verschwinden die Sterne. Ein Anblick der Sünde demütigt. Im Spiegel des Wortes sehen die Gläubigen ihre Flecken, und das sind demütigende Flecken. „Ach“, sagt die Seele, „ich kann nichts mein Eigen nennen außer Sünden und Gebrechen.“ Ein demütiger Sünder ist in einem besseren Zustand als ein stolzer Engel.

Gottes Volk ist ein williges Volk. „Dein Volk ist willig“ (Ps 110,3). Die Liebe drängt sie. Sie dienen Gott freiwillig und aus freier Wahl. Sie bleiben bei keinem Dienst stehen. Sie gehen durch Meer und Wüstensand. Sie folgen dem Lamm, wo auch immer es hingeht.

Gottes Volk ist ein himmlisches Volk. „Sie sind nicht von der Welt“ (Joh 17,16). Wie der *primum mobile* – erste Beweger des Universums seine Bewegung aus sich selbst heraus hat, im

Gegensatz zu den Planeten, so hat auch das Volk Gottes eine himmlische Bewegung der Seele im Gegensatz zu den Menschen der Welt. Sie gebrauchen die Welt als ihre Dienstmagd, aber folgen der Welt nicht wie ihrem Herrn. „Unser Bürgerrecht aber ist im Himmel“ (Phil 3,20). Diejenigen, welche diese drei Kennzeichen des Volkes Gottes haben, haben einen guten Nachweis, um zu zeigen, dass sie Vergebung haben. Die Vergebung der Sünden gehört ihnen. „Tröstet, tröstet mein Volk!“, sagt ihnen, dass ihre Übertretungen vergeben sind.

h) Wir haben Vergebung, wenn wir nach vielen Stürmen eine liebliche Ruhe und einen inneren Frieden haben. „Da wir nun aus Glauben gerechtfertigt sind, so haben wir Frieden mit Gott“ (Röm 5,1). Nachdem so manche bittere Träne vergossen und das Herz zerbrochen wurde, ist der Geist ruhiger geworden und ein lieblicher Gleichmut oder stille Musik folgen, welche die Kunde bringen, dass Gott versöhnt ist. Zuvor klagte das Gewissen an, jetzt flüstert es im Stillen Trost, was ein gesegneter Beweis ist, dass die Sünde eines Menschen vergeben ist. Wenn die Gerichtsdiener den Schuldner nicht belästigen und festnehmen, dann ist das ein Zeichen dafür, dass seine Schuld beglichen oder erlassen ist. So ist es auch, wenn das Gewissen nicht quält oder anklagt, sondern aus gutem Grund Trost flüstert, dann ist das ein Zeichen dafür, dass die Schuld erlassen und die Sünde vergeben ist.

i) Die Sünde ist vergeben, wenn wir ein Herz ohne Falschheit haben. „Wohl dem, dessen Übertretung vergeben, dessen Sünde zugedeckt ist! Wohl dem Menschen, dem der HERR keine Schuld anrechnet, und in dessen Geist keine Falschheit ist!“ (Ps 32,1.2).

Was bedeutet es, ohne Falschheit zu sein?

Wer ohne Falschheit ist, der hat eine Offenheit des Herzens. Er ist ohne geheime Absprachen. Er hat kein *cor duplex* – doppeltes Herz. Sein Herz ist bei Gott aufrichtig. Ein Mensch kann das Rechte tun, aber ohne einem aufrichtigen Herzen. Amazja „tat, was recht war in den Augen des HERRN, doch nicht von ganzem Herzen“ (2.Chr 25,2). Bei Gott ein aufrichtiges Herz zu haben, bedeutet, ihm nach dem rechten Prinzip zu dienen, welches die Liebe ist. Das geschieht mit der rechten Richtschnur, dem Wort und dem rechten Ziel, der Ehre Gottes.

Ein Herz ohne Falschheit wagt es nicht, sich die geringste Sünde zu erlauben; es vermeidet heimliche Sünden. Dieser Mensch wagt es nicht, irgendeine Sünde zu verbergen, so wie Rahel die Terahphim ihres Vaters unter sich verbarg (1.Mose 34,31). Er weiß, dass Gott ihn sieht, was mehr ist, als wenn Menschen und Engel ihn sehen. Er meidet hartnäckige Sünden. „Sondern ich bin ohne Tadel vor ihm und hüte mich vor Schuld“ (Ps 18,24; LÜ 84). Wie im Bienenstock eine Hauptbiene ist, so ist auch im Herzen eine Hauptsünde. Ein Herz ohne Falschheit nimmt das Opfermesser zum Töten und lässt es durch seine Lieblingssünde laufen.

Ein Herz ohne Falschheit verlangt danach, alle Gedanken Gottes und seinen ganzen Willen zu kennen. Ein krankes Herz fürchtet das Licht; es will nichts von seiner Pflicht wissen. Eine aufrichtige Seele spricht (wie Hiob 34,32): „Was ich nicht sehe, das lehre du mich.“ Herr, zeig mir, was meine Pflicht ist und worin ich gesündigt habe. Lass mich nicht aus Mangel an Licht sündigen. Was ich nicht sehe, das lehre du mich.

Ein Herz ohne Falschheit ist im Glauben gleichmäßig. Dieser Mensch hat ein ausgeglichenes Auge allen Geboten Gottes gegenüber. Er macht sich ein Gewissen über die persönlichen Pflichten. Er betet Gott genauso in seinem Kämmerlein an wie im Tempel. Als Jakob allein war, rang er mit dem Engel (1.Mose 32,23.24). So ringt auch ein Christ, wenn er alleine ist, mit Gott im Gebet und lässt ihn nicht gehen, bis Gott ihn gesegnet hat. Er übt schwierige Pflichten aus, worin das Herz und der Geist des Gottesdienstes liegen und was gegen Fleisch und Blut ist. Er ist oft bei der Selbstdemütigung und Selbstprüfung. *„Utitur speculis magis quam perspecillis* – er verwendet mehr den Spiegel als das Vergrößerungsglas“ (Seneca). Er gebraucht eher den Spiegel des Wortes, um in sein eigenes Herz zu schauen, als das Vergrößerungsglas der Kritik, um die Fehler der anderen zu erspähen.

Derjenige, dessen Herz ohne Falschheit ist, der ist treu dem Interesse Gottes gegenüber. Er ist traurig, wenn er sieht, dass es mit der Kirche schlecht geht. Nehemia war traurig, als die Herrlichkeit Zions verdunkelt war, obwohl er der Mundschenk des Königs und der Wein so nahe war (Neh 2,3). Das ist wie mit dem Baum, von dem ich gelesen habe: Wenn eines der Blätter abgeschnitten wird, schrumpft der Rest der Blätter zusammen und hängt für eine Zeit herunter. So ist es auch, wenn die Kirche Gottes leidet, dann fühlt sich eine aufrichtige Seele in ihrer eigenen Person davon betroffen. Sie freut sich, wenn sie sieht, dass die Sache Gottes an Boden gewinnt, wenn sie sieht, dass die Wahrheit triumphiert, dass die Frömmigkeit ihr Haupt erhebt und die Blume der Krone Christi blüht. Das ist ein Herz ohne Falschheit. Es ist loyal und treu dem Interesse Gottes gegenüber.

Derjenige, der ein Herz ohne Falschheit hat, ist gerecht in seinen Geschäften. Wie er aufrichtig in seinen Worten ist, so ist er es auch bei seinen Gewichten. Er macht sich sowohl über die zweite Tafel ein Gewissen als auch über die erste Tafel. Er ist genauso für Gerechtigkeit wie für Frömmigkeit. „Niemand gehe zu weit und übervorteile seinen Bruder im Handel" (1.Thess 4,6; LÜ 84). Eine aufrichtige Person denkt, wenn man betrügen kann, dann kann man auch rauben. Seine Regel ist, andere so zu behandeln, wie er selbst behandelt werden möchte (Mt 7,12).

Derjenige, der ein Herz ohne Falschheit hat, bleibt seinen Versprechen treu. Sein Wort ist genauso gut wie sein Pfandbrief. Wenn er ein Versprechen gegeben hat, dann tritt er davon nicht zurück, auch wenn es zu seinem Nachteil ist und seinen Gewinn schmälert. Der Heuchler spielt schnell und locker, flieht von seinem Wort; man kann ihn ebenso wenig an seine Eide und Versprechen binden, wie man Simson mit grünem Bast binden konnte (Ri 16,7). Eine aufrichtige Seele spricht wie Jeftah: „Denn ich habe meinen Mund aufgetan vor dem HERRN und kann's nicht widerrufen" (Ri 11,35; LÜ 84).

Derjenige, der ein Herz ohne Falschheit hat, ist in seiner Freundschaft treu. Er ist, was er vorgibt. Sein Herz stimmt mit seiner Zunge überein, so wie ein guter Zeiger einer Sonnenuhr mit der Sonne geht. Er kann nicht schmeicheln und hassen, nicht loben und kritisieren. Nachgeahmte Liebe ist Heuchelei. Man begeht gewöhnlich auch Verrat mit einem Kuss. Joab nahm Abner am Bart, um ihn zu küssen, und schlug ihm in die fünfte Rippe, sodass er starb (2.Sam 20,9.10). Viele täuschen mit süßen Worten. Ärzte beurteilen die Gesundheit des Körpers an der Zunge. Wenn sie gut aussieht, dann ist der Körper gesund. Doch eine Freundschaft können wir nicht an der Zunge beurteilen. Die Worte können voller Honig sein, während das Herz eine Galle der Bosheit ist. Wer seinem Freund gegenüber verräterisch ist, dessen Herz ist Gott nicht treu. Somit sehen wir, was ein Herz ohne Falschheit ist – und solch ein Herz zu haben, ist ein Zeichen, dass die Sünde vergeben ist. Gott wird demjenigen keine Sünde zurechnen, „in dessen Geist keine Falschheit ist“ (Ps 32,2). Was für eine gesegnete Sache ist es, wenn die Sünde nicht zugerechnet wird! Wenn unsere Sünden nicht zugerechnet werden, dann ist das so, als ob wir keine Sünde hätten. Vergebene Sünden sind so, als wären sie nicht begangen worden. Dieser Segen gehört einer aufrichtigen Seele. Gott rechnet demjenigen keine Schuld zu, in dessen Geist keine Falschheit ist.

j) Derjenige, dessen Sünden vergeben sind, ist willig, anderen zu vergeben, die an ihm schuldig geworden sind. „Vergebt einander, gleichwie auch Gott euch vergeben hat in Christus“ (Eph 4,32). Ein Heuchler kann die Bibel lesen, zur Kirche kommen, Almosen geben, Krankenhäuser bauen, aber er kann kein Unrecht vergeben. Er wünscht vielmehr Vergebung von Gott, als dass er seinen Feinden vergibt. Eine Seele, die Vergebung hat, spricht folgendermaßen: „Wenn Gott so gut zu mir war, dass er meine Sünden vergeben hat, sollte ich ihn dann darin nicht nachahmen?“ Von Cranmer wurde angemerkt: *„Nihil oblivisci solet praeter injurias* – meistens vergisst man alles, außer das Unrecht“ (Cicero). Er hatte einen Geist der Vergebung und wollte jedem Liebesdienste erweisen, der ihn verletzt hatte. Das ist wie bei der Sonne: Wenn sie den schwarzen Dunst von der Erde aufgesaugt hat, dann bringt sie sie mit süßem Regen wieder zurück.

An diesem Prüfstein können wir überprüfen, ob unsere Sünden vergeben sind. Wir müssen nicht bis zum Himmel hinaufsteigen, um zu sehen, ob unsere Sünden vergeben sind, sondern wir müssen nur in unser Herz schauen. Haben wir einen Geist der Vergebung? Können wir Unrecht begraben, Gutes für Böses vergelten? Das sollte ein gutes Zeichen sein, dass wir Vergebung von Gott haben. Wenn wir feststellen, dass alle diese Dinge in unserer Seele gewirkt werden, dann sind das gesegnete Zeichen dafür, dass unsere Sünden vergeben sind und gute Empfehlungsbriefe für den Himmel.

Vierte Anwendung
Zum Trost.
Ich möchte nun eine Schachtel mit Herzensstärkungen öffnen und uns einige herrliche Privilegien des Standes der Vergebung zeigen. Dies ist eine besondere Gunst; es ist ein verschlossener Brunnen, der für niemanden, außer für die Auserwählten, geöffnet wird. Die Gottlosen können die langmütige Gnade haben, aber eine auserwählte Person hat die vergebende Gnade. Die Vergebung der Sünden bereitet den Weg für ununterbrochenen Trost: „Tröstet, tröstet mein Volk!, spricht euer Gott. Redet mit Jerusalem freundlich", oder wie es im Hebräischen heißt: „Sprich zu ihrem Herzen" (Jes 40,1.2). Was sollte ihr Herz trösten? „Ruft ihr zu, dass ihr Frondienst vollendet, dass ihre Schuld abgetragen ist." Wenn sie irgendetwas trösten kann, dann weiß der Herr, dass es das ist. Als Christus den gelähmten Mann trösten wollte, sagte er: „Sei getrost, mein Sohn, deine Sünden sind dir vergeben!" (Mt 9,2). Es war für ihn ein größerer Trost, dass seine Sünden vergeben waren, als dass seine Lähmung geheilt wurde. Das veranlasste David dazu, seine besten Kleider anzuziehen und sich zu salben (2.Sam 12,20). Sein Kind war gerade gestorben und Gott hat zu ihm gesagt: „Nun soll auch von deinem Haus das Schwert nicht weichen ewiglich." Trotzdem macht er sich

jetzt zurecht, zieht seine besten Kleider an und salbt sich. Woher kam das? Er hat eine gute Nachricht gehört: Gott ließ ihm durch den Propheten Nathan Vergebung mitteilen. „So hat auch der HERR deine Sünde hinweggenommen“ (2.Sam 12,13). Das konnte sein Herz nur beleben und als Zeichen der Freude salbte er sich. Philo sagt, dass einige Philosophen der Meinung sind, dass in den himmlischen Bereichen solch eine liebliche Harmonie ist, dass der Klang davon, wenn er unsere Ohren erreichen würde, bei uns Staunen und Entzücken bewirken würde. Gewiss hat derjenige, der Vergebung hat, eine solche göttliche Melodie in seiner Seele, sodass er mit unendlicher Freude erfüllt wird. Als Christus zu Maria Magdalena sagte: „Dir sind deine Sünden vergeben!“, fügte er sogleich hinzu: „Geh hin in Frieden!“ (Lk 7,50). Noch genauer gesagt:

a) Gott schaut auf eine Seele, die Vergebung hat, als hätte sie niemals gesündigt. Wie ein Pfandbrief ungültig wird, wenn er gestrichen wird, und es so ist, als hätte es niemals eine Geldschuld gegeben, so ist auch die Vergebung der Sünden, als hätte es die Sünde nicht gegeben. Wo die Sünde vergeben ist, dort ist es so, als wäre sie nicht begangen worden. Wie Rahel weinte, weil ihre Kinder nicht mehr waren, so kann sich ein Kind Gottes freuen, weil seine Sünden nicht mehr sind (Jer 50,20). Gott schaut auf ihn, als ob er niemals gesündigt hätte. Auch wenn die Sünde nach der Vergebung ihn ihm zurückbleibt, so schaut Gott nicht auf ihn wie auf einen Sünder, sondern wie auf einen gerechten Menschen.

b) Wenn Gott die Sünde vergeben hat, wird er ihrer nicht mehr gedenken. „Denn ich werde ihre Missetat vergeben und an ihre Sünde nicht mehr gedenken!“ (Jer 31,34). Wenn ein Gläubiger die Schuld in seinem Buch gestrichen hat, dann fragt er nicht mehr danach. Gott wird mit dem Sünder nicht mehr auf juristischem Wege rechten. Wenn unsere Sünden auf das Haupt Christi, unseren Sündenbock, gelegt sind, dann werden sie in das Land des Vergessens getragen.

c) Die Seele, die Vergebung hat, ist für immer vor dem Zorn Gottes in Sicherheit. Wie schrecklich ist der Zorn Gottes! „Wer erkennt aber die Stärke deines Zorns?“ (Ps 90,11). Wenn das

Gewissen eines Menschen mit Schrecken erfüllt wird, wenn ein Funke von Gottes Zorn darauf blitzt, was wird dann erst sein, wenn man allezeit in einer glühend heißen Zone verbrannt wird, wenn man auf einem flammenden Bett liegt? Nun, jede Seele, die Vergebung hat, ist von diesem rächenden Zorn Gottes befreit. „Wie viel mehr nun werden wir, nachdem wir jetzt durch sein Blut gerechtfertigt worden sind, durch ihn vor dem Zorn errettet werden!“ (Röm 5,9). Sein Blut löscht die Flammen der Hölle.

d) Nachdem die Sünde vergeben ist, gibt es für das Gewissen keine Instanz mehr, um es anzuklagen. Das Gewissen brüllt den Sünder an, der keine Vergebung hat, aber es kann denjenigen, der Vergebung hat, nicht erschrecken oder anklagen. Gott hat den Sünder entschuldet, und wenn der Gläubiger den Schuldner entschuldet, welches Recht hat dann der Wachtmeister, um ihn festzunehmen? Die Wahrheit ist, wenn Gott freispricht, dann spricht das Gewissen auch frei, wenn es richtig informiert ist. Wenn Gott einmal sagt: „Dir sind deine Sünden vergeben!“, dann sagt das Gewissen: „Geh hin in Frieden!“ Wenn der Himmel klar ist und kein Sturm bläst, dann ist das Meer ruhig. So ist es auch, wenn droben alles klar ist und Gott mit der vergebenden Gnade auf die Seele scheint, dann ist das Gewissen ruhig und gleichmütig.

e) Nichts, was einer Seele widerfährt, die Vergebung hat, kann ihr schaden. „Kein Unglück wird dir zustoßen“, das bedeutet, kein Unglück, das schadet (Ps 91,10). Einem gottlosen Menschen schadet alles. Die guten Dinge sind zu seinem Schaden. Sogar sein Segen verwandelt sich in einen Fluch. „Verfluchen werde ich euren Segen“ (Mal 2,2; LÜ 84). Reichtum und Wohlstand schaden ihm. Sie sind keine *munera* – Begünstigungen, sondern *insidiae* – Fallstricke, „goldene Fallstricke“ (Seneca). „Reichtum, der von seinem Besitzer zu seinem Schaden aufbewahrt wird“ (Pred 5,12). Wie das Festmahl von Haman, das sein Begräbnis einleitete. Die Gnadenmittel schaden einem Sünder. Sie sind ein „Geruch des Todes zum Tode“ (2.Kor 2,16). Selbst Herzensstärkungen sind tödlich. Die besten Dinge schaden dem Gottlosen, aber selbst die schlimmsten

Dinge, die einer Seele, die Vergebung hat, widerfahren, schaden ihr nicht. Der Stachel, das Gift, der Fluch sind weg. Seine Seele wird nicht mehr geschädigt, wie Saul durch David nicht geschädigt wurde, als er den Zipfel seines Gewandes abschnitt.

f) Für eine Seele, die Vergebung hat, hat alles die Aufgabe, ihr Gutes zu tun. Trübsal tut ihr Gutes: Armut, Schmach, Verfolgung. „Ihr gedachtet mir zwar Böses zu tun; aber Gott gedachte es gut zu machen“ (1.Mose 50,20). Wie die Elemente, obwohl sie gegensätzliche Eigenschaften haben, so beschaffen sind, dass sie dem Universum zum Guten dienen, so wirken die gegensätzlichsten Vorsehungen für die Seele, die Vergebung hat, zum Guten. Die Zurechtweisung frisst wie ein Beizmittel die Sünde heraus; sie heilt den aufgeblähten Hochmut, das Fieber der Begierde und die Wassersucht der Habgier. Sie ist ein läuterndes Feuer, um die Gnade zu reinigen und um sie zum Glänzen wie Gold zu bringen. Jede gegensätzliche Vorsehung ist für eine Seele, die Vergebung hat, wie der Euroclydon[86] oder Gegenwind, den Paulus hatte. Obwohl dieser das Schiff zerbrach, so brachte er Paulus dennoch auf den zerbrochenen Teilen ans Ufer (Apg 27).

g) Ein Seele, die Vergebung hat, ist nicht nur vom Zorn befreit, sondern wird auch mit Würde ausgestattet, wie Josef, der nicht nur aus dem Gefängnis freigelassen wurde, sondern auch zum Zweiten Mann im Königreich erhöht wurde.

h) Eine Seele, die Vergebung hat, wird zu einem Günstling des Himmels gemacht. Ein König kann einen Verräter begnadigen, aber er wird ihn nicht in seinen Staatsrat aufnehmen. Doch wem Gott vergibt, den nimmt er als Günstling an. Ich kann zu ihm sprechen, wie der Engel zur Jungfrau Maria sprach: „Du hast Gnade bei Gott gefunden“ (Lk 1,30). Daher wird über diejenigen, denen vergeben ist, gesagt, dass sie mit Gnade und Barmherzigkeit gekrönt werden (Ps 103,3.4). Wem Gott vergibt, den krönt er. Wen Gott freispricht, mit dem vermählt er sich. „Denn ich bin gnädig, spricht der HERR, und zürne nicht ewig!“ (Jer 3,12). Hier haben wir Vergebung.

86 Der Euroclydon (deutsch = Nord-Ostwind) ist ein wirbelsturmartiger Nord-Ostwind, der meistens im Herbst und Winter auf dem Mittelmeer bläst.

Und in dem vierzehnten Vers lesen wir: „Denn ich bin euer Eheherr." Und wer mit der Krone des Himmels vermählt ist, der ist so reich wie die Engel, so reich, wie der Himmel ihn machen kann.

i) Wenn die Sünde vergeben ist, können wir mit demütigem Freimut im Gebet zu Gott kommen. Schuld bewirkt, dass wir Angst haben, zu Gott zu gehen. Nachdem Adam gesündigt hatte, fürchtete er sich und versteckte sich (1.Mose 3,10). Schuld stutzt die Flügel des Gebets; sie erfüllt das Gesicht mit Schamesröte, doch Vergebung erzeugt Vertrauen. Wir schauen auf Gott als den Vater der Barmherzigkeit, der sein goldenes Zepter ausstreckt. Wer Vergebung hat, der kann mit Trost auf seinen Fürsten schauen.

j) Die Vergebung macht unsere Dienste annehmbar. Gott nimmt alles, was wir tun, als guten Teil an. Eine schuldige Person tut nichts, was für Gott wohlgefällig ist. Sein Gebet verwandelt sich in Sünde, doch wenn die Sünde vergeben ist, nimmt Gott sein Opfer an. Wir lesen von Jeschua, wie er vor dem Engel des Herrn stand: „Jeschua aber hatte unreine Kleider an", das bedeutet, dass er verschiedener Sünden schuldig war. Dann sprach der Herr: „Nehmt die unreinen Kleider von ihm weg! ... Siehe, ich habe deine Sünde von dir genommen" (Sach 3,3.4). Und dann stand er da und diente vor dem Herrn, und sein Dienst wurde angenommen.

k) Die Vergebung der Sünden ist die Sauce, die alle Tröstungen dieses Lebens noch versüßt. Wie die Schuld unsere Tröstungen bitter macht und Wermut in unseren Becher tut, so macht die Vergebung alles lieblich und ist wie der Zucker im Wein. Gesundheit und Vergebung, Besitz und Vergebung schmecken gut. Die Vergebung der Sünden gibt ein geheiligtes Anrecht auf jeden Trost und einen köstlichen Geschmack. Wie Naeman zu Gehasi sprach: „Nimm zwei Talente!", so spricht auch Gott zu der Seele, die Vergebung hat: Nimm zwei Talente, nimm das Wildbret und mit ihm den Segen, nimm das Öl im Krug und dazu meine Liebe. „Nimm zwei Talente!" (2.Kön 5,23). Es ist bemerkenswert, dass Christus diese beiden Dinge zusammenfügt: „Gib uns heute unser tägliches Brot, vergib uns unsere Schulden", als wollte Christus uns lehren, dass im täglichen Brot nur wenig Trost liegt, solange die Sünden nicht vergeben sind. Die Vergebung macht jedes irdische Vergnügen zu einem Wohlgeruch und lässt Lieblichkeit hineintropfen.

l) Wenn die Sünden vergeben sind, dann wird Gott uns die früheren Sünden niemals mehr vorwerfen. Als der verlorene Sohn zu seinem Vater nach Hause kam, nahm er ihn in seine liebenden Arme und erwähnte niemals mehr sein früheres Prassen oder das Verschwenden seines Besitzes mit Huren. So wird auch Gott uns nicht die früheren Sünden vorwerfen – nein, sondern er wird uns ganz und gar lieben. Wir werden seine Juwelen sein, und er wird uns in seinen Schoß legen. Nachdem Christus auferstanden war, erschien er zuerst Maria Magdalena, einer reuigen Sünderin, die Vergebung hatte (Mk 16,9). Er war so weit davon entfernt, ihr Vorwürfe zu machen, dass er ihr die Nachricht seiner Auferstehung als Erstes brachte.

m) Die Vergebung der Sünden ist ein Stützpfeiler beim Verlust von Freunden. Gott hat unser Kind weggenommen, unseren Ehemann, aber er hat auch unsere Sünden weggenommen. Er hat uns mehr gegeben, als er uns weggenommen hat. Er hat eine Blume weggenommen und uns ein Juwel gegeben. Er hat uns Christus und den Geist gegeben und das Unterpfand der Herrlichkeit. Er hat uns mehr gegeben, als er weggenommen hat.

n) Wo Gott die Sünden vergibt, dort schenkt er Gerechtigkeit. Mit der Vergebung der Sünden geht die Zurechnung der Gerechtigkeit einher. „Meine Seele ist fröhlich in meinem Gott; denn er hat mir Kleider des Heils angezogen, mit dem Mantel der Gerechtigkeit mich bekleidet" (Jes 61,10). Wenn ein Christ in seiner innewohnenden Gerechtigkeit etwas Trost finden kann, die so mit der Sünde befleckt und mit ihr vermischt ist, oh, was für einen Trost kann er dann erst in der Gerechtigkeit Christi finden, die besser ist als die Gerechtigkeit Adams! Adams Gerechtigkeit war veränderbar, doch nehmen wir an, sie wäre unwandelbar gewesen, so war sie nur die Gerechtigkeit eines Menschen. Aber die Gerechtigkeit, die zugerechnet wird, ist die Gerechtigkeit dessen, der Gott ist. „Damit wir in ihm [zur] Gerechtigkeit Gottes würden“ (2.Kor 5,21). Oh, gesegnetes Vorrecht, dass man in den Augen Gottes für so gerecht angesehen wird wie Christus, indem die Seele mit dem gestickten Kleid Jesu angetan wird! Das ist der Trost von jedem, der Vergebung hat. Er hat eine vollkommene Gerechtigkeit und nun sagt Gott über ihn: „Schön bist du, meine Freundin, in allem, und kein Makel ist an dir!“ (Hld 4,7).

o) Eine Seele, die Vergebung hat, muss sich nicht vor dem Tod fürchten. Wer im Glauben auf die Vergebung schauen kann, der kann mit Freude auf den Tod schauen. Für eine Seele, die Vergebung hat, hat der Tod seinen Stachel verloren. Für einen Sünder, der Vergebung hat, ist der Tod wie die Gefangennahme eines Mannes, nachdem die Schuld bezahlt wurde. Der Tod kann ihn gefangen nehmen, aber Christus wird zeigen, dass die Schuld in seinem Schuldenbuch mit seinem Blut ausgestrichen ist. Eine Seele, die Vergebung hat, kann über den Tod triumphieren: „Tod, wo ist dein Stachel? Totenreich, wo ist dein Sieg?“ (1.Kor 15,55). Wer Vergebung hat, muss den Tod nicht fürchten: Der Tod ist nicht sein Untergang, sondern seine Erlösung; er ist ein Tag des Jubels und der Befreiung; er befreit ihn von allen seinen Sünden. Für eine Seele, die Vergebung hat, kommt der Tod wie der Engel, der zu Petrus kam, als er ihn schlug und seine Ketten entfernte und ihn aus dem Gefängnis brachte. Er schlug seinen Leib, und die Ketten der Sünden fielen ab. Der Tod gibt einer Seele, die Vergebung hat, einen *quietus est* – Ruhezustand; er befreit sie von allen ihren Mühen (Offb 14,13). „*Felix transitus a labore ad requiem* – glücklich ist der Übergang von der Arbeit zur Ruhe“ (Bernard). Wie er unsere Tränen abwischt, so wischt er auch unseren Schweiß ab. Er erweist einem Christen, der Vergebung hat, einen guten Dienst, in 1.Korinther 3,22 wird er zu einem Bestandteil seines Inventars gemacht: Sogar der Tod gehört uns. Der Tod ist wie der Wagen, der zum alten Josef gesandt wurde. Er kam mit klappernden Rädern, brachte aber Jakob zu seinen Sohn Josef. So können auch die Räder des Streitwagens des Todes klappern und Lärm machen, doch sie müssen einen

Gläubigen zu Christus tragen. Während ein Gläubiger hier ist, ist er nicht daheim beim Herrn (2.Kor 5,6). Er lebt fern vom Hof und kann den nicht sehen, den seine Seele liebt. Aber der Tod gibt ihm den Anblick des Königs der Herrlichkeit, in dessen Gegenwart die Fülle der Freude ist. Für eine Seele, die Vergebung hat, ist der Tod ein *transitus ad regnum* – Übergang zum Königreich. Er versetzt ihn an den Ort der Glückseligkeit, wo er den Jubel und die Loblieder hört, die im Chor der Engel gesungen werden. Für eine Seele, die Vergebung hat, gibt es keinen Grund, den Tod zu fürchten. Warum sollte sie Furcht haben, dass ihr Leib in der Erde begraben wird, wenn ihre Sünden in den Wunden Christi begraben sind? Welchen Schaden könnte ihr der Tod zufügen? Der Tod ist nur ihr Fährmann, um sie hinüber ins Land der Verheißung zu fahren. Für eine Seele, die Vergebung hat, ist der Tag des Todes der Himmelfahrtstag, ihr Krönungstag, an dem sie mit den Freuden des Paradieses gekrönt wird, die unaussprechlich und voller Herrlichkeit sind. Das sind die reichen Tröstungen, die einem Sünder gehören, der Vergebung hat. Wie gut konnte David so jemanden für gesegnet erklären. „Wohl dem[87], dessen Übertretung vergeben, dessen Sünde zugedeckt ist!"; im Hebräischen steht „wohl dem" im Plural (Ps 32,1). Wir haben hier eine Vielzahl von Segnungen. Die Vergebung der Sünden ist wie das erste Glied einer Kette, die alle anderen Glieder mit sich zieht. Sie zieht fünfzehn Vorrechte mit sich. Sie krönt mit Gnade und Herrlichkeit. Wer sollte dann nicht danach trachten, dass seine Sünden vergeben werden? „Wohl dem, dessen Übertretung vergeben, dessen Sünde zugedeckt ist!"

Fünfte Anwendung

a) Lasst uns viel mit Loben und Preisen aufhalten. „Lobe den HERRN, meine Seele ... Der dir alle deine Sünden vergibt" (Ps 103,2). Hat Gott uns mit der vergebenden Gnade gekrönt? Dann lasst uns die Krone unseres Lobes auf das Haupt der freien Gnade setzen. Die Vergebung der Sünden ist eine Gnade, die einen Unterschied macht: ein Juwel, das nur an

87 Im Englischen heißt es: „Gesegnet ist ..."

den Auserwählten hängt, was nach dem Beifall des Lobes ruft. Wir danken für das „tägliche Brot“, und sollten wir nicht noch viel mehr für die Vergebung danken? Wir danken für die Befreiung von Krankheit, und sollten wir nicht noch viel mehr für die Befreiung von der Hölle danken? Gott hat in der Vergebung unserer Sünden viel mehr getan, als wenn er uns ein Königreich gegeben hätte. Damit wir dankbarer werden, müssen wir uns nur den Stand ohne Vergebung vor Augen halten. Wie traurig ist es, wenn man keine Vergebung hat! Alle Flüche des Gesetzes stehen gegen so jemanden in voller Kraft. Wenn der Sünder, der keine Vergebung hat, stirbt, fällt er gleichzeitig ins Grab und in die Hölle. Er muss bei den Verdammten sein Quartier beziehen – und macht uns das nicht dankbar, dass dies nicht unser Stand ist, sondern dass wir errettet sind „vor dem zukünftigen Zorn“ (1.Thess 1,10)?

b) Lassen wir die vergebende Liebe Gottes unsere Herzen mit der Liebe zu Gott entzünden. Wenn Gott frei vergibt ohne irgendein Verdienst von uns, wenn er so viele Übertretungen vergibt, wenn er uns vergibt und an anderen vorübergeht, wenn er uns, einen Klumpen aus Staub und Sünde, aus den Ruinen der Menschheit herausholt und uns zu einem Juwel macht, das mit der himmlischen Herrlichkeit glänzt, bringt uns das dann nicht dazu, Gott sehr zu lieben? Wenn der König einen von drei Gefangenen, welche es verdienen zu sterben, begnadigt und die anderen zwei der Härte des Gesetzes überlässt, wird dann nicht der, der begnadigt wurde, den Fürsten lieben, der ihm gegenüber so voller Milde gewesen ist? Wie müssten unsere Herzen in der Liebe zu Gott entbrennen! Die Gelehrten unterscheiden zwei Arten von Liebe: die *amor gratuitus* – freigebige Liebe, das ist die Liebe Gottes zu uns, wenn er uns vergibt, und die *amor debitus* – Liebe der Pflicht, das ist unsere Liebe zu Gott, die wir zurückgeben. Wir sollen unsere Liebe zeigen, indem wir Gott bewundern, uns in ihm lieblich trösten und uns in einem ewigen Bund an ihn binden.

c) Lassen wir uns durch das Gefühl für die Liebe Gottes in der Vergebung dazu bringen, dass wir zukünftig vorsichtiger vor der Sünde sind und uns mehr vor ihr fürchten. „Aber bei dir ist die Vergebung, damit man dich fürchte" (Ps 130,4). Oh, fürchten wir uns davor, gegen Gott zu sündigen, der uns gegenüber so vergebungsbereit war. Wenn uns ein Freund eine Gefälligkeit erwiesen hat, dann sollten wir ihm gegenüber nicht unfreundlich sein oder seine Liebe missbrauchen. Nachdem Nathan zu David gesagt hatte: „So hat auch der HERR deine Sünde hinweggenommen", wie zart war dann sein Gewissen (2.Sam 12,13)! Wie besorgt war er darum, seine Seele nicht mit noch mehr Blut zu beflecken! „Errette mich von Blutschuld, o Gott" (Ps 51,16). Wenn die Menschen nach der Vergebung grobe Sünden begehen, ändert Gott sein Verhalten gegenüber ihnen. Er verwandelt sein Lächeln in ein Stirnrunzeln. Sie liegen, wie Jona, im „Bauch der Hölle". Der Zorn Gottes fällt in ihr Gewissen wie ein Tropfen siedend heißes Blei in das Auge. Die Verheißungen sind wie ein verschlossener Brunnen; aus ihm kommt kein Tropfen der Verheißung. Oh, ihr Christen, erinnert ihr euch nicht daran, was es gekostet hat, bevor ihr eure Vergebung bekommen habt? Wie lange es gedauert hat, bis eure „gebrochenen Knochen" gerichtet wurden? Und ihr wollt es wieder riskieren zu sündigen? Ihr seid in einem solchen Zustand, dass ihr euch fragen müsst, ob ihr zu Gott gehört oder nicht. Auch wenn Gott euch nicht verdammt, so kann er euch in diesem Leben einen Geschmack von der Hölle geben.

d) Wenn Gott uns eine gute Hoffnung gegeben hat, dass wir Vergebung haben, dann lasst uns unseren Weg fröhlich gehen. „Wir rühmen uns auch Gottes durch unseren Herrn Jesus Christus, durch den wir jetzt die Versöhnung empfangen haben" (Röm 5,11). Wer sonst könnte sich freuen, wenn nicht der, der Vergebung hat? Gott freut sich, wenn er Gnade zeigen kann, und sollten wir uns nicht freuen, wenn wir Gnade empfangen? In den traurigsten Zeiten kann sich eine Seele freuen, die Vergebung hat. Trübsal hat die Aufgabe, der Seele Gutes zu tun. Jeder Gegenwind der Vorsehung bläst sie näher zum Hafen der Herrlichkeit. Ihr Christen, Gott hat eure Gefängnisfesseln abgenommen und euch mit dem Kleid der Gerechtigkeit bekleidet und mit Barmherzigkeit gekrönt, und dennoch seid ihr traurig? „Wir rühmen uns der Hoffnung auf die Herrlichkeit Gottes“ (Röm 5,2). Die Gottlosen, die nur eine kurze Galgenfrist vor der Hölle haben, können sich freuen und diejenigen, die eine volle Vergebung versiegelt haben, können sich nicht freuen?

e) Hat Gott uns vergeben? Dann lasst uns für Gott jeden Dienst tun, den wir können. „Nehmt immer zu in dem Werk des Herrn“ (1.Kor 15,58). Wir wollen uns in unseren Gedanken mit Gott beschäftigen. Lasst uns mit unseren Händen für ihn arbeiten. Lasst unsere Zunge das Organ seines Lobes sein. Als Paulus Vergebung erhielt und sagen konnte: „darum ist mir Erbarmung widerfahren“, war das wie Öl für die Räder; das brachte ihn dazu, sich im Gehorsam schneller fortzubewegen (1.Tim 1,16). „Ich habe mehr gearbeitet als sie alle“ (1.Kor 15,10). Der Gehorsam des Paulus bewegte sich nicht langsam fort wie der Zeiger auf der Sonnenuhr, sondern schnell wie die Sonne am Firmament. Er brauchte sich für Christus auf und wurde für Christus aufgebraucht. Die Seele, die Vergebung hat, denkt, dass sie Gott niemals genug lieben oder ihm dienen kann.

Sechste Anwendung
Einige Richtlinien oder Anweisungen, wie wir die Vergebung der Sünden erhalten können.

a) Wir müssen uns vor Irrtümern über die Vergebung der Sünden in Acht nehmen, wie der Irrtum, dass unsere Sünden vergeben sind, während sie es nicht sind.

Woher kommt dieser Irrtum?
Durch zwei Ursachen.

1. Weil Gott barmherzig ist. Dass Gott barmherzig ist, zeigt, dass die Sünden eines Menschen vergeben werden können. Jedoch gibt es einen großen Unterschied, ob die Sünden vergeben werden können oder ob sie vergeben sind. Unsere Sünden können vergeben werden, doch nicht vergeben sein. Gott ist zwar barmherzig, doch für wen ist er barmherzig? Nicht für den vermessenen Sünder, sondern für den bußfertigen Sünder.

Diejenigen, die in der Sünde fortfahren, können die Vergebung nicht beanspruchen. Die Barmherzigkeit Gottes ist wie die Bundeslade, die niemand außer den Priestern anrühren durfte. Niemand außer diejenigen, die geistliche Priester sind, die ihre Sünden geopfert haben, dürfen die Lade der Barmherzigkeit Gottes anrühren.

2. Weil Christus für ihre Sünden gestorben ist, deshalb sind sie vergeben. Es ist wahr, dass Christus für die Vergebung der Sünden gestorben ist, aber es ist falsch, dass alle Vergebung haben, denn dann hätte auch Judas Vergebung. Die Vergebung ist auf die Gläubigen begrenzt. „... wird durch diesen jeder gerechtfertigt, der glaubt", aber nicht alle glauben; einige missachten das Blut Christi und zertreten es unter ihren Füßen (Apg 13,39; Hebr 10,29). Obwohl Christus gestorben ist, wird nicht allen vergeben. Nehmen wir uns vor diesem gefährlichen Irrtum in Acht. Wer wird nach der Vergebung suchen, wenn er denkt, dass er sie bereits hat?

Ein anderer Irrtum ist, dass die Vergebung leicht zu haben wäre. Sie sei nur ein Seufzer oder ein „Herr, hab erbarmen." Doch was für einen hohen Preis hat die Vergebung für diejenigen, die sie erhalten haben? Wie lange dauerte es, bis die gebrochenen Knochen Davids gerichtet waren! Glückselig sind wir, wenn wir die Vergebung der Sünden versiegelt haben, sogar wenn es in der letzten Stunde ist. Aber warum denken die Menschen, dass die Vergebung der Sünden so leicht zu erhalten ist? Ihre Sünden sind klein, deshalb sind sie verzeihlich. Der Teufel hält ihnen das Objektiv des Fernglases vor ihre Augen. Es gibt aber keine kleine Sünde gegen die Gottheit. Warum sonst wird derjenige mit dem Tod bestraft, der die Münze des Königs zerschneidet oder seine Statue verunstaltet, wenn nicht deshalb, weil es sich dabei um eine Beleidigung der Person des Königs handelt? Aus kleinen Sünden werden große Sünden, wenn man sie multipliziert, wie aus einer kleinen Summe Millionen werden, wenn man sie multipliziert. Was ist geringer als ein Sandkorn, aber wenn der Sand multipliziert wird, was ist schwerer? Unsere Sünden haben keinen geringen Preis gekostet. Betrachten wir sie im Spiegel der Leiden Jesu, der seine Herrlichkeit verhüllt, seine Freude verloren und seine Seele als Opfer für die kleinste Sünde ausgegossen hat. Kleine Sünden, für die wir keine Vergebung haben, werden uns genauso verdammen wie große Sünden. Nicht nur große Flüsse münden ins Meer, sondern auch kleine Bäche. Nicht nur große Sünden bringen die Menschen in die Hölle, sondern auch kleine. Deshalb denken wir nicht, dass die Vergebung leicht ist, weil die Sünde klein ist. Hüten wir uns vor Irrtümern.

b) Das zweite Mittel, um Vergebung der Sünden zu erhalten, ist, sich selbst als schuldig zu betrachten. Kommen wir zu Gott als verurteilte Menschen. „Und sie gürteten Sacktuch um ihre Lenden und legten Stricke um ihre Häupter, und sie kamen zum König von Israel" (1.Kön 20,32). Lasst uns zu Gott in tiefer Demut kommen. Lasst uns nicht sagen: Mein Herz ist gut und mein Leben ist untadelig. Gott hasst das. Legen wir uns in den Staub, bekleiden wir uns mit einem Sacktuch. Lasst uns wie der Hauptmann sprechen: „Herr, ich bin nicht wert, dass du unter mein Dach kommst"; ich verdiene nicht das geringste Lächeln des Himmels (Mt 8,8). Dies ist der Weg zur Vergebung.

c) Das dritte Mittel, um Vergebung zu erhalten, ist ein Bekenntnis der Sünde, das von Herzen kommt. „Ich sprach: »Ich will dem HERRN meine Übertretungen bekennen!« Da vergabst du mir meine Sündenschuld" (Ps 32,5). Wollen wir, dass Gott unsere Sünden bedeckt, dann müssen wir sie offenlegen. „Wenn wir aber unsere Sünden bekennen, so ist er treu und gerecht, dass er uns die Sünden vergibt" (1.Joh 1,9). Man könnte denken, dass es auf diese Weise gehen würde: Wenn wir unsere Sünden bekennen, dann ist er „barmherzig", um sie zu vergeben. Nein, sondern er ist „gerecht", um sie zu vergeben. Warum gerecht? Weil er sich selbst durch eine Verheißung daran gebunden hat, demütigen Bekennern der Sünde zu vergeben. „*Cum accusat excusat* – wenn wir uns selbst anklagen, spricht Gott uns frei" (Tertullian). Wir neigen dazu, unsere Sünden zu verbergen, was eine genauso große Torheit ist, wie wenn jemand seine Krankheit vor dem Arzt verbirgt. Wenn wir aber durch ein Bekenntnis unsere Sünden vor Gott offenlegen, dann öffnet er seine Barmherzigkeit für uns, indem er vergibt.

d) Ein anderes Mittel, um Vergebung zu erhalten, ist rechte Buße. Buße und Vergebung sind miteinander verbunden (Lk 24,47). Es gibt die Verheißung, dass eine Quelle geöffnet wird, um die Schuld der Sünde abzuwaschen (Sach 13,1). Doch betrachten wir, was zuvor geschieht: „Sie werden auf mich sehen, den sie durchstochen haben, ja, sie werden um ihn klagen" (Sach 12,10). „Wascht, reinigt euch!"; das bedeutet, wascht euch im Wasser der Buße und dann folgt die Verheißung: „Wenn eure Sünden wie Scharlach sind, sollen sie weiß werden wie der Schnee" (Jes 1,16.18). Es ist leicht, Weiß in Scharlach zu verwandeln, aber es ist nicht so leicht, Scharlach in Weiß zu verwandeln. Dennoch hat Gott bei Buße verheißen, den scharlachroten Sünder weiß wie Milch zu machen.

Denken wir jedoch nicht, dass man durch Buße die Vergebung verdient, sondern die Buße bereitet auf die Vergebung vor. Wir setzten unser Siegel auf das Wachs, wenn es schmilzt. So setzt auch Gott seine Vergebung auf Herzen, die am schmelzen sind.

e) Die nächsten Mittel, um Vergebung zu erhalten, sind der Glaube und das Blut Christi. Es ist das Blut Christi, das die Sünde abwäscht (Offb 1,5). Dieses Blut wäscht die Sünde aber solange nicht ab, bis es durch den Glauben angewendet wird. Der Apostel redet von der Besprengung mit dem Blut Christi (1.Petr 1,2). Viele haben keine Vergebung, obwohl das Blut Christi vergossen wurde, weil sie nicht besprengt sind. Nun ist es der Glaube, der das Blut Christi zur Vergebung der Sünden auf die Seele sprengt. Wie Thomas seine Hand in die Seite von Christus legte, so legt der Glaube seine Hand in die Wunde Christi und nimmt das Blut und sprengt es auf das Gewissen, um die Schuld abzuwaschen (Joh 20,27). Deshalb wird in der Schrift gesagt, dass wir durch den Glauben Vergebung erhalten. „... wird durch diesen jeder gerechtfertigt, der glaubt" (Apg 13,39). „Dir sind deine Sünden vergeben!" (Lk 7,48). Wie geschah das? „Dein Glaube hat dich gerettet" (Vers

50). Oh, lasst uns uns um den Glauben bemühen. Christus ist eine Sühne oder Wiedergutmachung, um die Sünde wegzunehmen. Aber wie? „Durch den Glauben an sein Blut" (Röm 3,25).

f) Das letzte Mittel, um Vergebung zu erhalten, ist, viel um Vergebung beten. „Vergib alle Schuld" (Hos 14,3). Der Zöllner „schlug an seine Brust und sprach: O Gott, sei mir Sünder gnädig!" (Lk 18,13). Und der Text sagt: Er ging gerechtfertigt hinfort. Viele beten für Gesundheit, Reichtum, Kinder, aber Christus hat uns gelehrt zu beten: *„Dimitte nobis debita nostra* - vergib uns unsere Schulden." Seien wir ernsthafte Werber für die Vergebung. Bedenken wir, was für eine Schuld Sünde ist; sie bindet den Menschen an den Zorn Gottes. Es ist besser, dass unser Haus von Teufeln heimgesucht wird, als unsere Seele von Schuld. Wer mit der Ungerechtigkeit im Bund steht, muss zwangsläufig in bitterer Galle stecken (Apg 8,23). Eine schuldige Seele trägt das Zeichen Kains, was ein bebendes Herz war und ein Zittern im Fleisch. Schuld versetzt den Sünder in Angst, denn jede Not, die über ihn kommt, nimmt ihn gefangen und bringt ihn vor Gericht. Wenn Schuld so düster ist und solche Krampfanfälle im Gewissen erzeugt, wie ernsthaft müssen wir dann im Gebet sein, damit Gott sie wegnimmt, und so ernsthaft, dass wir beschließen, keine Abweisung anzunehmen! Lasst uns fest bei Gott um Vergebung flehen, so wie ein Mann bei einem Richter um sein Leben fleht. Lasst uns auf die Knie fallen und sprechen: Herr, höre nur ein Wort. Gott kann dann sagen: Was kannst du für dich anführen, damit du nicht sterben wirst? Herr, ich kann nur wenig anführen, aber ich setze meinen Bürgen ein; Christus wird für mich antworten. Oh, schaue auf das Blut, das besser spricht als das Blut von Abel. Christus ist mein Priester, sein Blut ist mein Opfer, seine göttliche Natur ist mein Altar. Wie Rahab die karmesinrote Schnur am Fenster zeigen sollte, damit Josua sie nicht tötete, wenn er die Schnur sah, so sollen auch wir die karmesinrote Schnur des Blutes Christi zeigen, denn das ist der Weg, um Barmherzigkeit zu empfangen (Jos 2,18.21; 6,22.23). Gott kann dann sagen: Warum sollte ich dir vergeben? Ich bin dir gegenüber in keiner Weise verpflichtet. Aber Herr, vergib mir, weil du es verheißen hast; ich berufe mich auf deinen Bund. Wenn jemand nach dem Gesetz sterben muss, dann fragt er nach seiner Bibel. So sollten auch wir sprechen: Herr, gib mir den Segen meiner Bibel. Dein Wort sagt: „Der Gottlose lasse von seinem Wege ... und bekehre sich zum HERRN, so wird er sich seiner erbarmen ... denn bei ihm ist viel Vergebung" (Jes 55,7; LÜ 84). Herr, ich habe meine Sünden verlassen, gib mir deshalb Gnade. Ich flehe um den Segen der Bibel. Aber um wessentwillen sollte ich vergeben? Du kannst die Vergebung nicht verdienen. Herr, um deines Namens willen; du hast gesagt, dass du die Sünde um deines eigenen Namens willen tilgen willst (Jes 43,25). Das wird deine Krone nicht verdunkeln. Deine Gnade wird hervorleuchten und alle deine anderen Eigenschaften werden im Triumphzug reiten, wenn du mir vergeben solltest! Flehen wir auf diese Weise bei Gott im Gebet und nehmen wir uns vor, nicht aufzugeben, bis unsere Vergebung versiegelt ist. Gott kann Aufdringlichkeit nicht abweisen; er freut sich an Barmherzigkeit. Chrysostomos sagt: Wie sich eine Mutter freut, ihrem Kind Milch zu geben, so freut sich auch Gott, einem Sünder die Milch der Gnade zu geben. Wenn diese Mittel angewendet werden, werden sie diesen großen Segen bewirken, die Vergebung der Sünden.

IV. *Der letzte Teil dieser Bitte ist die Bedingung: „Wie auch wir vergeben unseren Schuldnern."* Dieses Wort bedeutet keine Gleichheit, sondern Ähnlichkeit; nicht dass wir Gott in der Vergebung gleich sein sollten, sondern wir sollen ihn nachahmen. Die große Pflicht, anderen zu vergeben, läuft gegen den Strom; sie ist gegen Fleisch und Blut. Die Menschen vergessen Freundlichkeit, aber erinnern sich an Kränkungen. Doch ist es eine unabdingbare Pflicht zu vergeben. Wir sind nicht dazu verpflichtet, einem Feind zu vertrauen, aber wir sind dazu verpflichtet, ihm zu vergeben. Wir sind von Natur aus geneigt, uns zu rächen. Homer sagt: „Rache ist so süß wie Honigtropfen." Die heidnischen Philosophen hielten Rache für gesetzlich erlaubt. *„Ulcisci te lacessitus potes* – wenn uns jemand provoziert, können wir uns rächen“ (Cicero). Doch aus den Aussprüchen der Schrift lernen wir bessere Dinge. „Und wenn ihr dasteht und betet, so vergebt“ (Mk 11,25). „Wenn jemand Klage hat gegen den andern; wie der Herr euch vergeben hat, so vergebt auch ihr!“ (Kol 3,13; LÜ 84).

Wie können wir anderen vergeben, während Gott allein Sünden vergeben kann?
Jeder Bruch der Zweiten Tafel beinhaltet zwei Dinge: eine Sünde gegen Gott und eine Übertretung gegenüber einem Menschen. Soweit es die Sünde gegen Gott betrifft, so kann er allein vergeben, doch soweit es eine Übertretung gegenüber einem Menschen betrifft, müssen wir vergeben.

Wann vergeben wir anderen?
Wenn wir gegen jeden Rachegedanken ankämpfen; wenn wir unseren Feinden kein Unheil wünschen, sondern ihnen Gutes wünschen, über ihr Unglück traurig sind, für sie beten, mit ihnen Versöhnung suchen und bei allen Gelegenheiten unsere Bereitschaft zeigen, ihnen zu helfen. Das ist Vergebung nach dem Evangelium.

Aber ich wurde sehr verletzt und misshandelt, und wenn ich mir das gefallen lasse, wird es meinen Ruf ruinieren.

a) Wenn wir eine Verletzung ohne Rache über uns ergehen lassen, dann ist das keine Verdunklung unserer Ehre. Die Schrift sagt über so einen Menschen: „Es ist ihm eine Ehre, Vergehungen zu übersehen“ (Spr 19,11). Es ist mehr Ehre, eine Verletzung zu begraben, als sie zu rächen. Zorn ist ein Kennzeichen von Schwäche. Ein edler, heldenhafter Geist übersieht ein belangloses Vergehen.

b) Nehmen wir einmal an, dass ein Mensch das Urteil derer nicht berücksichtigen würde, die seinen guten Namen beeinträchtigen. Bedenken wir, wie töricht dann die Herausforderung eines anderen zu einem Duell wäre. Es zeugt von wenig Weisheit eines Menschen, wenn er sein Leben verliert, um seinen guten Namen wiederherzustellen, und in die Hölle geht, um für tapfer gehalten zu werden.

Aber das Unrecht, das er mir angetan hat, ist groß.
Doch wenn wir ihm nicht vergeben, ist das ein noch größeres Unrecht. Dadurch, dass er uns verletzt hat, hat er gegen einen Menschen gesündigt, wenn wir ihm aber nicht vergeben, dann sündigen wir gegen Gott.

Wenn ich aber eine Verletzung vergebe, dann gebe ich die Gelegenheit für mehr Verletzungen.
Wenn wir, je mehr Verletzungen uns treffen, umso mehr vergeben, dann wird unsere Gnade umso mehr aufleuchten. Durch häufiges Vergeben fügen wir dem Gewicht der Herrlichkeit noch mehr hinzu. Wenn jemand sagt: Ich bemühe mich darum, mich in anderen Gnadengaben auszuzeichnen, aber was die Vergebung angeht, kann ich das nicht, ich wünsche hierin entschuldigt zu werden – was wird dann aus den anderen Gnadengaben? Die Gnadengaben sind *inter se connexae* – miteinander verbunden und verkettet. Wo eine Gnadengabe ist, da sind alle. Wer nicht vergeben kann, dessen Gnadengabe ist eine Fälschung; sein Glaube ist Einbildung; seine Hingabe ist Heuchelei.

Aber angenommen, ein anderer hat mir an meinem Besitz Unrecht getan, kann ich dann nicht wegen der Schuld vor Gericht gehen?
Ja, welchen Zweck haben Gerichtshöfe sonst? Gott hat Richter eingesetzt, um Rechtssachen zu entscheiden und um jedem sein Recht zu geben. Vor das Gericht gehen ist das Gleiche wie in den Krieg ziehen: Wenn die rechtmäßigen Rechte einer Nation angegriffen werden, dann ist es legal, in den Krieg zu ziehen. So ist es auch, wenn sich jemand an dem Besitz eines anderen vergreift, dann kann er vor Gericht gehen, um es zurückzubekommen. Allerdings muss das Gericht als letztes Mittel angewendet werden. Wenn man nicht mit Bitten und Schlichtungen durchkommt, dann muss das Gericht entschei-

den. Das ist jedoch keine Rache. Das dient vielmehr dazu, dass jemand sein Recht bekommt, als dass ein anderer geschädigt wird. Das kann vorkommen, und wir können dennoch im Frieden leben.

Erste Anwendung

Hier ist eine Anklageschrift gegen solche, die auf Rache sinnen und nicht die kleinste Unhöflichkeit stehen lassen können. Sie wollen, dass Gott ihnen vergibt, aber sie wollen anderen nicht vergeben. Sie beten, gehen in die Kirche, geben Almosen, doch es ist, wie Christus sagt: „Eines fehlt dir!" (Mk 10,21). Ihnen fehlt der Geist der Vergebung. Ihnen ist es lieber, dass ihnen die Vergebung von Gott fehlt, als dass sie ihrem Bruder vergeben. Wie traurig ist es, wenn die Menschen wegen jedem kleinen Unrecht oder schändlichem Wort in ihrem Herzen die Bosheit aufkochen lassen! Wenn die Menschen die Kunst des Vergebens hätten, würden dann weiterhin so viele Duelle, Verhaftungen und Morde stattfinden? Rache ist die eigentliche Sünde des Teufels. Er ist kein Trunkenbold oder Ehebrecher, sondern die alte Schlange ist voller Gift der Bosheit. Und was sollen wir über diejenigen sagen, die ein klares Bekenntnis des Glaubens haben, aber andere mit Groll verfolgen, anstatt zu vergeben? Es wurde prophezeit: „Da wird der Wolf bei dem Lämmlein wohnen" (Jes 11,6). Doch was sollen wir sagen, wenn diejenigen, die bekennen, Lämmer zu sein, zu Wölfen werden? Sie bringen die Weltmenschen dazu, ihren Mund gegen den Glauben zu öffnen und zu sagen: Diese sind genauso voller Bitterkeit wie jeder andere auch. Oh, wohin sind die Liebe und die Barmherzigkeit geflossen? Wenn der Sohn des Menschen kommt, wird er auf der Erde Nächstenliebe finden? Ich fürchte nur wenig. Wie können diejenigen, die in ihrem Herzen Zorn und Bosheit hegen und nicht vergeben wollen, beten: „Und vergib uns unsere Schulden, wie auch wir vergeben unseren Schuldnern"? Entweder müssen sie diese Bitte weglassen, wie Chrysostomos sagt (was einige seinerzeit auch taten), oder sie beten gegen sich selbst.

Zweite Anwendung
Lasst uns alle davon überzeugt sein, dass wir kleine Verletzungen und Unhöflichkeiten übergehen und daran arbeiten müssen, einen Geist der Vergebung zu haben, wenn wir jemals auf die Erlösung hoffen. „Ertragt einander und vergebt einander" (Kol 3,13).

a) Hierin sind wir Gott ähnlich. Er ist bereit zu vergeben (Ps 86,5). Er hat mit seinen Feinden Umgang. Er öffnet seine Hand, um denjenigen zu helfen, die ihren Mund gegen ihn öffnen. Es war der Hochmut Adams, Gott an Allwissenheit gleich sein zu wollen, jedoch ist es erlaubt, Gott im Vergeben der Feinde zu gleichen. Das bedeutet, so gesinnt zu sein wie Gott, und was ist Frömmigkeit anderes als Gott-Ähnlichkeit?

b) Vergeben ist einer der höchsten Beweise für die Gnade. Wenn die Gnade ins Herz kommt, dann macht sie einen Menschen wie Kaleb, in dem ein anderer Geist war (4.Mose 14,24). Sie bewirkt eine große Verwandlung; sie macht das Herz lieblich und erfüllt es mit Liebe und Aufrichtigkeit. Wie ein Spross, der in einen Stamm gepfropft wird, an dem Baum und seinem Saft Anteil hat und die gleiche Frucht bringt, so ist auch derjenige, der einst eine saure, mürrische Veranlagung hatte und zur Rache geneigt war. Wenn er in Christus eingepfropft wurde, hat er Anteil am Saft des himmlischen Ölbaums und trägt süße und edle Früchte. Er ist voller Liebe seinen Feinden gegenüber und vergilt Böses mit Gutem. Wie die Sonne viele dicke, üble Dämpfe von der Erde nach oben zieht und sie in lieblichen Regengüssen wieder zurückbringt, so bringt auch ein Herz, das Gnade hat, die Unfreundlichkeiten der anderen mit dem lieblichen Einfluss der Liebe und Barmherzigkeit wieder zurück. „Sie vergelten mir Gutes mit Bösem … Ich aber legte das Trauergewand an, als sie krank waren; ich beugte meine Seele mit Fasten und betete gesenkten Hauptes für sie" (Ps 35,12.13). Das ist ein guter Nachweis, um ihn für den Himmel zu zeigen.

c) Das gesegnete Beispiel unseres Herrn Jesus lehrt das. Er hatte einen Geist der Vergebung. Seine Feinde beschimpften ihn, er aber hatte mit ihnen Mitleid. Ihre Worte waren bitterer als die Galle und der Essig, die sie ihm gaben, doch seine Worte waren geschmeidiger als Öl. Sie spuckten auf ihn, durchbohrten ihn mit dem Speer und den Nägeln, er aber betete für sie: „Vater, vergib ihnen" (Lk 23,34). Er weinte über seine Feinde. Er vergoss Tränen für diejenigen, die sein Blut vergossen. Niemals gab es ein solches Vorbild an wunderbarer Freundlichkeit. Jesus bittet uns, von ihm zu lernen (Mt 11,29). Er bittet uns nicht, von ihm zu lernen, wie man Wunder wirkt, sondern er möchte, dass wir von ihm lernen, unseren Feinden zu vergeben. Wenn wir nicht dem Leben Christi nachfolgen, können wir nicht durch seinen Tod errettet werden.

d) Die Gefahr eines unversöhnlichen Geistes, der nicht vergeben will. Er hindert die Wirkmacht der Gnadenmittel. Er ist wie eine Behinderung am Körper, die verhindert, dass er gedeiht. Ein rachsüchtiger Geist vergiftet unser Opfer; unsere Gebete werden in Sünde verwandelt. Wird Gott Gebete annehmen, die mit diesem fremden Feuer vermischt sind? Wenn wir nicht mit Nächstenliebe zum Sakrament kommen, ist das Sünde, sodass die Gnadenmittel in Sünde verwandelt werden. Es wäre traurig, wenn jede Speise, die wir essen, in Gift verwandelt würde. Aber Bosheit vergiftet den Becher des Sakraments: Die Menschen essen und trinken sich zum Gericht. Judas kam in Bosheit zum Passah und nach dem eingetunkten Bissen fuhr der Satan in ihn (Joh 13,27).

e) Gott hat seine Gnade an die Bedingung geknüpft, dass er uns nicht vergeben wird, wenn wir nicht vergeben. „Wenn ihr aber den Menschen ihre Verfehlungen nicht vergebt, so wird euch euer Vater eure Verfehlungen auch nicht vergeben" (Mt 6,15). Ein Mensch kann genauso in die Hölle gehen, weil er nicht vergibt, wie wenn er nicht glaubt. Wie können diejenigen von Gott Gnade erwarten, die ihr Herz verschließen und ihren Brüdern gegenüber, die sündigen, unbarmherzig sind? „Denn das Gericht wird unbarmherzig ergehen über den, der keine Barmherzigkeit geübt hat" (Jak 2,13). Jemand sagte einmal: „Ich kann nicht vergeben, also gehe ich in die Hölle."

f) Die Vorbilder der Heiligen, die einen Geist der Vergebung hatten. Josef vergab seinen Brüdern, obwohl sie ihn in eine

Grube geworfen hatten und ihn verkauften. „So fürchtet euch nun nicht; ich will euch und eure Kinder versorgen!“ (1.Mose 50,21). Stephanus betete für seine Verfolger. Mose hatte einen Geist der Vergebung. Wie viele Verletzungen und Beleidigungen hat er ertragen! Das Volk Israel handelte mit ihm lieblos. Sie murrten gegen ihn bei den Wassern von Mara, doch er betete für sie. „Er aber schrie zum HERRN, und der HERR zeigte ihm ein Holz; das warf er ins Wasser, da wurde das Wasser süß“ (2.Mose 15,25). Als sie kein Wasser hatten, haderten sie mit ihm: „Warum hast du uns aus Ägypten heraufgeführt, um uns und unsere Kinder und unser Vieh vor Durst sterben zu lassen?“ (2.Mose 17,3). Als ob sie sagen würden: „Wenn wir sterben, dann bist du an unserem Tod schuld.“ Dies hätte ausgereicht, um Mose rufen zu lassen, dass Feuer vom Himmel auf sie fällt, doch er überging diese Verletzung – und um zu zeigen, dass er ihnen vergab, wurde er zu ihrem Fürsprecher und ließ für sie Wasser aus dem Felsen kommen (Verse 4.5.6). Der Prophet Elisa hielt für seine Feinde ein Festmahl. Er bereitete für diejenigen einen Tisch, die sein Grab bereiten wollten (2.Kön 6,23). Cranmer ist bekannt dafür, Verletzungen zu vergeben. Als Luther Calvin beschimpft hatte, sagte Calvin: *„Etiamsi millies me diabolum vocet* – auch wenn er mich tausendmal einen Teufel nennt, so werde ich ihn trotzdem als einen kostbaren Diener Christi lieben und ehren.“ Als jemand, der einen Christen beschimpft und ihm Unrecht getan hat, fragte, welche Wunder Christus, sein Meister, gewirkt hat, antwortete er: „Er hat dieses Wunder getan: Obwohl du mich verletzt hast, kann ich dir vergeben und für dich beten.“

g) Vergeben und Gutes für Böses vergelten ist der beste Weg, um das Herz das Feindes zu überwinden und es zum Schmelzen zu bringen. Als Saul mit Bosheit David verfolgte und ihn wie ein Rebhuhn auf den Berg jagte, wollte David ihm keinen Schaden zufügen, als es in seiner Macht stand. Davids Güte brachte das Herz Sauls zum schmelzen. „Ist das nicht deine Stimme, mein Sohn David? Und Saul erhob seine Stimme und weinte; und er sprach zu David: Du bist gerechter als ich; denn du hast mir mit Gutem vergolten, ich aber habe dir mit Bösem vergolten!" (1.Sam 24,17.18). Solch eine Vergebung ist das Sammeln von feurigen Kohlen, die das Herz des Feindes zum Schmelzen bringt (Röm 12,20). Es ist der edelste Sieg, wenn man den Feind ohne einen Schwertschlag besiegt, indem man ihn mit Liebe überwindet. Als Philipp von Makedonien berichtet wurde, dass ein gewisser Nikanor öffentlich gegen ihn schimpfte, sandte er ihm ein großes Geschenk, was den Mann so überwältigte und sein Herz erweichte, dass er auf und ab ging, um zurückzunehmen, was er gegen den König gesagt hatte und rühmte die Güte des Königs in hohem Maß.

h) Anderen zu vergeben, ist der Weg, um Vergebung von Gott zu bekommen und ein Zeichen für diese Vergebung.

1. Es ist der Weg, um Vergebung zu bekommen. „Denn wenn ihr den Menschen ihre Verfehlungen vergebt, so wird euer himmlischer Vater euch auch vergeben" (Mt 6,14). Aber man könnte denken, dass eher andere Dinge bewirken würden, dass wir von Gott Vergebung bekommen, als dass wir anderen vergeben. Nein, es gibt nichts wie dies, um Vergebung zu bewirken, denn alle anderen religiösen Handlungen können Sauerteig in sich haben. Gott hat Sauerteig im Opfer verboten (2.Mose 34,25). Jemand kann Almosen geben und darin kann sich der Sauerteig der eitlen Ehre befinden. Die Pharisäer posaunten es heraus, als sie Almosen gaben, um Beifall zu bekommen (Mt 6,2). Jemand kann seinen Leib geben, sodass er verbrannt wird, doch darin kann sich der Sauerteig eines falschen Eifers befinden. Aber jenen zu vergeben, die gegen uns gesündigt haben, kann keinen Sauerteig beinhalten, kein böses Ziel haben. Das ist eine Pflicht, die ganz geistlich ist und rein aus Liebe zu Gott getan wird. Deshalb verbindet Gott die Vergebung eher damit, als mit dem größten und bekanntesten Werk der Nächstenliebe, das in die Welt hinausgeschrien wird.

2. Es ist ein Zeichen, dass Gott uns vergeben hat. Es ist nicht die Ursache, dass Gott vergeben hat, sondern ein Zeichen dafür. Wir müssen nicht in den Himmel hinaufsteigen, um zu sehen, ob unsere Sünden vergeben sind. Lasst uns in unser Herz schauen und sehen, ob wir anderen vergeben können. Wenn wir das können, dann brauchen wir nicht

daran zweifeln, dass Gott auch uns vergeben hat. Oh, lasst uns deshalb aufgrund all dieser Argumente davon überzeugt sein, dass wir anderen vergeben. Ihr Christen, wie viele unserer Vergehen hat Gott durchgehen lassen! Unsere Sünden sind unzählbar und abscheulich. Gott ist gewillt, uns so viele Vergehen zu vergeben und wir können nicht ein paar vergeben? Kein Mensch kann uns in unserer ganzen Lebenszeit nicht so viel Unrecht tun, wie wir Gott an einem Tag antun können.

Aber wie müssen wir vergeben?
So wie Gott uns vergibt.

a) Von Herzen. Gott macht aus der Vergebung keine Show und behält unsere Sünden nicht bei sich, sondern er vergibt wirklich. Er begeht sozusagen einen Akt des Nicht-mehr-Gedenkens (Jer 31,34). Somit dürfen auch wir nicht nur sagen, dass wir vergeben, sondern müssen es von Herzen tun. „Wenn ihr nicht jeder seinem Bruder von Herzen seine Verfehlungen vergebt“ (Mt 18,35).

b) Gott vergibt vollkommen. Er vergibt alle unsere Sünden. Er schreibt nicht fünfzig für achtzig nieder. „Der dir alle deine Sünden vergibt“ (Ps 103,3). Heuchler lassen einige Vergehen durchgegen, behalten aber andere zurück. Wollen wir, dass Gott mit uns auch so handelt, sodass er nur einige Übertretungen erlässt und uns für den Rest zur Rechenschaft zieht?

c) Gott vergibt häufig. Wir schießen erneut über das Ziel, doch Gott vergibt vielfach (Jes 55,7). Petrus stellte die Frage: „Herr, wie oft soll ich meinem Bruder vergeben, der gegen mich sündigt? Bis siebenmal? Jesus antwortete ihm: Ich sage dir, nicht bis siebenmal, sondern bis siebzigmalsiebenmal!“ (Mt 18,21.22). Wenn der Bruder sagt: „Ich bereue es“, dann müssen wir sagen: „Ich vergebe dir.“

Dies ist aber eine der höchsten Glaubenstaten; Fleisch und Blut können das nicht tun; wie kann ich dorthin gelangen?

a) Lasst uns bedenken, wie viel Unrecht und Verletzungen wir Gott angetan haben. In welchen Bücherband passen unsere *errata* – Irrtümer? Wir haben mehr Sünden als Funken in einem Feuerofen.

b) Wenn wir vergeben wollen, dann lasst uns in allem, was die Menschen gegen uns sagen und tun, die Hand Gottes sehen. Wenn wir höher schauen würden als die Werkzeuge, dann würden unsere Herzen stille werden und wir könnten nicht auf Rache sinnen. Simei machte David Vorwürfe und fluchte, doch David schaute höher. „Lasst ihn fluchen; denn der HERR hat es ihm geboten!" (2.Sam 16,11). Was brachte Christus dazu, nicht zurückzuschmähen, als er geschmäht wurde? Er sah über Judas und Pilatus hinaus; er sah, dass sein Vater den bitteren Kelch in seine Hand gab. Wie wir in allen Beleidigungen und Unhöflichkeiten, die wir von Menschen empfangen, die Hand Gottes sehen müssen, so müssen wir auch glauben, dass Gott uns mit allem Gutes tut, wenn wir zu ihm gehören. „Vielleicht wird der HERR mein Elend ansehen, und der HERR wird mir sein heutiges Fluchen mit Gutem vergelten!" (2.Sam 16,12). *„Quisquis detrahit famae meae addet mercedi meae* – wer mich verletzt, wird meinen Lohn vermehren" (Augustinus). Wer meinen Namen beschneidet, um sein Gewicht leichter zu machen, wird das Gewicht meiner Krone schwerer machen. Wie gut konnte Stephanus für seine Feinde beten: „Herr, rechne ihnen diese Sünde nicht an!" (Apg 7,60). Er wusste, dass sie nur seine Herrlichkeit im Himmel vergrößerten. Jeder Stein, den seine Feinde auf ihn warfen, fügte zu seiner Krone eine Perle hinzu.

c) Legen wir einen Vorrat an Glauben an. „Und wenn er siebenmal am Tag gegen dich sündigte und siebenmal am Tag wieder zu dir käme und spräche: Es reut mich!, so sollst du ihm vergeben" (Lk 17,4). Die Apostel sprachen zum Herrn: „Mehre uns den Glauben!" (Vers 5), als ob sie sagen wollten: „Wir können das niemals tun ohne eine große Menge an Glauben; mehre uns den Glauben!" Lasst uns glauben, dass Gott uns vergeben hat, und wir werden anderen vergeben. Nur der Glaube kann auf Verletzungen Staub werfen und ihn im Grab des Vergessens begraben.

d) Denken wir daran, dass wir manchmal anderen Unrecht getan haben – und ist es bei Gott nicht gerecht, dass er bei uns mit demselben Maß misst, mit dem wir bei anderen gemessen haben? Haben wir anderen kein Unrecht getan, wenn auch nicht an ihren Gütern, so doch an ihrem Namen? Wenn wir gegen sie kein falsches Zeugnis geredet haben, so haben wir vielleicht doch die Unwahrheit über sie gesagt. Diese Überlegungen können Christen dazu bringen, Verletzungen in der Stille zu begraben.

e) Lasst uns demütige Herzen bekommen. Ein hochmütiger Mensch betrachtet es als eine Schmach, eine Verletzung zu ertragen. Was ist die Ursache für so viele Duelle und Morde, wenn nicht der Stolz? Ihr solltet euch „mit Demut bekleiden!" (1.Petr 5,5). Wer in seinen eigenen Augen niedrig ist, der wird nicht sehr bekümmert sein, auch wenn andere ihn niedrig machen. Er weiß, dass ein Tag kommen wird, an dem es sowohl eine Auferstehung des Namens als auch des Leibes geben wird, und Gott wird ihn an seinen Widersachern rächen. „Gott aber, wird er nicht seinen Auserwählten Recht schaffen?" (Lk 18,7). Die demütige Seele überlässt es Gott, all ihr erlittenes Unrecht zu vergelten, dem Gott, der gesagt hat: „Mein ist die Rache" (Röm 12,19).

Dritte Anwendung
Zum Trost.
Denen, die vergeben, wird Gott vergeben. Wir haben ein gutes Argument, um bei Gott um Vergebung zu bitten. Siehe, ich bin bereit, dem zu vergeben, der mir keine Wiedergutmachung leistet, und willst du nicht mir vergeben, der du in Christus, meinem Bürgen, Wiedergutmachung empfangen hast?

VII. Die sechste Bitte im Gebet des Herrn

„Und führe uns nicht in Versuchung, sondern errette uns von dem Bösen“

(Mt 6,13)

Diese Bitte besteht aus zwei Teilen. Als Erstes aus einem abwehrenden Teil: „Und führe uns nicht in Versuchung.“ Als Zweites aus einem bittenden Teil: „Sondern errette uns von dem Bösen.“

I. *„Und führe uns nicht in Versuchung.“* Führt Gott in Versuchung? Gott versucht keinen Menschen zur Sünde. „Niemand sage, wenn er versucht wird: Ich werde von Gott versucht. Denn Gott kann nicht versucht werden zum Bösen, und er selbst versucht auch niemand“ (Jak 1,13). Er lässt die Sünde zu, aber er unterstützt sie nicht. Derjenige, der zur Heiligkeit ermutigt, kann doch kein Muster für die Sünde sein. Gott kann nicht zu etwas versuchen, wovor er eine Abneigung hat. Welcher König würde seine Untertanen dazu versuchen, Gesetze zu brechen, die er selbst eingesetzt hat?

Heißt es aber nicht, dass Gott den Abraham versuchte (1.Mose 22,1)?
Versuchen war dort nichts weiter als prüfen. Er prüfte den Glauben Abrahams, wie ein Goldschmied das Gold im Feuer prüft. Es gibt nämlich einen großen Unterschied zwischen dem Prüfen der Gnade in seinem Volk und dem Anregen ihrer Verderbtheit. Er prüfte ihre Gnade, aber regte nicht ihre Ver-

derbtheit an. Die Sünde des Menschen kann man nicht rechtmäßig Gott zuschreiben. Gott versucht keinen Menschen.

Was ist dann die Bedeutung von: „Und führe uns nicht in Versuchung"?
Die Bedeutung ist, dass Gott nicht will, dass wir erfahren, wie die Versuchung uns überwindet, damit wir nicht der Macht der Versuchung hingegeben und in die Sünde gezogen werden.

Woher kommen die Versuchungen?

a) *Ab intra* – von innen heraus, aus uns selbst. Das Herz ist das *fomes peccati* – Zündholz für die Sünde, die Brutstätte alles Bösen. Unser eigenes Herz ist der größter Versucher: *Quisque sibi Satan est* – jeder ist sein eigener Satan. „Jeder Einzelne wird versucht, wenn er von seiner eigenen Begierde gereizt und gelockt wird" (Jak 1,14). Das Herz ist ein perfekter Lockvogel.

b) Versuchungen kommen *ab extra* – von außen, vom Satan. Er wird als der Versucher bezeichnet (Mt 4,3). Er liegt im Hinterhalt, um uns Unheil anzutun: *Stat in procinctu diabolus* – der Teufel ist für die Schlacht gegürtet. Der Teufel legt eine Spur mit Versuchungen, um die Festung unserer Gnade in die Luft zu jagen. Er ist jetzt noch nicht ganz ins Gefängnis geworfen, sondern er ist wie ein Gefangener auf Kaution. Die Welt ist seine Diözese, in welcher man ihn, in allem was wir tun, zuverlässig findet: beim Lesen der Bibel, beim Beten oder Nachsinnen. Darin finden wir ihn, aber wir wissen nicht, wie er dorthin gekommen ist. Mit Sicherheit treffen wir ihn an, auch wenn wir nicht wissen, wie er dorthin gekommen ist. Augustinus sagte: „Das ganze Leben eines Gläubigen besteht aus Versuchungen." Elia, der durch Gebet den Himmel verschließen konnte, konnte nicht sein Herz vor der Versuchung verschließen. Das ist für ein Kind Gottes eine große Last, so wie es für eine Jungfrau eine Belästigung ist, wenn ihre Keuschheit täglich angegriffen wird. Je mehr wir zum Bösen versucht werden, umso mehr werden wir vom Guten abgehalten. Wir sind in großer Gefahr vor dem „Fürsten, der in der Luft herrscht" (Eph 2,2), und wir müssen oft beten: „Und führe uns nicht in Versuchung." Damit wir sehen können, in welcher Gefahr wir durch die Versuchungen Satans stehen, betrachten wir:

1. Seine Bosheit in der Versuchung. Diese höllische Schlange ist mit dem Gift der Bosheit angefüllt. Der Satan ist auf das Glück des Menschen neidisch. Weil er sehen muss, wie ein Klumpen Erde Gott so nahe steht, und wie er, der einst ein herrlicher Engel war, aus dem himmlischen Paradies geworfen wurde, bringt ihn das dazu, die Menschheit mit abgrundtiefem Hass zu verfolgen. „Denn der Teufel ist zu euch herabgekommen und hat einen großen Zorn" (Offb 12,12). Wenn es etwas gibt, woran sich dieser höllische Geist freuen kann, dann besteht das darin, Seelen zu zerstören und sie in die gleiche Verdammnis zu bringen, in die er selbst geht. Die Bosheit des Satans in der Versuchung muss groß sein, wenn wir drei Dinge betrachten:

a) Dass der Satan, obwohl er selbst voller Qualen ist, andere versucht. Man sollte meinen, dass er an nichts anderes denken müsste als an sein eigenes Elend. Und dennoch hat er solch einen Zorn und solch eine Bosheit, dass er andere versucht, während Gott ihn bestraft.

b) Seine Bosheit ist groß, weil er andere versucht, während er weiß, dass er nicht gewinnen kann. Er streckt seinen Stachel aus, obwohl er nicht verletzten kann. Er versuchte Christus: „Wenn du Gottes Sohn bist" (Mt 4,3). Er wusste nur zu gut, dass Christus sowohl Gott als auch Mensch war, und trotzdem versuchte er ihn. Er war gegen Christus derart bösartig, dass er eine Beleidigung gegen ihn vorbrachte, obwohl er wusste, dass er von ihm besiegt werden würde. Er versucht die Auserwählten zur Gotteslästerung. Er weiß, dass er gegen sie nicht gewinnen kann, und trotzdem ist er derart bösartig, dass er seine Geschütze gegen sie richtet, obwohl er die Festung ihres Herzens nicht erstürmen kann.

c) Seine Bosheit ist groß, denn obwohl er weiß, dass seine Versuchungen, um Menschen in die Sünde zu führen, seine eigenen Qualen in der Hölle noch steigern werden, lässt er nicht davon ab. Jede Versuchung macht seine Kette schwerer und sein Feuer heißer, und trotzdem versucht er. Da er solch ein boshafter, rachsüchtiger Geist ist, müssen wir beten, dass Gott ihm nicht die Erfahrung gewährt, mit seinen Versuchungen zu gewinnen. „Und führe uns nicht in Versuchung."

2. Betrachten wir den Fleiß Satans beim Versuchen. Er „geht umher" (1.Petr 5,8). Er vergeudet keine Zeit. Derjenige, der will, dass wir untätig sind, ist selbst allzeit geschäftig. Dieser Löwe ist immer auf der Jagd nach seiner Beute. Er durchquert Land und Meer, um einen Proselyten zu machen. Er „geht umher" – er geht nicht wie ein Pilger, sondern wie ein Spion. Er hält danach Ausschau, wo er den Feuerball der Versuchung hineinwerfen kann. Er ist ein ruheloser Geist. Wenn wir ihn zurückweisen, hört er nicht auf und kommt mit einer Versuchung wieder. Er ist wie Marcellus, ein römischer Hauptmann, von dem Hannibal erzählt, dass er niemals still war – egal ob er siegte oder besiegt wurde. Den Fleiß Satans beim Versuchen sieht man insbesondere in Folgendem:

a) Wenn er durch eine Versuchung den geringsten Vorteil bekommt, treibt er sie bis zum Äußersten. Wenn die Sünde anfängt sich zu bewegen, folgt er ihr dicht und drängt auf die Tat der Sünde. Als er Judas dazu versuchte, Christus zu verraten und er auch dazu geneigt war und anfing in den Köder der dreißig Silberlinge zu beißen, brachte er ihn in Eile und ließ nicht von ihm, bis er seinen Herrn und Meister verraten hatte. Als er Spira versuchte, seinen Glauben abzusagen und er sah, wie er anfing, nachzugeben, folgte er der Versuchung dicht und ließ nicht von ihr, bis er ihn dazu brachte, zum päpstlichen Gesandten von Venedig zu gehen und dort seinen Glauben an Christus abzuschwören.

b) Den Fleiß Satans beim Versuchen sieht man an der Vielzahl der Versuchungen, die er gebraucht. Er beschränkt sich nicht auf eine Art der Versuchung; er hat mehr als einen Plan. Wenn er feststellt, dass er mit einer Versuchung nicht durchkommt, dann nimmt er eine andere. Wenn er nicht zur Begierde versuchen kann, dann versucht er zum Hochmut.

Wenn die Versuchung zur Habgier nicht durchkommt, dann versucht er zur Verschwendungssucht. Wenn er die Menschen nicht bis zur Verzweiflung ängstigen kann, dann versucht er zur Vermessenheit. Wenn er sie nicht weltlich machen kann, dann schaut er, ober er sie zu Formalisten machen kann. Wenn er sie nicht bösartig machen kann, dann versucht er sie zu Irrtümern. Er versucht sie, von den Gnadenmitteln abzubringen. Er täuscht neue Offenbarungen vor. Irrtümer führen ebenso in die Verdammnis wie Laster: Das eine erschießt den Menschen, das andere vergiftet ihn. Deshalb ist der Fleiß Satans beim Versuchen groß. Er dreht jeden Stein um; er hat verschiedene Werkzeuge zum Arbeiten. Wenn die eine Versuchung es nicht schafft, dann gebraucht er eine andere. Müssen wir dann nicht beten: „Und führe uns nicht in Versuchung"?

3. Betrachten wir die Macht Satans beim Versuchen. Er wird als „Fürst dieser Welt" bezeichnet (Joh 14,30) und als „der Starke" (Lk 11,21) und als „ein großer, feuerroter Drache", der mit seinem Schwanz den dritten Teil der Sterne niederwirft (Offb 12,3.4). Weil er ein Engel ist, hat er große Macht. Auch wenn er seine Heiligkeit verloren hat, so jedoch nicht seine Kraft. Seine Macht beim Versuchen sieht man auf verschiedene Arten:

a) Als Geistwesen kann er sich in die Phantasie einschleichen und sie mit schlechten Gedanken vergiften. Wie der Heilige Geist gute Bewegungen eingibt, so gibt der Teufel böse ein. Er gab sie in das Herz von Judas ein, um Christus zu verraten (Joh 13,2).

b) Auch wenn der Satan niemanden gegen seinen Willen zwingen kann, so kann er den Sinnen angenehme Gegenstände präsentieren, die eine große Anziehungskraft haben. Er legte Achan einen „Goldbarren" vor, und so lockte er ihn mit diesem goldenen Köder.

c) Er kann die innere Verderbtheit anreizen und schüren und im Herzen einige Neigungen bewirken, damit man die Versuchung umarmt. Auf diese Weise schürte er die Verderbtheit im Herzen Davids und spornte ihn dazu an, das Volk zu zählen (1.Chr 21,1). Er kann einen Funken der Begierde zu einer Flamme anfachen.

d) Weil er ein Geistwesen ist, kann er sich mit seinen Versuchungen in unsere Gedanken einschleichen, sodass wir nicht leicht unterscheiden können, ob sie von ihm kommen oder aus uns selbst. Ein Vogel kann das Ei eines anderen ausbrüten und dabei denken, dass es sein eigenes ist. So brüten auch wir oft die Gedanken des Teufels aus und denken dabei, dass sie aus unseren eigenen Herzen kommen. Als Petrus Christus davon abriet, zu leiden, dachte er, es käme aus einer guten Zuneigung, die er zu seinem Meister hatte, und dabei dachte er wenig daran, dass der Satan seine Hand mit im Spiel haben könnte (Mt 16,22). Nun, wenn der Teufel solch eine Macht hat, dass er seine Versuchungen einflößen kann, dass wir kaum erkennen, ob sie von ihm sind oder aus uns, dann sind wir in großer Gefahr und müssen beten, dass wir nicht in Versuchung geführt werden. An diesem Punkt stellen einige gerne die Frage:

Wie können wir erkennen, wann eine Bewegung aus unserem eigenen Herzen kommt und wann vom Satan?
Wie Bernard sagt, ist es schwer zu unterscheiden, *inter morsum serpentis et morbum mentis* – zwischen dem Biss der Schlange und der Schwachheit des Verstandes, zwischen den Eingebungen, die vom Satan kommen, und den Gedanken, die aus unseren eigenen Herzen kommen. Ich denke aber, dass es hier folgenden dreifachen Unterschied gibt:

Erstens, solche Bewegungen zum Bösen hin, die aus unserem eigenen Herzen kommen, kommen gemächlicher auf und schrittweise. Die Sünde braut sich lange in den Gedanken zusammen, ehe man in sie einwilligt. Dagegen erkennen wir gewöhnlich eine Bewegung, die vom Satan kommt, daran, dass sie plötzlich aufkommt. Die Versuchung wird mit einem Pfeil verglichen, weil er plötzlich abgeschossen wird (Eph 6,16). Die Volkszählung Davids war eine Bewegung, die der Teufel plötzlich eingab.

Zweitens, die Bewegungen zum Bösen hin, die aus unserem eigenen Herzen kommen, sind nicht so erschreckend. Nur wenige erschrecken beim Anblick ihrer eigenen Kinder, aber Bewegungen, die vom Satan kommen, sind grässlicher und erschreckender, wie z.B. Bewegungen zur Gotteslästerung und zum Selbstmord. Daher kommt es, dass Versuchungen mit feurigen Pfeilen verglichen werden, weil sie wie Feuerblitze die Seele aufscheuchen und erschrecken (Eph 6,16).

Drittens, wenn böse Gedanken in unseren Verstand geworfen werden, wenn wir sie verabscheuen und eine Abneigung gegen sie haben, wenn wir gegen sie ankämpfen und vor ihnen fliehen, wie Mose vor der Schlange floh, dann zeigt das, dass sie nicht auf natürliche Weise in unserem Herzen geboren wurden, sondern dass die „Hand von Joab" mit im Spiel ist (2.Sam 14,19). Satan hat seine unreinen Bewegungen eingegeben.

e) Die Macht Satans beim Versuchen wird an seiner langen Erfahrung deutlich, die er in dieser Kunst erworben hat. Er ist beinahe so lange ein Versucher, wie er ein Engel ist. Wer ist im Handeln geschickter als Menschen mit Erfahrung? Wer ist geeigneter ein Schiff zu steuern, als ein alter erfahrener Steuermann? Satan hat so viel Erfahrung, weil er schon so lange im Geschäft der Versuchung geübt ist. Er weiß, welche Versuchungen es sind, die andere überlistet haben und welche am erfolgsversprechenden sind – so wie der Vogelfänger Fallen legt, in denen andere Vögel gefangen wurden. Da der Satan solch eine Macht hat, erhöht das unsere Gefahr, und wir müssen beten: „Und führe uns nicht in Versuchung."

4. Betrachten wir die Raffiniertheit Satans beim Versuchen. Das griechische Wort für „versuchen" bedeutet „verführen." Beim Versuchen gebraucht Satan viele raffinierte Verfahrensweisen, um zu verführen. Wir lesen von den Tiefen des Satans (Offb 2,24), von seinen Mitteln und Listen (2.Kor 2,11), von seinen Fallstricken und Pfeilen. Er wird wegen seiner Grausamkeit als ein Löwe bezeichnet und wegen seiner Raffiniert-

heit als eine alte Schlange. Er wendet beim Versuchen verschiedene Arten von List an.

Die erste List. Er beachtet das natürliche Wesen und die natürliche Verfassung. *Omnium discutit mores* – er greift vor allem den Charakter an. Er kennt nicht die Herzen der Menschen, aber er kann ihren Puls fühlen, er kennt ihr Wesen und schlägt dementsprechend zu. Wie der Landwirt weiß, welche Saat geeignet ist, um sie in den Boden zu säen, so weiß der Satan – indem er das Wesen genau studiert – welche Versuchungen geeignet sind, um sie in das Herz zu säen. In gleicher Weise bläst der Wind der Versuchung mit den Gezeiten der Verfassung eines Menschen. Satan versucht den ehrgeizigen Menschen mit einer Krone, den heiteren Menschen mit Schönheit, den habgierigen Menschen mit einem Goldbarren. Er liefert leckere Speisen, solche, wie sie der Sünder liebt.

Die zweite List. Er wählt den geeignetsten Zeitpunkt, um zu versuchen. Wie ein schlauer Angler seine Angel dann auswirft, wenn die Fische am besten anbeißen, so kann auch der Teufel zum besten Zeitpunkt zuschlagen, an dem es am wahrscheinlichsten ist, dass die Versuchung Erfolg hat. Es gibt verschiedene Zeitpunkte, in denen er versucht.

Der erste Zeitpunkt. Er versucht uns bei unserem Anfang des Glaubens und bei unserem Eintritt in den Glauben, wenn wir unseren Namen frisch an Christus übergeben haben. Er stört niemals seine Untertanen – wenn wir aber sein Gefängnis bei der Bekehrung durchbrochen haben, wird er uns mit heftigen Versuchungen verfolgen. „*Solet inter primordia conversionis acrius insurgere* – er pflegt bei den ersten Anzeichen einer Bekehrung heftiger anzugreifen“ (Bernard). Als Israel nur ein kleines Stück aus Ägypten raus war, verfolgte sie der Pharao. Kaum war Christus geboren, da gab Herodes den Befehl, ihn zu töten. So ist es auch, wenn ein Kind der Gnade neu geboren ist, dann trachtet der Teufel danach, es mit Versuchungen zu erdrosseln. Wenn die ersten Knospen und Blüten der Gnade anfangen zu sprießen, dann möchte der Teufel die zarten Knospen mit den Windstößen der Versuchung zerdrücken. Am Anfang der Bekehrung ist die Gnade so schwach und die Versuchungen so stark, dass man sich darüber wundert, wie der frisch Bekehrte mit seinem Leben davonkommt. Satan ist gegen die neue Schöpfung boshaft.

Der zweite Zeitpunkt. Der Teufel versucht uns, wenn er uns untätig antrifft. Wir säen nicht auf brachen Boden, aber der Satan sät am meisten in eine Person, die brachliegt. Wenn der Vogelfänger sieht, dass ein Vogel sich auf einem Baum niederlässt und still sitzt, dann erschießt er ihn. So schießt auch der Satan seine feurigen Pfeile der Versuchung auf uns, wenn er bemerkt, dass wir still sitzen. „Während aber die Leute schliefen, kam sein Feind und säte Unkraut"; so sät der Satan auch sein Unkraut, während die Menschen in Trägheit schlafen (Mt 13,25). Als David auf dem Dach des Hauses untätig umherging, stellte der Teufel ein Objekt der Versuchung vor ihn und hatte Erfolg (2.Sam 11,2.3).

Der dritte Zeitpunkt. Wenn jemand äußeren Mangel und Schwierigkeiten hat, wird er vom Teufel versucht. Als Christus vierzig Tage gefastet und Hunger hatte, kam der Teufel und versuchte ihn mit dem Reichtum der ganzen Welt (Mt 4,8). Wenn die Vorräte knapp werden, fällt der Teufel mit einer Versuchung ein. Wie, du willst lieber verhungern als stehlen? Strecke dein Hand aus und pflücke die verbotene Frucht! Wie oft hat diese Versuchung Erfolg? Wie viele Leute sehen wir, die, anstatt aus dem Glauben zu leben, sich selbst helfen und das Wildbret stehlen, auch wenn sie den Segen verlieren.

Der vierte Zeitpunkt. Satan versucht nach einem Gnadenmittel. Wenn wir das Wort gehört, gebetet oder das Sakrament empfangen haben, wirft der Satan die Angel der Versuchung aus. Nachdem Christus gefastet und gebetet hatte, kam der Versucher (Mt 4,2.3).

Warum wählt der Satan die Zeit nach einem Gnadenmittel, um zu versuchen? Wir sollten meinen, dass es der ungünstigste Zeitpunkt ist, nachdem die Seele in eine himmlische Verfassung erhoben wurde!

a) Die Bosheit setzt den Satan darauf an. Die Gnadenmittel, die in einem Heiligen Inbrunst bewirken, bewirken bei dem Satan Zorn. Er weiß, dass hinter jeder geistlichen Pflicht eine Absicht gegen ihn steht. Mit jedem Gebet schicken wir eine Klage gegen ihn hinauf in den Himmel. Bei jedem Abendmahl des Herrn legen wir einen Eid ab, um unter dem Banner Christi gegen ihn zu streiten. Deshalb ist er umso mehr erzürnt und legt seine Fallstricke und schießt seine Pfeile gegen uns.

b) Der Satan versucht nach einem Gnadenmittel, weil er denkt, dass er uns dann selbstsicherer antrifft. Nachdem wir bei der feierlichen Anbetung Gottes waren, sind wir dazu geneigt, nachlässig zu werden und von der früheren Genauigkeit abzulassen – wie ein Soldat, der nach der Schlacht seine Waffenrüstung ablegt. Satan achtet auf diese Zeit. Er macht es wie David mit den Amalekitern: Als sie die Beute genommen hatten, sicher waren, aßen, tranken und tanzten, fiel er über sie her und erschlug sie (1.Sam 30,17). Wenn wir nach einem Gnadenmittel nachlässig werden und uns zu sehr den fleischlichen Freuden hingeben, fällt der Satan mit der Versuchung über uns her und überlistet uns häufig. Nach einem üppigen Mahl neigen die Menschen dazu, schläfrig zu werden. So sind auch wir nach einem üppigen Mahl bei einem Gnadenmittel dazu geneigt, zu schlummern und selbstsicher zu werden, und dann schießt der Satan seinen Pfeil der Versuchung ab und trifft uns zwischen den Schnallen und dem Panzer.

Der fünfte Zeitpunkt. Der Satan versucht, nachdem wir einige Erkenntnisse der Liebe Gottes entdeckt haben. Wie ein Pirat, der es auf ein Schiff absieht, dass reich beladen ist, so schießt auch der Teufel auf eine Seele, wenn sie mit geistlichen Tröstungen beladen ist, um ihr alles zu rauben. Er ist auf eine Seele neidisch, die sich an geistlicher Freude gelabt hat. Das bunte Kleid von Josef machte seine Brüder neidisch und ließ sie eine

Verschwörung gegen ihn machen. Nachdem David die gute Nachricht empfing, dass seine Sünden vergeben sind, was ihn mit Trost erfüllen musste, versuchte ihn der Satan zu einer neuen Sünde, nämlich das Volk zu zählen, und so lief sein ganzer Trost aus und wurde verschüttet.

Der sechste Zeitpunkt. Der Satan versucht, wenn er sieht, dass wir am schwächsten sind. Er dringt über den Zaun ein, wo er am niedrigsten ist, wie die Söhne Jakobs die Sichemiter überfielen als sie wundkrank waren und sich nicht wehren konnten (1.Mose 34,25). Der Satan überfällt uns in unserer Schwachheit bei zwei Gelegenheiten:

a) Wenn wir alleine sind, wie er zu Eva kam, als ihr Mann nicht da war und sie weniger in der Lage war, seiner Versuchung zu widerstehen. Seine Taktik ist es, sein Gift heimlich zu geben, dann, wenn niemand dabei ist, die Tücke zu entdecken. Wie ein listiger Brautwerber um die Tochter wirbt, wenn die Eltern nicht zu Hause sind und sie alleine und niemand in der Nähe ist, so kommt auch der Teufel und wirbt mit einer Versuchung und hofft, dass die Partie zustande kommt.

b) Wenn sich die Stunde des Todes nähert. Wie die Krähen auf das arme Schaf einhacken, wenn es krank und schwach ist und sich kaum helfen kann, so hackt auch der Teufel mit einer Versuchung auf einen Heiligen ein, wenn er schwach auf seinem Sterbebett liegt. Er hebt seinen heftigsten Angriff bis zum Schluss auf. Das Volk Israel wurde niemals so heftig angegriffen, wie an dem Punkt, als sie dabei waren, das verheißene Land in Besitz zu nehmen. Dann vereinten alle Könige von Kanaan ihre Kräfte gegen sie. So ist es auch, wenn die Heiligen die Welt verlassen und hingehen, um ihren Fuß in das himmlische Kanaan zu setzen, dann fällt der Satan mit der Versuchung über sie her. Er sagt ihnen, dass sie Heuchler sind und dass alle ihre Glaubensbeweise Täuschungen sind. Wie ein Feigling schlägt er auf die Heiligen ein, wenn sie am Boden sind. Wenn der Leib vom Tod geschlagen wird, dann schlägt der Teufel gegen die Seele zu.

Die dritte List. Beim Versuchen hängt der Satan einen religiösen Köder an den Haken. Er kann die Farben Christi heraushängen und unter der Vortäuschung von Frömmigkeit zur Sünde verführen. Manchmal ist er ein „weißer Teufel" und verstellt sich als ein Engel des Lichts. Celsus schrieb ein Buch voller Irrtümer und gab ihm den Titel „Liber Veritatis" – das „Buch der Wahrheit". So kann auch der Satan auf seine schlimmste Versuchung den Namen der Religion schreiben. Er kam mit der Schrift in seinem Mund zu Christus: „Es steht geschrieben" etc. So kommt er auch zu vielen Leuten und versucht sie unter der Vortäuschung der Religion zur Sünde. Er versucht zum Bösen, damit daraus Gutes hervorkommen möge. Er versucht sie zu unverantwortlichen Taten unter dem Vorwand, dass sie das Vermögen bekommen, Gott noch mehr zu ehren. Er versucht sie dazu, gegen ihr Gewissen eine Beförderung anzunehmen, damit sie in den Stand versetzt werden können, mehr Gutes zu tun. Er stachelte Herodes dazu an, Johannes den Täufer zu töten, um ihn vom Bruch seines Eides abzuhalten. Er versucht viele Leute zur Erpressung und Unterdrückung, indem er ihnen sagt, dass sie dazu verpflichtet sind, für ihre Familie zu sorgen. Er versucht viele Leute dazu, ihrem Leben ein Ende zu bereiten, damit sie nicht länger gegen Gott sündigen können. Auf diese Art umhüllt er seine giftigen Pillen mit Zucker. Wer verdächtigt ihn schon, wenn er als ein Bibellehrer kommt und die Schrift zitiert?

Die vierte List. Der Satan versucht schrittweise zur Sünde. Die alte Schlange schleicht sich Schritt für Schritt ein. Er versucht zuerst zu weniger schlimmen Sünden, damit er auf diese Weise größere Sünden auslösen kann. Ein kleines Vergehen kann der Auftakt zu einem großen Verbrechen sein, so wie ein kleiner Stich in eine Arterie einen tödlichen Wundbrand verursachen kann. Zuerst versuchte der Satan David zu einem unreinen Blick auf Bathseba, und dieser unreine Anblick verursachte Ehebruch und Mord. Zuerst versucht er dazu, in die Gesellschaft der Gottlosen zu gehen, dann dort ein Band der Freundschaft zu knüpfen und so wird man schrittweise in die gleiche Verdammnis gebracht, in der die Gottlosen sind. Es ist eine große List des Satans, zuerst zu weniger schlimmen Sünden zu verführen, denn diese verhärten das Herz und bereiten den Menschen zu, um schrecklichere und größere Sünden zu begehen.

Die fünfte List. Die Taktik des Satans ist es, uns Versuchungen zu übergeben durch solche Leute, von denen wir es am wenigsten erwarten.

a) Durch enge Freunde. Er versucht uns durch diejenigen, die mit uns nahe verwandt sind. Er versuchte Hiob durch einen Stellvertreter; er übergab ihm eine Versuchung durch seine Frau: „Hältst du immer noch fest an deiner Tadellosigkeit?" (Hiob 2,9). Als ob er sagen würde: Hiob, du siehst wie Gott, ungeachtet deines Glaubens, mit dir handelt. Er hat seine Hand im Bösen gegen dich ausgestreckt, und du betest immer noch und weinst! Wirf den ganzen Glauben weg und werde Atheist! „Sage dich Gott los und stirb!" Auf diese Weise gebrauchte der Satan die Frau Hiobs, um sein Werk zu tun. Die Frau wurde aus einer Rippe gemacht, und der Satan macht aus dieser Rippe einen Bogen, mit dem er den Pfeil seiner Versuchung abschießt. *Per costam petit cor* – er zielt auf das Herz durch die Rippe. Der Teufel steht häufig hinter dem Vorhang – er will bei seinem Treiben nicht gesehen werden, sondern setzt andere ein, um sein Werk zu tun. Wie ein Mensch einen Wachtmeister benutzt, um einen anderen zu verhaften, so gebraucht der Satan einen Stellvertreter, um zu versuchen. Wie er in die Schlange gekrochen war, so kann er auch in einen nahen Verwandten kriechen.

b) Er versucht manchmal durch Freunde im Glauben. Er bleibt außer Sichtweite, sodass man seine gespaltenen Hufe nicht sehen kann. Wer hätte gedacht, dass man den Teufel in Petrus finden würde? Als er Christus vom Leiden abhalten wollte, indem er sagte: „Herr, schone dich selbst! Das widerfahre dir nur nicht!" (Mt 16,22), erkannte Christus in dieser Versuchung den Satan: „Weiche von mir, Satan!" Wenn unsere Freunde im Glauben uns davon abhalten wollen, unsere Pflicht zu tun, dann liegt der Satan als ein Lügengeist in ihrem Mund und möchte uns zum Bösen verleiten.

Die sechste List. Der Satan versucht manche Leute mehr als andere. Manche sind wie nasser Zunder, der nicht so leicht das Feuer der Versuchung fängt wie andere. Der Satan versucht am meisten dort, wo er denkt, dass seine Taktiken am leichtesten Erfolg haben. Manche sind für Versuchungen empfänglicher, wie weiches Wachs geeigneter für den Abdruck des Siegels ist. Der Apostel spricht von den Gefäßen des Zorns, „die zum Verderben zugerichtet sind" (Röm 9,22); so gibt es auch Gefäße, die für die Versuchung „zugerichtet" sind. Manche saugen die Versuchungen Satans auf wie ein Schwamm. Es gibt fünf Arten von Personen, über die der Satan während seiner Versuchungen grübelt.

a) Unwissende Personen. Der Teufel kann solche Leute in jeden Fallstrick führen. Einen blinden Menschen kann man überall hinführen. Gott hat ein Gesetz erlassen, dass die Juden dem Blinden kein „Hindernis" in den Weg stellen sollten (3.Mose 19,14; LÜ 84). Der Satan weiß, dass es leicht ist, dem Blinden eine Versuchung auf den Weg zu legen, über die er in die Hölle stolpert. Als die Aramäer mit Blindheit geschlagen wurden, konnte der Prophet Elisa sie in das Land des Feindes führen, wohin er wollte (2.Kön 6,20). Der Vogel, der blind ist, wird bald vom Vogelfänger geschossen. Satan, der Gott dieser Welt, macht die Menschen blind und dann schießt er auf sie. Ein unwissender Mensch kann die Fallstricke des Teufels nicht sehen. Der Satan sagt, dass eine bestimmte Sache keine Sünde ist oder aber nur eine kleine Sünde, und man kann sie gut ausführen; danach muss man sie halt nur noch bereuen.

b) Der Satan versucht Ungläubige. Wenn jemand wie Diagoras[88] eine Gottheit infrage stellt oder wie die Photinianer[89] die Hölle leugnet, in welche Sünde könnte man so jemanden

88 Diagoras von Melos war ein griechischer Lyriker, der gegen Ende des 5. Jahrhunderts vor Christus lebte. Da er den Glauben an Götter kritisierte, wird ihm manchmal der Beiname „der Atheist" beigefügt.

89 Photinianer sind die Anhänger von Photinus, einem Bischof des 4. Jahrhunderts, dessen Lehre man als Häresie verurteilt hat.

nicht führen? So jemand ist wie Metall, das der Satan in jede Form gießen kann. Er kann ihn in jede Farbe färben. Ein Ungläubiger schreckt vor keiner Sünde zurück, sei es Luxus, Meineid oder Ungerechtigkeit. Paulus war wegen niemanden so beängstigt wie wegen derjenigen, die nicht glaubten: „Dass ich bewahrt werde vor den Ungläubigen in Judäa" (Röm 15,31).

c) Der Satan versucht hochmütige Personen. Über solche Leute hat er noch mehr Macht. Niemand ist in größerer Gefahr, in der Versuchung zu fallen, als derjenige, der in seiner eigenen Einbildung hoch steht. Als Davids Herz sich im Hochmut erhob, regte der Teufel ihn dazu an, das Volk zu zählen (2.Sam 24,2). „*Celsae graviore casu decidunt turres, feriuntque summos fulmina montes* – hohe Türme stürzen mit einem großen Fall und Blitze schlagen in die Bergspitzen ein" (Horatius). Der Satan gebrauchte den Hochmut Hamans, der ihm zur Schande wurde.

d) Schwermütige Personen. Schwermut ist eine *atra bilis* – schwarze Galle, die sich hauptsächlich im Gehirn befindet. Sie kleidet die Gedanken in Zobelfell[90] und bringt den Verstand durcheinander. Satan wirkt viel auf das Gemüt ein. In der Schwermut liegen drei Dinge, die dem Teufel einen großen Vorteil verschaffen.

1. Sie macht ungeschickt zur Pflicht; sie nimmt dem Streitwagen die Räder ab; sie entmutigt einen Menschen. Wenn die Saiten der Laute nass sind, klingen sie nicht. So ist auch ein Christ für geistliche Taten verstimmt, wenn sein Geist traurig und schwermütig ist.

2. Schwermut stellt sich häufig auf die Seite Satans gegen Gott. Der Teufel erzählt so einer Person, dass Gott sie nicht liebt, dass es für sie keine Gnade gibt, und die schwermütige Seele ist geneigt, auch so zu denken, und legt an die Lügen des Teufels Hand an.

3. Schwermut bringt Unzufriedenheit hervor, und Unzufriedenheit ist die Ursache für viele Sünden, wie Undankbarkeit, Ungeduld, und endet häufig im Selbstmord. Dann lasst

90 Die Gedanken in Zobelfell kleiden. Diese Bild bedeutet wohl: dunkle Gedanken bekommen, weil das Fell des Zobels (Marders) schwarz ist. Die Gedanken werden damit schwarz gekleidet.

und beurteilen, welchen Vorteil der Satan gegenüber einer schwermütigen Person hat und wie leicht er sie mit seinen Versuchungen überwinden kann! Eine schwermütige Person versucht den Teufel, sie zu versuchen.

e) Personen, die untätig sind. Der Teufel wird für Untätige Arbeit finden, dass sie getan wird. Hieronymus gab seinen Freunden den Rat, jederzeit gut beschäftigt zu sein, damit der Versucher, wenn er kommt, sie beim Arbeiten im Weinberg antrifft. Wenn die Hände nicht Gutes tun, dann wird der Kopf Böses schmieden (Mi 2,1).

Die siebte List. Der Satan gibt einige kleine Ruhepausen und scheint mit den Versuchungen eine Zeit lang nachzulassen, damit er danach mit einem noch größeren Vorteil auftreten kann. Ähnliches tat Israel, als sie vor den Männern von Ai flohen und taten, als wären sie von ihnen geschlagen worden. Doch das war eine Taktik, um sie aus ihren befestigten Städten herauszulocken, und sie in einen Hinterhalt trieben (Jos 8,15). Der Teufel hebt manchmal die Belagerung auf und täuscht eine Flucht vor, damit er besser den Sieg erringen kann. Er geht für eine gewisse Zeit fort, damit er wiederkommen kann, wenn er den Zeitpunkt für besser hält. „Wenn der unreine Geist von dem Menschen ausgefahren ist, so durchzieht er wasserlose Gegenden und sucht Ruhe. Und da er sie nicht findet, spricht er: Ich will zurückkehren in mein Haus, aus dem ich weggegangen bin“ (Lk 11,24). Indem der Satan eine Flucht vortäuscht und eine Zeit lang von Versuchungen absieht, bewirkt er in Personen Selbstsicherheit. Sie denken, dass sie sicher und Sieger geworden seien, während ganz plötzlich der Satan einfällt und sie verwundet. Wie jemand, der springen möchte, ein wenig Anlauf nimmt, damit er einen größeren Sprung machen kann, so scheint sich auch der Satan zurückzuziehen und nimmt ein wenig Anlauf, damit er mit einer noch heftigeren und erfolgreicheren Versuchung zurückkommen kann. Deshalb müssen wir allezeit wachen und unsere geistliche Waffenrüstung tragen.

Die achte List. Die alte Schlange bringt die Menschen entweder vom Gebrauch der Mittel ab, oder sie bringt sie dazu, dass sie beim Gebrauch der Mittel fehlgeleitet werden.

a) Er trachtet danach, die Menschen von der Pflicht abzubringen, vom Beten und Hören, um sie zu entmutigen. Und um das zu tun, wendet er zwei Kunstgriffe an:

Er entmutigt sie, sodass sie nicht ihrer Pflicht nachkommen, indem er ihnen suggeriert, dass sie unwürdig sind, dass sie nicht würdig sind, sich Gott zu nahen, oder dass sie keine Zeichen seiner Liebe und Gunst haben. Sie sind sündig und Gott ist heilig, wie können sie sich da anmaßen, ihre unreinen Opfer Gott darzubringen? Dass wir uns selbst als unwürdig betrachten, ist gut und spricht für Demut, doch zu denken, dass wir uns Gott nicht nahen sollen, ist eine Schlussfolgerung, die der Teufel zieht. Gott sagt: Kommt, auch wenn ihr unwürdig seid! Mit dieser Versuchung hält der Teufel viele davon ab, zum Tisch des Herrn zu kommen. Oh, sagt er, das ist ein feierliches Gnadenmittel, und es erfordert viel Heiligkeit. Wie wagst du es, so unwürdig zu kommen? Du wirst unwürdig essen und trinken. Wie Saul das Volk davon abhielt, Honig zu essen, so schreckt auch der Teufel auf diese Weise viele von diesem Gnadenmittel ab, das lieblicher als Honig und die Honigwabe ist.

Satan ist bestrebt, durch Entmutigung von der Pflicht abzuhalten, indem er einwendet, dass man keinen Erfolg hat. Wenn Menschen beim Gebrauch der Gnadenmittel auf Gott gewartet haben und nicht den Trost finden, den sie wünschen, macht der Satan sie mutlos und bringt sie zu dem Entschluss, gleich von aller Religion abzulassen. Sie fangen dann wie der gottlose König an, zu sagen: „Was soll ich noch auf den HERRN warten?“ (2.Kön 6,33). Als Saul merkte, dass Gott ihm nicht durch Träume und Gesichte antwortete, versuchte ihn der Satan, seinen Gottesdienst aufzugeben und die Hexe von Endor aufzusuchen (1.Sam 28,6). Auf die Gebete kommt keine Antwort, deshalb, sagt Satan: Gib das Gebet auf. Wer sät schon dort, wo man keine Ernte einfahren kann? Auf diese Weise möchte der Teufel mit seiner listigen Logik eine arme

Seele aus der Pflicht disputieren. Wenn er aber sieht, dass er auf diesem Weg keinen Erfolg hat, die Menschen vom Gebrauch der Mittel abzubringen, dann trachtet er danach:

b) Sie beim Gebrauch der Mittel fehlzuleiten. Mit diesem Kunstgriff hat er bei einer Vielzahl von Bekennern Erfolg. Der Teufel steht zur Rechten, wie er zur Rechten Jeschuas stand, um sich den Menschen entgegenzustellen (Sach 3,1). Wenn er sie nicht *an* der Pflicht hindern kann, so ist er sich sicher, dass er sie auf zwei Arten *bei* der Pflicht hindern kann:

Indem er im Dienst Gottes Ablenkungen verursacht. Und das tut er, indem er eitle Objekte vorschlägt oder indem er den Menschen ins Ohr flüstert, dass sie kaum wissen, was sie tun.

Er hindert die Menschen, indem er sie darauf ansetzt, die Pflichten auf eine falsche Art und Weise zu tun.

1. Auf eine tote, formale Weise, damit ihnen so der Erfolg versagt bleibt. Der Satan weiß, dass Pflichten, die nur äußerlich getan werden, so gut sind, als wären sie ungetan. Das Gebet, das nicht das Herz durchdringt, wird niemals zum Himmel durchdringen.

2. Er setzt sie darauf an, die Pflichten für ein falsches Ziel zu tun. *Finis specificat actionem* – das Ziel bestimmt die Tat. Er bringt sie dazu, dass sie schielen und bei den Pflichten Nebenziele verfolgen. „Und wenn du betest, sollst du nicht sein wie die Heuchler; denn sie stellen sich gern in den Synagogen und an den Straßenecken auf und beten, um von den Leuten bemerkt zu werden" (Mt 6,5). Beten ist gut, aber zu beten, um von den Leuten gesehen zu werden, ist eine tote Fliege in der Salbdose. Das Öl der eitlen Ehre speist die Lampe; böse Ziele verderben und verschmutzen unsere heiligen Dinge. Hier haben wir die Taktik des Satans: Entweder verhindert er die Pflicht oder er verdirbt sie; entweder hält er die Menschen vom Gebrauch der Mittel ab oder leitet sie beim Gebrauch der Mittel fehl.

Die neunte List. Der Satan kann die Sünde mit dem Namen und dem Schein der Tugend übertünchen. Alkibiades[91] hängte

91 Alkibiades war ein griechischer Staatsmann des 5. Jahrhunderts vor Christus.

einen wunderbar bestickten Vorhang über das schmutzige Bild eines Satyrs[92]. So kann auch der Satan über das schmutzige Bild der Sünde ein Abbild der Tugend legen. Er kann die Menschen mit falschen Waren betrügen. Er kann sie glauben lassen, dass Anmaßung Glaube ist, dass ungezügelte Leidenschaft Eifer ist, dass Rache Klugheit ist, dass Habgier Sparsamkeit ist, dass Verschwendungssucht gute Gastfreundschaft ist. „Komm mit mir und sieh meinen Eifer für den HERRN!", sprach Jehu (2.Kön 10,16). Der Satan machte ihm weiß, dass es ein Feuer vom Himmel wäre, während es nichts anderes war als ein Lauffeuer seines eigenen Ehrgeizes. Es war kein Eifer, sondern Staatspolitik. Dies ist eine listige Kunst des Satans, mit der er jemanden versucht und ihn mit einem toten Kind hinhält anstatt mit einem lebenden Kind. Und er lässt ihn glauben, dass das, was Sünde ist, Gnade wäre, so als ob jemand auf ein Glas voller Gift „Balsam-Wasser" schreiben würde. Wenn der Satan beim Versuchen alle diese listigen Kunstgriffe anwendet, sind wir dann vor diesem Fürsten der Luft nicht in großer Gefahr? Müssen wir dann nicht oft beten: „Herr, lass uns nicht die Erfahrung machen, dass wir in die Versuchung geführt werden"? Lasst uns nicht durch die höllischen Fallstricke und Taktiken der Schlange verführt werden, wie Eva von ihr mit ihrer List verführt wurde (2.Kor 11,3).

Im Erfinden von Listen ist er geschickt. Er richtet mehr Schaden als Fuchs an denn als Löwe; seine Fallstricke sind schlimmer als seine Pfeile. „Seine Absichten sind uns nämlich nicht unbekannt" (2.Kor 2,11).

Die zehnte List. Er trachtet danach, uns mit gesetzlich erlaubten Dingen zu verführen. *In licitis perimus omnes* – wir kommen alle durch gesetzlich erlaubte Dinge um. Mehr Leute erleiden Schaden durch erlaubte Dinge als durch unerlaubte Dinge, so wie mehr Leute durch Wein als durch Gift getötet werden. Grobe Sünden erschrecken, aber wie viele Leute haben Überfluss und sterben dadurch, indem sie erlaubte Dinge unmäßig

92 Das Bild eines Satyrs kann das Bild eines Fabelwesens sein oder das eines wollüstigen Mannes.

gebrauchen. Erholung ist erlaubt, Essen und Trinken sind erlaubt, doch viele Leute sündigen durch Ausschweifung, und ihr Tisch ist ein Fallstrick. Familiäre Beziehungen sind erlaubt, doch wie oft versucht der Satan durch übermäßige Liebe! Wir oft werden die Frau oder das Kind an die Stelle Gottes gesetzt! Ausschweifung führt dazu, dass erlaubte Dinge sündig werden.

Die elfte List. Er sorgt dafür, dass sich unsere allgemeine und unsere spezielle Berufung gegenseitig behindern, und dass die eine die andere hinausdrängt. Unsere allgemeine Berufung ist es, Gott zu dienen, unsere besondere Berufung ist es, unsere Aufgaben in der Welt wahrzunehmen. Es gehört Weisheit dazu, in diesen beiden ausgewogen zu sein, sodass weder die spezielle Berufung die Zeit für den Dienst für Gott auffrisst, noch dass der Dienst für Gott die Sorgfalt im Beruf behindert. Die Kunst des Teufels ist es, die Christen in einem dieser beiden fehlerhaft zu machen. Einige verbringen ihre ganze Zeit mit dem Hören und Lesen des Wortes Gottes unter der Vortäuschung, im Glauben zu leben, jedoch üben sie keinen Beruf aus. Andere hält der Satan von den Pflichten des Glaubens ab unter dem Vorwand, dass sie für ihre Familie sorgen müssen. Er macht sie so um ihren Leib besorgt, dass sie ihre Seele ganz vernachlässigen. Die List der alten Schlange besteht darin, die Menschen dazu zu bringen, dass sie entweder die Pflichten der ersten Tafel vernachlässigen oder die Pflichten der zweiten.

Die zwölfte List. Er stellt wahre Heiligkeit falsch dar, sodass er andere dazu bringt, ihre Liebe zu ihr zu verlieren. Er malt das Gesicht der Religion voller Narben und mit scheinbaren Flecken, damit er in den Gedanken der Menschen Vorurteile gegen den Glauben erzeugt. Er stellt die Religion als die schwermütigste Sache überhaupt dar und dass derjenige, der ihr anhängt, alle Freude aus seinem Umfeld verbannen muss, obwohl der Apostel von der Freude im Glauben spricht (Röm 15,13). Der Satan suggeriert, dass der Glaube die Menschen Gefahren aussetzt. Er zeigt ihnen das Kreuz, aber verbirgt vor ihnen die Krone. Er tut alles, was er kann, um Heiligkeit in Misskredit zu bringen, damit er die Menschen versuchen kann, von ihr Abstand zu nehmen. Er schmäht den guten Christen und gibt ihm einen falschen Namen. Den Menschen mit wahrem Eifer bezeichnet er als Hitzkopf und aufrührerisch. Den geduldigen Menschen, der Verletzungen ohne Vergeltung trägt, stellt er als Feigling dar. Den demütigen Menschen bezeichnet er als deprimiert und den himmlisch gesinnten Menschen als Narr. Er lässt Dinge, die man sieht, als Dinge dastehen, die man nicht sieht, und so stellt er die Religion vor der Welt falsch dar. Wie Johannes Hus, dieser heilige Mann, mit roten Teufeln gemalt wurde, so malt auch der Satan Heiligkeit so deformiert und entstellt, wie er nur kann, damit er durch diese Versuchung die Menschen von solider Frömmigkeit abbringen kann – und er bringt sie dazu, dass sie eher über Frömmigkeit spotten, als dass sie ihr anhängen. Hier ist die Hand Joabs drin. Der Satan versucht die Leute zum Atheismus, damit sie alle Religion wegwerfen.

Die dreizehnte List. Der Satan bringt die Menschen von der Liebe zur Wahrheit ab, damit sie Irrtümern anhängen. „Sodass sie der Lüge glauben“ (2.Thess 2,11). Er wird in der Schrift nicht nur als ein unreiner Geist bezeichnet, sondern auch als Lügengeist. Als unreiner Geist trachtet er danach, die Seele mit Begierden zu beflecken, und als Lügengeist trachtet er danach, den Verstand mit Irrtümern zu verderben. All das ist gefährlich, weil viele Irrtümer wie die Wahrheit aussehen, so wie eine Vergoldung wie echtes Gold aussieht. So verführt der Satan die Seelen. Auch wenn die Schrift die Häretiker beschuldigt, dass sie Irrtümer einführen, so klagt sie dennoch den Satan an, der Chefplaner davon zu sein. Sie verbreiten den Irrtum, aber der Teufel ist der Lügengeist in ihrem Mund. Die größte Versuchung Satans ist es, die Menschen glauben zu lassen, dass gefährliche Betrügereien herrliche Wahrheiten sind. Auf diese Weise verstellt er sich als ein Engel des Lichts. Was anderes bedeutet es in dem Gleichnis, wenn der Satan Unkraut sät, als dass er Irrtum anstelle von Wahrheit sät (Mt

13,25)? Wie schnell hatte der Satan in der Zeit der Apostel falsche Lehren aufgebracht, dass die Beschneidung notwendig, die Anbetung von Engeln erlaubt und Christus nicht ins Fleisch gekommen wäre (Apg 15,1; Kol 2,18; 1.Joh 4,3). Der Teufel versucht, indem er die Menschen in Irrtümer zieht, denn er weiß, wie tödlich der Fallstrick ist und was für ein großes Unheil er anrichtet.

a) Irrtümer haben die Art an sich, sich zu verbreiten. Sie werden mit Sauerteig verglichen, weil sie durchsäuern, und mit Wundbrand, weil sie sich ausbreiten (Mt 16,11; 2.Tim 2,17). Ein Irrtum verbreitet sich zu mehr Irrtümern, wie sich ein Kreis im Wasser zu mehreren Kreisen vermehrt. Ein Irrtum kommt selten allein. Irrtümer verbreiten sich von einer Person zur anderen. Irrtum ist wie eine Seuche, die alle infiziert, die in der Nähe sind. Indem der Satan eine Person infiziert, infiziert er mehrere Personen! Der Irrtum des Pelagius breitete sich sofort nach Palästina, Afrika und Italien aus. Der arianische Irrtum war zuerst nur ein einzelner Funke, doch am Ende setzte er die ganze Welt in Brand.

b) Der Teufel legt den Fallstrick des Irrtums aus, weil er in der Kirche Spaltungen bringt, und diese bringen Schmach und Schande über die Wege des Herrn. Der Teufel ist auf Zwietracht aus. Spaltung zerstört den Frieden, der das Vermächtnis Christi ist, und die Liebe, die das Band der Vollkommenheit ist. Durch die Spaltungen, die durch Irrtum verursacht wurden, wird nicht nur das Gewand Christi zerrissen, sondern sein Leib. Was für Feindseligkeiten und Parteiungen richtet der Irrtum an, wo er sich in Kirchen und Familien einschleicht! Er richtet den Vater gegen den Sohn und den Sohn gegen den Vater. Für welche Gemetzel und für welches Blutvergießen war der Irrtum in der Kirche der Anlass!

c) Die Taktik des Teufels beim Aufbringen von Irrtümern ist es, eine Reformation zu verhindern. Er war noch nie ein Freund von Reformation. In der frühen Zeit, nach den Tagen der Apostel, stieß die Schlange aus ihrem Mund Wasser wie eine Flut hinter der Frau her, welche eine Sintflut von Irrlehren war, da sie so die Ausbreitung des Evangeliums verhindern wollte (Offb 12,15).

d) Der Satan versucht zum Irrtum, weil der Irrtum die Gottesfurcht verschlingt. Die Gnostiker waren, wie Epiphanius anmerkt, nicht nur in ihrem Urteilsvermögen verderbt, sondern auch in ihrer Moral; sie führten ein lockeres Leben. „Gottlose, welche die Gnade unseres Gottes in Zügellosigkeit verkehren" (Jud 4). Die Familisten[93] schlossen sich später den Ranters[94] an und gaben sich den Lastern und der Unmoral hin. Und das taten sie, während sie dabei prahlten, den Geist zu haben und vollkommen zu sein.

e) Der Plan des Teufels ist es, durch Irrtum zu verführen, weil er weiß, dass der Irrtum für die Seele schädlich ist. Irrtum verdammt eine Seele genauso wie Laster; Gift tötet genauso wie eine Pistole. „Die heimlich verderbliche Sekten einführen" (2.Petr 2,1). Wenn der Satan so listig im Legen von Fallstricken des Irrtums ist, um zu verführen, müssen wir dann nicht beten, dass Gott uns nicht die Erfahrung machen lässt, in Versuchung geführt zu werden? Müssen wir nicht beten, dass er uns weise macht, um vor den Fallstricken des Irrtums bewahrt zu werden oder wenn wir hineingefallen sind, dass er uns in die Lage versetzt, dass wir durch Buße aus dem Fallstrick wieder gerettet werden?

Die vierzehnte List. Der Satan betört und umgarnt die Menschen, indem er ihnen verlockende Köder vorsetzt, wie Reichtum, Freuden und Ehre in der Welt. „Dieses alles will ich dir geben" (Mt 4,9). Wie viele Leute versucht er mit diesem goldenen Apfel! Hochmut, Müßiggang und Luxus sind die drei

93 Die Familisten (lateinisch *familia charitatis,* Liebesbruderschaft, in England *Family of Love*), waren eine religiöse Gruppierung mystischer Richtung, die im 16. und 17. Jahrhundert in Holland und England aufkam.

94 Die Ranters waren eine Gruppierung, die Mitte des 17. Jahrhunderts in England auftrat und von den etablierten Kirchen als häretische Sekte angesehen wurde. Ihr zentraler Glaube war der Pantheismus, dass Gott in jedem Geschöpf und allen Dingen sei. Sie verleugneten die Autorität der Heiligen Schrift und ähnelten in vielerlei Hinsicht den „Brüder des freien Geistes" des 14. Jahrhunderts. Von ihnen übernahmen sie den Antinomismus, dass durch die Gnade die 10 Gebote nun abgeschafft wären. Außerdem standen die Ranters in Verbindung mit den frühen Quäkern.

Würmer, die von vielen Leuten gezüchtet werden. „Denn die, welche reich werden wollen, fallen in Versuchung und Fallstricke" (1.Tim 6,9). Der Satan tötet viele Leute mit diesen silbernen Pfeilen. Wie viele Leute sättigen sich mit üppigen Freuden! Die Freuden der Welt sind der große Motor, mit denen der Satan die Seelen der Menschen niederschlägt. Seine Taktik ist es, sie zu Tode zu amüsieren, sie mit vielen Freuden in die Verdammnis zu bringen. Das Fleisch lässt sich gerne erfreuen, und mit dieser Versuchung hat der Satan Erfolg; in dem lieblichen Wasser der Freude ertränkt er sie. Diejenigen, die in der Welt Überfluss haben, wandeln zwischen goldenen Fallstricken. Im Wohlstand müssen wir über unser Herz wachen und beten, dass wir nicht in Versuchung geführt werden. Wir müssen genauso vorsichtig sein, dass wir nicht durch Wohlstand in Gefahr gebracht werden, wie ein Mensch bei einem Festmahl, bei dem es vergiftete Fleischgerichte gibt.

Die fünfzehnte List. Beim Versuchen gibt der Satan vor, dass es sich um eine Notwendigkeit handelt. Er weiß, dass es in einigen Fällen eine Verminderung und Entschuldigung der Sünde zu sein scheint, wenn es sich um eine Notwendigkeit handelt. Es scheint so, dass ein kleines Übel gut ist, wenn dadurch ein größeres Übel verhindert wird. Wie bei Lot, als er den Leuten von Sodom anbot, ihnen seine Töchter zu geben und also damit einverstanden war, dass die Töchter verunreinigt würden, damit die Engel, die als Fremde in sein Haus kamen, bewahrt würden. (1.Mose 19,8). Zweifellos hatte der Satan eine Hand in dieser Versuchung und brachte Lot dazu, zu glauben, dass die Notwendigkeit zu handeln, die Sünde entschuldigen würde. Der Geschäftsmann führt die Notwendigkeit von unrechtmäßigem Gewinn an, da er sonst nicht leben könne. Ein anderer führt die Notwendigkeit von Vergeltung an, da sonst sein guter Ruf beeinträchtigt würde. Er zitiert die Schrift, um zu beweisen, dass in einigen außergewöhnlichen Fällen die Notwendigkeit besteht, das zu tun, was zu anderen Zeiten nicht zu rechtfertigen ist. Hat nicht auch David, als es notwendig war, die Schaubrote gegessen, „welche weder er noch seine Gefährten essen durften, sondern allein die Priester" (Mt 12,4)? Wir lesen nicht, dass er dafür bestraft wurde. Dann sagt der Satan: Warum kannst dann du in außerordentlichen Fällen nicht auch eine kleine Übertretung begehen und die verbotene Frucht nehmen? Oh, hüten wir uns vor dieser Versuchung! Darin ist der gespaltene Huf des Satans. Nichts kann eine Sache legitimieren, die ihrem Wesen nach sündig ist. Die Notwendigkeit rechtfertigt nicht die Gottlosigkeit.

Die sechzehnte List. Der Satan führt die Menschen dazu, dass sie anmaßend werden. Anmaßung ist ein Vertrauen ohne eine ausreichende Grundlage. Sie ist aus zwei Zutaten zusammengesetzt: Dreistigkeit und Selbstsicherheit. Diese Versuchung ist allgemein verbreitet. Es gibt zweierlei Arten der Anmaßung:

a) Wenn Menschen sich anmaßen, besser zu sein, als sie sind, oder dass sie Gnade haben, während sie keine haben. Sie würden Gold nicht einfach im guten Glauben annehmen[95], aber sie nehmen im guten Glauben an, Gnade zu haben. Die törichten Jungfrauen gingen davon aus, dass sie Öl in ihren Gefäßen hätten, während sie keines hatten. Hier ist die Regel des Epicharmos[96] treffend: „Misstraue einem trügerischen Herzen."

b) Wenn Menschen von der Barmherzigkeit Gottes ausgehen, dass er doch barmherzig ist, auch wenn sie nicht so gut sind, wie sie sein sollten. Sie schauen auf die Barmherzigkeit Gottes durch das Vergrößerungsglas der Anmaßung. Der Satan beschwichtigt die Menschen in ihren Sünden. Er predigt ihnen: „Habt Hoffnung und fürchtet euch nicht" und täuscht sie mit goldenen Träumen. *„Quam multi cum vana spe descendunt ad inferos* – wie viele gehen mit einer falschen Hoffnung in die Hölle" (Augustinus). Anmaßung ist das Schleppnetz des Satans, mit dem er Millionen in die Hölle schleift. Mit dieser Versuchung zieht er häufig die Gläubigen in die Sünde. Sie verlassen sich auf ihre Vorrechte und Gnadenga-

95 Gemeint ist, dass sie kein Gold im guten Glauben annehmen würden, nur weil es wie Gold aussieht – es könnte sich ja um Falschgold handeln.

96 Vorsokratischer Philosoph und Hauptvertreter der dorisch-sizilischen Komödie (* um 540 v.Chr.; † um 460 v.Chr.).

ben und riskieren so Gelegenheiten zur Sünde. Josaphat trat in einen Freundschaftsbund mit dem König Ahab ein, indem er annahm, dass seine Gnade ein Gegenmittel wäre, das stark genug gegen die Infektion ist (2.Chr 18,3). Satan versuchte Petrus, sich auf seine eigene Kraft zu verlassen; und als die Prüfung kam, versagte er und geriet in Schande. Deshalb müssen wir beten, dass wir nicht in Versuchung geführt werden und mit David sprechen: „Halte deinen Knecht von anmaßenden Sünden ab" (Ps 19,13; nach der englischen Übersetzung).

Die siebzehnte List. Der Satan führt seine Pläne gegen uns unter den größten Vortäuschungen der Freundschaft aus. Er hüllt seinen Köder in Silber und taucht seine giftigen Pillen in Zucker, so wie einige Höflinge die größten Vortäuschungen der Liebe machen, während sie den tödlichsten Hass hegen. Der Satan legt sein Löwenfell ab und kommt in Schafskleidern. Er täuscht Freundlichkeit und Freundschaft vor und dass er unser Ratgeber für das wäre, was zu unserem Besten dient. So kam er auch zu Christus: „So sprich, dass diese Steine Brot werden!" (Mt 4,3). Das war so, als ob er gesagt hätte: „Ich sehe, dass du hungrig bist, und dass hier in der Wüste für dich kein Tisch ausgebreitet ist; deshalb habe ich mit deiner Lage Mitleid und wünschte, dass du etwas zu Essen bekommst; verwandle diese Steine in Brot, damit dein Hunger gestillt wird." Doch Christus erkannte die Versuchung und verwundete die alte Schlange mit dem Schwert des Geistes. So kam der Satan auch zu Eva und versuchte sie unter der Angabe von Freundschaft. Er sagte: Iss von der verbotenen Frucht, denn der Herr weiß, dass an „dem Tag, da ihr davon esst, werden euch die Augen geöffnet, und ihr werdet sein wie Gott" (1.Mose 3,5). Das war so, als hätte er gesagt: Ich bewege dich nur zu dem, was dich in einen besseren Stand versetzt, als den, in dem du jetzt bist. Iss von diesem Baum, und er wird dich allwissend machen: „Ihr werdet sein wie Gott." Was haben wir hier für einen „freundlichen" Teufel! Doch es war eine listige Versuchung. Gierig schluckte sie den Köder und brachte sich und alle ihre Nachkommen ins Verderben. Lasst uns seine betrügerischen Schmeicheleien fürchten. *Timeo Danaos et dona ferentes* – ich misstraue den Griechen, selbst wenn sie Geschenke bringen.

Die achtzehnte List. Der Satan versucht die Menschen, indem er sie dazu überredet, seinen Rat zu befolgen. Sie sind wie die Leute, die eine üble Krankheit haben und lieber sterben wollen, als es dem Arzt zu erzählen. Es wäre weise, wenn man im Falle von arger Versuchung sein Befinden ein paar erfahrenen Christen offenbaren würde, deren Rat ein Gegenmittel dagegen wäre. Im Verheimlichen der Versuchung liegt eine Gefahr, so wie das Verheimlichen einer Viruserkrankung sich als tödlich erweisen kann. Wie notwendig ist es doch, die Bitte wieder aufzunehmen: „Und führe uns nicht in Versuchung."

Die neunzehnte List. Der Satan macht von den entsprechenden Werkzeugen und Mitteln Gebrauch, um sein Werk auszuführen. Das bedeutet, dass er von solchen Leuten Gebrauch macht, die am ehesten geeignet sind, seine Pläne voranzubringen. Er schmiedet den Plan der Versuchung, bereitet das Werk vor und beauftragt andere, um es zu vollenden.

a) Er macht von solchen Leuten Gebrauch, die in einer ehrenvollen Position sind, von Männern, die einen Namen haben. Er weiß, wenn er diese auf seine Seite bekommt, dann können sie andere in Fallstricke ziehen. Als die Fürsten und Häupter der Stämme sich mit Korah zusammentaten, zogen sie sofort eine Menge in den Komplott mit hinein (4.Mose 16,2.10).

b) Er führt seine Pläne durch Menschen aus, die Geist und Verstand haben, durch solche, welche die Auserwählten verführen würden, wenn es möglich wäre. Es bedarf einer großen Gerissenheit, einen Menschen zu überreden, seine Speise nicht mehr zu lieben. Aber der Teufel kann häretische Geister dazu gebrauchen, die Menschen zu überreden, die Gnadenmittel Gottes nicht mehr zu lieben, in denen sie bekennen, dass sie Trost gefunden haben. Viele, die einst mit strikter Regelmäßigkeit zum Haus Gottes kamen, sind durch die gerissenen

Werkzeuge Satans dazu überredet worden, dies aufzugeben und stattdessen einem *ignis fatuus* – inneren Licht zu folgen. Eine große List des Teufels ist es, von solchen gerissenen, raffinierten Menschen Gebrauch zu machen, die geschickt sind, um seine verführerischen Pläne auszuführen.

c) Er benutzt eine schlechte Gesellschaft, um ein Werkzeug der Versuchung zu sein, besonders um die Jugend in die Sünde zu ziehen. Zuerst überreden sie sie, in ihre Gesellschaft zu kommen, dann knüpfen sie ein Band der Freundschaft, dann trinken sie mit ihnen und dann verderben sie sie schrittweise. Sie sind die Lockvögel des Teufels, um andere zu versuchen.

Die zwanzigste List. Der Satan greift eine Gnadengabe mehr an als die andere. Er sieht es auf einige Personen mehr ab als auf andere, oder auf eine Gnadengabe mehr als auf eine andere. Und wenn er damit Erfolg hat, dann weiß er, dass ihm das einen Vorteil verschafft. Wenn jemand fragt, welche Gnadengabe der Satan am meisten angreift, dann antworte ich: Es ist die Gnadengabe des Glaubens. Er legt die Lunte seiner Versuchung, um die Festung unseres Glaubens in die Luft zu sprengen. *Fidei scutum percutit* – er greift den Schild des Glaubens an. Warum betete Christus mehr für den Glauben des Petrus als für irgendeine andere Gnadengabe (Lk 22,32)? Weil er sah, dass sein Glaube am meisten in Gefahr war. Der Teufel griff diese Gnadengabe an. Indem der Satan Eva versuchte, arbeitete er daran, ihren Glauben zu schwächen. „Sollte Gott wirklich gesagt haben, dass ihr von keinem Baum im Garten essen dürft?" (1.Mose 3,1). Der Teufel wollte sie davon überzeugen, dass Gott nicht die Wahrheit gesagt hatte, und wenn er sie einmal zum Misstrauen gebracht hätte, würde sie von dem Baum nehmen. Der Glaube wird als „Schild des Glaubens" bezeichnet (Eph 6,16). In der Versuchung sieht es der Satan am meisten auf unseren Schild ab, er greift unseren Glauben an. Auch wenn man den Glauben nicht ganz verlieren kann, so kann er doch eine große Verdunklung erleiden. Auch wenn der Teufel durch die Versuchung nicht das Leben des Glaubens wegnehmen kann, so kann er doch sein Wachstum verhindern. Er kann *gratiam diruere* – die Gnade nicht zerstören, aber er kann sie *debilitare* – schwächen.

Warum greift der Satan in der Versuchung hauptsächlich unseren Glauben an?
„Ihr sollt weder gegen Kleine noch Große kämpfen, sondern nur gegen den König von Israel!" (1.Kön 22,31). Der Glaube ist der König der Gnadengaben. Er ist eine königliche, fürstliche Gnadengabe und führt die majestätischsten und edelsten Taten aus. Deshalb kämpft der Satan hauptsächlich gegen diese Gnadengabe. Ich möchte uns die Strategie des Teufels zeigen, wenn er am meisten den Glauben angreift.

a) Der Glaube ist die Gnadengabe, die dem Satan den größten Schaden zufügt. Er leistet den größten Widerstand gegen ihn. „Dem widersteht, fest im Glauben" (1.Petr 5,9). Keine Gnadengabe verletzt den Kopf der Schlange mehr. Der Glaube ist sowohl ein Schild als auch ein Schwert, er dient der Verteidigung als auch dem Angriff. Er ist ein Schild, um den Kopf zu schützen und die lebenswichtigen Organe zu verteidigen. Der Schild des Glaubens verhindert, dass die feurigen Pfeile der Versuchung uns durchbohren. Der Glaube ist ein Schwert, das den roten Drachen verwundet.

Wie kommt es, dass der Glaube so stark ist, dass er dem Satan widersteht und ihn in die Flucht schlägt?
Weil er die Stärke Christi in die Seele bringt. Die Kraft von Simson lag in seinem Haar, unsere Kraft liegt in Christus. Wenn ein Kind angegriffen wird, dann läuft es zu seinem Vater und ruft um Hilfe. Wenn der Glaube angegriffen wird, dann läuft er zu Christus und ruft ihn – und in seiner Kraft überwindet er.

Der Glaube schafft sich selbst einen Vorrat an Verheißungen an. Die Verheißungen sind die Waffen des Glaubens, mit denen er kämpft. Wie David mit fünf Steinen in seiner Steinschleuder Goliath verwundet hat, so legt der Glaube die Verheißungen wie Steine in seine Steinschleuder (1.Sam 17,40). „Ich will dich nicht aufgeben und dich niemals verlassen!"

(Hebr 13,5). „Das geknickte Rohr wird er nicht zerbrechen“ (Mt 12,20). „Er wird nicht zulassen, dass ihr über euer Vermögen versucht werdet“ (1.Kor 10,13). „Der Gott des Friedens aber wird in Kurzem den Satan unter euren Füßen zermalmen“ (Röm 16,20). „Und niemand kann sie aus der Hand meines Vaters reißen“ (Joh 10,29). Hier sind fünf Verheißungen, die wie fünf Steine in die Steinschleuder des Glaubens gelegt sind, und mit diesen kann ein Gläubiger den roten Drachen verwunden. Da der Glaube eine Gnadengabe ist, um dem Satan zu widerstehen und ihn zu verwunden, sucht er seine Gelegenheit, um unseren Schild zu bombardieren, auch wenn er ihn nicht zerbrechen kann.

b) Der Satan greift am meisten unseren Glauben an und möchte ihn schwächen oder zerstören, weil der Glaube auf alle anderen Gnadengaben einen großen Einfluss hat und sie wirksam macht. Wie einige reiche Kleiderfabrikanten einen Vorrat an Wolle an die Armen ausgeben, damit sie damit spinnen, so gibt auch der Glaube an alle anderen Gnadengaben einen Vorrat und macht sie wirksam. Er macht die Liebe wirksam: „Der Glaube, der durch die Liebe wirksam ist“ (Gal 5,6). Wenn die Seele einmal an die Liebe Gottes glaubt, wird ihre Liebe zu Gott angezündet. Die gläubigen Märtyrer brannten heißer in der Liebe als im Feuer. Der Glaube macht die Buße wirksam. Wenn die Seele glaubt, dass man Barmherzigkeit empfangen kann, dann bringt sie die Augen zum Weinen. „Oh“, sagt die Seele, die Gnade hat, „wie konnte ich nur gegen solch einen gnädigen Gott sündigen?“ Aus dem Auge des Glaubens tropfen Tränen der Buße. „Und sogleich rief der Vater des Knaben mit Tränen und sprach: Ich glaube, Herr; hilf mir, [loszukommen] von meinem Unglauben!“ (Mk 9,24). Auch wenn der Teufel unseren Glauben nicht zerstören kann, so kann er ihn doch beeinträchtigen. Wenn er seine Taten verhindern und stoppen kann, dann weiß er, dass alle anderen Gnadengaben schwach und unwirksam sind. Wenn die Feder in einer Uhr stoppt, wird die Bewegung der Räder verhindert. So ist es auch, wenn der Glaube unten ist, dann sind alle anderen Gnadengaben im Stillstand.

Die einundzwanzigste List. Der Satan unterstützt die Lehren, die dem Fleisch gefallen. Er weiß, dass das Fleisch es liebt, erfreut zu werden, und es schreit nach Bequemlichkeit und Freiheit, und es möchte solange kein Joch tragen, bis es geführt und weich gemacht wird. Deshalb ist er sich gewiss, dass er den Köder der Versuchung so legen muss, wie es dem Fleisch gefällt und wie seine Stimmung ist. Das Wort sagt: „Ringt danach, durch die enge Pforte hineinzugehen!" (Lk 13,24); kreuzigt das Fleisch; reißt das Königreich des Himmels mit heiliger Gewalt an euch! Der Satan umschmeichelt das Fleisch, um diese Schriftstellen zu entkräften und zu schwächen. Er sagt dem Menschen, dass für solch eine Genauigkeit weder eine Notwendigkeit besteht noch viel Eifer und Gewalt nötig sind. Ein langsameres Tempo tut es auch; sicherlich gibt es einen leichten Weg zum Himmel. Ein Zerbruch des Herzens um der Sünde willen ist nicht notwendig. Bekenne nur vor einem Priester, oder bete über ein paar Perlen des Rosenkranzes, oder sprich ein paar Ave Maria, und das wird deine Vergebung bewirken und dir einen Eintritt ins Paradies verschaffen. Oder er wirkt auf einem anderen Weg: Wenn er sieht, dass Menschen vor dem Papsttum erschrecken, dann regt er zum schmeichelnden Antinomismus an und spricht: „Wozu alle diese kostspieligen Aufwendungen? Wozu Tränen der Buße? Das ist gesetzlich. Wozu solch eine Strenge im Gehorsam? Christus hat für dich alles getan: Nutze deine christliche Freiheit." Durch diese Versuchung werden viele Leute weggezogen. Sie werden von einem strengen Leben abgebracht. Wer zum günstigsten Preis verkauft, hat die meisten Kunden. Der Teufel weiß, dass dies eine billige und leichte Lehre ist, die dem Fleisch gefällt, und er zweifelt nicht daran, dass er genügend Kunden haben wird.

Die zweiundzwanzigste List. Die Versuchungen des Satans beziehen sich auf die heiligen Pflichten. Seine Taktik ist es, entweder an der Pflicht zu hindern oder bei der Pflicht zu entmutigen oder die Menschen zu sehr in den Pflichten aufgehen zu lassen.

a) An der Pflicht zu hindern, wie in 1.Thessalonicher 2,18: „Darum wollten wir auch zu euch kommen, ich, Paulus, einmal, sogar zweimal; doch der Satan hat uns gehindert." Viele Pflichten des Glaubens würden ausgeführt werden, wenn der Satan sie nicht verhindern würde. Die Hand Joabs ist hier drin. Es gibt drei Pflichten, für die der Teufel ein Feind ist und er arbeitet daran, uns von ihnen abzuhalten.

Das Nachsinnen. Er lässt die Menschen formal bekennen, beten und das Wort hören – was ihm nicht schadet, aber ihnen nichts Gutes tut. Doch er stellt sich gegen ein Nachsinnen, weil es ein Mittel ist, um das Herz miteinzubeziehen und es ernsthaft macht. Er kann einem kleinen Schuss von uns standhalten, aber nicht wenn wir diese Kugel verwenden. Er kümmert sich nicht darum, wie viel wir hören oder wie wenig wir nachdenken. Nachsinnen ist ein Wiederkäuen; es führt dazu, dass wir das Wort verdauen und dass es uns ernährt. Nachsinnen ist der Blasebalg der Zuneigung. Dem ist der Teufel ein Feind. Als Christus alleine in der Wüste war und sich in ein göttliches Nachsinnen begab, kam der Teufel und versuchte ihn, um ihn zu hindern. Er schiebt die eine oder andere weltliche Geschäftigkeit hinein, um die Menschen von einem heiligen Nachsinnen abzuhalten.

Das Töten. Dies ist so notwendig wie der Himmel. „Tötet daher eure Glieder, die auf Erden sind: Unzucht, Unreinheit, Leidenschaft, böse Lust und die Habsucht, die Götzendienst ist" (Kol 3,5). Der Satan lässt den Menschen über die Sünde zornig sein, die Sünde austauschen oder die Sünde unterdrücken, wie einen Gefangenen, der nicht ausbrechen kann. Doch wenn es dazu kommt, das Leben der Sünde wegzunehmen, dann arbeitet er daran, den Hinrichtungsbefehl zu stoppen und die Exekution zu verhindern. Wenn die Sünde getötet wird, dann wird der Satan gekreuzigt.

Die Selbstprüfung. „Prüft euch selbst" (2.Kor 13,5). Das ist eine Metapher für Metall, das durchbohrt wird, um zu sehen, ob sich darin Gold befindet. Die Selbstprüfung ist eine geistliche

Untersuchung, die in der Seele durchgeführt wird. Man muss sein Herz nach der Sünde durchsuchen, wie man ein Haus nach einem Verräter durchsuchen würde oder wie Israel nach Sauerteig suchte, um ihn zu verbrennen. Der Satan möchte mit seinen Versuchungen, wenn es möglich ist, die Menschen von dieser Pflicht abhalten. Er erzählt ihnen, dass ihr Stand gut ist – und wozu ist es dann notwendig, die Mühe einer Untersuchung auf sich zu nehmen? Obwohl die Menschen ihr Geld nicht auf guten Glauben hin annehmen, sondern es am Prüfstein untersuchen, so überredet der Satan sie dennoch, ihre Gnade auf guten Glauben hin anzunehmen. Er redete den törichten Jungfrauen ein, dass sie Öl in ihren Lampen hätten. Er hat noch eine andere Taktik, mit welcher er den Menschen die Fehler der anderen zeigt, um sie davon abzuhalten, sich selbst zu prüfen. Er erlaubt ihnen eine Brille, um zu sehen, was bei anderen verkehrt ist, aber nicht einen Spiegel, um ihr eigenes Gesicht zu betrachten und zu sehen, was bei ihnen verkehrt ist.

b) Seine Taktik ist es, bei der Pflicht mutlos zu machen. Wenn irgendjemand heilige Pflichten verrichtet hat, dann erzählt er ihm, dass er den Heuchler gemimt habe. Er habe Gott für Geld gedient; er habe böse Ziele. Seine Pflichten wären voller Ablenkungen. Sie wären mit Hochmut beschmutzt. Er habe den Blinden und Lahmen gespendet, und wie kann er dann von Gott eine Belohnung erwarten? Er erzählt dem Christen, dass er mit seinem Gebet seine Sünde noch vergrößert habe, und er ist bestrebt, den Christen bei seiner Pflicht eitel zu machen, sodass er nicht mehr weiß, ob er beten soll oder nicht.

c) Wenn dieser Plan nicht greift, dann trachtet er danach, einen Christen noch weiter in seiner Pflicht aufgehen zu lassen. Wenn er ihn nicht von der Pflicht abhalten kann, dann wird er ihn zu weit in die Pflicht hineinrennen lassen. Sich wegen der Sünde zu demütigen und zu klagen, ist eine Pflicht, doch der Satan wird diesbezüglich zu viel Druck ausüben. Er wird sagen: Du bist nicht demütig genug, und in der Tat denkt er, dass ein Mensch solange nicht demütig genug ist, bis er verzweifelt. Er möchte einen Christen dazu bringen, dass er so tief in das Wasser der Buße geht, bis er keinen Grund mehr unter seinen Füßen hat und im Golf der Verzweiflung ertrinkt. Dann kommt er auf diese Weise zur Seele: Deine Sünden sind groß, und deine Trauer muss entsprechend deiner Sünden sein. Aber ist das wirklich so? Können wir wirklich sagen, dass wir ein so großer Trauernder sein können, wie wir Sünder sind? Wir haben viele Jahre lang nichts anderes betrieben als Sünde – und ist ein Tropfen Trauer genug für ein Meer von Sünde? Nein, deine Seele muss noch mehr erniedrigt und noch länger im salzigen Wasser der Buße eingeweicht werden. Er möchte, dass ein Christ sich blind weint und in einem verzweifelten Gemütszustand den Anker der Hoffnung wegwirft. Nun, wenn jemand mit dieser Versuchung betrübt wird, dann lasst mich sagen, dass dies ein reiner Betrug des Satans ist. Denn eine Trauer, die der Sünde entspricht, ist in diesem Leben weder möglich, noch wird sie von Gott erwartet. Lieber Christ, es reicht aus, wenn du eine evangelische Trauer hast; wenn du so betrübt bist, dass du die Sünde hasst und Christus als kostbar betrachtest; wenn du so betrübt bist, dass du mit der Sünde brichst; wenn deine Reue zu einer Trennung führt. Dann ist man demütig genug. Wenn das Gold von der Schlacke gereinigt ist, dann hat es lange genug im Feuer gelegen. So hat auch ein Christ lange genug in der Demütigung gelegen, wenn er von der Liebe zur Sünde gereinigt ist. Das ist demütig genug, um von Gott angenommen zu werden. Um Christi willen nimmt Gott diese Trauer über die Sünde an. Lassen wir uns deshalb nicht durch die Versuchungen Satans in die Verzweiflung treiben. Wir sehen, was für ein listiger Feind er ist, indem er uns an der Pflicht hindert oder in der Pflicht mutlos macht oder die Menschen so weit in der Pflicht aufgehen lässt, dass sie gegen den Felsen der Verzweiflung rennen. Müssen wir, die wir solch einen listigen Feind haben, nicht beten: „Herr, führe uns nicht in Versuchung“? Lassen wir uns von diesem höllischen Machiavelli[97] nicht verführen, wie Eva von der Schlange verführt wurde!

Die dreiundzwanzigste List. Der Satan versucht zur Sünde, indem er die Hoffnung gibt, man könne durch eine schnelle Buße wieder umkehren. Es ist für einen Vogel leicht, in die Falle zu fliegen, aber es ist nicht so einfach, wieder aus ihr herauszukommen. Ist Buße eine so einfache Sache? Gibt es bei der neuen Geburt keine Wehen? Ist es leicht, aus dem Schoß der Delila in Abrahams Schoß zu springen? Wie viele Leute hat der Satan mit dieser Taktik in die Hölle geschmeichelt, dass sie durch Buße wiederhergestellt werden könnten, wenn sie sündigen! Ach, steht es in unserer Macht, Buße zu tun? Ein Schnappschloss kann sich selbst schließen, aber es kann nicht mehr ohne Schlüssel geöffnet werden. So können auch wir uns selbst von Gott ausschließen, aber wir können uns durch Bußen solange nicht für ihn öffnen, bis der unser Herz öffnet, der den Schlüssel Davids in seiner Hand hat.

Die vierundzwanzigste List. Der Satan setzt uns darauf an, dass wir zur Unzeit das tun, was gut ist. Um der Sünde willen zu trauern, ist eine Pflicht. Die Opfer Gottes sind ein zerbrochenes Herz (Ps 51,19). Aber es gibt eine Zeit, in der dies nicht so passend ist. Wenn man nach einer bedeutenden Befreiung, die zur Freude ruft, seinen Geist in Trauerfarben kleidet und weinend dasitzt, dann ist das zu diesem Zeitpunkt unpassend. Es gab beim Laubhüttenfest eine besondere Zeit, als Gott sein Volk dazu aufrief, fröhlich zu sein. „Sieben Tage lang sollst du dem HERRN, deinem Gott, das Fest feiern an dem Ort, den der HERR erwählen wird ... darum sollst du von Herzen fröhlich sein“ (5.Mose 16,15). Nun, wenn die Israeliten zu dieser Zeit ihre Harfen an die Trauerweiden gehängt hätten und niedergeschlagen gewesen wären, dann wäre das sehr unpassend gewesen, wie das Trauern bei einer Hochzeit. Wenn Gott uns

97 Niccolò di Bernardo dei Machiavelli (* 3. Mai 1469 in Florenz; † 21. Juni 1527) gilt als einer der bedeutendsten Staatsphilosophen der Neuzeit. Sein Name steht häufig für ein abwertendes politisches Verhalten, bei dem das oberste Ziel Macht ist ohne Rücksichtnahme auf Ethik und Moral. Machiavelli wird oft mit dem Prinzip in Verbindung gebracht: Der Zweck heiligt die Mittel.

durch seine Vorsehung zur Danksagung aufruft und wir niedergeschlagen dasitzen und uns mit Rahel nicht trösten lassen wollen, dann ist das sehr böse und hat den Beigeschmack von Undankbarkeit. Es handelt sich um eine Versuchung Satans. Joab hat seine Hand darin.

Es ist eine Pflicht, sich zu freuen. „Den Aufrichtigen ziemt Lobgesang" (Ps 33,1). Wenn Gott uns aber durch seine Gerichte zum Weinen aufruft, dann sind Freude und Heiterkeit zu diesem Zeitpunkt unpassend. „Und an jenem Tag ermahnt der Herrscher, der HERR der Heerscharen, zum Weinen und Wehklagen ... doch siehe, da ist Jubel und Vergnügen" (Jes 22,12.13). Oekolampad[98] und andere gelehrte Schreiber denken, dass es in der Zeit des Königs Ahas war, als die Zeichen von Gottes Zorn wie ein flammender Stern erschienen. Sich in dieser Zeit der Heiterkeit hinzugeben, ist sehr unpassend.

Das Wort zu lesen, ist eine Pflicht, doch manchmal bringt der Satan die Menschen dazu, wenn der Zeitpunkt unpassend ist. Wenn man zu Hause das Wort Gottes zu einem Zeitpunkt liest, während es gepredigt oder das Sakrament ausgeteilt wird, dann ist das unpassend, ja, sündig, wie Husai sagte: „Der Rat ist zu diesem Zeitpunkt nicht gut" (2.Sam 17,7; nach der englischen Übersetzung). Für das Passah war eine bestimmte Zeit festgelegt, in der die Juden ihre Opfer dem Herrn bringen sollten (4.Mose 9,2). Wenn das Volk zu der Zeit des Passah zu Hause das Gesetz gelesen hätte, wäre das der falsche Zeitpunkt gewesen, und Gott hätte es als eine Verachtung bestraft. Es ist eine listige Versuchung des Satans, uns entweder von der Pflicht abzuhalten, oder auf sie anzusetzen, wenn der Zeitpunkt ungünstig dafür ist. Die Pflichten im Glauben sind gefährlich, wenn sie nicht zur und innerhalb der rechten Zeit getan werden. Schnee und Hagel sind gut für den Boden, wenn sie zum rechten Zeitpunkt kommen, aber während der Ernte, wenn das Korn reif ist, richtet ein Hagelsturm Schaden an.

98 Johannes Oekolampad (* 1482 in Weinsberg; † 24. November 1531 in Basel) war ein schweizer Theologe und Reformator in Basel.

Die fünfundzwanzigste List. Der Satan bewegt die Menschen dazu, die Buße und die Umkehr zu Gott aufzuschieben. Er sagt wie in Haggai 1,2: „Es ist noch nicht die Zeit." Jetzt ist die Zeit der Jugend, oder wir sind in der Blüte unseres Lebens, da ist es noch zu früh umzukehren: „Es ist noch nicht die Zeit." Diese Versuchung ist das Schleppnetz des Teufels, mit dem er Millionen in die Hölle schleift. Das ist eine gefährliche Versuchung. „Die Sünde ist *dulce venenum* – ein süßes Gift" (Bernard). Je länger sich das Gift im Körper befindet, umso tödlicher ist es. So wird auch durch das Aufschieben der Buße die Sünde gestärkt und das Herz verhärtet. Je länger Eis friert, umso schwerer ist es zu brechen. So ist es auch bei einem Menschen: Je länger er in Unbußfertigkeit gefriert, umso schwieriger ist es, sein Herz zu brechen. Wenn die Sünde einen Stammplatz bekommen hat, ist sie nicht so leicht zu vertreiben. Darüber hinaus wird die Gefahr des Aufschiebens der Buße daran deutlich, dass das Leben unsicher ist und plötzlich abgelaufen sein kann. Welche Sicherheit haben wir, dass wir noch einen weiteren Tag leben werden? Das Leben besteht aus wenigen dahinfliegenden Minuten; es ist eine dünne Kerze, die bald ausgeblasen wird. „Denn was ist euer Leben? Es ist doch nur ein Dunst" (Jak 4,14). Der Körper ist wie ein Gefäß, das mit ein wenig Luft gefüllt ist; wenn es durch Krankheit angestochen wird, zieht der Tod die Luft raus. Wie gefährlich ist es deshalb die Umkehr zu Gott durch Buße hinauszuzögern und aufzuschieben! Viele, die jetzt in der Hölle sind, hatten die Absicht, Buße zu tun, doch sie wurden vom Tod überrascht.

Die sechsundzwanzigste List. In der Versuchung greift der Satan den Frieden der Heiligen an und schwächt ihn. Wenn er ihre Gnade nicht zerstören kann, dann wird er ihren Frieden stören. Er missgönnt dem Christen, dass er einen guten Tag hat, und wenn er ihn nicht von einem Himmel im Jenseits abhalten kann, wird er ihn von einem Himmel auf Erden abhalten. Abgesehen von der Heiligkeit gibt es nichts, was ein Christ mehr schätzt als Frieden und ein ruhiges Gemüt. Das ist die Sahne des Lebens, ein Bündel Trauben für den Weg. Nun, es ist die große Taktik des Satans, den Frieden eines Christen zu erschüttern, damit er, wenn er in den Himmel geht, durch Schrecken und viele Tränen dorthin geht. Er wirft seine Feuerbälle der Versuchung hinein, um den Frieden der Heiligen in Brand zu stecken. Der geistliche Friede ist von so großer Bedeutung, dass es kein Wunder ist, dass der Satan uns durch seine undurchsichtigen Listen dieses Juwel rauben möchte. Geistlicher Friede ist ein Zeichen für die Gunst Gottes. Wie Josef mit dem bunten Kleid ein besonderes Zeugnis der Freundlichkeit seines Vaters hatte, so haben auch die Heiligen ein besonderes Zeichen des guten Willens Gottes ihnen gegenüber, wenn er ihnen das bunte Kleid des inneren Friedens gibt. Deshalb ist es kein Wunder, dass der Satan so über den Frieden der Heiligen erzürnt ist und dieses komfortable Kleid von ihnen herunterreißen möchte. Der Teufel stört den Frieden der Heiligen, weil er hofft, dass sie damit für ihn von größerem Nutzen sind.

a) Indem er ihren Geist in Verwirrung bringt, nimmt er die Räder ihres Streitwagens ab; er macht sie für den Dienst Gottes untauglich und bringt Körper und Geist aus dem Gleichgewicht, damit sie – wie ein Musikinstrument – verstimmt sind. Wenn die Traurigkeit über den Geist die Oberhand gewinnt, kann ein Christ über nichts anderes mehr denken als über seine Nöte. Seine Gedanken sind voller Zweifel, Furcht, Vermutungen, sodass er wie eine zerstreute Person ist, die nicht mehr sie selbst ist. Entweder vernachlässigt er die Pflichten des Glaubens oder während er die Pflichten tut, sind seine Gedanken nicht bei der Sache. Es gibt eine besondere Pflicht, zu der Schwermut und Traurigkeit untauglich machen, und diese Pflicht ist die Dankbarkeit. Dankbarkeit ist ein Tribut oder Erbzins, den wir Gott schulden. „Die Getreuen sollen frohlocken in Herrlichkeit … Das Lob Gottes sei in ihrem Mund" (Ps 149,5.6). Doch wenn der Satan den Geist eines Christen gestört und sein Gemüt voll mit Schwärze gefüllt und die Gedanken nahezu in die Verzweiflung geführt hat, wie kann er dann noch dankbar sein? Der Satan freut sich zu sehen, wie sein Plan greift. Indem er die Kinder Gottes unruhig macht, macht er sie undankbar.

b) Indem der Satan den Frieden der Heiligen stört, legt er anderen einen Stolperstein in den Weg. Damit gibt er eine Gelegenheit, um die Wege Gottes bei denen als abstoßend darzustellen, die ihren Blick himmelwärts richten. Er hält den Neueinsteigern verwirrende Gedanken vor: die Tränen, das Stöhnen derer, die im Geist verwundet sind, um sie vor aller Ernsthaftigkeit im Glauben abzuschrecken. Bei Neueinsteigern wendet er ein: Siehst du nicht, wie sich diese traurigen Seelen mit schwermütigen Gedanken quälen, und willst du die Tröstungen und Freuden dieses Lebens austauschen, um ständig im Trauerhaus zu sitzen? Willst du in diese Religion eintreten, welche dich zu einem Schrecken für dich selbst macht und zu einer Last für andere? Kannst du eine Religion lieben, die dich in solch einen Schrecken versetzt, dass du deinen Verstand verlierst? Auf diese Weise will der Teufel andere, die ihren Blick zum Himmel gerichtet haben, entmutigen, indem er den Frieden der Heiligen stört. Er will sie durch Furcht vom Gebet abhalten und vom Hören von Predigten, welche die Seele erwecken, damit sie in eine dunkle Stimmung der Schwermut fallen und bis zum Ende ihrer Tage in Verzweiflung leben.

c) Mit dieser listigen Taktik, indem der Satan den Frieden der Heiligen stört und sie glauben lässt, dass Gott sie nicht liebt, hat er manchmal so viel Erfolg, dass sie anfangen, harte Gedanken gegen Gott mit sich herumzutragen. Durch die schwarze Brille der Schwermut erscheinen die Taten Gottes traurig und grässlich. Der Satan versucht die Gläubigen zu sonderbaren Gedanken, damit sie denken, dass Gott jedes Erbarmen abgelegt habe und vergessen hätte, gnädig zu sein, damit sie traurige Schlussfolgerungen ziehen (Ps 77,8.9.10). „Ich lag da bis zum Morgen [und dachte]: Einem Löwen gleich, so wird er mir alle meine Gebeine zermalmen. Ehe der Tag zur Nacht wird, machst du ein Ende mit mir!" (Jes 38,13). Durch Schwermut bewirkt der Teufel in der Seele eine traurige Verfinsterung, sodass sie anfängt zu denken, dass Gott die Brunnen der Gnade verschlossen hat und dass es keine Hoffnung mehr gibt. Daraufhin hat der Satan einen weiteren Nutzen von einem bekümmerten Geist. Manchmal bringt er die Seele zu sündhaften Gedanken und Selbstverwünschungen, wie bei Hiob, der in seinem verwirrten Gemüt den Tag verfluchte, an dem er geboren wurde (Hiob 3,3). Auch wenn er nicht Gott verfluchte, so verfluchte er doch den Tag seiner Geburt. Auf diese Weise sehen wir, welchen Nutzen der Teufel davon hat, wenn er Stürme aufkommen lässt und den Frieden der Heiligen stört. Wenn der Teufel an irgendetwas Freude haben kann, dann daran, zu sehen, wie die Heiligen in Unruhe sind: Ihr Stöhnen ist für ihn wie Musik. Für ihn ist es ein Spiel, zu sehen, wie sie sich auf der Streckbank der Schwermut selbst quälen und sich nahezu in Tränen ertränken. Wenn die Gläubigen ungerechtfertigte Vermutungen über Gott haben, seine Liebe infrage stellen, das Werk der Gnade verleugnen und wünschen, sie wären niemals geboren worden, dann ist der Satan bereit, in die Hände zu klatschen und den Sieg auszurufen.

Welche Künste und Methoden wendet der Satan bei der Versuchung an, um den Frieden der Heiligen zu stören?

Auf schlaue Weise gibt er böse Gedanken ein und lässt einen Christen glauben, dass sie aus seinem eigenen Herzen kommen. Der Becher wurde im Sack von Benjamin gefunden, doch Josef hatte ihn dort hineingetan. So findet auch ein Kind Gottes häufig atheistische und gotteslästerliche Gedanken in seinem Verstand, doch der Satan hat sie dorthin getan. Wie manche Leute ihre Kinder vor die Tür eines anderen legen, so legt der Satan seine Versuchungen vor unsere Tür und dichtet sie uns an. Dann bekümmern wir uns um sie und nähren sie so, als wenn sie unsere eigenen wären.

Der Satan stört den Frieden der Heiligen, indem er ihre Sünden in schwarzer Farbe malt, um sie zu erschrecken und sie bereit macht, den Geist aufzugeben. Er wird als der Verkläger der Brüder bezeichnet, nicht nur weil er sie vor Gott anklagt, sondern weil er sie dazu bringt, sich selbst anzuklagen. Er sagt ihnen, dass sie wegen bestimmter Sünden schuldig sind und dass sie Heuchler sind, wobei die Sünden eines Gläubigen nur zeigen, dass die Gnade nicht vollkommen ist, aber nicht, dass er keine Gnade hat. Wenn der Satan mit dieser Versuchung kommt, dann zeigen wir ihm diese Schriftstelle: „Das Blut Jesu Christi, seines Sohnes, reinigt uns von aller Sünde“ (1.Joh 1,7).

Die siebenundzwanzigste List. Mit einleuchtenden Argumenten versucht der Satan die Menschen, *felo de se* – ein Verbrechen an sich selbst zu begehen. Diese Versuchung geht nicht nur gegen die Schrift, sondern auch von Natur aus schreckt man davor zurück, sein eigener Henker zu sein. Die Kunstgriffe des Satans sind derartig listig, dass er viele dazu bewegt, an sich selbst Hand anzulegen, wie die Sterbelisten bezeugen. Durch einen Schrecken des Gewissens versucht er einige dazu, dies zu tun, indem er ihnen erzählt, dass die ganze Hölle, die sie haben, in ihrem Gewissen liegt und dass der Tod ihnen Ruhe geben wird. Andere versucht er dazu, sich selbst ein Ende zu bereiten, damit sie nicht weiter gegen Gott sündigen. Andere versucht er dazu, sich selbst ein Ende zu bereiten, damit sie augenblicklich in die Glückseligkeit eingehen können. Er sagt ihnen, dass die besten Heiligen ein Verlangen nach dem Himmel haben, und je eher sie dort sind, umso besser ist es.

Augustinus erzählt von einem Kleombrotos, der, nachdem er Platon gehört hatte, eine Lektion über die Unsterblichkeit der Seele und über die Freuden in der anderen Welt las, *se in praecipitium dejecit* – und sich einen steilen Abgrund oder einen Felsen herunterwarf und sich so selbst umbrachte. Dies ist der Plan des Satans, aber wir dürfen nicht aus dem Gefängnis ausbrechen, indem wir Hand an uns selbst legen, sondern wir müssen warten, bis Gott ruft und die Tür öffnet. Lasst uns beten: „Und führe uns nicht in Versuchung.“ Bedenken wir immer die Schriftstelle: „Du sollst nicht töten!“ (2.Mose 20,13). *Clamitat in caelum vox sanguinis* – die Stimme des Blutes schreit zum Himmel. Wenn wir einen anderen nicht töten sollen, wie viel weniger dann uns selbst? Und nehmen wir uns vor der Unzufriedenheit in Acht, die häufig die Tür zum Selbstmord öffnet!

Somit habe ich uns nun siebenundzwanzig Listen des Satans in der Versuchung gezeigt, damit wir sie besser kennen und vermeiden können. Es gibt die Geschichte von einem Juden, der Luther vergiften wollte, doch ein Freund schickte Luther ein Bild von dem Juden, um ihn zu warnen, sich vor diesem Mann in Acht zu nehmen, wenn er ihn sehen würde. Durch dieses Mittel kannte er den Mörder und konnte seinen Händen entkommen. Ich habe von den listigen Schlägen des Satans in der Versuchung berichtet. Ich habe das Bild dessen gezeigt, der uns ermorden möchte. Nachdem ich euch vorgewarnt habe, bitte ich euch inständig: Nehmt euch vor dem Mörder in Acht!

Lassen Sie mich aus den Listen den Satans in der Versuchung drei Schlussfolgerungen ziehen:

a) Es gleicht einem Wunder, dass überhaupt jemand errettet wird. Was für ein Wunder ist es, dass dieser Abaddon oder Engel des bodenlosen Abgrundes (Offb 9,11), dieser Apollyon, dieser Seelenfresser nicht die ganze Menschheit ins Verderben bringt! Was für ein Wunder ist es, dass einige bewahrt werden, sodass weder die versteckten Fallstricke des Satans Erfolg haben, noch seine feurigen Pfeile, dass weder der Kopf der Schlange noch die Kralle des Löwen sie umbringen! Gewiss wird es für die Heiligen eine Sache sein, die sie bewundern, wenn sie in den Himmel kommen. Wenn sie daran denken, wie wundersam sie dorthin kamen, dass sie trotz aller Gewalt und allen Betrugs, der Macht und der Tücken der Hölle, sicher an der Himmelspforte angekommen sind. Dies ist auf das sichere Geleit Christi zurückzuführen, dem Bischof unserer Seele. Michael ist für den Drachen zu stark.

b) Ist der Satan so listig? Dann betrachten wir, wie notwendig es für uns ist, Gott um Weisheit zu bitten, damit wir die Fallstricke des Satans erkennen und die Kraft bekommen, ihnen zu widerstehen. Wir können gegen die Versuchungen aus uns selbst heraus nicht standhalten. Wenn wir es könnten, dann wäre das Gebet „Und führe uns nicht in Versuchung“ nutzlos. Lasst uns nicht denken, dass wir schlauer als der Teufel wären, oder dass wir seinen Schlichen und Pfeilen entkommen könnten. Wenn David und Petrus, die Säulen im Tempel Gottes waren, in der Versuchung fielen, wie leicht können dann solch schwache Schilfrohre wie wir umgeblasen werden, wenn Gott uns verlassen sollte! Nehmen wir den Rat Christi an: „Wacht und betet, damit ihr nicht in Versuchung kommt!“ (Mt 26,41).

c) Betrachten wir, welches Ziel der Satan bei allen seinen Listen hat: Er will uns anklagen. Er legt die Falle, verleitet die Menschen zur Sünde und stellt dann die Anklage auf – so als ob jemand einen anderen betrunken machen würde und ihn dann beim Amtsrichter anklagt, dass er betrunken ist. Der Teufel ist zuerst ein Versucher und dann ein Ankläger, zuerst ein Lügner und dann ein Mörder.

Nachdem ich die Listen des Satans in der Versuchung gezeigt habe, will ich zwei Fragen beantworten:

Warum lässt Gott es zu, dass die Heiligen durch die Versuchungen Satans gebeutelt werden?
Er tut dies wegen vieler weiser und heiliger Ziele.

a) Er lässt sie versucht werden, um sie zu prüfen. Das hebräische Wort bedeutet sowohl „versuchen“ als auch „prüfen.“ Die Versuchung ist ein Prüfstein, um zu prüfen, was im Herzen ist. Der Teufel versucht die Gläubigen, um sie zu verführen, doch Gott lässt uns versucht werden, um uns zu prüfen. „*Qui non tentatur, non probatur* – wer nicht versucht wurde, der ist nicht erprobt“ (Augustinus).

Hiermit prüft Gott unsere Aufrichtigkeit. In der Versuchung wurde die Aufrichtigkeit Hiobs geprüft. Der Teufel sagte zu Gott, dass Hiob ein Heuchler wäre, und dass er ihm nur für Lohn dienen würde, denn er sagte: „Aber strecke doch einmal deine Hand aus und taste alles an, was er hat; lass sehen (das bedeutet: Lass mich ihn versuchen), ob er dir dann nicht ins Angesicht absagen wird!“ (Hiob 1,11). Nun, Gott ließ es zu, dass der Teufel ihn mit der Versuchung antastete, doch Hiob blieb heilig, er betete Gott an und segnete ihn (Verse 20 und 21). Hier wurde die Aufrichtigkeit von Hiob geprüft. Er hatte feurige Versuchungen, er kam jedoch als ein goldener Christ aus dem Feuer heraus. Die Versuchung ist der Prüfstein für die Aufrichtigkeit.

In der Versuchung prüft Gott unsere Liebe. Die Frau des Tigranes zeigte ihre Keuschheit und Liebe zu ihrem Ehemann niemals so sehr wie in jener Situation, als sie durch Cyrus versucht wurde. Denn sie gab nicht nach. So wird auch unsere Liebe zu Gott erkennbar, wenn wir der Versuchung ins Angesicht schauen und ihr den Rücken zukehren. Auch wenn der Teufel wie eine listige Schlange kommt und einen goldenen Apfel anbietet, so wird ein Christ trotzdem die verbotene Frucht nicht anrühren. Als der Teufel Christus alle Königreiche der Welt zeigte und ihre Herrlichkeit, da war die Liebe Christi zu seinem Vater so groß, dass er die Versuchung verabscheute. Wahre Liebe ist nicht bestechlich. Wenn die Pfeile des Teufels am feurigsten sind, dann brennt die Liebe eines Heiligen zu Gott am stärksten.

In der Versuchung prüft Gott unseren Mut. „… sondern Ephraim hat sich benommen wie eine einfältige Taube ohne Verstand[99]" (Hos 7,11). Genauso kann man auch über viele Leute sagen: Sie sind *excordes* – ohne Herz. Sie haben nicht das Herz, um einer Versuchung zu widerstehen. Sobald der Satan mit seinen Gesuchen kommt, geben sie nach, wie ein Feigling seinen Geldbeutel rausrückt, sobald sich der Dieb nähert. Der Christ, der das Schwert des Geistes gegen den Satan schwingt und lieber stirbt als nachgibt, ist ein tapferer Christ. Der Mut der Römer wurde niemals deutlicher, als sie durch die Karthager angegriffen wurden. So wird auch der heldenhafte Geist eines Heiligen niemals deutlicher, als dann, wenn er auf dem Schlachtfeld ist und gegen den roten Drachen kämpft und den Teufel in der Kraft des Glaubens in die Flucht schlägt. *„Fidei robur potest esse concussum, non excussum* – die Kraft des Glaubens kann erschüttert, aber nicht zerstört werden" (Tertullian). Ein Grund, warum Gott es zulässt, dass sein Volk geprüft wird, ist, dass ihr Metall geprüft wird, ihre Aufrichtigkeit, ihre

99 Nach der englischen Übersetzung: „… wie eine einfältige Taube ohne Herz."

Liebe und ihr Edelmut. Wenn die Gnade geprüft wird, dann ist das zur Ehre des Evangeliums.

b) Gott lässt es zu, dass seine Kinder geprüft werden, damit sie vor dem Hochmut abgehalten werden. „*Quos non gula superavit* – diejenigen, die habgierig sind, haben nicht überwunden“ (Cyprian). Der Hochmut hatte sich einst bei den Engeln eingeschlichen, und auch bei den Aposteln, als sie darüber stritten, welcher von ihnen der Größte wäre, und auch bei Petrus, als er sagte: „Wenn auch alle an dir Anstoß nehmen, so werde doch ich niemals Anstoß nehmen!“ (Mt 26,33) – als ob er mehr Gnade empfangen hätte als alle anderen Apostel. Der Hochmut hält die Gnade klein, sodass sie nicht gedeihen kann. Wenn die Milz anschwillt, leiden alle anderen Teile des Körpers darunter. Wenn der Hochmut wächst, dann leidet die Gnade darunter. Gott widersteht dem Hochmut, und damit er seine Kinder in der Demut hält, lässt er zu, dass sie manchmal in Versuchungen fallen. „Und damit ich mich wegen der außerordentlichen Offenbarungen nicht überhebe, wurde mir ein Pfahl fürs Fleisch gegeben, ein Engel Satans, dass er mich mit Fäusten schlage“ (2.Kor 12,7). Als Paulus durch Offenbarungen erhoben wurde, war er in Gefahr, sich im Hochmut zu erheben. Darauf kam der Engel Satans, um ihn zu schlagen. Dabei handelte es sich um die eine oder andere schmerzhafte Versuchung, um ihn demütig zu machen. Der Pfahl im Fleisch diente dazu, um die Blase des Hochmuts zu durchstechen. Die Versuchung, die demütig macht, ist besser als die Pflicht, die hochmütig macht. Bevor ein Christ hochmütig wird, lässt Gott ihn für eine Weile in die Hände des Teufels fallen, damit er von dieser Schwellung geheilt wird.

c) Gott lässt sein Volk versucht werden, damit sie geeigneter werden, um andere zu trösten, die in der gleichen Not sind, und um zu den Mühseligen zur rechten Zeit ein Wort zu sprechen. Paulus war in der Fechtschule der Versuchung trainiert und war in der Lage, andere mit den Schlichen und Listen des Satans bekannt zu machen (2.Kor 2,11). Ein Mensch, der über eine Stelle geritten ist, an der sich Treibsand befindet, ist der Geeignetste, um andere durch diesen gefährlichen Weg zu führen. So ist auch derjenige, der vom Satan geschlagen wurde und die Krallen des brüllenden Löwen gespürt hat, der geeignetste Mann, um mit jemandem umzugehen, der versucht wird.

d) Gott lässt seine Kinder versucht werden, damit sie mehr nach dem Himmel verlangen, wo sie außer Schussweite und von dem Zischen der alten Schlange befreit sind. Der Satan ist jetzt noch nicht ganz ins Gefängnis geworfen, sondern wie ein Gefangener, der auf Kaution frei ist, plagt und belästigt er die Heiligen. Er legt seine Fallstricke, wirft seine Feuerbälle, doch das gibt dem Volk Gottes nur noch mehr das Verlangen, von hier fortzugehen und zu beten, dass sie die Flügel einer Taube bekommen, um fortzufliegen und zur Ruhe zu kommen. Gott ließ es zu, dass Israel von den Ägyptern geplagt wurde, damit sie umso mehr danach verlangten, in Kanaan zu sein. Der Himmel ist das *centrum* – der Mittelpunkt, ein *centrum quietativum* – ein Ort der Ruhe. Dort fliegen keine Kugeln der Versuchung rum. Der Adler, der in die Luft emporsteigt und sich auf den Spitzen der hohen Bäume niederlässt, kümmert sich nicht um Schlangenbisse. So geht es auch den Gläubigen, wenn sie droben in den Himmel gekommen sind: dann können sie von der alten Schlange nicht mehr gebissen werden. Der Teufel wurde aus dem himmlischen Paradies hinausgeworfen. Der Himmel wird mit einem äußerst hohen Berg verglichen (Offb 21,10). Er ist so hoch, dass die feurigen Pfeile des Satans nicht zu ihm hinaufreichen können. „*Nullus ibi hostium metus, nullae insidiae daemonum* – dort gibt es keine Furcht vor Feinden, keine Fallstricke der Teufel“ (Bernard).

Die Versuchungen hier dienen dazu, dass die Heiligen das Verlangen nach der Posaune des Todes bekommen, die sie zum Rückzug ruft und vom Schlachtfeld abberuft, wo die Kugeln der Versuchung so dicht fliegen – auf dass sie die Siegeskrone empfangen.

Welche Felsen der Unterstützung gibt es hier, oder welchen Trost gibt es für Seelen in der Versuchung?

a) Diese Frage betrifft nicht nur uns, sondern hat sich auch den berühmtesten Heiligen Gottes gestellt. „Es hat euch bisher nur menschliche Versuchung betroffen", ja, auch die besten Menschen hat die Versuchung getroffen (1.Kor 10,13). Die Lämmer Christi, die das Zeichen der Erwählung trugen, wurden von der Welt angefallen. Elia, der durch Gebet den Himmel verschließen konnte, konnte nicht sein Herz vor der Versuchung schließen (1.Kön 19,4). Hiob wurde versucht, Gott zu fluchen, Petrus, Christus zu verleugnen, und so gut wie kein Heiliger ist in den Himmel gekommen, der auf dem Weg nicht auf einen Löwen getroffen ist. *Sortem quam omnes sancti patiuntur nemo recusat* – keiner entkommt dem Los, das alle Heiligen erleiden. Selbst Jesus Christus war nicht vor der Versuchung frei, obwohl er ohne Sünde war. Wir lesen von seiner Taufe: „Darauf wurde Jesus vom Geist in die Wüste geführt, damit er vom Teufel versucht würde" (Mt 4,1). Kaum war Christus aus dem Wasser der Taufe, da war er schon im Feuer der Versuchung, und wenn der Teufel Christus angefallen hat, dann ist es kein Wunder, wenn er uns anfällt. In Christus war keine Sünde, kein Zündstoff für das Feuer des Teufels. Für ihn war die Versuchung wie eine Klette auf einem glatten Glas, die abrutscht und nicht anklebt, oder wie ein Feuerfunke an einer Marmorsäule, und trotzdem war der Teufel so dreist, ihn zu versuchen. Es ist ein gewisser Trost, dass diejenigen, die besser als wir waren, mit Versuchungen gerungen haben.

b) Ein weiterer Felsen der Unterstützung, der eine Seele in der Versuchung trösten kann, ist, dass Versuchungen (wo sie eine Last sind) ein Beweis für die Gnade sind. Der Satan versucht die Kinder Gottes nicht, weil sie Sünde in sich haben, sondern Gnade. Hätten sie keine Gnade, dann würde er sie nicht stören, denn wo er der Besitzer ist, dort ist alles im Frieden (Lk 11,21). Seine Versuchungen sind darauf ausgerichtet, den Heiligen ihre Gnade zu rauben. Ein Dieb sieht es nicht auf ein leeres Haus ab, sondern auf ein Haus, worin er Schätze vermutet. Ein Pirat sieht es nicht auf ein leeres Schiff ab, sondern auf eines, das voller Gewürze und Juwelen ist. So sieht es auch der Teufel hauptsächlich auf das Volk Gottes ab, weil er denkt, dass sie einen kostbaren Schatz der Gnade in ihrem Herzen haben, und den möchte er ihnen rauben. Warum werden so viele Knüppel auf einen Baum geworfen, wenn nicht aus dem Grund, dass so viel Frucht an ihm ist? Der Teufel wirft seine Versuchungen auf uns, weil er sieht, dass an uns so viel Frucht der Gnade wächst. Auch wenn eine Versuchung eine Not ist, so ist sie dennoch ein Trost, wenn wir daran denken, warum wir versucht werden.

c) Ein weiterer Felsen der Unterstützung oder Trost ist, dass Christus in unserer Nähe ist und uns in allen Versuchungen beisteht. Nehmen wir hier zwei Dinge zur Kenntnis:

1. Das Mitgefühl Christi in unseren Versuchungen. *Nobis compatitur Christus* – Christus leidet mit uns. „Denn wir haben nicht einen Hohenpriester, der kein Mitleid haben könnte mit unseren Schwachheiten" (Hebr 4,15). Jesus Christus fühlt mit uns mit. Er ist sich unserer Versuchungen bewusst, als wäre sie ihm selbst auferlegt und als würde er sie in seiner eigenen Seele fühlen. Wie in der Musik alle Saiten klingen, wenn eine Saite berührt wird, so erklingt es im Inneren Christi, wenn wir leiden. Wir können nicht versucht werden, ohne dass er davon berührt wird. Wenn wir sehen, wie ein Wolf unser Kind ängstigt, haben wir dann nicht mit ihm Mitleid? Wir können mit dem Kind nicht so viel Mitleid haben, wie Christus mit denjenigen, die versucht werden. Er hatte Mitgefühl, als er auf der Erde war, um wie viel mehr jetzt in der Herrlichkeit.

Aber wie passt das mit der Herrlichkeit Christi jetzt im Himmel zusammen, dass er mit unseren Leiden Mitgefühl hat?
Dieses Mitgefühl in Christus erwächst nicht aus einer Schwachheit heraus oder aus einer Leidenschaft, sondern aus der mystischen Einheit zwischen ihm und seinen Gliedern. „Denn wer euch antastet, der tastet seinen Augapfel an!" (Sach 2,12). Jeden Schaden, der einem Heiligen zugefügt wird, nimmt er so auf, als wäre er ihm im Himmel zugefügt worden. Jede Versuchung schlägt auf ihn ein, und er ist mit einem Mitgefühl zu ihnen berührt.

2. Der Beistand Christi in der Versuchung. Wie der gute Samariter zuerst Mitleid mit dem verwundeten Mann hatte – hier haben wir Mitgefühl – und danach Wein und Öl darauf goss – hier haben wir Beistand – (Lk 10,34), so ist es auch, wenn wir von dem roten Drachen verwundet werden: Christus ist zuerst vom Mitleid angerührt und dann gießt er Wein und Öl auf die Wunden. „Denn worin er selbst gelitten hat, als er versucht wurde, kann er denen helfen, die versucht werden" (Hebr 2,18). Das griechische Wort für Beistand (boethesia) bedeutet: jemandem schnell zur Hilfe eilen. Der Satan ist so bösartig und der Mensch so gebrechlich, dass Christus, welcher der Gott-Mensch ist, schnell zu seiner Hilfe eilt. Als Petrus zu sinken anfing und rief: „Herr, rette mich!" (Mt 14,30), da streckte Christus sofort seine Hand aus und ergriff ihn. So ist es auch, wenn eine arme Seele versucht wird und zum Himmel um Hilfe ruft: „Herr, rette mich!", dann kommt Christus mit seinen Hilfskräften. *Noscit Christus* – unser Herr Jesus weiß, was es bedeutet, versucht zu werden, deshalb ist er bereit, denen Beistand zu leisten, die versucht werden. Man hat beobachtet, dass Frauen, die Kinder geboren haben, mit anderen in ihren Wehen mehr Mitgefühl haben als Frauen, die unfruchtbar sind. So ist auch der Herr Jesus, nachdem er in den Wehen der Versuchung und des Leidens gewesen ist, bereitwilliger, um mit denen, die versucht werden, Mitleid zu haben und ihnen beizustehen.

Im Hinblick auf den Beistand Christi für diejenigen, die versucht werden, betrachten wir zwei Dinge: Seine Fähigkeit und seine Beweglichkeit, um Beistand zu leisten. „Denn worin er selbst gelitten hat, als er versucht wurde, kann er denen helfen, die versucht werden" (Hebr 2,18). Er wird Michael genannt, was bedeutet: Wer ist wie Gott? (Offb 12,7). Obwohl die angefochtene Seele schwach ist, so kämpft sie dennoch unter einem guten Anführer: dem Löwen aus dem Stamm Juda. Wenn eine angefochtene Seele kämpft, dann kommt Christus als ihr Beistand zum Schlachtfeld. Michael ist für den Drachen zu stark. Wenn der Teufel die Belagerung der Versuchung stellt, kann Christus sie aufbrechen, wenn es ihm gefällt. Er kann durch die Quartiere des Feindes durchbrechen und den Satan so in die Flucht schlagen, dass seine Streitkräfte nicht mehr in der Lage sind, sich zu erholen. Jesus Christus steht auf der Seite der Heiligen, und wer könnte sich eine bessere Leibwache wünschen als die Allmacht? Wie Christus in der Lage ist, den Angefochtenen zu helfen, so wird er ihnen auch gewiss Beistand leisten. Seine Macht befähigt ihn, seine Liebe veranlasst ihn, seine Treue verpflichtet ihn dazu, den angefochtenen Seelen Beistand zu leisten. Gott stand Israel unter den feurigen Schlangen in der Wüste bei. Der Fels, der Wasser hervorbrachte, das Manna, die Wolkensäule, die eherne Schlange, was anderes waren diese Dinge, als Sinnbilder dafür, dass Gott armen, angefochtenen Seelen in der Wüste der Versuchung beisteht, wo sie vom Teufel, dieser feurigen Schlange, gebissen wurden? Als Alexander gefragt wurde, wie er so fest schlafen könne, während um ihn herum seine Feinde sind, sagte er: „Antipater[100] ist wach, und er ist jederzeit am wachen." So ist auch Christus wach, wenn unser Feind in der Nähe ist, um uns zu versuchen. Christus ist eine Feuerwand um uns herum. In den Namen, die Christus gegeben sind, liegt für die, die versucht werden, sehr viel Beistand. Wie die Namen des Satans erschrecken, so können die Namen Christi ein Beistand sein. Der Teufel wird *Apollyon* – Verderber genannt (Offb 9,11). Christus wird Retter genannt. Der Teufel wird als „Starker" bezeichnet (Mt 12,29). Christus wird *El Gibbor* – starker Gott genannt (Jes 9,6). Der Teufel wird als Verkläger bezeichnet (Offb 12,10). Jesus wird als Anwalt bezeichnet (1.Joh 2,1). Der Teufel wird als Versucher bezeichnet (Mt 4,3). Christus wird Tröster genannt (Lk 2,25). Der Teufel wird als Fürst der Finsternis bezeichnet. Christus wird Sonne der Gerechtigkeit genannt. Der Teufel wird als die alte Schlange bezeichnet. Christus wird als eherne Schlange bezeichnet, die heilt (Joh 3,14). Somit geben allein schon die Namen Christi einer Seele Beistand, die versucht wird.

---

100 Antipater war der Feldherr von Alexander dem Großen.

Wie und in welcher Weise steht Christus denen bei, die versucht werden?
Er steht ihnen bei, indem er seinen Geist sendet, dessen Werk es ist, ihnen jene Verheißungen ins Gedächtnis zu bringen, die zur Stärkung sind. „Der wird euch alles lehren und euch an alles erinnern, was ich euch gesagt habe" (Joh 14,26). Der Geist stattet uns mit vielen Verheißungen aus, die Waffen sind, um gegen die alte Schlange zu kämpfen. „Der Gott des Friedens aber wird in Kurzem den Satan unter euren Füßen zermalmen" (Röm 16,20). „Gott aber ist treu; er wird nicht zulassen, dass ihr über euer Vermögen versucht werdet" (1.Kor 10,13). Der Same der Frau wird den Kopf der Schlange zermalmen (1.Mose 3,15). In Zeiten der Versuchung sind wir oft wie ein Mann, der in seinem Haus überfallen wird und seine Waffen, sein Schwert und sein Gewehr nicht finden kann. In solchen Fällen sendet Christus seinen Geist und bringt uns das ins Gedächtnis, was uns in unserem Kampf hilft. Der Geist Christi tut für die, die versucht werden, das, was Aaron und Hur für Mose taten, als sie unter ihn einen Stein legten und seine Hände hochhielten und Israel so die Oberhand behielt. Der Geist legt die Verheißungen unter die Hand des Glaubens, und dann überwinden die Christen den Teufel, den geistlichen Amalek. Die Verheißung ist für die Seele das, was der Anker für ein Schiff ist, er hält es im Sturm fest.

Christus steht seinem Volk bei, indem er ihr Fürsprecher ist. Während der Teufel versucht, ist Christus am beten. Das Gebet Christi für Petrus, als er versucht wurde, erstreckt sich auf alle seine Heiligen. Herr, sagte Christus, es ist mein Kind, das versucht wird. Vater, erbarme dich über es (Lk 22,32). Wenn eine arme Seele aus den Wunden blutet, die der Teufel ihr zugefügt hat, dann bringt Christus seine Wunden seinem Vater dar und bittet Kraft seiner Wunden um Gnade. Wie kraftvoll muss dieses Gebet sein! Er ist ein Günstling (Joh 11,42). Er ist sowohl Hohepriester als auch Sohn. Wenn Gott vergessen könnte, dass Christus ein Priester ist, so könnte er nicht vergessen, dass er ein Sohn ist. Außerdem betet Christus für nichts anderes, als was mit dem Willen seines Vaters übereinstimmt. Wenn ein Königssohn nur um das bittet, was sein Vater im Sinn hat, zu gewähren, dann wird sein Gesuch nicht abgelehnt.

Christus steht seinem Volk bei, indem er den Versucher abzieht. Wenn die Schafe anfangen umherzustreifen, setzt er den Hund auf sie an, um sie zur Herde zurückzubringen, und dann ruft er den Hund zurück. So zieht auch Gott den Versucher ab. „Er wird zugleich mit der Versuchung auch den Ausgang schaffen“ (1.Kor 10,13). Er wird einen Ausweg schaffen. Er wird den Versucher schelten. „Der HERR schelte dich, du Satan“ (Sach 3,2). Es ist keine geringe Hilfe, dass Christus denen beisteht, die versucht werden. Die Mutter steht dem Kind am meisten bei, wenn es krank ist. Sie sitzt an der Bettkante und gibt Mittel zur Stärkung. So hat auch eine Seele den größten Beistand, wenn sie am meisten angegriffen wird.

Ich habe mich Christus gegenüber lieblos verhalten und gegen seine Liebe gesündigt, und er wird mir sicherlich nicht beistehen, sondern mich in der Schlacht umkommen lassen!

Christus ist ein barmherziger Hohepriester und wird uns trotz unserer Verfehlungen beistehen. Josef war ein Typus auf Christus hin. Seine Brüder verkauften ihn und „sein Hals kam ins Eisen“ (Ps 105,18). Doch später, als seine Brüder in der Hungersnot am sterben waren, vergaß er ihre Kränkungen und stand ihnen mit Geld und Getreide bei. „Ich bin“, sagte er, „Josef, euer Bruder.“ So wird auch Christus zu einer Seele, die versucht wird, sprechen: „Ich kenne deine Lieblosigkeit, wie du meiner Liebe misstraut und meinen Geist betrübt hast, doch ich bin Josef, ich bin Jesus, deshalb werde ich dir beistehen, wenn du versucht wirst.“

d) Ein weiterer Felsen der Unterstützung ist, dass der beste Mensch am meisten versucht werden kann. Piraten können es mit Gewalt auf ein reich beladenes Schiff absehen. So kann auch derjenige, der reich im Glauben ist, vom Teufel Prügel beziehen. Hiob, ein außergewöhnlicher Heiliger, wurde furchtbar angegriffen. Der Satan schlug seinen Leib, damit er ihn dazu versuchen würde, entweder die Vorsehung Gottes zu bezweifeln oder gegen sie anzukämpfen. Paulus war ein auserwähltes Gefäß, doch wie wurde dieses Gefäß mit Versuchungen geschlagen (2.Kor 12,7)!

Heißt es nicht: „Wer aus Gott geboren ist, der bewahrt sich selbst, und der Böse tastet ihn nicht an“ (1.Joh 5,18)?
Das bedeutet nicht, dass der Teufel ihn nicht versucht, sondern er fasst ihn nicht an, das heißt nicht mit *tactu lethali* – einem tödlichen Griff (Cajetanus). „Es gibt Sünde zum Tode“ (1.Joh 5,16). Nun, der Satan wird mit allen seinen Versuchungen ein Kind Gottes nicht dazu bringen, eine „Sünde zum Tode“ zu begehen. Auf diese Weise tastet er es nicht an.

e) Ein weiterer Felsen der Unterstützung ist, dass der Satan in der Versuchung nicht weiter gehen kann, als Gott es ihm erlaubt. Die Macht des Versuchers ist begrenzt. Eine ganze Legion Teufel könnte nicht ein einziges Schwein antasten, solange Gott ihnen nicht die Erlaubnis dazu gibt. Der Satan hätte Petrus gesiebt, bis er ihm seine ganze Gnade ausgesiebt hätte, doch Christus ließ das nicht zu. „Ich habe für dich gebetet“ etc. Christus bindet den Teufel mit einer Kette (Offb 22,1). Wenn die Macht Satans ebenso groß wäre wie seine Bosheit, dann würde nicht eine Seele gerettet werden, doch ist er ein Feind in Ketten. Es ist ein Trost, dass der Satan nicht einen Millimeter weiter gehen kann, als Gott es erlaubt. Wenn ein Feind ein Kind nicht weiter antasten könnte, als es der Vater festgelegt hat, dann könnte er dem Kind keinen großen Schaden zufügen.

f) Ein weiterer Felsen der Unterstützung ist, dass man durch eine Versuchung an sich nicht schuldig wird, es sei denn, dass man in sie einwilligt. Wir können eine Versuchung nicht verhindern. Wenn wir die Versuchung verabscheuen, dann ist sie eine Last für uns, aber nicht unsere Sünde. Wir lesen im alttestamentlichen Gesetz, wenn jemand eine Jungfrau nötigte und sie schrie, wurde sie als unschuldig betrachtet. So ist es auch, wenn der Satan mit der Versuchung an einem Christen eine Vergewaltigung begehen will und er schreit und nicht einwilligt, dann wird der Herr das dem Teufel zurechnen. Das

Auslegen des Köders schadet dem Fisch nicht – erst, wenn er anbeißt.

g) Ein weiterer Felsen der Unterstützung ist, dass es kein Zeichen dafür ist, dass Gott uns hasst, wenn wir versucht werden. Ein Kind Gottes denkt häufig, dass es von Gott nicht geliebt wird, weil Gott es zulässt, dass es vom Teufel gejagt wird. *Non sequitur* – das ist eine falsche Schlussfolgerung. Wurde nicht Christus selbst versucht, und doch kam eine Stimme vom Himmel, die sprach: „Dies ist mein geliebter Sohn" (Mt 3,17)? Die Versuchung Satans und die Liebe Gottes stehen nicht im Widerspruch. Der Goldschmied liebt sein Gold und das Feuer, und Gott liebt einen Heiligen, auch wenn er mit feurigen Pfeilen beschossen wird.

h) Ein weiterer Felsen der Unterstützung ist, dass die Versuchung Christi für uns zum Trost ist. Sie ist *aqua ignis* – Wasser auf das Feuer. Jesus Christus ist eine öffentliche Person, die unser Oberhaupt und Repräsentant ist, und was er getan hat, das hat er für uns getan: Sein Gebet war für uns, sein Leiden geschah für uns und als er versucht wurde und die Versuchung überwand, da überwand er für uns. Der Sieg Christi über den Satan diente dazu, um zu zeigen, dass die erwählten Personen den Satan am Ende überwinden werden. Als Christus die Versuchung des Satans überwand, diente das nicht nur dazu, um uns ein Vorbild an Mut zu geben, sondern um uns die Gewissheit des Sieges zu geben. Wir haben den Satan bereits durch das Haupt des Bundes überwunden und am Ende werden wir vollkommen überwinden.

i) Ein weiterer Felsen der Unterstützung ist, dass die Versuchungen bei den Gläubigen nicht über ihre Kraft gehen sollen. Der Harfenspieler spannt die Saiten seiner Harfe nicht zu stark, sonst reißen sie. „Gott aber ist treu; er wird nicht zulassen, dass ihr über euer Vermögen versucht werdet" (1.Kor 10,13). Er sorgt dafür, dass der Schlag im Verhältnis zu unserer Kraft steht. „Lass dir an meiner Gnade genügen" (2.Kor 12,9). Das Fackellicht des Glaubens wird am brennen gehalten, trotz aller Winde der Versuchung, die blasen.

j) Ein weiterer Felsen der Unterstützung ist, dass alle diese Versuchungen viel Gutes bewirken.

Sie beleben bei den Gläubigen den Geist des Gebets. Sie beten mehr und besser. Versuchungen sind ein *orationis flabellum* – Blasebalg, sie regen das Gebet an. Vorher kamen die Gläubigen vielleicht als kalte Bittsteller im Gebet zu Gott – sie haben gebetet, als ob sie nicht gebetet hätten. Die Versuchung ist ein Heilmittel gegen falsche Sicherheit. Als Paulus einen Boten des Satans hatte, der ihn schlug, war er ernsthafter im Gebet. „Seinetwegen habe ich dreimal den Herrn gebeten" (2.Kor 12,8). Der Pfahl in seinem Fleisch war ein Sporn in seiner Seite, um ihn zum Gebet anzuregen. Wenn ein Hirsch von einem Pfeil angeschossen wird, rennt er schneller zum Wasser. So rennt auch eine Seele, die mit dem feurigen Pfeil der Versuchung angeschossen wurde, schneller zum Thron der Gnade und ist mit Ernst bei Gott – entweder um die Versuchung loszuwerden oder um bei ihm zu sein, während sie versucht wird.

Gott gebraucht die Versuchung zur Sünde als ein Mittel, um sie zu verhindern. Je mehr ein Christ versucht wird, umso mehr kämpft er gegen die Versuchung an. Je mehr eine keusche Frau angegriffen wird, umso mehr verabscheut sie den Versuch. Je stärker die Versuchung für Josef war, umso stärker war auch sein Widerstand dagegen. Je mehr der Feind versucht, eine Festung zu stürmen, umso mehr wird er abgewehrt und zurückgeschlagen.

Die Versuchungen bei einem gottesfürchtigen Menschen bewirken eine Zunahme der Gnade. „*Unus Christianus temptatus mille* – ein Christ, der versucht wird, ist das Tausendfache wert", sagte Luther. Er wächst mehr in der Gnade. Wie der Blasebalg die Flamme vergrößert, so vergrößert auch die Versuchung die Flamme der Gnade.

Durch diese Versuchungen ebnet Gott den Weg für den Trost. Nachdem Christus versucht wurde, kamen die Engel und dienten ihm (Mt 4,11). Nachdem Abraham Krieg geführt hatte, brachte Melchisedek ihm Brot und Wein, um seinen Geist zu erquicken (1.Mose 19,18). So ist es auch, wenn die

Heiligen gegen den Satan gekämpft haben, dann sendet Gott seinen Geist, um sie zu trösten. Luther sagte, dass Versuchungen *amplexus Christi* – Umarmungen Christi sind, weil er sich der Seele dann am lieblichsten bekundet.

Damit ich diejenigen, die versucht werden, noch weiter trösten kann, lassen Sie mich über zwei besondere Fälle sprechen.

„Ich werde zu schrecklichen Gotteslästerungen versucht", sagen einige.
Hat der Teufel nicht auch Christus auf diese Weise versucht? „Dieses alles will ich dir geben, wenn du niederfällst und mich anbetest!" (Mt 4,9). Kann man sich eine noch größere Gotteslästerung vorstellen, als dass der Gott des Himmels und der Erde den Teufel anbeten sollte? Doch Christus wurde dazu versucht. Wenn gotteslästerliche Gedanken eingegeben werden und wir darüber zittern und uns der kalte Schweiß kommt, dann sind sie nicht von uns. Dann muss sich Satan dafür verantworten. Lassen wir den, der den Verrat geschmiedet hat, dafür leiden.

„Aber mein Fall ist noch schlimmer", sagen andere: „Ich bin zu solchen Sünden versucht worden und habe nachgegeben. Der Versucher hat mich überwunden."
Ich gebe zu, dass ein Kind Gottes durch einen Rückzug der Gnade und durch die Macht der Versuchung überwunden werden kann. David wurde im Fall der Bathseba durch der Versuchung überwunden und auch eine Anzahl im Volk. Es gibt im Herzen einen Teil der Gnade, der Christus treu ist, aber manchmal kann dieser durch die Verderbtheit überstimmt werden, und dann gibt ein Christ nach. Es ist traurig, wenn man so dem Versucher nachgibt. Doch lassen wir ein Kind Gottes nicht ganz entmutigt werden und sagen, dass es keine Hoffnung gibt. Lassen Sie mich in diese Wunder der Seele etwas Balsam von Gilead gießen.

a) Auch wenn ein Christ in der Versuchung fallen kann, so bleibt dennoch der Same Gottes in ihm. „Denn Sein Same bleibt in ihm“ (1.Joh 3,9). *„Gratia concutitur, non excutitur* – die Gnade wird erschüttert, aber nicht zerstört“ (Augustinus). Ein Mensch kann durch einen Fall blaue Flecken bekommen, doch das Leben bleibt in ihm. Ein Christ, dessen Wege sich mit dem Satan kreuzen, kann wie der Mann sein, der nach Jericho ging, unter die Räuber fiel, verwundet wurde und halb tot war (Lk 10,30). Doch dann ist immer noch ein lebendiges Prinzip der Gnade in ihm; sein Same bleibt in ihm.

b) Auch wenn ein Kind Gottes *in praelio* – in einem Gefecht überwunden werden kann, so doch nicht *in bello* – in der Hauptschlacht, so wie eine Armee in einem Gefecht verliert, aber am Ende siegt. So kann der Satan ein Kind Gottes in einem Gefecht durch die Versuchung schlagen, aber am Ende wird der Gläubige überwinden. Ein Gläubiger kann geschlagen, aber nicht überwunden werden. Er kann an Boden verlieren, aber nicht den Sieg.

c) Gott beurteilt seine Kinder nicht nach einer Tat, sondern nach der Beschaffenheit des Herzens. Wie er einen gottlosen Menschen nicht aufgrund einer Tat richtet, so richtet er auch nicht einen gottesfürchtigen Menschen aufgrund einer Tat. Eine heilige Person kann durch eine Versuchung geschlagen werden, doch der Herr beurteilt ihn nicht danach. Wer misst Milch ab, während sie siedet und aufkocht? Gott beurteilt einen Heiligen nicht, während der Teufel ihn in einer Leidenschaft aufkocht, sondern er beurteilt ihn nach dem Puls und dem Charakter seines Herzens. Er möchte Gott fürchten, und wenn er fehlt, dann weint er darüber. Gott sieht die Gesinnung seines Herzens an und wenn diese gegen die Sünde steht, dann wird Gott vergeben.

d) Gott wird dafür sorgen, dass sich der Fall eines Heiligen in der Versuchung zu seinem geistlichen Vorteil verwandelt.

Er lässt es zu, dass eine wiedergeborene Person in der Versuchung fällt, um sie noch wachsamer zu machen. Vielleicht führt sie einen losen Lebenswandel und wird so in die Sünde gelockt. Doch in Zukunft wird sie in ihrem Wandel vorsichtiger und wachsamer sein. Der gefallene Christ ist nun ein wachsamer Christ. Er kümmert sich darum, dass er nicht wieder an die Kette des Löwen kommt. Er scheut sich vor der Gelegenheit zur Sünde und hat davor Angst. Er geht nicht ohne seine geistliche Waffenrüstung nach draußen, und im Gebet legt er seine Waffenrüstung an. Wenn ein wildes Tier die Umzäunung durchdringt und das Getreide beschädigt, dann wird der Bauer die Umzäunung verstärken. So wird auch ein Christ gewiss seine Umzäunung ausbessern, wenn der Teufel sie mit Versuchungen durchdringt und wird danach noch wachsamer gegenüber der Versuchung sein.

Gott lässt es zu, dass seine Kinder manchmal in der Versuchung fallen, damit sie ihre beständige Abhängigkeit von Gott erkennen und bei ihm Kraft suchen. Wir benötigen nicht nur beständige Gnade, um uns gegen die Versuchung zu stellen, sondern auch helfende Gnade – so wie ein Boot, das nicht nur ein Ruder benötigt, sondern auch Wind, damit es gegen eine starke Strömung fahren kann. Gott lässt es zu, dass seine Kinder manchmal in der Versuchung fallen, damit sie ihre eigene Schwachheit erkennen und sich mehr auf Christus und die freie Gnade stützen (Hld 8,5).

Indem Gott es zulässt, dass seine Kinder in einer Versuchung fallen, festigt er sie noch mehr in der Gnade. Durch ihren Fall bekommen sie Kraft. Die Dichter sagen, dass der Riese Antäus, als er mit Herkules kämpfte, jedes Mal Kraft bekam, wenn er auf den Boden fiel. So bekommt auch ein Heiliger bei jedem Fall im Kampf mit Satan mehr geistliche Kraft. Petrus hatte niemals mehr so viel Kraft des Glaubens wie nach seinem Fall in der Halle des Hohenpriesters. Wie feurig war er im Eifer und mit Mut gewappnet! Derjenige, der zuvor durch die Stimme einer Magd aus der Fassung gebracht wurde, wagte es nun, vor Oberen und Ratsherren offen Christus zu bekennen (Apg 2,14). Wie ein Baum, der geschüttelt wird, sich mehr verwurzelt, so lässt auch Gott es zu, dass seine Kinder vom Wind der Versuchung geschüttelt werden, damit sie danach mehr in der Gnade verwurzelt sind. Die Christen, bei denen Gott es zugelassen hat, dass sie in der Versuchung fallen, sollen ihren Anker nicht wegwerfen oder sich nicht Gedanken der Verzweiflung hingeben.

Wenn Gott die Versuchung den Christen zum Vorteil gereichen lassen würde, egal ob sie in der Versuchung nun fallen oder nicht, würde das die Christen dann nicht sorglos machen?

Wir müssen unterscheiden zwischen einem Fall aus Schwachheit und einem Fall aufgrund von Mutwillen. Wenn ein Soldat kämpft, sich aber aus Mangel an Kraft zurückzieht, dann wird der General der Armee sich über ihn erbarmen und seine Wunden verbinden. Wenn er sich aber mutwillig zurückzieht und sich als verräterisch erweist, kann er keine Gnade erwarten. So ist es auch, wenn ein Christ einen Kampf mit Satan führt, aber aus Mangel fällt (wie es bei Petrus der Fall war) – dann wird sich Gott über ihn erbarmen und ihm in seinem Fall Gutes tun. Doch wenn er mutwillig fällt und in die Versuchung hineinrennt, wie es bei Judas war, dann wird Gott ihm gegenüber keine Gnade zeigen, sondern er wird gegen ihn das Kriegsrecht ausüben.

Es bleiben noch die Anwendungen.

Erste Anwendung

Betrachten wir, in welcher beständigen Gefahr wir sind. Satan ist ein exquisiter Künstler, ein großer Kopf. Er liegt im Hinterhalt, um zu verführen. Er ist der Versucher. Er hat Freude daran, die Heiligen zum Sündigen zu bringen, und er ist in der Versuchung listig. Er hat Wege und Methoden der Täuschung.

a) Er führt einen Heiligen in die Sünde, indem er ihn auf die Gnade vertrauen lässt, die er hat. Er lässt ihn glauben, dass er so einen Vorrat an Gnade hat, dass dieser ihn gegen alle Versuchungen sicher macht. Auf diese Weise täuschte er Petrus. Er ließ ihn auf seine Gnade vertrauen. Er hatte ja eine solche Leitung des Glaubens und solch eine starke Ausrüstung, dass er widerstandsfähig war, auch wenn der Wind der Versuchung noch so heftig wehte. „Wenn auch alle an dir Anstoß nehmen, so werde doch ich niemals Anstoß nehmen!“ – als ob er mehr Gnade hätte als alle Apostel zusammen (Mt 26,33). So ist er in Versuchung geführt worden und im Kampf gefallen. Der Mensch kann aus der Gnade einen Götzen machen. Die empfangene Gnade reicht ohne die unterstützende Gnade nicht aus. Das Boot benötigt nicht nur Ruder, sondern auch Wind, um gegen die Strömung zu fahren. So benötigen auch wir nicht nur die empfangene Gnade, sondern auch den Wind des Geistes, um uns durch starke Versuchungen durchzubringen.

b) Der Satan versucht durch die Verlockungen und Reize der Welt zur Sünde. *Faenus pecuniae funus animae* – die Geldgier ist das Verderben der Seele. Einer der Apostel Christi wurde mit einem silbernen Köder gefangen. Diejenigen, die der Teufel nicht mit Untugenden verderben kann, die korrumpiert er mit Geld. „Dieses alles will ich dir geben", war seine letzte Versuchung (Mt 4,9). Achan wurde durch einen Goldbarren geblendet. Sylvester II. verkaufte für das Papsttum seine Seele an den Teufel.

c) Der Satan versucht zur Sünde, *sub specie boni* – unter der Maske und dem Anschein des Guten. Seine Versuchungen haben den Anschein, Wirkungen der Gnade zu sein.

1. Er versucht die Menschen dazu, Pflichten des Glaubens zu verrichten. Man kann denken, dass es sonderbar ist, dass der Satan zur Pflicht versucht, trotzdem ist es so. Er versucht die Menschen zur Pflicht aus einem bösen Zweck. So versuchte er die Pharisäer, zu beten und Almosen zu geben, damit sie von den Menschen gesehen werden (Mt 6,5). Beten ist eine Pflicht, doch wenn man im Gebet mit einem schielenden Auge auf eitle Ehre blickt, verwandelt sich das Gebet in Sünde. Er versucht zur Pflicht, wenn dafür nicht der richtige Zeitpunkt ist: „Ihr sollt darauf achten, dass ihr meine Opfergaben, meine Speise von meinen Feueropfern, die zum lieblichen Geruch für mich sind, mir darbringt zu ihrer bestimmten Zeit" (4.Mose 28,2). Der Satan versucht zur Pflicht, wenn dafür nicht die bestimmte Zeit ist. Er versucht dazu, das Wort zu Hause zu lesen, wenn wir es durch die Predigt hören sollten. Er versucht zu einer Pflicht, um eine andere zu verhindern. Einige versucht er zur Pflicht als Deckmantel für die Sünde. Er versucht sie zu regelmäßiger Pflichtausübung, damit sie sündigen können und weniger verdächtig sind. Er versuchte die Pharisäer dazu, lange Gebete vorzutäuschen, damit sie die Häuser der Witwen

fressen konnten (Mt 23,14). Wer würde jemanden verdächtigen, dass er falsche Gewichte gebraucht, wenn er sehr oft die Bibel in seiner Hand hält?

2. Er versucht die Menschen zur Sünde unter dem Anschein der Liebe zu Christus. Wir mögen denken, dass das sonderbar ist, jedoch liegt darin Wahrheit. Manch ein gutes Herz mag denken, dass das, was es tut, es aus Liebe zu Christus tut, während es aber die ganze Zeit unter einer Versuchung steht. Als Christus zu Petrus sagte, dass er in Jerusalem leiden muss, nahm ihn Petrus zur Seite und tadelte ihn. „Herr, das widerfahre dir nur nicht!"; als ob er sagen wollte: Herr, du hast einen solch schmachvollen Tod nicht verdient, und dies widerfahre dir nicht (Mt 16,22). Petrus tat dies, weil er dachte, es würde aus Liebe zu Christus sein, aber er stand unter einer Versuchung. Was wäre aus uns geworden, wenn Christus auf Petrus gehört und nicht gelitten hätte? Als Christus seinen Jüngern die Füße wusch, da war Petrus so manierlich, dass er sagte: „Auf keinen Fall sollst du mir die Füße waschen!" (Joh 13,8). Dies tat er, weil er dachte, dass es aus Liebe und Respekt gegenüber Christus wäre. Er dachte, Christus wäre zu gut, um ihm seine Füße zu waschen, und deshalb wollte er ihn davon abbringen, jedoch war es eine Versuchung. Der Teufel setzte Petrus auf diese sündhafte Bescheidenheit an. Er griff die Erlösung von Petrus so weit an, dass Christus sagte: „Wenn ich dich nicht wasche, so hast du keine Gemeinschaft mit mir." Als die Samariter Christus nicht annehmen wollten, sagten die Jünger Jakobus und Johannes: „Herr, willst du, dass wir sprechen, dass Feuer vom Himmel herabfallen und sie verzehren soll?" (Lk 9,54). Sie taten dies, weil sie dachten, dass es aus Liebe zu Christus wäre. Sie wünschten Feuer, um seine Feinde zu verzehren, jedoch standen sie unter einer Versuchung. Das war kein Eifer, sondern das wilde Feuer ihrer eigenen Leidenschaften. Jesus antwortete: „Wisst ihr nicht, welches Geistes [Kinder] ihr seid?" (Lk 9,55)

d) Der Satan versucht den Menschen zu der Sünde, zu welcher sein Herz von Natur aus am meisten geneigt ist. Er versucht einen zivilisierten Menschen nicht zu einer groben

Sünde, die selbst für das Licht der Natur abscheulich ist. Der Satan serviert den Menschen niemals ein Gericht, das sie nicht mögen. Er versucht einen zivilisierten Menschen zum Hochmut und dass er auf seine eigene Gerechtigkeit vertraut, um aus seiner Höflichkeit einen Erlöser zu machen. Wie die Spinne aus ihrem Inneren heraus ein Netz spinnt, so möchte der zivilisierte Mensch ein Netz der Erlösung aus seiner eigenen Gerechtigkeit spinnen.

Dann lasst uns erkennen, in welcher Gefahr wir sind, wenn der Satan ständig mit seinen Versuchungen im Hinterhalt liegt!

Lasst uns die Unfähigkeit des Menschen erkennen, aus sich selbst einer Versuchung zu widerstehen! Wenn er sich aus sich selbst heraus gegen eine Versuchung stellen könnte, dann wäre das Gebet nutzlos: „Und führe uns nicht in Versuchung." Niemand hat die Kraft aus sich selbst heraus, Versuchungen zu widerstehen, sofern Gott ihm nicht die Kraft dazu gibt: „Ich weiß, HERR, dass der Weg des Menschen nicht in seiner Macht steht" (Jer 10,23). Wenn Petrus, der wahre Gnade hatte, und Adam, der vollkommene Gnade hatte, sich nicht gegen die Versuchung stellen konnten – wie viel weniger kann sich irgendjemand durch die natürliche Kraft dagegenstellen, was die Lehre vom freien Willen widerlegt? Welche Freiheit des Willens hat ein Mensch, wenn er nicht der geringsten Versuchung widerstehen kann?

Hier haben wir eine Sache, um uns demütig zu machen, weil in uns solch eine Veranlagung und Neigung ist, dass wir Versuchungen nachgeben. Wir sind ebenso bereit, eine Versuchung zu verschlingen, wie ein Fisch bereit ist, den Köder zu verschlingen. Wenn der Teufel zum Hochmut, zur Begierde, zu Neid und Rache verführt, wie sind wir dann doch ein Sinnbild für den Satan und umarmen seine Fallstricke! Wie ein Brautwerber bei einer Frau nicht lange werben muss, die bereit ist, ihre Einwilligung zu geben, so kommt auch der Satan mit seinem Werben durch die Versuchung, und wir geben bald nach. Er macht Feuer, und wir sind wie trockener Zunder, der den ersten Funken auffängt. Er klopft mit der Versuchung an, und es ist traurig, wenn man bedenkt, wie schnell wir ihm die Tür öffnen – was so ist, als würde jemand einem Dieb die Tür öffnen.

Lasst uns deshalb erkennen, dass das Leben eines Christen kein leichtes Leben ist. Es ist voller Kampf: Ein Christ muss auf dem Schlachtfeld einem Goliath gegenübertreten, der mit Macht und List bewaffnet ist und der seine listigen Angriffe und Pfeile hat. Ein Christ muss beständig wachen und kämpfen. Die Pläne des Satans haben „Tod" auf ihre Stirne geschrieben. Er „sucht, wen er verschlingen kann" (1.Petr 5,8). Deshalb ist es notwendig, dass wir immer unsere Waffen in unserer Hand haben. Wie wenige denken, dass ihr Leben eine Kriegsführung ist! Obwohl sie auf dem Schlachtfeld einen Feind haben, der allezeit Fallstricke legt, stehen sie dennoch nicht Wache und halten ihre geistlichen Geschütze nicht bereit. Sie legen ihre Juwelen an, aber nicht ihre Waffenrüstung. „Sie singen laut zur Pauke und Laute und sind fröhlich beim Klang der Schalmei" (Hiob 21,12) – als ob sie eher beim Musizieren wären als in der Schlacht. Viele sind in der Trägheit eingeschlafen, während sie gegen den Satan kämpfen sollten, und es ist kein Wunder, dass der Teufel auf sie schießt, wenn er sie schlafend vorfindet.

Zweite Anwendung

Es werden diejenigen zurechtgewiesen, die beten: „Und führe uns nicht in Versuchung" und trotzdem in die Versuchung hineinrennen. Das sind solche, die zu Spielen und Maskenbällen gehen und fremdem Fleisch nachjagen. Manche gehen in einem langsameren Tempo in die Hölle, doch diejenigen, die in die Versuchung hineinrennen, reiten im Galopp dorthin. Wir haben in dieser zügellosen Zeit zu viele von diesen Leuten, die den Teufel dazu versuchen, sie zu versuchen – als ob sie denken, dass sie nicht schnell genug sündigen könnten.

Dritte Anwendung

Lasst uns daran arbeiten, dass wir von der Versuchung nicht überwunden werden.

Welche Mittel sollten wir gebrauchen, damit die Versuchungen des Satans über uns nicht die Oberhand gewinnen?

a) Lasst uns Einsamkeit vermeiden. In einem Kampf mit einem Feind ist es nicht weise, ihm dem Vorteil des Bodens zu überlassen. Wir überlassen dem Satan den Vorteil des Bodens, wenn wir alleine sind. Eva wurde angegriffen, als ihr Ehemann abwesend war. Eine Jungfrau wird nicht so schnell tätlich angegriffen, wenn sie in Gesellschaft ist. „Es ist besser, dass man zu zweit ist als allein" (Pred 4,9). Suchen wir die Gemeinschaft der Heiligen, denn das ist eine gute Abhilfe gegen die Versuchung.

b) Wenn wir nicht von der Versuchung überwunden werden wollen, dann nehmen wir uns davor in Acht, dass nicht die Schwermut überwiegt, die eine *atra bilis* – schwarze Stimmung ist, die hauptsächlich im Gehirn sitzt. Schwermut stört den Verstand und setzt der Versuchung aus. Jemand hat Schwermut als *balneum diaboli* – das Bad des Teufels bezeichnet. Er badet sich mit Freude in so einer Person. Schwermut kleidet den Verstand in Zobelfell. Sie füllt den Verstand mit solch düsteren Befürchtungen, dass es häufig im Selbstmord endet.

c) Wenn wir nicht von der Versuchung überwunden werden wollen, dann wollen wir Nüchternheit lernen. „Seid nüchtern und wacht! Denn euer Widersacher, der Teufel, geht umher" (1.Petr 5,8). Eine nüchterne Gesinnung besteht in einem maßvollen Gebrauch der irdischen Dinge. Ein maßloses Verlangen nach diesen Dingen bringt die Menschen häufig in den Fallstrick des Teufels. „Denn die, welche reich werden wollen, fallen in Versuchung und Fallstricke" (1.Tim 6,9). Derjenige, der unmäßig den Reichtum liebt, wird ihn unrechtmäßig erwerben. Ahab schwamm im Blut zu Nabots Weinberg. Wer trunken von der Liebe zur Welt ist, wird niemals frei sein von Versuchungen. Er reißt seine Seele nieder, um einen Besitz aufzubauen. „*Quid non mortalia pectora cogis, auri sacra fames* – Oh, du verfluchter Hunger nach Gold, wo hast du die Herzen der Menschen hingetrieben?" (Vergil). Seien wir nüchtern, nehmen wir uns davor in Acht, dass wir nicht trunken sind von der Liebe zur Welt, sonst fallen wir in Versuchung.

d) Seien wir immer auf unserem Wachtposten. Seien wir den Listen und Spitzfindigkeiten des Satans gegenüber wachsam. „Seid nüchtern und wacht! Denn euer Widersacher, der Teufel, geht umher" (1.Petr 5,8). Ein Christ muss *exubias agere* – Wache halten und sich schützen. Er muss schauen, wo der Satan danach trachtet, einen Durchbruch zu machen. Er muss schauen, welche Gnadengabe er am meisten angreift oder zu welcher Sünde er am meisten verführt. „Was ich aber euch sage, das sage ich allen: Wacht!" (Mk 13,37). Lasst uns über alle Sinne wachen: das Auge, das Ohr, das Gefühl, denn der Satan kann sich durch sie einschleichen. Oh, wie notwendig ist es, geistlich zu wachen! Sollte der Satan wachsam sein und wir schläfrig? Er wacht, um uns zu verschlingen, und sollten wir da nicht wachen, um uns zu retten? Lasst uns erkennen, zu welcher Sünde unser Herz von Natur aus am meisten neigt, und lasst uns vor unserem Herzen Wache halten.

e) Nehmen wir uns vor Müßiggang in Acht. Der Satan sät den größten Teil seiner Saat auf brachen Boden. Der Rat von Hieronymus an seinen Freund war, immer beschäftigt zu sein, damit der Teufel, wenn er kommt, ihn bei der Arbeit im Weinberg finden würde. Müßiggang versucht den Teufel zu versuchen. Der Vogel, der still dasitzt, wird abgeschossen. Demjenigen, dem Beschäftigung fehlt, dem mangelt es niemals an Versuchungen. Wenn ein Mensch nichts zu tun hat, dann schüttet der Teufel Wasser auf die Mühle und findet für ihn genug Arbeit.

f) Tun wir unsere Lage ein paar gottesfürchtigen Freunden kund. Eine Schlange im Schoß zu verstecken, ist nicht der Weg, um gerettet zu werden. Wenn die alte Schlange durch die Versuchung in unseren Schoß gelangt ist, dann lasst sie uns dort nicht verstecken, indem wir auf ihren Rat hören. Wenn ein Funke ins Dachstroh gelangt ist, dann ist es nicht klug, ihn zu verschweigen, denn er kann das Haus in Brand stecken. Verbergen wir die Versuchung nicht. Geheimnisse bewahrt man für enge Freunde. Seien wir dem Satan kein so großer Freund, dass wir seine Geheimnisse bewahren. Offenbaren wir unsere Versuchungen, was der Weg ist, um andere dazu zu bringen, dass sie beten und uns Rat geben. Lassen wir jedermann sehen, dass wir der Partei Satans nicht treu sind, weil wir alle seine Verschwörungen erzählen und seine Verrätereien offenbaren. Darüber hinaus bringt es uns Erleichterung, wenn wir unsere Lage ein paar erfahrenen Christen erzählen. Wie das Öffnen einer Ader Erleichterung bringt, so wird uns auch das Offenlegen unserer Lage vor einem Freund Erleichterung geben und die Versuchung wird nicht so sehr entflammen.

g) Gebrauchen wir das Wort. Dieses bezeichnet der Apostel als „das Schwert des Geistes“, eine geeignete Waffe, mit der man gegen den Versucher kämpfen kann (Eph 6,17). Dieses „Schwert des Geistes“ ist ein *gladius anceps* – zweischneidiges Schwert. Es verwundet die fleischliche Begierde, und es verwundet den Satan. Wer auf einer Straße reitet, wo es Räuber gibt, wird gewiss mit seinem Schwert reiten. Wir reisen zum Himmel und auf dieser Straße gibt es einen Dieb, der uns immer und an jedem Platz überfällt. Wir treffen ihn in der Kirche; er versäumt keine einzige Predigt; er wird uns dort versuchen: manchmal zur Schläfrigkeit. Wenn jemand bei der Predigt schläft, dann wird er vom Teufel geschaukelt. Manchmal versucht er, indem er beim Hören die Gedanken ablenkt; manchmal versucht er dadurch, dass er die gehörte Wahrheit infrage stellt. Im Geschäftsleben versucht er uns zu geheimen Absprachen und zum Betrug: Er „hat eine falsche Waage in der Hand“ (Hos 12,8). Auf diese Art treffen wir den Versucher überall an. Deshalb, weil dieser Dieb an der Straße ist, müssen wir mit einem Schwert reisen. Wir müssen „das Schwert des Geistes“ bei uns haben. Wir müssen geschickt sein, dieses Schwert zu gebrauchen und den Mut haben, es zu ziehen – und das wird den Teufel in die Flucht schlagen. Als der Satan auf diese Weise unseren gesegneten Heiland zum Misstrauen und zur Gotteslästerung versuchte, gebrauchte er die Schrift als Waffe: „Es steht geschrieben.“ Dreimal hat er die alte Schlange mit diesem Schwert verwundet. Christus könnte mit seiner Macht und Autorität dem Fürsten in der Luft gebieten, wie er das beim Wind tat, doch stopfte er dem Teufel mit der Schrift das Maul: „Es steht geschrieben.“ Es sind nicht unsere Gelübde und unsere Entschlossenheit, die es tun; es sind auch nicht das Weihwasser und die Formeln des Papstes, die den Teufel vertreiben. Lasst uns das Wort Gottes gegen ihn vorbringen. Dies ist ein Argument, auf das er keine Antwort hat. Luther sagte einmal: „Ich war in großen geistlichen Nöten, doch sobald ich irgendeine Schriftstelle ergriffen habe und mich auf sie wie auf meinen Hauptanker gestützt habe, verschwanden meine Versuchungen sogleich.“ Es gibt keine Versuchung, auf die wir nicht mit einer geeigneten Schriftstelle antworten könnten. Wenn der Satan dazu versucht, den Sabbat zu brechen, dann antworten wir ihm: „Es steht geschrieben: ‚Gedenke des Sabbattages, dass du ihn heiligst‘.“ Wenn er zur Unreinheit verführt, dann antworten wir ihm: „Es steht geschrieben: ‚Die Unzüchtigen und Ehebrecher aber wird Gott richten‘.“ Wenn er zu fleischlicher Furcht versucht, dann sagen wir: „Es steht geschrieben: ‚Fürchtet nicht den, der den Leib töten kann, aber darüber hinaus nichts tun kann‘.“ Es gibt keinen besseren Weg, um Versuchungen zu widerlegen. Die Pfeile, die wir gegen den Satan abschießen, müssen aus diesem Köcher genommen werden. Vielen Leuten fehlt es an diesem Schwert des Geistes; sie haben keine Bibel, andere gebrauchen sie selten, stattdessen lassen sie das Schwert des Geistes verrosten. Sie schauen selten in die Bibel hinein – deshalb ist es kein Wunder, dass sie von der Versuchung überwunden werden. Wer geschickt im Wort ist, der ist wie jemand, der ein Pflaster bereithält, um es auf die Wunde zu legen, sobald sie zugefügt wurde, und so wird die Gefahr abgewendet. Oh, lasst uns die Schrift studieren – und wir werden zu stark für den Teufel; er kann dem nichts entgegensetzen.

h) Lasst uns auf unser eigenes Herz achtgeben, damit es uns nicht in die Sünde lockt. „Jeder Einzelne wird versucht, wenn er von seiner eigenen Begierde gereizt und gelockt wird“ (Jak 1,14). „*Quisque sibi Satan est* – jeder ist sein eigener Satan“ (Bernard). Jeder Mensch hat in seiner Brust seinen eigenen Versucher. Einen Verräter in der Festung zu haben, ist gefährlich. Das Herz kann eine Versuchung auch gebieren, ohne dass der Satan als Geburtshelfer daran beteiligt ist, um sie in die Welt zu bringen. Selbst wenn der Satan tot und begraben wäre, könnte uns das Herz zum Bösen ziehen. Wie der Grund für alle Krankheiten in den Körpersäften liegt, so liegt der Same für jede Sünde in der ursprünglichen Begierde. Schauen wir unser Herz an.

i) Wenn wir nicht von der Sünde überwunden werden wollen, dann lasst uns vor den Gelegenheiten zur Sünde fliehen. Gelegenheiten zur Sünde haben eine große Kraft, um innere Begierden zu erwecken. Wer sich selbst vor einer Infektion schützen möchte, der geht nicht in die Nähe eines infizierten Hauses. So auch wenn wir nüchtern sein wollen, dann vermeiden wir die Gesellschaft von Trunkenbolden. Als Josef von seiner Herrin gelockt wurde, da mied er die Gelegenheit. Der Text sagt: „Und obwohl sie ihm Tag für Tag zuredete, hörte er doch nicht auf sie, dass er sich zu ihr gelegt oder sich an ihr vergangen hätte" (1.Mose 39,10). Wenn wir nicht in das Papsttum verstrickt werden wollen, dann nehmen wir nicht an der Messe teil. Der Nasiräer, dem der Wein verboten war, durfte auch keine Weintrauben essen, was eine Gelegenheit zur Unmäßigkeit hätte sein können. Kommen wir nicht in die Nähe von Versuchungen! Angenommen jemand hätte einen Körper aus Schießpulver, dann würde er nicht in die Nähe eines Feuerfunkens gehen, sonst könnte er explodieren. Viele beten „Und führe uns nicht in Versuchung" und rennen trotzdem in die Versuchung.

j) Wenn wir nicht von der Versuchung überwunden werden wollen, dann machen wir vom Glauben gebrauch. „Vor allem aber ergreift den Schild des Glaubens" (Eph 6,16). Der Glaube wehrt die feurigen Pfeile des Satans ab, damit sie nicht schaden. „Dem widersteht, fest im Glauben" (1.Petr 5,9). Im Sturm fliehen Seeleute zu ihrem Anker. Fliehen wir zum Anker des Glaubens. Der Glaube bringt Christus mit sich. Duellanten bringen ihre Sekundanten[101] mit auf das Feld, so bringt auch

101 Ein Sekundant (von lat. *secundus*, „der Zweite") ist eine Person, die während eines Duells die Interessenvertretung und den physischen Schutz eines der Beteiligten wahrnimmt.

der Glaube Christus als seinen Sekundanten mit. Er stellt uns zu Christus und dann kann der Teufel uns nicht schaden. Das Küken ist unter den Flügeln der Henne vor den Raubvögeln sicher, und wir sind unter den Flügeln des Herrn Jesus vor dem Versucher sicher. Auch wenn andere Gnadengaben nützlich sind, um den Anreizen des Satans zu widerstehen, so ist der Glaube jedoch die überwindende Gnadengabe. Er ergreift die Verdienste Christi, seinen Wert und seine Tugenden, und so wird der Christ für den Teufel zu stark. Wie die Sonne verschwindet, wenn die Sterne erscheinen, so verschwindet der Satan, wenn der Glaube erscheint.

k) Wenn wir nicht von der Versuchung überwunden werden wollen, dann lasst uns viel Zeit im Gebet verbringen. Diejenigen, die sich an infizierten Orten aufhalten, haben Gegenmittel dabei. Das Gebet ist das beste Gegenmittel gegen Versuchungen. Als der Apostel dazu ermahnte „die ganze Waffenrüstung Gottes“ anzuziehen, fügte er hinzu: „indem ihr zu jeder Zeit betet mit allem Gebet“ (Eph 6,11.18). „Ohne Gebet *reliqua arma parum prosunt* – tun alle anderen Waffen wenig Gutes“ (Zanchius). Christus verschreibt dieses Rezept: „Wacht und betet, damit ihr nicht in Versuchung kommt!“ (Mk 14,38). Ein Christ zieht durch das Gebet Kraft vom Himmel herunter. Lasst uns Gott um Hilfe gegen den Versucher anrufen, wie Simson den Himmel um Hilfe anrief. „Mein Herr, HERR, gedenke doch an mich und stärke mich doch, o Gott, nur diesmal noch, damit ich mich an den Philistern mit *einem* Mal für meine beiden Augen rächen kann!“ (Ri 16,28). „Da fiel das Haus auf die Fürsten und auf alles Volk, das darin war“ (Vers 30).

Das Gebet ist *flagellum diaboli* – eine Geißel für den Teufel, es peitscht und peinigt den Teufel. Der Apostel gebietet uns: „Betet ohne Unterlass!“ (1.Thess 5,17). Luther gab einer Dame den Rat, als sie in Versuchung kam, dass sie im Gebet auf ihre Knie fallen soll. Das Gebet lindert die Macht der Versuchung. Es ist das beste Wundermittel, das wir gegen den Teufel gebrauchen können. Die Versuchung mag uns in die Ferse stechen, doch mit dem Gebet verwunden wir den Kopf des Teufels. Als Paulus von einem Boten des Satans geschlagen wurde, welches Heilmittel gebrauchte er da? Er begab sich ins Gebet. „Seinetwegen habe ich dreimal den Herrn gebeten, dass er von mir ablassen soll" (2.Kor 12,8). Wenn der Satan wütend angreift, dann lasst uns brennend beten.

l) Wenn wir nicht von der Versuchung überwunden werden wollen, dann seien wir in unseren eigenen Augen demütig. Diejenigen, die von ihrer eigenen Kraft ausgehen, sind dem Fall am nächsten. Pendelton sagte, dass sein fettes Fleisch im Feuer schmelzen soll. Doch anstatt dass sein Fett schmolz, schmolz sein Herz und er wandte sich von der Wahrheit ab. Wenn Menschen sehr eingebildet werden, dann lässt Gott sie fallen, um die Blase des Hochmuts zu durchstechen. Oh, lasst uns demütig sein! Diejenigen, welche die meiste Gnade haben, halten wahrscheinlich in der Versuchung am besten aus. Aber dem Demütigen gibt Gott mehr Gnade (Jak 4,6). Nehmen wir uns vor dem Hochmut in Acht. Ein Geschwür im Körper ist weniger gefährlich als Hochmut in der Seele. Plinius sagt, dass die Tauben stolz auf ihre Federn sind und das sie hoch fliegen können – und am Ende fliegen sie so hoch, dass sie eine Beute für den Falken werden. So ist es auch, wenn Menschen im Hochmut und Selbstvertrauen hoch fliegen: dann werden sie zur Beute für den Versucher.

m) Wenn wir nicht in Versuchung fallen wollen, dann treten wir nicht in einen Disput mit dem Satan ein. Als Eva anfing, mit der Schlange über die Sache zu diskutieren, war die Schlange zu stark für sie. Mit seiner Logik disputierte der Teufel sie aus dem Paradies. Der Satan kann die Sünde zerteilen, sie klein machen, sie garnieren und sie wie eine Tugend aussehen lassen. Er ist ein zu listiger Sophist[102], als das wir mit ihm argumentieren könnten. Disputieren wir nicht, sondern kämpfen wir! Wenn wir mit ihm in Verhandlungen eintreten, dann geben wir ihm schon den halben Sieg.

102 „Sophistik ist [...] die Kunst, durch falsche Dialektik das Wahre mit dem Falschen zu verwirren und durch Disputieren, Widerspruch und Schönschwatzen Beifall und Reichtum zu erwerben; sophistisch heißt demnach trügerisch, Sophisterei ein verfängliches Räsonnement." (Kirchner, Friedrich / Michaëlis, Carl: *Wörterbuch der Philosophischen Grundbegriffe*, Leipzig, 1907, S. 585).

n) Wenn wir nicht vom Satan überwunden werden wollen, dann müssen wir christliche Standhaftigkeit anlegen. Wir müssen mit einem Feind rechnen, der entweder Pfeile abschießt oder Fallstricke legt. Deshalb lasst uns mit Tapferkeit gewappnet sein. „Geht unverzagt ans Werk und der HERR wird mit dem Guten sein" (2.Chr 19,11; LÜ 84). Der Feigling erringt niemals einen Sieg. Um uns zum Kampf gegen Satan zu animieren, lasst uns bedenken:

1. Wir haben einen guten Anführer, der vor uns marschiert. Christus wird als Anführer unseres Heils bezeichnet (Hebr 2,10).

2. Wir haben eine gute Waffenrüstung. Die Gnade ist eine Waffenrüstung Gottes (Eph 6,11).

3. Der Satan ist bereits teilweise geschlagen. Christus hat ihm am Kreuz eine tödliche Wunde zugefügt (Kol 2,15).

4. Satan ist ein Feind in Ketten. Seine Macht ist begrenzt! Er kann den Willen nicht zwingen. Eva klagte darüber, dass die Schlange sie betrogen hat (1.Mose 3,13) – aber nicht gezwungen. Der Satan hat *astutiam suadendi* – die List zu überreden, aber nicht *potentiam cogendi* – die Macht zu zwingen. Er kann überreden, aber nicht zwingen.

5. Er ist ein verfluchter Feind, und der Fluch Gottes wird ihn vernichten. Deshalb lasst uns einen Geist der Tapferkeit und der Großmütigkeit anlegen. Fürchten wir den Satan nicht. Der in uns ist, der ist größer als der, der gegen uns ist.

o) Wenn wir von der Versuchung nicht überwunden werden wollen, dann lasst uns andere als Hilfe hinzuziehen. Wenn ein Haus brennt, holen wir da nicht auch Hilfe? Der Satan versucht, damit er uns unserer Seele beraube. Machen wir ein paar Freunde mit unserer Lage vertraut und bitten sie um ihren Rat und ihr Gebet. Wer weiß, vielleicht wird der Satan durch das gemeinsame Gebet mit anderen vertrieben? Wie äußerst hoffnungsvoll ist im Falle der Versuchung die Gemeinschaft der Heiligen!

p) Wenn wir von der Versuchung nicht überwunden werden wollen, dann lasst uns von so vielen Ermutigungen Gebrauch machen, wie wir können. Ist Satan ein brüllender

Löwe, so ist Christus der Löwe aus dem Stamm Juda. Wenn Satan versucht, dann betet Christus. Wenn Satan eine Schlange ist, die beißt, dann ist Christus eine eherne Schlange, die heilt. Wenn der Kampf hart ist, dann lasst uns auf die Krone schauen (Jak 1,12). Während wir kämpfen, wird Christus uns unterstützen, und wenn wir überwinden, wird er uns krönen. Was lässt einen Soldaten in einem blutigen Kampf aushalten, wenn nicht die Hoffnung auf einen goldenen Ertrag? Denken wir daran, dass Gott uns in Kürze aus dem Schlachtfeld herausruft, wo die Kugeln der Versuchung so schnell fliegen. Und er wird uns die Krone der Herrlichkeit auf unser Haupt setzen. Wie wird sich die Lage dann ändern! Anstelle des Kämpfens werden wir singen, anstelle eines Helms haben wir ein Diadem, anstelle eines Schwerte Palmzweige des Sieges, anstelle einer Waffenrüstung weiße Gewänder, anstelle der Scharmützel mit dem Teufel die Küsse und Umarmungen des Heilands. Diese ewigen Belohnungen sollten uns davon abhalten, in der Versuchung nachzugeben. Wer würde eine Krone verlieren, um eine Begierde zu befriedigen?

Vierte Anwendung

Diejenigen, die versucht werden, sollen weise sein, um aus ihren Versuchungen einen guten Nutzen zu ziehen. Wie wir danach trachten sollten, in unseren Trübsalen besser zu werden, so sollten wir auch in unseren Versuchungen besser werden. Aus unseren Versuchungen sollten wir etwas Gutes ziehen, wie Simson aus dem Löwen Honig entnahm.

Was kann aus einer Versuchung Gutes kommen? Kann es daran irgendetwas Gutes geben, wenn man von einem Feind überfallen wird? Kann es gut sein, wenn man mit feurigen Pfeilen beschossen wird?

Ja! Gott kann bewirken, dass sein Volk durch seine Versuchungen viel Gutes bekommt. Dadurch erkennt ein Christ die Verderbtheit in seinem Herzen, die er zuvor niemals gesehen hat. In einem Glas sieht Wasser rein aus, doch wenn man es aufs Feuer stellt, dann kocht der Abschaum auf. So erkennt auch ein Christ in der Versuchung, wie der Abschaum der Sünde aufkocht oder die Leidenschaften und das Misstrauen gegenüber Gott, wovon er dachte, dass diese nicht in seinem Herzen wären. Dadurch erkennt ein Christ mehr die Täuschungen Satans und ist besser in der Lage, ihnen zu widerstehen. Paulus war in der Fechtschule der Versuchung und wurde ein Experte im Herausfinden der Kriegslisten des Satans. „Seine Absichten sind uns nämlich nicht unbekannt" (2.Kor 2,11). Dadurch wird ein Christ demütiger. Gott lässt seine Kinder eher in die Hände des Teufels fallen, als dass er sie hochmütig werden lässt. Die Versuchung lässt den Federschmuck des Stolzes abfallen. „Und damit ich mich wegen der außerordentlichen Offenbarungen nicht überhebe, wurde mir ein Pfahl fürs Fleisch gegeben" (2.Kor 12,7). Eine Versuchung, die demütig macht, ist besser als eine Pflicht, die hochmütig macht. Somit kann ein Christ viel Gutes aus Versuchungen bekommen, was Luther sagen ließ, dass drei Dinge einen guten Bibellehrer ausmachen: Gebet, Nachsinnen und Versuchungen.

Fünfte Anwendung

Einige sind vom Satan hin und her geschüttelt worden und waren unter bösen Versuchungen zur Begierde, Rache und zum Selbstmord, doch Gott hat ihnen beigestanden und ihnen Kraft gegeben, den Versucher zu überwinden.

a) Sie sollten Gott sehr dankbar sein. „Gott aber sei Dank, der uns den Sieg gibt durch unseren Herrn Jesus Christus!" (1.Kor 15,57). Lasst uns Gott viel verherrlichen. Warum werden wir mehr als andere davor bewahrt, in Sünde zu fallen? Lag es daran, dass die Versuchungen nicht so stark waren? Nein, der Satan schießt seine Pfeile mit seiner ganzen Macht ab. Lag die Ursache in unserem Willen? Nein, solch ein gebrochener Schild hätte niemals die Versuchungen des Satans überwunden. Lasst uns erkennen, dass es die freie Gnade war, die den Versucher zurückgeschlagen und uns mit Siegestrophäen gerettet hat. Oh, lasst uns Gott dankbar sein! Wenn wir von der Versuchung überwunden worden wären, dann hätten wir auf das Angesicht des Glaubens schwarze Flecken geworfen und hätten den Feinden die Gelegenheit gegeben, Gott zu lästern (2.Sam 12,14). Wenn wir überwunden worden wären, dann würden wir mit einem „verwundeten Geist" krank niederliegen und wie David über unsere „gebrochenen Knochen" schreien. Nachdem David der Versuchung nachgegeben hatte, war er ein dreiviertel Jahr in einem Schrecken des Geistes. Einige Bibellehrer denken, dass seine volle Freude bis zum Tag seines Todes nie wiederhergestellt wurde. Oh, was für einen Grund haben deshalb diejenigen, die auf dem Berg Garizim stehen, Gott zu loben, da sie auf dem Schlachtfeld gegen den Satan Gutes empfangen haben und mehr als Überwinder geworden sind. Lasst uns wie der Psalmist sprechen: „Gepriesen sei der HERR, der uns ihren Zähnen nicht zur Beute gab!" (Ps 124,6). Gepriesen sei Gott, der uns dem Satan, diesem brüllenden Löwen, nicht zur Beute gegeben hat. Wenn Gott in seinen Verheißungen die Gnade vorausgehen lässt, dann müssen wir ihnen im Lobpreis folgen.

b) Wir, die wir versucht wurden und als Sieger hervorgegangen sind, seien wir voller Mitgefühl. Erbarmen wir uns über Seelen, die versucht werden. Zeigen wir unsere Gottesfurcht durch unser Erbarmen. Sehen wir die Pfeile des Satans, wie sie in ihrer Seite stecken? Dann wollen wir tun, was wir können, um sie herauszuziehen. Teilen wir ihnen unsere Erfahrungen mit; erzählen wir ihnen, wie wir die Fallstricke des Teufels durchbrochen haben und wie unser Erlöser unser Beistand war. Der Apostel spricht davon, andere „in einem Geist der Sanftmut" wieder zurechtzubringen (Gal 6,1). Das griechische Wort für „zurechtbringen" spielt auf Chirurgen an, die Knochen wieder richten. So auch wir, wenn wir solche sehen, die versucht werden und wo Satan sozusagen ihre Knochen ausgerenkt hat, dann wollen wir danach trachten, sie wieder zu richten mit aller Liebe, Sanftmut und Mitleid. Ein Wort, das zur rechten Zeit gesagt wird, kann eine Seele befreien, die in einer Versuchung ohnmächtig ist, und wir können, wie der barmherzige Samariter, Öl und Wein auf die Wunde gießen (Lk 10,34). „*Vir spiritualis consilia magis quam convicia medita-*

tur – der geistliche Mensch denkt eher an Rat als an Zurechtweisung" (Augustinus).

c) Wir, die wir den Sieg über den Satan behalten haben, werden wir nicht selbstsicher. Denken wir nicht, dass wir nicht mehr vom Versucher gestört werden. Er ist nicht wie die Aramäer, von denen es heißt: „Von da an kamen die Streifscharen der Aramäer nicht mehr in das Land Israel" (2.Kön 6,23). Wenn ein Hahn einmal dazu gebracht wurde, davonzurennen, wird er nicht mehr kämpfen, jedoch nicht so der Satan. Er ist ein ruheloser Feind; wenn wir ihn zurückgeschlagen haben, wird er einen erneuten Anlauf machen. Hannibal sagte über Marcellus, einen römischen Hauptmann, dass er niemals Ruhe gibt, egal ob er schlägt oder geschlagen wird.

Als der Satan von Christus geschlagen wurde, ging er davon, aber *ad tempus* – nur für eine Weile, als ob er beabsichtigte wiederzukommen (Lk 4,13). Wenn wir nach dem Kampf mit Satan Gutes bekommen haben, sind wir dazu geneigt, selbstsicher zu werden und unsere Waffenrüstung abzulegen und unseren Wachposten zu verlassen. Wenn er das erkennt, kommt er mit einer neuen Versuchung über uns und verwundet uns. Er handelt mit uns wie David mit den Amalekitern. „Sie lagen über das ganze Land zerstreut, aßen und tranken und feierten", als sie die Beute geraubt hatten und in Sicherheit waren (1.Sam 30,16). „Und David schlug sie von der Morgendämmerung an bis zum Abend des folgenden Tages, sodass keiner von ihnen entkam" (Vers 17). Nachdem wir durch den Kampf mit dem Versucher Gutes bekommen haben, müssen wir uns wie die Seeleute in einer Flaute verhalten, unsere Ausrüstung flicken, da wir nicht wissen, wie bald der nächste Sturm kommt. Der Satan kann sich für eine Zeit lang zurückziehen, damit er danach mit noch mehr Wut kommen kann. Er kann für eine Weile weggehen und sieben andere Geister mitbringen (Lk 11,26).

Seien wir deshalb nicht selbstsicher, sondern stehen wir auf unserem Wachturm. Tragen wir unsere Waffenrüstung und erwarten wir jederzeit einen Kampf. Wie derjenige, der eine kurze Ruhepause von einem Wechselfieber hat, sagt: „Ich schaue jeden Tag danach, wann mein Anfall wiederkommt", so sagen auch wir: „Ich halte jeden Tag danach Ausschau, wann der Versucher wiederkommt. Ich versetzte mich in eine Kampfhaltung." Wenn der Satan vom Schlachtfeld vertrieben wurde, ist er nicht aus dem Herzen vertrieben. Er wird wiederkommen. Er hat wenig Hoffnung sich gegen Christus durchzusetzen. Christus hat ihm drei tödliche Wunden zugefügt und ihn zum Rückzug gezwungen, dennoch wich er nur „eine Zeit lang" von ihm. Auch wenn der Teufel weiß, dass er uns nicht überwinden kann, so weiß er, dass er uns belästigen kann. Wenn er uns nicht vernichten kann, wird er uns gewiss stören. Deshalb müssen wir wie der Steuermann den Kompass bereithalten und in der Lage sein, unsere Nadel in jede Richtung zu drehen, wohin die Versuchung auch bläst. Wenn der Versucher nicht so bald kommt, wie wir erwarten, dann stellen wir uns in eine Verteidigungsposition, damit wir den Vorteil haben und so jederzeit vorbereitet sind.

Aus alledem lasst uns den Schluss ziehen, dass wir oft dieses Gebet sprechen: „Und führe uns nicht in Versuchung." Wenn der Satan uns durch eine Versuchung umwirbt, dann lasst uns ihm keine Zustimmung geben. Wenn ein Christ aus Schwachheit und nicht aus Absicht der Versuchung nachgegeben hat, dann werfe er seinen Anker nicht weg, sondern hüte sich vor der Verzweiflung, die schlimmer als der Fall selbst ist.

Ihr Christen, taucht eure Seelen in das salzige Wasser der Buße und Gott wird beschwichtigt sein. Buße ist für die Seele ein Brechmittel. Christus liebte Petrus auch nach seiner Verleugnung noch und sandte die gute Nachricht seiner Auferstehung an ihn: „... aber geht hin, sagt seinen Jüngern und dem Petrus" (Mk 16,7). Es ist ein Irrtum, zu denken, dass ein Akt der Sünde den Besitz der Gnade zerstören kann. Man tut der Barmherzigkeit Gottes und dem Trost eines Christen Unrecht, wenn man die verzweifelnde Schlussfolgerung zieht, dass der Besitz von jemandem nicht wiederhergestellt werden kann, nachdem er durch eine Versuchung gefallen ist. Deshalb, lieber Christ, wenn du wie Petrus gefallen bist, dann tue wie

Petrus Buße, und Gott wird bereit sein, deine Vergebung zu versiegeln.

II. *„Errette uns von dem Bösen."* In dieser Bitte liegt mehr, als in Worten ausgedrückt wird. Die Sache, die ausgedrückt wird, ist, dass wir vor dem Bösen bewahrt werden sollen. Die Sache, die weiter gemeint ist, ist, dass wir in der Gottesfurcht fortschreiten sollen. „Damit wir die Gottlosigkeit und die weltlichen Begierden verleugnen" – hier haben wir die Errettung von dem Bösen. „Und besonnen und gerecht und gottesfürchtig leben" – hier haben wir das Fortschreiten in der Gottesfurcht (Tit 2,12).

1. Wenn wir beten: „Errette uns von dem Bösen", dann beten wir im Allgemeinen, dass wir vom Übel der Sünde errettet werden. Wir beten nicht, dass wir unmittelbar von der Anwesenheit und der innewohnenden Sünde befreit werden, denn das kann in diesem Leben nicht geschehen. Wir können diese Otter nicht abschütteln, aber wir beten, dass Gott uns mehr und mehr von der Macht und dem Praktizieren der Sünde befreit, von den schändlichen Taten der Sünde, die auf das Evangelium Bedenken werfen. Die Sünde ist ein tödliches Übel, gegen das wir beten. Mit welchem Stift könnte ich das verunstaltete Gesicht der Sünde zeichnen? Der Teufel möchte die Sünde mit dem Namen der Tugend taufen. Es ist leicht, auf einem schwarzen Gesicht schöne Farben anzulegen. Ich werde mich darum bemühen, uns aufzuzeigen, was für ein gewaltiges Monster die Sünde ist und dass es guten Grund dafür gibt, dass wir beten sollten: „Errette uns von dem Bösen."

Der Apostel sagt, dass „die Sünde überaus sündig" ist (Röm 7,13). Sie ist das reinste Extrakt des Bösen. Die Sünde ist ein „verfluchtes Ding" (Jos 7,13; nach der englischen Übersetzung). Dass die Sünde das abscheulichste Übel ist, wird auf verschiedene Arten deutlich:

a) Betrachten wir die Sünde in ihrem Ursprung.

b) Betrachten wir die Sünde in ihrer Natur.

c) Betrachten wir die Sünde im Urteil und in der Meinung der Gläubigen.

d) Betrachten wir die Sünde im Vergleich zu anderen Dingen.

e) Betrachten wir die Sünde in der Art, wie sie geheilt wird.

f) Betrachten wir die Sünde in ihren entsetzlichen Auswirkungen.

Wenn wir dies alles betrachtet haben, werden wir begreifen, was für ein schreckliches Übel die Sünde ist und was für einen guten Grund wir haben zu beten: „Errette uns von dem Bösen."

a) Betrachten wir die Sünde in ihrem Ursprung. Sie hat ihren Ursprung in der Hölle. Sie ist vom Teufel (Joh 8,44). Sie nennt den Teufel „Vater". Sie ist *„serpentis venenum* – das Gift der Schlange", wie Augustinus sagt. Es ist das Gift, das die alte Schlange in unsere reine Natur gespuckt hat.

b) Betrachten wir die Sünde in ihrer Natur, dann ist sie böse. Schauen wir, womit die Schrift die Sünde vergleicht. Sie hat einen schlechten Namen. Sie wird mit dem Erbrochenen der Hunde verglichen (2.Petr 2,22). Sie wird mit einem Menstruationstuch verglichen (Jes 30,22; nach der englischen Übersetzung), was, wie Hieronymus sagt, unter dem Gesetz die unreinste Sache war. Die Sünde wird mit einer Plage verglichen (1.Kön 8,38) und einem Mundgeschwür (2.Tim 2,17; so im englischen Text; vgl. KJV z.St.). Wir sollten abgeneigt sein, mit Personen, die solche Erkrankungen haben, zu essen und zu trinken.

Die Sünde ist in ihrer Natur böse, weil sie eine Übertretung gegen Gott ist. Sie ist der Bruch seines königlichen Gesetzes. „Sünde ist das Übertreten des Gesetzes" (1.Joh 3,4; nach der englischen Übersetzung). Sie ist *crimen laesae majestatis* – ein Hochverrat gegen den Himmel. Welche größere Kränkung kann gegen einen Fürsten begangen werden, als dass man auf seinen königlichen Erlässen herumtrampelt. Sie „warfen dein Gesetz hinter ihren Rücken" (Neh 9,26). Die Sünde ist eine Beleidigung Gottes, weil sie ein Sich-Gott-Widersetzen ist (3.Mose 26,40). Das hebräische Wort für Sünde bedeutet „Rebellion." Sie schlägt Gott ins Angesicht. „Denn er hat seine Hand gegen Gott ausgestreckt" (Hiob 15,25). Wir sollten gegen Gott keinen Gedanken aufkommen lassen – um wie viel weniger sollten wir unsere Hand gegen ihn erheben? Doch der Sünder tut beides! Sünde ist *deicidium* – Gottesmord. Sie will nicht nur Gott entthronen, sondern auch Gott nicht mehr Gott sein lassen. Wenn es an der Sünde liegen würde, dann dürfte Gott nicht mehr länger Gott sein.

Die Sünde ist ein Akt von größter Undankbarkeit Gott gegenüber. Er ernährt einen Sünder, schirmt ihn von vielen Übeln ab, und dennoch vergisst er nicht nur seine Wohltaten, sondern missbraucht sie auch noch. „Sie erkannte ja nicht, dass ich es war, der ihr das Korn, den Most und das Öl gab und ihr das Silber und Gold mehrte, das sie für den Baal verwendet haben" (Hos 2,10). Gott könnte sagen: Ich habe dir Verstand, Gesundheit und Reichtum gegeben, die du gegen mich eingesetzt hast. Ein Sünder macht aus den Wohltaten Gottes einen Pfeil und schießt auf ihn. „Ist das deine Treue zu deinem Freund?" (2.Sam 16,17). Hat Gott uns das Leben zum Sündigen gegeben? Hat er uns Lohn gegeben, um damit dem Teufel zu dienen? Oh, was für ein undankbares Ding ist die Sünde doch! Durch Undankbarkeit verliert man die Wohltaten, so wie ein Kaufmann seine Güter verliert, indem er keinen Zoll zahlt.

Die Sünde ist in ihrer Natur böse, weil sie eine törichte Sache ist. „Du Narr! In dieser Nacht wird man deine Seele von dir fordern" (Lk 12,20). Ist es nicht töricht, wenn man einem Erbe eine kurze Pacht vorzieht? Ein Sünder bevorzugt die Freuden der Sünde für eine Zeit lang gegenüber den ewigen Freuden, die zur Rechten Gottes sind. Ist es nicht Torheit, wenn man einen Feind erfreut? Die Sünde erfreut den Teufel. *Mortalium errores epulae sunt daemonum* – der Teufel labt sich an den Sünden der Menschen. Ist es für einen Menschen keine Torheit, wenn er *felo de se* – an seinem eigenen Untergang selbst schuld ist, wenn er sich selbst vergiftet. Ein Sünder legt bei seinem eigenen Tod Hand an. „Sie aber lauern auf ihr eigenes Blut" (Spr 1,18). Kein Geschöpf bringt sich mutwillig selbst um – außer der Mensch.

Die Sünde ist eine Sache, die verunreinigt. Sie ist nicht nur ein Versagen, sondern auch eine Verunreinigung. Sie ist wie Rost am Gold, wie ein Fleck auf der Schönheit. Sie wird als eine „Befleckung des Fleisches und des Geistes" bezeichnet (2.Kor 7,1). Sie macht die Seele rot mit Schuld und schwarz mit Schmutz. „*Quanta foeditas vitiosae mentis* – wie groß ist die Fäulnis eines verderbten Geistes!" (Cicero). Dieser Schmutz der Sünde ist innerlich. Ein Fleck im Gesicht kann leicht abgewischt werden, wenn aber Leber und Lunge befallen sind, ist das weitaus schlimmer. Die Sünde ist in das Gewissen gelangt (Tit 1,15). Sie befleckt alle Fähigkeiten – den Verstand, das Gedächtnis, die Zuneigung, so als ob das ganze Blut verdorben wäre. Sie verschmutzt und befleckt alle unsere heiligen Dinge. Wenn unter dem Gesetz der Aussätzige den Altar berührte, konnte ihn der Altar nicht reinigen, sondern er verunreinigte den Altar, was ein Sinnbild dafür ist, wie der Aussatz der Sünde unsere heiligen Dinge befleckt.

Die Sünde ist eine Sache, die uns entwürdigt, sie nimmt uns unsere Ehre. „An seiner Stelle wird ein Verachteter aufkommen" (Dan 11,21). Dies wurde über Antiochus Epiphanes gesagt, der ein König war und dessen Name „Erhabener" bedeutet, aber die Sünde machte ihn zu einem „Verachteten." Die Sünde befleckt den Namen eines Menschen. Nichts verwandelt die Ehre eines Menschen so sehr in Schande wie die Sünde. Sie macht den Menschen wie das Vieh" (Ps 49,21). Es ist schlimmer als Vieh zu sein. Es ist keine Schande, Vieh zu sein, aber für einen Menschen ist es eine Schande, wie das Vieh zu sein. Die Begierde macht einen Menschen zum Tier, und Zorn macht einen Menschen zu einem Teufel.

Die Sünde ist eine Sache, die versklavt. Ein Sünder ist ein Sklave, selbst wenn er ganz freiwillig sündigt. „*Grave servitutis jugum* – das Joch der Sklaverei ist schwer" (Cicero). Die Sünde macht einen Menschen zu einem Sklaven des Teufels. Der Teufel bittet sie, zu sündigen, und sie tun es. Er bat Judas, Christus zu verraten, und er tat es. Er bat Ananias, eine Lüge zu erzählen, und er tat es (Apg 5,3). Wenn ein Mensch sündigt, dann ist er ein Lakai des Teufels und läuft in seinem

Auftrag. Diejenigen, die dem Satan dienen, haben einen so schlechten Herrn, dass sie davor Angst haben müssen, ihren Lohn zu empfangen.

Die Sünde ist eine widerwärtige Sache. „Sie sind alle abgewichen,allesamt verdorben“; im Hebräischen: Sie haben angefangen zu stinken (Ps 14,3). Die Sünde ist für Gott anstößig. Die Gebete dessen sind widerwärtig, der im Haus Gottes anbetet, der aber in der Sünde der Unreinheit lebt, obwohl er nach allen Gewürzen Arabiens duftet. „Räucherwerk ist mir ein Gräuel“ (Jes 1,13). Deshalb ist es so: „Den Hochmütigen erkennt er von ferne“ (Ps 138,6). Er kommt nicht in die Nähe eines Sünders, der wie ein Misthaufen stinkt, aus dem solch ein widerwärtiger Geruch kommt.

Die Sünde ist eine mühevolle Sache; sie kostet die Menschen viel Mühe und Schmerzen, um ihre bösen Pläne durchzuführen. „Sie ermüden sich selbst mit dem Begehen von Missetaten“ (Jer 9,5; nach der englischen Übersetzung). *Peccatum est sui ipsius poena* – die Sünde bestraft sich selbst. Welche Mühen nahm Judas auf sich, um seinen Verrat zustande zu bringen! Er ging zum Hohenpriester, dann zu der Schar der Soldaten und dann wieder zurück zum Garten. Welche Mühen nahmen die Verräter der Schießpulver-Verschwörung[103] auf sich, indem sie sich durch eine dicke Steinwand gegraben haben! Was für eine Mühe, die Pulverfässer zu transportieren und sie mit Eisenstangen zu bedecken! Wie haben sie sich selbst erschöpft im Frondienst der Sünde! Chrysostomos sagt, dass die Tugend leichter ist als die Untugend. Es ist leichter, nüchtern zu sein, als betrunken. Es ist leichter, Gott zu dienen, als der Sünde zu folgen. Ein gottloser Mensch schwitzt am Pflug des Teufels, und es ist eine große Mühe, sich selbst zu verdammen.

Die Sünde ist eine Sache, die Beunruhigung bringt. Was auch immer befleckt, das beunruhigt auch. Die Sünde nimmt

103 Die Schießpulver-Verschwörung von 1605, oder auch der Jesuiten-Verrat genannt, war ein fehlgeschlagenes Attentat auf den König James I. von England. Dieses Attentat wurde von dem obersten Jesuiten von England, Vater Henry Garnet, in Auftrag gegeben und von einer Gruppe Katholiken ausgeführt. Durch einen anonymen Brief wurde diese Verschwörung aufgedeckt, worauf die Verschwörer hingerichtet wurden. Später gab König James I. die bekannte King-James-Bibel in Auftrag, die 1611 erschien.

den Frieden der Seele. „Keinen Frieden, spricht mein Gott, gibt es für die Gottlosen!" (Jes 57,21). Wenn ein Mensch vermessen sündigt, dann stopft er sein Kissen mit Dornen aus, und sein Kopf liegt sehr unruhig, wenn er ins Sterben kommt. Die Sünde verursacht ein Zittern des Herzens. Als Spira gesündigt hatte, hatte er in seinem Gewissen eine Hölle. Er war in solch einem Schrecken, dass er bekannte, dass er Kain und Judas beneidet. Karl IV., der an einem Massaker in Paris schuldig war, war danach ein Schrecken für sich selbst. Er wurde von jedem Geräusch erschreckt und konnte es nicht ertragen, ohne Musik aus dem Schlaf aufzuwachen. Die Sünde nimmt den Frieden der Seele. Als Kain den Abel tötete, durchstach er mit einem Schlag die halbe Welt, jedoch konnte er nicht den Wurm in seinem eigenen Gewissen töten. Somit sehen wir, was die Sünde in ihrer Natur für ein Übel ist, und wie notwendig es ist, dass wir beten: „Errette uns von dem Bösen."

c) Betrachten wir die Sünde im Urteil und in der Meinung der Gläubigen, so wird sie als das gewaltigste Übel erscheinen.

Sie ist ein so großes Übel, dass die Gläubigen lieber alles andere tun würden, als zu sündigen. Mose „zog es vor, mit dem Volk Gottes Bedrängnis zu erleiden, anstatt den vergänglichen Genuss der Sünde zu haben" (Hebr 11,25). Die ersten Christen sagten: *„Ad leonem potius quam lenonem* – lieber zu den Löwen als ins Hurenhaus." Sie wählten lieber, äußerlich von Löwen verschlungen zu werden, als innerlich von der Begierde. Irenäus wurde an einen Ort getragen, wo auf der einen Seite ein Kreuz war und auf der anderen ein Götze. Und ihm wurde die Wahl gegeben, sich entweder vor dem Götzen niederzubeugen oder am Kreuz zu leiden – und er entschied sich für Letzteres. Ein weiser Mensch wählt eher einen Riss in seiner Jacke als einen Riss in seinem Fleisch. Und die Gläubigen ertragen eher äußerliches Leiden als einen Riss in ihrem Gewissen. Die Sünde ist ein so großes Übel, dass die Gläubigen nicht für den größten Gewinn sündigen würden. Sie würden nicht sündigen, auch wenn sie dafür einen Besitz erhalten würden – ja, sie würden noch nicht einmal sündigen, wenn sie dadurch die Ehre Gottes fördern würden.

Die Gläubigen bezeugen, dass die Sünde ein so großes Übel ist, dass sie in jedem Fall lieber wünschen zu sterben als zu sündigen, damit sie von der Sünde befreit würden. Sie verlangen danach, die Kleider des Fleisches abzulegen, damit sie der Sünde entkleidet sind. Es ist ihr größter Schmerz, dass sie von solchen inneren Mitbewohnern bekümmert werden, wie die Regungen des Hochmuts, der Begierde und des Neids. Es war für Mezentius eine schreckliche Qual, als er einen toten Mann an einem lebenden festband. So ist auch bei einem Kind Gottes die Verderbtheit mit der Gnade verbunden: ein toter Mann ist an einen lebenden festgebunden. Dies ist so abscheulich, dass ein Gläubiger aus keinem anderen Grund mehr danach verlangt, zu sterben, als aus dem Grund, dass der Tod ihn von der Sünde befreit. Die Sünde brachte den Tod in die Welt, und der Tod trägt die Sünde aus der Welt.

d) Beurteilen wir die Sünde, indem wir sie mit anderen Dingen vergleichen, dann wird die Sünde als das tödlichste Übel überhaupt erscheinen. Vergleichen wir die Sünde, womit wir wollen – Trübsal, Tod oder der Hölle –, und die Sünde ist immer noch schlimmer.

Vergleichen wir die Sünde zuerst mit Trübsal. In einem Tropfen Sünde befindet sich mehr Übel als in einem Meer Trübsal.

1. Die Sünde ist die Ursache für Trübsal, und die Ursache ist mehr als die Auswirkung. Die Sünde bringt alles Unheil mit sich: Sie trägt Krankheit, das Schwert, Hungersnot und alle Gerichte in ihrem Schoß. Sie macht den Namen faul, verzehrt den Besitz und lässt den Leib zerfallen. Wie die Dichter von der Büchse der Pandora behaupteten, dass sie die Welt mit Krankheiten füllt, wenn sie geöffnet wird, so war es auch, als Adam die Büchse der ursprünglichen Gerechtigkeit zerbrach; das verursachte als Strafe alles Unheil in der Welt. Die Sünde ist der Phaeton[104], der die Welt in Brand steckt. Sie hat die

104 Phaeton ist in der griechischen Mythologie der Sohn des Helios, des Sonnengottes. Phaeton lenkt für einen Tag den Sonnenwagen seines Vaters. Das Gespann gerät dabei außer Kontrolle, verlässt die tägliche Fahrtstrecke zwischen Himmel und Erde und löst eine Katastrophe universalen Ausmaßes aus: Die Erde geht in Flammen auf und die Feuersbrunst verwandelt ganze Völker in Asche.

Engel aus dem Himmel geworfen und Adam aus dem Paradies. Sie verursacht Aufstände, Spaltungen und Massaker. „O du Schwert des HERRN, wann willst du endlich ruhen?“ (Jer 47,6). Das Schwert der Gerechtigkeit Gottes steckt ruhig in der Scheide, bis die Sünde es zieht und gegen eine Nation wetzt. Somit ist die Sünde schlimmer als Trübsal, weil sie die Ursache davon ist, und die Ursache ist schlimmer als die Auswirkung.

2. Gott ist der Urheber von Trübsal. „Geschieht auch ein Unglück in der Stadt, das der HERR nicht gewirkt hat?“ (Am 3,6). Damit ist das Unglück der Trübsal gemeint. Gott hat seine Hand in der Trübsal, aber nicht seine Hand in der Sünde. Er ist die Ursache für jede Tat, sofern sie natürlich ist, aber nicht sofern sie sündig ist. Wer aus Eisen ein Werkzeug macht, ist nicht die Ursache für Rost und Geschwüre, die es verderben. So hat auch Gott das Werkzeug unserer Seele gemacht, aber nicht den Rost und die Geschwüre der Sünde, die sie verderben. „*Peccatum Deus non fecit* – Gott ist nicht der Urheber der Sünde“ (Augustinus). Gott kann ebenso wenig Böses tun, wie die Sonne verfinstern kann. In dieser Hinsicht ist die Sünde schlimmer als Trübsal. Gott hat eine Hand in der Trübsal, aber er weist es zurück, eine Hand in der Sünde zu haben.

3. Die Trübsal erreicht nur den Leib und macht ihn elend, doch die Sünde macht die Seele elend. Die Seele ist der edelste Teil. Sie ist ein Diamant, der an einen Ring aus Ton gesetzt ist. Sie ist ihrem Wesen nach vortrefflich, eine geistliche, unsterbliche Substanz. Der Preis, der für sie bezahlt wurde, ist vortrefflich; sie wurde erlöst durch das Blut Gottes (Apg 20,28). Sie ist mehr wert als eine Welt. Die Welt ist eher grob gemacht, die Seele ist mehr fein gesponnen. In der Welt sehen wir den Finger Gottes, in der Seele das Bild Gottes. Es ist schlimmer, wenn die kostbare Seele in Gefahr kommt, als wenn der Leib in Gefahr kommt. Die Sünde tut der Seele Gewalt an (Spr 8,36). Sie wirft das Juwel der Seele über Board. Trübsal geht nur an die Haut; sie kann nur das Leben wegnehmen, aber die Sünde nimmt die Seele weg (Lk 12,20). Der Verlust der Seele ist ein Verlust, den man mit nichts vergleichen kann. Er kann nie wiedergutgemacht werden. Chrysostomos sagt: „Gott hat uns

zwei Augen gegeben. Wenn wir eins verlieren, haben wir noch ein anderes. Aber wir haben nur eine Seele, und wenn diese verloren ist, kann sie nie niemals mehr hergestellt werden." Somit ist die Sünde schlimmer als Trübsal. Die eine kann nur den Leib erreichen, die andere zerstört die Seele. Gibt es dann nicht guten Grund dafür, dass wir oft diese Bitte erheben: „Sondern errette uns von dem Bösen."

4. Trübsale sind für uns gut. „Es ist gut für mich, dass ich gedemütigt wurde" (Ps 119,71). Viele können Gott für Trübsale danken. Trübsal macht demütig. „Gedenke doch an mein Elend und mein Umherirren, an den Wermut und das Gift! Beständig denkt meine Seele daran und ist tief gebeugt!" (Klgl 3,19.20). Trübsale werden mit Dornen verglichen. Diese Dornen dienen dazu, die Blase des Hochmuts zu durchstechen (Hos 2,6). Trübsal ist eine Schule der Buße. „Bekehre du mich, so will ich mich bekehren ... Nachdem ich bekehrt war, tat ich Buße" (Jer 31,18.19). Wenn unter das Destilliergerät Feuer gestellt wird, dann tropft das Wasser aus den Öffnungen. So bewirkt auch das Feuer der Trübsal, dass das Wasser der Buße aus den Augen tropft. Trübsal bringt uns näher zu Gott. Der Magnet der Gnade zieht uns nicht so nahe zu Gott, wie die Schnüre der Trübsal es tun. Als der verlorene Sohn durch Mangel bedrückt wurde, sagte er: „Ich will mich aufmachen und zu meinem Vater gehen" (Lk 15,18). Trübsale bereiten auf die Herrlichkeit vor. „Denn unsre Trübsal, die zeitlich und leicht ist, schafft eine ewige und über alle Maßen gewichtige Herrlichkeit" (2.Kor 4,17). Der Maler legt sein Gold auf dunklen Farben an. So legt auch Gott zuerst die dunklen Farben der Trübsal an und dann erst die goldene Farbe der Herrlichkeit. Somit ist Trübsal für uns gut, aber die Sünde ist nicht gut für uns; sie hält die guten Dinge von uns fern. „Eure Sünden halten das Gute von euch fern" (Jer 5,25). Die Sünde stoppt den Strom der Gnade Gottes; sie schleudert die Menschen in den Untergang. Die Trübsal von Manasse brachte ihn dazu, sich zu demütigen, doch die Trübsal des Judas brachte ihn in die Verzweiflung.

5. Jemand kann in Trübsal sein, und sein Gewissen ist ruhig. Die Füße von Paulus waren im Block, dennoch hatte er das Zeugnis seines Gewissens (2.Kor 1,12). Der Kopf kann wehtun, aber mit dem Herzen kann es wohl sein. Der äußere Mensch kann in Trübsal sein, dennoch kann die Seele im Guten wohnen (Ps 25,13). Der Hagel kann auf die Dachziegel des Hauses schlagen, während im Inneren Musik ist. Inmitten äußerer Schmerzen kann im Inneren Frieden sein. Somit kann in Trübsal das Gewissen ruhig sein, doch wenn jemand eine vermessene, skandalöse Sünde begeht, ist das Gewissen bekümmert. Wenn wir die Reinheit des Gewissen beflecken, dann verlieren wir den Frieden des Gewissens. Als Spira gesündigt und den Glauben abgeschworen hatte, war er ein Schrecken für sich selbst. Er hatte in seinem Inneren eine Hölle. Der Kaiser Tiberius fühlte solch einen Stachel in seinem Gewissen, dass er dem Senat erzählte, dass er täglich den Tod erleidet.

6. In Trübsal können wir die Liebe Gottes haben. Trübsale sind Zeichen der Liebe. „Welche ich lieb habe, die weise ich zurecht und züchtige ich" (Offb 3,19; LÜ 84). Trübsale sind scharfe Pfeile, aber sie werden von der Hand eines liebenden Vaters abgeschossen. Wenn jemand einen Sack Geld einem anderen zuwirft und die Haut ein wenig verletzt, dann wird der andere nicht beleidigt sein, sondern wird es als ein Zeichen der Liebe betrachten. So ist es auch, wenn Gott uns mit Trübsal verletzt, dann dient das dazu, um uns mit den goldenen Gnadengaben des Geistes reichzumachen, und alles geschieht aus Liebe. Wenn wir aber Sünde begehen, dann zieht Gott seine Liebe zurück, die Sonne wird von einer Wolke überdeckt und nichts außer Zorn und Missfallen erscheinen. Als David in der Sache mit Uria gesündigt hatte, heißt es: „Aber dem HERRN missfiel die Tat, die David getan hatte" (2.Sam 11,27; LÜ 84).

7. Es gibt viele Ermutigungen dazu, Trübsal zu erdulden. Gott selbst leidet mit uns mit: „Bei all ihrer Bedrängnis war er auch bedrängt" (Jes 63,9). Gott wird uns in unseren Leiden stärken. „Er ist ihre Stärke in der Not" (Ps 37,39; LÜ 84). Entweder macht Gott unsere Last leichter oder unseren Glauben

stärker. Er wird uns für unsere Leiden entschädigen und belohnen. „Und wer Häuser oder Brüder oder Schwestern oder Vater oder Mutter oder Kinder oder Äcker verlässt um meines Namens willen, der wird's hundertfach empfangen und das ewige Leben ererben“ (Mt 19,29; LÜ 84). Hier haben wir Ermutigungen, um in Trübsal zu leiden, aber keine Ermutigung zum Sündigen. Gott hat ein flammendes Schwert der Drohungen geschwungen, um uns vor der Sünde abzuschrecken. „Gewiss wird Gott das Haupt seiner Feinde zerschmettern, den Haarscheitel dessen, der in seinen Sünden einhergeht“ (Ps 68,22). Eine fliegende Rolle mit Flüchen tritt in das Haus eines Sünders ein (Sach 5,4). Wenn jemand sündigt, dann geschieht das auf eigene Gefahr. „Ich will meine Pfeile mit Blut berauschen“ (5.Mose 32,42). Gott wird die Menschen von ihren Sünden müde machen, oder er macht sie von ihrem Leben müde. Somit ist die Sünde schlimmer als Trübsal. Es gibt Ermutigungen, um in Trübsal zu leiden, aber keine Ermutigung zum Sündigen.

8. Wenn eine Person in Trübsal ist, dann leidet sie alleine, wenn sie aber öffentlich sündigt, dann schadet sie anderen. Sie schadet auch den Unbekehrten. Die Sünde eines Menschen kann auf den Weg eines anderen Menschen einen Stein legen, über den er stolpern und in die Hölle fallen kann. Oh, was für ein Übel ist die schändliche Sünde! Einige wurden dadurch entmutigt, andere verhärtet. Unser Sündigen kann die Ursache für die Verdammnis eines anderen sein. Das In-die-Irre-Gehen der Priester verursachte den Fall von anderen (Mal 2,7.8). Solche fügen den Unbekehrten Schaden zu. Durch eine öffentliche schändliche Sünde tastet sie schwache Gläubige an und sündigt so gegen Christus (1.Kor 8,12). Somit ist die Sünde schlimmer als Trübsal, weil sie anderen Schaden zufügt.

9. Die Heiligen können sich in Trübsal freuen. „Indem ihr das Wort unter viel Bedrängnis aufgenommen habt mit Freude“ (1.Thess 1,6). Ihr habt „den Raub eurer Güter mit Freuden hingenommen“ (Hebr 10,34). Aristoteles spricht von einem Vogel, der unter Dornen lebt, und doch lieblich singt. So kann sich auch ein Kind Gottes in Trübsal freuen.

Paulus hatte seine Gefängnislieder. „Wir rühmen uns auch in den Bedrängnissen" (Röm 5,3). Das griechische Wort bedeutet „eine überschwängliche Freude", eine Freude mit Rühmen und Triumphieren. Gott gießt häufig göttliche Tröstungen in die Seele, die bei den Heiligen in Trübsalen Freude bewirken, sodass sie lieber Trübsale haben, als ohne ihre Tröstungen zu sein. Gott versüßt ihre Wermut mit Zucker (Röm 5,5). Wir haben die Sonne scheinen gesehen, während es regnet. Die Heiligen hatten das Scheinen von Gottes Angesicht, währen Trübsale geregnet haben und auf sie getropft sind. Somit können wir uns in Trübsal freuen, aber wir können uns nicht in der Sünde freuen. „Freue dich nicht, Israel, wie die Völker frohlocken; denn du bist deinem Gott durch Hurerei untreu geworden" (Hos 9,1). Die Sünde ist eine Sache von Schande und Trauer, aber keine Sache der Freude. Als David sündigte, indem er das Volk zählte, da „schlug ihm das Gewissen" (2.Sam 24,10). Wenn man eine Ader durchsticht, kommt Blut heraus – so geht auch die Freude heraus, wenn die Sünde das Gewissen durchsticht.

10. Trübsal erhöht eine Person. „Was ist der Mensch, dass du ihn groß achtest und dich um ihn bekümmerst? Jeden Morgen suchst du ihn heim"; d.h. Gott sucht ihn mit Trübsal heim (Hiob 7,17.18; LÜ 84).

Wie könnenönnen uns Trübsale erhöhen?

a) Weil sie Zeichen der Kindschaft sind. „Es dient zu eurer Erziehung, wenn ihr dulden müsst. Wie mit seinen Kindern geht Gott mit euch um" (Hebr 12,7; LÜ 84). Jeder Abdruck der Rute ist ein Ehrenzeichen.

b) Weil die Leiden der Gläubigen ihren Ruhm und ihre Bekanntheit in der Welt angehoben haben. Der Eifer und die Standfestigkeit im Leiden der Märtyrer haben ihre Namen verewigt. Oh, wie berühmt war Hiob für seine Geduld! „Von Hiobs standhaftem Ausharren habt ihr gehört" (Jak 5,11). Hiob war durch seine Leiden bekannter als Alexander der Große. Somit erhöhen Trübsale eine Person, doch die Sünde erhöht sie nicht, sondern verunglimpft sie. Als die Söhne Elis gesündigt und ihre Priesterschaft entheiligt hatten, verwandelte sich ihre Ehre in Schande. Der Text sagt, dass sie sich „schändlich verhielten" (1.Sam 3,13). Die Sünde wirft auf den Namen eines Menschen einen unauslöschlichen Flecken. „Wer aber mit einer Frau Ehebruch begeht ... Schläge und Schmach werden ihn treffen, und seine Schande ist nicht auszutilgen" (Spr 6,32.33).

11. Jemand kann dem Glauben Ehre einbringen, indem er Trübsal leidet. Die eiserne Kette des Paulus bewirkte, dass das Evangelium eine goldene Kette trug. Leiden macht das Evangelium glaubwürdig und verbreitet es, doch das Begehen von Sünde bringt den Wegen Gottes Unehre und Schande. Cyprian sagt: Wenn in der Zeit der ersten Christen eine Jungfrau, die den Glauben gelobt hatte, ihre Reinheit befleckte, *totum ecclesiae coetum erbescere* – wurde das Angesicht der ganzen Gemeinde mit Scham und Kummer erfüllt. Wenn von wenigen schändliche Sünden begangen werden, dann bringen sie einen schlechten Ruf über viele, wie drei oder vier falsche Münzen in einer Summe Geld den ganzen Rest unter Verdacht stellen.

12. Wenn Trübsale auf das gute Zeugnis eines Menschen zurückgehen, weil er für Christus leidet, dann hat er die Gebete des Volkes Gottes. Es ist kein kleines Privileg, wenn man einen Vorrat an Gebeten hat. Das ist wie bei einem Kaufmann, der auf verschiedenen Schiffen jeweils einen Teil seiner Waren hat – und die leidenden Gläubigen haben einen großen Anteil an den Gebeten der anderen. „So wurde Petrus nun im Gefängnis bewacht; von der Gemeinde aber wurde unablässig für ihn zu Gott gebetet" (Apg 12,5). Was gibt es für ein größeres Glück, als die Verheißungen Gottes und die Gebete der Heiligen zu haben! Wenn ein Mensch aber vermessen und schändlich sündigt, dann hat er die bitteren Tränen der Heiligen und ihren gerechten Tadel. Er ist für alle, die ihn kennen, eine Last – wie David in einem anderen Fall spricht: „Die mich auf der Gasse sehen, fliehen vor mir" (Ps 31,12). So flieht auch das Volk Gottes vor einem schändlichen Sünder. Er ist wie eine infizierte Person; jedermann scheut und meidet ihn.

13. Trübsal kann einem Menschen nur schaden, während er lebt, doch die Sünde schadet ihm, wenn er tot ist. Wie die Tugenden und Almosen eines Menschen noch Gutes tun, wenn er bereits tot ist, so können ihm seine Sünden Unheil zufügen, wenn er tot ist. Wenn eine Spinne getötet wird, kann ihr Gift noch schaden. So kann auch das Gift eines schlechten Vorbildes noch viel Schaden anrichten, wenn ein Mensch bereits im Grab ist. Trübsal kann höchstens so lange andauern, wie ein Mensch lebt, doch die Sünde lebt und schadet auch, wenn er bereits weg ist. Somit ist die Sünde weit schlimmer als Trübsal.

Zweitens ist die Sünde schlimmer als der Tod. Aristoteles bezeichnete den Tod als den Schrecken der Schrecken und Hiob bezeichnet ihn als den „König der Schrecken", doch die Sünde ist noch tödlicher als der Tod selbst (Hiob 18,14).

a) Obwohl der Tod schmerzhaft ist, schadet er nur wegen der Sünde. Es ist die Sünde, die den Tod bitter und ihn zu ihrem Stachel macht. „Der Stachel des Todes aber ist die Sünde" (1.Kor 15,56). Gäbe es die Sünde nicht, dann könnte uns der Tod nicht den Fluch bringen, auch wenn er töten könnte. Die Sünde vergiftet den Pfeil des Todes, sodass sie schlimmer als der Tod ist, weil sie dem Tod einen Stachel gibt.

b) Der Tod trennt nur die Seele vom Leib, doch die Sünde – ohne Buße – trennt die Seele von Gott. „Ihr habt meine Götter ... weggenommen ... Was habe ich nun noch?" (Ri 18,24). Der Tod nimmt uns nur das Leben weg, doch die Sünde nimmt uns unseren Gott weg, sodass sie schlimmer als der Tod ist.

Drittens ist die Sünde schlimmer als die Hölle. In der Hölle ist der Wurm und das Feuer, doch die Sünde ist noch schlimmer.

a) Gott hat die Hölle geschaffen, doch die Sünde ist nicht sein Werk; sie ist ein Monster, das der Teufel geschaffen hat.

b) Die Qualen der Hölle sind nur eine Last für den Sünder, doch die Sünde ist eine Last für Gott. „Ich bin unter euch unter Druck, wie ein Wagen unter Druck ist, der voller Garben ist" (Am 2,13; nach der englischen Übersetzung). In den Qualen der Hölle liegt etwas, das gut ist: Darin wird die Gerechtigkeit

Gottes ausgeführt. In der Hölle gibt es Gerechtigkeit, doch die Sünde ist die ungerechteste Sache überhaupt. Sie würde Gott seiner Ehre berauben, Christus seines Verdienstes und die Seele ihrer Glückseligkeit, sodass sie schlimmer als die Hölle ist.

e) Betrachten wir die Art, wie die Sünde geheilt wird. Es hat viel gekostet, um sie wegzunehmen; die Schuld der Sünde konnte nur durch das Blut Christi weggenommen werden. Der, der Gott war, musste sterben und für uns zu einem Fluch gemacht werden, bevor die Sünde erlassen werden konnte. Wie schrecklich ist doch die Sünde, sodass keine Engel oder Erzengel, noch alle Macht des Himmels, ihre Vergebung zustande bringen konnten, sondern allein das Blut Gottes! Wenn ein Mensch eine Übertretung begehen würde und alle Adligen würden für ihn vor dem König niederknien, aber keine Vergebung wäre möglich, solange der Sohn des Königs nicht vor Gericht gebracht wird und für ihn den Tod erleidet, dann würden alle denken, dass es eine schreckliche Sache ist, die das verursacht hat. So liegt auch hier der Fall: Der Sohn Gottes musste sterben, um die Gerechtigkeit Gottes für unsere Sünden zu erfüllen. Oh, was für Todesqualen und Leiden hatte Christus! An seinem Leib: Sein Kopf wurde mit Dornen gekrönt, man spuckte in sein Angesicht, seine Seite wurde mit einem Speer durchbohrt, seine Hände und Füße wurden angenagelt. *Totum pro vulnere corpus* – sein ganzer Körper war eine einzige Wunde. Er litt in seiner Seele. „Meine Seele ist tief betrübt bis zum Tod“ (Mt 26,38). Er trank einen bitteren Kelch, der mit Flüchen gemischt war, der ihn dazu brachte – obwohl er durch den Geist geheiligt war, von Gott unterstützt und den Engeln getröstet wurde – Blutstropfen zu schwitzen und am Kreuz zu rufen: „Mein Gott, mein Gott, warum hast du mich verlassen?“ (Mt 27,46). All das geschah, um unsere Sünde wegzunehmen. Betrachten wir die Sünde im Blut Christi, dann wird sie in einer scharlachroten Farbe erscheinen.

f) Betrachten wir die Sünde in ihren düsteren Auswirkungen, dann erscheint sie als das schrecklichste und größte Übel. „Denn der Lohn der Sünde ist der Tod“, das ist „der zweite

Tod“ (Röm 6,23; Offb 21,8). Die Sünde hat Schande als ihren Weggefährten und den Tod als ihren Lohn. Der gottlose Mensch weiß, welches Vergnügen die Sünde bereitet, aber er weiß nicht, welche Strafe sie zur Folge hat. Die Sünde ist ein *scorpio pungens* – stechender Skorpion; auf ihren Fersen folgt die Hölle. Die Qualen der Hölle bestehen aus zwei Teilen:

Poena damni – die Strafe des Verlusts. „Weicht von mir, ihr Gesetzlosen!“ (Mt 7,23). Es war für Absalom ein großer Kummer, dass er das Angesicht des Königs nicht sehen konnte. Doch wie traurig und furchtbar ist es, wenn man das Lächeln Gottes verliert, wenn man aus seiner Gegenwart verbannt wird, wo die Fülle der Freude ist! Dieses Wort „weicht“ ist schlimmer als das Feuer, sagte Chrysostomos. Gewiss muss die Sünde das größte Übel sein, wenn sie uns von dem höchsten Gut trennt.

Poena sensus – die Bestrafung der Gefühle. „Geht hinweg von mir, ihr Verfluchten, in das ewige Feuer, das dem Teufel und seinen Engeln bereitet ist!“ (Mt 25,41). Warum diese Worte? Weil die Sünder am liebsten in folgender Weise bitten möchten: „Herr, wenn wir von dir hinweggehen müssen, dann lass uns deinen Segen haben.“ „Nein, geht weg, ihr verfluchten.“ „Wenn wir in das Feuer gehen müssen, dann lass uns an einen Ort der Entspannung und Ruhe gehen.“ „Nein, geht in das Feuer.“ „Wenn wir in das Feuer gehen müssen, dann lass es eine kurze Zeit andauern, lass das Feuer schnell ausgehen.“ „Nein, geht in das ewige Feuer.“ „Wenn es so ist, dass wir dort sein müssen, dann lass uns in guter Gesellschaft sein.“ „Nein, bei dem Teufel und seinen Engeln.“ Oh, was ist die Sünde doch für ein Übel! Alle Qualen in diesem Leben sind nur *ludibrium et risus* – Hohn und Spott, ein Kinderspiel im Vergleich zu den Qualen der Hölle. Was ist ein brennendes Fieber im Vergleich zu dem Brand in der Hölle? Es wird als der Zorn des allmächtigen Gottes bezeichnet (Offb 19,15). Der allmächtige Gott erlegt die Strafe auf, deshalb wird sie schwer sein. Ein Kind kann nicht hart schlagen, doch wenn ein Riese schlägt, dann tötet er mit einem Hieb. Wenn der allmächtige Gott zuschlägt, dann wird der Schlag unerträglich sein. Die

Hölle ist der Höhepunkt des Elends. Der Leib und die Seele, die gemeinsam gesündigt haben, werden auch gemeinsam leiden. Und diese Qualen werden auf keine Zeitperiode begrenzt sein. Und sie werden „den Tod suchen und ihn nicht finden" (Offb 9,6). „Und der Rauch ihrer Qual steigt auf von Ewigkeit zu Ewigkeit" (Offb 14,11). Hier in diesem Leben ist für die Gottlosen ein Gebet zu lang, ein Sabbat zu lang – doch wie lange wird es dauern, für immer auf Betten von Flammen zu liegen? Das Wort „für immer" bricht das Herz. Gewiss ist die Sünde dann das tödlichste und abscheulichste Übel. Betrachten wir die Sünde in ihrem Ursprung, in ihrem Wesen, in der Beurteilung und Einschätzung der Weisen, betrachten wir sie in ihrer Unvergleichbarkeit, dann ist sie schlimmer als Trübsal, der Tod und die Hölle. Betrachten wir die Art der Heilung und ihre düsteren Auswirkungen, dann bringt sie die ewige Verdammnis. Gibt es dann nicht guten Grund, dass wir dieses Gebet sprechen sollten: „Sondern errette uns von dem Bösen"?

Erste Anwendung
Zur Unterweisung.

a) Ist die Sünde wirklich solch ein tödliches, verderbliches Übel, das Übel aller Übel? Lasst uns erkennen, dass wir am meisten dafür beten müssen, um davon befreit zu werden, und dass unser Erlöser im Hinblick auf die Sünde gelehrt hat zu beten: „Sondern errette uns von dem Bösen." Die Heuchler beten mehr gegen zeitliche Übel als gegen geistliche. Der Pharao betete mehr dafür, dass die Plage des Hagels und Donners weggenommen werde, anstatt sein hartes Herz (2.Mose 9,28). Die Israeliten beteten mehr: „*Tolle serpentes* – nimm die Schlangen von uns weg", als dass sie dafür beteten, dass ihre Sünde weggenommen wird (4.Mose 21,7). Das Gebet des Heuchlers ist fleischlich. Er betet mehr, um von seiner Taubheit und Lähmung geheilt zu werden, als von seinem Unglauben. Er betet mehr, dass sein Schmerz weggenommen wird, als dass seine Sünde weggenommen wird. Doch unser Gebet sollte sein: „Sondern errette uns von dem Bösen." Geistliche Gebete sind die besten. Haben wir einen kranken Leib? Beten wir mehr dafür, dass die Krankheit der Seele weggenommen wird als die Krankheit des Leibes. „Heile meine Seele, denn ich habe gegen dich gesündigt!" (Ps 41,5). Die Plage des Herzens ist schlimmer als ein Krebs in der Brust. Haben wir ein Kind, das körperlich behindert ist? Beten wir mehr dafür, dass seine Unheiligkeit weggenommen wird als seine Behinderung. Geistliche Gebete gefallen Gott mehr und sind in seinen Ohren Musik. Christus lehrt uns hier, gegen die Sünde zu beten: „Sondern errette uns von dem Bösen."

b) Wenn die Sünde ein solch großes Übel ist, dann lasst uns die wunderbare Geduld Gottes bestaunen, mit der er den Sünder trägt. Die Sünde ist ein Bruch des königlichen Gesetzes Gottes, sie greift seine Ehre an. Doch dass Gott Sünder trägt, die ihn provozieren, zeigt seine wunderbare Geduld. Mit Recht wird er genannt: „... der Gott aber der Geduld" (Röm 15,5). Es würde die Geduld der Engel ermüden, die Sünden der Menschen für einen Tag zu tragen – aber was muss Gott tragen! Wie viele Beleidigungen und wie viel Unrecht erträgt er! Er sieht alle Intrigen und schrecklichen Gottlosigkeiten, die in einem Volk begangen werden. „Weil sie eine Schandtat in Israel begingen und Ehebruch trieben ... Solches weiß ich und bezeuge es, spricht der HERR" (Jer 9,23; Lü 84). Gott könnte die Menschen in ihren Sünden mit dem Tode schlagen, doch er unterlässt es und gibt ihnen Aufschub. Mich dünkt, ich sehe die Gerechtigkeit Gottes mit einem flammenden Schwert in seiner Hand, bereit, zuzuschlagen, doch die Geduld tritt für den Sünder ein und spricht: Herr, verschone ihn noch eine Weile. Mich dünkt, ich sehe die Engel zu Gott sagen wie der König Israels zu dem Propheten: „Soll ich sie schlagen? Soll ich sie schlagen?" (2.Kön 6,21). Herr, hier ist so ein großer Sünder: Soll ich ihn schlagen? Soll ich den Kopf von solch einem Trunkenbold, fluchenden Menschen und Sabbatbrecher wegnehmen? Und die Geduld Gottes sagt wie der Weingärtner: „Herr, lass ihn noch dieses Jahr" (Lk 13,8). Oh, die unendliche Geduld Gottes, welche die Sünder solange trägt! „Und wie sollte jemand seinen Feind finden und ihn friedlich seines Weges ziehen lassen?" (1.Sam 24,20). Gott findet seine

Feinde, er lässt sie jedoch ziehen; er rächt sich nicht sofort an ihnen. Jede Sünde hat eine Stimme, die zu Gott um Vergeltung schreit, wie die Sünde von Sodom schrie (1.Mose 18,20). Gott verschont die Menschen – doch sollten die Sünder sich nicht auf seine Geduld verlassen. Lange Nachsicht ist keine Vergebung. Wenn die Langmut Gottes missbraucht wird, dann sind die Menschen umso mehr unentschuldbar.

c) Wenn die Sünde ein so großes Übel ist, dann gibt es keine kleine Sünde. Es gibt keinen kleinen Verrat. Jede Sünde ist ein Angriff auf die Krone und den Rang Gottes, und in diesem Sinne kann man sagen: „Sind nicht deine Missetaten groß und deine Schulden ohne Ende?" (Hiob 22,5). Die Gelehrten sagen, dass die Sünde eine unendliche Sache ist, weil sie gegen eine unendliche Majestät begangen wird. Nichts kann die Sünde wegnehmen, außer dem, was selbst unendlich ist. Denn auch wenn die Leiden Christi als Mensch nicht unendlich waren, so hat doch die göttliche Natur einen unendlichen Wert und Verdienst an seinen Leiden hervorgebracht. Es gibt keine kleine Sünde, und es gibt auch keine kleine Hölle für die Sünde. So wie wir von keiner der Wohltaten Gottes denken sollen, dass sie klein ist, weil die Wohltaten Gottes mehr sind, als wir verdienen, so sollen wir auch nicht von irgendeiner Sünde denken, dass sie klein ist, denn die Sünden sind größer, als dass wir darauf antworten könnten. Die Sünde, die wir als die leichteste betrachten, wird ohne das Blut Christi schwer genug sein, um uns ins Verderben sinken zu lassen.

d) Wenn die Sünde ein so großes Übel ist, dann lasst uns sehen, woher alles persönliche Elend und das Elend der Völker herkommen. Es kommt vom Übel der Sünde. Die Sünde wächst hoch, was bewirkt, dass die Trennungen weit auseinanderwachsen. Es ist Achan, der uns Not bereitet. Es ist das Ei des Basilisk[105], aus dem eine feurige, fliegende Schlange kommt. Die Sünde ist wie Phaeton, der den Sonnenwagen fährt, der die Welt in Brand steckt, wie die Poeten schreiben. Wie der Planet Saturn hat die Sünde einen bösartigen Einfluss. Sie

105 Der Basilisk ist ein mythisches Tier, das in mittelalterlichen Büchern als König der Schlangen gilt.

bringt uns in Schwierigkeiten. „David sprach zu Gad: Ich bin in großen Schwierigkeiten" (2.Sam 24,14; nach der englischen Übersetzung). Wie Hüter des Feldes sind sie um sie herum. Wie Pferde und Elche auf einem Feld mit Zäunen eingeschlossen sind und eng bewacht werden, dass sie nicht hinauskommen können, so eng wurde auch Jerusalem von Feinden umlagert und bewacht, dass es für sie kein Entkommen gab (Jer 4,17). Woher kam das? „Deine Bosheit ist schuld daran" (Vers Jer 4,18). Alle unsere Übel kommen aus dem Übel der Sünde. Die Stricke, die uns quetschen, haben wir selbst gedreht. *Flagitium et flagellum sunt tanquam acus et filum* – der Gottlosigkeit folgt die Strafe wie der Faden der Nadel. Alle Stürme im Gewissen werden durch die Sünde erweckt. Das Schwert der Gerechtigkeit Gottes ruht still, bis die Sünde es aus der Scheide zieht und Gott dazu bringt, es gegen eine Nation zu wetzen.

e) Wenn die Sünde ein so großes Übel ist, wie wenig Grund hat dann jemand, sie zu lieben! Einige Leute sind in die Sünde so vernarrt, dass sie sich an ihr erfreuen. Der Teufel kann die Sünde so zubereiten und anrichten, dass sie dem Gaumen des Sünders gefällt. „Wenn ihm auch das Böse in seinem Munde wohlschmeckt" (Hiob 20,12; LÜ 84). Die Sünde ist für die verderbte Natur genauso genussvoll, wie Delikatessen für den Gaumen. Sie ist ein Festmahl, bei dem die Menschen ihre Begierden sättigen – aber es gibt nur wenig Grund, die Sünde zu lieben. „Wenn ihm auch das Böse in seinem Munde wohlschmeckt ...", so wird es doch „Otterngift in seinem Bauch" (Hiob 20,12.14; LÜ 84). Die Sünde zu lieben, ist einen Feind zu umarmen. Die Sünde legt einen Wurm in das Gewissen, einen Stachel zum Tode, ein Feuer zur Hölle. Sie ist wie jene Heuschrecken in Offenbarung 9,8-10: „Und sie hatten Haar wie Frauenhaar und Zähne wie Löwenzähne und hatten Panzer wie eiserne Panzer, und das Rasseln ihrer Flügel war wie das Rasseln der Wagen vieler Rosse, die in den Krieg laufen, und hatten Schwänze wie Skorpione und hatten Stacheln, und in ihren Schwänzen war ihre Kraft, Schaden zu tun den Menschen." Nach dem Frauenhaar kommt der Stachel des Skorpions rein.

f) Wenn die Sünde so ein großes Übel ist, was sollen wir dann über diejenigen sagen, welche die Sünde kleinmachen, als ob in ihr keine Gefahr wäre, als ob Gott es nicht ernst meinen würde, wenn er wegen der Sünde droht, als ob die Pastoren ein überflüssiges Werk verrichten würden, wenn sie gegen die Sünde predigen? Einige Leute tun so, als wäre es nichts, wenn ein Gebot gebrochen wird. Sie tun so, als wäre es nichts, wenn eine Lüge erzählt wird, wenn betrogen oder verleumdet wird, als wäre es nichts, wenn man in der Sünde der Unreinheit lebt. Wenn wir die Sünde in der Waagschale des Urteils einiger Leute abwiegen, dann ist sie sehr leicht – doch wer sind die, welche die Sünde leichtmachen? Sie werden von Salomo beschrieben: „Narren verhöhnen die Sünde" (Spr 14,9; nach der englischen Übersetzung). *„Stultus in vitia cito dilabitur* – die Narren fallen schnell in Untugenden" (Isidor[106]). Wer sonst außer Narren würde das leicht machen, was den Geist Gottes betrübt? Wer sonst außer Narren würde sich eine Giftschlange in seinen Schoß legen? Wer sonst außer Narren würde über seinen eigenen Untergang lachen und Scherze machen, während er sich selbst vergiftet?

g) Wenn die Sünde so ein großes Übel ist, dann schlussfolgere ich, dass es in der Sünde nichts Gutes gibt, was man aus ihr ziehen könnte. Von dieser Dorne können wir keine Trauben sammeln. Wenn die Sünde ein tödliches Übel ist, können wir aus ihr keinen Nutzen ziehen. Mit diesem Geschäft hatte noch nie ein Mensch Erfolg. Die Atheisten sagen: „Es ist umsonst, dass man Gott dient, und was nützt es uns?" (Mal 3,14). Doch wir können mit noch größerer Sicherheit sagen: Welchen Nutzen hat die Sünde? „Welche Frucht hattet ihr nun damals von den Dingen, deren ihr euch jetzt schämt?" (Röm 6,21). Wo sind eure Gewinne? Was habt ihr von der Sünde bekommen? Sie hat die Schande als ihren Begleiter und den Tod als ihren Lohn. Was für einen Nutzen hatte Achan von seinem Goldbarren? Dieser Barren schien seine Seele von Gott abgetrennt zu haben. Welchen Nutzen hatte Ahab von dem

106 Isidor gilt als der letzte Kirchenvater des Westens. Mit seinem Tod endet nach der vorherrschenden traditionellen Auffassung die Epoche der Patristik (die Zeit der Kirchenväter).

Weinberg, den er unrechtmäßig bekam? Die Hunde leckten sein Blut (1.Kön 21,19). Welchen Nutzen hatte Judas von seinem Verrat? Für 30 Silberlinge verkaufte er seinen Erlöser und kaufte seine eigene Verdammnis. All den Gewinn, den die Menschen durch ihre Sünden bekommen, können sie sich in ihre Augen tun, ja sie müssen sie dorthin tun und wieder herausweinen.

h) Wenn die Sünde ein so großes Übel ist, dann lasst uns die Torheit derer sehen, welche die Sünde wegen der Freude riskieren, die sie durch sie haben. „... sondern Wohlgefallen hatten an der Ungerechtigkeit" (2.Thess 2,12). Was die Freude der Sünde anbetrifft, ist es nur ein Schein; es ist nur eine angenehme Phantasie, ein goldener Traum. Und abgesehen davon ist die Sünde eine gemischte Freude, in sie ist Bitterkeit hineingemischt. Die Hure spricht: „Ich habe mein Bett besprengt mit Myrrhe, mit Aloe und Zimt" (Spr 7,17). Für einen süßen Bestandteil haben wir hier zwei bittere. Zimt ist süß, aber Myrrhe und Aloe sind bitter. Die Freude der Hure ist gemischt. Da gibt es die inneren Ängste und Schläge des Gewissens, welche die Freude bitter machen. Wenn es in der Sünde eine Freude gibt, dann ist sie nur für den Leib, den wir auch mit den Tieren gemeinsam haben. Die Seele wird dadurch nicht im Geringsten erfreut. „Seele ... habe nun Ruhe." Er hätte richtigerweise eher sagen müssen: „Leib, habe nun Ruhe." Die Seele kann nicht durch sinnliche Gegenstände gesättigt werden. (Lk 12,19). In Kürze wird die Freude, von der die Menschen an der Sünde reden, zu ihrer Krankheit. Einige Leute haben Freude daran, Kreide und Kohle zu essen, was durch eine Krankheit kommt.[107] So ist es auch, wenn Menschen von der Freude reden, die sie beim Essen der verbotenen Frucht empfinden. Das kommt von der Erkrankung ihrer Seele. „Die Bitteres süß und Süßes bitter nennen" (Jes 5,20). Oh, was für eine Torheit ist es, für einen Becher Freude ein Meer von Zorn zu trinken! Die Sünde wird am Ende bitter sein. „Schau nicht darauf, wie der Wein rötlich schimmert, wie er im Becher perlt! ... zuletzt aber beißt er wie eine Schlange und sticht wie eine Otter!"

107 Siehe das sog. Pica-Syndrom.

(Spr 23,31.32). Die Sünde wird sich wie die Rolle von Hesekiel erweisen: süß im Mund, aber bitter im Bauch, *mel in ore, fel in corde* – Honig im Mund, aber Galle im Herzen. Fragen wir Kain, ob er jetzt seinen Mord noch liebt! Und Achan, ob er seinen Goldbarren noch liebt! Oh, gedenken wir an den Ausspruch von Augustinus: *„Momentaneum est quod delectat, aeternum quod cruciat* – die Freude ist nur momentan, die Qual ist ewig." Die Freude der Sünde ist bald weg, aber der Stachel bleibt.

i) Wenn die Sünde ein so großes Übel ist, wie weise ist es dann, sich von ihr zu trennen! „Siehe, die Furcht des Herrn, das ist Weisheit, und vom Bösen weichen, das ist Einsicht!" (Hiob 28,28). Sündigen bedeutet, töricht zu handeln, deshalb bedeutet, sich von der Sünde zu trennen, weise zu handeln. Salomon sagt: „In der Übertretung des Bösewichts ist ein Fallstrick" (Spr 29,6). Ist es nicht weise, einem Fallstrick aus dem Wege zu gehen? Die Sünde ist ein Betrüger; sie betrog unsere ersten Eltern. Anstatt wie Gott zu werden, wurden sie wie die Tiere, die sterben (Ps 49,21). Die Sünde hat alle betrogen, die mit ihr zu tun hatten, und ist es nicht weise, solch einen Betrüger zu meiden? Die Sünde führt viele schöne Gründe an und erzählt, wie sie all die Sinne mit Freude befriedigen will. Doch die Seele, die Gnade hat, sagt: Die Liebe Christi ist lieblicher, der Friede des Gewissens ist lieblicher, was sind die Freuden der Sünde im Vergleich zu den Freuden des Paradieses? Zu Recht werden die Heiligen als kluge Jungfrauen bezeichnet, weil sie die Täuschungen in der Sünde erkennen und den Fallstricken aus dem Weg gehen. „Siehe, die Furcht des Herrn, das ist Weisheit, und vom Bösen weichen, das ist Einsicht!"

j) Wenn die Sünde ein so großes Übel ist, wie berechtigt und lobenswert sind dann die Mittel, die gebraucht werden, um die Menschen von der Sünde abzuhalten! Wie berechtigt sind die Ermahnungen und Zurechtweisungen eines Pastoren! „Weise sie streng zurecht" (Tit 1,13) – durch schneiden (eine Metapher von einem Chirurgen, der eine Wunde untersucht und das kranke Fleisch herausschneidet, damit der Patient gesund werden kann). So kommt auch ein Pastor Gottes mit einer schneidenden Zurechtweisung, nämlich um von der Sünde abzuhalten und die Seele zu retten. *„Si merito objurgaverit te aliquis, scito quia profuit* – wenn dich jemand gerechterweise zurechtweist, dann sei versichert, dass dies zu deinem Nutzen ist" (Seneca). Betrachten wir sie als unsere besten Freunde, die uns davon abhalten wollen, gegen Gott zu sündigen. Wenn jemand auf dem Weg ist, sich zu vergiften oder zu ertränken, wäre dann nicht derjenige sein Freund, der ihn daran hindern würde, das zu tun? Alle Zurechtweisungen der Pastoren dienen nur dazu, um uns vom Sündigen abzuhalten und Selbstmord zu verhindern; das geschieht alles aus Liebe. „In dem Bewusstsein, dass der Herr zu fürchten ist, suchen wir daher die Menschen zu überzeugen" (2.Kor 5,11). Die meisten sind leidenschaftlich verärgert über diejenigen, die sie vom Sündigen zurückrufen wollen. „Sie hassen den, der im Tor Recht spricht" (Am 5,10). Wer ist verärgert über einen Arzt, der einen bitteren Trank verschreibt, während man sieht, wie die kranke Körperflüssigkeit ausgespült wird. Man erweist den Seelen der Menschen Barmherzigkeit, wenn man ihnen ihre Sünden nennt. Und gewiss sind diejenigen Priester des Teufels, die sehen, wie die Menschen in der Sünde weitergehen und dabei sind, in die Hölle zu fallen, und sie dabei niemals zurückziehen; ja, vielleicht reden sie ihre Sünden sogar schön. Niemals hat Gott Pastoren gegeben, um falsche Spiegel zu sein, in denen hässliche Gesichter schön aussehen. Solche machen sich schuldig an den Sünden anderer.

k) Wenn die Sünde ein so großes Übel ist, das Übel der Übel, dann lasst uns sehen, was für eine schlechte Wahl diejenigen treffen, welche die Sünde wählen, um Trübsal zu vermeiden! Das ist so, als würde jemand lieber sein Fleisch Verletzungen bekommen lassen, als dass sein Mantel Risse bekommt. Es war eine falsche Anschuldigung, die Elihu gegen Hiob vorbrachte: „Hüte dich, wende dich nicht zum Unrecht, denn dies hast du dem Elend vorgezogen!" (Hiob 36,21). Das ist eine schlechte Wahl. Trübsal hat eine Verheißung, die ihr gegeben ist, aber die Sünde hat keine Verheißung (2.Sam 22,28). Trübsal dient uns zum Guten, aber nicht die Sünde; sie zieht die Hölle und die Verdammnis auf uns. Spira wählte lieber die Ungerechtigkeit als Trübsal, doch das kam ihm teuer zu stehen, am Ende bereute er seine Wahl. Wer Sünde begeht, um Trübsal zu vermeiden, der ist wie jemand, der in die Höhle eines Löwen rennt, um den Stich einer Mücke zu vermeiden.

l) Wenn die Sünde ein so großes Übel ist, dann muss es eine große Sorge des Christen in diesem Leben sein, sich von ihr fernzuhalten. „Sondern errette uns von dem Bösen." Einige richten ihre ganze Sorge darauf, keine Nöte zu haben. Sie bewahren lieber ihre Haut heil als ihr Gewissen rein, aber unsere Sorge sollte es hauptsächlich sein, uns vor der Sünde zu bewahren. Wie besorgt sind wir darum, uns von Speisen zu enthalten, von denen die Ärzte sagen, dass sie schädlich für uns sind, von denen man Gallensteine oder die Gicht bekommt! Um wie viel mehr sollten wir darum besorgt sein, dass wir nicht die verbotene Frucht essen, die den Zorn Gottes mit sich bringt. „Bewahre dich selbst rein!" (1.Tim 5,22). Die Heiligen haben immer gelernt, sich von der Sünde zu distanzieren. „Wie sollte ich nun eine so große Missetat begehen und gegen Gott sündigen?" (1.Mose 39,9). „Auch vor mutwilligen bewahre deinen Knecht" (Ps 19,14). Ein Ausspruch von Anselm lautete: „Wenn auf der einen Seite die Sünde ist und auf der anderen die Hölle, dann würde ich eher in die Hölle springen, als mutwillig gegen meinen Gott sündigen." Oh, was für ein Segen ist es, wenn man vor der Sünde bewahrt wird! Wir halten es für einen großen Segen, wenn wir vor der Pest oder vor einem Feuer bewahrt werden, doch was ist es erst, wenn wir vor der Sünde bewahrt werden?

m) Ist die Sünde ein so großes Übel? Dann müsste uns das ein Verlangen nach dem Himmel geben, wo wir vollkommen von der Sünde befreit sein werden, nicht nur von den äußeren Handlungen der Sünde, sondern auch von der innewohnenden Sünde. Im Himmel müssen wir nicht das Gebet beten: „Sondern errette uns von dem Bösen." Was für eine gesegnete Zeit wird das sein, wenn wir niemals mehr einen nichtigen Gedanken haben werden! Dann wird die Braut Christi *sine macula et ruga* sein – ohne Flecken und Runzel (Eph 5,27).

Noch ist ein toter Mensch an einen lebenden festgebunden. Wir können keine heilige Pflicht tun, ohne sie mit der Sünde zu vermischen. Wir können nicht beten ohne abzuschweifen. Wir können nicht glauben ohne zu zweifeln. Doch dann wird unsere reine Seele nicht mehr die geringste Tinktur der Sünde aufnehmen, denn wir werden wie die Engel Gottes sein.

Im Himmel werden wir keine Versuchung zur Sünde haben. Die alte Schlange ist aus dem Paradies herausgeworfen und ihre feurigen Pfeile werden niemals in unsere Nähe kommen, um uns anzurühren.

Zweite Anwendung
Zur Ermahnung.
Zuerst an alle im Allgemeinen. Wenn die Sünde so ein großes und gewaltiges Übel ist, dann nehmen wir uns in Acht, wenn wir unsere Seele lieben. Wenn wir von der verbotenen Frucht nehmen, wird uns das teuer zu stehen kommen. Es wird uns bittere Tränen kosten. Es kann den Preis haben, dass wir in der Hölle liegen. Oh, lasst uns deshalb von der Sünde fliehen.

a) Nehmen wir uns vor der Sünde der Versäumnis in Acht (Mt 23,23). Es ist wahrlich genauso gefährlich, Dinge nicht zu tun, die geboten sind, wie Dinge zu tun, die verboten sind. Einige denken, dass es keine große Sache ist, wenn man das Lesen der Schrift vernachlässigt. Die Bibel liegt wie eine verrostete Rüstung da, welche sie niemals benutzen. Sie denken, dass es keine große Sache ist, die Familie oder das Gebet im Kämmerlein zu vernachlässigen. Sie gehen viele Monate dahin, und Gott hört nichts von ihnen. Sie haben dem Herrn nichts geheiligt; sie nähren sich von einem Fluch: „Denn alles, was Gott geschaffen hat, ist gut … denn es wird geheiligt durch Gottes Wort und Gebet" (1.Tim 4,4.5). Oh, nehmen wir uns davor in Acht, in der Vernachlässigung irgendeiner bekannten Pflicht zu leben. Das Gebet eines heiligen Mannes auf seinem Sterbebett lautete: „Herr, vergib mir meine Sünden der Versäumnis."

b) Nehmen wir uns vor heimlichen Sünden in Acht. Einige sind so schamhaft, dass sie nicht offen auf einem Balkon sündigen, jedoch tragen sie ihre Sünden unter einer Markise; sie sündigen im Geheimen. Rahel wollte nicht, dass der Teraphim ihres Vaters gesehen wird, deshalb legte sie ihn unter sich und setzte sich darauf (1.Mose 31,34). Viele sind betrunken und unrein, wenn sie die Möglichkeit dazu haben und wenn niemand sie sieht. Sie sind wie jemand, der sein Fenster des Geschäftes schließt, aber hinter verschlossenen Türen sein Geschäft weiter betreibt. Wenn die Sünde ein so großes Übel ist, dann lasst mich am heutigen Tage davor warnen, nicht im Geheimen zu sündigen. Lasst uns erkennen, dass wir niemals so privat sündigen können, ohne dass die beiden Zeugen, Gott und das Gewissen, allezeit dabei sind.

c) Nehmen wir uns vor unserer Schoßsünde in Acht, zu der unsere Natur und unser Wesen am meisten neigen. Wie es im Bienenstock eine Hauptbiene gibt, so gibt es auch ihm Herzen eine Hauptsünde. „Und hütete mich vor meiner Sünde" (Ps 18,24). Es gibt die eine oder andere Sünde, die ein besonderer Liebling ist, die *peccatum in deliciis* – Lieblingssünde, die im Schoß liegt, und diese betört das Herz und zieht es weg. Oh, hüten wir uns davor!

1. Die Sünde, die ein Mensch am meisten hegt und pflegt und der alle anderen Sünden untertan sind, ist die Sünde, auf die man am meisten wartet und zu der man am meisten neigt. Die Lieblingssünde der Pharisäer war eitle Ehre; alles was sie taten, nährte die Sünde des Hochmuts. „Um von den Leuten gepriesen zu werden"; als sie Almosen gaben, bliesen sie eine Posaune (Mt 6,2). Wenn ein Fremder die Frage gestellt hätte, warum diese Posaune erschallt, wäre die Antwort gewesen: Die Pharisäer gehen, um den Armen Almosen zu geben. Ihre Lampe der Mildtätigkeit war gefüllt mit dem Öl der eitlen Ehre (Mt 23,5). Sie taten alle ihre Werke, um von den Menschen gesehen zu werden. Hochmut war ihre Schoßsünde. Häufig ist Habsucht die Lieblingssünde; alle anderen Sünden werden getan, um diese zu unterstützen. Warum reden die Menschen zweideutig, unterdrücken, betrügen und nehmen Bestechungsgelder, wenn nicht aus dem Grund, um die Habsucht zu unterstützen.

2. Die Sünde, für die jemand nicht zurechtgewiesen werden möchte, ist die Lieblingssünde. Herodes konnte es nicht ertragen, dass gegen seine Inzucht gesprochen wurde. Als Johannes der Täufer sich in diese Sünde einmischte, kostete es ihm seinen Kopf.

3. Die Sünde, die über einen Menschen die meiste Macht hat und die ihn am leichtesten gefangen nimmt, ist der Liebling seiner Seele. Es gibt einige Sünden, die ein Mensch besser ablegen und zurückweisen kann, aber es gibt eine Sünde, die er nicht abwehren kann, wenn sie ihn lockt, sondern von der er überwunden wird. Das ist die Schoßsünde. Der Jüngling im Evangelium hatte eine Schoßsünde, der er nicht widerstehen konnte, und das war die Liebe zur Welt, sein Silber war ihm lieber als sein Erlöser. Es ist eine traurige Sache, wenn ein Mensch durch eine Begierde so verzaubert ist, dass er sich vom Königreich des Himmels trennt, um sie zu befriedigen.

4. Die Sünde, für die die Menschen Argumente anführen, um sie zu verteidigen, ist die Lieblingssünde. Wenn man sich für die Sünde einsetzt, ist man der Anwalt des Teufels. Wenn Habgier die Sünde ist, und wir sie rechtfertigen, wenn voreiliger Zorn die Sünde ist, und wir sie rechtfertigen und wie Jona sprechen: „Ja, ich bin mit Recht zornig" (Jona 4,9), dann ist das die Schoßsünde.

5. Die Sünde, die einem Menschen den meisten Kummer bereitet und ihm in der Stunde der Krankheit und Not in sein Angesicht fliegt, ist die Lieblingssünde. Als die Brüder Josefs in Not waren, kam ihnen wieder die Sünde ins Gedächtnis, dass sie ihren Bruder verkauft hatten (1.Mose 45,3). So ist es auch, wenn jemand auf seinem Krankenbett liegt, dann spricht das Gewissen: Erinnerst du dich nicht an die Sünde, in der du gelebt hast, obwohl du oft gewarnt wurdest? Doch du wolltest sie nicht aufgeben. Das Gewissen hält über die Lieblingssünde eine Gardinenpredigt.

6. Die Sünde, über die jemand am unwilligsten ist, um sich von ihr zu trennen, ist die Lieblingssünde. Jakob konnte sich von allen seinen Söhnen am wenigsten von Benjamin trennen. „Joseph ist nicht mehr, Simeon ist nicht mehr, und Benjamin

wollt ihr [mir] nehmen" (1.Mose 42,36). So spricht auch der Sünder: Ich habe mich von dieser und jener Sünde getrennt, muss aber Benjamin auch noch gehen? Muss ich mich von dieser angenehmen Sünde trennen? Das geht ans Herz. Das ist die Delila, die Lieblingssünde. Oh, wenn die Sünde so ein tödliches Übel ist, dann wagen wir es nicht, einer Schoßsünde zu frönen, welche die gefährlichste von allen ist und wie ein tödliches Geschwür zum Herzen gelangt. Sie öffnet den wilden Tieren einen Spalt, um einzudringen. Eine Lieblingssünde, in der man lebt, öffnet dem Satan einen Spalt, um einzutreten.

d) Nehmen wir uns vor Sünden in Acht, die mit unserem Beruf zu tun haben. Wir müssen einen Beruf haben. Im Paradies bebaute Adam den Boden. Gott hat niemals einen Freibrief zum Müßiggang gegeben. Doch jeder Beruf hat seine Fallstricke. Wie einige sündigen ohne einen Beruf auszuüben, so sündigen andere in ihrem Beruf. Denken wir daran, was für ein tödliches Übel die Sünde ist. Vermeiden wir die Sünden, denen wir bei unserem Handel ausgesetzt sind. Nehmen wir uns vor jedem Betrug und geheimen Absprachen bei unseren Geschäften in Acht. „Alles nun, was ihr wollt, das die Leute euch tun sollen, das tut auch ihr ihnen ebenso" (Mt 7,12).

Nehmen wir uns beim Verkauf vor der sündigen Zunge in Acht. Die Schrift sagt über jemanden, der in den Himmel geht: „Und die Wahrheit redet von Herzen" (Ps 15,2). Es ist die Gewohnheit einiger, zu sagen, dass ihnen zwar mehr Ware zusteht, dass sie aber trotzdem weniger nehmen. Das ist nur schwer zu glauben.

Nehmen wir uns vor einer betrügerischen Waagschale in Acht. Er „hat eine falsche Waage in der Hand" (Hos 12,8). Indem die Menschen ihre Gewichte leichter machen, machen sie ihre Rechnungen größer.

Hüten wir uns davor, Waren zu verfälschen, vermischen oder minderwertig zu machen. Die „Spreu als Korn verkaufen" (Am 8,6). Sie picken die besten Körner des Getreides heraus und verkaufen die Schlechten zum selben Preis wie die Guten. Wenn man große Waren mit feinen mischt und zusammen als feine Waren verkauft, dann ist das nicht besser als Betrug (Jes 1,22).

Hüten wir uns davor, unser Gewissen zu weit zu biegen oder für eine Ware mehr zu nehmen, als sie wert ist. „Wenn ihr nun eurem Nächsten etwas verkauft oder von eurem Nächsten etwas abkauft, so soll keiner seinen Bruder übervorteilen" (3.Mose 25,14). Ein rechtmäßiger Gewinn ist erlaubt, jedoch sollte sich niemand so übervorteilen, dass er einem anderen schadet. Das Motto eines Kaufmanns sollte lauten: „Daher übe ich mich darin, allezeit ein unverletztes Gewissen zu haben gegenüber Gott und den Menschen" (Apg 24,16). Wer die Welt gewinnt für den Verlust seiner Seele, hat ein schlechtes Geschäft gemacht.

e) Da die Sünde ein so tödliches Übel ist, nehmen wir uns vor jeder Erscheinungsform der Sünde in Acht. Enthalten wir uns nicht nur von dem offensichtlichen Bösen, sondern auch von der Erscheinungsform des Bösen. Wenn etwas nicht eindeutig eine Sünde ist, jedoch wie Sünde aussieht, dann vermeiden wir es. Wer loyal gegenüber seinem Fürsten ist, der unterlässt es nicht nur, seine Hand im Verrat mit drin zu haben, sondern er nimmt sich auch vor dem in Acht, was wie Verrat aussieht. Josefs Herrin versuchte ihn, und er floh und wollte nicht bei ihr sein (1.Mose 39,12). Ein Anschein von Gutem ist zu wenig, und der Anschein des Bösen ist zu viel.

Der Anschein des Bösen ist oft ein Anlass zum Bösen. Liebeleien sind ein Anschein des Bösen und häufig der Anlass zum Bösen. Das Anrühren der verbotenen Frucht ist ein Anlass, sie zu probieren. Das Tanzen auf Maskenbällen war häufig der Anlass zu Unreinheit.

Der Anschein des Bösen kann für einen anderen zum Anstoß sein. „Wenn ihr aber auf solche Weise an den Brüdern sündigt und ihr schwaches Gewissen verletzt, so sündigt ihr gegen Christus" (1.Kor 8,12). Das Sündigen gegen ein Glied Christi ist ein Sündigen gegen Christus selbst.

Welche Mittel sollen wir gebrauchen, um uns vor den Taten der Sünde zu bewahren?

a) Wenn wir uns vor konkreten und Ärgernis erregenden Sünden bewahren wollen, dann lasst uns danach trachten, die Erbsünde zu töten. Wenn wir nicht wollen, dass die Zweige ausschlagen und blühen, dann schlagen wir an die Wurzel. Ich weiß, dass die Erbsünde in diesem Leben nicht weggenommen werden kann, doch lasst uns danach trachten, dass sie gedämpft wird. Warum brechen bei den Menschen konkrete Sündenn aus, wenn nicht deshalb, weil sie die Sünden des Herzens nicht töten? Unterdrücken wir das erste Aufkommen von Hochmut, Begierde und Leidenschaft. Die nicht getötete Erbsünde wird sich als eine solche Wurzel der Bitterkeit erweisen, dass sie die verfluchte Wurzel der Ärgernis erregenden Sünde hervorbringt.

b) Wenn wir vor konkreten Sünden bewahrt werden wollen, dann denken wir daran, was für eine abscheuliche Sache die Sünde ist. Über das hinaus, was wir gehört haben, erinnern wir uns daran, dass die Sünde eine verfluchte Sache ist (Jos 7,13). Sie ist eine abscheuliche Sache, die Gott hasst. „Begeht doch diesen Gräuel nicht, den ich hasse!“ (Jer 44,4). Die Sünde ist der Geist der Hexerei; sie ist das Exkrement des Teufels. Sie wird als „Schmutz“ bezeichnet (Jak 1,21). Wenn man alle Übel der Welt zusammenmischen und die Essenz daraus abgießen würde, wäre das nicht so schmutzig wie die Sünde. Der Sünder ist so abscheulich, dass Gott sein Angesicht von ihm abwendet. „Meine Seele wendete sich von ihnen ab“ (Sach 11,8; nach der englischen Übersetzung). Was ist jemand anderes, der sich mit Habgier befleckt, als nur eine Schlange, die Staub leckt? Was ist jemand anderes, der sich mit der Begierde der Unreinheit befleckt, als nur ein Schwein mit einem Menschenkopf? Was ist jemand anderes, der sich mit Hochmut befleckt, als nur eine Blase, die der Teufel aufgeblasen hat? Was ist jemand anderes, der sich mit Trunkenheit befleckt, als nur ein Tier, das taumelt? Wenn wir bedenken, was die Sünde für eine abscheuliche und niedrige Sache ist, wird das ein Mittel sein, um uns vor dem Sündigen zu bewahren.

c) Wenn wir uns vor konkreten Sünden bewahren wollen, dann lassen wir uns die Furcht Gottes in unser Herz einpflanzen. „Durch die Furcht des HERRN weicht man vom Bösen" (Spr 16,6). *Cavebis se pavebis* – wenn wir Gottesfurcht haben, dann werden wir vorsichtig. Die Furcht ist für die Sünde ein Zaum und ein Ansporn zur Heiligung. Die Gottesfurcht legt eine heilige Ehrfurcht auf unser Herz und bindet es an ein gutes Verhalten. Durch die Furcht des Herrn weicht man vom Bösen. Als die Kaiserin Eudoxia Chrysostomos androhte, ihn zu verbannen, sprach er: „Sagt ihr, dass ich mich vor nichts fürchte außer vor der Sünde." Die Gottesfurcht ist der *janitor animae* – Türwächter der Seele. Sie steht wie ein Pförtner an der Tür der Seele und hält die Sünde vom Eintreten ab. Jede Sünde wird aus Mangel an Gottesfurcht getan. „Ihr Mund ist voll Fluchen und Bitterkeit, ihre Füße eilen, um Blut zu vergießen ... Es ist keine Gottesfurcht vor ihren Augen" (Röm 3,14.15.18). Eine heilige Furcht steht Wache und wacht allezeit vor einer falschen Sicherheit, Hochmut und Schamlosigkeit. Die Gottesfurcht ist die Leibwache eines Christen, um ihn vor den feurigen Pfeilen der Versuchung zu schützen. *Si vis esse securus, semper time* – der Weg, um sicher zu sein, besteht darin, Gott allzeit zu fürchten.

d) Wenn wir vor konkreten Sünden bewahrt werden wollen, dann lasst uns vorsichtig sein und alle Eingänge und Anlässe zur Sünde vermeiden. Halten wir uns nicht in böser Gesellschaft auf. Wer keinen Aussatz bekommen möchte, wird nicht in ein infiziertes Haus gehen. Wachen wir über unsere Sinne, die ein Eingang für die Sünde sein können. Bewachen wir die beiden Eingangstüren: das Auge und das Ohr, schauen wir besonders auf unsere Augen. Viel Sünde kommt durch das Auge hinein. Das Auge ist oft der Eingang für die Sünde. Die Sünde entflammt das Auge. Die erste Sünde in der Welt begann beim Auge: „Und die Frau sah, dass von dem Baum gut zu essen wäre, und dass er eine Lust für die Augen und ein begehrenswerter Baum wäre, weil er weise macht; und sie nahm von seiner Frucht und aß" (1.Mose 3,6). Das Sehen erzeugt die Begierde. Unmäßigkeit beginnt beim Auge. Das Anschauen von Wein, wenn er im Glas seine rote Farbe zeigt, verursacht ausschweifendes Trinken. Habgier beginnt beim Auge: „Ich sah unter der Beute einen kostbaren babylonischen Mantel und 200 Schekel Silber und einen Goldbarren, 50 Schekel schwer; da gelüstete mich danach, und ich nahm es" (Jos 7,21). Das Feuer der Begierde fängt an, sich beim Auge zu entzünden. Als David auf dem Dach seines Hauses umherging, sah er eine Frau, die sich wusch, und sie war, wie der Text sagt, „von sehr schönem Aussehen", und er sandte seine Boten zu ihr und nahm sie und befleckte sich selbst mit ihr (2.Sam 11,2). Oh, deshalb wollen wir auf unsere Augen achten! Hiob schloss mit seinen Augen einen Bund (Hiob 31,1). Wenn das Auge erst einmal entflammt ist, dann ist es schwer, sich lange gegen die Sünde zu stellen. Wenn die äußeren Festungen vom Feind eingenommen wurden, dann ist die Gefahr groß, dass die ganze Burg eingenommen wird.

e) Wenn wir von konkreten groben Sünden bewahrt werden wollen, dann lasst uns Nüchternheit und Enthaltsamkeit lernen (1.Petr 5,8). *Sobrii este* – seid nüchtern! Überprüfen wir uns auf unmäßigen Genuss, denn vielfach tritt die Sünde auf diesem Weg ein. Durch die Befriedigung der sinnlichen Genüsse wird die Seele, die mit den Engeln verwandt ist, an den Leib versklavt, den wir mit den Tieren gemeinsam haben. Wenn auch nicht bis zur Volltrunkenheit, so trinken sich viele Leute in einen Rausch. Wenn die Menschen die sinnlichen Genüsse nicht verleugnen, dann machen sie ihr Gewissen voller Schuld und die Welt voller Skandale. Wenn wir davor bewahrt werden wollen, dass wir nicht in die Sünde rennen, dann wollen wir unser Fleisch zügeln. Für was sonst hat Gott den Verstand und das Gewissen gegeben, wenn nicht dazu, ein Zaum zu sein, um die maßlosen Wünsche zu kontrollieren?

f) Wenn wir vor konkreten Sünden bewahrt werden wollen, dann lasst uns beständig geistliche Wache halten.

Wachen wir über unsere Gedanken. „Wie lange wollen bei dir bleiben deine heillosen Gedanken?" (Jer 4,14; LÜ 84). Die Sünde fängt in den Gedanken an. Zuerst hegen die Menschen Rachegedanken, und dann tauchen sie ihre Hände in Blut. Stellen wir über unsere Gedanken einen Wächter auf.

Wachen wir über unsere Leidenschaften der Rache und der Begierde. Das Herz ist bereit, um durch seine eigenen Leidenschaften zerstört zu werden, wie ein Boot durch seine eigenen Segel kentert. Die Leidenschaften tragen einen Menschen über die Grenzen des Verstandes hinaus; sie sind eine *„brevis insania* – kurze Raserei" (Seneca). Mose geriet in Leidenschaft, „sodass er unbedacht redete mit seinen Lippen" (Ps 106,33). In einer Leidenschaft riefen die Jünger nach Feuer vom Himmel. Ein Mensch in Leidenschaft ist wie ein Schiff im Sturm, das weder einen Steuermann noch Segel hat, um zu helfen, sondern ist den Wellen und Felsen ausgesetzt.

Wachen wir über unsere Versuchungen. Der Satan liegt beständig im Hinterhalt und beobachtet, ob er uns in die Sünde ziehen kann; *stat in procinctu diabolus* – der Teufel ist zum Kampf gegürtet. Er angelt nach unserer Seele; entweder legt er Fallstricke oder er schießt Pfeile ab. Deshalb ist es notwendig, dass wir vor ihm Wache halten, damit wir von ihm nicht in die Sünde gelockt werden. Die meisten Sünden werden aus Mangel an Wachsamkeit begangen.

g) Wenn wir vor dem Übel der Sünde bewahrt werden wollen, dann lasst uns die Aussprüche Gottes als Rat heranziehen. Seien wir gut in der Schrift bewandert! „Ich bewahre dein Wort in meinem Herzen, damit ich nicht gegen dich sündige" (Ps 119,11). Das Wort ist ein *anceps gladius* – zweischneidiges Schwert, um die Begierden der Menschen abzuschneiden. Wenn der Nebel und der Dunst der Sünde aufsteigen, dann lassen wir allein das Licht der Schrift in der Seele leuchten, und der Dunst und der Nebel wird vertrieben werden. „Lasst das Wort des Christus reichlich in euch wohnen" (Kol 3,16). Alfons, der König von Aragón, hat die Bibel vierzehn Mal durchgelesen. Das Wort zeigt das verdammungswürdige Übel der Sünde. Es stattet uns mit Grundsätzen aus, die zahlreiche Rezepte und Gegenmittel gegen die Sünde sind. Als Christus in einer Versuchung zur Sünde war, wehrte er den Versucher ab und verwundete ihn dreimal mit dem Schwert des Geistes: „Es steht geschrieben." Warum sonst leben die Menschen in der Sünde, wenn nicht deshalb, weil sie entweder das Wort nicht lesen oder nicht daran glauben?

h) Wenn wir vor groben, anmaßenden Sünden bewahrt werden wollen, dann lasst uns Herzen bekommen, die mit Liebe zu Gott brennen. Die Liebe hat eine große Kraft; sie ist „stark wie der Tod" (Hld 8,6). Sie bricht den Bund zwischen der Sünde und dem Herzen. Zwei Dinge in Gott bewirken Liebe.

1. Seine herrliche Schönheit. Mose begehrte einen flüchtigen Blick von ihr zu sehen: „So lass mich doch deine Herrlichkeit sehen!" (2.Mose 33,18).

2. Seine wunderbare Liebe. Was für ein Wunder der Liebe war es, den Sohn aus seinem Schoß zu geben und solch ein Juwel als Pfand für unsere Erlösung zu hinterlegen! Die Herrlichkeit der Schönheit Gottes und die Größe seiner Liebe ziehen wie zwei Magnete unsere Liebe zu Gott, und wenn wir ihn lieben, dann werden wir nicht gegen ihn sündigen. Wer seinen Freund liebt, wird in keiner Weise etwas tun, um ihm zu missfallen. Ich habe von vier Männern gelesen, die sich getroffen haben und die einander fragten, was sie von der Sünde abgehalten hat. Einer sagte: „die Furcht vor der Hölle"; ein anderer sagte: „die Freuden des Himmels"; der dritte sagte: „die Abscheulichkeit der Sünde"; der vierte sagte: „Das, was mich von der Sünde abhält, ist die Liebe zu Gott; sollte ich gegen so einen guten Gott sündigen? Sollte ich seine Liebe missbrauchen?" Die Liebe zu Gott ist der beste Zügel, um uns von der Sünde abzuhalten.

i) Wenn wir vor dem Übel der Sünde bewahrt werden wollen, dann lasst uns eifrig im Beruf sein. *Dii laboribus omnia vendunt* – die Arbeit kauft alle Dinge von Gott. Adam musste im Paradies den Boden bebauen. Diejenigen, die müßig leben, setzen sich selbst der Sünde aus. Wenn wir keine Arbeit haben, wird der Satan für uns Arbeit finden. Die meisten seiner Samen sät er auf brachen Boden. Eine Frau, die sehr zur Sünde verführt wurde, kam zu Pfarrer Greenham und fragte ihn, was sie tun solle, um der Versuchung zu widerstehen? Sei allezeit beschäftigt, damit der Satan, wenn er kommt, dich in deinem

Beruf bei der Arbeit antrifft und nicht beim Nichtstun, um auf seine Versuchung zu hören.

j) Wenn wir vor der Sünde bewahrt werden wollen, dann richten wir unser geistliches Auge auf die Schönheit der Heiligkeit. Heiligkeit besteht in einer Gleichförmigkeit mit Gott. Sie ist der Glanz der göttlichen Natur, ein Strahl Gottes, der in die Seele scheint. Wie anmutig ist die Braut Christi, wenn sie mit den Juwelen der Heiligkeit geschmückt und verziert ist! Was sonst macht die Seraphim zu Engeln des Lichts, wenn nicht ihre Heiligkeit? Denken wir nur daran, was für eine großartige und herrliche Sache Heiligkeit ist – und genau das wird einen Ekel und Hass gegen die Sünde bewirken, die der Heiligkeit entgegenstehen. Das Betrachten der Schönheit wird uns dazu bringen, dass wir die Verunstaltung nicht mehr lieben.

k) Wenn wir vor dem Übel der Sünde bewahrt werden wollen, dann denken wir regelmäßig über den Tod nach. Denken wir an seine Unvermeidlichkeit. *Statutum est* – es ist dem Menschen bestimmt *„einmal* zu sterben" (Hebr 9,27). Wenn wir uns diese Nacht ins Bett legen, wissen wir nicht, ob wir uns nicht ins Grab legen. Denken wir daran, wie unsicher die Zeit ist. Wir sind nur Mieter aufgrund guten Willens. Wir erhalten unser Leben nur aufgrund des Willens unseres Vermieters, und wie schnell kann Gott uns aus diesem Haus aus Ton raussetzen! Der Tod kommt häufig, wenn wir es am wenigsten erwarten. Die Flut kam, wie einige gelehrte Schreiber anmerken, im Monat *Ziph* oder April – im Frühling, wenn die Bäume blühen und die Vögel singen und die Menschen es am wenigsten erwartet hatten. So kommt auch der Tod häufig im Frühling der Jugend, wenn der Körper am gesundesten und der Geist am schwungvollsten und kraftvollsten ist und man am wenigsten daran denkt. Wenn wir oft und ernsthaft an den Tod denken würden, dann würde das der Sünde eine tödliche Wunde versetzen. *„Nihil sic revocat peccata quam crebra mortis contemplatio* – nichts hält so sehr von der Sünde ab, wie das regelmäßige Nachdenken über den Tod" (Augustinus). Kein Gegenmittel ist gegen die Sünde stärker als der Gedanke: Heute sündige ich und morgen könnte ich tot sein. Was ist, wenn mich der Tod antrifft, wenn ich gerade das Werk des Teufels tue? Wird er mich dann nicht zum Teufel schicken, damit ich meinen Lohn empfange? Würde der Ehebrecher nur denken: „Jetzt bin ich im Akt der Sünde, doch wie schnell könnte der Tod kommen, und dann muss ich, der ich in der Begierde gebrannt habe, in der Hölle brennen!" Das würde seiner Seele eine kalte Dusche verpassen und ihn davor in Angst versetzen, fremdem Fleisch nachzujagen.

l) Wenn wir von groben, schändlichen Sünden bewahrt werden wollen, dann wollen wir uns vor einem habsüchtigen Herzen in Acht nehmen. Habsucht ist eine trockene Trunkenheit. Wer unersättlich nach der Welt dürstet, wird keine Sünde auslassen. Er wird Christus und die gute Sache für Geld verraten. *„Cui nihil statis, eidem nihil turpe* – der Mensch, für den nichts genug ist, der hält auch nichts für schändlich" (Tacitus). „Denn die Geldgier ist eine Wurzel alles Bösen" (1.Tim 6,10). Aus dieser Wurzel kommt Diebstahl. Achans Habgier brachte ihn dazu, den Goldbarren zu stehlen (Jos 7,21). Habsucht macht die Gefängnisse voll. Von dieser Wurzel kommt Mord. Warum sonst steinigte Ahab den Nabot zu Tode, wenn nicht deshalb, weil er seinen Weinberg besitzen wollte? (1.Kön 21,13). Habsucht brachte viele dazu, dass sie im Blut zur Krone geschwommen sind. Aus dieser bitteren Wurzel der Habsucht wächst Betrug. Die habgierige Hand ist es, die falsche Gewichte hält. Von dieser Wurzel der Habsucht kommt Unreinheit. Wir lesen von dem Lohn einer Hure (5.Mose 23,18). Für Geld bietet sie sowohl ihr Gewissen als auch ihre Reinheit zum Verkauf an. Oh, wenn wir vor dem Übel der Sünde bewahrt werden wollen, dann nehmen wir uns vor der Habsucht in Acht, die der Eingang für so viele Sünden ist!

j) Lasst uns viel im Gebet mit Gott sein, damit wir uns davor bewahren, uns selbst in die Sünde zu hüllen. „Auch vor mutwilligen bewahre deinen Knecht" (Ps 19,14). Wir haben keine innewohnende Kraft, um uns vor dem Bösen zu bewahren. Arnoldus sagt, dass der Mensch in seinem verderbten Stand noch *aliquas reliquias vitae spiritualis* – einige Überreste des geistlichen Lebens hat. Und Arminius sagt, dass der

Mensch noch genügend Gnade in sich selbst hat, womit er *abstinere a malo* – sich des Bösen enthalten kann. Der freie Wille wäre ein Prüfstein, um ihn von der Sünde zurückzuhalten. Doch warum war es dann nötig, dass Christus uns dieses Gebet gelehrt hat: *Libera nos a malo* – „sondern errette uns von dem Bösen"? Wenn wir aus uns selbst die Kraft haben, uns vor der Sünde zu bewahren, warum dann zu Gott um Kraft dafür beten? Ach! Wenn David und Petrus, die, obwohl sie im Besitz der Gnade waren, aus Mangel an einem frischen Wind des Geistes fielen, um wie viel mehr stehen diejenigen in Gefahr, zu fallen, die nur die Kraft des freien Willens haben, um sie zu halten.

Lasst uns deshalb Gott um Kraft anflehen, um uns vom Sündigen abzuhalten! Lasst uns das Gebet von David sprechen: „Stärke du mich, so ist mir geholfen" (Ps 119,117) und auch das andere Gebet: „Senke meine Tritte ein in deine Fußstapfen, damit mein Gang nicht wankend sei!" (Ps 17,5). Herr, bewahre mich davor, dich zu entehren. Bewahre mich vor den befleckenden Sünden dieses Zeitalters, damit ich für diese Zeit nicht schlecht bin, noch die Zeit für mich schlecht ist. „Auch vor mutwilligen bewahre deinen Knecht." Herr, was auch immer ich erleide, bewahre mich vor der Sünde. Das Kind ist sicher in den Armen der Amme, und wir sind vor dem Fallen in die Sünde nur sicher, während wir in den Armen Christi und der freien Gnade getragen werden.

Diese Ermahnung hat auch einen Aspekt für die Kinder Gottes. Ihr, die ihr Bekenner seid und die Farben Christi tragt, ich flehe euch an: Vor allen anderen Dingen, nehmt euch vor der Sünde in Acht. Nehmt euch vor jeder Tat in Acht, die schändlich ist uns sich für das Evangelium nicht schickt. Wir haben gehört, was für ein überaus großes Übel die Sünde ist. Kommen wir nicht in die Nähe der verbotenen Frucht. „Wenn du, Israel, Hurerei treibst, so soll sich doch Juda nicht versündigen! (Hos 4,15). Auch wenn die gottlosen Menschen in die Sünde rennen, so lassen wir es dennoch nicht zu, dass die Braut Christi sich die Brüste ihrer Jungfräulichkeit verunreinigt. Die Sünde steht niemandem gut an, aber am wenigsten den Bekennern. Mist auf der Straße ist unansehnlich, ihn aber im Tempel zu sehen, ist noch viel widerwärtiger. Aussatz am Fuß ist schlimm, ein aussätziges Geschwür aber im Gesicht zu sehen, ist noch viel schlimmer. Die Sünde bei denjenigen ausbrechen zu sehen, welche den Anschein des Glaubens haben, ist das Abscheulichste. Über die Sünden der Gottlosen wundert man sich nicht so sehr. „Die Gottlosen werden gottlos bleiben" (Dan 12,10). Man wundert sich nicht darüber, wenn man eine Kröte sieht, die Gift spuckt. Es war nicht verwunderlich, Kain oder Ahab sündigen zu sehen, aber zu sehen, wie Lot Inzucht begeht, David zu sehen, wie seine Hände mit Blut befleckt sind, war in der Tat verwunderlich. Wenn die Sonne bei einer Sonnenfinsternis verdunkelt wird, steht jeder da und schaut sie an. So ist es auch, wenn ein Kind des Lichts durch schändliche Sünde verdunkelt wird, dann stehen alle da und starren solch eine Verfinsterung an.

Die Sünden der Kinder Gottes provozieren in einem gewissen Sinn Gott mehr, als die Sünden der Gottlosen! Wir lesen von den Provokationen seiner Söhne und Töchter (5.Mose 32,19). Die Sünden der Gottlosen erzürnen Gott, aber die Sünden seines Volkes betrüben ihn. Die Sünden der Kinder Gottes haben einen böseren Anblick und sind schwärzer gefärbt als die Sünden der anderen. In den Sünden seiner Kinder gibt es Erschwernisse, die man nicht in den Sünden der nicht Wiedergeborenen findet, besonders in acht Punkten:

a) Die Gläubigen haben etwas, das sie wie eine *ponere obicem* – aufgestellte Schranke von der Sünde zurückhält. Wenn die gottlosen Menschen sündigen, haben sie kein Prinzip, das sie zurückhält. Sie haben den Wind und die Gezeiten, die sie tragen. Sie haben nichts, was sie von der Sünde abhält. Ein Kind Gottes aber hat das Prinzip der Gnade, um die Sünde zu zügeln. Es hat die Impulse des Geistes Gottes, um sie vom Bösen abzuhalten. Deshalb ist es für das Kind Gottes weitaus schlimmer, zu sündigen, als für andere. Es ist ein verzweifelteres Sündigen; es ist so, als ob eine Frau ihr Kind im Mutterleib tötet. Ihr Christen, wenn ihr mutwillig sündigt, dann tötet ihr das Kind der Gnade in eurer Seele.

b) Die Sünden der Kinder Gottes sind größer als die Sünden der anderen, weil sie gegen eine größere Gnade sündigen. Das ist wie wenn man ein Gewicht in eine Waagschale legt, um die Sünde schwerer zu machen. Gott hat einem Gläubigen Christus gegeben; er hat ihn vom wilden Stamm der Natur abgeschnitten und ihn in den wahren Ölbaum eingepfropft. Und wenn er all diese Gnade missbraucht, dann übertrumpft er noch den Gottlosen und die Sünde hat ein größeres Gewicht, weil es eine Sünde gegen eine größere Liebe ist. Wie sehr war die Sünde des Petrus größer und wurde mehr betont, weil Christus für ihn mehr getan hat als für andere! Er hat etwas von dem heiligen Öl auf ihn tropfen lassen; er nahm ihn unter die Zahl der Apostel auf; er nahm ihn mit hinauf auf den Berg der Verklärung und zeigte ihm die Herrlichkeit des Himmels in einem Gesicht. Es war abscheulich, dass Petrus nach all dieser Gnade Christus verleugnete, und ihm konnte nicht vergeben werden, außer durch ein Wunder der Liebe.

c) Die Sünden der Gläubigen haben diese Erschwernis, dass sie gegen eine klarere Erleuchtung sündigen als die Gottlosen. „Sie sind Feinde des Lichts geworden, kennen Gottes Weg nicht und bleiben nicht auf seinen Pfaden“ (Hiob 24,13; LÜ 84). Das Licht steht hier im übertragenen Sinn für Erkenntnis. Es kann nicht geleugnet werden, dass die Gottlosen wissentlich sündigen, doch die Gläubigen haben ein Licht, dass noch darüber hinausgeht, solch ein göttliches, durchdringendes Licht, das kein Heuchler erlangen kann. Sie haben bessere Augen, um die Sünde zu sehen, als die anderen. Und wenn sie mit Sünde zu tun haben und diesen Misthaufen umarmen, muss das zwangsläufig Gott provozieren und die Wut in seinem Gesicht aufsteigen lassen. Oh, deshalb fliehen wir, die wir Kinder Gottes sind, von der Sünde. Unsere Sünden wiegen schwerer und haben schlimmere Erschwernisse als die Sünden der nicht Wiedergeborenen.

d) Die Sünden der Gläubigen sind schlimmer als die Sünden der nicht Wiedergeborenen, denn wenn sie sündigen, dann ist dies gegen eine größere Erfahrung. Sie haben die Bitterkeit der Sünde in den Wehen der neuen Geburt gefühlt und danach hat Gott Frieden gesprochen, und sie haben den Geschmack erfahren, wie lieblich der Herr ist. Und dennoch rühren sie nach diesen Erfahrungen die verbotene Frucht an und wagen es, anmaßend zu sündigen, was ihre Schuld vergrößert und erschwert und was wie das Legen eines weiteren Gewichts in die Waagschale ist, um ihre Sünde schwerer zu machen. Die Gottlosen haben niemals die Lieblichkeit des himmlischen Lebens geschmeckt. Sie haben niemals erfahren, was es bedeutet, das Lächeln Gottes zu haben. Sie haben niemals etwas Lieblicheres geschmeckt als Getreide und Wein. Deshalb ist es kein Wunder, wenn sie sündigen. Wenn aber ein Kind Gottes, das solche Liebeserweise und solch beachtliche Erfahrungen von Gott bekommen hat, seine Begierde befriedigt, wie schrecklich ist das! Die Sünde Salomos wurde dadurch erschwert, dass sein Herz sich von Gott abwendete, der ihm zweimal erschienen war (1.Kön 11,9).

e) Die Sünden der Gläubigen sind größer als die Sünden der anderen, weil sie gegen ihre Kindschaft sündigen. Wenn die Gottlosen sündigen, dann sündigen sie gegen die Gebote, doch wenn die Gläubigen sündigen, dann sündigen sie gegen ein Vorrecht – sie missbrauchen ihre Kindschaft. Die Gläubigen wurden in die Familie des Himmels adoptiert; sie haben einen neuen Namen. David fragte, ob es eine leichte Sache sei, der Schwiegersohn eines Königs zu sein. So ist es auch keine geringe Ehre, Kinder Gottes, Erben der Verheißung genannt zu werden. Diejenigen, die in eine offene Übertretung rennen, sündigen gegen ihre Adoption. Damit machen sie sich selbst zum Abschaum, so als wenn ein Königssohn in einen Sumpf taumelt oder bei den Schweinen liegt.

f) Die Sünden der Gläubigen sind schlimmer als die Sünden der anderen, weil sie gegen mehr Gelübde und Versprechen begangen werden. Sie haben ihren Namen Gott hingegeben. Sie haben sich selbst feierlich mit einem Eid an Gott gebunden. „Ich habe geschworen und will es halten, dass ich die Bestimmungen deiner Gerechtigkeit bewahren will“ (Ps 119,106). Beim Abendmahl des Herrn haben sie dieses heilige Gelübde erneuert, und wenn man danach mutwillig in die

Sünde rennt, bricht man ein Gelübde. Das ist eine Art Meineid, der die Sünde mit scharlachroter Farbe färbt.

g) Die Sünden der Gläubigen sind schlimmer als die Sünden der anderen, weil sie eine größere Schmach über den Glauben bringen. Dass die Gottlosen sündigen, muss man von ihnen erwarten, wie man von einer Sau erwartet, dass sie sich im Schlamm suhlt. Doch wenn das die Schafe tun, wenn die Gläubigen sündigen, dann trägt das zur Verunehrung des Evangeliums bei: „Doch weil du den Feinden des HERRN durch diese Sache Anlass zur Lästerung gegeben hast" (2.Sam 12,14). Wenn auf Scharlach ein Fleck ist, dann richtet sich jedes Auge darauf. Wenn die Gläubigen sündigen, dann ist das wie ein Fleck auf Scharlach. Er wird mehr zur Kenntnis genommen und wirft mehr Unehre auf die Wege Gottes. Wenn die Sonne sich in einer Sonnenfinsternis verdunkelt, dann schaut jeder darauf. So ist es auch, wenn ein Kind des Lichts durch schändliche Sünden verdunkelt wird, dann stehen alle da und starren es an. Wie leidet das Evangelium Schaden durch das Fehlverhalten der Gläubigen! Ihr Blut kann niemals den Flecken abwischen, den sie über den Glauben bringen.

h) Die Sünden der Gläubigen sind schlimmer als die Sünden der anderen, weil sie die gottlosen Menschen zur Sünde ermutigen und darin verhärten. Wenn die Gottlosen sehen, wie die Gläubigen ein loses und unvorsichtiges Leben führen, dann denken sie, dass sie es ebenso machen können. Die Gottlosen nehmen sich die Gläubigen zum Vorbild, nicht indem sie ihre Tugenden nachahmen, sondern ihre Laster – und ist es nicht furchtbar, wenn man das Mittel zur Verdammnis anderer ist? Dies sind die Dinge, welche die Sünden der Gläubigen schwerer machen. Deshalb nehmen wir uns vor allen anderen Dingen vor mutwilligen Sünden in Acht. Unsere Sünden verletzten das Gewissen, schwächen die Gnade und provozieren Gott in einem noch höheren Maß als die Sünden der anderen, und Gott wird uns gewiss strafen. Wer auch immer der Strafe entkommt – wir werden es nicht. „Nur euch habe ich ersehen von allen Geschlechtern der Erde, darum will ich auch alle eure Missetaten an euch heimsuchen" (Am 3,2). Auch wenn Gott uns nicht verdammt, so lässt er uns in diesem Leben durch die Hölle gehen. Er kann im Herzen solche Todesqualen und ein solches Zittern bewirken, dass wir ein Schrecken für uns selbst sein werden. Wir können der Verzweiflung nahe kommen und uns selbst als Verworfene betrachten. Als David sich mit Ehebruch und Mord befleckt hatte, klagte er über seine zerschlagenen Gebeine (Ps 51,10). Diese Metapher drückt die Trauer und die Qual seiner Seele aus. Er befand sich ein dreiviertel Jahr in schlimmer Verlassenheit, und man geht davon aus, dass seine volle Freude bis zu seinem Todestag nie wiederhergestellt wurde. Oh, deshalb nehmen wir, die wir zu Gott gehören und in seine Familie aufgenommen wurden, uns in Acht vor einer Beschädigung unseres Bekenntnisses mit schändlicher Sünde. Wir werden dafür teuer bezahlen. Denken wir an die zerschlagenen Gebeine. Auch wenn Gott uns nicht aus seinem Buch löscht, so kann er uns dennoch aus seiner Gegenwart vertreiben (Ps 51,13). Er kann uns lange in Verlassenheit halten. Wir können in unserem Gewissen solche Schläge fühlen, sodass wir brüllen und meinen, dass wir halb in der Hölle sind.

2. Wir beten außerdem in einem besonderen Sinn: „Sondern errette uns von dem Bösen." Wir beten in dreierlei Hinsicht, um vom Bösen errettet zu werden:

a) Um von dem Bösen in unserem Herzen erlöst zu werden, was als „ein böses, ungläubiges Herz" bezeichnet wird (Hebr 3,12).

b) Um von dem Bösen des Satans erlöst zu werden, der als „der Böse" bezeichnet wird (Mt 13,19).

c) Um von dem Bösen in der Welt erlöst zu werden, was als der gegenwärtige böse Weltlauf bezeichnet wird (Gal 1,4).

a) In der Bitte „Sondern errette uns von dem Bösen" beten wir, dass wir von dem Bösen in unserem Herzen erlöst werden, damit es uns nicht zur Sünde verleitet. Das Herz ist die vergiftete Quelle, aus der jede konkrete Sünde fließt. „Denn von innen, aus dem Herzen des Menschen, kommen die bösen Gedanken hervor, Ehebruch, Unzucht, Mord" (Mk 7,21). Die

Ursache alles Bösen liegt in der eigenen Brust des Menschen, jede Sünde beginnt im Herzen. Die Begierde wird zuerst im Herzen empfangen, und dann wird sie in die Welt hineingeboren. Woher kommt übereilter Zorn? Das Herz steckt die Zunge in Brand. Das Herz ist eine Werkstatt oder ein Arbeitshaus, wo jede Sünde entworfen und geschmiedet wird. Wie notwendig ist deshalb dieses Gebet: Errette uns vor dem Bösen in unserem Herzen! Das Herz ist der größte Verführer, deshalb sagt der Apostel Jakobus: „Sondern jeder Einzelne wird versucht, wenn er von seiner eigenen Begierde gereizt und gelockt wird" (Jak 1,14). Der Teufel könnte uns nicht schaden, wenn unser eigenes Herz nicht einwilligen würde. Alles, was er tun kann, ist den Köder auszulegen, aber es ist unsere Schuld, wenn wir ihn schlucken.

Oh, lasst uns beten, dass wir von den Begierden und Täuschungen des eigenen Herzens befreit werden. „Sondern errette uns von dem Bösen." Luther fürchtete sein Herz mehr als den Papst oder Kardinal, und es war Augustinus, der betete: *„Libera me, Domine, a meipso* – Herr, befreie mich von mir selbst." Jemand gab einmal seinem Freund einen guten Rat: *„Caveas teipsum* – hab Acht auf dich selbst!" Lasst uns Acht haben auf den Verräter in unserem Schoß, auf das Fleisch. Das Herz eines Menschen ist ein Trojanisches Pferd, aus dem ein ganzes Heer von Begierden kommt.

b) In dieser Bitte: „Sondern errette uns von dem Bösen" beten wir, dass wir von dem Bösen des Satans befreit werden. Er ist „der Böse" (Mt 13,19).

In welcher Hinsicht ist Satan der Böse?

Er war der erste Erfinder des Bösen. Er schmiedete den ersten Verrat (Joh 8,44).

Er neigt nur zum Bösen (Eph 6,12).

Seine beständige Tätigkeit ist es, Böses zu tun (1.Petr 5,8).

Er hat seine Hand in jedem Übel und in jedem Unglück, das sich in der Welt niederschlägt.

Er hält das Gute zurück. „Und er ließ mich den Hohenpriester Jeschua sehen, wie er vor dem Engel des HERRN stand; der Satan aber stand zu seiner Rechten, um ihn anzuklagen“ (Sach 3,1).

Er provoziert zum Bösen. Er legte in das Herz von Ananias eine Lüge: „Warum hat der Satan dein Herz erfüllt, sodass du den Heiligen Geist belogen hast?“ (Apg 5,3). Der Teufel bläst das Feuer der Begierde und des Streits an. Wenn die Menschen hochmütig sind, dann hat die alte Schlange sie vergiftet und lässt sie anschwellen. Auf diese Weise ist er der Böse, und wir tun gut daran zu beten: „Herr, errette uns von dem Bösen.“ Das Wort „Satan“ bedeutet im Hebräischen „Gegner“ oder „Widersacher“.

Er ist ein ruheloser Widersacher, er schläft niemals. Geistwesen benötigen keinen Schlaf. Er ist ein Peripatetiker[108]. Er „geht umher“ (1.Petr 5,8). Und wie geht er umher? Nicht wie ein Pilger, sondern wie ein Spion. Er beobachtet genau, wo er seine Geschütze aufstellen kann und wo er am günstigsten seine Angriffe gegen uns führen kann. Der Satan ist ein raffinierter Taktiker. Für uns gibt es keinen sicheren Ort vor seinen Angriffen und Einfällen. Während wir beten, das Wort hören und nachsinnen, haben wir seine Gesellschaft, ohne zu wissen, wie wir dazu kommen.

Satan ist ein mächtiger Widersacher. Er ist mit Macht bewaffnet. Er wird als „der Starke“ bezeichnet (Lk 11,21). Nach seinem Belieben nimmt er die Menschen gefangen. „Von dem sie lebendig gefangen worden sind für seinen Willen“ (2.Tim 2,26). Das ist eine Anspielung auf einen Vogel, der lebendig in einer Schlinge gefangen wird. Das Werk des Teufels ist es, nach Menschenseelen zu angeln. Er legt dafür die geeigneten Köder aus. Er ködert den ehrgeizigen Menschen mit Ehre, den habsüchtigen Menschen mit Reichtum. Er macht seinen Haken aus Silber. Er ködert den lüsternen Menschen mit Schönheit. Er versucht die Menschen, dass sie sich in den Schoß der Delila

108 *Peripatetiker* ist der Name für die Angehörigen der Schule des Aristoteles. Sie sind benannt nach der Peripatos, das ist die Wandelhalle, wo sie unterrichtet wurden. „Peripatetiker“ ist eine Bezeichnung für Leute, die umherwandeln oder von Ort zu Ort ziehen.

legen, um sie vom Schoß Abrahams fernzuhalten. Der Teufel freut sich an der Verdammnis von Seelen. Wie nötig ist dann dieses Gebet: „Sondern errette uns von dem Bösen"! Herr, bewahre uns vor dem, welcher der Böse ist. Auch wenn der Satan um uns wirbt, damit wir sündigen, so lasst uns ihm nicht einwilligen. Auch wenn er die Festung unseres Herzens angreift, so geben wir unserem Todfeind doch nicht den Schlüssel zu der Festung.

c) In dieser Bitte „Sondern errette uns von dem Bösen" beten wir, dass wir vom Bösen in der Welt befreit werden. Sie wird als eine böse Welt bezeichnet. Nicht dass die Welt, die Gott geschaffen hat, nicht gut wäre, sondern wegen unserer Verderbtheit ist sie böse geworden, und deshalb müssen wir beten, „damit er uns herausrette aus dem gegenwärtigen bösen Weltlauf" (Gal 1,4).

In welchem Sinn ist es eine böse Welt?

a) Es ist eine Welt, die verunreinigt. Es ist so, als ob man in verschmutzter Luft lebt. Es erfordert ein hohes Maß an Gnade, „sich von der Welt unbefleckt zu bewahren" (Jak 1,27). Es ist ebenso schwer, in der Welt zu leben und nicht verunreinigt zu werden, wie viel in die Sonne zu gehen und nicht gebräunt zu werden.

Die Ansichten der Welt verunreinigen, wie zum Beispiel, dass ein klein wenig Religion reicht, dass sie wie mit Blattgold nur dünn überzogen werden muss, dass Sittlichkeit das Gleiche ist wie Gnade, dass Eifer überzogenes Gerecht-sein-Wollen ist, dass es besser ist, wenn die Haut heil bleibt, als dass das Gewissen rein bleibt, dass es besser ist, wenn das Fleisch befriedigt wird, als dass es getötet wird. Diese Ansichten in der Welt verunreinigen.

Die Vorbilder der Welt verunreinigen. Vorbilder haben eine große Kraft, um uns zum Bösen zu ziehen. *Princeps imperio magnus exemplo major* – ein Fürst, der groß an Macht ist, der ist noch mächtiger durch sein Vorbild. Fürsten sind Spiegel, nach denen wir uns kleiden. Wenn sie Böses tun, dann neigen wir dazu, ihnen darin nachzufolgen. Große Männer sind Abbilder, die wir vor uns stellen, und wir kopieren diese Abbilder am liebsten, wenn sie Flecken haben. Wir haben eine große Anfälligkeit in uns, den Vorbildern der Welt zu folgen, deshalb hat Gott ein Warnschild aufgestellt: „Du sollst nicht der Menge folgen zum Bösen“ (2.Mose 23,2). Wie leicht eilen wir in die Sünde, wenn die Gezeiten der natürlichen Verderbtheit und der Wind der Vorbilder uns treiben! Lot war ein Weltwunder, seine Seele bewahrte sich in der verpesteten Luft von Sodom in einem reinen Zustand. Der Fluss Peru in Amerika bleibt rein, nachdem er in das Hauptmeer geflossen ist, und er vermischt sich nicht mit dem Salzwasser. Darin kann er mit Lot verglichen werden, dessen Frömmigkeit im salzigen Wasser von Sodom rein blieb. Schlechte Vorbilder sind ansteckend. „Sie vermischten sich mit den Heidenvölkern und lernten ihre Werke“ (Ps 106,35). Ist es dann für uns nicht notwendig, dass wir beten: Herr, befreie uns von dieser bösen Welt? In der Welt zu leben, ist wie das Reisen auf einer dreckigen Straße.

b) Es ist eine böse Welt, weil sie in Verstrickungen führt. Die Welt ist voller Fallstricke. Gesellschaft ist ein Fallstrick, Erholung ist ein Fallstrick, Eide sind Fallstricke, Reichtum ist ein goldener Fallstrick. *Opes irritamenta malorum* – Reichtum ist ein Anreiz zur Sünde. Der Apostel redet über „die Fleischeslust, die Augenlust und der Hochmut des Lebens“ (1.Joh 2,16). Die Fleischeslust ist Schönheit, die Augenlust ist Geld und der Hochmut des Lebens ist Ehre. Diese sind die Dreieinigkeit des natürlichen Menschen. *In mundo splendor opum, gloriae majestas, voluptatum illecebrae ab amore Dei nos abstrahunt* – in der Welt ziehen uns der Glanz des Wohlstands, die Bedeutung eines guten Namens und die Verlockungen der Freude von der Liebe Gottes weg. Die Welt ist ein schmeichelnder Feind. Wen sie küsst, den verrät sie. Sie ist eine seidene Schlinge. Die Freuden der Welt versetzen die Menschen wie Opium in den Schlaf einer falschen Sicherheit. Lysimachos verkaufte seine Krone für einen Trunk Wasser. So trennen sich auch viele für die Welt vom Himmel. Der König von Armenien wurde zur Königen Kleopatra in goldenen Fesseln geschickt. Zu viele

Leute sind mit den goldenen Fesseln der Welt versklavt. Die Welt verhexte Demas (2.Tim 4,10). Selbst einer der Apostel Christi wurde mit einem silbernen Köder gefangen. Es ist schwer, den Wein des Wohlstands zu trinken, ohne dass es einem dabei schwummerig wird. Die Welt ist durch unsere angeborene Verderbtheit für uns böse und ein Fallstrick. „Denn die, welche reich werden wollen, fallen in Versuchung und Fallstricke“ (1.Tim 6,9). Wenn ein Engel hier leben würde, bestünde keine Gefahr, dass er in der Welt verstrickt würde, weil er kein Prinzip in sich trägt, das für die Versuchung empfänglich ist. Doch wir haben ein Prinzip der Verderbtheit in uns, das für die Sünde empfänglich ist und das uns allezeit in Gefahr bringt.

c) Es ist eine böse Welt, weil sie entmutigt. Sie wirft Hohn und Spott auf diejenigen, die tugendhaft leben: „Wie, du willst heiliger als andere sein, weiser als unsere Väter?“ Die Welt handelt an den Bekennern des Glaubens nicht anders als Sanballat an den Juden, als sie am Bauen waren. Er „spottete über die Juden und sprach vor seinen Brüdern und den Kriegsleuten in Samaria: Was machen die ohnmächtigen Juden? Wird man sie gewähren lassen? Werden sie es mit Opfern einweihen? Werden sie es in diesen Tagen schon vollenden? Werden sie aus den Schutthaufen die Steine lebendig machen, die doch verbrannt sind?“ (Neh 3,33.34; LÜ 84). So schüttet auch die gottlose Welt ihre Verhöhnungen über die aus, die Gott fürchten: „Was, du willst für den Himmel bauen? Wozu alle diese Mühen und Kosten? Was bringt es, dem Allmächtigen zu dienen?“ Auf diese Weise möchte die Welt die Räder unseres Streitwagens herunterreißen, wenn wir himmelwärts fahren. Dies wird als grausamer Spott bezeichnet (Hebr 11,36). Ein großes Maß an Heiligkeit ist erforderlich, um den Entmutigungen der Welt zu widerstehen, um unter Schlangen zu tanzen, um über Spott zu lachen und ihn als Krone um unser Haupt zu binden.

d) Es ist eine böse Welt, weil sie abstumpft. Sie schwächt und stumpft die Zuneigung zu den himmlischen Gegenständen ab. Sie kühlt heilige Emotionen ab, wie Feuchtigkeit in einer Silbermine, die das Licht zum Erlöschen bringt. Irdische Dinge ersticken den Samen des Wortes. Ein Mensch, der in die Welt verstrickt ist, geht so sehr in weltlichen Sorgen auf, dass er genauso wenig an die Dinge denken kann, die droben sind, wie die Welt nach oben aufsteigen oder wie ein Elefant in der Luft fliegen kann. Und sogar diejenigen, die Gnade in sich haben, merken, dass sie zur Andacht und dem Gebet nicht in der Lage sind, wenn ihre Zuneigung am Irdischen klebt. Das ist so, als würde man mit einem Stein im Genick schwimmen.

e) Es ist eine böse Welt, weil sie verleumderisch ist. Sie hasst das Volk Gottes. „Weil ihr aber nicht von der Welt seid ... darum hasst euch die Welt" (Joh 15,19). Wie Aristoteles sagt, richtet sich Hass gegen das ganze Geschlecht. Der Hass von Haman richtete sich gegen das ganze jüdische Geschlecht. Wenn wir eine Giftschlange ohne Giftzahn finden können, einen Leoparden ohne Flecken, dann können wir vielleicht erwarten, eine gottlose Welt ohne Hass zu finden. Frömmigkeit ist das Ziel, auf das geschossen wird. Sie „sind meine Widersacher, weil ich dem Guten nachjage" (Ps 38,21). Die Welt gibt vor, dass sie die Gläubigen wegen etwas anderem hasst, doch der Grund für die Anfeindung ist Heiligkeit. Der Hass der Welt ist unversöhnlich. Zorn kann versöhnt werden, Hass aber nicht. Wir könnten ebenso gut Himmel und Hölle miteinander versöhnen, wie die beiden Samen.[109] Wenn die Welt Christus gehasst hat, dann ist es kein Wunder, dass sie auch uns hasst. „Wenn euch die Welt hasst, so wisst, dass sie mich vor euch gehasst hat" (Joh 15,18). Warum sollte jemand Christus hassen? Diese gesegnete Taube ist ohne Bitternis. Diese Rose von Scharon verbreitet den lieblichsten Duft. Doch daran wird die Schlechtigkeit der Welt deutlich, indem sie eine Welt ist, die Christus und die Heiligen hasst. Ist es nicht notwendig, dass wir beten: Befreie uns von dieser bösen Welt?

f) Es ist eine böse Welt, weil sie betrügerisch ist.

Es gibt Betrug beim Handel. Er ist ein Kaufmann und „hat eine falsche Waage in der Hand, er übervorteilt gern" (Hos 12,8). Das hebräische Wort *rimmah* bedeutet sowohl „betrü-

109 Den Samen der Frau und den Samen der Schlange.

gen“ als auch „unterdrücken.“ Wer es wagt zu betrügen, der schreckt auch vor Unterdrückung nicht zurück.

Es gibt Betrug bei Freundschaften. „Wer findet aber einen treuen Mann?“ (Spr 20,6). *Trita frequensque via est per amici fallere nomen – häufig wird der Weg betreten, auf dem unter dem Namen der Freundschaft betrogen wird.* Einige gebrauchen in der Freundschaft viele Umwerbungen. Sie sind wie Posaunen, die nach außen einen großen Lärm machen, doch im Innern sind sie hohl. Einige können schmeicheln und hassen, loben und tadeln. *Mel in ore, fel in corde – Honig auf der Zunge, Bitterkeit im Herzen.* Vorgetäuschte Liebe ist schlimmer als Hass.

Im Reichtum liegt Betrug. „Und der Betrug des Reichtums“ (Mt 13,22). Die Welt will uns glauben machen, dass sie unsere Wünsche befriedigt, und dabei steigert sie die Wünsche nur noch. Sie will uns glauben machen, dass der Reichtum bei uns bleibt, aber er bekommt Flügel (Spr 23,5).

g) Es ist eine böse Welt, weil sie uns beunruhigt. Sie ist voller Bedrängnis (Joh 16,33). Die Welt ist wie ein Bienenstock. Wenn wir ein wenig Honig gekostet haben, werden wir von tausend Bienen gestochen. Basilius war der Meinung, dass die Rose vor dem Sündenfall ohne Dornen wuchs. Doch jetzt hat jede liebliche Blume unseres Lebens ihre Dornen. Es gibt so viele Dinge, die Unruhe bewirken – der Verlust von Freunden, Rechtsstreitigkeiten, Rückschläge im Hinblick auf unseren Besitz. Verwandtschaftliche Beziehungen sind nicht ohne ihre Nöte. Einige sind traurig darüber, dass sie keine Kinder haben, und andere, dass sie welche haben. Die Welt ist eine einzige leidige Eitelkeit. Wenn ein Mann arm ist, dann wird er vom Reichen verachtet, wenn er reich ist, dann ist der Arme neidisch auf ihn. Wenn wir in der Welt keine Verstrickungen haben, dann haben wir Trübsale. In der Welt ist mehr, wovon wir entwöhnt werden müssen, als dass wir von der Welt versucht werden. Die Welt ist ein Meer, auf dessen steigenden Wellen des Kummers wir hin und her schwanken und wo wir oft in Gefahr stehen, Schiffbruch zu erleiden. Die Welt ist eine Wüste voller feuriger Schlangen. Was für Stürme der Verfolgung erheben sich gegen die Gerechten (2.Tim 3,12)! Die

Gottlosen sind Dornbüsche, an denen die Schafe Christi einen Teil ihrer goldenen Schafwolle verlieren (Mi 7,4). Müssen wir dann nicht beten: Herr, errette uns davor, dass wir durch diese böse Welt Schaden leiden? Warum sollten wir es uns untersagen, die Welt zu lieben? Auch wenn es uns geboten ist, unsere Feinde zu lieben, so ist dies doch ein Feind, den wir nicht lieben dürfen. „Habt nicht lieb die Welt" (1.Joh 2,15).

3. Lasst uns allerdings beachten, dass es nicht ausreicht, dass wir uns von den äußeren Taten der Sünde enthalten oder ihnen gegenüber nachsichtig sind, um ein Anrecht auf die Erlösung zu haben. Wenn wir beten: „Sondern errette uns von dem Bösen", dann beinhaltet das mehr, als dass wir in der Heiligung fortschreiten. Es reicht nicht aus, nur von der Sünde geschieden zu sein, solange wir nicht mit der Tugend vermählt sind. Deshalb werden diese beiden Dinge in der Schrift miteinander verbunden. „Weiche vom Bösen und tue Gutes" (Ps 34,15; Röm 12,9). „Hört auf, Böses zu tun! Lernt Gutes tun" (Jes 1,16.17). „So wollen wir uns reinigen von aller Befleckung des Fleisches und des Geistes zur Vollendung der Heiligkeit in Gottesfurcht!" (2.Kor 7,1). Solange wir die Gerechtigkeit nicht umarmen, reicht es nicht aus, die Sünde aufzugeben. *Virtutis est magis honesta agere quam non turpia* – das Kennzeichen der Gerechtigkeit besteht eher darin, Gutes zu tun, als das Böse nicht zu tun. Wie es beim Leib ist, bei dem es nicht ausreicht, dass die Krankheit gestoppt wird, sondern auch die Gesundheit zunehmen muss, so ist es auch mit der Seele: Es reicht nicht aus, dass man die Taten der Sünde unterlässt, was ein Stoppen der Krankheit ist, sondern sie muss auch gesund sein und an Heiligkeit zunehmen.

Erste Anwendung

Es werden diejenigen zurechtgewiesen, die nur danach trachten, die äußeren Taten der Sünde zu unterdrücken, aber nicht der Heiligung nachjagen. Sie hören auf, Böses zu tun, aber sie lernen nicht, Gutes zu tun. Ihr Glaube besteht nur aus Verneinungen. Sie rühmen sich, dass sie sich keinen Lastern hingeben, niemand kann ihnen ein übles Fehlverhalten nachsagen. „O Gott, ich danke dir, dass ich nicht bin wie die übrigen Menschen, Räuber, Ungerechte, Ehebrecher, oder auch wie dieser Zöllner da“ (Lk 18,11). Das ist nicht genug, man muss noch einen Schritt weitergehen hin zu beständiger Frömmigkeit. Es reicht nicht aus, dass man auf einem Feld kein Unkraut oder Schierling[110] sät, sondern man muss gute Samen säen. Betrachten wir zwei Dinge:

a) Wenn das beste Zeugnis, das wir aufweisen können, darin besteht, dass wir keiner groben Sünden schuldig sind, dann nimmt Gott uns nicht zur Kenntnis. Auch wenn ein Stück Kupfer nicht so schlecht ist wie Ton, so ist es doch nicht so gut wie Silber – es geht nicht als zulässige Münze durch. So ist es auch, wenn wir zwar nicht grob weltlich, aber nicht aus dem richtigen Metall sind. Wenn wir den Stempel der Heiligkeit nicht haben, dann bekommen wir niemals einen gültigen Zugang zum Himmel.

b) Ein Mensch kann sich des Bösen enthalten und doch in die Hölle gehen, weil er nicht Gutes getan hat. „Jeder Baum nun, der keine gute Frucht bringt, wird abgehauen und ins Feuer geworfen!“ (Mt 3,10). Warum wurden die törichten Jungfrauen ausgeschlossen? Sie hatten keinen Schaden angerichtet; sie hatten nicht ihre Lampen zerbrochen. Ja, ihr Fehler war, dass in ihnen nichts Gutes war; sie hatten in ihren Lampen kein Öl. Oh, deshalb lasst uns nicht damit zufrieden sein, dass wir von groben, sündigen Taten frei seien, sondern lasst uns anfangen, in der Heiligung weiter fortzuschreiten. Lasst uns uns von aller Befleckung reinigen und die Heiligung vollenden.

4. „Sondern errette uns von dem Bösen“, das kann auch bedeuten: von zeitlichem Übel. Wir beten, dass Gott uns entweder vor zeitlichen Übeln bewahrt oder uns aus ihnen heraus befreit.

---

110 Der Schierling gehört zu den giftigsten Pflanzenarten. In der Antike wurden damit Verurteilte hingerichtet, wie z.B. der Philosoph Sokrates, der den Schierlingsbecher trinken musste.

a) Wir beten, dass Gott uns vor zeitlichen Übeln bewahrt, damit er unser Schild ist, um zwischen uns und der Gefahr zu stehen. „Hilf mir von allen meinen Verfolgern und rette mich" (Ps 7,2). Wir können rechtmäßig gegen die Pläne der Gottlosen beten, damit sie misslingen, damit ihr Vorhaben gegen uns nicht gelingt, auch wenn sie einen Plan gegen uns schmieden: „Bewahre mich vor der Schlinge, die sie mir gelegt haben" (Ps 141,9).

b) Wir beten, dass Gott uns aus zeitlichen Übeln befreit, damit er seine Gerichte gegen uns wegnimmt, sei es Hungersnot, Schwert oder die Pest. „Nimm deine Plage von mir" (Ps 39,11). Doch wir können nur soweit für die Befreiung von zeitlichen Übeln beten, wie Gott es für uns als gut erachtet. Wir können für die völlige Befreiung vom Übel der Sünde beten, doch müssen wir für die Befreiung von zeitlichen Übeln unter dem Vorbehalt beten, dass Gott sie für uns als gut erachtet und es zu seiner Ehre gereicht.

Zweite Anwendung

Lasst uns in allen Nöten, die auf uns liegen, wegen einer Linderung und zum Beistand auf Gott schauen. „Soll nicht ein Volk seinen Gott befragen?" (Jes 8,19). Deshalb sind die Papisten zu tadeln, weil sie an die falsche Tür klopfen. Wenn sie in irgendeiner Not sind, dann beten sie zu den Heiligen um Befreiung. Wenn sie in Gefahr sind, Schiffbruch zu erleiden, dann beten sie zum Heiligen Nikolaus. Wenn sie einen Fieberanfall bekommen, dann beten sie zur Heiligen Petronilla. Wenn sie in Geburtswehen sind, dann beten sie zur Heiligen Margaret. Ich möchte mit einer Schriftstelle beweisen, wie ungesetzlich es ist, die Heiligen im Gebet anzurufen: „Wie sollen sie aber den anrufen, an den sie nicht geglaubt haben?" (Röm 10,14). Wir können zu niemandem beten, außer zu dem, an den wir glauben. Wir dürfen jedoch nicht an Heilige glauben, deshalb können wir auch nicht zu ihnen beten. Die Papisten richten in ihrem Rosenkranzgebet ihre Gebete zur Befreiung an die Jungfrau Maria: Befreie mich, oh Maria. *Benedicta Domina, in manibus tuis reposita est nostra salus – gesegnete Maria, in deinen*

Händen liegt unsere Erlösung. „Denn Abraham weiß nichts von uns“ (Jes 63,16). Die Heiligen und die Jungfrau Maria wissen nichts von uns.

Zu den Heiligen zu beten ist Götzendienst, der zur Gotteslästerung führt. Unser Erlöser hat uns gelehrt, in allen unseren Nöten Gott um Hilfe zu bitten. „Sondern errette uns von dem Bösen.“ Er allein kennt unsere Nöte und kann uns darin helfen. Nur derjenige, der die Last auferlegt hat, kann sie auch wieder abnehmen. David wandte sich an Gott: „Führe mich heraus aus meinen Nöten“ (Ps 25,17). Gott kann mit einem Wort heilen: „Er sandte sein Wort und machte sie gesund“ (Ps 107,20). Er rettete die drei Jünglinge aus dem Feuerofen, Josef aus dem Gefängnis, Daniel aus der Löwengrube, was beweist, dass er Gott ist, weil niemand retten kann wie er. „Weil es keinen anderen Gott gibt, der so erretten kann wie dieser!“ (Dan 3,29). Deshalb lasst uns in allen unseren Schwierigkeiten und Notlagen auf Gott schauen und sprechen: „Errette uns von dem Bösen.“

BIBELSTELLENINDEX

Art	Softcover
Seiten	608
ISBN	978-3-941988-81-1
Autor	Watson, Thomas

Dieses ist der erste Band in der Trilogie von Thomas Watson (ca.1620-1686), der einer der bekanntesten Prediger in London während der Ära der Puritaner war. Seine Schriften zeichnen sich durch Klarheit, Dynamik und geistlichen Reichtum aus. Dies zeigt sich insbesondere in dieser hervorragenden hilfreichen Auslegung des Kleinen Westminster Katechismus. Sie beinhaltet eine ausgezeichnete Anleitung zur christlichen Lehre und deren Anwendung. Gleichzeitig ist es eine wunderbare Einführung in die puritanische Literatur

Art	Softcover
Seiten	448
ISBN	978-3-941988-82-8
Autor	Watson, Thomas

Mit diesem zweiten Band aus der Trilogie von Thomas Watson erhält man einen der hilfreichsten Kommentare über die 10 Gebote.

In dieser Auslegung der Gebote erklärt Watson nicht nur die Bedeutung eines jeden Gebotes, sondern auch, wie es auf praktische Weise angewendet werden kann. Er besitzt die Gabe schwierige Themen auf eine einfache Weise darzulegen, wodurch dieses Werk zum einen eine großartige theologische Abhandlung darstellt, sowie gleichzeitig einen herausfordernden praktischen Kommentar.

Hier handelt es sich um ein Werk, das man wieder und wieder gebrauchen kann. Watson unterteilt seinen Kommentar in vier Teile. Zuerst geht er auf die zentralen Themen des Dekalogs ein; zweitens untersucht er jedes einzelne Gebot; drittens erforscht er die Beziehung zwischen Gottes Gesetz und der Sünde; und letztlich weist er den Leser auf den Weg der Errettung hin.

Es eignet sich hervorragend für Pastoren, Sonntagsschul- oder Hauskreisleiter.

Bestellanschrift:

3L Verlag GmbH
Auf der Lind 9

D-65529 Waldems

Telefon: 0 61 26 - 2 24 68 30
Telefax: 0 61 26 - 2 24 68 96
E-Mail: info@3Lverlag.de
www.3Lverlag.de